기적처럼 재미있는 Java 프로그래밍

미라클 자바 프로그래밍

지은이 **조성호** zoch@hs.ac.kr

중학교 시절, 아버지께서 선물해 주신 Apple II 컴퓨터를 통해 프로그래밍에 대한 흥미를 갖기 시작했으며, 한국외국어대학교 전산학과를 졸업하고, 고려대학교 컴퓨터학과에서 석사와 박사 학위를 취득했다. 현재 한신대학교 AI·SW 학부 교수로 재직하며 운영체제, 유닉스, 컴퓨터 네트워크, C 언어, 자바, 웹 프로그래밍 등 다양한 분야를 강의하고 있다. 강의하는 일에서 늘 즐거움을 느끼며, 누구나 쉽게 이해할 수 있는 전산 관련 서적을 집필하기 위해 끊임없이 노력한다. 저서로는 『Do it! C 언어 프로그래밍 입문』(이지스퍼블리싱, 2025), 『쉽게 배우는 운영체제(3판)』(한빛아카데미, 2025), 『미라클 HTML+CSS3+자바 스크립트』(한빛아카데미, 2024), 『IT 세상을 만나는 컴퓨터 개론(2판)』(한빛아카데미, 2023), 『스티브 잡스는 왜 오징어 게임을 죽였을까?』(생능북스, 2023), 『데이터통신과 네트워킹』(인피니티북스, 2022), 『WONDER 파이썬』(인피니티북스, 2022), 『WONDER C』(인피니티북스, 2021)가 있다.

미라클 자바 프로그래밍

초판발행 2026년 1월 17일

지은이 조성호 / **펴낸이** 전태호
펴낸곳 한빛아카데미㈜ / **주소** 서울시 서대문구 연희로2길 62 한빛아카데미㈜ 2층
전화 02-336-7112 / **팩스** 02-336-7199
등록 2013년 1월 14일 제2017-000063호 / **ISBN** 979-11-7340-055-1 93000

총괄 박현진 / **기획** 안비단 / **편집** 박하나 / **교정** 권수연
디자인 표지 이아란 내지 박정우 / **전산편집** 이소연 / **제작** 박성우, 김정우
영업 김성삼, 이정훈, 임현기, 이성훈, 김주성, 심지연

이 책에 대한 의견이나 오탈자 및 잘못된 내용은 출판사 홈페이지나 아래 이메일로 알려주십시오.
파본은 구매처에서 교환하실 수 있습니다. 책값은 뒤표지에 표시되어 있습니다.

홈페이지 www.hanbit.co.kr / 이메일 question@hanbit.co.kr

Published by HANBIT Academy, Inc. Printed in Korea

MIRACLE

★★ 기적처럼 재미있는 Java 프로그래밍 ★★

미라클 자바 프로그래밍

조성호 지음

한빛아카데미
Hanbit Academy, Inc.

새로운 가능성의 세계로 여러분을 초대합니다

자바는 단순한 프로그래밍 언어를 넘어, 미래 기술의 핵심을 이루는 거대한 플랫폼입니다. C 언어와 같은 기존 언어들이 특정 시스템의 기능을 구현하는 것에 집중했다면, 자바는 확장성, 안정성, 이식성을 바탕으로 대규모 엔터프라이즈 환경의 표준 언어로 자리 잡았습니다. 실제로 여러분이 일상에서 사용하는 대부분의 은행 전산 시스템, 대기업 업무 시스템, 클라우드 서비스, 안드로이드 모바일 애플리케이션은 모두 자바를 기반으로 작동합니다.

자바 언어를 꼭 배워야 하는 이유는 무엇인가요?

자바는 IT 산업 전반에 걸쳐 가장 강력하게 활용되는 프로그래밍 언어입니다. 웹 애플리케이션의 백엔드 개발, 빅데이터 처리, 사물인터넷 장치 제어는 물론 전 세계 모바일 시장의 큰 축인 안드로이드 앱까지 폭넓은 개발 영역을 책임집니다. 무엇보다 자바는 객체 지향 패러다임에 가장 충실한 언어로서 대규모 시스템을 효율적으로 설계하고 유지보수하는 데 최적화되어 있습니다. 특히 수많은 개발자들이 축적해 온 방대한 라이브러리와 활성화된 커뮤니티를 바탕으로 개발 과정에서 마주치는 거의 모든 문제에 대한 해법을 제공합니다. 결국, 자바를 배운다는 것은 단순히 코드를 작성하는 기술을 넘어서, 세상을 움직이는 핵심 시스템을 설계하고 이해하는 능력을 갖추는 것을 의미하며, 이는 곧 취업 시장에서 차별화된 경쟁력을 갖추는 밑거름이 될 것입니다.

자바 프로그래밍을 처음 배우는데 어렵지 않을까요?

새로운 프로그래밍 언어를 배우다 보면 기술 용어의 장벽에 부딪혀 쉽게 포기하는 경우가 많습니다. 특히 자바의 객체지향 개념이나 가상 머신의 작동 원리는 자바를 처음 접하는 독자라면 매우 어렵게 느껴질 수 있습니다. 많은 책이 암기를 위한 지식을 나열하거나 복잡한 이론을 쏟아내 독자를 지치게 하지만, 『미라클 자바 프로그래밍』이 제시하는 학습 방법은 다릅니다. 이 책은 독자들이 자바의 핵심 개념을 쉽게 이해하고 자연스럽게 깨우칠 수 있도록 개념의 배경과 내용을 풀어 설명하는 데 집중했습니다. 예를 들어, 자바가 왜 '플랫폼 독립적'이라는 특성을 갖게 되었는지, JVM이 탄생한 기술적 배경이 무엇인지를 먼저 소개합니다. 또한 '도넛'이라는 일관된 예제를 통해 클래스, 객체, 상속과 같은 핵심 개념을 설명합니다. 그 과정에서 독자는 개념을 억지로 외우지 않아도 '객체란 현실 세계의 대상을 프로그램으로 구현한 것'이라고 스스로 떠올리게 됩니다. 그러니 이 책을 천천히 읽으면서 예제를 차근차근 따라 하는 것만으로도 자바의 핵심 기술을 충분히 익힐 수 있을 것입니다.

놀랍도록 쉬운 설명 외에 다른 책과의 차별점이 있나요?

자바는 기능과 논리 구현에 초점을 맞춘 언어이지만, 효과적인 학습을 위해서는 명확하고 직관적인 코드와 실행 결과 화면이 중요합니다. 기존 교재들은 코드의 정확성에만 치중하여 예제가 투박하거나 결과를 눈으로 확인하기 어려운 경우가 많았습니다. 이 책은 학습자가 흥미를 잃지 않고 끝까지 학습을 이어갈 수 있도록 다음과 같은 부분에 심혈을 기울였습니다.

- **시각화 및 비유 활용**: 복잡한 개념을 설명할 때 친근한 캐릭터와 말풍선, 비유를 적극 활용하여 독자의 이해를 돕습니다.
- **실무형 예제 수록**: 각 절의 마지막에는 실제로 활용할 수 있는 [LAB] 코드를, 각 장의 마무리에는 하나의 프로그램을 스스로 작성해보는 [미니 프로젝트]를 제공합니다. 이를 통해 이론을 학습한 뒤 곧바로 깔끔하고 표준화된 코딩 스타일을 익힐 수 있도록 구성했습니다.
- **대규모 프로젝트 경험 제공**: 14장 '도전! 프로젝트'에서 제공하는 두 가지 프로젝트를 직접 구현해보며, 배운 내용을 실무 규모의 프로젝트로 확장하는 경험을 얻을 수 있습니다.

이러한 구성은 이론 학습과 실무 경험을 자연스럽게 연결하여, 현장에서 활용 가능한 코드를 작성하는 습관을 기르도록 돕습니다. 『미라클 자바 프로그래밍』이 제공하는 다양한 학습 구성을 통해 여러분의 코딩 실력을 높여보세요.

더 깊이 배우려면 어떻게 공부해야 할까요?

프로그래밍 학습에서 기초 문법을 익힌 후에는 배운 지식을 응용하여 프로젝트 설계 능력을 키우는 것이 중요합니다. 이 책은 단순히 코드를 제공하는 것을 넘어 응용력을 확장할 수 있는 학습 요소를 제공합니다. 먼저 [체크 프로그램]은 제공된 코드를 변형하여 다양한 결과를 직접 확인해 볼 수 있도록 설계했습니다. 또한 [생성형 AI와 공부하기]를 수록하여 생성형 AI를 활용해 질문하고 생각을 확장할 수 있는 학습 요소를 제공합니다. 이 두 가지 요소를 빠짐없이 활용하며 책에서 배운 코드를 스스로 응용해 본다면, 자바의 핵심 문법을 깊이 있고 넓게 학습하는 훈련이 될 것입니다.

저와 한빛아카데미(주)는 기존의 많은 프로그래밍 책에서 그동안 구현하지 못했던 이해하기 쉬운 전개 방식과 실무에 가까운 응용력을 한 권에 담아 종합 선물 세트 같은 책을 만들고자 했습니다. 오랜 시간 동안 많은 부분에 신경 쓰며 준비한 이 책이 자바를 배우거나 가르치려는 분들에게 놀라운 경험으로 가닿기를 진심으로 바랍니다.

지은이 **조성호**

이 책의 구성 요소

[예제]

자바의 문법을 적용한 코드 예제로, 본문에서 학습한 내용을 직접 프로그램으로 구현해봅니다.

[본문]

자바의 핵심 개념과 문법을 이해하기 쉽게 설명합니다. 복잡한 개념은 그림으로 풀어 해설합니다.

[체크 프로그램]

예제와 연계된 간단한 문제로, 오류를 해결하고 프로그램을 실행하는 다양한 방법을 익힙니다.

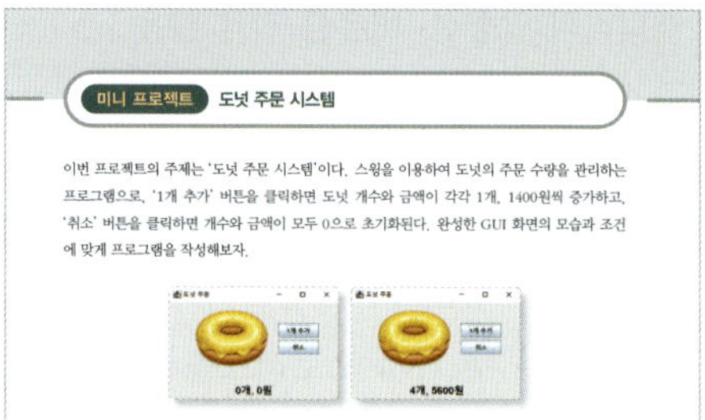

미니 프로젝트 도넛 주문 시스템

이번 프로젝트의 주제는 '도넛 주문 시스템'이다. 스윙을 이용하여 도넛의 주문 수량을 관리하는 프로그램으로, '1개 추가' 버튼을 클릭하면 도넛 개수와 금액이 각각 1개, 1400원씩 증가하고, '취소' 버튼을 클릭하면 개수와 금액이 모두 0으로 초기화된다. 완성한 GUI 화면의 모습과 조건에 맞게 프로그램을 작성해보자.

[미니 프로젝트]

각 장의 내용을 활용할 수 있는 프로젝트입니다. 실행 결과와 조건을 따라 온전한 프로그램을 작성해보는 기회가 됩니다.

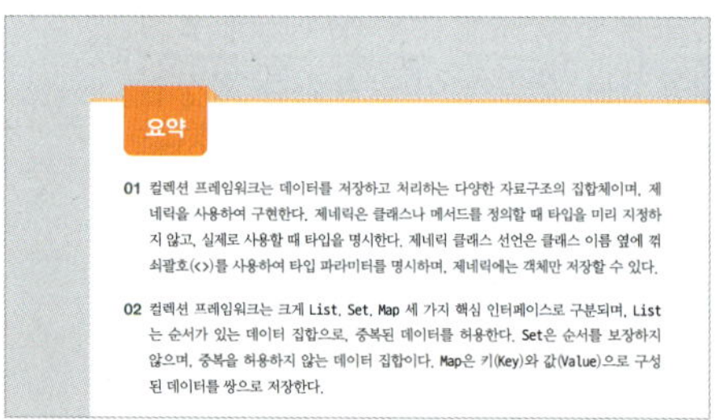

요약

01 컬렉션 프레임워크는 데이터를 저장하고 처리하는 다양한 자료구조의 집합체이며, 제네릭을 사용하여 구현한다. 제네릭은 클래스나 메서드를 정의할 때 타입을 미리 지정하지 않고, 실제로 사용할 때 타입을 명시한다. 제네릭 클래스 선언은 클래스 이름 옆에 꺾쇠괄호(<>)를 사용하여 타입 파라미터를 명시하며, 제네릭에는 객체만 저장할 수 있다.

02 컬렉션 프레임워크는 크게 List, Set, Map 세 가지 핵심 인터페이스로 구분되며, List는 순서가 있는 데이터 집합으로, 중복된 데이터를 허용한다. Set은 순서를 보장하지 않으며, 중복을 허용하지 않는 데이터 집합이다. Map은 키(Key)와 값(Value)으로 구성된 데이터를 쌍으로 저장한다.

[요약]

해당 장의 핵심 내용을 정리한 것으로, 학습 전후로 주요 내용을 확인해봅니다.

SECTION 01 **변수와 자료형**

1 변수의 이해

도넛 관련 프로그램을 만들기 위해 먼저 도넛을 분석해보자. 도넛의 이름은 '초코'이고, 가격은 2000원, 크기는 M(중간 크기), 무게는 45.5g이다. 이러한 도넛의 다양한 정보를 표현하려면 [그림 2-1]과 같은 다양한 자료형data type이 필요하다.

프로그램이 데이터를 처리하려면 먼저 데이터를 메모리에 저장해야 하는데, 이 메모리 공간을 변수variable라고 한다. 자바에서 사용하는 기본 자료형은 크게 정수형(int), 실수형(float), 문자형(char)으로 나뉜다. 변수를 만들 때는 어떤 자료형을 저장할 것인지를 미리 정해야 한다.

그림 2-1 도넛 관련 데이터

▪ 문자형

문자character는 글자 하나를 의미하며 char 자료형을 사용한다. 반드시 작은따옴표('') 안에 한 개의 문자만 넣어야 하며, char size = 'M';과 같이 선언한다. 자바는 2바이트 크기의 유니코드unicode를 기반으로 문자를 표현하므로, 한글이나 한자 등 다양한 문자를 저장할 수 있다.

예제 2-3 상수 선언하고 값 출력하기 ConstantExample.java

```
package sec01.exam03;

public class ConstantExample {
    public static void main(String[] args) {
        final int MAX_BOX_SIZE = 4;    // 상수는 선언과 동시에 초기화해야 함

        // MAX_BOX_SIZE = 6;           // 오류 발생(상수는 값을 변경할 수 없음)
        System.out.println("도넛 박스 크기: " + MAX_BOX_SIZE + "개");
    }
}
```

```
도넛 박스 크기: 4개
```

[Note]

알아두면 좋은 내용, 해당 장의 학습 목표에서 조금 더 나아간 개념을 소개합니다.

[생성형 AI와 공부하기]

본문의 개념과 예제를 생성형 AI를 활용해 확장할 수 있도록 간단한 학습 요소를 제공합니다.

[LAB]

각 절의 개념을 활용한 실무형 예제로, 주어진 조건을 참고해 프로그램을 완성해봅니다.

체크 프로그램

[예제 2-3]에서 7번 행의 주석 기호(//)를 지우고, MAX_BOX_SIZE = 6;을 실행하면 어떤 오류가 발생하는지 확인하시오.

Note var 예약어

Java 10부터는 var 예약어를 사용하여 변수 선언 시 자료형을 생략할 수 있다. 이는 변수에 대입되는 값을 기반으로 자바 컴파일러가 자동으로 자료형을 판단하는 방식이다.

```
var price01 = 10;    // int로 추론
var price02 = 10.0;  // double로 추론
```

단, var는 선언과 동시에 값을 할당하여 초기화해야 한다. 자료형이 복잡하거나 명확한 타입 명시가 필요하다면 기존 방식대로 자료형을 명시하는 방식을 권장한다.

생성형 AI와 공부하기

자바에서 기본 자료형만 사용한 코드와 이를 var 예약어로 변경한 코드를 작성하고 장단점을 비교해줘.

LAB 연봉 인상률 출력하기

변수 이름과 리터럴 개념을 사용하여 연봉 인상률을 출력하는 프로그램의 빈칸을 채워보자. 실행 결과와 조건은 다음과 같다.

```
연봉: 50000000
        연봉 "인상률": 1.2
```

조건

- 클래스 이름은 make literal이다.
- 연봉을 담을 변수 annual salary는 가장 큰 수를 담을 수 있는 정수형을 사용하여 만들고, 50000000으로 초기화한다. 이때 가장 큰 정수형에 맞는 리터럴을 사용하여 초기화한다.
- 연봉 인상률을 담을 변수 increase rate는 기본 실수형으로 만들고 1.2로 초기화한다.
- 문자형 변수 tab에는 탭 간격을 나타내는 이스케이프 시퀀스를 넣는다.
- 다음과 같이 출력되도록 println()의 괄호를 채운다.
- 변수 이름은 낙타 표기법을 사용한다.

Lab 2-1 변수 이름과 리터럴 사용하기

```
package chap02.lab01;

public class [ ① ] {
```

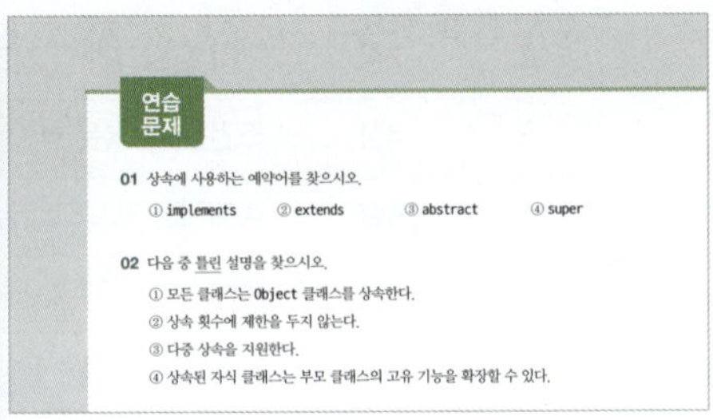

연습문제

01 상속에 사용하는 예약어를 찾으시오.

① implements ② extends ③ abstract ④ super

02 다음 중 틀린 설명을 찾으시오.

① 모든 클래스는 Object 클래스를 상속한다.
② 상속 횟수에 제한을 두지 않는다.
③ 다중 상속을 지원한다.
④ 상속된 자식 클래스는 부모 클래스의 고유 기능을 확장할 수 있다.

[연습문제]

이론을 잘 이해했는지 4지선다형 연습문제로 확인하고, 실습형 연습문제로 코드를 분석하거나 직접 작성해 봅니다.

CHAPTER 14

도전! 프로젝트

01 카페 키오스크 만들기
02 온라인 스토어 만들기

[도전! 프로젝트]

이 책에서 배운 내용을 종합하여 해결하는 프로젝트로, 객체지향 개념을 바탕으로 실무 역량을 길러봅니다.

컴퓨터 전공자 대상 강의계획표(16주 기준)

컴퓨터 전공자를 위한 강의에는 이 계획표를 권장합니다. 책의 모든 장을 빠르게 학습할 수 있으며, 일부 예제는 강의 중에 다루지 못할 수 있습니다.

주	장	강의 내용	시작일	종료일
1	1장	자바 시작하기	03 / 02	03 / 04
2	2장	자바 프로그래밍 기초	/	/
3	3장	조건문, 반복문, 배열	/	/
4	4장	객체지향 프로그래밍의 이해	/	/
5	5장	클래스와 객체의 이해	/	/
6	6장	상속과 다형성	/	/
7	7장	자바 기본 패키지	/	/
8	중간고사		/	/
9	8장	제네릭과 컬렉션	/	/
10	9장	입출력 스트림	/	/
11	10장	멀티스레딩	/	/
12	11장	GUI 프로그래밍	/	/
13	12장	이벤트 처리	/	/
14	13장	스윙 컴포넌트	/	/
15	14장	도전! 프로젝트(카페 키오스크, 온라인 스토어)	/	/
16	기말고사		/	/

컴퓨터 비전공자 대상 강의계획표(16주 기준)

중간 속도의 학습자 또는 컴퓨터 비전공자를 위한 강의에는 이 계획표를 권장합니다. 책의 모든 장을 포함하지는 않지만, 각 장에 수록된 예제를 빠짐없이 살펴볼 수 있습니다.

주	장	강의 내용	시작일	종료일
1	1장	자바의 이해, 자바의 기본 구조, 이클립스 사용법	03 / 02	03 / 04
2	2장	자바 변수와 자료형, 자바 기본 입출력	/	/
3	2장	연산자의 이해, 다양한 연산자의 활용, 연산자 우선순위	/	/
4	3장	조건문과 반복문의 특징 및 사용 방법	/	/
5	3장	배열, 문자열, 다차원 배열의 선언과 사용 방법	/	/
6	4장	객체지향 프로그래밍의 이해, 클래스와 객체의 생성	/	/
7	4장	생성자와 생성자 오버로딩, 메서드와 메서드 오버로딩	/	/
8	중간고사		/	/
9	5장	자바 패키지의 이해, 다양한 접근 제한자의 이해	/	/
10	6장	상속의 개념과 사용 방법, 메서드 오버라이딩의 규칙	/	/
11	6장	다형성, 추상 클래스, 인터페이스의 특징과 사용 방법	/	/
12	7장	패키지와 모듈의 이해, 자바 기본 패키지의 주요 클래스	/	/
13	8장	제네릭 클래스, List, Set, Map의 다양한 컬렉션 클래스	/	/
14	9장	입출력 스트림과 중간 스트림, 문자 및 바이트 입출력 방법	/	/
15	10장	프로세스와 스레드, 스레드 생성, 동기화와 데이터 공유	/	/
16	기말고사		/	/

강의 보조 자료

한빛아카데미 홈페이지에서 '교수회원'으로 가입한 분은 인증 후 교수용 강의 보조 자료를 제공받을 수 있습니다. 한빛아카데미 홈페이지 상단의 〈교수전용공간〉 메뉴를 클릭하세요.

http://www.hanbit.co.kr/academy

연습문제 해답 안내

이 책은 대학 강의용 교재로 개발되었으므로 연습문제 해답을 제공하지 않습니다. 단, 독자 스스로 문제를 풀고 정답을 확인하며 학습 내용을 점검할 수 있도록, 수록된 객관식 연습문제 중 홀수 번호에 한해 해답을 제공합니다.

실습 환경

- **운영체제:** Windows 10/11 또는 macOS

항목	프로그램	이 책의 버전
자바 개발 도구	JDK	JDK 25 LTS
통합 개발 환경	이클립스	Eclipse IDE 2025-12-R
데이터베이스	MySQL(16장)	MySQL 8.0.44

학습 보조 자료

- 실습에 필요한 자료는 다음 주소에서 다운로드할 수 있습니다.

  http://www.hanbit.co.kr/src/41055

- 독자분들의 효과적인 학습을 위해 다음과 같은 학습 보조 자료를 제공합니다.

  ❶ **이클립스 소스 코드:** 책에 수록된 프로그램의 실행 결과를 바로 확인할 수 있도록 예제, [LAB], [도전! 프로젝트]의 이클립스 소스 코드를 제공합니다.

  ❷ **추가 연습문제:** 책에 수록된 연습문제 외에 실력을 점검할 수 있는 추가 연습문제를 제공합니다.

  ❸ **[체크 프로그램] 결과:** 책에 수록된 [체크 프로그램]의 해답 및 실행 결과를 제공하여 이해를 돕습니다.

  ❹ **14장 '도전! 프로젝트' 해답 코드:** 14장에 수록된 프로젝트의 해답 코드를 이클립스 소스 코드와 PDF 파일로 제공합니다. 이를 참고하여 프로젝트를 완성해보세요.

  ❺ **심화 주제 제공(PDF):** 15장 '네트워킹과 소켓 프로그래밍', 16장 '데이터베이스와 JDBC' 내용을 PDF로 제공합니다. 자바 프로그래밍의 심화 과정까지 학습하고 싶은 독자라면 해당 파일을 활용해보세요.

● 무엇을 다루는가

자바 기초 문법 (1~3장)	프로그램과 프로그래밍의 기초 개념을 이해하고, 자바 프로그램의 구성 요소를 살펴봅니다. 자바의 기초 문법인 변수와 자료형, 연산자, 조건문, 반복문, 배열을 학습하고 이를 활용한 프로그램을 작성해봅니다.

▼

객체지향 프로그래밍 (4~8장)	자바의 가장 큰 특징인 객체지향 프로그래밍의 개념을 이해하고, 객체지향 언어의 특징과 핵심 문법을 학습합니다. 2부에서 배운 내용은 14장 '도전! 프로젝트'에서 활용합니다.

▼

자바 심화 문법 (9~13장)	자바의 고급 기능을 학습하여 보다 실제적인 프로그램 개발 능력을 기릅니다. 파일과 데이터를 처리하는 방법을 배우고, 멀티스레딩을 활용하여 동시에 여러 작업을 수행하는 프로그램을 작성해봅니다. 또한 스윙 라이브러리와 이벤트 처리 인터페이스를 활용해 사용자와 상호작용하는 그래픽 기반 프로그램을 구현합니다.

▼

도전! 프로젝트 (14장)	'카페 키오스크 만들기'와 '온라인 스토어 만들기' 프로젝트를 통해 책에서 배운 내용을 종합하여 실무 규모의 프로젝트를 구현하는 역량을 기릅니다.

▼

심화 주제 (15~16장)	네트워크를 활용한 프로그래밍과 소켓 통신의 기본 개념을 이해하고, 데이터베이스와 JDBC를 활용하여 데이터를 저장, 조회, 처리하는 프로그램을 작성해봅니다. 본 내용은 한빛아카데미 홈페이지에서 PDF 파일로 제공합니다.

PART 01 자바 기초 문법

CHAPTER 01 자바 시작하기

CHAPTER 02 자바 프로그래밍 기초

CHAPTER 03 조건문, 반복문, 배열

PART 02 객체지향 프로그래밍

CHAPTER 04 객체지향 프로그래밍의 이해

CHAPTER 05 클래스와 객체의 이해

CHAPTER 07 자바 기본 패키지

CHAPTER 08 제네릭과 컬렉션

PART 03 자바 심화 문법

CHAPTER 09 입출력 스트림

CHAPTER 10 멀티스레딩

CHAPTER 12 이벤트 처리

CHAPTER 13 스윙 컴포넌트

PART

01

자바 기초 문법

CONTENTS

CHAPTER 01

자바 시작하기

학습 목표

- 객체지향 방식과 자바 언어의 특징을 이해한다.
- 자바 코드의 기본 구조를 익히고 자바 코드를 실행해본다.
- 통합 개발 환경인 이클립스를 설치하고, 사용 방법을 알아본다.

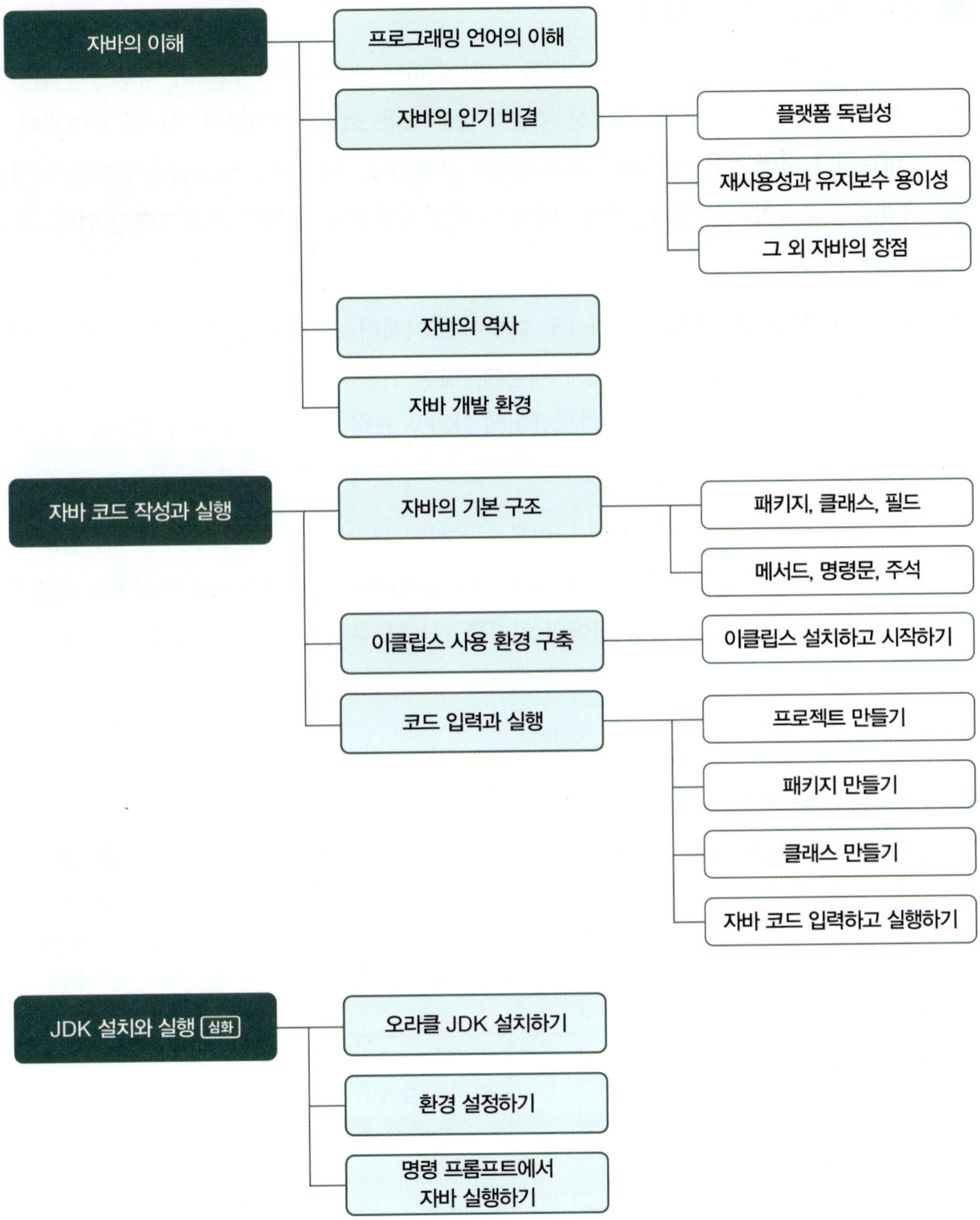
자바의 이해
프로그래밍 언어의 이해
자바의 인기 비결
플랫폼 독립성
재사용성과 유지보수 용이성
그 외 자바의 장점
자바의 역사
자바 개발 환경
자바 코드 작성과 실행
자바의 기본 구조
패키지, 클래스, 필드
메서드, 명령문, 주석
이클립스 사용 환경 구축
이클립스 설치하고 시작하기
코드 입력과 실행
프로젝트 만들기
패키지 만들기
클래스 만들기
자바 코드 입력하고 실행하기
JDK 설치와 실행 심화
오라클 JDK 설치하기
환경 설정하기
명령 프롬프트에서 자바 실행하기

SECTION 01

자바의 이해

1 프로그래밍 언어의 이해

프로그램program이란 컴퓨터가 어떤 작업을 어떤 순서로 수행할지를 기록한 명령어의 집합이다. 프로그램은 문서 편집기, 음악·동영상 재생기 같은 응용 소프트웨어뿐만 아니라 운영체제, 컴파일러, 네트워크 서버 같은 시스템 소프트웨어도 포함한다. 이러한 프로그램을 만드는 과정을 프로그래밍programming이라고 하며, 이때 사용하는 핵심적인 도구가 바로 **프로그래밍 언어**programming language이다.

컴퓨터가 이해할 수 있는 언어는 0과 1로 이루어진 기계어machine language뿐이다. 그러나 기계어는 사람이 직접 이해하고 사용하기 어렵기 때문에, 명령어를 문자 형태로 변환한 어셈블리어assembly language가 만들어졌다. 이 두 언어는 하드웨어에 가까운 표현 방식을 사용하기 때문에 저수준 언어low-level language라고 부른다.

반면, `if`, `while`, `print`와 같은 영어 단어를 사용하여 사람들이 이해하고 작성하기 쉽도록 작성한 언어를 고수준 언어high-level language라 한다. 고수준 언어는 개발자가 복잡한 문제를 효율적으로 해결할 수 있게 한다. 프로그래밍 언어의 인기를 가늠할 수 있는 지표 중 하나인 TIOBE 지수를 살펴보면, 2025년 12월 기준으로 파이썬, C, C++, 자바, C# 등의 고수준 언어가 상위를 차지하고 있다.

표 1-1 2025년 12월 프로그래밍 언어 인기 지수 ⓒ TIOBE

25년 12월	24년 12월	순위 변화	프로그래밍 언어	점유율(%)
1	1		Python	23.64%
2	4	∧	C	10.11%
3	2	∨	C++	8.95%
4	3	∨	Java	8.70%
5	5		C#	7.26%
6	6		JavaScript	2.96%
7	9	∧	Visual Basic	2.81%
8	8		SQL	2.10%
9	26	⇈	Perl	1.97%
10	16	⇈	R	1.96%

고수준 언어는 사람이 이해하기 쉬운 형태로 작성되지만, 컴퓨터가 직접 이해하지 못한다. 따라서 고수준 언어로 작성한 소스 코드source code를 컴퓨터가 이해할 수 있는 기계어로 변환하는 과정이 필요하다. 이 과정을 **컴파일**compile이라고 하며, 컴파일을 수행하는 프로그램을 컴파일러compiler라고 한다.

컴파일러는 소스 코드source code를 기계어로 번역하는 과정에서 코드에 문법적 오류가 있는지 검사하고, 오류가 없다면 컴퓨터가 실행할 수 있는 실행 파일을 생성한다. C, C++, 자바와 같은 프로그래밍 언어는 이 컴파일 과정을 통해 실행된다.

Note **인터프리트**

컴파일 방식과 다르게 코드를 한 줄씩 읽어 즉시 실행하는 인터프리트(interpret) 방식도 존재한다. 대표적인 인터프리트 언어로 자바스크립트(JavaScript)가 있으며, 웹 브라우저는 자바스크립트 코드를 해석하여 웹페이지의 콘텐츠를 생성한다.

2 자바의 인기 비결

자바, 파이썬, C 언어는 오랜 시간 동안 꾸준히 사랑받아 온 대표적인 프로그래밍 언어다. 이 중에서도 **자바**Java는 가전제품부터 대규모 기업용 소프트웨어까지 다양한 분야에서 사용된다. 자바가 인기 있는 이유는 다음과 같다.

1. 플랫폼 독립성

1995년에 발표된 자바는 "한 번만 작성하면 어디서든 작동Write Once, Run Anywhere, WORA"이라는 철학을 가지고 등장했다. 당시 대표 언어인 C는 유닉스, 윈도우, 임베디드 시스템embedded system 등 각기 다른 운영체제에서 실행하려면 별도로 코드를 수정해야 하는 번거로움이 있었다. 예를 들어, 유닉스에서 작성한 C 코드는 윈도우에서 그대로 실행되지 않아, 윈도우에 맞게 다시 수정해야만 했다. 이러한 호환성 문제는 개발자에게 큰 부담이었다.

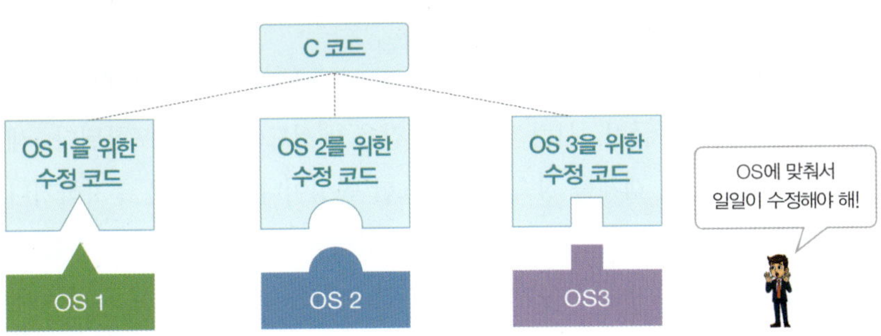

그림 1-1 C 언어의 호환성 문제

자바는 호환성 문제를 해결하는 방법으로 **자바 가상 머신**Java Virtual Machine, JVM 기술을 도입했다. JVM은 운영체제에 맞게 제작된 자바 실행 환경으로, 자바 코드를 어떤 운영체제에서든 동일하게 실행할 수 있도록 지원한다. 따라서 JVM이 있는 환경이라면 운영체제의 종류와 상관없이 자바로 작성한 코드를 실행할 수 있다. 이 플랫폼 독립성 덕분에 자바는 빠르게 인기를 얻었고, 지금까지도 널리 사용되고 있다.

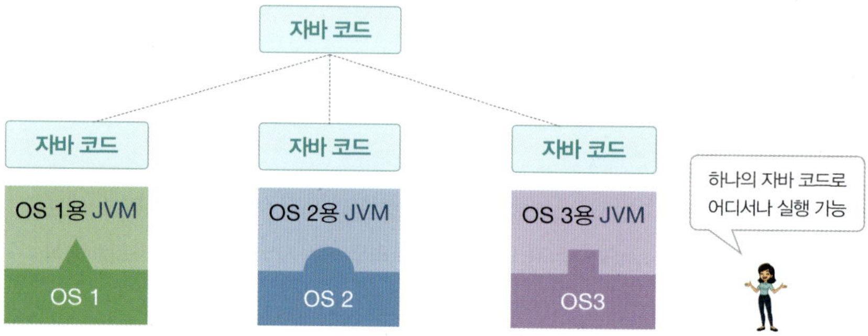

그림 1-2 자바 가상 머신(JVM)과 플랫폼 독립성

TIP 자바를 실행하려면 사용하는 운영체제에 맞는 JVM이 반드시 설치되어 있어야 한다. 또한 자바는 JVM을 통해 간접적으로 실행되기 때문에, 동일한 환경에서는 C 언어에 비해 실행 속도가 느릴 수 있다. 그럼에도 불구하고 대부분의 운영체제가 기본적으로 JVM을 지원하고 있으며, 컴퓨터 성능이 향상됨에 따라 많은 개발자들이 여전히 자바를 선호하고 있다.

2. 재사용성과 유지보수 용이성

자바는 **객체지향 프로그래밍**Object Oriented Programming, OOP 언어다. 객체지향 프로그래밍은 **객체**object를 중심으로 데이터를 처리하고, 프로그램을 구성하는 방식이기 때문에 코드를 재사용하기 쉽고, 유지보수가 간편하다는 장점이 있다.

예를 들어 도넛을 만드는 프로그램을 작성한다고 했을 때, C 언어와 같은 절차지향 프로그래밍에서는 프로그램의 동작을 절차 순서대로 나열한다. 따라서 도넛을 만드는 프로그램은 '반죽 → 모양 만들기 → 굽기 → 시럽 뿌리기' 순서로 코드를 작성한다. 만약 새로운 종류의 도넛을 추가하려면 기존의 코드를 복사해서 수정해야 하므로, 코드가 중복되고 복잡해지면서 오류가 발생할 가능성이 높아진다.

반면 자바와 같은 객체지향 프로그래밍에서는 도넛을 하나의 객체로 만든다. 이 객체에는 재료, 굽는 시간, 모양과 같은 속성(데이터)과 굽기, 시럽 뿌리기와 같은 메서드(기능)가 포함된다. 새로운 도넛을 만들 때는 기존의 기본 도넛 객체를 상속받아 필요한 속성이나 기능만을 추가하거나 변경할 수 있다. 예를 들어, 딸기 도넛 객체는 기본 도넛 객체를 상속받아 딸기 시럽 뿌리기를 추가하고, 생딸기 도넛 객체는 딸기 도넛 객체를 상속받아 생딸기만 추가한다. 만약 모든 도넛의 굽는 시간을 5분에서 7분으로 변경한다면, 기본 도넛 객체의 굽는 시간만 수정한다. 이 변경 사항이 기본 도넛 객체를 상속받은 모든 도넛에 자동으로 적용되므로, 일일이 코드를 찾아서 수정할 필요가 없다.

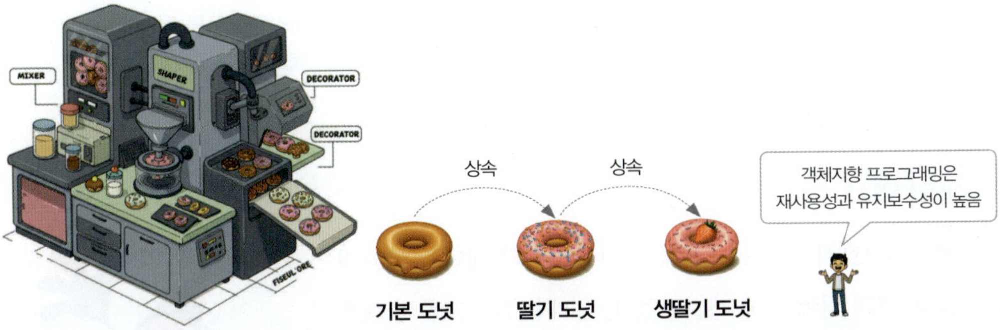

그림 1-3 객체 상속의 장점

이러한 객체지향 방식은 한 번 만든 기본 도넛 객체를 여러 종류의 도넛을 만드는 데 계속 활용할 수 있기 때문에 코드의 재사용성이 높아 개발 시간을 단축할 수 있다. 이는 유지보수를 용이하게 하고, 오류가 발생할 가능성을 줄여준다.

3. 그 외 자바의 장점

자바는 플랫폼 독립성과 객체지향 구조 외에도 다음과 같은 장점을 지닌다.

- **자동 메모리 관리:** 자바는 가비지 컬렉터Garbage Collector, GC를 통해 사용하지 않는 메모리를 자동으로 정리하므로, 개발자가 직접 메모리를 관리할 필요가 없다.
- **멀티스레딩 지원:** 자바는 멀티스레딩을 지원하기 때문에, 하나의 프로그램에서 여러 작업을 동시에 처리할 수 있다. 이를 통해 CPU 활용률을 높이고 병렬 처리를 쉽게 구현할 수 있다.
- **강력한 보안 기능:** 자바는 자체적으로 보안 메커니즘을 내장하고 있으며, 암호화, 인증 등 네트워크 보안 기능을 제공하여 안전한 데이터 처리가 가능하다.
- **풍부한 표준 라이브러리:** 자바는 다양한 작업을 쉽게 처리할 수 있도록 방대한 표준 APIApplication Programming Interface와 라이브러리library를 제공한다. 이를 통해 개발자는 효율적으로 프로그램을 개발할 수 있다.
- **엄격한 타입 검사와 예외 처리:** 자바는 컴파일 시점에 엄격한 타입 검사type check를 수행하므로, 오류를 미리 방지할 수 있다. 또한, 예외 처리Exception Handling를 통해 예기치 못한 오류에 대비하여 안정적인 코드를 작성할 수 있다.

> **Note** **자바와 유사한 이름을 가진 언어**
>
> 자바와 유사한 이름을 가진 여러 언어가 있다. 자바스크립트(JavaScript)는 웹 브라우저에서 실행되어 웹페이지에 동적인 기능을 추가하는 스크립트 언어이며, JSP(Java Server Pages)는 서버에서 동적으로 HTML을 생성하는 데 사용되는 자바 기반 기술이다. 또한, jQuery는 자바스크립트를 더 쉽고 간결하게 사용할 수 있도록 도와주는 라이브러리이다.

3 자바의 역사

그림 1-4 자바의 마스코트 DUKE

자바는 썬마이크로시스템즈Sun Microsystems에 소속된 제임스 고슬링James Gosling과 그의 팀에 의해 개발되었다. 원래는 가전제품의 소프트웨어를 개발하기 위해 설계되었으나, 빠르게 범용 프로그래밍 언어로 발전했다.

1995년 자바가 공식 발표되었고, 다양한 운영체제에서 실행될 수 있다는 점에서 큰 주목을 받았다. 1996년 자바의 첫 번째 정식 버전인 JDK 1.0이 출시되었고, 2009년 썬마이크로시스템즈가 오라클Oracle에 인수되면서 자바는 오라클에서 관리하고 있다.

이후 자바는 꾸준히 발전하여 2024년에는 자바 23버전이 출시되었고, 다양한 기능 추가와 성능 개선을 통해 여전히 활발하게 사용되고 있다. 자바는 웹, 모바일, 기업용 시스템(엔터프라이즈) 등 다양한 환경에서 사용되는 강력한 언어이며, 현재는 목적에 따라 여러 에디션edition으로 구분되어 사용하고 있다. 자바의 다양한 에디션은 각각의 용도에 맞는 환경을 제공하며, 오늘날까지도 여러 분야에서 필수적인 개발 도구로 자리 잡고 있다.

> **Note** **자바 에디션**
>
> - **Java SE(Standard Edition):** 자바의 기본 표준 에디션으로, 대부분의 자바 패키지가 포함되어 있다. 일반적인 응용 프로그램 개발에 사용되며, 자바의 핵심 기능을 제공한다. 또한, 이 책의 기준이 되는 에디션이다.
> - **Jakrta EE(Enterprise Edition):** Java SE를 기반으로 기업용 응용 프로그램 개발에 필요한 API와 도구를 제공하는 에디션이다. 주로 서버 측 개발에 사용되며, JSP, Servlet, JDBC, EJB 등과 같은 엔터프라이즈용 응용 프로그램 개발에 필수적인 라이브러리들을 포함하고 있다(전 Java EE).
> - **Java ME(Micro Edition):** 임베디드(embedded) 기기에서 자바 응용 프로그램을 실행할 수 있도록 만들어진 경량화 버전이다. 임베디드 기기 전용 API와 경량화된 Java SE를 기반으로 소형 장치에서 실행되도록 최적화되어 있다.

- **JavaFX:** 데스크톱 응용 프로그램과 리치 인터넷 애플리케이션(Rich Internet Application, RIA)을 개발하는 데 사용하는 플랫폼이다. 그래픽 사용자 인터페이스(GUI)를 구축할 때, 기존의 GUI 개발용 라이브러리인 스윙 대신 사용하도록 설계된 것이 JavaFX이다. JavaFX는 사용자 인터페이스가 중요한 응용 프로그램 개발에 많이 사용된다.

생성형 AI와 공부하기

Java SE, Jakrta EE, Java ME, JavaFX, JavaScript, JSP, jQuery의 차이점을 설명해줘.

4 자바 개발 환경

자바와 C 언어의 컴파일 방식에는 차이가 있다. C 언어로 작성된 소스 코드는 확장자가 .c이다. 예를 들어 이름이 hello.c인 코드를 컴파일러가 컴파일하면, 기계어로 이루어진 실행파일이 만들어진다. C 컴파일러의 역할은 소스 코드를 운영체제가 이해할 수 있는 실행 코드로 변환하는 것이며, 윈도우 환경에서는 확장자가 .exe인 hello.exe 실행파일이 생성된다. hello.exe 파일을 실행하면 프로그램이 작동한다.

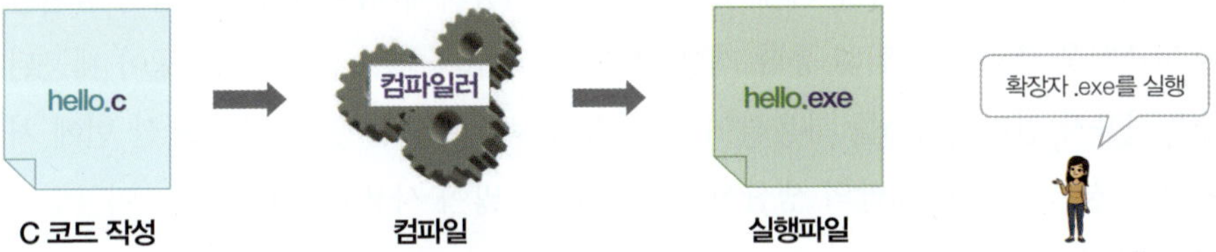

그림 1-5 C 언어 소스 코드의 컴파일과 실행

자바에서 소스 코드는 hello.java와 같은 형태로 저장되며, 확장자는 .java이다. 자바 컴파일러인 javac가 hello.java 파일을 컴파일하면, 바이트코드$_{\text{bytecode}}$가 포함된 hello.class 파일이 만들어진다. JVM은 이 바이트코드를 운영체제에 맞게 해석하여 프로그램을 실행한다. javac의 역할은 자바 소스 코드를 JVM이 이해할 수 있는 바이트코드로 변환하는 것이다.

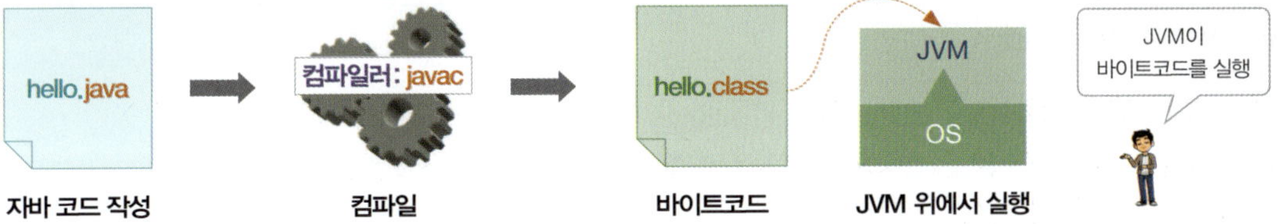

그림 1-6 자바 소스 코드의 컴파일과 실행

자바 소스를 작성하고 컴파일하려면, 자바 컴파일러 javac와 바이트코드를 실행하는 JVM이 필요하다. 자바에서는 javac, JVM, 디버깅 도구를 포함한 개발 도구들의 모음을 **JDK**Java Development Kit 라 부른다. JDK에 포함된 주요 개발 도구들은 다음과 같다.

- **자바 컴파일러**javac : 자바 소스 파일(.java)을 바이트코드(.class)로 컴파일한다.
- **자바 가상 머신**JVM : 바이트코드를 운영체제에 맞게 해석하고 실행하는 가상 환경이다.
- **자바 런타임 환경**Java Runtime Environment, JRE : 자바 프로그램이 실행되기 위한 런타임 환경으로, JVM과 표준 클래스 라이브러리로 구성된다. JRE만 설치된 시스템에서는 자바 프로그램을 실행할 수만 있고, 자바 프로그램의 개발 작업은 불가능하다.
- **자바 클래스 라이브러리**Java Class Library : 자바 프로그램에서 사용할 수 있는 표준 클래스와 라이브러리들의 모음이다.
- **자바 디버거**jdb : 자바 프로그램의 오류를 찾아 수정할 수 있는 디버깅 도구이다.
- **자바 문서 도구**Javadoc : 자바 코드에 주석을 추가해 자동으로 API 문서를 생성하는 도구이다.

JDK를 설치한 후에, 명령 프롬프트command prompt, CMD나 터미널에서 명령어를 입력하여 컴파일을 진행할 수 있다. 그러나 그래픽 사용자 인터페이스에 익숙한 사용자에게는 이러한 작업이 불편할 수 있다. 이러한 불편함을 해결하기 위해 **통합 개발 환경**Integrated Development Environment, IDE이 제공된다. IDE는 그래픽 사용자 인터페이스를 사용하여 코드 작성, 컴파일, 실행, 디버깅을 한 번에 처리할 수 있는 개발 환경으로 자바 개발의 생산성을 높여준다. 많이 사용하는 IDE에는 이클립스Eclipse, 인텔리J IntelliJ, IDEA, 넷빈즈NetBeans 등이 있다.

Note **Oracle JDK와 OpenJDK**

오라클은 2019년부터 기업용 Java SE에 대한 유료화 정책을 시행했다. 자바 언어 자체는 무료로 사용할 수 있지만, Oracle JDK의 상업적 사용 및 추가 지원은 유료로 제공된다. 그러나 OpenJDK를 사용하면 무료로 자바 개발을 진행할 수 있다. 특히, 오픈소스 기반의 이클립스를 설치하면 OpenJDK가 자동으로 함께 설치되므로, 별도로 OpenJDK를 설치할 필요가 없다. 따라서 이 책에서는 이클립스를 사용하여 자바 개발 방법을 설명한다. 또한 최신 Oracle JDK의 설치 및 환경 설정 방법은 3절 'JDK 설치와 실행 [심화]'에서 다룬다.

SECTION 02 자바 코드 작성과 실행

1 자바의 기본 구조

자바에서 **프로그램의 기본 단위는 객체**이며, 객체는 클래스로부터 생성된다. 따라서 클래스 외부에는 자바의 실행 코드가 존재할 수 없다. 관련 있는 클래스를 하나로 묶은 단위를 패키지라고 하며, 자바에서 패키지는 코드를 논리적으로 구성할 수 있게 한다.

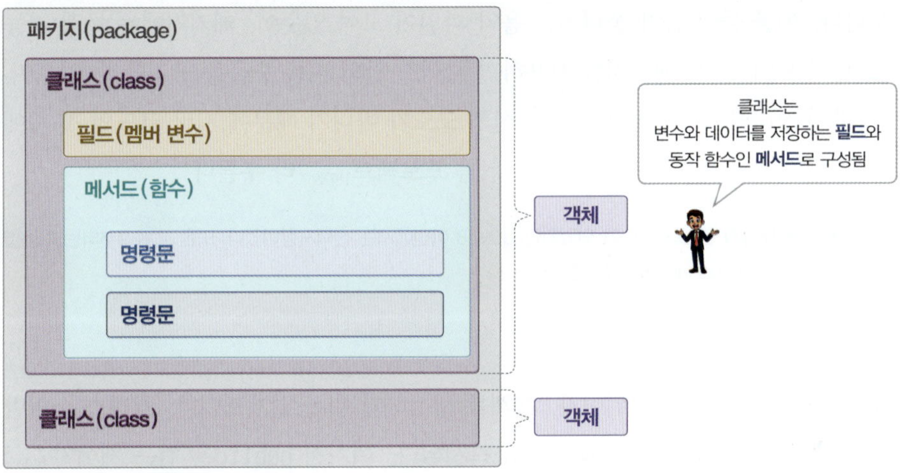

그림 1-7 자바 코드의 구조

클래스는 필드와 메서드로 구성된다. 필드는 변수와 상태 데이터를 저장하며, 메서드는 객체의 동작을 정의하는 함수이다. 메서드 안에는 여러 개의 명령문이 포함되며, 이 명령문들이 프로그램의 실제 동작을 수행한다.

[그림 1-8]은 가장 기본적인 자바 코드 예시이며, 이 소스 코드의 파일 이름은 Hello.java이다. 이 예제를 활용하여 자바 코드의 구조를 구체적으로 살펴보자.

```java
package sec02.exam01;

public class Hello {
    public static void main(String[] args) {
        // 화면에 출력하는 코드
        System.out.println("Hello! Java");
    }
}
```

그림 1-8 Hello.java 코드

1. 패키지

패키지package는 관련이 있는 클래스들을 하나로 묶는 논리적인 단위이며, 파일 시스템에서 폴더와 같은 역할을 한다. 예를 들어 음악 폴더에는 음악 파일이 모여 있듯이, 패키지에는 특정 기능과 관련된 클래스들이 모여 있다. 패키지를 사용하면 클래스 간의 이름 충돌을 방지할 수 있으며, 코드 구조를 명확하게 정리할 수 있다. 패키지는 실행 코드가 아니기 때문에 자바 코드의 첫 줄에 위치한다. 여러 패키지와 클래스를 포함하는 큰 단위를 **프로젝트**project라 부른다.

TIP JDK 11 이후 버전부터는 패키지 선언이 필수가 되었지만, JDK 8 이전에서는 선택사항이었다. 또한 JDK 9부터는 기능별로 프로젝트를 나눈 더 큰 단위를 모듈(module)이라고 부른다.

2. 클래스

클래스class는 자바 프로그램의 기본 단위이자, 객체를 생성하기 위한 설계도이다. 클래스는 일반적으로 `public class Hello {}`와 같은 형식으로 작성된다. 여기서 `public`은 접근 제어자access modifier로, 해당 클래스가 모든 패키지와 클래스에서 접근 가능함을 의미한다. 클래스 외부에는 실행 코드가 올 수 없으며, 모든 실행 코드는 반드시 클래스 내부에 정의되어야 한다.

클래스 이름은 항상 대문자로 시작하며, 하나의 자바 파일 안에는 **`public` 클래스가 단 하나만 존재**할 수 있다. 또한 `public` 클래스의 이름은 파일 이름과 반드시 일치해야 한다. 예를 들어 `Hello.java` 파일에는 `public class Hello {}`가 정의되어야 한다.

Note 클래스를 여러 개로 나누는 이유

Baker 클래스와 Donut 클래스가 같은 파일에 존재하면, 그중 하나만 `public`으로 선언할 수 있으며, 나머지 클래스는 외부에서 접근이 제한된다. 접근 제한 문제를 해결하려면, 각각 `Baker.java`, `Donut.java`와 같이 별도의 파일로 저장하고, 같은 패키지에 포함하는 것이 좋다. 여러 클래스를 한 파일에 넣는 방식은 가독성이 떨어지고 유지보수가 어렵기 때문에 패키지를 활용하여 클래스를 분리하는 것을 권장한다.

3. 필드

필드field는 클래스에 정의된 변수로, 객체가 사용하는 데이터를 저장한다. 클래스에 속한 변수라는 의미로 멤버 변수 또는 인스턴스 변수라고도 한다.

TIP 예제 코드인 [그림 1-8]에는 필드(멤버 변수)가 없으며, 패키지 안에 하나의 클래스만 있는 구조이다.

4. 메서드

메서드method는 클래스 안에서 객체가 수행하는 동작을 정의하는 함수function로, 메서드 이름 옆에는 괄호()가 붙는다. 클래스 안에는 여러 개의 메서드를 정의할 수 있으며, 그중 `public static void main(String[] args)`는 프로그램의 시작점이 되는 메서드이다. `main()` 메서드는 자바 프로그램 실행 시 가장 먼저 호출되며, 하나의 프로그램에서 딱 한 번만 정의되어야 한다.

5. 명령문

명령문statement은 컴퓨터에 지시하는 작업의 최소 단위이며, 메서드 안에 작성한다. 자바에서는 각 명령문의 끝에 세미콜론(;)을 붙여야 한다. 명령문의 예로, `System.out.println("Hello! JAVA");`는 콘솔에 `Hello! JAVA`를 출력하는 역할을 한다.

6. 주석

주석comment은 코드에 대한 설명이나 메모를 추가하는 부분으로, 컴파일 시 무시된다. 주석을 사용하면 코드의 가독성이 높아지고, 협업 시 다른 개발자와 소통을 용이하게 할 수 있다. 한 줄 주석은 `//`로 시작하고, 여러 줄 주석은 `/* */` 사이에 작성한다. `/** */` 형식의 주석은 Javadoc 도구를 통해 자동으로 문서화할 수 있다.

생성형 AI와 공부하기

자바 코드의 구조에 대하여 자세히 설명해줘.

2 이클립스 사용 환경 구축

이클립스는 자바를 개발할 때 사용하는 오픈소스 기반의 프로그래밍 통합 개발 환경IDE이다. 자바 기본 구조를 배웠으니, 이제 이클립스를 사용하여 자바 코드를 직접 작성하고 실행해보자.

1. 이클립스 설치하기

이클립스 공식 다운로드 사이트(https://www.eclipse.org/downloads/)에 접속한 뒤 [Download Packages]를 클릭한다.

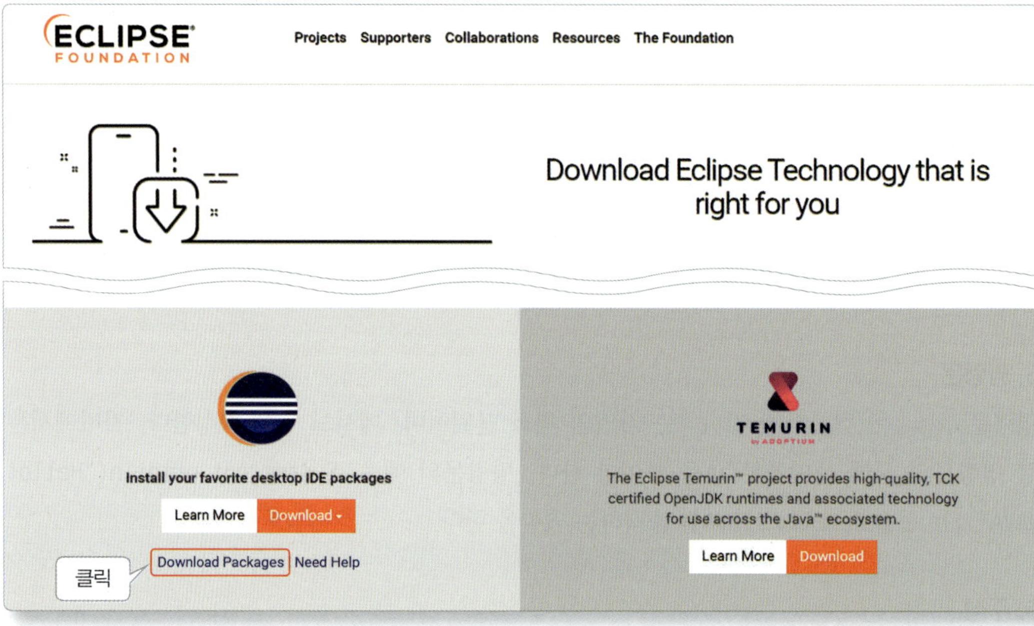

그림 1-9 이클립스 설치 과정(1)

홈페이지 오른편의 [MORE DOWNLOADS]에서 원하는 버전을 클릭하여 다운로드한다. 여기서는 최신 버전인 '2025-12 R'을 선택하였다.

그림 1-10 이클립스 설치 과정(2)

첫 번째 화면에서 'Windows x86_64'를 클릭한다. 이어지는 화면에서 'eclipse-jee-2025-12-R-win32-x86_64.zip'을 클릭하여 설치 파일을 다운로드한 뒤 eclipse.exe를 더블클릭하여 이클립스를 실행한다.

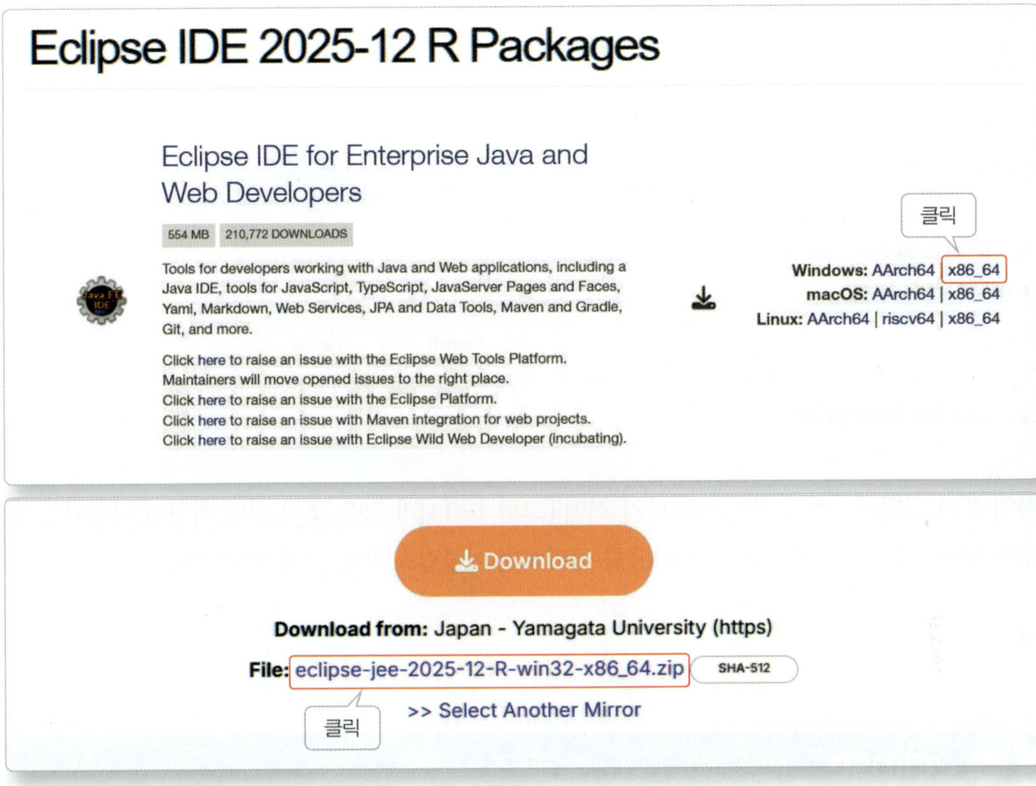

그림 1-11 이클립스 설치 과정(3)

Note **이클립스 버전**

이클립스는 Windows, macOS, Linux 버전이 있으며, 자신이 사용하는 운영체제에 맞는 버전을 다운로드하여 실행한다. 또한, 이클립스의 홈페이지, 설치 화면 구성, 자바 버전은 설치 시점에 따라 다를 수 있으니, 최신 버전을 선택하여 설치한다.

2. 이클립스 시작하기

이클립스를 처음 실행하면 [그림 1-12]와 같이 작업할 폴더를 선택하는 화면이 나타난다. 기본적인 작업 폴더의 위치 경로는 C:\Users*아이디*\eclipse-workspace이다. [그림 1-12]에서는 아이디가 zochn이다. 기본 폴더 대신에 각자 원하는 위치에 폴더를 만들어서 경로를 지정해도 된다. 작업 폴더를 지정하고 난 후, 하단의 〈Launch〉를 클릭한다.

TIP [Use this as the default]를 체크하면 매번 폴더를 선택할 필요가 없지만, 작업 공간을 바꿔야 하는 경우 불편할 수 있으니 체크하지 않는 것이 좋다.

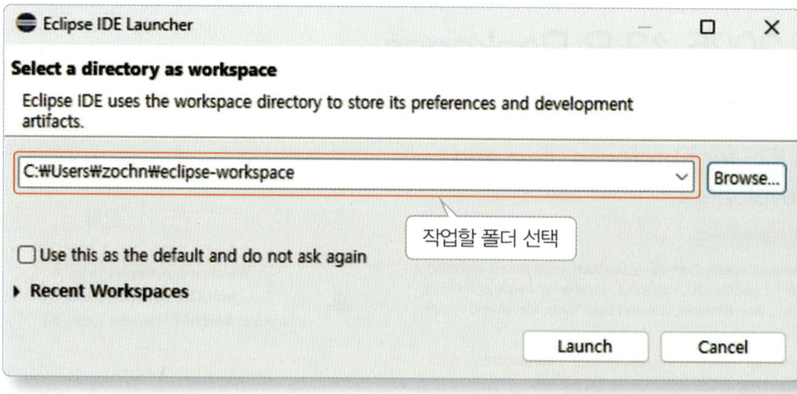

그림 1-12 **작업 폴더 선택 화면**

작업 폴더 선택 후, 작업 창이 나타나기 전에 [그림 1-13]과 같은 초기 선택 화면이 나타나는 경우도 있다. 이때는 화면 상단의 〈Hide〉를 클릭하면 이클립스 작업 창이 나타난다.

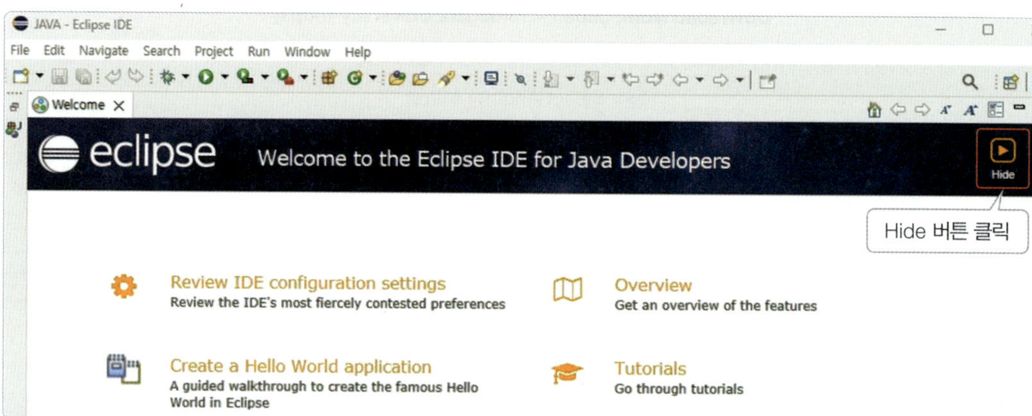

그림 1-13 **초기 선택 화면**

[그림 1-14]는 이클립스 작업 창의 모습이다. 이클립스 작업 창의 왼쪽 영역은 [Package Explorer]로, 새로운 패키지나 클래스의 구조가 나타난다. 가운데 영역은 코드 작성 영역이며, 이곳에서 자바 코드를 작성한다. 자바 코드를 작성한 후 상단의 ▶(실행 버튼)을 클릭하면 하단의 콘솔console 창에 결과가 출력된다.

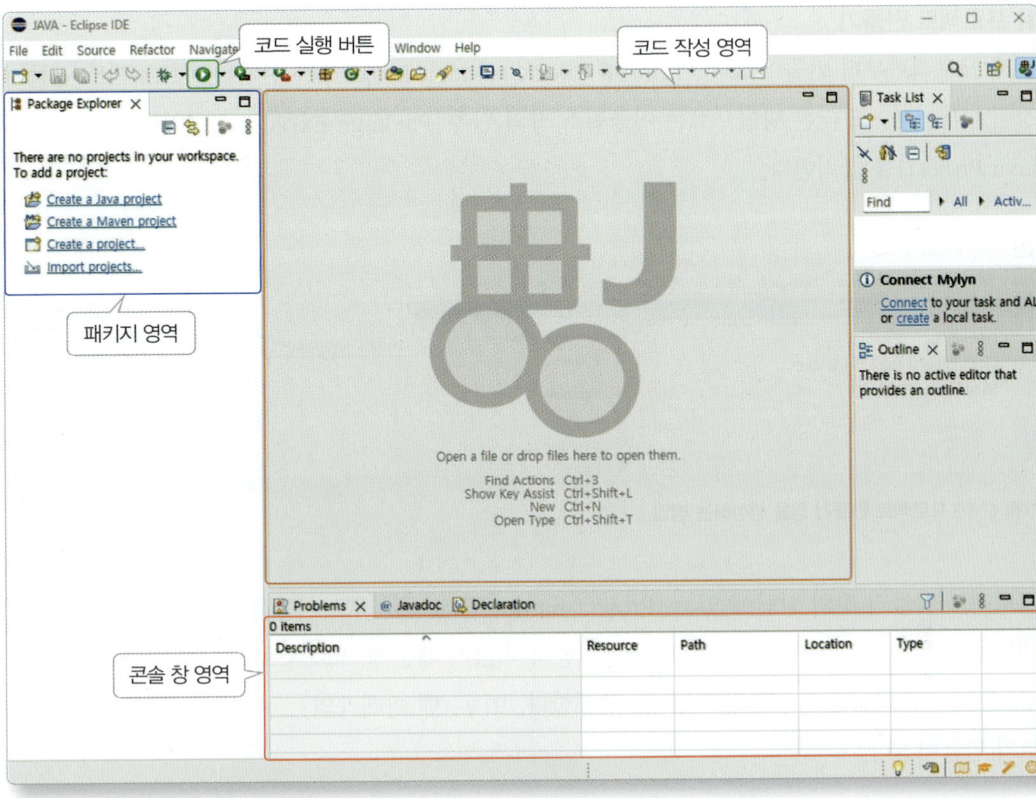

그림 1-14 이클립스 작업 창의 구조

3 코드 입력과 실행

이클립스에서 자바 코드를 입력하고 실행하는 절차는 [그림 1-15]와 같다.

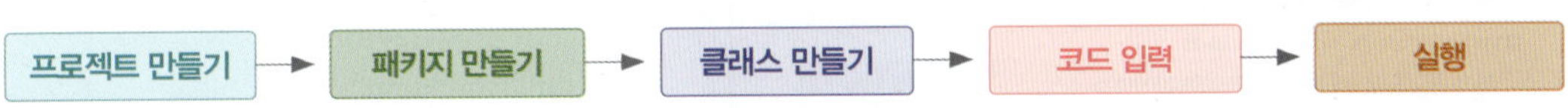

그림 1-15 이클립스의 자바 코드 작성 및 실행 순서

자바에서 객체의 기본 단위는 클래스이며, 서로 관련 있는 클래스를 하나로 묶은 것이 패키지이다. 그리고 이러한 패키지들이 모여 하나의 프로젝트가 된다. 이 책에서 제공하는 소스 코드를 예로 들면 chap01, chap02와 같이 각 장별로 프로젝트가 만들어져 있으며, 그 안에는 소스 코드별로 패키지가 구성되어 있고, 해당 패키지 안에 관련 클래스가 담겨 있다.

1. 프로젝트 만들기

이제 프로젝트부터 만들어 보자. [File] ▶ [New] ▶ [Java Project]를 선택하면 프로젝트 만들기 창이 나타난다. 또 다른 방법으로는 이클립스 창의 왼쪽 [Package Explorer] 영역에서 [Create a Java Project]를 클릭한다.

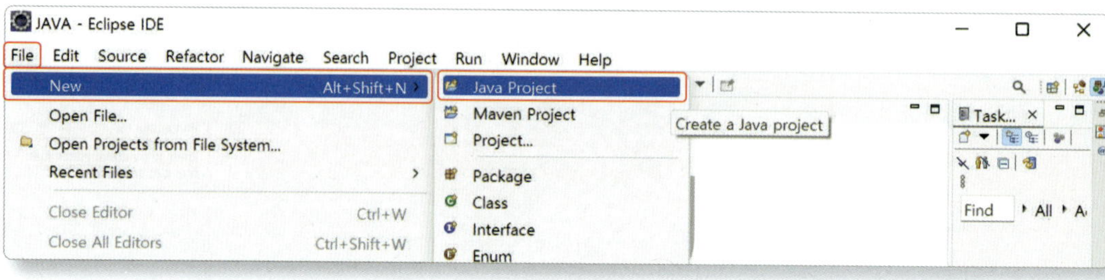

그림 1-16 프로젝트 만들기 창을 생성하는 방법

프로젝트 만들기 창의 상단에 있는 [Project name] 칸에 프로젝트 이름을 입력한다. 1장의 프로젝트 이름은 chap01이다. 지금은 모듈을 사용하지 않기 때문에 프로젝트 입력 창 하단에 [Create module-info.java file]의 체크박스는 해제한다. 이후, 맨 아래쪽의 Finish 를 클릭하면 프로젝트가 만들어진다.

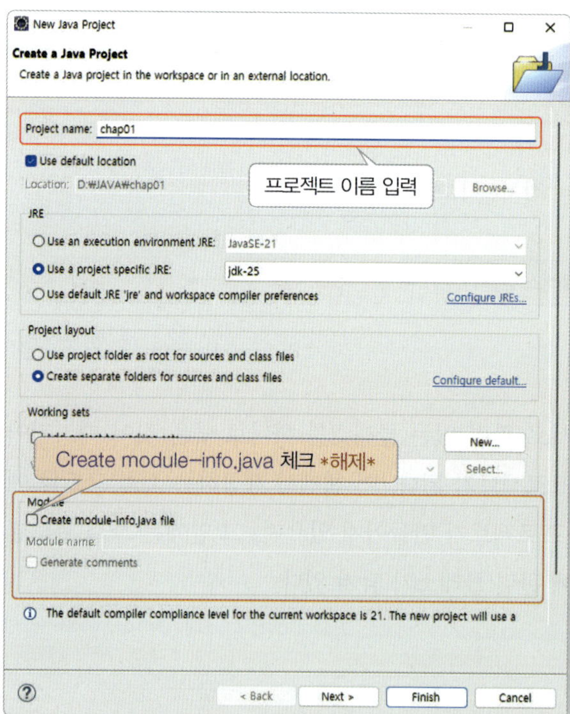

그림 1-17 프로젝트 만들기 창

TIP 모듈은 여러 패키지를 모아 관리하는 상위 개념의 패키지로, 아직 다루지 않기 때문에 체크박스를 해제하고 진행한다.

2. 패키지 만들기

프로젝트를 성공적으로 만들었다면, 이제 패키지를 만들어보자. [Package Explorer]에서 새로 만들어진 chap01을 확장하자. 그 밑에 [src]를 선택한 후, 마우스 오른쪽 버튼을 클릭하면 [New] 메뉴가 나타난다. 여기에서 [Package]를 선택한다.

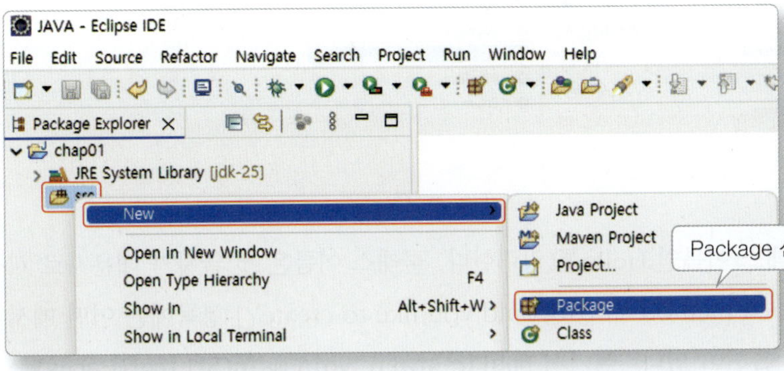

그림 1-18 새로운 Package 선택 화면

[Name] 칸에 sec02.exam01을 입력한 후, 〈finish〉를 클릭하면 패키지가 생성된다.

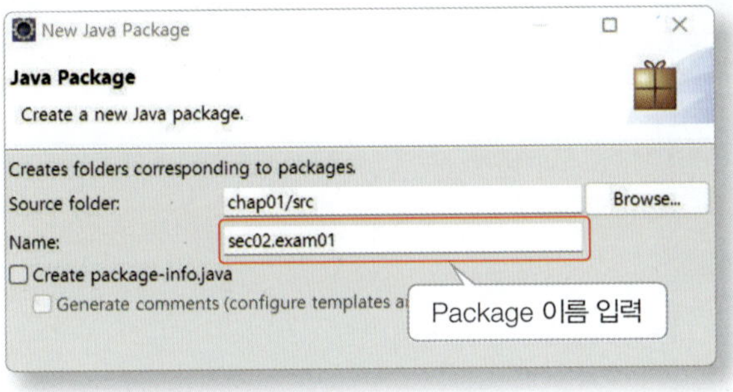

그림 1-19 새로운 Package 입력 창

TIP 패키지 만들기를 건너뛰고 바로 클래스를 만들 수도 있는데, 이 경우 [Package Explorer]에서 패키지 이름 대신 (default package)로 표시된다. 자바에서 패키지는 중요한 개념이므로 이를 권장하지는 않는다.

3. 클래스 만들기

이제 클래스를 만들어보자. [Package Explorer]에서 방금 만들어진 `sec02.exam01` 패키지를 선택하자. 마우스 오른쪽 버튼을 눌러 [New] ▶ [Class]를 선택하면 클래스 이름을 입력하는 창이 나타난다.

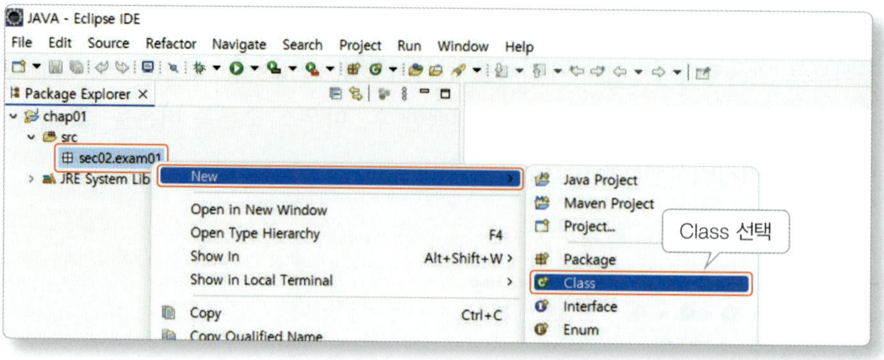

그림 1-20 Class 선택 화면

[Name] 칸에 새로 만들 클래스 이름인 Hello를 입력한다. 클래스 이름은 첫 글자가 대문자로 시작하는 것이 관례이다. [Which method stubs would you like to create?] 항목에는 어떤 메서드를 만들 것인지 선택하는 옵션이 있다. 여기서 `public static void main(String[] args)`를 선택하면, 자동으로 `main()` 메서드가 만들어진다.

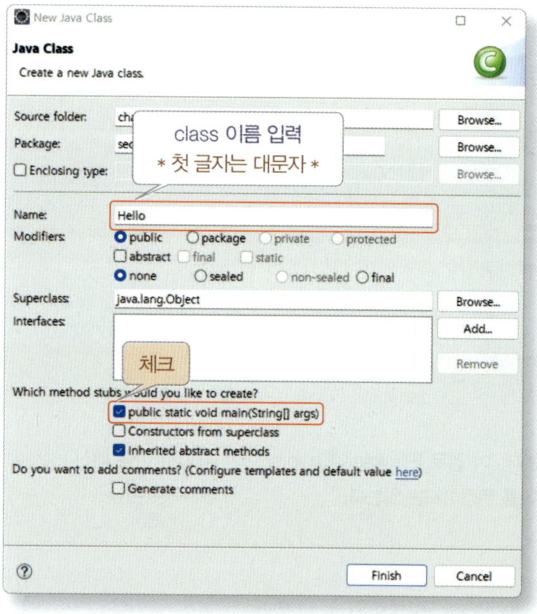

그림 1-21 새로운 Class 입력 화면

Hello라는 이름을 가진 클래스를 만들면, 같은 이름의 Hello.java 파일이 자동으로 생성된다. [Package Explorer] 영역에서 `sec02.exam` 패키지 밑에 Hello.java 파일이 생성되었다면 정상적으로 자바 코드를 만든 것이다. Hello.java를 확장하면, 그 밑에 `Hello` 클래스와 `main()` 메서드가 있는 것을 확인할 수 있다.

또한 [Package Explorer]에 나타난 자바 코드의 구조를 보면, chap01 프로젝트 아래에는 JRE 라이브러리와 소스 코드(src)가 있다. src 폴더 아래에 **sec02.exam01** 패키지가 있고, 그 아래에는 Hello.java 파일이 위치한다.

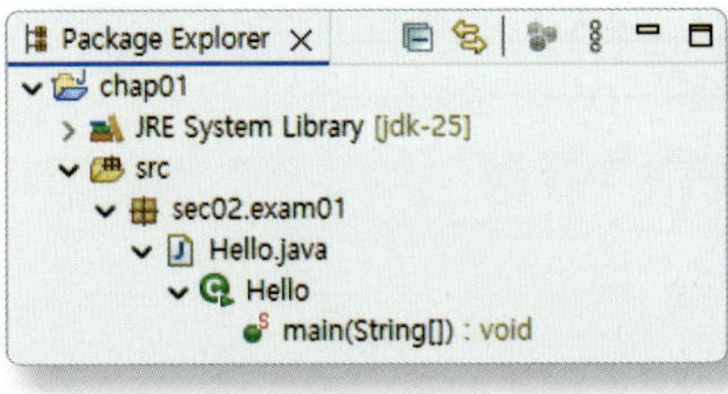

그림 1-22 생성된 Hello.java의 계층 구조

> **Note 패키지 이름에서 점(.)의 의미**
>
> [Package Explorer]에 나타나는 계층 구조는 실제 폴더 구조를 반영한다. 작업공간(workspace)에는 chap01 폴더가 생성되고, 그 안에 src 폴더가 만들어진다. 그러나 src 폴더 하위에 sec02.exam01 폴더가 위치하는 것은 아니다. 실제로는 sec02 폴더 밑에 exam01 폴더가 위치한다. 즉, 패키지 이름의 점(.)은 하위 폴더를 의미한다. 따라서 **sec02.exam01**과 **sec02.exam02** 패키지를 만들면 sec02 폴더 안에 exam01과 exam02 폴더가 생성된다.
>
> 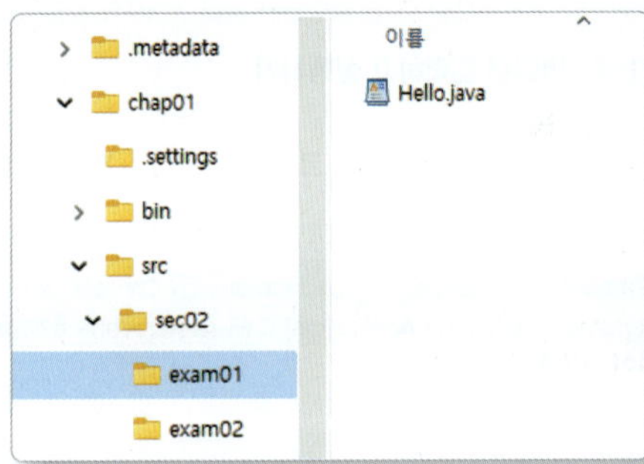
>
>
> 그림 1-23 자바 패키지의 폴더 구조

4. 자바 코드 입력하고 실행하기

Hello.java에 코드를 입력하고 실행해보자. 이클립스에서 클래스를 만들면, 클래스 코드와 `main()` 메서드를 자동으로 생성한다. // 주석이 위치한 공간에 다음과 같은 명령문을 입력한다.

```
System.out.println("Hello! Java");
```

명령문을 입력하고 위쪽 상단의 ▶을 클릭하면 아래의 콘솔 창에 [그림 1-25]와 같이 `Hello! Java`가 출력된다. 이 메시지가 정상적으로 출력되면, 자바 코드를 제대로 작성한 것이다.

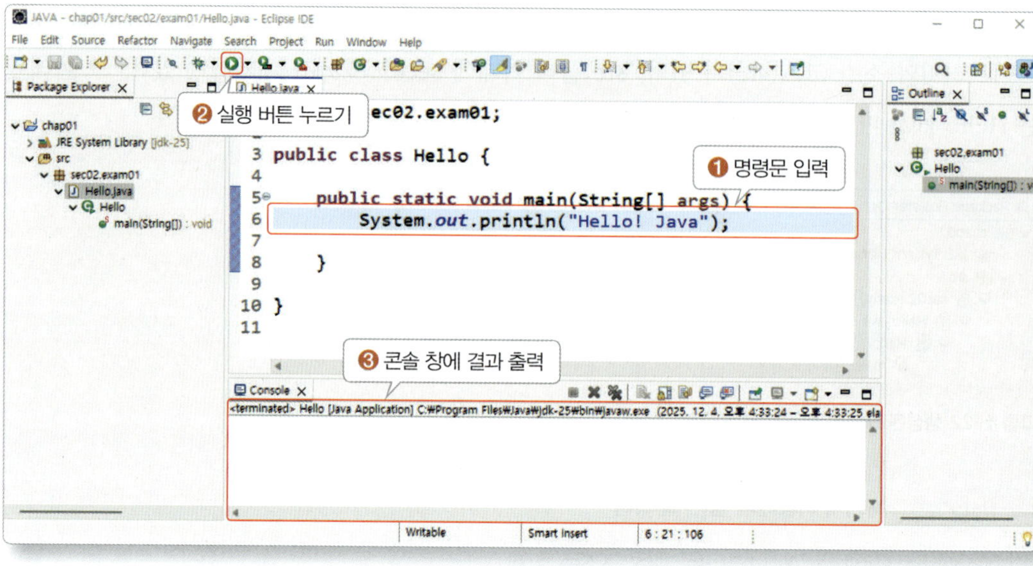

그림 1-24 명령문 입력하고 실행하기

TIP [그림 1-24]는 자바 기본 코드에 있는 '// TODO Auto-generated ...' 주석을 지우고 입력한 화면이다.

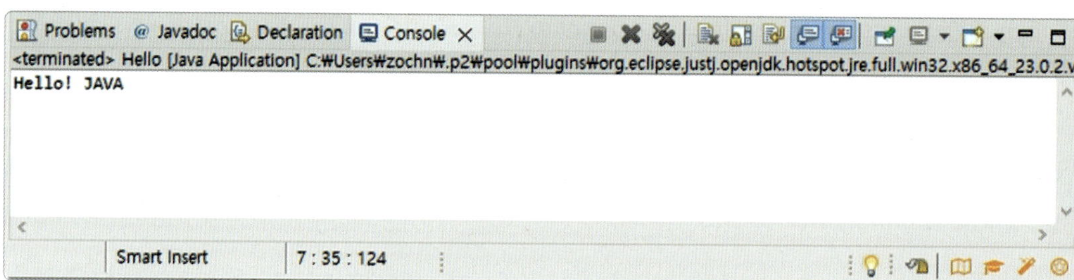

그림 1-25 정상적인 출력 화면

만약 명령줄의 System을 소문자로 시작하는 system이라 잘못 입력했다면 6번 행에서 오류가 발생했다는 메시지가 콘솔 창에 나타난다. 오류를 수정한 뒤 다시 실행하면 정상적으로 출력된다.

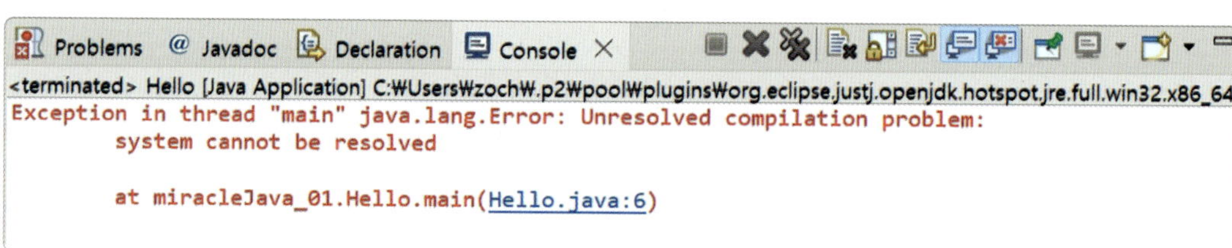

그림 1-26 오류 발생 화면

> **Note** **대소문자 구별**
>
> 자바 코드를 작성할 때는 대소문자를 정확하게 구분해야 한다. 앞에서 살펴본 `System`과 `system`과 같이 `main`을 `Main`으로, `public`을 `Public`으로 작성하면 오류가 발생한다. 자바에서는 대소문자를 구분하기 때문에 코드를 작성할 때 철자에 주의해야 한다.

4 예제 파일을 이클립스에서 실행하기

제공된 예제 파일의 압축을 풀면 '소스' 폴더 하단에 .metadata, chap01, chap02 등의 폴더가 나타난다. 이클립스에서 예제 파일을 사용하려면 먼저 ❶ 이클립스를 종료한 상태에서 ❷ 이클립스의 작업 폴더(Workspace)에 압축을 푼 폴더를 복사하여 붙여넣는다. 예를 들어 작업 폴더가 C:\Users*아이디*\eclipse-workspace라면 '소스' 폴더 내의 모든 폴더를 해당 폴더로 붙여넣는다. 이후 ❸ 이클립스를 다시 실행하면 [그림 1-27]과 같이 프로젝트가 정렬된 상태를 확인할 수 있다.

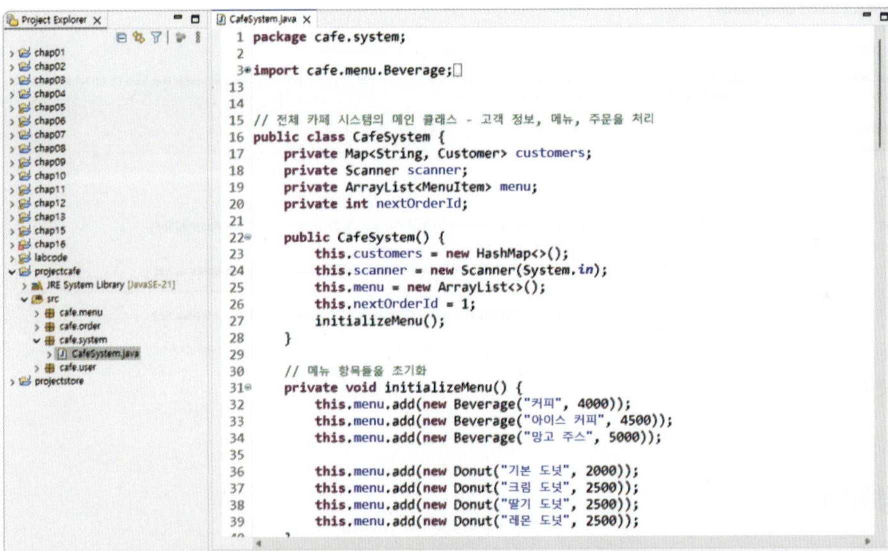

그림 1-27 이클립스에서 제공되는 예제 파일을 실행하는 화면

> **Note** **패키지 구조 다시 만들기**
>
> .metadata 폴더에는 생성된 패키지의 구조 정보가 포함된다. 만약 패키지 구조를 처음부터 다시 설정해야 한다면, 이클립스를 종료한 상태에서 .metadata 폴더와 나머지 장(chapter) 폴더를 모두 삭제하여 초기 상태로 돌아가 처음부터 다시 만든다.

SECTION 03
JDK 설치와 실행 심화

1 오라클 JDK 설치하기

최신 버전의 JDK를 설치하고 환경을 설정해보자. 우선, 오라클의 자바 홈페이지(https://www.oracle.com/kr/java/technologies/downloads/)를 방문하여 자신의 운영체제 버전에 맞는 JDK를 다운로드하여 설치한다. 이 책에서는 윈도우 버전의 JDK25 LTS 버전을 설치한다.

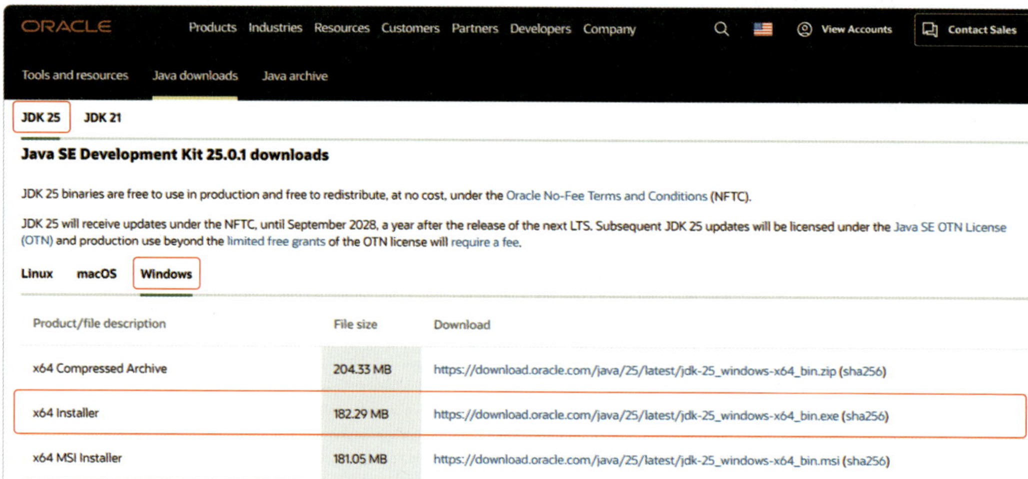

그림 1-28 최신 버전의 오라클 JDK 다운로드 화면

2 환경 설정하기

설치된 오라클 JDK는 명령 프롬프트에서 사용한다. 명령 프롬프트는 [⊞]+[R]을 누른 후 나타나는 윈도우 창에서 cmd를 입력하여 호출한다. JDK를 명령 프롬프트에서 사용하려면, 모든 폴더에서 JDK를 사용할 수 있도록 환경 설정을 해야 한다.

❶ 설치된 JDK 폴더로 이동한 후, 전체 경로path를 복사한다. 윈도우에서는 JDK의 기본 경로가 C:\Program Files\Java\JDK-버전이다. 예를 들어 JDK 25 버전을 설치한 경우, 경로는 C:\Program Files\Java\JDK-25이다. 윈도우 탐색기의 경로 창을 클릭하면 전체 경로를 복사할 수 있다. JDK의 경로를 이미 알고 있다면 이 과정을 생략할 수 있다.

❷ [내 PC]를 선택하고 마우스의 오른쪽 버튼을 누르면 메뉴가 나타난다.

❸ [속성]을 선택한다.

TIP 이 책에서는 오라클 JDK 설정에 필요한 경로(path), 환경변수, 그리고 명령 프롬프트에서 사용하는 cd나 dir과 같은 명령어 사용법에 대해서는 따로 설명하지 않는다.

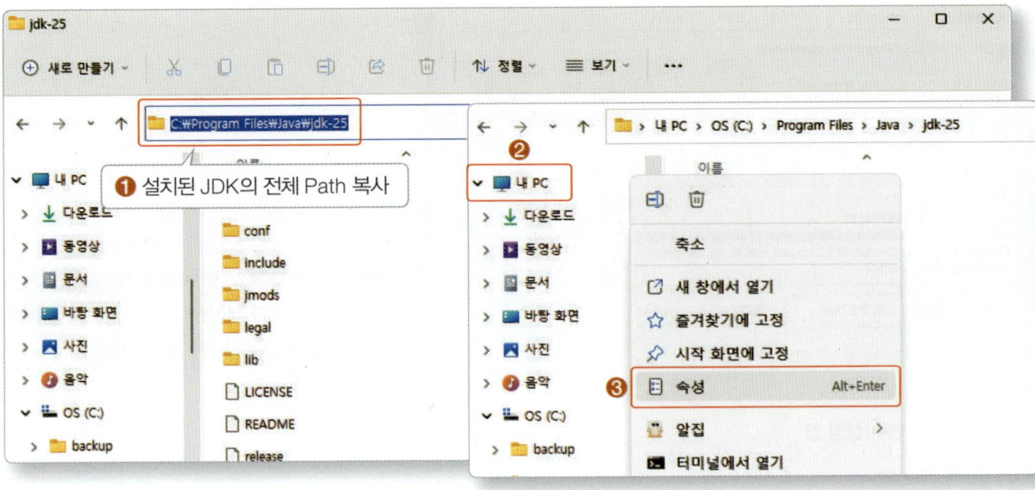

그림 1-29 설치된 JDK 경로 복사 및 환경 설정 화면

[그림 1-30]과 같이 시스템 설정 창이 나타나면 다음과 같은 순서로 환경 변수 설정 창으로 이동한다. ❶ [고급 시스템 설정]을 클릭하여 시스템 속성 창을 열고, ❷ 아래쪽에 있는 〈환경 변수〉를 클릭한다.

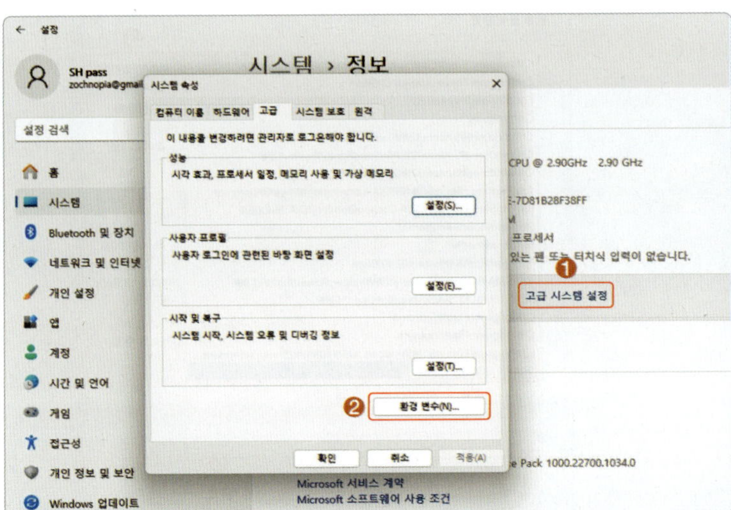

그림 1-30 시스템 속성 창

환경 변수 창에서 새로운 시스템 변수를 추가하기 위해 ❶ 〈새로 만들기〉를 클릭한다. ❷ 변수 이름에는 JAVA_HOME을 입력하고, 변숫값에는 복사한 JDK 경로(C:\Program Files\Java\JDK-25)를 붙여넣는다. JDK의 경로를 알고 있다면 직접 입력한다.

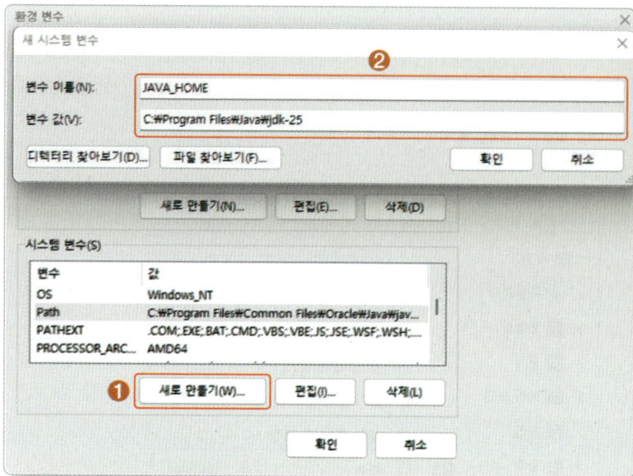

그림 1-31 환경 변수 설정 창

TIP JAVA_HOME 변수 설정 후, 설치된 JDK 경로는 이 변수가 대신한다. 새로운 JDK를 설치할 때는 JAVA_HOME의 경로를 변경된 JDK 경로로 업데이트한다.

자바 실행 파일인 java와 컴파일러 javac는 설치된 JDK 폴더 아래의 bin 폴더에 있다. 명령 프롬프트에서 이 파일들을 사용하려면 Path 환경 변수에 'JDK경로\bin\'을 추가해야 한다. 그 절차는 다음과 같다. ❶ 시스템 변수 중에서 Path를 선택한다. ❷ 〈편집〉을 클릭한 뒤 환경 변수 편집 창에서 ❸ 〈새로 만들기〉를 클릭한다. ❹ %JAVA_HOME%\bin\을 추가한다. ❺ 〈확인〉을 클릭하여 환경 설정을 완료한다.

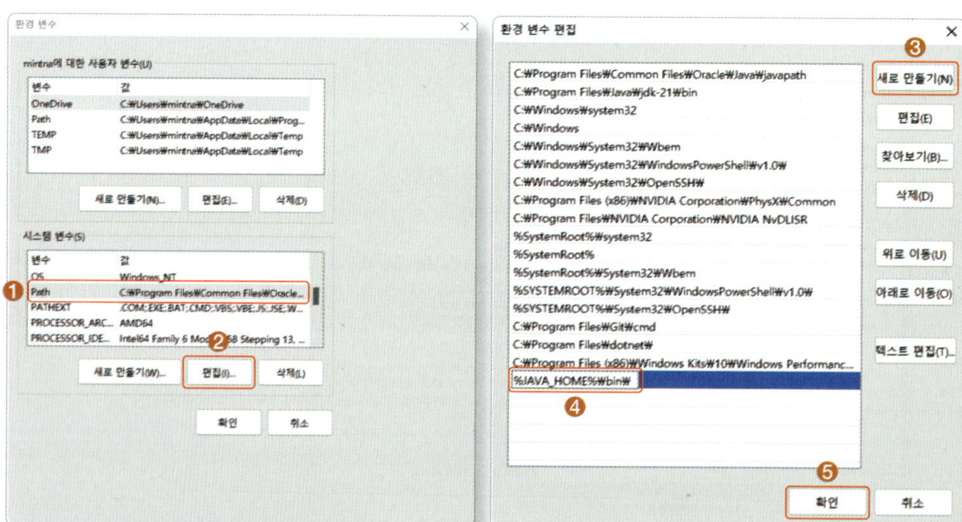

그림 1-32 Path 환경 변수에 JDK 경로 추가

3 명령 프롬프트에서 자바 실행하기

환경 설정이 완료되면 ⊞+R을 눌러 cmd를 입력한 후, 명령 프롬프트를 실행하고 **java -version**을 입력하여 설정이 정상적으로 완료되었는지 확인한다. [그림 1-33]과 같이 자바 버전 정보가 출력되면, 환경 설정이 성공적으로 완료된 것이다.

TIP 명령 프롬프트에서 사용하는 역슬래시(\)는 키보드의 원화 표시(₩)와 동일한 기호이다.

```
Microsoft Windows [Version 10.0.22000.2538]
(c) Microsoft Corporation. All rights reserved.

C:\Users\mintna>java -version
java version "25.0.1" 2025-10-21 LTS
Java(TM) SE Runtime Environment (build 25.0.1+8-LTS-27)
Java HotSpot(TM) 64-Bit Server VM (build 25.0.1+8-LTS-27, mixed mode, sharing)
```

그림 1-33 **환경 설정 결과 확인하기**

이제 이클립스에서 작성한 자바 코드를 명령 프롬프트에서 실행해보자. 먼저, 이클립스에서 지정한 작업 폴더로 이동한다. 이 책의 자바 코드가 있는 폴더는 C:\Users\zochn\eclipse-workspace이다. Hello.java 파일을 컴파일하려면 해당 폴더 아래의 miracleJava\src 폴더로 이동해야 한다.

패키지를 선언한 경우, 'javac 패키지이름\자바파일' 형식으로 컴파일해야 하므로 javac miracleJava_01\Hello.java 명령어로 컴파일한다. 패키지를 생략한 경우에는 javac Hello.java로 간단히 컴파일할 수 있다.

컴파일이 완료되면 'java 패키지이름.클래스이름' 형식으로 실행하며, .class 확장자는 생략한다. 예를 들어, java miracleJava_01.Hello를 입력하여 프로그램을 실행하고, 화면에 **Hello! Java**가 출력되면 성공적으로 실행된 것이다.

```
C:\Users\zochn\eclipse-workspace\miracleJava\src>dir
 C 드라이브의 볼륨: Windows
 볼륨 일련 번호: CEBF-D240

 C:\Users\zochn\eclipse-workspace\miracleJava\src 디렉터리

24-10-07 월  오전 10:40    <DIR>          .
24-10-06 일  오후 02:28    <DIR>          ..
24-10-06 일  오후 02:28    <DIR>          miracleJava_01
24-10-06 일  오후 09:35    <DIR>          miracleJava_02
               0개 파일                   0 바이트
               4개 디렉터리  178,075,066,368 바이트 남음

C:\Users\zochn\eclipse-workspace\miracleJava\src>javac miracleJava_01\Hello.java

C:\Users\zochn\eclipse-workspace\miracleJava\src>java miracleJava_01.Hello
Hello! Java

C:\Users\zochn\eclipse-workspace\miracleJava\src>
```

그림 1-34 **명령 프롬프트에서 컴파일 및 실행하기**

이클립스에서 새로 설치한 JDK를 사용하려면, [Window] ▶ [Preferences] 메뉴로 이동한다. [Preferences] 창에서 [Java] ▶ [Installed JREs] 항목을 선택하면, 새로 설치된 JDK가 목록에 나타난다. 이를 선택하면 이클립스에서도 새 JDK 버전을 사용할 수 있다.

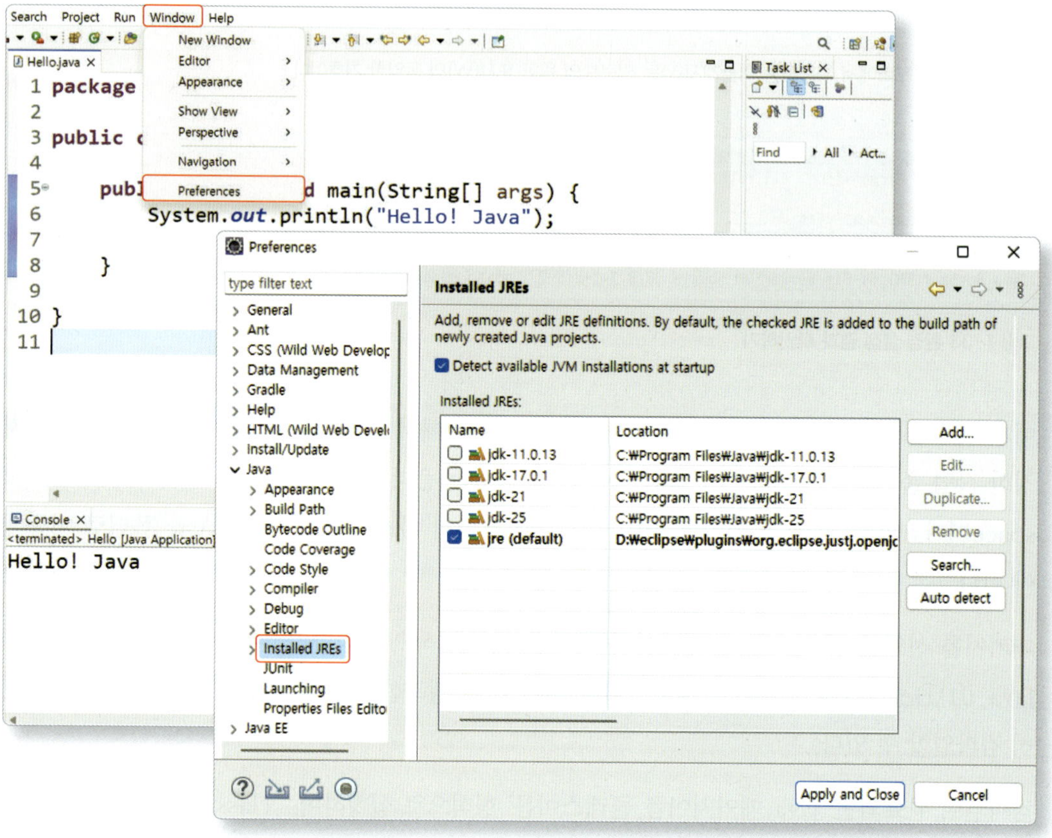

그림 1-35 이클립스에서 새로 설치된 JDK 사용

요약

01 자바의 장점은 자바 가상 머신JVM을 사용하여 한 번 작성한 코드를 다양한 환경에서 사용할 수 있다는 것이다. 또한 객체의 상속을 통해 재사용성을 높이고, 유지보수를 쉽게 할 수 있다. 이 외에도 자바는 자동 메모리 관리, 멀티스레딩 지원, 강력한 보안 기능, 풍부한 표준 라이브러리, 엄격한 타입 검사와 예외 처리와 같은 다양한 기능을 제공한다.

02 확장자가 .java인 자바 코드는 자바 컴파일러를 통해 컴파일되면 .class 파일을 생성하며, 이 파일은 JVM에 의해 실행된다.

03 JDK는 자바 컴파일러, 자바 가상 머신, 디버깅 도구 등을 포함한 개발 도구의 모음이며, IDE는 그래픽 사용자 인터페이스를 사용한 통합 개발 환경이다.

04 패키지는 클래스 파일을 그룹으로 묶는 단위이다. 자바 코드의 첫 줄에 위치할 수 있으며, 생략할 수도 있다.

05 자바 프로그램의 기본 단위는 객체이며, 객체는 반드시 클래스로 시작하고 클래스로 끝난다. 클래스 이름은 대문자로 시작하는 것이 관례이며, 하나의 자바 파일에는 `public` 클래스가 하나만 존재해야 한다. 또한, `public` 클래스의 이름과 자바 파일의 이름은 동일해야 한다.

06 메서드는 객체가 수행할 동작을 정의하는 함수이며 이름 옆에 괄호가 붙는다. 메서드는 클래스 내에 여러 개 존재할 수 있으나, `main()` 메서드는 자바 프로그램이 실행될 때 가장 먼저 호출되기 때문에 하나의 클래스에 한 개의 `main()` 메서드만 있어야 한다.

07 명령문은 메서드 안에서 컴퓨터에 작업을 지시하는 최소 단위이며, 자바에서는 명령문 끝에 세미콜론(;)을 붙여야 한다.

08 주석은 코드에 대한 설명이나 메모를 추가하는 부분으로, 컴파일되지 않는다. 한 줄 주석은 `//`로 시작하고, 여러 줄 주석은 `/* */` 사이에 작성한다.

09 이클립스에서 자바 코드를 만드는 절차는 '프로젝트 만들기 → 패키지 만들기(선택 사항) → 클래스 만들기 → 코드 입력'의 순서로 진행된다.

연습 문제

01 고수준 언어를 기계어로 변환하는 과정을 나타내는 단어를 찾으시오.

① 컴파일
② 프로그래밍 언어
③ 프로그램
④ 어셈블리어

02 다음 중 나머지 3개와 수준이 다른 언어를 찾으시오.

① 자바
② C 언어
③ 파이썬
④ 어셈블리어

03 객체지향 프로그래밍(OOP) 언어를 찾으시오.

① C 언어
② 자바
③ 기계어
④ 어셈블리어

04 소스 코드를 분석하고 오류를 검사한 뒤 기계어로 번역하는 프로그램을 찾으시오.

① 인터프리터
② 프로그래밍 언어
③ 컴파일러
④ 프로그래밍

05 자바의 플랫폼 독립성에 핵심이 되는 기능을 구현한 것을 찾으시오.

① 멀티스레딩
② 자바 가상 머신(JVM)
③ 가비지 콜렉터
④ 객체의 상속

06 자바의 재사용성을 높이고, 유지보수를 쉽게 하는 핵심 기능은 무엇인가?

① 멀티스레딩
② 자바 가상 머신(JVM)
③ 가비지 콜렉터
④ 객체의 상속

07 자바에 대한 설명으로 틀린 것을 찾으시오.

① 자바는 객체의 상속을 통하여 재사용성을 높이고 유지보수를 쉽게 한다.
② 자바는 멀티스레딩을 지원하여 병렬처리를 쉽게 구현할 수 있게 한다.
③ 자바 가상 머신(JVM)의 호환성 문제는 개발자에게 부담이 된다.
④ 자바는 작업을 쉽게 수행할 수 있도록 방대한 표준 라이브러리를 제공한다.

08 기업용 애플리케이션 개발을 위해 만들어진 자바 에디션은 무엇인가?

① Jakrta EE ② JavaFX ③ Java SE ④ Java ME

09 임베디드 기기에서 작동할 수 있도록 경량화된 자바 에디션은 무엇인가?

① Jakrta EE ② JavaFX ③ Java SE ④ Java ME

10 자바 컴파일러는 무엇인가?

① javac ② .exe ③ .java ④ .class

11 자바 가상 머신(JVM)에서 실행되는 코드의 확장자는 무엇인가?

① javac ② .exe ③ .java ④ .class

12 다음 중 나머지 3개를 모두 포함하는 개발 도구 이름을 찾으시오.

① javac ② JRE ③ JVM ④ JDK

13 자바 프로그램이 실행되기 위한 런타임 환경의 이름을 찾으시오.

① JRE ② javac ③ JVM ④ jdb

14 그래픽 사용자 인터페이스를 사용하여 코드 작성, 컴파일, 실행, 디버깅을 한 번에 처리할 수 있는 개발 환경을 찾으시오.

① IDE ② JRE ③ JVM ④ JDK

15 용어와 설명이 맞게 연결된 것을 찾으시오.

① JVM – 자바 프로그램이 실행되기 위한 런타임 환경

② IDE – 그래픽 사용자 인터페이스를 사용한 통합 개발 환경

③ JRE – 컴파일러와 디버깅 도구를 포함한 개발 도구의 모음

④ JDK – 자바 프로그램의 오류를 찾아 수정할 수 있는 디버깅 도구

16 자바의 코드 구조에서 객체의 구조와 동작을 정의하는 객체의 설계도에 해당하는 것은 무엇인가?

① 메서드 ② 명령문 ③ 클래스 ④ 주석

17 자바의 코드 구조에서 객체가 수행하는 동작을 정의한 함수에 해당하는 것은 무엇인가?

① 메서드 ② 명령문 ③ 클래스 ④ 주석

18 하나의 클래스 안의 `main()` 메서드의 개수를 정확하게 표현한 것을 찾으시오.

① 0개 ② 1개 ③ 1개 이상 ④ 2개

19 자바의 코드 구조에서 컴퓨터의 작업을 지시하는 최소 단위는 무엇인가?

① 메서드 ② 명령문 ③ 클래스 ④ 주석

20 자바의 코드 구조 중 클래스 파일을 그룹으로 묶은 단위를 무엇이라 부르는가?

① 패키지 ② 명령문 ③ 주석 ④ 메서드

21 자바의 코드 구조에서 끝에 항상 세미콜론을 붙여야 하는 것은 무엇인가?

① 클래스 ② 명령문 ③ 주석 ④ 메서드

22 자바의 코드 구조에서 요소의 바깥쪽에 실행 코드가 올 수 없는 것은 무엇인가?

① 클래스 ② 명령문 ③ 주석 ④ 메서드

23 다음 중 틀린 설명을 찾으시오.

① 관례적으로 클래스 이름은 대문자로 시작한다.
② 한 개의 클래스 안에는 한 개의 메서드만 작성할 수 있다.
③ 각 클래스에는 하나의 `main()` 메서드만 만들 수 있다.
④ 자바에서 명령문의 끝에 항상 세미콜론(;)을 붙여야 한다.

24 다음 중 틀린 설명을 찾으시오.

① 객체는 클래스로 시작하고 클래스로 끝난다.

② 클래스가 수행해야 할 작업을 정의한 함수가 메서드이다.

③ `public` 클래스 이름과 자바 파일 이름은 같아야 한다.

④ 클래스 외부에도 실행 코드가 있을 수 있다.

25 `public class Hello {}`의 자바 파일 이름을 찾으시오.

① class.java　② hello.java　③ public.java　④ Hello.java

26 이클립스에서 어떤 요소를 만들고 나면 같은 이름의 자바 코드가 자동으로 생성되는가?

① 클래스　② 프로젝트　③ 패키지　④ 명령문

27 다음 코드를 실행하면 세 곳에서 오류가 발생한다. 각각을 어떻게 수정해야 하는지 쓰시오.

```
public class Test_01  {
    public static void main(String[] args) {
        system.out.println("Hello! Java")
    }
```

28 다음은 Practice.java 파일에 속한 코드이다. 빈칸을 채우시오.

```
public class [                    ] {
    public static void main(String[] args) {
        System.out.println("See You Again);
    }
}
```

29 다음은 Practice.java 파일에 속한 코드이다. 빈칸을 채우시오.

```
public class Test_03 {
    public static void [          ] (String[] args) {
        System.out.println("See You Again);
    }
}
```

30 다음은 Practice.java 파일에 속한 코드이다. 빈칸을 채우시오.

```
public [          ] Test_04 {
    public static void main (String[] args) {
        System.out.println("See You Again);
    }
}
```

31 다음과 같은 출력 결과가 나타나도록 빈칸을 채우시오.

```
Hello!
Java
```

```
public class Test_05 {
    public static void main(String[] args) {
        System.out.[          ]("Hello!");
        System.out.[          ]("Java");
    }
}
```

32 다음과 같은 출력 결과가 나타나도록 빈칸을 채우시오.

```
Hello!Java
```

```
public class Test_06 {
    public static void main(String[] args) {
        System.out.[          ]("Hello!");
        System.out.[          ]("Java");
    }
}
```

33 다음 코드에서 오류가 발생하는 부분을 찾고 어떻게 수정해야 하는지 쓰시오.

```
public class Test_7 {
    public static void Main(String[] args) {
        System.out.println("Hello! Java");
    }
}
```

34 다음 코드에서 오류가 발생하는 부분을 찾고 어떻게 수정해야 하는지 쓰시오.

```
Public class Test_8 {
    Public static void main(String[] args) {
        System.out.println("Hello! Java");
    }
}
```

CHAPTER 02

자바 프로그래밍 기초

학습 목표

- 자바가 다루는 자료형의 특징을 이해한다.
- 입력 클래스인 Scanner와 출력 메서드인 print()에 대해 알아본다.
- 다양한 연산자의 특징과 우선순위를 학습한다.

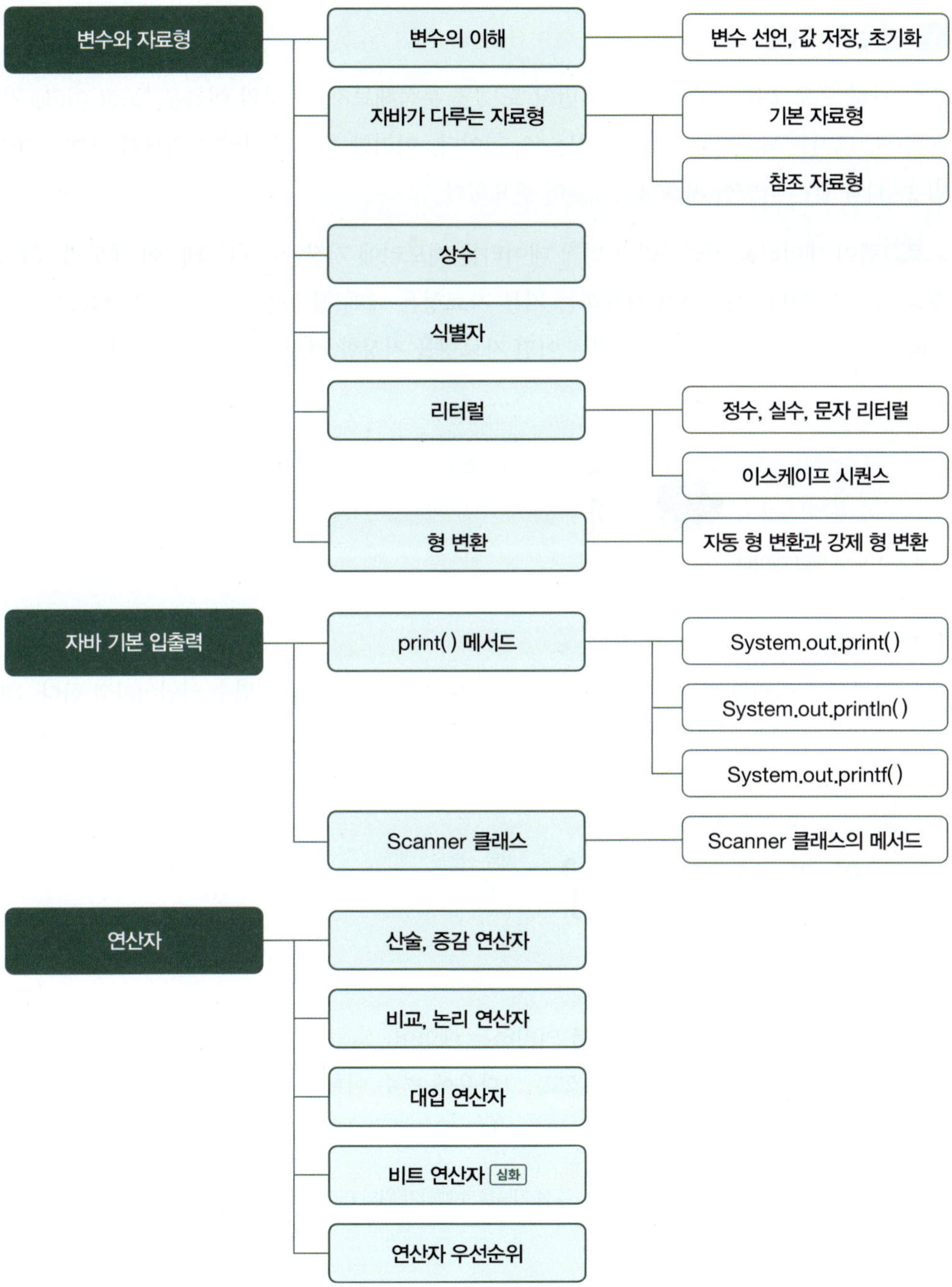

변수와 자료형
변수의 이해
변수 선언, 값 저장, 초기화
자바가 다루는 자료형
기본 자료형
참조 자료형
상수
식별자
리터럴
정수, 실수, 문자 리터럴
이스케이프 시퀀스
형 변환
자동 형 변환과 강제 형 변환
자바 기본 입출력
print( ) 메서드
System.out.print( )
System.out.println( )
System.out.printf( )
Scanner 클래스
Scanner 클래스의 메서드
연산자
산술, 증감 연산자
비교, 논리 연산자
대입 연산자
비트 연산자 심화
연산자 우선순위

SECTION 01 변수와 자료형

1 변수의 이해

도넛 관련 프로그램을 만들기 위해 먼저 도넛을 분석해보자. 도넛의 이름은 '초코'이고, 가격은 2000원, 크기는 M(중간 크기), 무게는 45.5g이다. 이러한 도넛의 다양한 정보를 표현하려면 [그림 2-1]과 같은 다양한 **자료형** data type 이 필요하다.

프로그램이 데이터를 처리하려면 먼저 데이터를 메모리에 저장해야 하는데, 이 메모리 공간을 **변수** variable 라고 한다. 자바에서 사용하는 기본 자료형은 크게 정수형(int), 실수형(float), 문자형(char)으로 나뉜다. 변수를 만들 때는 **어떤 자료형을 저장할 것인지를 미리 정해야 한다.**

그림 2-1 도넛 관련 데이터

1. 변수 선언

어떤 종류의 데이터를 저장할지 정한 후, 변수 이름을 작성하는 것을 **변수 선언**이라고 한다. 형식은 '자료형 변수이름'으로 구성된다. [그림 2-2]는 정수를 저장하는 price 변수를 선언한 것이다.

그림 2-2 변수 선언

int price;에서 int는 정수형 자료를 의미하는 예약어 reserved word 이고, price는 변수의 이름이다. **변수를 선언할 때는 자료형을 먼저 쓰고, 그다음에 변수 이름을 작성한다.** int price; 코드를 실행하면, 정수를 저장할 수 있는 price라는 이름의 공간이 메모리에 만들어진다.

TIP 예약어 혹은 키워드(keyword)는 자바에서 특정 기능을 수행하기 위해 미리 정해져 있는 단어이다. class, public, static, int, float, char 등이 예약어이다.

2. 값 저장과 초기화

변수를 만든 후에는 해당 변수에 값을 저장할 수 있다. 변수에 데이터를 저장할 때는 = 기호를 사용하며, **왼쪽에는 변수를 오른쪽에는 값**을 작성한다. 여기서 사용된 = 기호는 수학에서처럼 '같다'는 의미가 아니라 **대입 연산자**이다. 대입 연산자는 오른쪽에 있는 값을 왼쪽 변수에 저장한다. 따라서 `price = 2000;`은 `price` 변수에 정수 `2000`을 저장하는 코드이다.

그림 2-3 **값 저장**

변수에는 아무 때나 값을 저장할 수 있지만, 특별히 변수를 만들 때 처음 값을 저장하는 것을 **초기화**라고 한다. 다음과 같이 변수 선언과 초기화를 한 줄로 작성할 수 있다.

```
int price = 2000;                    // 정수형 변수 price를 만들고 2000으로 초기화
int sale = 1500;                     // 정수형 변수 sale을 만들고 1500으로 초기화
```

TIP 수학에서의 '같다'라는 의미를 자바에서 표현하려면 == 연산자를 사용한다.

3. 같은 자료형의 변수 동시 선언

한 줄에 같은 자료형의 변수를 여러 개 선언하려면 쉼표를 사용하여 나열한다. `int price = 2000;`과 `int sale = 1500;`을 쉼표를 사용하여 한 줄로 작성하면 다음과 같다.

```
int price = 2000, sale = 1500;      // 같은 종류의 변수 여러 개 선언
```

위와 같이 변수를 선언하고 초기화하면, 메모리는 [그림 2-4]와 같은 상태가 된다. `price`라고 이름 붙여진 저장 공간에는 `2000`이 저장되고, `sale`이라는 이름이 붙여진 공간에는 `1500`이 저장된다.

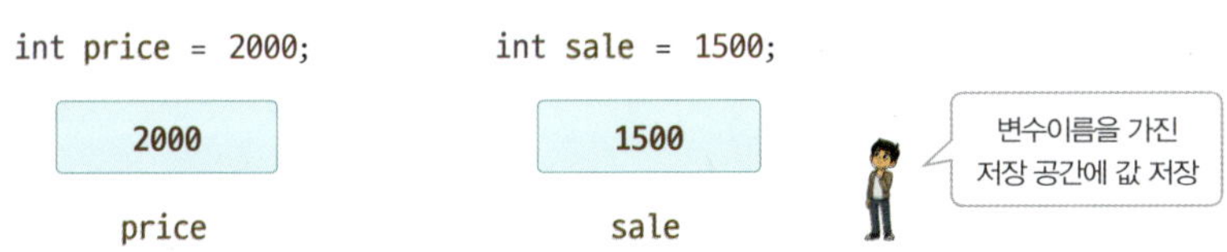

그림 2-4 **변수와 메모리의 상태**

자바는 변수 선언이 된 이후부터 메모리에 데이터가 저장될 때마다, 처음 선언한 형태의 데이터와 같은지를 검사한다. 만약 정수가 아닌 데이터를 price나 sale에 저장하려 하면 문제가 발생할 수 있다.

4. 변수 사용

변수에 저장된 값은 연산하거나 출력할 수 있다. [그림 2-5]는 sale에 저장된 1500을 price 변수에 저장하는 코드이다.

그림 2-5 변숫값의 사용

price = sale;은 sale에 저장된 값 1500을 읽어서 price 변수에 저장한다. 변수에 저장된 값을 읽어서 출력할 때는 System.out.println()을 사용한다. System.out.println()의 괄호 안에 변수를 넣으면, 해당 변수에 저장된 값을 출력한다.

```
System.out.println(price);        // price 값 출력
```

문자열과 변숫값을 여러 개 출력하려면 다음과 같이 +를 사용하여 나열한다.

```
System.out.println("가격: " + price + ", 세일가: " + sale);
```

[예제 2-1]은 변수를 선언하고, 변수에 저장된 값을 출력하는 예제이다.

예제 2-1 변수 선언과 초기화 VariableExample.java

```
package sec01.exam01;

public class VariableExample {
    public static void main(String[] args) {
        int price = 2000;     // 정수형 변수 price 선언 후 초기화
        int sale = 1500;      // int price = 2000, sale = 1500;도 가능

```

```
08        System.out.println("도넛 가격: " + price);    // price 값 출력
09        price = sale;         // price에 sale 값 저장
10        System.out.println("세일 가격: " + price);    // 새로운 price 값 출력
11    }
12 }
```

```
도넛 가격: 2000
세일 가격: 1500
```

5행에서 정수형 변수 **price**를 만들고, 2000으로 초기화한다. 6행에서 **int** 변수 **sale**을 만든 후, 1500으로 초기화한다.

8행에서 '도넛 가격: '을 출력한 뒤에 **price**에 저장된 2000을 출력한다. 9행에서 **sale**에 저장된 1500이 **price** 변수에 저장되고, 10행에서 다시 **price** 값인 1500을 출력한다.

2 자바가 다루는 자료형

자바에서 사용하는 자료형은 크게 **기본 자료형** primitive type과 **참조 자료형** reference Type으로 나뉜다. 기본 자료형에는 정수, 실수, 문자, 불리언이 있으며, 참조 자료형에는 문자열, 배열, 클래스, 인터페이스 등이 있다.

TIP 이 장에서는 기본 자료형을 중심으로 살펴볼 것이며, 참조 자료형 중 문자열만 살펴본다. 배열, 클래스, 인터페이스와 같은 참조 자료형은 이후 장에서 자세히 다룬다.

그림 2-6 기본 자료형과 참조 자료형

1. 기본 자료형

자바가 제공하는 기본 자료형은 **실제 데이터가 메모리에 직접 저장**된다. 예를 들어 `int price = 2000;`은 `price` 변수에 정수 `2000`이 저장된다. 기본 자료형은 실제 데이터를 저장하기 때문에 사용하는 메모리의 크기가 다르며, 이에 따라 저장 가능한 값의 범위도 달라진다.

■ 정수형

정수integer는 1, 2, 3과 같이 소수점이 없는 수를 의미하며, `int`, `byte`, `short`, `long`과 같은 자료형을 사용한다. 각 자료형은 **사용하는 메모리의 크기에 따라 저장할 수 있는 값의 범위가 다르다**. 예를 들어 `int`는 4바이트 크기의 정수형으로, 약 −21억부터 +21억까지의 정수를 저장할 수 있으며, 8바이트 크기를 사용하는 `long`은 매우 큰 숫자를 저장할 수 있다. 또한, 2바이트 크기의 `short`는 −32,768에서 32,767까지의 정수를 저장할 수 있으며, 1바이트 크기의 `byte`는 −128에서 127까지의 정수를 저장할 수 있다. 자바의 **기본 정수형**은 `int`이다.

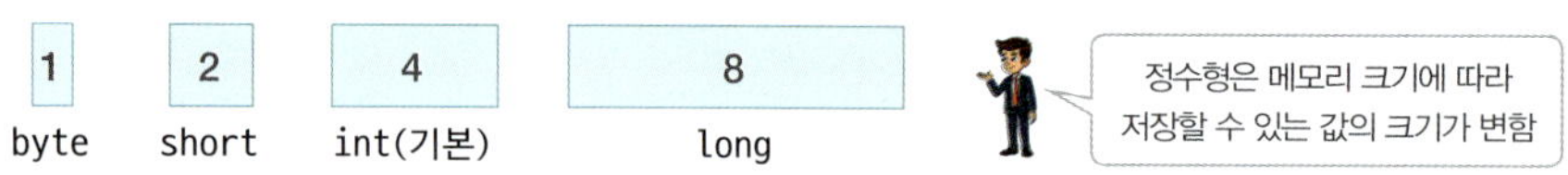

그림 2-7 정수형의 특징

■ 실수형

실수floating point는 3.14, 0.01처럼 소수점 이하의 값을 가지는 숫자로 `float`, `double` 자료형을 사용한다. 실수형은 **사용하는 메모리 크기에 따라 정밀도가 달라진다**. 4바이트 크기의 `float`는 소수점 이하 약 7자리까지 표현할 수 있으며, 8바이트 크기의 `double`은 약 15자리까지 표현할 수 있다. 실수 계산은 오차가 발생할 수 있기 때문에, 자바에서는 **`double`을 기본 실수형**으로 사용한다.

그림 2-8 실수형의 특징

■ 문자형

문자character는 글자 하나를 의미하며 `char` 자료형을 사용한다. 반드시 **작은따옴표('') 안에 한 개의 문자만** 넣어야 하며, `char size = 'M';`과 같이 선언한다. 자바는 2바이트 크기의 유니코드unicode를 기반으로 문자를 표현하므로, 한글이나 한자 등 다양한 문자를 저장할 수 있다.

■ 불리언형

불리언boolean은 true 또는 false라는 두 가지 값을 가지는 논리 자료형으로 boolean 자료형을 사용한다. 크기는 1비트이며, 주로 조건문이나 반복문에서 조건을 판단할 때 사용한다.

그림 2-9 문자형과 불리언형의 특징

자바는 **엄격한 타입 검사**를 수행하며, 이는 **변수를 선언할 때 지정한 자료형과 일치하는 값만을 저장할 수 있음**을 의미한다. 따라서 int로 선언된 변수에는 정수만 저장할 수 있고, char 변수에는 한 개의 문자만 저장할 수 있으며, boolean으로 선언된 변수에는 true 또는 false 값 중 하나만 저장할 수 있다.

[표 2-1]은 지금까지 설명한 기본 자료형의 특징을 정리한 것이다.

표 2-1 자바의 기본 자료형

종류	자료형	크기	설명
정수	byte	1바이트	-128에서 127까지의 정수
	short	2바이트	-32,768에서 32,767까지의 정수
	int	4바이트	-2,147,483,648에서 2,147,483,647까지의 정수(정수 기본)
	long	8바이트	매우 큰 범위의 정수
실수	float	4바이트	소수점 이하 7자리 정밀도의 실수
	double	8바이트	소수점 이하 15자리 정밀도의 실수(실수 기본)
문자	char	2바이트	한 개의 문자(유니코드 기반)
불리언	boolean	1비트	참(true) 또는 거짓(false)

2. 참조 자료형

참조 자료형은 C 언어의 포인터와 유사하게 객체의 주소를 저장하는 자료형이다. 기본 자료형이 실제 데이터를 직접 저장하는 것과 달리, 참조 자료형은 객체가 위치한 메모리의 주소를 저장한다는 차이가 있다.

■ 문자열

하나 이상의 문자로 이루어진 데이터를 **문자열**string이라고 한다. 문자 하나는 char에 저장하는 반면, 문자열은 String에 저장해야 한다. 문자열은 String name = "초코";와 같이 **큰따옴표("") 안에 문자를 넣어 표현**한다. 일반적으로 char보다는 String이 더 많이 사용된다.

다른 기본 자료형과 달리, **String의 첫 글자는 대문자**이다. 자바에서 문자열은 객체로 취급하기 때문이며, 클래스 이름의 규칙에 따라 첫 글자를 대문자로 표기한다. 비록 String은 객체이지만 변수 선언이나 사용 방법이 기본 자료형과 비슷하기 때문에 편리하게 사용할 수 있다.

TIP 문자열(String)은 참조 자료형으로 3장과 4장에서 더 자세히 다루지만, 자주 사용되기 때문에 이 부분에서 미리 설명한다.

[예제 2-2]는 정수형, 실수형, 문자형, 불리언형, 문자열 변수를 선언하고 초기화한 후 그 값을 출력하는 코드이다.

예제 2-2 다양한 자료형 변수를 선언하고 값 출력하기 PrimitiveExample.java

```
package sec01.exam02;

public class PrimitiveExample {
    public static void main(String[] args) {
        String name = "초코";          // 문자열: 도넛 이름
        char size = 'M';              // 문자형: 도넛 크기
        int price = 2000;             // 정수형: 도넛 가격
        double weight = 45.5;         // 실수형: 도넛 무게 (g)
        boolean isFry = true;         // 불리언형: 튀김 여부

        System.out.println("도넛 이름: " + name + "도넛");
        System.out.println("도넛 크기: " + size);
        System.out.println("도넛 가격: " + price + "원");
        System.out.println("도넛 무게: " + weight + "g");
        System.out.println("튀김 여부: " + isFry);
    }
}
```

```
도넛 이름: 초코도넛
도넛 크기: M
도넛 가격: 2000원
도넛 무게: 45.5g
튀김 여부: true
```

char 변수를 선언할 때 주의할 것은 작은따옴표('') 안에 **반드시 하나의 문자를 포함**해야 한다는 것이다. 예를 들어 char size = '';처럼 문자가 **비어있으면 오류가 발생**하기 때문에 char size = ' ';와 같이 공백 문자라도 넣어야 한다. 반면 String은 빈 문자열을 허용하므로 String name = "";와 같이 선언해도 오류가 발생하지 않는다.

체크 프로그램

[예제 2-2]에서 6번 행을 `char size = "M";`과 같이 큰따옴표로 바꾸면 어떤 오류가 발생하는지 확인하시오.

3 상수

값이 자유롭게 변할 수 있음을 의미하는 '변수'와 달리 **상수**constant는 한 번 값이 저장되면, 그 값을 변경할 수 없다. 자바에서는 **final** 예약어를 사용하여 상수를 선언하며, 반드시 **선언과 동시에 초기화**해야 한다. 상수는 원주율(π)이나 기준값, 최댓값처럼 변하지 않는 값을 저장할 때 유용하다.

final은 변경할 수 없다는 의미

```
final int MAX_BOX_SIZE = 4;
```

그림 2-10 final 예약어와 상수

또한, `final`로 선언된 상수의 이름은 모든 글자를 대문자로 표기하고, 단어와 단어 사이를 언더바(_)로 연결하는 것이 일반적인 관례이다. 이렇게 명명하면 일반 변수와 쉽게 구분할 수 있어 코드의 가독성이 높아진다.

[예제 2-3]은 `final`을 사용하여 정수형 상수 MAX_BOX_SIZE를 선언하고, 4로 초기화한 후 출력하는 코드이다.

예제 2-3 상수 선언하고 값 출력하기 ConstantExample.java

```java
package sec01.exam03;

public class ConstantExample {
    public static void main(String[] args) {
        final int MAX_BOX_SIZE = 4;    // 상수는 선언과 동시에 초기화해야 함

        // MAX_BOX_SIZE = 6;           // 오류 발생(상수는 값을 변경할 수 없음)
        System.out.println("도넛 박스 크기: " + MAX_BOX_SIZE + "개");
    }
}
```

```
도넛 박스 크기: 4개
```

체크 프로그램

[예제 2-3]에서 7행의 주석 기호(//)를 지우고, MAX_BOX_SIZE = 6;을 실행하면 어떤 오류가 발생하는지 확인하시오.

Note **var 예약어**

Java 10부터는 var 예약어를 사용하여 변수 선언 시 자료형을 생략할 수 있다. 이는 변수에 대입되는 값을 기반으로 자바 컴파일러가 자동으로 자료형을 판단하는 방식이다.

```
var price01 = 10;    // int로 추론
var price02 = 10.0;  // double로 추론
```

단, var는 선언과 동시에 값을 할당하여 초기화해야 한다. 자료형이 복잡하거나 명확한 타입 명시가 필요하다면 기존 방식대로 자료형을 명시하는 방식을 권장한다.

생성형 AI와 공부하기

자바에서 기본 자료형만 사용한 코드와 이를 var 예약어로 변경한 코드를 작성하고 장단점을 비교해줘.

4 식별자

클래스, 메서드, 변수, 상수 등에 부여하는 이름을 **식별자**indentifier라고 한다. 자바에서 식별자를 만들 때는 다음과 같은 규칙을 따라야 한다.

- **사용 가능한 문자:** 식별자에는 **영문자, 숫자, 언더바(_), 달러 기호($)**만 사용할 수 있다. 공백 문자나 느낌표(!), 물음표(?) 같은 특수 문자는 사용할 수 없다.
  - 예 hi java는 공백이 포함되어 식별자로 사용할 수 없지만, hiJava 또는 hi_java는 사용 가능한 식별자이다.
- **숫자로 시작 불가:** 식별자는 **숫자로 시작할 수 없다.**
  - 예 3name은 잘못된 식별자이지만, name3이나 name_3처럼 숫자를 뒤에 붙이는 것은 허용된다.
- **대소문자 구분:** 자바는 **대소문자를 구분한다.**
  - 예 name과 Name은 서로 다른 식별자이다.

- **예약어 사용 금지:** class, int, double과 같이 자바에서 미리 정의된 **예약어는 식별자로 사용할 수 없다.** 단, intValue처럼 예약어와 일반 단어를 조합한 이름은 허용된다.

TIP 자바에서는 한글 식별자도 가능하지만, 가독성과 호환성을 위해 사용하지 않는 것이 좋다. 마찬가지로 언더바(_)나 달러 기호($)로 시작하는 식별자도 권장하지 않는다.

자바에서는 가독성을 높이기 위해 다음과 같은 명명 규칙을 권장한다.

- **낙타 표기법 권장:** 여러 단어로 이루어진 식별자는 첫 단어를 소문자로 시작하고, 이후 각 단어의 첫 글자는 대문자로 표기하는 낙타 표기법camel case을 권장한다. 예 donutBox, isFry
- **클래스 이름의 첫 글자는 대문자:** 클래스 이름의 첫 글자를 대문자로 시작하며, 여러 단어일 경우 각 단어의 첫 글자도 대문자로 쓴다. 예 Hello, ConstantExample
- **의미 있는 이름 사용:** 변수나 메서드 이름은 그 역할이나 기능을 잘 나타낼 수 있는 단어를 사용한다. 단, 반복문 내부에서는 i, j, k와 같이 짧은 이름을 사용하는 것이 일반적이다. 예 price, weight, totalPrice
- **상수는 모두 대문자:** 상수는 모두 대문자로 작성하고, 단어 사이에는 언더바(_)를 넣어 구분한다. 예 PI, BOX_SIZE, MAX_VALUE

TIP is_fry와 같이 모든 단어를 소문자로 쓰고 언더바로 구분하는 방식을 스네이크 표기법(snake case)이라고 한다.

식별자 규칙

- 영문자, 숫자, 밑줄(_), 달러기호($)만 사용
  hi java (×) → hiJava (○)
- 숫자로 시작할 수 없음
  1name (×) → name1 (○)
- 대소문자 구분
  name과 Name은 서로 다른 식별자
- 키워드 사용 금지
  int (×) → intVariable (○)

권장 사항

- 낙타 표기법 권장
  donutBox, isFry
- 클래스 이름의 첫 글자는 대문자
  Hello, ConstantExample
- 의미 있는 이름 사용
  price, weight, totalPrice
- 상수는 모두 대문자
  PI, BOX_SIZE, MAX_VALUE

그림 2-11 식별자 규칙과 권장 사항

5 리터럴

리터럴literal은 코드에서 **값 자체를 의미하는 표현**이다. 예를 들어 10은 정수 10으로 해석되어야 하며, 2진수 10이나 문자 10으로 해석되어서는 안 된다. 이를 위해 자바는 2진수(`0b10`)나 문자("11")로 표현하는 방법을 제공한다.

그림 2-12 리터럴은 값 그 자체를 의미

리터럴은 변수에 값을 대입하거나 계산을 수행할 때 사용되며, 자바는 자료형에 따라 다양한 형태의 리터럴을 제공한다.

1. 정수 리터럴

자바에서는 정수를 10진수, 16진수, 8진수, 2진수 등 다양한 진법으로 표현할 수 있다. 정수와 관련된 리터럴은 [표 2-2]와 같다.

표 2-2 정수 관련 리터럴

정수 형태	표시 기호	예시	설명
10진수	없음	10	일반적인 정수(int) 표기법
16진수	0x 또는 0X	0xA	16진수 A (10진수로 10)
8진수	0	012	8진수 12 (10진수로 10)
2진수	0b 또는 0B	0b1010	2진수 1010 (10진수로 10)
long 자료형	숫자 뒤에 L 또는 l	10L	long 형태로 지정된 정수 10

- 10진수는 숫자를 그대로 사용하므로 10은 10진수 10을 의미한다.
- 16진수는 숫자 앞에 `0x` 또는 `0X`를 붙여서 표현하며, `0xA`는 16진수 A이며, 10진수로는 10이다.
- 8진수는 숫자 앞에 `0`을 붙여서 나타내며, `012`는 8진수 12이며, 10진수로는 10이다.
- 2진수는 숫자 앞에 `0b`나 `0B`를 붙여서 나타내며, `0b1010`은 2진수 `1010`으로 10진수로는 10이다.
- 정수를 `long` 자료형으로 표현하려면 숫자 뒤에 `L` 또는 `l`을 붙인다. 예를 들어 `10L`은 `long` 자료형의 정수 10을 의미한다.

자바에서는 `int`가 기본 정수형이므로, **10과 같이 표기하면 자동으로 `int`로 인식**된다. 또한 숫자 1과 소문자 `l`은 혼동할 수 있기 때문에 `long` 자료형 리터럴은 대문자 `L`을 사용하는 것이 좋다.

2. 실수 리터럴

실수 리터럴은 소수점을 포함하거나 지수 표기법을 사용하여 표현할 수 있다. 실수와 관련된 리터럴은 [표 2-3]과 같다.

표 2-3 실수 관련 리터럴

실수 형태	표시 기호	예시	설명
소수점 실수	.	3.14	소수점이 있는 실수
지수 표기법	e	1.23e2	1.23 * 10^2, 즉 123
float 자료형	F 또는 f	3.14F	float 자료형의 3.14
double 자료형	D 또는 d	3.14D	double 자료형의 3.14(기본값)

- 소수점 실수는 소수점을 포함하는 숫자로 예를 들어 3.14가 이에 해당한다.
- 지수 표기법은 e를 사용하여 10의 거듭제곱을 표현한다. 예를 들어 **1.23e2**는 1.23×10^2, 즉 123을 의미한다.
- float는 숫자 뒤에 F 또는 f를 붙여 표현한다. 예를 들어 **3.14F**는 float 자료형의 실수이다.
- double은 숫자 뒤에 D 또는 d를 붙여 표현한다. **3.14D**는 double 자료형의 실수이다. 또한, 자바에서는 double이 기본 실수형이므로, **3.14와 같이 표기하면 자동으로 double로 인식**된다.

3. 문자와 문자열 리터럴

문자 리터럴(char)은 작은따옴표로 감싼 한 글자이고, 문자열 리터럴(String)은 큰따옴표로 감싼 여러 글자이다. 따라서 char size = 'M';은 정상적인 코드이지만, char size = "M";은 오류가 발생한다. 또한 String size = "M";은 정상적인 코드이지만, String size = 'M';은 오류가 발생한다.

[예제 2-4]는 다양한 리터럴을 출력하는 코드이다.

예제 2-4 다양한 리터럴 사용하기 LiteralExample.java

```
package sec01.exam04;

public class LiteralExample {
    public static void main(String[] args) {
        long longprice = 25L;       // long 10진수
        int octal = 031;            // 8진수 (031은 10진수로 25)
        int hex = 0x19;             // 16진수 (0x19는 10진수로 25)
        int binary = 0b11001;       // 2진수 (0b11001은 10진수로 25)
```

```
09          double standardFloat = 25.75;       // 소수점이 있는 실수
10          double exponential = 2.575e1;       // 지수 표기법 (2.575 * 10^1)
11          float lowFloat = 25.75F;            // 소수점이 있는 실수
12
13          System.out.println("long 10진수: " + longprice);
14          System.out.println("8진수: " + octal);
15          System.out.println("16진수: " + hex);
16          System.out.println("2진수: " + binary);
17          System.out.println("소수점 표기: " + standardFloat);
18          System.out.println("지수표기법: " + exponential);
19          System.out.println("낮은 정밀도 실수: " + lowFloat);
20      }
21  }
```

```
long 10진수: 25
8진수: 25
16진수: 25
2진수: 25
소수점 표기: 25.75
지수표기법: 25.75
낮은 정밀도 실수: 25.75
```

체크 프로그램

[예제 2-4]에서 9행을 `float standardFloat = 25.75D;`로 바꾸면 어떤 오류가 발생하는지 확인하시오.

Note **널(null) 리터럴**

널(null)은 자바의 특별한 리터럴 중 하나로, '아무것도 없다'는 빈 상태를 의미하는 값이다. 보통 참조 자료형 변수가 어떤 객체도 가리키고 있지 않음을 나타낼 때 사용한다. null은 int, double, boolean 같은 기본 자료형에는 사용할 수 없고, 참조 자료형에서만 사용할 수 있다.

4. 이스케이프 시퀀스

일반적으로 표현하기 어려운 특수 문자를 문자열에 포함시킬 때는 **이스케이프 시퀀스**escape sequence를 사용한다. 이스케이프 시퀀스는 역슬래시(\)로 시작하며, 그 뒤에 특정 문자를 조합하여 특수한 의미를 갖는 문자를 표현한다. 이스케이프 시퀀스는 **하나의 문자로 처리**되며, 주로 String과 char 자료형에서 사용된다. [표 2-4]는 주요 이스케이프 시퀀스를 정리한 것이다.

표 2-4 주요 이스케이프 시퀀스

이스케이프 시퀀스	설명
\n	줄 바꿈(Newline)
\t	탭(tab) 간격
\"	큰따옴표(")를 출력
\'	작은따옴표(')를 출력
\\	역슬러시(\)를 출력
\uXXXX	16진수로 표현한 유니코드

\n은 줄 바꿈을, \t는 탭 간격을 삽입한다. 문자열 리터럴 안에서는 큰따옴표(")나 역슬래시(\)와 같은 특수 문자를 직접 사용할 수 없으므로, 각각 \", \\처럼 이스케이프 시퀀스를 사용해야 한다. 또한 \u 뒤에 4자리의 16진수 값을 붙여 유니코드 문자를 표현할 수 있다. 예를 들어, \u0041은 유니코드 값에 해당하는 문자 'A'를 출력한다.

[예제 2-5]는 이스케이프 시퀀스를 사용하여 특수한 글자를 출력하는 코드이다.

예제 2-5 이스케이프 시퀀스 사용하기 EscapeSequenceExample.java

```
01 package sec01.exam05;
02
03 public class EscapeSequenceExample {
04     public static void main(String[] args) {
05         char quotes = '\"';         // 단일 문자
06
07         System.out.print("\t탭 \n");
08         System.out.print(quotes + "따옴표 \'와 \u0041와 \\" + quotes);
09     }
10 }
```

```
        탭
"따옴표 '와 A와 \"
```

5행의 char quotes = '\"';을 주목하자. \"은 두 글자처럼 보이지만, 이스케이프 시퀀스는 단일 문자이기 때문에 작은따옴표를 사용하여 char 변수에 넣어야 한다. System.out.print()에서는 \t, \n, \', \u0041, \\ 이스케이프 시퀀스가 각각 탭, 줄 바꿈, 작은따옴표, 문자 A, 역슬래시로 변환되어 출력된다.

생성형 AI와 공부하기

자바에서 이스케이프 시퀀스를 활용하여 'Mracle' "Java" C:\window를 한 줄에 출력하는 출력문을 작성해줘.

6 형 변환

형 변환type casting은 하나의 자료형을 다른 자료형으로 변환하는 것을 의미한다. 자바에서는 데이터 손실 가능성에 따라 자동 형 변환과 강제 형 변환으로 나뉜다.

작은 자료형에서 큰 자료형으로 변환될 때는 데이터가 손실되지 않기 때문에 자동으로 형 변환이 이루어진다. 반대로 큰 자료형에서 작은 자료형으로 변환될 때는 데이터가 손실될 가능성이 있기 때문에 사용자가 강제로 형 변환을 해야 한다.

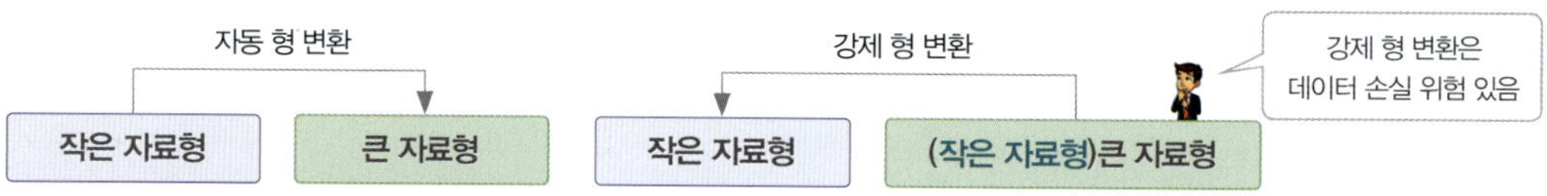

그림 2-13 자동 형 변환과 강제 형 변환

1. 자동 형 변환

작은 자료형이 큰 자료형으로 변환될 때는 자바가 자동으로 처리하는데, 이를 **자동 형 변환** automatic type casting 혹은 자동 타입 캐스팅이라 부른다. 자동 형 변환은 데이터 손실 없이 안전하게 사용할 수 있다. 예를 들어, byte를 int로, int를 double로 변환하는 경우가 이에 해당한다.

다음 코드에서는 int 자료형의 intValue가 자동으로 double 자료형의 doubleValue로 변환된다.

```
int intValue = 10;
double doubleValue = intValue;  // int가 double로 자동 형 변환

System.out.println("결과: " + doubleValue);
```

```
결과: 10.0
```

2. 강제 형 변환

큰 자료형을 작은 자료형으로 변환할 때는 개발자가 명시적으로 변환할 자료형을 지정해야 한다. 이를 **강제 형 변환**Explicit Type Casting이라 부르며, 명시적 타입 캐스팅이라고도 한다. 강제 형 변환에서는 데이터 손실이 발생할 수 있으며, '(변환할 자료형) 변수' 형태로 작성한다.

```
double doubleValue = 10.99;
int intValue = (int) doubleValue;    // double을 int로 강제 형 변환

System.out.println("결과: " + intValue);
```

```
결과: 10
```

위 코드에서는 double 자료형의 doubleValue가 int로 변환되면서 소수점 이하 값인 0.99가 손실된다. 따라서 출력값은 10이 된다.

3. 형 변환 시 주의 사항

자바에서 **boolean은 어떤 자료형으로도 형 변환할 수 없다**. 또한 char는 유니코드 숫자 값으로 저장되므로 정수로 변환하면 해당 유니코드 값이 출력된다. 다음 코드에서 char 자료형의 값 'A'는 유니코드에서 65에 해당하므로, 65가 출력된다.

TIP 유니코드에서 'A'의 16진수 값은 0x0041이며 이스케이프 시퀀스로 표시할 때는 \u0041이라 써야한다.

```
char charValue = 'A';             // 'A'는 유니코드 값으로 65
int intValue = charValue;         // char가 int로 자동 형 변환

System.out.println("결과: " + intValue);
```

```
결과: 65
```

또한, 큰 자료형을 작은 자료형으로 변환할 때, 작은 자료형이 표현할 수 있는 범위를 초과하면 값이 왜곡될 수 있다. 이를 오버플로우overflow 또는 언더플로우underflow라고 한다. 다음 코드에서 int 값 150은 byte가 표현할 수 있는 범위(−128~127)를 초과하므로, 강제 변환 시 값이 왜곡되어 −106이 출력된다.

```
int largeInt = 150;
byte smallByte = (byte)largeInt;    // int를 byte로 강제 형 변환

System.out.println("결과: " + smallByte);
```

```
결과: -106
```

Note **오버플로우와 언더플로우**

저장할 수 있는 값보다 더 큰 값을 저장할 때 오버플로우가 발생하며, 값이 음수가 된다. 반대로 저장할 수 있는 값보다 더 작은 값을 저장하면 언더플로우가 발생하며, 값이 양수가 된다.

생성형 AI와 공부하기

자바에서 오버플로우와 언더플로우가 발생하는 코드를 작성하고, 이를 형 변환을 사용하여 해결하는 간단한 코드를 작성해줘.

LAB 연봉 인상률 출력하기

변수 이름과 리터럴 개념을 사용하여 연봉 인상률을 출력하는 프로그램의 빈칸을 채워보자. 실행 결과와 조건은 다음과 같다.

```
연봉: 50000000
        연봉 "인상률": 1.2
```

조건

- 클래스 이름은 make literal이다.
- 연봉을 담을 변수 annual salary는 가장 큰 수를 담을 수 있는 정수형을 사용하여 만들고, 50000000으로 초기화한다. 이때 가장 큰 정수형에 맞는 리터럴을 사용하여 초기화한다.
- 연봉 인상률을 담을 변수 increase rate는 기본 실수형으로 만들고 1.2로 초기화한다.
- 문자형 변수 tab에는 탭 간격을 나타내는 이스케이프 시퀀스를 넣는다.
- 다음과 같이 출력되도록 println()의 괄호를 채운다.
- 변수 이름은 낙타 표기법을 사용한다.

Lab 2-1 **변수 이름과 리터럴 사용하기**

```
package chap02.lab01;

public class [    ①    ] {
    public static void main(String[] args) {
        [          ②          ];
        [    ③    ] increaseRate = 1.2;
```

```
        char tab = [   ④   ];

        System.out.println("연봉: " + annualSalary);
        System.out.println([        ⑤        ] + increaseRate);
    }
}
```

정답

① MakeLiteral

② long annualSalary = 50000000L

③ double

④ '\t'

⑤ tab + "연봉 \"인상률\": "

SECTION 02 자바 기본 입출력

1 print() 메서드

모니터나 콘솔 화면에 문자 또는 데이터를 출력할 때는 System.out.println()를 사용하며, 괄호 안에 출력할 데이터를 넣는다. 예를 들어 System.out.println("도넛 가격: " + price);는 "도넛 가격: "이라는 문자열을 출력하고, 변수 price에 저장된 값을 이어서 출력한다. 여기서 사용된 **+ 연산자**는 문자열 연결 연산자이다. + 연산자는 왼쪽과 오른쪽의 값을 합쳐서 하나의 문자열로 만든다.

+ 연산자는 왼쪽과 오른쪽을 문자열로 합침

```
System.out.println("도넛 가격: " + price);
```

그림 2-14 + 연산자의 이해

문자열과 다른 자료형(예 정수)을 연결하려면 자바는 **해당 값을 문자열로 변환한 후 이어붙인다.** 만약 `price`에 저장된 값이 `2000`이면, 이 값을 `"2000"`이라는 문자열로 바꾸고, `"도넛 가격: "`과 연결하여 `"도넛 가격: 2000"`이라는 문자열을 만든다.

TIP + 연산자는 숫자끼리 사용하면 덧셈 연산자로 작동하지만, 문자열과 함께 사용하면 문자열 연결 기능을 수행한다.

화면에 데이터를 출력하는 `System.out.print()` 관련 메서드는 [그림 2-15]와 같이 세 종류가 있다. 각각의 특징을 이해한 후 사용해야 한다.

줄 바꿈 없음	출력 후 줄 바꿈	형식 지정 출력
`System.out.print()`	`System.out.println()`	`System.out.printf()`

그림 2-15 출력 관련 메서드

1. System.out.print()

`System.out.print()`는 출력한 후 줄 바꿈을 하지 않는다. 따라서 아래처럼 `System.out.print()`를 2번 출력해도 모두 한 줄에 출력된다.

```
System.out.print("도넛 가격: ");        // 줄 바꿈 없음
System.out.print(price);               // 이어서 출력
```

```
도넛 가격: 2000
```

2. System.out.println()

`System.out.println()`은 출력한 후에 줄 바꿈을 한다. 즉, 다음 출력이 새로운 줄에서 시작된다. 그래서 '도넛 가격: '이 출력된 후, 다음 줄에 2000이 출력된다.

```
System.out.println("도넛 가격: ");      // 출력 후 줄 바꿈
System.out.println(price);
```

```
도넛 가격:
2000
```

3. System.out.printf()

System.out.printf()는 형식을 지정해서 출력할 수 있는 메서드로, C 언어의 printf()와 유사하다. 문자열 안에 %d, %f, %s와 같은 형식 지정자format specifier를 사용하여 정수(%d), 실수(%f), 문자열(%s)을 원하는 형식으로 출력할 수 있다.

```
System.out.printf("%s %d", "도넛 가격:", price);
```

```
도넛 가격: 2000
```

위 코드 안의 데이터는 [그림 2-16]과 같은 방식으로 형식 지정자와 연결된다. 문자열을 나타내는 %s 위치에는 '도넛 가격:'이 들어가고, 정수는 나타내는 %d의 위치에는 price에 저장된 값 '2000'이 출력된다.

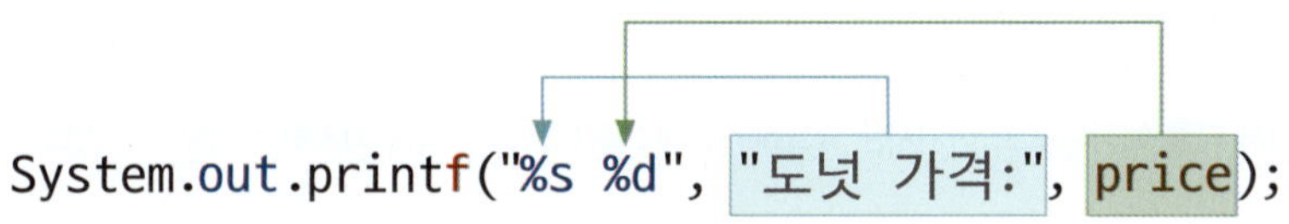

그림 2-16 printf()와 형식 지정자

> **Note** System.out.printf()의 사용
>
> System.out.printf()는 자료형에 맞는 형식 지정자를 사용해야 하는 번거로움이 있지만, 그만큼 정밀하게 출력 형식을 조절할 수 있다는 장점이 있다. 특히 C 언어에 익숙한 사람이라면 printf() 방식이 편리하게 느껴질 수 있으므로 사용을 권장한다. 반면, C 언어에 익숙하지 않은 사용자라면 print()나 println()이 보다 간단하고 직관적이므로 더 쉽게 사용할 수 있다.

> **생성형 AI와 공부하기**
>
> System.out.printf()에서 사용하는 다양한 형식 지정자를 사용하여 문자열을 출력하는 코드를 작성하고, 사용한 형식 지정자에 대해 설명해줘.

모든 print() 관련 메서드 안의 문자열에는 이스케이프 시퀀스의 '\n'을 사용하여 강제로 줄 바꿈을 할 수 있다. 다음과 같이 \n을 사용하면 문자열을 여러 줄에 나눠서 출력할 수 있다.

```
System.out.print("도넛\n가격: \n");        // \n은 줄 바꿈
System.out.print(price);
```

```
도넛
가격:
2000
```

2 Scanner 클래스

1. 키보드 입력 이해하기

자바에서는 키보드로 데이터를 입력할 때 `System.in`을 사용한다. 하지만 `System.in`은 바이트 단위로 입력을 처리하므로, 문자열, 정수, 실수로 변환하려면 여러 가지 처리가 필요하다. 이러한 번거로움을 해결하는 것이 바로 `Scanner` 클래스이다. `Scanner` 클래스는 자바에서 제공하는 입력 도구로, 키보드로부터 입력된 데이터를 쉽게 읽어올 수 있도록 한다.

TIP 객체에 대한 상세 설명은 4장에서 다룰 예정이므로, 여기서는 Scanner 클래스를 이용해 입력을 처리하는 기본적인 방법만을 살펴본다.

키보드로 입력된 데이터는 바로 프로그램으로 전달되지 않고, 먼저 버퍼buffer라는 메모리 공간에 저장된다. 이후 `Scanner` 클래스는 데이터를 스트림stream 형태로 순차적으로 읽어온다. 여기서 스트림이란 한쪽에서 데이터를 보내면, 다른 한쪽에서 이를 순차적으로 받아 처리하는 데이터 전송 방식을 말한다.

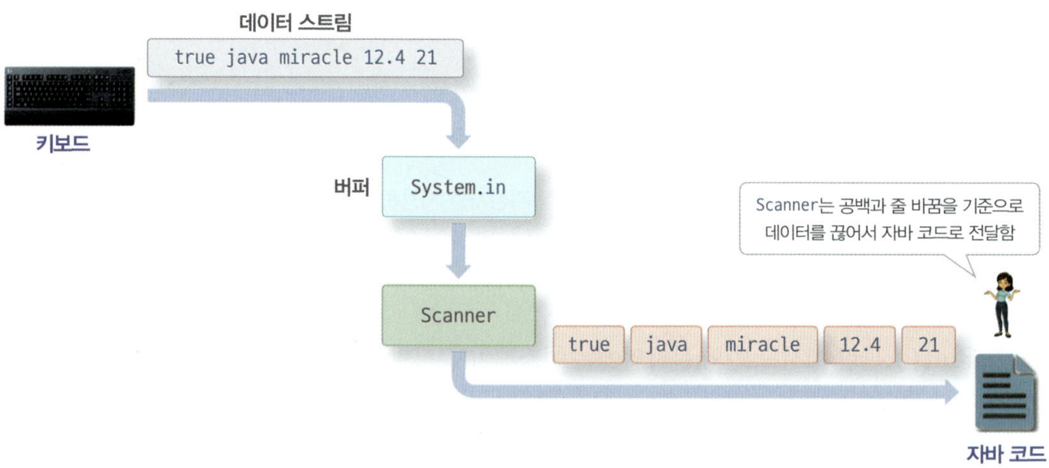

그림 2-17 키보드 입력과 Scanner 클래스

예를 들어, 사용자가 키보드로 '21 12.4 miracle java true'라고 입력하면, 이 값들은 스트림 형태로 버퍼에 저장된다. Scanner는 이 데이터를 **공백이나 줄 바꿈 문자를 기준으로 나누어서 읽어온다**. 다음은 Scanner 클래스를 이용해 키보드 입력을 받는 기본적인 예제이다.

```java
import java.util.Scanner;                          // java.util 패키지 가져오기

public class InputExample {
    public static void main(String[] args) {
        Scanner sin = new Scanner(System.in);      // Scanner 객체 sin 만들기

        int price = sin.nextInt();                 // 정수형 변수 입력받기

        sin.close();                               // Scanner 객체 sin 닫기
    }
}
```

Scanner 클래스를 사용하려면 다음의 네 가지 단계를 따라야 한다.

❶ Scanner 클래스가 속한 패키지를 가져온다. Scanner 클래스는 java.util 패키지에 속해 있으므로, 이 패키지를 사용하려면 import java.util.Scanner;를 코드 상단에 추가해야 한다. 여기서 import는 해당 패키지를 추가한다는 의미의 예약어이다.

❷ Scanner sin = new Scanner(System.in);을 사용하여 Scanner 객체 sin을 생성한다. 이후에는 sin 객체를 통하여 키보드 입력을 받는다.

❸ sin 객체로부터 키보드 입력을 받는다. 입력된 값은 sin.nextInt();를 통해 읽어와 price 변수에 저장된다.

❹ 모든 입력 처리가 끝나면 sin.close();를 호출하여 Scanner 객체를 닫는다.

```
❶ import java.util.Scanner;             - import로 패키지 가져오기
❷ Scanner sin = new Scanner(System.in); - Scanner 객체 sin 만들기
❸ int price = sin.nextInt();            - sin에서 입력받기
❹ sin.close();                          - close()사용하여 sin 닫기
```

그림 2-18 Scanner 클래스 사용 방법

Note **Scanner 사용 시 주의 사항**

sin.close();를 사용하지 않아도 프로그램이 종료되면 자동으로 닫히지만, 경고 메시지가 나타날 수 있으므로 명시적으로 닫는 것을 권장한다. 또한 sin.close();를 호출하면 System.in도 함께 닫힌다. 따라서 이후에 Scanner sin = new Scanner(System.in);으로 새로 객체를 만들어도 더 이상 입력을 받을 수 없다. 이러한 이유로 sin.close();는 입력 작업이 모두 끝난 후, 가장 마지막에 사용해야 한다.

2. Scanner 클래스의 메서드

Scanner 클래스는 입력받는 자료형에 따라 [표 2-5]와 같은 다양한 메서드를 제공한다.

표 2-5 Scanner의 주요 메서드

자료형	메서드	설명
정수형	nextByte()	byte 형태의 정수를 읽는다.
	nextShort()	short 형태의 정수를 읽는다.
	nextInt()	int 형태의 정수를 읽는다.
	nextLong()	long 형태의 정수를 읽는다.
실수형	nextFloat()	float 형태의 실수를 읽는다.
	nextDouble()	double 형태의 실수를 읽는다.
불리언	nextBoolean()	true 또는 false를 읽는다.
문자열	next()	공백을 기준으로 단어 하나를 읽는다.
	nextLine()	한 줄 전체(문자 + Enter)를 읽는다.

정수를 읽는 메서드에는 nextByte(), nextShort(), nextInt(), nextLong()이 있다. 실수를 읽는 메서드에는 nextFloat()와 nextDouble()이 있으며, nextBoolean()은 true 또는 false 중 하나의 값을 읽어온다. 문자열을 읽는 next()는 공백을 기준으로 한 단어만 읽어오고, nextLine()은 **사용자가 입력한 Enter를 포함하여 한 줄 전체를 읽어온다**.

[예제 2-6]은 정수, 실수, 문자열, 불리언 값을 차례대로 입력받아 화면에 출력하는 프로그램이다.

예제 2-6 **Scanner를 사용하여 입력받기** InputExample.java

```
package sec01.exam06;

import java.util.Scanner;                          // java.util 패키지 가져오기

public class InputExample {
    public static void main(String[] args) {
        Scanner sin = new Scanner(System.in);   // Scanner 객체 sin 만들기
```

```
08
09          System.out.print("정수를 입력하세요: ");
10          int price = sin.nextInt();              // 정수형 입력받기
11          System.out.println("입력한 정수: " + price);
12
13          System.out.print("실수를 입력하세요: ");
14          double weight = sin.nextDouble();       // 실수형 입력받기
15          System.out.println("입력한 실수: " + weight);
16
17          sin.nextLine();                         // 버퍼 비우기
18          System.out.print("이름을 입력하세요: ");
19          String name = sin.nextLine();           // 한 줄 입력받기
20          System.out.println("입력한 이름: " + name);
21
22          System.out.print("참/거짓 (true/false)를 입력하세요: ");
23          boolean isFry = sin.nextBoolean();      // 불리언 입력받기
24          System.out.println("입력한 값: " + isFry);
25
26          sin.close();                            // Scanner 객체 sin 닫기
27      }
28  }
```

```
정수를 입력하세요: 21
입력한 정수: 21
실수를 입력하세요: 12.34
입력한 실수: 12.34
이름을 입력하세요: miracle java
입력한 이름: miracle java
참/거짓 (true/false)를 입력하세요: true
입력한 값: true
```

3행에서 java.util 패키지를 가져오고, 7행에서 Scanner 클래스 객체 sin을 생성하여 입력을 받는다. 입력이 완료되면 26행에서 sin.close();를 사용하여 닫는다.

여기서 가장 중요한 부분은 17행의 sin.nextLine();이 왜 필요한지를 이해하는 것이다. 사용자가 데이터를 입력하고 Enter를 누르면, nextInt()나 nextDouble()과 같은 메서드는 숫자만 읽어오기 때문에, Enter로 생긴 줄 바꿈 문자(\n)가 버퍼에 남아있게 된다. 이러한 상황에서 19행

의 String name = sin.nextLine();이 실행되면, 사용자가 입력하기 전에 버퍼에 남아 있는 \n을 읽어 버려서 문자열 입력을 건너뛰는 문제가 발생한다.

이 문제를 방지하려면 숫자를 입력한 뒤 nextLine()을 한 번 더 실행해서 버퍼에 남아 있는 **줄바꿈 문자(\n)를 미리 없애야 한다**. 코드 17행의 sin.nextLine();이 이러한 버퍼 비우기 역할을 하며, 그 결과 19행에서 사용자가 이름을 입력하면 문자열이 제대로 저장된다.

체크 프로그램

[예제 2-6] 17행의 sin.nextLine();을 지우고 코드를 실행하면 어떤 일이 발생하는지 확인하시오.

LAB 나이와 이름 출력하기

입력에 Scanner 클래스를 사용하고, 출력에는 System.out.print()를 사용하여 나이와 이름을 출력하는 프로그램의 빈칸을 채워보자. 실행 결과와 조건은 다음과 같다.

```
나이를 입력하세요: 20
이름을 입력하세요: 미라클

미라클님의 나이는 20입니다.
```

조건

- nextInt()를 사용하여 나이를 입력받는다.
- nextLine()을 사용하여 이름을 입력받는다.
- System.out.print()만을 사용하여 출력한다. System.out.println()이나 System.out.printf()는 사용하지 않는다.

Lab 2-2 나이와 이름 출력하기

```
package chap02.lab02;

[          ①          ];

public class InputOutputExample {
    public static void main(String[] args) {
```

```
        [        ②        ];

        System.out.print("나이를 입력하세요: ");
        int age  = sin.[    ③    ];

        [      ④      ];
        System.out.print("이름을 입력하세요: ");
        String name = sin.nextLine();
        System.out.print("\n" + name + "님의 나이는 " + age + "입니다.\n");

        [        ⑤        ];
    }
}
```

정답

① import java.util.Scanner

② Scanner sin = new Scanner(System.in)

③ nextInt()

④ sin.nextLine()

⑤ sin.close()

SECTION 03 연산자

1 연산자의 이해

연산이란 5 * 3 = 15와 같이 주어진 규칙에 따라 계산을 수행하는 것을 의미한다. 이때 연산에서 사용하는 기호를 연산자operator라 부르며, 연산의 대상이 되는 기호나 숫자를 피연산자operand라 한다. 따라서 *는 연산자이고, 5와 3은 피연산자이다.

연산자는 피연산자의 수에 따라 **일항 연산자**unary operator와 **이항 연산자**binary operator로 나뉜다. 예를 들어 B = -A에서 부호 연산자(-)는 A의 부호를 바꾸는 일항 연산자이고, 대입 연산자(=)는 B와 -A 두 개의 피연산자를 가지는 이항 연산자이다.

A = 2 + 4 / 2에서 A의 값은 얼마일까? 3이라고 생각할 수 있지만, 정답은 4이다. 이는 **우선순위가 높은 연산자가 먼저 연산**되기 때문이다. 곱셈(*)과 나눗셈(/)의 우선순위가 덧셈(+)과 뺄셈(-)보다 높기 때문에 4 / 2가 먼저 계산되어 2가 되고, 이후 2 + 2가 계산되어 A에는 4가 저장된다.

우선순위가 같은 연산자들은 왼쪽에서 오른쪽으로 계산되지만, 일부 연산자는 오른쪽에서 왼쪽으로 계산된다. 예를 들어, A = 2 * 4 / 2에서 곱셈과 나눗셈의 우선순위가 동일하므로 왼쪽에서 오른쪽으로 계산된다. 그러나 대입 연산자 =는 오른쪽 결과가 왼쪽 변수에 대입된다.

연산자 우선순위가 헷갈릴 때는 **괄호()를 사용하면 연산 순서를 명확히** 할 수 있다. 또한, 괄호 연산자()의 우선순위가 가장 높다는 것과 일항 연산자가 이항 연산자보다 우선순위가 높다는 것만은 기억해야 한다.

- 높은 우선순위를 가진 연산자를 먼저 연산
- 우선순위가 같은 경우, 왼쪽에서 오른쪽으로 연산, 대입 연산자와 같은 일부는 오른쪽에서 왼쪽으로 연산
- **괄호 연산자()**의 우선순위가 가장 높고, 일항 연산자의 우선순위가 이항 연산자보다 높음

그림 2-19 연산자 관련 주요 사항

2 산술 연산자

산술 연산자arithmetic operators는 수학적인 계산을 수행할 때 사용하는 연산자이다. 대표적으로 부호(-), 덧셈(+), 뺄셈(-), 곱셈(*), 나눗셈(/), 나머지(%) 등이 있다. [표 2-6]은 산술 연산자와 그 특징을 정리한 것이다.

표 2-6 산술 연산자

연산자	설명	예시	특징
-	부호 연산자	-a	일항 연산자
*	곱셈	a * b	
/	나눗셈	a / b	결과는 실수형
%	나머지	a % b	
+	덧셈	a + b	
-	뺄셈	a - b	

이 중 부호 연산자 -는 양수를 음수로, 또는 음수를 양수로 바꾸는 데 사용된다. 일항 연산자인 부호 연산자는 다른 산술 연산자보다 우선순위가 높다.

자바에서 정수형 데이터를 나눌 때는 / 연산자를 사용하여 몫을 구하고, % 연산자를 사용하여 나머지를 구한다. 예를 들어 10 / 3은 3이 되고, 10 % 3은 1이 된다. 이때 주의할 점은 나눗셈의 분모가 0이 되면 예외divide by zero error가 발생한다는 것이다. 따라서 항상 나누기 전에 분모가 0인지 확인해야 한다.

덧셈 연산자인 +는 문자열을 연결하는 특별한 역할도 수행한다. System.out.println("값은 " + 10);과 같은 문장에서 +는 숫자 10을 문자열 "10"으로 바꾼 후 결합하여 "값은 10"이라는 결과를 만들어낸다.

[예제 2-7]은 다양한 산술 연산자의 연산 결과를 보여준다.

예제 2-7 **산술 연산자 사용하기** ArithmeticExample.java

```java
package sec02.exam07;

public class ArithmeticExample {
    public static void main(String[] args) {
        int a = 10, b = 3;

        System.out.println("-a = " + -a);           // -10(부호 연산자)
        System.out.println("a + b = " + (a + b));  // 13
        System.out.println("a - b = " + (a - b));  // 7
        System.out.println("a * b = " + (a * b));  // 30
        System.out.println("a / b = " + (a / b));  // 3(소수점 이하 버려짐)
        System.out.println("a % b = " + (a % b));  // 1(나머지)
    }
}
```

```
-a = -10
a + b = 13
a - b = 7
a * b = 30
a / b = 3
a % b = 1
```

정수형으로 나누기를 하면 소수점 이하 값은 버려진다. 10 / 3의 결과가 3.333...이 아닌 3이 되는 이유다. 만약 나눗셈 결과를 소수점까지 포함하여 정확히 계산하고 싶다면, double 또는 float과 같은 실수형 자료형을 사용해야 한다.

3 증감 연산자

증감 연산자increment and decrement operators는 변수의 값을 1 증가시키거나 1 감소시키는 일항 연산자이다. ++는 1 증가, --는 1 감소를 의미한다. 이 연산자들은 변수 앞에 붙이느냐, 뒤에 붙이느냐에 따라 동작 방식이 달라진다.

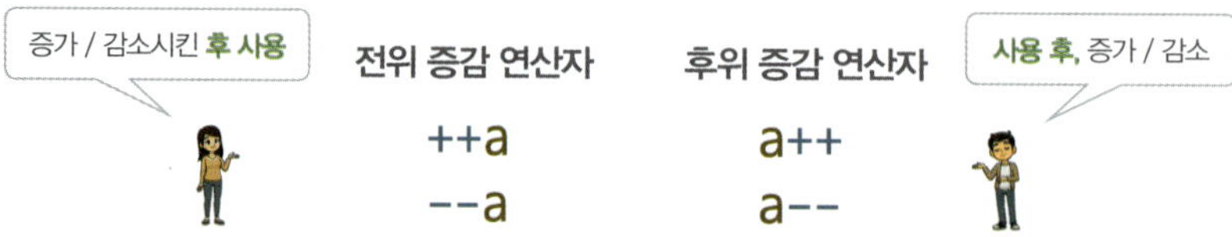

그림 2-20 전위 및 후위 증감 연산자

전위prefix 연산자 ++a 또는 --a는 변수의 값을 먼저 증가 또는 감소시킨 뒤 그 값을 사용한다. 후위postfix 연산자 a++ 또는 a--는 현재 값을 먼저 사용한 다음, 그 후에 1을 증가 또는 감소시킨다. [표 2-7]은 증감 연산자의 동작 방식을 정리한 것이다.

표 2-7 증감 연산자의 동작 방식

연산자	예시	동작
전위 증가	++a	a 값을 1 증가시킨 후에 값을 사용
후위 증가	a++	a 값을 먼저 사용하고, 이후에 1 증가시킴
전위 감소	--a	a 값을 1 감소시킨 후에 값을 사용
후위 감소	a--	a 값을 먼저 사용하고, 이후에 1 감소시킴

다음 코드로 전위 증가 연산자의 동작 과정을 살펴보자. a = 5이면 ++a는 먼저 a를 6으로 만든 다음 그 값을 출력한다.

```
int a = 5;
System.out.println("전위: ++a = " + ++a);
```

```
전위: ++a = 6
```

후위 증가 연산자는 현재 값 5를 출력한 다음, a의 값을 6으로 증가시킨다.

```
int a = 5;
System.out.println("전위: a++ = " + a++);
System.out.println("끝난 후: a = " + a);
```

```
전위: a++ = 5
끝난 후: a = 6
```

감소 연산자도 증가 연산자와 작동 방식은 같으며, [예제 2-8]은 증감 연산자가 전위 및 후위에서 어떻게 동작하는지 보여주는 코드이다.

예제 2-8 **증감 연산자 사용하기** IncDecExample.java

```
package sec02.exam08;

public class IncDecExample {
    public static void main(String[] args) {

        int a = 5, b = 5;
        System.out.println("전위: ++a = " + ++a);
        System.out.println("후위: b++ = " + b++ + " 끝난 후: b = " + b);

        int c = 5, d = 5;
        System.out.println("\n전위: --c = " + --c);
        System.out.println("후위: d-- = " + d-- + " 끝난 후: d = " + d);
    }
}
```

```
전위: ++a = 6
후위: b++ = 5 끝난 후: b = 6

전위: --c = 4
후위: d-- = 5 끝난 후: d = 4
```

Note **전위와 후위 연산자의 단독사용**

증감 연산자를 단독으로 사용하면 전위와 후위의 차이가 없다. 증감 연산자는 반복문 안에서 자주 사용되므로 두 형태에 익숙해지는 것이 중요하다.

4 비교 연산자

비교 연산자relational operators는 두 값을 비교하여 그 결과를 true 또는 false로 반환하는 연산자이다. 조건문과 반복문(if, while 등)에서 자주 사용된다. [표 2-8]은 비교 연산자를 정리한 것이다.

표 2-8 비교 연산자

연산자	설명	예시
==	값이 같은지 비교	a == b
!=	값이 다른지 비교	a != b
>	왼쪽 피연산자가 큰지 비교	a > b
<	왼쪽 피연산자가 작은지 비교	a < b
>=	왼쪽 피연산자가 크거나 같은지 비교	a >= b
<=	왼쪽 피연산자가 작거나 같은지 비교	a <= b

비교 연산자는 산술 연산자보다 우선순위가 낮다. 따라서 산술 연산자와 함께 사용할 때는 괄호를 이용하여 연산 순서를 명확히 해야 한다. 다음과 같이 a와 b가 같은 수인지를 비교하여 출력하는 코드를 살펴보자.

오류 코드

```
int a = 10, b = 3;
System.out.println("두 수가 같은가? " + a == b);
```

위의 코드는 오류가 발생한다. 그 이유는 산술 연산자인 + 연산자가 먼저 연산되어, **"두 수가 같은가? "**와 a의 값 10이 문자열로 결합되기 때문이다. 이후 == 연산자는 앞의 문자열과 b를 비교하게 되는데, 문자열과 정수를 비교할 수 없으므로 오류가 발생한다.

이 문제를 해결하기 위해 괄호를 사용하여 비교 연산식을 묶어 주면 정상적으로 false가 출력된다.

```
System.out.println("두 수가 같은가? " + (a == b));    // 두 수가 같은가? false
```

[예제 2-9]는 다양한 비교 연산자의 연산 결과를 보여준다.

예제 2-9 **비교 연산자 사용하기** RelationalExample.java

```java
01  package sec02.exam09;
02
03  public class RelationalExample {
04      public static void main(String[] args) {
05          int a = 10, b = 3;
06
07          System.out.println("a == b: " + (a == b));  // false
08          System.out.println("a != b: " + (a != b));  // true
09          System.out.println("a > b: " + (a > b));    // true
10          System.out.println("a < b: " + (a < b));    // false
11          System.out.println("a >= b: " + (a >= b));  // true
12          System.out.println("a <= b: " + (a <= b));  // false
13      }
14  }
```

```
a == b: false
a != b: true
a > b: true
a < b: false
a >= b: true
a <= b: false
```

체크 프로그램

[예제 2-9]의 7행부터 12행까지 a == b와 같이 괄호를 제거하면 어떤 결과가 나타나는지 확인하고 그 이유를 설명하시오.

5 논리 연산자

논리 연산자logical operators는 조건식을 결합하여 참이나 거짓을 판단하거나 부정하는 데 사용한다. 피연산자와 결과 모두 boolean 값이며, 주로 조건문과 반복문에서 복합적인 조건을 만들 때 사용한다. [표 2-9]는 논리 연산자를 정리한 것이다.

표 2-9 논리 연산자

연산자		설명	예시
&&	논리 AND	양쪽 모두 참일 때만 참	a && b
||	논리 OR	양쪽 모두 거짓일 때만 거짓	a || b
!	논리 NOT(부정)	일항 연산자로 우선순위 높음	!a

[그림 2-21]은 논리 연산의 결과를 그림으로 표현한 것이다.

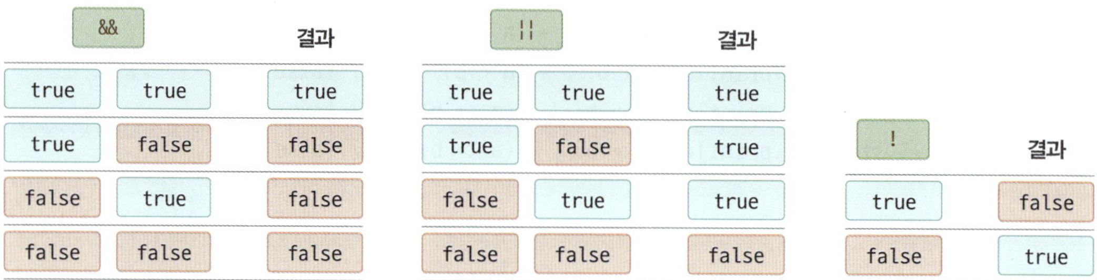

그림 2-21 논리 AND(&&), 논리 OR(||), 논리 NOT(!) 연산

논리 연산자는 비교 연산자보다 우선순위가 낮다. 따라서 복잡한 조건식을 구성할 때 괄호를 적절히 사용하는 것이 좋다. 연산 우선순위는 산술 연산자 > 비교 연산자 > 논리 연산자 순이다.

[예제 2-10]은 논리 연산자의 실제 연산 결과를 보여준다.

예제 2-10 논리 연산자 사용하기 LogicalExample.java

```java
package sec02.exam10;

public class LogicalExample {
    public static void main(String[] args) {
        boolean a = true, b = false;

        System.out.println("!a: " + !a);                    // false
        System.out.println("a && b: " + (a && b));     // false
        System.out.println("a || b: " + (a || b));     // true
    }
}
```

```
!a: false
a && b: false
a || b: true
```

TIP 괄호 없이 a && b, a || b를 작성하면 우선순위 문제로 오류가 발생할 수 있으니 괄호로 감싸는 것이 좋다.

Note **단락 평가**

논리 AND(&&)와 논리 OR(||)는 단락 평가를 사용한다. 단락 평가란 전체 결과가 결정되면 남은 조건을 평가하지 않는 방식이다. 논리 AND(&&)에서 좌변이 false이면 우변을 평가하지 않고 바로 false를 반환한다. 또한 논리 OR(||)에서 좌변이 true이면 우변을 평가하지 않고 바로 true를 반환한다. 예를 들어, a = 5이고 b = 10일 때, if (a > 10 && ++b > 10)에서 a > 10이 false이므로 ++b는 실행되지 않아, b는 그대로 10이다.

6 대입 연산자

대입 연산자assignment operators는 값을 변수에 저장하는 데 사용하는 연산자로, 가장 기본적인 연산자는 =이다. 대입 연산은 우측에서 좌측으로 진행되며, 우선순위가 낮기 때문에 다른 연산자와 함께 사용할 때는 주의해야 한다. 또한 산술 연산자와 결합된 복합 대입 연산자도 많이 사용된다.

[표 2-10]은 대입 연산자와 복합 대입 연산자를 정리한 것이다.

표 2-10 대입 연산자와 복합 대입 연산자

연산자	설명	예시
=	대입	a = 1
+=	덧셈 후 대입	a += 2 (a = a + 2)
-=	뺄셈 후 대입	a -= 3 (a = a - 3)
*=	곱셈 후 대입	a *= 4 (a = a * 4)
/=	나눗셈 후 대입	a /= 3 (a = a / 5)
%=	나머지 연산 후 대입	a %= 6 (a = a % 6)

다음 코드는 복합 대입 연산자를 사용한 결과를 보여준다. a = 10이면 a +=5는 a = a + 5를 의미하므로 '15'가 출력된다.

```
int a = 10;

a += 5;                                   // a = a + 5
System.out.println("a += 5: " + a);
```

```
a += 5: 15
```

7 비트 연산자 심화

비트 연산자bitwise operators는 정수를 2진수로 변환한 후 비트 단위로 연산을 수행하는 연산자이다. 일반적으로 정수형 변수에 사용되며, 저수준 프로그래밍이나 성능이 중요한 연산에서 유용하다.

비트 연산자는 크게 논리 비트 연산자와 비트 이동 연산자(시프트 연산자)로 나뉜다. 논리 연산자에는 AND(&), OR(¦), XOR(^), NOT(~)이 있고, **시프트**shift 연산자에는 좌측 시프트(<<), 우측 시프트(>>), 부호 없는 우측 시프트(>>>)가 있다.

[표 2-11]은 다양한 비트 연산자를 정리한 것이다.

표 2-11 비트 연산자

연산자	이름	예시	설명
&	AND	a & b	두 비트가 모두 1일 때만 1
¦	OR	a ¦ b	두 비트가 하나라도 1일 때 1
^	XOR	a ^ b	비트가 다를 때 1
~	NOT	~a	1은 0으로, 0은 1로 반전
<<	좌측 시프트	a << 2	2칸 왼쪽으로 이동, 오른쪽은 0으로 채움
>>	우측 시프트	a >> 2	2칸 오른쪽으로 이동, 부호 유지
>>>	부호 없는 우측 시프트	a >>> 2	2칸 오른쪽으로 이동, 음수를 양수로 만듦

[그림 2-22]는 6(이진수는 `0110`)과 3(이진수는 `0011`)의 AND, OR, XOR의 비트 연산 결과를 그림으로 보여준다.

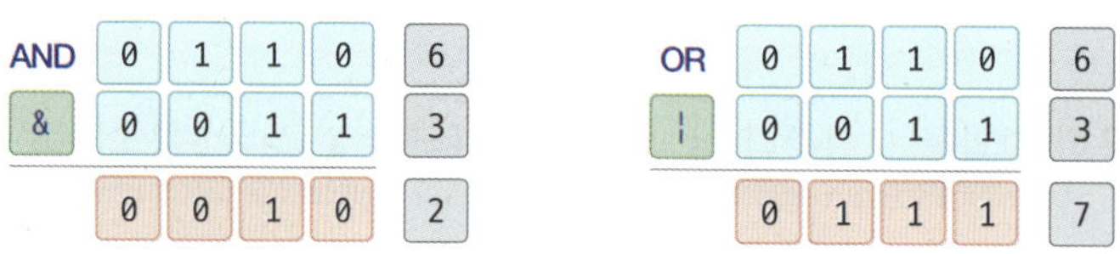

그림 2-22 비트 연산

[그림 2-23]은 6(이진수는 `0110`)의 비트를 왼쪽으로 1칸씩 이동한 결과와 오른쪽으로 1칸 이동한 결과를 보여준다.

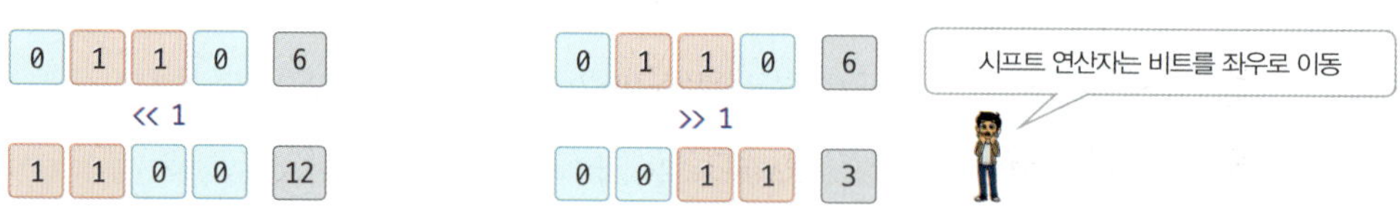

그림 2-23 시프트 연산

시프트 연산자를 이용하여 비트가 왼쪽으로 이동하면 2의 지수승 만큼 곱해지고 오른쪽으로 이동하면 2의 지수승 만큼 나눠지는 효과가 있다. 예를 들어 비트가 왼쪽으로 한 칸 이동하면 2를 곱한 것과 같고, 두 칸 이동하면 2^2, 즉 4를 곱한 것과 같다. [그림 2-23]과 같이 6을 왼쪽으로 한 칸 이동시키면 12가 되고, 오른쪽으로 한 칸 이동시키면 3이 된다.

부호 없는 우측 시프트(>>> 연산자)는 음수의 비트에서도 왼쪽 비트를 0으로 채워 넣으므로, 음수가 양수처럼 변하는 결과가 나올 수 있다.

비트 연산은 일반적인 프로그램에서는 자주 사용되지 않지만, 하드웨어 제어나 메모리 제어, 네트워크 프로토콜 처리 등과 같은 저수준 프로그래밍 영역에서는 중요하게 사용된다.

[예제 2-11]은 비트 연산자를 사용하여 결과를 출력하는 코드이다.

예제 2-11 비트 연산자 사용하기 BitwiseExample.java

```java
package sec02.exam11;

public class BitwiseExample {
    public static void main(String[] args) {
        int a = 6;       // 6은 이진수로 0110
        int b = 3;       // 3은 이진수로 0011

        System.out.println("a & b: " + (a & b));     // AND: 0010 = 2
        System.out.println("a | b: " + (a | b));     // OR:  0111 = 7
        System.out.println("a ^ b: " + (a ^ b));     // XOR: 0101 = 5
        System.out.println("~a: " + (~a));            // NOT: 1111 1001 = -7
        System.out.println("a << 1: " + (a << 1));   // 좌측 1칸: 1100 = 12
        System.out.println("a >> 1: " + (a >> 1));   // 우측 1칸: 0011 = 3
        System.out.println("a >>> 1: " + (a >>> 1)); // 우측 1칸: 0011 = 3
    }
}
```

```
a & b: 2
a | b: 7
a ^ b: 5
~a: -7
a << 1: 12
a >> 1: 3
a >>> 1: 3
```

8 연산자 우선순위

여러 연산자가 함께 사용될 때는 연산자 우선순위 Operator Precedence 에 따라 계산 순서가 결정된다. 우선순위가 같다면 결합 방향 associativity 에 따라 계산된다. 대부분의 연산자는 왼쪽에서 오른쪽(→)으로 결합되지만, 일부 연산자(예 대입 연산자, 일항 연산자)는 오른쪽에서 왼쪽(←)으로 결합된다. [표 2-12]는 연산자의 우선순위와 결합 방향을 정리한 것이다.

표 2-12 연산자의 우선순위와 결합 방향

우선순위	연산자	설명	결합방향
1	()	괄호	⇒
2	++, --, +(부호), -(부호), !, ~	증감, 부호, 논리 NOT, 비트 NOT	⇐
3	(형 변환)	강제 형 변환	⇒
4	*, /, %	곱셈, 나눗셈, 나머지	⇒
5	+, -	덧셈, 뺄셈	⇒
6	<<, >>, >>>	비트 이동	⇒
7	<, <=, >, >=, instanceof	비교	⇒
8	==, !=	비교	⇒
9	&	비트 AND	⇒
10	^	비트 XOR	⇒
11	|	비트 OR	⇒
12	&&	논리 AND	⇒
13	||	논리 OR	⇒
14	=	대입 연산자	⇐

가장 높은 우선순위는 괄호이며, 그다음은 일항 연산자이다. 산술 연산자(*, /, %)는 비교 연산자보다 우선순위가 높고, 비교 연산자(<, >, == 등)는 논리 연산자(&&, ||)보다 우선순위가 높다. 대입 연산자 =는 가장 낮은 우선순위를 가진다.

복잡한 수식에서는 연산자 우선순위를 명확히 파악하기 어렵기 때문에, 괄호를 적극적으로 사용하는 것이 좋다. 또한 가독성과 안정성을 높이기 위해 식은 단순하게 나누어 작성하는 것이 바람직하다.

생성형 AI와 공부하기

자바에서 주요 연산자의 우선순위를 파악할 수 있는 코드를 작성하고, 작동 순서를 설명해줘.

LAB 2개의 실수를 입력받아 사칙 연산하기

사용자로부터 2개의 실수를 입력받아 사칙 연산을 하는 프로그램의 빈칸을 채워보자. 실행 결과와 조건은 다음과 같다.

```
첫 번째 숫자를 입력하세요: 7
두 번째 숫자를 입력하세요: 3
덧셈 결과: 10
뺄셈 결과: 4
곱셈 결과: 21.0
나눗셈 결과: 2.3333333333333335
```

조건

- 입력에 Scanner 클래스를 사용한다.
- 입력하는 자료형은 모두 double이다.
- 덧셈 및 뺄셈의 출력값은 형 변환을 사용하여 정수로 출력한다.

Lab 2-3 2개의 실수를 입력받아 사칙 연산하기

```
package chap02.lab03;

import java.util.Scanner;

public class CalculatorExample {
    public static void main(String[] args) {
        Scanner sin = new Scanner(System.in);

        System.out.print("첫 번째 숫자를 입력하세요: ");
        double num1 = sin.[    ①    ];
        System.out.print("두 번째 숫자를 입력하세요: ");
        [    ②    ] num2 = sin.nextDouble();

        double sum = num1 + num2;
        double difference = num1 - num2;
        double product = num1 * num2;
        double quotient = num1 / num2;
        System.out.println("덧셈 결과: " + [    ③    ]);
```

```
        System.out.println("뺄셈 결과: " + [    ④    ]);
        System.out.println("곱셈 결과: " + product);
        System.out.println("나눗셈 결과: " + quotient);

        [    ⑤    ];
    }
}
```

정답

① nextDouble()

② double

③ (int) sum

④ (int) difference

⑤ sin.close()

미니 프로젝트 카페 주문 금액 계산기

이번 프로젝트의 주제는 '카페 주문 금액 계산기'이다. 변수와 자료형, println(), Scanner, 연산자를 활용하여 카페의 주문 총액을 계산하는 프로그램으로, 사용자로부터 아메리카노와 아이스 아메리카노의 주문 개수를 입력받아 총 결제 금액을 계산하여 출력하도록 구성한다. 다음의 실행 결과와 조건에 맞게 프로그램을 작성해보자.

```
아메리카노 몇 잔을 주문하시겠습니까? 2
아이스 아메리카노 몇 잔을 주문하시겠습니까? 3
총 24000원입니다.
```

조건

- 아메리카노 한 잔의 가격은 4500원이며, final int형 상수 AMERICANO_PRICE로 선언한다.
- 아이스 아메리카노 한 잔의 가격은 5000원이며, final int형 상수 ICE_AMERICANO_PRICE로 선언한다.
- 사용자로부터 입력받는 아메리카노의 개수는 int형 변수 americanoCount에 저장한다.
- 사용자로부터 입력받는 아이스 아메리카노의 개수는 int형 변수 iceAmericanoCount에 저장한다.
- 계산된 총 금액은 int형 변수 total에 저장한다.
- 입력 프롬프트와 출력 문구는 자유롭게 작성하되, 금액 결과는 '총 ○○원입니다.' 형식으로 출력한다.

[코드 구조 설명]

- **Scanner 객체 생성**: 사용자 입력을 받기 위해 Scanner 객체를 생성한다.
- **가격 상수 선언**: final int AMERICANO_PRICE = 4500;, final int ICE_AMERICANO_PRICE = 5000;과 같이 상수를 선언한다.
- **개수 입력**: System.out.print()를 사용해 각각의 커피 개수를 요청하고, nextInt()로 값을 받아 각 변수에 저장한다.
- **총액 계산**: 총액을 계산하여 total 변수에 저장한다.
- **결과 출력**: System.out.println()을 사용해 계산된 총 금액을 출력한다.
- **Scanner 닫기**: 프로그램 종료 전에 close()를 사용하여 자원을 반환한다.

요약

01 '자료형 변수이름'의 형식으로 변수를 선언하며, '변수 = 값'으로 값을 저장한다. 자바에서는 미리 선언한 자료형에 맞는 데이터만 변수에 저장할 수 있다. 값을 변경할 수 없는 상수는 final 예약어를 사용하여 선언하며, 선언과 동시에 초기화해야 한다.

02 자바가 제공하는 기본 자료형은 실제 데이터가 메모리에 직접 저장된다. 정수형은 int이며 저장할 수 있는 값의 범위에 따라 byte, short, long을 사용할 수 있다. 실수는 기본적으로 double을 사용하고, 낮은 정밀도의 float도 있다. char 자료형에는 작은따옴표('')로 감싼 한 개의 문자를 저장한다. boolean 자료형은 true 또는 false의 두 가지 값만을 가진다.

03 참조 자료형은 객체의 주소를 저장하는 자료형이며 문자열은 객체로 취급한다. 문자열은 큰따옴표("")로 감싸고 String 객체에 저장한다.

04 식별자에는 영문자, 숫자, 밑줄(_), 달러 기호($)만 사용할 수 있으며, 숫자로 시작할 수 없고, 대소문자를 구분하며, 예약어를 단독으로 사용할 수 없다.

05 리터럴은 코드에서 값 자체를 의미하는 표현이다. 16진수는 숫자 앞에 0x 또는 0X를 붙이고, 8진수는 0, 2진수는 0b나 0B를 붙인다. long 자료형은 숫자 뒤에 L 또는 l을 붙인다. 또한 float 자료형은 숫자 뒤에 F 또는 f를 붙인다. 일반적으로 표현할 수 없는 특수 문자를 문자열에 포함할 때는 역슬래시(\)로 시작하는 이스케이프 시퀀스를 사용하며, 단일 문자로 취급한다.

06 형 변환은 하나의 자료형을 다른 자료형으로 변환하는 것으로 작은 크기의 자료형을 큰 크기로 변환할 때는 자동으로 형 변환이 이루어진다. 큰 크기에서 작은 크기로 변환할 때는 '(변환할 자료형) 변수' 형태의 강제 형 변환을 사용한다. 강제 형 변환에서는 데이터 손실이 발생할 수도 있다. 또한 boolean은 형 변환이 불가능하다.

07 System.out.print()는 출력한 후 줄 바꿈을 하지 않으며, println()은 출력한 후에 줄 바꿈을 한다. printf()는 형식 지정자를 사용하여 출력한다.

08 사용자로부터 입력을 받을 때는 `Scanner` 클래스를 사용한다. `import java.util.Scanner`와 같이 패키지를 불러와야 하며, `nextInt()`와 같은 다양한 메서드를 지원한다. 입력을 모두 처리한 후에는 `sin.close();`를 호출한다.

09 여러 연산자를 혼합하여 사용할 때, 우선순위가 높은 연산이 먼저 수행되며, 우선순위가 같다면, 결합 방향에 따라 연산된다. 괄호 연산자의 우선순위가 가장 높으며, 그다음은 일항 연산자이다. 이후 산술 연산자, 비교 연산자, 논리 연산자 순이다. 우선순위가 헷갈릴 때는 괄호를 사용하여 연산 순서를 명확하게 한다.

10 증감 연산자는 변수의 값을 1만큼 증가(++) 또는 감소(--)시키는 일항 연산자이다. 비교 연산자는 두 피연산자 간의 대소 관계 또는 같음을 비교하는 데 사용하며, 논리 연산자는 참(`true`) 또는 거짓(`false`) 값을 논리적으로 결합하거나 부정할 때 사용한다. 비트 연산자는 숫자를 2진수로 변환하여 비트 단위로 연산을 수행한다.

연습 문제

01 변수를 만든 후 데이터를 저장하는 과정을 나타내는 단어를 찾으시오.

① 초기화 ② 자료형 ③ 변수 선언 ④ 변수 이름

02 변수 선언의 형식으로 옳은 것은 무엇인가?

① 변수 이름 – 자료형 ② 초기화 – 변수 이름
③ 자료형 – 초기화 ④ 자료형 – 변수 이름

03 같은 종류의 변수를 한 줄에 여러 개 만들 때 사용하는 기호는 무엇인가?

① 콤마(,) ② 세미콜론(;) ③ 대입연산자(=) ④ 같음(==)

04 변수 선언 마지막에 붙여야 하는 기호는 무엇인가?

① 콤마(,) ② 세미콜론(;) ③ 대입연산자(=) ④ 같음(==)

05 다음 중 틀린 설명을 찾으시오.

① 변수를 사용한 후 데이터를 넣는 것을 초기화라 부른다.
② 변수를 만드는 과정을 변수 선언이라 부른다.
③ 변수에는 미리 선언한 자료형에 맞는 데이터만 저장할 수 있다.
④ 변수 선언 끝에는 세미콜론(;)을 붙인다.

06 가장 큰 정숫값을 저장할 수 있는 자료형을 찾으시오.

① int ② short ③ long ④ byte

07 자바에서 기본적으로 사용하는 실수 자료형을 찾으시오.

① double ② int ③ long ④ float

08 자바의 실수 자료형 중 상대적으로 낮은 정밀도를 가지는 자료형을 찾으시오.

① double ② int ③ long ④ float

09 1비트의 메모리 크기를 차지하는 자료형을 찾으시오.

① double ② boolean ③ char ④ int

10 2바이트의 메모리 크기를 차지하고 데이터를 유니코드 형태로 저장하는 자료형을 찾으시오.

① double ② boolean ③ char ④ int

11 형식 지정자를 사용할 수 있는 출력문을 찾으시오.

① System.out.println() ② System.out.print()
③ sin.nextInt() ④ System.out.printf()

12 정수 서식 지정자를 찾으시오.

① %d ② %c ③ %f ④ %s

13 문자열 서식 지정자를 찾으시오.

① %d ② %c ③ %f ④ %s

14 다음 중 틀린 설명을 찾으시오.

① 자바에서 기본적으로 제공하는 실수 자료형은 double이다.
② 자바의 기본 정수형은 int이다.
③ boolean은 참(true) 또는 거짓(false) 두 가지 값만 가진다.
④ char 자료형은 큰 따옴표(")를 사용한다.

15 한 번 값이 할당되면 변경할 수 없으며, 그 값이 고정되는 수를 의미하는 단어를 찾으시오.

① 실수 ② 정수 ③ 변수 ④ 상수

16 상수를 만드는 예약어를 찾으시오.

① `final` ② `class` ③ `double` ④ `fint`

17 식별자에 사용 가능한 문자가 아닌 것은 무엇인가?

① 영문자 ② 공백( ) ③ 밑줄(_) ④ 달러기호($)

18 식별자로 사용할 수 없는 것을 찾으시오.

① `$name` ② `_name` ③ `name1` ④ `1name`

19 식별자 권장 사항에 따른 상수의 식별자로 가장 적당한 것을 찾으시오.

① `BOX_SIZE` ② `BoxSize` ③ `boxSize` ④ `a`

20 식별자 권장 사항에 따른 클래스 이름으로 가장 적당한 것을 찾으시오.

① `BOX_SIZE` ② `BoxSize` ③ `boxSize` ④ `a`

21 다음 중 틀린 설명을 찾으시오.

① 숫자로 시작하기 때문에 `1name`은 식별자로 사용할 수 없다.

② 밑줄을 사용하는 `hi_java`는 식별자로 사용할 수 있다.

③ `name`과 `Name`은 같은 변수이다.

④ `intVariable`은 식별자로 사용할 수 있다.

22 리터럴 16진수를 찾으시오.

① `0xA` ② `012` ③ `0b1010` ④ `10`

23 리터럴 8진수를 찾으시오.

① `0xA` ② `012` ③ `0b1010` ④ `10`

24 리터럴 double 자료형의 숫자 뒤에 붙이는 문자를 찾으시오.

① D ② F ③ e ④ L

25 리터럴 실수의 지수 표기법에 사용하는 문자를 찾으시오.

① D ② F ③ e ④ L

26 줄 바꿈에 사용하는 이스케이프 시퀀스를 찾으시오.

① \t ② \\ ③ \" ④ \n

27 탭 간격에 사용하는 이스케이프 시퀀스를 찾으시오.

① \t ② \\ ③ \" ④ \n

28 형 변환이 불가능한 자료형을 찾으시오.

① double ② boolean ③ char ④ int

29 Scanner 클래스의 메서드 중에서 공백을 기준으로 단어 하나를 입력받는 것을 찾으시오.

① nextInt() ② next() ③ close() ④ nextLine()

30 Scanner 클래스의 메서드 중에서 공백을 무시하고 한 줄 전체를 문자열로 입력받는 것을 찾으시오.

① nextInt() ② next() ③ close() ④ nextLine()

31 Scanner 클래스의 메서드 중에서 int 형태의 데이터를 입력받는 것을 찾으시오.

① nextInt() ② next() ③ close() ④ nextLine()

32 Scanner 클래스의 `nextInt()`나 `nextDouble()` 메서드를 사용한 후, 입력 버퍼에 남아 있는 것을 제거할 때 사용하는 메서드를 찾으시오.

① `nextInt()` ② `next()` ③ `close()` ④ `nextLine()`

33 다음 중 틀린 설명을 찾으시오.

① 우선순위가 같은 연산자들은 결합 방향에 따라 연산된다.
② 대입 연산자의 결합 방향은 왼쪽에서 오른쪽이다.
③ 우선순위가 높은 연산자가 먼저 연산된다.
④ 일항 연산자가 이항 연산자보다 우선순위가 높다.

34 우선순위가 가장 높은 연산자를 찾으시오.

① 이항 연산자 ② 일항 연산자
③ 대입(=)연산자 ④ 괄호 연산자

35 우선순위가 가장 낮은 연산자를 찾으시오.

① 부호 연산자(−) ② 일항 연산자
③ 대입(=)연산자 ④ 괄호 연산자

36 산술 연산자 중 결과가 실수형인 연산자는 무엇인가?

① 나머지(%) ② 곱셈(*) ③ 부호(−) ④ 나눗셈(/)

37 a 값을 먼저 1 감소시킨 후에 해당 값을 사용하는 연산자를 찾으시오.

① --a ② a++ ③ a-- ④ ++a

38 먼저 a 값의 현재 값을 사용한 후에 값을 1 증가시키는 연산자를 찾으시오.

① --a ② a++ ③ a-- ④ ++a

39 논리 AND에 사용하는 연산자를 찾으시오.

① && ② ¦¦ ③ ! ④ ==

40 논리 NOT에 사용하는 연산자를 찾으시오.

① && ② ¦¦ ③ ! ④ ==

41 비교 연산자를 찾으시오.

① && ② ¦¦ ③ ! ④ ==

42 a = true이고 b = false일 때 연산의 결과가 true인 것을 찾으시오.

① !a ② a && b ③ b && a ④ a ¦¦ b

43 a = true이고 b = false일 때 연산의 결과가 false인 것을 찾으시오.

① !b ② b ¦¦ a ③ b && a ④ a ¦¦ b

44 다음은 영어 성적을 출력하는 코드이다. 오류가 발생하는 부분을 찾고 어떻게 수정해야 하는지 쓰시오.

```
public class Test_01  {
    public static void main(String[] args) {
        char englishGrade = "A";

        System.out.println("영어성적: " + englishGrade);
    }
}
```

45 다음의 괄호에 기본 정수형 변수 grade1과 grade2를 각각 3.4와 4.2로 초기화하는 코드를 한 줄로 작성하시오.

```
public class Test_02 {
    public static void main(String[] args) {
        [                    ];

        System.out.println("grade1: " + grade1);
        System.out.println("grade2: " + grade2);
    }
}
```

46 다음은 상수를 만든 후 출력하는 코드이다. 빈칸을 채우시오.

```
public class Test_03 {
    public static void main(String[] args) {
        [          ] INCOME_TAX = 1.13;

        System.out.println("INCOME_TAX: " + INCOME_TAX);
    }
}
```

47 다음은 강제 형 변환 코드이다. 빈칸을 채우시오.

```
public class Test_04 {
    public static void main(String[] args) {
        double doubleValue = 12.984;
        int intValue = [          ];

        System.out.println("결과: " + intValue);
    }
}
```

48 다음은 Scanner를 사용하여 사용자로부터 값을 입력받는 코드이다. 이름이 정상적으로 입력되도록 빈칸을 채우시오.

```
import java.util.Scanner;

public class Test_05 {
    public static void main(String[] args) {
        Scanner sin = new Scanner(System.in);

        System.out.print("나이를 입력하세요: ");
        int price = sin.nextInt();
        System.out.println("입력한 정수: " + price);

        [            ]
        System.out.print("이름을 입력하세요: ");
        String name = sin.nextLine();
        System.out.println("입력한 이름: " + name);

        sin.close();
    }
}
```

49 다음 코드에서 a + b가 13이 출력되도록 코드를 수정하시오.

```
public class Test_06  {
    public static void main(String[] args) {
        int a = 10, b = 3;

        System.out.println("a + b = " + a + b);
    }
}
```

50 다음 코드의 출력값을 정확하게 적으시오.

```
public class Test_07 {
    public static void main(String[] args) {
        int a = 7;

        System.out.println("a1 = " + --a);
        System.out.println("a2 = " + a);
    }
}
```

51 다음 코드의 출력값을 정확하게 적으시오.

```
public class Test_08 {
    public static void main(String[] args) {
        boolean a = true, b = false;

        System.out.println(a && b);
        System.out.println(a || b);
    }
}
```

52 **난이도 상** 다음 코드의 출력값을 정확하게 적으시오.

```
public class Test_09 {
    public static void main(String[] args) {
        int a = 6;          // 6은 이진수로 0110
        int b = 3;          // 3은 이진수로 0011

        System.out.println(a & b);
        System.out.println(a | b);
        System.out.println(a ^ b);
    }
}
```

53 센티미터를 입력받아 인치로 변경하는 코드를 작성하시오. 단, 인치는 입력되는 센티미터를 2.54로 나누면 되는데 이를 상수로 선언하시오.

```
센티미터를 입력하세요: 254
100.0인치
```

54 임금과 일한 시간을 입력하면 받을 임금을 계산하는 프로그램을 작성하시오. 시간당 임금 wage 변수는 int이며, 일한 시간 hour 변수는 double을 사용하시오.

```
시간당 임금을 입력하세요: 10900
일한 시간을 입력하세요: 8.5
시간당 임금: 10900
일한 시간: 8.5
받을 임금: 92650.0
```

CHAPTER 03

조건문, 반복문, 배열

학습 목표

- if 조건문과 switch 문을 비교한다.
- 다양한 반복문, continue 문, break 문의 특징을 학습한다.
- 배열 선언과 사용 방법을 익히고 String과 다차원 배열을 살펴본다.

조건문
제어 구조의 이해
if 조건문
단순 if 문
if-else 문
if-else if-else 문
중첩 if 문
삼항 조건 연산자
switch 문
break의 역할
반복문
for 문
while 문
무한 반복
do-while 문
다중 반복문
continue 문
break 문
배열
배열의 이해
배열 선언과 원소 접근
배열의 응용
참조 자료형과 배열
new 연산자로 배열 만들기
length 사용하기
String 배열
for-each 문
다차원 배열
다차원 배열 생성
가변 배열

SECTION
01 조건문

1 제어 구조의 이해

제어 구조란 프로그램에서 코드가 실행되는 흐름을 말한다. 자바에서 주로 사용하는 제어 구조에는 순차문, 조건문, 반복문이 있다.

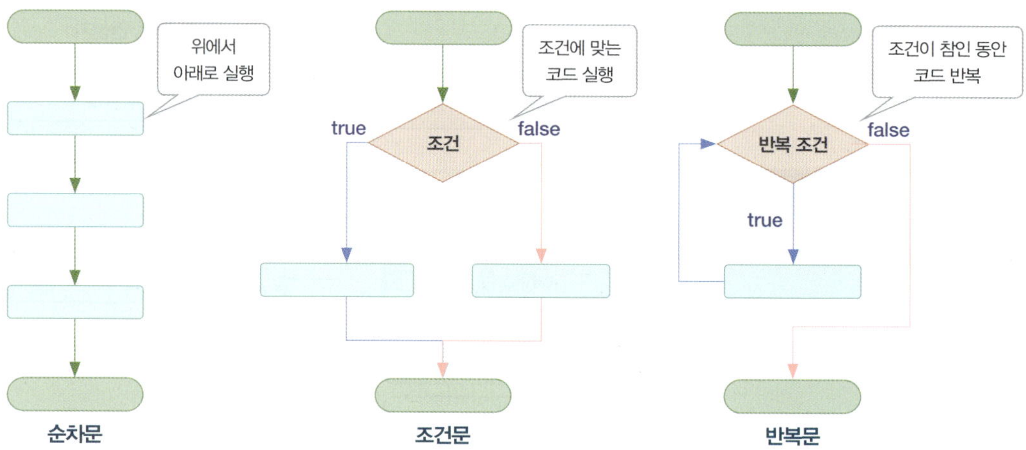

그림 3-1 **순차문, 조건문, 반복문의 구조**

- **순차문**sequential statement: 위에서 아래로 차례대로 실행된다. 우리가 지금까지 작성한 변수 선언, 연산, 출력 등이 모두 순차문에 해당한다.
- **조건문**conditional statement: 특정 조건에 따라 실행할 코드를 선택한다. 대표적인 조건문으로 `if` 문이 있다.
- **반복문**loop statement: 조건이 참인 동안 계속해서 코드를 반복 실행한다. 대표적인 반복문으로 `for` 문과 `while` 문이 있다.

조건문과 반복문은 참(`true`) 또는 거짓(`false`)으로 평가되는 조건식이다. 조건식의 결과에 따라 실행되는 코드가 달라지므로, 조건식을 잘 만들어야 원하는 결과를 얻을 수 있다.

TIP '제어 코드', '조건 코드' 보다는 '제어문', '조건문', '반복문'이라는 표현을 쓰는 것이 자연스럽다. 이 책에서 '코드', '문장', '-문'은 상황에 따라 자유롭게 혼용하여 사용한다.

2 if 조건문

1. 단순 if 문

if 조건문은 괄호 안에 작성한 조건식의 결과가 참(true)일 때 중괄호({ })로 구성한 코드 블록을 실행한다. 구조는 다음과 같다.

```
if (조건식) {
      실행문A;   // 조건이 참일 때 실행
}
실행문B;
```

if (조건식)에서 조건식의 결과가 참이면 블록 안의 실행문A가 실행된 후, 실행문B가 실행된다. 만약, 조건식의 결과가 거짓이라면 실행문B만 실행된다.

그림 3-2 if 조건문의 구조

[예제 3-1]은 if 문을 사용하여 도넛의 구매 금액이 2만 원 이상일 때, 쿠폰 1장을 발행하는 코드이다.

예제 3-1 if 문 사용하기 IfExample.java

```java
package sec01.exam01;

public class IfExample {
    public static void main(String[] args) {
        int price = 25000;

        if (price >= 20000) {
            System.out.println("쿠폰 1장");    // 조건이 참일 때 실행
        }
        System.out.println("또 방문해 주세요.");
    }
}
```

```
쿠폰 1장
또 방문해 주세요.
```

price가 25000인 경우, 7행의 if (price >= 20000)에서 조건식의 결과가 참이므로 8행이 실행되어 '쿠폰 1장'이 출력된다. 10행부터는 if 조건문과 상관없이 코드가 실행되어 '또 방문해 주세요.'가 출력된다.

만약 블록에 속한 코드가 한 줄 뿐이라면 중괄호를 생략하고 다음과 같이 작성할 수 있다. 중괄호를 생략하더라도 **들여쓰기는 꼭 해야 한다.**

```
if (price >= 20000)                    // 실행 코드가 한 줄이면 중괄호 생략 가능
    System.out.println("쿠폰 1장");
```

체크 프로그램

[예제 3-1]에서 구매 금액 20001원부터 쿠폰 1장을 발행하는 조건일 때, 조건식을 어떻게 수정해야 하는지 코드에 입력하여 실행하시오.

2. if-else 문

if-else 문은 조건식의 결과가 참일 때 실행할 코드와 거짓일 때 실행할 코드를 함께 작성할 때 사용한다. if에 속한 블록 안에는 참일 때 실행되는 코드가 있고, else의 블록 안에는 거짓일 때 실행되는 코드가 있다. 구조는 다음과 같다.

```
if (조건식) {
    실행문A;            // 조건이 참일 때 실행
} else {
    실행문B;            // 조건이 거짓일 때 실행
}
실행문C;
```

if (조건식)에서 조건식의 결과가 참이면 실행문A가 실행되고, 거짓이면 else 블록 안의 실행문B가 실행된다. 조건식의 결과에 따라 둘 중 하나의 블록만 실행되며, 이후 실행문C가 실행된다.

그림 3-3 if-else 문의 구조

[예제 3-2]는 [예제 3-1]을 변형한 코드로, 구매 금액이 2만 원 미만일 때 '쿠폰 없음'을 출력한다.

예제 3-2 if-else 문 사용하기 IfElseExample.java

```
01  package sec01.exam02;
02
03  public class IfElseExample {
04      public static void main(String[] args) {
05          int price = 15000;
06
07          if (price >= 20000) {
08              System.out.println("쿠폰 1장");      // 조건이 참일 때 실행
09          } else {
10              System.out.println("쿠폰 없음");     // 조건이 거짓일 때 실행
11          }
12          System.out.println("또 방문해 주세요.");
13      }
14  }
```

```
쿠폰 없음
또 방문해 주세요.
```

price 값이 15000이므로 7행 if 조건식의 결과가 거짓이 되어 '쿠폰 없음'과 '또 방문해 주세요.'가 출력된다.

3. if-else if-else 문

여러 개의 조건을 연결하여 사용할 때는 if-else if-else 문을 사용한다. 구조는 다음과 같다.

```
if (조건식A) {
    실행문A;              // 조건식A가 참일 때 실행
} else if (조건식B) {
    실행문B;              // 조건식A 거짓, 조건식B가 참일 때 실행
} else {
    실행문C;              // 조건식A 거짓, 조건식B가 거짓일 때 실행
}
```

조건식A의 결과가 참이면 실행문A가 실행된다. 거짓인 경우에는 조건식B를 검사하고, 이 결과가 참이면 실행문B가 실행된다. 두 가지 조건이 모두 거짓일 경우에는 실행문C가 실행된다.

if-else if-else 문은 여러 조건 중에서 **가장 처음 만족하는 하나의 조건만을 실행**한다. 이후 조건이 참이더라도, 처음 만족한 조건식 블록 안의 코드가 실행되었다면 조건문을 빠져나온다.

그림 3-4 if-else if-else 문의 구조

도넛 가게에서 쿠폰 이벤트를 진행한다고 가정해보자. 쿠폰을 10개 이상 모으면 도넛 4개를 무료로 제공하고, 3~9개이면 음료수를 무료로 제공한다. [예제 3-3]은 쿠폰 개수를 입력받아 이벤트 결과를 출력하는 코드이다.

예제 3-3 **if-else if-else 문 사용하기** IfElseIfExample.java

```java
01 package sec01.exam03;
02 
03 import java.util.Scanner;
04 
05 public class IfElseIfExample {
06     public static void main(String[] args) {
07         Scanner scanner = new Scanner(System.in);
08 
09         System.out.print("쿠폰 수 입력: ");
10         int coupon = scanner.nextInt();       // 정수형 변수 입력받기
11 
12         if (coupon >= 10) {                   // coupon이 10개 이상
13             System.out.println("도넛 4개 무료");
14         } else if (coupon >= 3) {             // coupon이 3 - 9개
15             System.out.println("무료 음료");
16         } else {                              // coupon이 2개 이하
17             System.out.println("다음 기회에");
18         }
19         scanner.close();
20     }
21 }
```

```
쿠폰 수 입력: 11
도넛 4개 무료
```

입력한 쿠폰 수가 11이면, 14행의 coupon >= 3 조건도 만족한다. 그러나 12행의 첫 번째 조건 coupon >= 10을 먼저 만족했기 때문에 '도넛 4개 무료'를 출력하고 if 조건문을 빠져나온다.

4. 중첩 if 문

중첩nested if 문은 if 문 안에 또 다른 if 문을 사용하는 구조이다. 특정 조건을 먼저 검사한 후, 그 조건이 참일 때만 추가적인 조건을 검사하고 싶을 때 사용한다.

도넛 가게에서 2만 원 이상일 때 1장씩 주던 쿠폰을 멤버십에 가입하면 2장씩 준다고 가정하자. 중첩 if 문을 사용하여 이를 구현하면 [예제 3-4]와 같다.

예제 3-4 **중첩 if 문 사용하기** NestedIfExample.java

```
01 package sec01.exam04;
02 
03 public class NestedIfExample {
04     public static void main(String[] args) {
05         int price = 25000;
06         boolean isMember = true;
07 
08         if (price >= 20000) {
09             if (isMember == true) {        // 중첩된 if-else: 멤버십 확인
10                 System.out.println("쿠폰 2장");
11             } else {
12                 System.out.println("쿠폰 1장");
13             }
14         } else {
15             System.out.println("쿠폰 없음");
16         }
17     }
18 }
```

```
쿠폰 2장
```

앞의 if-else 문과 비교하면, if 블록 안에 멤버십을 확인하는 if-else 문이 추가(중첩)된 것을 알 수 있다. 8행 price >= 20000이 참인 경우 9행에서 13행이 실행된다. 9행에서 isMember가 참이면 '쿠폰 2장'이 출력되고, 아니라면 '쿠폰 1장'이 출력된다.

중첩 if 문은 조건식을 변형하여 if-else if 문으로 바꿀 수 있다. 또한 9행의 변수 isMember는 자료형이 boolean이므로 다음과 같이 간단하게 만들 수도 있다.

```
if (isMember) {      // isMember가 true이면
```

체크 프로그램

[예제 3-4]의 조건문을 if-else if만 사용하는 코드로 변경하여 실행하시오.

생성형 AI와 공부하기

자바에서 같은 조건을 가지는 중첩 if 문과 if-else if-else 문 코드를 작성하고, 특징을 설명해줘.

5. 삼항 조건 연산자

2장에서 다루지 않았던 연산자 중에 삼항 조건 연산자ternary operator가 있다. 삼항 조건 연산자는 if-else 문을 한 줄로 간단히 표현할 수 있는 연산자이며, 구조는 다음과 같다.

```
(조건식) ? 실행문A(참) : 실행문B(거짓);
```

조건식이 참일 경우, 물음표(?) 다음의 실행문A가 실행되고, 거짓일 경우 콜론(:) 다음의 실행문B가 실행된다. 다음은 삼항 조건 연산자를 사용하여 x와 y 중 큰 값을 max에 저장하는 예제이다.

```
int x = 10, y = 20;
int max = (x > y) ? x : y;        // if (x > y) max = x; else max = y;
System.out.println(max);
```

(x > y)의 결과가 참이라면 max = x;가 되고, 거짓이라면 max = y;가 된다. 따라서 출력 결과는 '20'이다.

TIP 삼항 조건 연산자는 간단한 조건 처리에 매우 유용하지만, 조건이 복잡해지면 오히려 코드의 가독성이 떨어질 수 있기 때문에 신중하게 사용해야 한다.

3 switch 문

1. switch 문의 구조

switch 문은 변수의 값에 따라 실행할 코드를 결정하는 제어문이며, 조건 값과 일치하는 case의 코드 블록이 실행된다. 여러 조건을 처리하는 if-else if-else 문보다 가독성이 뛰어나, 특정 값에 따른 조건을 처리할 때 유용하게 사용된다. switch 문의 기본 구조는 다음과 같다.

```
switch (변수) {
    case A :                     // 변수의 값이 A인 경우
            실행문A;
            break;               // switch 문을 빠져나감
    case B :                     // 변수의 값이 B인 경우
            실행문B;
            break;               // switch 문을 빠져나감
    default :                    // 변수의 값이 A와 B가 아닌 경우
            실행문C;
}
```

변수의 값이 A일 경우 **case A:** 다음의 실행문A가 실행되고, 값이 B일 경우 **case B:** 다음의 실행문B가 실행된다. 이외의 값일 경우에는 **default:** 다음의 코드가 실행된다. 각 **case**의 마지막에서 **break**를 만나면 **switch** 문을 빠져나온다.

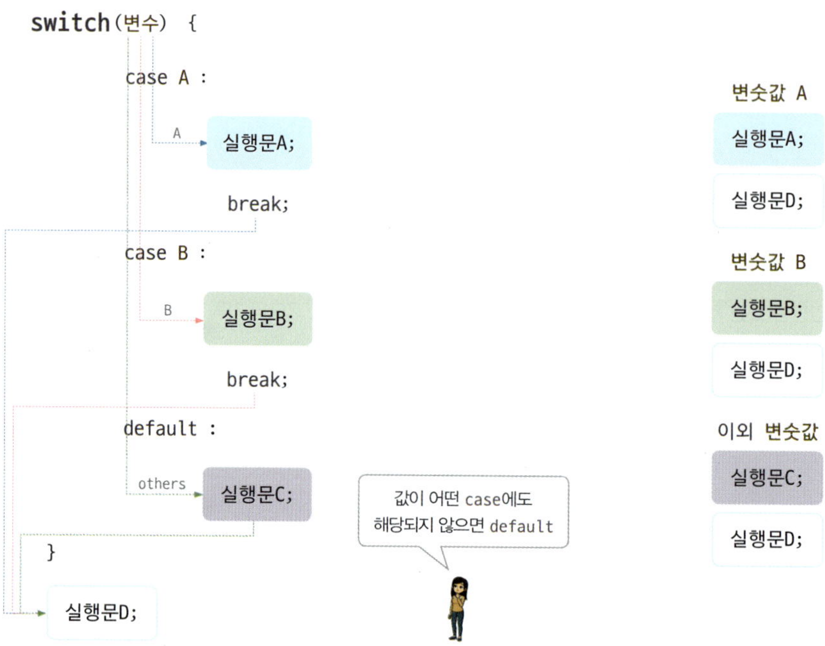

그림 3-5 switch 문의 구조

if 문은 조건식의 결과가 참인지 거짓인지에 따라 서로 다른 코드가 실행되는 반면에, **switch** 문은 변수의 값에 따라 서로 다른 코드가 실행된다는 특징이 있다.

[예제 3-5]는 입력받은 메뉴 번호에 해당하는 메뉴를 출력하는 코드이다.

예제 3-5 switch 문 사용하기 SwitchExample.java

```
01  package sec01.exam05;
02
03  import java.util.Scanner;
04
05  public class SwitchExample {
06      public static void main(String[] args) {
07          Scanner scanner = new Scanner(System.in);
08
09          System.out.print("주문 입력: ");
10          int menu = scanner.nextInt();          // 정수형 변수 입력받기
11
12          switch (menu) {
13              case 1:                            // 메뉴 1번
14                  System.out.println("크림 도넛");
15                  break;
16              case 2:                            // 메뉴 2번
17                  System.out.println("딸기 도넛");
18                  break;
19              case 3:                            // 메뉴 3번
20                  System.out.println("너트 도넛");
21                  break;
22              default:                           // 1, 2, 3 이외의 모든 경우
23                  System.out.println("없는 메뉴입니다.");
24          }
25          scanner.close();
26      }
27  }
```

```
주문 입력: 3
너트 도넛
```

menu의 값이 1이면 14행이 실행되어 '크림 도넛'이 출력된다. 이후 15행에서 break를 만나서 switch 문을 빠져나온다. menu의 값이 2이면 17행이 실행되어 '딸기 도넛'이 출력된 후 break를 만나서 switch 문을 빠져나온다. 값이 3이면 20행에서 '너트 도넛'이 출력되고 break를 만나서 switch 문을 빠져나온다. 만약 값이 1, 2, 3이 아니면 '없는 메뉴입니다.'가 출력된 후에 조건문을 빠져나온다.

switch 문에서는 정수, 실수, 문자, 문자열 등의 다양한 자료형을 사용할 수 있다. 다음은 문자와 문자열을 사용한 switch 문의 예시이다.

```
char size;
switch (size) {
    case 'S' :
        실행문A;
        break;
    case 'M' :
```

```
String name;
switch (name) {
    case "크림" :
        실행문A;
        break;
    case "초코" :
```

switch 문의 괄호안에는 수식을 넣어서 사용할 수 있다. 다음은 짝수와 홀수를 판단하는 switch 문 예제이다.

```
int num = 1;
switch (num % 2) {
    case 0:
        System.out.println("짝수입니다.");
        break;
    case 1:
        System.out.println("홀수입니다.");
        break;
}
```

그러나 switch 문의 case에는 수식을 사용할 수 없기 때문에 다음 코드는 허용되지 않는다.

오류 코드

```
switch (menu) {
    case menu >= 1:                    // case에는 수식 허용 안 됨
}
```

2. switch 문에서 break의 역할

switch 문에서 break는 중요한 역할을 한다. 만약 특정 case 안에 break 문을 생략하면, 코드는 다음 case로 넘어가 계속 실행된다. 이러한 동작은 여러 case를 거쳐 break를 만나거나, switch 문이 끝날 때까지 계속된다.

[그림 3-6]은 [그림 3-5]의 switch 문의 구조에서 case A의 break를 제거한 예시이다.

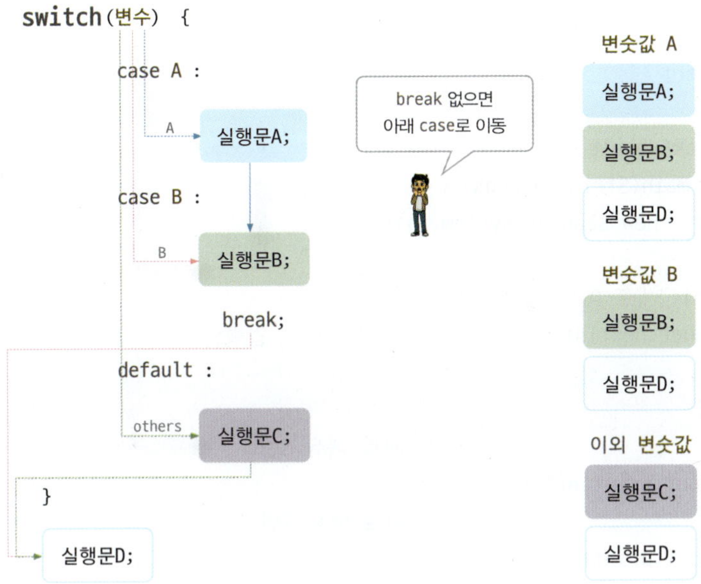

그림 3-6 switch 문에서 break의 역할

[그림 3-6]에서 변수의 값이 A라면 case A의 실행문A가 실행되고, 이어서 실행문B까지 실행된 후 break를 만나 switch 문을 빠져나온다. case B로 진입한 경우에는 실행문B만 실행되고 switch 문을 빠져나온다. 이러한 break의 특성을 활용하면 여러 case에서 중복된 코드를 간결하게 처리할 수 있다.

[그림 3-7]은 도넛 가게의 세트 메뉴 구성을 안내한다. 이를 출력하는 코드인 [예제 3-6]을 살펴보자.

그림 3-7 도넛 가게의 세트 메뉴 구성

예제 3-6 **switch-break 문 사용하기** SwitchBreakExample.java

```java
01 package sec01.exam06;
02 
03 import java.util.Scanner;
04 
05 public class SwitchBreakExample {
06     public static void main(String[] args) {
07         Scanner scanner = new Scanner(System.in);
08 
09         System.out.print("세트 메뉴 입력: ");
10         int menu = scanner.nextInt();          // 정수형 변수 입력받기
11 
12         switch (menu) {
13             case 3:                            // 세트 메뉴 3번
14                 System.out.println("너트 도넛");
15             case 2:                            // 세트 메뉴 2번
16                 System.out.println("딸기 도넛");
17             case 1:                            // 세트 메뉴 1번
18                 System.out.println("크림 도넛");
19                 break;
20             default:                           // 1, 2, 3 이외의 모든 경우
21                 System.out.println("없는 메뉴입니다.");
22         }
23         scanner.close();
24     }
25 }
```

```
세트 메뉴 입력: 3
너트 도넛
딸기 도넛
크림 도넛
```

입력값이 3인 경우를 보자. case 3으로 진입하여 14행(너트 도넛), 16행(딸기 도넛), 18행(크림 도넛)을 출력한 후, 19행 break에서 switch 문을 빠져나온다. case 2인 경우에는 딸기 도넛과 크림 도넛을 출력한 후 빠져나온다. 이때 19행의 break를 생략하면, '없는 메뉴입니다.'까지 출력되기 때문에 주의해야 한다.

이처럼 중복되는 코드를 포함하는 구조에서는 switch와 break를 활용하면 유용한 코드를 작성할 수 있다.

TIP switch 문은 특정 '값'을 기준으로 분기할 때 유용하고, if 문은 조건식이 복잡하거나 범위 비교가 필요할 때에 적합하다.

생성형 AI와 공부하기

자바에서 if-else 문을 사용하기 유리한 경우와 switch 문을 사용하는 것이 유리한 경우를 예시 코드를 작성해서 설명해줘.

4 무작위 수

게임, 시뮬레이션, 추첨 기능 등 자바로 구현할 수 있는 다양한 프로그램을 만들 때는 무작위 수를 만들어야 한다. 자바에서는 기본적으로 Math.random() 메서드를 사용하여 무작위 값을 만든다. Math.random()은 0.0(포함) 이상 1.0(미포함) 미만 범위의 double 타입의 실수를 반환한다. 이 기본 기능을 활용하여 원하는 범위의 정수나 실수를 만들어 낼 수 있다.

```
double randomValue = Math.random();        // 0.0 이상 1.0 미만의 무작위 수
```

만약 특정 범위의 정수가 필요하다면, Math.random()에 원하는 범위를 곱하고, 필요에 따라 int로 형 변환한 뒤 값을 더해준다. 예를 들어 (Math.random() * 10)은 0.0 이상 10.0 미만의 값을 생성하기 때문에 (int) (Math.random() * 10)은 0에서 9까지의 무작위 정수를 만든다. 또한 (int) (Math.random() * 10)으로 만들어진 무작위 수에 1을 더하면, 1에서 10까지의 무작위 정수를 만든다.

```
int randomInt = (int) (Math.random() * 10);         // 0에서 9 이하의 무작위 수
int randomInt = (int) (Math.random() * 10) + 1;     // 1에서 10 이하의 무작위 수
```

[예제 3-7]은 Math.random()을 활용하여 무작위 수를 만드는 코드이다.

예제 3-7 **무작위 수 만들기**

RandomIntExample.java

```java
package sec01.exam07;

public class RandomIntExample {
    public static void main(String[] args) {
        double randomValue = Math.random();    // 0.0 이상 1.0 미만의 무작위 수
        System.out.println("0.0-1.0 미만의 무작위 수: " + randomValue);

        int randomInt = (int) (Math.random() * 10); // 0에서 9 이하의 무작위 수
        System.out.println("0-9 사이 무작위 수: " + randomInt);

        randomInt = (int) (Math.random() * 10) + 1;  // 1에서 10 이하의 무작위 수
        System.out.println("1-10 사이 무작위 수: " + randomInt);
    }
}
```

```
0.0-1.0 미만의 무작위 수: 0.3931594953122427
0-9 사이 무작위 수: 0
1-10 사이 무작위 수: 7
```

LAB 가위바위보 게임 만들기

무작위 수를 활용한 가위바위보 게임 프로그램의 빈칸을 채워보자. 실행 결과와 조건은 다음과 같다.

```
가위(0), 바위(1), 보(2) 중 선택: 2
컴퓨터의 선택: 0
컴퓨터 승!
```

조건

- 사용자는 가위(0), 바위(1), 보(2) 중 하나를 선택하여 입력한다.
- 컴퓨터는 `Math.random()`을 이용하여 0, 1, 2 중 하나의 값을 가진다.
- 게임의 결과가 비겼는지, 사용자가 이겼는지, 컴퓨터가 이겼는지를 구분하여 출력한다.

Lab 3-1 **가위바위보 게임 만들기**

```java
package chap03.lab01;

import java.util.Scanner;

public class RockPaperScissors {
    public static void main(String[] args) {
        Scanner scanner = new Scanner(System.in);

        System.out.print("가위(0), 바위(1), 보(2) 중 선택: ");
        int user = scanner.nextInt();

        int com = [          ①          ];    // 0에서 2 이하의 난수 생성
        System.out.println("컴퓨터의 선택: " + com);

        if ([     ②     ]) {
            System.out.println("비겼습니다!");
        } else if ([                    ③                    ]) {
            System.out.println("사용자 승!");
        } [     ④     ] {
            System.out.println("컴퓨터 승!");
        }
        scanner.close();
    }
}
```

정답

① (int) (Math.random() * 3)

② user == com

③ (user == 0 && com == 2) || (user == 1 && com == 0) || (user == 2 && com == 1)

④ else

SECTION 02 반복문

1 반복문의 이해

반복문은 특정 조건이 만족될 때까지 같은 코드를 반복해서 실행하는 구조이다. 조건문은 조건이 참일 때 한 번만 실행된다. 그러나 반복문은 조건이 만족하는 동안 계속해서 실행되며, 조건이 거짓이 되면 반복문을 빠져나온다. 반복문에는 `for` 문, `while` 문, `do-while` 문이 있다.

주문(`order`)에 따라 도넛을 만드는 상황에서 조건문과 반복문을 비교해보자. 조건문 `if`와 반복문 `while`의 구조는 비슷하지만, 작동 방식은 다르다. 조건문 `if`는 `order`가 0보다 큰 경우에 한 번만 도넛을 만든다. 반면에 반복문 `while`은 `order`가 0이 될 때까지 반복해서 도넛을 만든다. 반복문 안에서는 도넛이 한 개 만들어질 때마다 `order` 값을 1씩 줄여나가며, 최종적으로 `order`가 0이 되면, `order > 0`의 조건식이 거짓이 되면서 반복문을 빠져나온다.

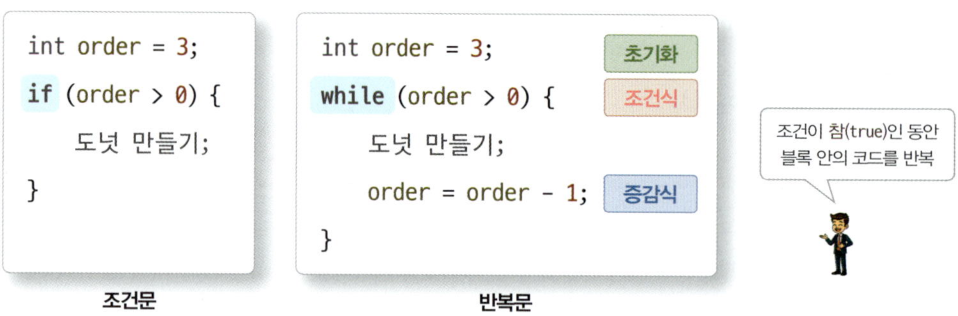

그림 3-8 조건문 if와 반복문 while 비교

반복문은 초기화, 조건식, 증감식의 3가지 요소로 구성된다. 초기화란 반복을 시작하는 변수에 초깃값을 설정하는 단계이며, `order = 3`이 초기화의 예이다. 조건식은 반복이 계속되는 조건을 나타내는 식이며 `order > 0`이 조건식이다. 증감식은 조건식의 값을 증가 혹은 감소시켜 반복문이 종료될 수 있도록 만드는 연산식이며, `order = order - 1`이 증감식에 해당한다.

2 for 문

`for` 문은 초기화, 반복 조건, 증감식을 한 줄에 작성하는 반복문으로, 코드를 간결하게 표현할 수 있다는 장점이 있다. `for` 문은 보통 반복 횟수가 정해져 있을 때 사용하며, 기본 구조는 다음과 같다.

```
for ( 초기화 ; 조건식 ; 증감식 ) {
        반복 실행문;
}
```

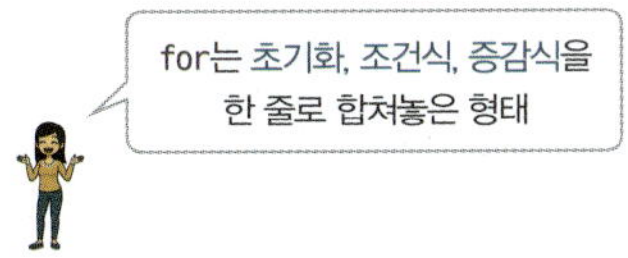

그림 3-9 for 문의 구조

for 문의 각 요소는 세미콜론(;)으로 구분하며, 증감식 뒤의 세미콜론은 생략한다. for 문을 사용하여 반복적으로 도넛을 만드는 코드는 다음과 같다.

```
int order;
for (order = 3; order > 0; order--) {
    System.out.println("order = " + order + ", 도넛 만들기");
}
```

for 문의 괄호 안의 첫 번째 order = 3;은 초기화이며, 두 번째 order > 0;이 조건식이므로 order가 0보다 큰 동안에만 블럭 안의 실행문이 반복된다. 마지막 order--는 증감식이며, 1씩 증감하는 경우에 후위 증감 연산자를 많이 사용한다.

[예제 3-8]은 for 문을 사용하여 주문된 3개의 도넛을 만드는 예제이다.

예제 3-8 **for 문 사용하기** ForExample.java

```java
package sec02.exam08;

public class ForExample {
    public static void main(String[] args) {
        int order;

        for (order = 3; order > 0; order--) {
            System.out.println("order = " + order + ", 도넛 만들기");
        }
        System.out.println("order = " + order);
    }
}
```

```
order = 3, 도넛 만들기
order = 2, 도넛 만들기
order = 1, 도넛 만들기
order = 0
```

[예제 3-8]에서 order의 값이 0이 되면 order > 0 조건이 거짓이 되어 for 문이 종료된다. 따라서 반복문이 종료된 후의 order 값은 0이다.

TIP if 문과 마찬가지로 for 문에서 반복할 코드가 한 줄일 때는 중괄호를 생략할 수 있다.

for 문은 다른 자료구조와 연결해서 사용되기 때문에, 변수 이름이 길면 코드를 작성하기가 불편하다. 그래서 i, j, k와 같은 한 글자의 변수를 자주 사용한다. 또한, 반복문 내부에서만 사용할 변수라면 초기화에서 변수를 선언할 수 있다. 다음은 [예제 3-8]을 전형적인 for 문으로 변경한 것이다.

오류 코드

```
for (int i = 3; i > 0; i--) {          // for 블록 안에서만 사용 가능한 변수 i 선언
    System.out.println("order = " + i + ", 도넛 만들기");
}
System.out.println("order = " + i);   // 오류: for 블록 바깥에서 변수 i 사용
```

위와 같이 for 문의 초기화 부분에서 int i = 3;으로 변수 선언과 동시에 값을 초기화하여 사용할 수 있다. 주의할 것은 **for, while, if의 블록 안에서 선언한 변수는 해당 블록 밖에서는 사용할 수 없다**는 점이다. 따라서 System.out.println("order = " + i);는 오류이다.

Note **변수의 생존 범위**

변수의 생존 범위(scope)는 변수가 유효한 범위, 다시 말해 변수에 접근할 수 있는 영역을 의미한다. 자바에서 if, for, while 등 내부에서 선언된 변수의 생존 범위는 블록 안으로 제한되기 때문에 조건/반복문 블록을 벗어나면 사용할 수 없다.

추가로 for 문에서 콤마(,)를 사용하여 여러 변수를 동시에 초기화하거나, 여러 증감식을 동시에 사용할 수도 있다. 다음은 i와 j 변수를 동시에 초기화한 뒤, i는 감소하고 j는 증가하는 반복문을 실행하는 코드이다.

```
for (int i = 3, j = 5; i > 0; i--, j++) {
    System.out.println("i = " + i + ", j = " + j);
}
```

체크 프로그램

다음 코드의 출력값을 차례로 작성하시오.

```
for (int i = 3, j = 5; i > 0; i--, j++)
    System.out.println("i = " + i + ", j = " + j);
```

생성형 AI와 공부하기

for 반복문을 사용하여, 자바 변수의 생존 범위와 연관된 예제 코드를 작성하고, 주의할 점에 대하여 설명해줘.

3 while 문

1. while 문의 구조

while 문은 특정 조건을 충족할 때까지 반복하는 반복문으로, 주로 반복 횟수를 미리 알 수 없을 때 사용한다. 예를 들어, 사용자가 0을 입력할 때까지 계속해서 숫자를 더하는 것과 같은 상황에 적합하다. while 문의 기본 구조는 다음과 같다.

```
while (조건식) {
    // 반복할 실행 코드;
}
```

for 문과 달리, while 문은 반복 조건만 정의한다. 따라서 반복에 사용할 변수는 while 문 시작 전에 미리 초기화해야 하고, 증감식은 while 문 블록 내부에서 직접 처리해야 한다.

사용자가 0을 입력하면 반복을 종료하고, 그때까지 입력된 모든 정수의 합계를 출력하는 코드를 작성해보자. 사용자가 몇 번이나 숫자를 입력할지 미리 알 수 없기 때문에 for 반복문을 사용하기는 어렵다. 이처럼 반복 횟수를 알기 어려운 경우에는 while 문이 효율적이다. [예제 3-9]는 while 반복문을 사용하여 만든 총합 구하기 코드이다.

예제 3-9 **while 문 사용하기** WhileExample.java

```java
01 package sec02.exam09;
02
03 import java.util.Scanner;
04
05 public class WhileExample {
06     public static void main(String[] args) {
07         Scanner scanner = new Scanner(System.in);
08         int sum = 0;                          // 숫자의 합을 저장할 변수
09
10         System.out.print("숫자를 입력하세요 (0을 입력하면 종료): ");
11         int number = scanner.nextInt();
12
13         while (number != 0) {
14             sum = sum + number;               // 입력된 숫자를 계속 더함
15             System.out.println("현재 합계: " + sum);
16
17             System.out.print("숫자를 입력하세요 (0을 입력하면 종료): ");
18             number = scanner.nextInt();
19         }
20         System.out.println("최종 합계는: " + sum + "입니다.");
21         scanner.close();
22     }
23 }
```

```
숫자를 입력하세요 (0을 입력하면 종료): 5
현재 합계: 5
숫자를 입력하세요 (0을 입력하면 종료): 3
현재 합계: 8
숫자를 입력하세요 (0을 입력하면 종료): 0
최종 합계는: 8입니다.
```

11행에서 사용자가 입력한 정수를 number에 저장한다. 13행의 while 문에서 number가 0이 아닌 동안 14행부터 18행까지의 코드를 반복한다. 이 코드는 sum에 number를 더한 sum 값을 출력한 후 18행에서 다시 숫자를 입력받는다.

2. 무한 반복

반복문에서 조건식을 잘못 작성하면 코드가 종료되지 않고 **무한 반복**infinity loop에 빠질 수 있으므로 주의해야 한다. 무한 반복은 `while (ture) {}`를 사용하여 만들 수 있으며, `break`를 사용하여 반복문을 빠져나온다. 따라서 무한 반복 블록 안에서는 `if`와 `break` 문을 사용하여 특정 조건에서 반복문을 빠져나올 수 있도록 작성한다. 무한 반복의 구조는 다음과 같다.

```
while (true) {
    // 반복할 실행 코드
    if (조건식1)  break;            // 조건식1이 참이면 while을 빠져나감
    if (조건식2)  break;            // 조건식2가 참이면 while을 빠져나감
}
```

TIP C 언어에서는 `while () {}`와 같이 조건식을 생략하여 무한 반복을 만들 수 있지만, 자바에서는 `while (true) {}`를 사용해야 한다.

반복 조건이 너무 복잡할 때 무한 반복을 사용하면 코드 작성이 쉬워진다. [예제 3-9]의 10행부터 19행까지의 코드를 무한 반복을 사용하여 변경하면 다음과 같다.

```
while (true) {                      // 무한 반복
    System.out.println("숫자를 입력하세요 (0을 입력하면 종료): ");
    number = scanner.nextInt();
    if (number == 0) break;         // number가 0이면 while 문 탈출
    sum = sum + number;
    System.out.println("현재 합계: " + sum);
}
```

[예제 3-9]에서는 사용자 입력을 받는 코드가 2번 나오지만, 무한 반복 코드에서는 1번으로 줄어들면서 코드가 간결해진다.

TIP 'LAB 스탠드 게임 만들기'에는 무한 반복문을 사용하여 만드는 게임 코드가 있으니 도전해 보기 바란다.

4 do-while 문

do-while 문은 while 문과는 달리 반복문의 조건을 코드 실행 이후에 확인하는 반복문이다. 따라서 처음 조건이 거짓이더라도 **반복문의 본문이 최소 한 번은 실행**된다.

```
do {
    // 최소 한 번은 실행하는 코드
} while (조건식);
```

do-while 문은 무조건 한 번은 실행해야 하는 코드가 있을 경우에 적합하다. 예를 들어, 사용자 입력을 받을 때, 최소 한 번은 입력을 받아야 하고, 입력이 유효하지 않으면 반복해서 재입력을 받아야 할 때 매우 유용하다.

[예제 3-10]은 do-while 문을 사용하여 사용자가 가위(0), 바위(1), 보(2) 중 하나를 정확히 입력할 때까지 계속해서 입력을 받는 코드이다. 만약 사용자가 0, 1, 2가 아닌 값을 입력하면, 프로그램은 다시 입력을 요청한다.

예제 3-10 do-while 문 사용하기 DoWhileExample.java

```java
package sec02.exam10;

import java.util.Scanner;

public class DoWhileExample {
    public static void main(String[] args) {
        Scanner scanner = new Scanner(System.in);
        int user;

        do {
            System.out.print("가위(0), 바위(1), 보(2) 중 선택: ");
            user = scanner.nextInt();
         } while (user < 0 || user > 2);    // 0 ~ 2 값을 입력할 때까지 반복

        System.out.println("사용자의 선택: " + user);
        scanner.close();
    }
}
```

```
가위(0), 바위(1), 보(2) 중 선택: 10
가위(0), 바위(1), 보(2) 중 선택: 2
사용자의 선택: 2
```

[예제 3-10]에서는 user 변수에 0, 1, 2가 아닌 값이 입력되면, do-while 문의 조건 user < 0 || user > 2가 참이 되어 다시 입력을 요구한다. 이렇게 do-while 문을 사용하면 사용자로부터 정상적인 입력이 들어올 때까지 반복적으로 입력을 요청할 수 있다.

체크 프로그램

[예제 3-10]의 do-while 문 코드를 while 문만 사용하여 작성하시오.

5 다중 반복문

다중 반복문nested loop은 **반복문 안에 또 다른 반복문이 포함된 구조**로, 이중 또는 그 이상의 반복을 처리할 때 사용한다. 예를 들어, 행과 열로 이루어진 표를 출력하거나, 2차원 배열을 다룰 때 유용하게 활용할 수 있다. 다중 반복문의 기본적인 구조는 다음과 같다.

```
for (int i = 0; i < 외부 반복 횟수; i++) {          // 외부 반복문
    // 외부 반복문에서 실행할 코드
    for (int j = 0; j < 내부 반복 횟수; j++) {      // 내부 반복문
        // 내부 반복문에서 실행할 코드
    }
}
```

다중 반복문에서는 바깥쪽 반복문이 한 번 실행될 때마다, 안쪽 반복문은 처음부터 끝까지 모든 반복을 완료한다. 다시 말해, 외부 반복문의 변수 i가 1 증가할 때, 내부 반복문의 변수 j는 0부터 시작하여 반복 횟수만큼 모두 실행되는 방식이다. 이 과정이 바깥쪽 반복문의 조건이 만족될 때까지 계속 반복된다.

[예제 3-11]은 다중 반복문을 사용하여 2단부터 9단까지의 구구단을 출력하는 코드이다.

예제 3-11 다중 반복문 사용하기 NestedLoopExample.java

```
package sec02.exam11;

public class NestedLoopExample {
    public static void main(String[] args) {

        for (int dan = 2; dan <= 9; dan++) {      // 외부 반복문: 2단부터 9단까지
            System.out.println("\n" + dan + "단:");
```

```
08
09                for (int num = 1; num <= 9; num++) {  // 내부 반복문: 1부터 9까지
10                    System.out.print(dan + "x" + num + "=" + (dan * num) + ", ");
11                }
12            }
13        }
14    }
```

```
2단:
2x1=2, 2x2=4, 2x3=6, 2x4=8, 2x5=10, 2x6=12, 2x7=14, 2x8=16, 2x9=18,

... 중략 ...

9단:
9x1=9, 9x2=18, 9x3=27, 9x4=36, 9x5=45, 9x6=54, 9x7=63, 9x8=72, 9x9=81,
```

6행의 외부 반복문 for (int dan = 2; dan <= 9; dan++)이 구구단의 단을 나타내며, dan 변수가 2에서 9까지 증가하면서 총 8번 반복된다. 9행의 내부 반복문 for (int num = 1; num <= 9; num++)이 각 단에 곱해지는 수를 나타내며, num 변수가 1부터 9까지 증가하면서 총 9번 반복된다. 다시 말해, 외부 반복문이 한 번 실행될 때(dan이 2일 때), 내부 반복문은 num이 1부터 9까지 모두 실행된다. 이 과정이 dan이 9가 될 때까지 반복된다. 결과적으로, dan이 2일 때는 2단이 모두 출력되고, dan이 3으로 증가하면 3단이 모두 출력되는 식으로 구구단 전체를 완성한다.

6 continue 문

continue와 break는 자바의 반복문에서 흐름을 제어하는 중요한 예약어이며, 둘 다 반복문의 실행을 멈추지만, 그 방식에는 명확한 차이가 있다.

continue 문은 반복문에서 현재 반복을 건너뛰고 다음 반복으로 넘어갈 때 사용한다. 즉, continue 문이 실행되면 반복문의 코드 블록 중에서 continue 다음 줄에 있는 코드는 실행되지 않고, 반복문의 조건식으로 이동한다. continue 문을 사용하면 조건에 따라 반복의 일부를 건너뛰는 코드를 작성할 수 있다.

[예제 3-12]는 continue 문을 사용하여 1부터 10까지 숫자 중 3의 배수를 건너뛰고 출력하는 코드이다.

예제 3-12 **continue 문 사용하기** ContinueExample.java

```
01 package sec02.exam12;
02
03 public class ContinueExample {
04     public static void main(String[] args) {
05         for (int i = 1; i <= 10; i++) {
06             if (i % 3 == 0) {
07                 continue;              // 3의 배수는 건너뜀
08             }
09             System.out.println(i);     // 3의 배수가 아닌 숫자만 출력됨
10         }
11     }
12 }
```

```
1
2
4
5
7
8
10
```

6행에서 i가 3의 배수일 때 continue 문이 실행되면, System.out.println(i) 코드는 건너뛰고 다음 반복으로 이동한다. 따라서 3, 6, 9는 출력되지 않는다.

7 break 문

break 문은 반복문이나 switch 문을 즉시 종료하는 데 사용한다. break 문을 만나면 해당 코드 블록을 빠져나가며, 반복문은 더 이상 실행되지 않는다. 이처럼 break는 반복문을 완전히 끝내는 반면, continue는 특정 반복만 건너뛴다는 점에서 차이가 있다. 예를 들어, 가위바위보 게임에서 0, 1, 2의 값만을 입력받는 코드를 while 문과 break 문을 사용하여 만들면 다음과 같다.

```
while (true) {
    System.out.print("가위(0), 바위(1), 보(2) 중 선택: ");
    user = scanner.nextInt();
    if (user >= 0 && user <= 2) break;
}
```

위 코드에서 while (true)를 사용하여 사용자의 입력을 무한 반복하여 받고, 입력이 0, 1, 2 중 하나일 경우 break 문을 사용하여 반복문을 종료한다.

break 문은 자신이 속한 블록만 빠져나오기 때문에 다중 반복문에서는 break 문을 사용할 때 주의가 필요하다. 예를 들어 **다중 반복문에서 break 문을 사용하면 내부 반복문만 빠져나오며, 외부 반복문은 계속 실행**된다.

[예제 3-13]은 다중 반복문에서 break 문이 작동하는 방식을 보여준다.

예제 3-13 break 문 사용하기 NestedBreakExample.java

```java
package sec02.exam13;

public class NestedBreakExample {
    public static void main(String[] args) {
        for (int i = 1; i <= 3; i++) {
            for (int j = 1; j <= 3; j++) {
                if (j == 2) break;              // 내부 반복문만 빠져나옴
                System.out.println("i = " + i + ", j = " + j);
            }
        }
    }
}
```

```
i = 1, j = 1
i = 2, j = 1
i = 3, j = 1
```

[예제 3-13]에서 if (j == 2) 조건이 참일 때 break 문이 실행되어 내부 반복문이 종료된다. 이로 인해 j가 2일 때마다 내부 반복문이 종료되고, 외부 반복문은 계속 진행되므로 i 값은 증가하지만 j = 2 이후의 출력은 생략된다. 외부 반복문까지 탈출하기 위해서는 break 문을 한 번 더 사용해야 한다.

생성형 AI와 공부하기

자바의 반복문에서 continue와 break 문의 예제를 만들어서 두 예약어의 차이점을 설명해줘.

LAB 스탠드 게임 만들기

스탠드 게임은 사용자와 컴퓨터가 각각 1부터 10까지의 무작위 수를 만들고, 더 높은 숫자를 가진 쪽이 이기는 게임이다. 사용자는 게임을 시작할 때 10개의 칩을 가지고 있으며, 자신의 무작위

수를 확인한 후, 현재 칩의 개수 내에서 원하는 만큼 배팅을 할 수 있다.

배팅 후, 컴퓨터의 무작위 수가 공개된다. 사용자의 숫자가 컴퓨터의 숫자보다 같거나 높으면 사용자가 이기고, 낮으면 컴퓨터가 이긴다. 사용자가 승리하면, 배팅한 만큼의 칩을 추가로 얻고, 패배하면 배팅한 칩을 잃게 된다.

이번 스탠드 게임 만들기에서는 continue와 break 문을 적절히 사용하여 게임의 흐름을 제어한다. 다음의 실행 결과와 조건을 참고하여 스탠드 게임 프로그램의 빈칸을 채워보자.

```
you = 9, 칩은 10개
배팅할 칩 수 입력(0=포기): 10
com = 2
> 사용자 승! 칩은 20개

you = 5, 칩은 20개
배팅할 칩 수 입력(0=포기): 2
com = 9
> 컴퓨터 승! 칩은 18개

you = 1, 칩은 18개
배팅할 칩 수 입력(0=포기): 0
com = 3

you = 10, 칩은 16개
배팅할 칩 수 입력(0=포기): 16
com = 7
> 사용자 승! 칩은 32개
```

조건

- 게임이 무한 반복되도록 구성한다.
- 칩의 개수가 0개 이하 이거나 30개 이상이 되면 게임은 종료된다.
- 사용자는 자신의 숫자가 맘에 들지 않으면 배팅을 0으로 설정할 수 있다.
- 자신이 가진 칩 수보다 더 많이 배팅할 수 없다(bet이 chip보다 클 수 없다).
- bet이 0을 포함한 음수이거나 bet이 chip보다 크다면, 승패를 따지지 않고 반복문을 다시 시작한다.

Lab 3-2 스탠드 게임 만들기

```java
package chap03.lab02;

import java.util.Scanner;

public class StandGame {
    public static void main(String[] args) {
        Scanner scanner = new Scanner(System.in);
        int com, user, bet, chip = 10;

        [ ① ] {
            com = (int) (Math.random() * 10) + 1;        // 1 ~ 10의 무작위 수
            user = (int) (Math.random() * 10) + 1;       // 1 ~ 10의 무작위 수
            System.out.println("\nyou = " + user + ", 칩은 " + chip + "개");
            System.out.print("배팅할 칩수 입력(0=포기): ");
            bet = scanner.nextInt();
            System.out.println("com = " + com);

            if (bet <= 0 || bet > chip) [ ② ];  // 이번 판 포기
            if ([ ③ ]) {                          // 컴퓨터 승
                chip = chip - bet;                // 배팅한 칩 사라짐
                System.out.println("> 컴퓨터 승! 칩은 " + chip + "개");
            } else {                              // 사용자 승
                chip = chip + bet;                // 배팅한 칩만큼 추가
                System.out.println("> 사용자 승! 칩은 " + chip + "개");
            }
            if (chip <= 0 || chip >= 30) [ ④ ];  // 게임 종료
        }
        scanner.close();
    }
}
```

정답

① while (true)

② continue

③ com > user

④ break

SECTION 03

배열

1 배열의 이해

변수는 한 번에 하나의 데이터만 저장할 수 있는 공간이다. 예를 들어, 서로 다른 네 종류의 도넛 가격을 더하여 총합을 구하는 코드를 작성한다고 가정하자.

```
int price01 = 2000;                  // 도넛 1의 가격 2000원
int price02 = 2300;                  // 도넛 2의 가격 2300원
int price03 = 2700;                  // 도넛 3의 가격 2700원
int price04 = 3000;                  // 도넛 4의 가격 3000원
int sum = 0;

sum = sum + price01;
sum = sum + price02;
sum = sum + price03;
sum = sum + price04;
System.out.println("총 도넛 가격: " + sum + "원");
```

위와 같은 방식은 도넛 종류가 적을 때는 문제가 없다. 하지만 도넛이 10개, 20개로 늘어난다면 변수 선언이 많아지고, 덧셈 코드가 복잡해지며 유지 보수도 어려워진다. 이러한 비효율을 해결하기 위해 사용하는 것이 배열이다.

배열array이란 **같은 자료형의 데이터를 하나의 묶음으로 관리하는 구조**로, 여러 개의 데이터를 하나의 이름으로 저장하고 간단히 다룰 수 있다. 따라서 코드가 훨씬 간결해지고, 효율적으로 데이터를 관리할 수 있다.

앞의 도넛 가격 예제를 배열로 만들면 price라는 하나의 이름으로 여러 도넛 가격을 관리할 수 있어 코드 구조가 간단해진다.

```
int[] price = { 2000, 2300, 2700, 3000 };       // 도넛 가격을 배열로 선언
```

그림 3-10 변수와 배열의 차이

1. 배열 선언 방법

배열 변수를 선언하고 초기화하는 방법은 '**자료형[] 변수이름 = {};**'이며, 형식은 다음과 같다.

```
자료형[] 변수이름 = { 값1, 값2, 값3, 값4 };      // 권장 방식
자료형 변수이름[] = { 값1, 값2, 값3, 값4 };      // C 언어 스타일
```

자료형 다음에 대괄호([])를 붙여서 배열을 선언하고, 중괄호({}) 안에 값을 쉼표로 구분하여 넣으면 초기화가 된다. 이 외에도 변수 이름 다음에 대괄호를 붙여서 배열을 선언할 수 있다.

TIP 변수 이름에 대괄호를 붙여서 배열을 선언하는 방식은 C 언어에서 사용하는 방식이다. C 언어의 배열은 일반 자료형이지만, 자바의 배열은 객체로 취급한다. 따라서 기존의 자료형과 배열 객체를 구분하기 위하여 '자료형[] 변수이름'을 권장한다.

배열은 정수, 실수, 문자열 등 모든 자료형을 저장할 수 있다. 다음과 같이 숫자 배열과 문자열 배열 모두 가능하지만, **하나의 배열에는 같은 자료형만 저장**해야 한다.

```
double[] weight = { 45.5, 53.7, 56.8, 60.6 };                // 실수형 배열
String[] name = { "basic", "berry", "lemon", "choco" };      // 문자열 배열
```

2. 배열의 각 원소에 접근

배열에 저장된 각 원소에 접근할 때는 **인덱스**index를 사용한다. 인덱스는 배열명 뒤에 대괄호([])로 표현하며, **배열의 첫 번째 요소는 항상 인덱스 0부터 시작**한다. 따라서 n개의 원소를 가진 배열의 **마지막 인덱스는 n-1**이다. 예를 들어 `int[] price = { 2000, 2300, 2700, 3000 };`에서 원소의 개수는 4개이고, 첫 번째 인덱스는 `0`이며, 마지막 인덱스는 `3`이다.

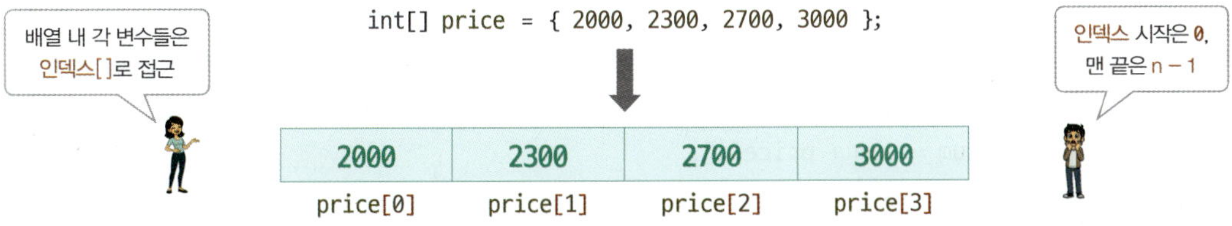

그림 3-11 배열과 인덱스

인덱스를 사용하면 배열 내의 원소를 독립된 변수처럼 사용할 수 있다. 예를 들어 **price[0]**의 값을 2100으로 변경하거나 **price[1]**의 값을 출력하려면 다음과 같이 작성한다.

```
price[0] = 2100;                    // price[0]에 2100을 저장
System.out.println(price[1])        // price[1]에 저장된 값을 출력
```

배열은 다음과 같은 특징을 가진다.

- 배열은 **한 번 크기를 지정하면 변경할 수 없다**. 크기를 늘리거나 줄이려면 새로운 배열을 만들어야 한다.
- 배열은 **같은 자료형만 저장**할 수 있다.
- 자바에서 배열은 **객체**이다. 따라서 객체처럼 메모리에 저장되며, 다양한 메서드를 사용할 수 있다.

> **Note** **배열과 ArrayList**
>
> 자바에서는 배열보다 더 유연하게 크기를 조절할 수 있는 ArrayList를 제공한다. ArrayList는 배열보다 다양한 기능을 제공하며, 배열의 단점을 보완한 자료구조이다. ArrayList는 이후 8장 '제네릭과 컬렉션'에서 자세히 다룬다.

[예제 3-14]는 **price** 배열을 사용하여 도넛 가격의 총합을 출력하는 코드이다.

예제 3-14 도넛 가격의 총합 구하기 PriceArrayExample.java

```
package sec03.exam14;

public class PriceArrayExample {
    public static void main(String[] args) {
        int[] price = { 2000, 2300, 2700, 3000 };     // 정수형 배열 price 선언
        int sum = 0;
```

```
07
08         for (int i = 0; i < 4; i++) {                  // 인덱스 0부터 3까지 반복
09             System.out.println("도넛 " + i + ": " + price[i] + "원");
10             sum = sum + price[i];
11         }
12         System.out.println("총 도넛 가격: " + sum + "원");
13     }
14 }
```

```
도넛 1: 2000원
도넛 2: 2300원
도넛 3: 2700원
도넛 4: 3000원
총 도넛 가격: 10000원
```

5행에서 int[] price = { 2000, 2300, 2700, 3000 };으로 정수 배열 price를 선언하고 4개의 값을 대입한다. 9행에서 price[i]의 값을 출력하고, 10행 sum = sum + price[i];는 price[i]의 값을 sum에 더한다. 반복문이 끝나면 12행에서 sum의 값을 출력한다.

Note **인덱스 오류**

배열의 인덱스를 잘못 지정하면 ArrayIndexOutOfBoundsException 오류가 발생한다.

체크 프로그램

[예제 3-14]에서 배열 요소로 도넛 5는 3200, 도넛 6은 3500을 추가하여 출력하는 코드로 변경하시오.

2 배열의 응용

1. 참조 자료형과 배열

자바의 자료형은 크게 기본 자료형과 참조 자료형으로 나뉜다. 이 둘은 데이터를 메모리에 저장하는 방식에서 근본적인 차이를 보인다. 우선, 정수(int), 실수(double), 문자(char)와 같은 **기본 자료형은 실제 데이터 값을 변수 안에 직접 저장**한다. 예를 들어, int price = 2000;이라고 선언하면, price라는 변수에는 정숫값 2000이 그대로 저장된다. 다음 [그림 3-12]는 기본 자료형이 데이터를 저장하는 방식을 보여준다.

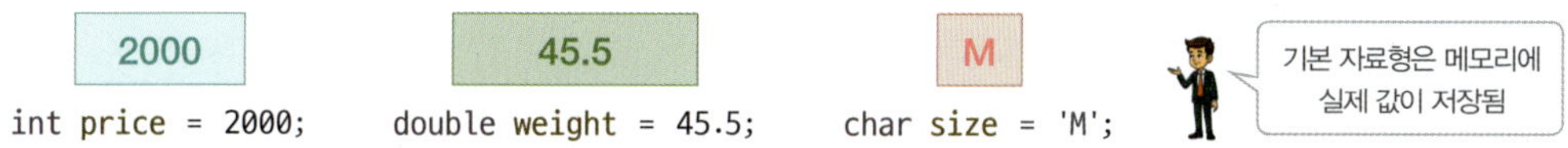

그림 3-12 기본 자료형의 특징

참조 자료형은 **데이터가 저장된 객체의 주소(참조값)를 저장**한다. 자바에서 배열은 객체로 취급된다. 예를 들어 `int[] price = { 2000, 2300, 2700, 3000 };`이라고 선언하면, 4개의 `int`형 값을 저장할 수 있는 배열 객체가 생성된다. 각 공간에는 `2000`, `2300`, `2700`, `3000`이라는 값이 순서대로 저장된다.

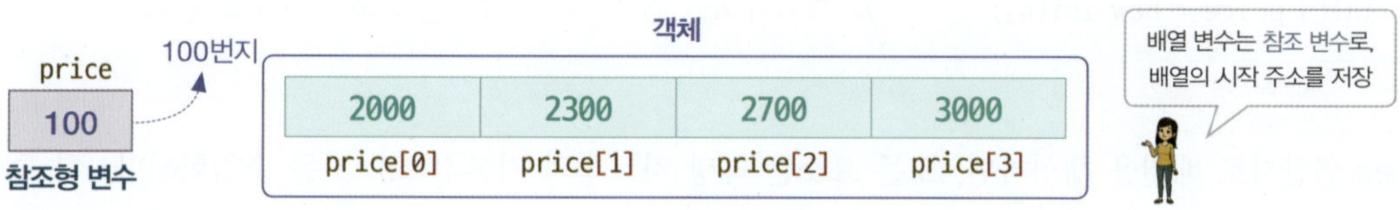

그림 3-13 배열 객체와 참조 변수

`price` 변수에는 이 **배열 객체가 시작되는 메모리 주소**가 저장된다. 예를 들어 배열 객체가 메모리의 100번지에서 시작한다면, `price`에는 100이라는 주솟값이 저장된다. 따라서 `price` 변수는 배열 객체를 직접 저장하는 것이 아니라, 객체를 가리키는 역할을 하는 **참조형 변수**이다. 이처럼 참조 자료형은 변수가 실제 데이터를 참조를 통해 간접적으로 접근하게 하는 방식이다.

2. new 연산자로 배열 만들기

자바에서 객체를 만드는 방식으로 배열을 생성할 때는 new 연산자를 사용한다. 이 방법은 배열의 크기만 먼저 정하고, 나중에 각 요소의 값을 할당하는 방식에 적합하다.

TIP 객체에 대한 설명과 객체를 만드는 방식에 대해서는 4장 '객체지향 프로그래밍의 이해'에서 자세히 설명한다.

new 연산자를 사용한 배열 생성은 크게 두 단계로 이루어진다.

❶ **참조 변수 선언**: `int[] price;`와 같이 배열을 가리킬 참조 변수 `price`를 선언한다.

❷ **배열 객체 생성 및 연결**: `new int[4];`는 4개의 `int` 값을 저장할 수 있는 배열 객체를 만든다. 이후 `price = new int[4];`를 통해 이 배열 객체의 시작 주소가 `price` 변수에 저장되어 변수와 객체가 연결된다.

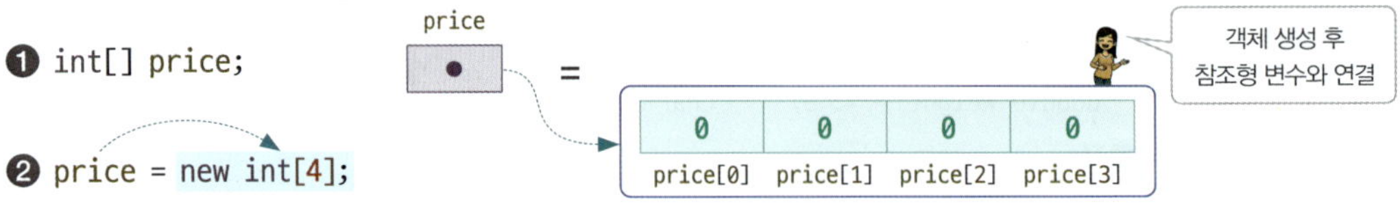

그림 3-14 new 연산자를 사용하여 배열 만들기

이렇게 생성된 price 변수는 배열 객체의 주소를 참조하여 실제 데이터에 접근할 수 있게 된다. 이 두 단계의 과정을 다음과 같이 한 줄로 간결하게 작성할 수 있다.

```
int[] price = new int[4];        // 크기가 4인 정수 배열 객체 생성 후 price와 연결
```

new 연산자로 배열을 생성하면, 모든 요소는 해당 자료형의 기본값으로 자동 초기화된다. 이 초깃값은 자료형에 따라 다르며, [표 3-1]은 자료형에 따른 배열의 초깃값을 정리한 것이다.

표 3-1 자료형에 따른 배열의 초깃값

분류	자료형 예시	초깃값
기본 자료형(정수)	int[], long[]	0
기본 자료형(실수)	double[], float[]	0.0
기본 자료형(문자)	char[]	'\u0000'(유니코드 널)
기본 자료형(불리언)	boolean[]	false
참조 자료형	String[], 사용자 클래스	null

정수는 0, 실수는 0.0, 문자는 유니코드 0번 값('\u0000'), 불리언은 false로 초기화된다. 또한 String[]을 포함한 사용자 클래스는 null로 초기화된다. 여기서 null은 참조 변수가 어떤 객체도 가리키지 않고 있음을 의미하는 특별한 값이다.

예를 들어 int[] price = new int[4];로 생성된 배열은 price[0]부터 price[3]까지 모두 0으로 초기화된다. 이후 price[0] = 2000;처럼 특정 인덱스에 값을 대입하여 사용할 수 있다.

Note 기본 자료형과 null

기본 자료형은 실제 값을 직접 저장하기 때문에 null을 저장할 수 없다. 따라서 int x = null;과 같이 작성하면 오류가 발생한다. 반면 참조 자료형은 실제 객체를 참조하므로, 아무 객체도 참조하지 않을 때는 null을 저장할 수 있다.

만약 배열을 생성하는 동시에 특정 값들로 초기화하고 싶다면, new 연산자와 중괄호를 함께 사용한다.

```
int[] price = new int[] { 2000, 2300, 2700, 3000 };   // 배열 선언과 동시에 초기화
```

이때, new int[]에 배열의 크기를 명시하면 안 된다. 배열의 크기는 중괄호 안의 값 개수에 따라 자동으로 결정되기 때문이다. 다음은 문법 오류가 발생하는 잘못된 배열 선언의 예이다.

오류 코드

```
int[4] price = new int[];   // 배열 자료형에 크기 명시
int[] price = new int[];    // new 연산자로 생성 시 크기 미지정
int[] price = new int[4] { 2000, 2300, 2700, 3000 };   // 크기와 초깃값 동시에 지정
```

int[]는 배열 자료형을 의미하기 때문에 int[4] price = new int[];와 같이 크기를 지정하면 안 된다. 또한 int[] price = new int[];처럼 크기를 지정하지 않고 객체를 생성하면 오류가 발생한다. 반대로 int[] price = new int[4] { 2000, 2300, 2700, 3000 };와 같이 크기와 초깃값을 동시에 지정하는 경우에도 오류가 발생한다.

Note **new 연산자 사용 시기**

배열의 크기는 정해졌으나, 그 안의 값이 정해지지 않았을 때 new 연산자를 사용하여 배열을 만드는 방법을 권장한다. 또한 4개의 값은 정해졌으나 2개는 미정이라면 6개의 원소를 가진 배열을 만드는 방법은 int[] price = { 2000, 2300, 2700, 3000, 0, 0 };과 같다.

생성형 AI와 공부하기

자바에서 배열을 선언하는 다양한 방법에 대해 알려주고, 오류가 발생할 수 있는 코드를 작성해서 설명해줘.

3. length 사용하기

자바에서 배열은 객체로 취급되므로, 다양한 속성과 기능을 가진다. 그중 가장 중요한 것이 바로 배열의 길이를 나타내는 .length 속성이다. 배열이 생성되면, 내부적으로 이 속성이 자동으로 만들어져 배열의 크기 정보를 저장한다.

'배열이름.length'와 같은 형식으로 배열의 크기를 손쉽게 얻을 수 있으며, 이는 반복문을 만들 때 매우 유용하다. 다음 코드를 보자.

```
for (int i = 0; i < price.length; i++) {          // price.length = 4
    System.out.println("도넛 " + i + ": " + price[i] + "원");
    sum = sum + price[i];
}
```

위 코드에서 price.length는 배열의 길이인 4를 반환한다. 이 방식의 가장 큰 장점은 배열의 크기가 변하더라도 반복문 코드를 수정할 필요가 없다는 점이다. 이는 코드의 유연성과 유지보수 측면에서 매우 유리하다.

4. String 배열

String 배열은 여러 개의 문자열 데이터를 하나의 배열로 묶어 관리할 수 있는 참조 자료형이다. 즉, 문자열 값을 순서대로 저장하고, 인덱스를 이용해 각 문자열에 접근할 수 있도록 만든 배열 구조이다. 다음은 크기가 3인 String 배열을 만들고, 모든 요소를 기본값인 null로 초기화하는 코드이다.

```
String[] donutBox = new String[3];        // 크기가 3인 문자열 배열 생성
```

String 배열은 다음과 같이 선언과 동시에 초깃값을 지정하는 두 가지 방법이 있다. 두 방법 모두 동일한 결과를 만들며, 첫 번째 방식이 더 간결하여 많이 사용된다.

```
String[] donutBox = { "기본", "크림", "초코" };                   // 간결한 방식
String[] donutBox = new String[] { "기본", "크림", "초코" };   // new 연산자 사용 방식
```

[예제 3-15]는 문자열 배열을 사용하여 도넛 이름을 출력하는 코드이다.

예제 3-15 문자열 배열 사용하기 StringArrayExample.java

```
package sec03.exam15;

public class StringArrayExample {
```

```
    public static void main(String[] args) {
        String[] donutBox = { "기본", "크림", "초코" };

        for (int i = 0; i < donutBox.length; i++) {     // .length = 3
            System.out.println(donutBox[i] + " 도넛");
        }
    }
}
```

```
기본 도넛
크림 도넛
초코 도넛
```

donutBox.length는 배열의 크기인 3을 반환하며, 배열의 각 요소는 인덱스를 통해 접근하여 출력된다. 이처럼 문자열 배열도 숫자 배열과 동일한 방식으로 활용할 수 있다.

5. for-each 문

자바에서는 배열을 간결하게 반복 처리할 수 있는 향상된 for 문(for-each)을 제공한다. for-each 문을 사용하면 코드가 직관적이고 명확해진다. 그 구조는 다음과 같다.

```
for (자료형 변수: 배열) {
}
```

코드에서 '자료형 변수'는 배열의 각 요소를 순서대로 담는 임시 변수이며, for-each는 배열의 요소를 처음부터 끝까지 자동으로 순회하며, 각 요소를 자료형 변수에 저장한다. [예제 3-15]를 for-each 문을 사용하여 변경하면 다음과 같다.

```
for (String name: donutBox) {          // donutBox 값을 차례대로 name에 대입
    System.out.println(name + " 도넛");
}
```

for (String name: donutBox)에서 문자열 name이 임시 변수이다. 배열 donutBox의 모든 값을 차례대로 변수 name에 대입하면서 반복한다.

주의할 것은 for-each 문에서는 for 문 외부에서 선언한 변수를 임시 변수로 사용할 수 없다는 것이다. 다음과 같이 name 변수를 for 문 외부에서 선언하면 오류가 발생한다.

오류 코드

```
String name;                    // for each에서는 외부에서 선언한 변수 사용 불가
for (name: donutBox) {
```

for-each 문의 장점은 인덱스를 따로 관리할 필요 없이 간결한 코드를 작성할 수 있다는 것이다. 그러나 배열의 2번째 값을 출력해야 하는 상황과 같이 인덱스를 사용하여 배열 요소에 직접 접근해야 할 때는 for-each 문을 사용할 수가 없다. 따라서 for-each 문은 배열의 전체 값을 순서대로 읽을 때 유용하다.

3 다차원 배열

1. 다차원 배열 생성

다차원 배열이란 배열 안에 또 다른 배열이 포함된 구조이다. 가장 흔하게 사용되는 형태는 2차원 배열이며, 이는 행row과 열column로 구성되어 있어 행렬 계산, 성적표 작성, 바둑판 구현 등에 활용된다. 이론적으로는 3차원 이상도 가능하지만, 실무에서는 대부분 2차원 배열까지만 사용한다.

2차원 배열을 선언할 때는 int[][]와 같이 대괄호를 두 번 사용하며, 기본적인 형식은 다음과 같다.

```
int[][] mx;                    // 2차원 배열 참조 변수 mx 선언
```

배열의 크기를 지정하여 객체를 생성하려면 new 연산자를 사용하며, 다음과 같이 작성한다.

```
int[][] mx = new int[2][3];        // 2행 3열짜리 배열 선언 및 생성
```

위 코드는 총 2개의 행을 가지고, 각 행은 3개의 열을 가지는 배열을 만든다. 내부적으로는 int[2] 크기의 1차원 배열이 생성되고, 그 안에 각각 int[3] 크기의 1차원 배열이 포함되는 구조이다. 선언과 객체 생성을 한 줄로 작성하면 다음과 같다.

```
int[][] mx = new int[2][3];        // 2행 3열짜리 배열 선언 및 생성
```

2차원 배열을 만들면서 동시에 초깃값을 설정할 수도 있다. 이때는 중괄호를 사용하여 각 행의 값을 나열한다. 예를 들면 다음과 같다.

```
int[][] mx = {
    {1, 2, 3},                  // mx[0] 행의 배열
    {4, 5, 6}                   // mx[1] 행의 배열
};
```

이 코드는 2행 3열의 배열을 생성하고, 각 위치에는 해당 초깃값을 저장한다. 예를 들어, mx[0][1]의 값은 2, mx[1][2]의 값은 6이 된다. 이렇게 만들어진 배열 mx[2][3]의 구조는 [그림 3-15]와 같다.

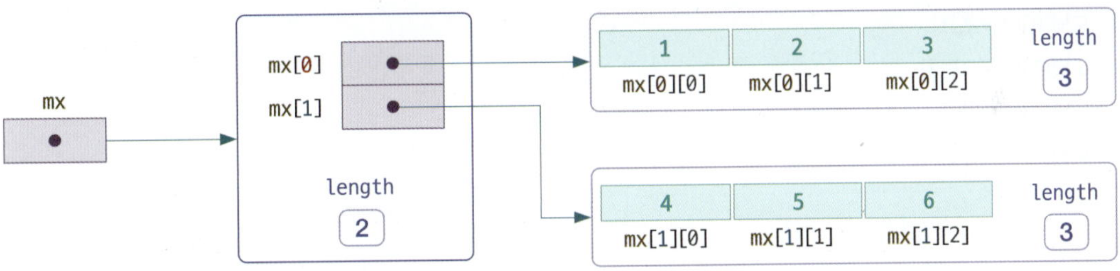

그림 3-15 배열 mx[2][3]의 구조

[그림 3-15]와 같이, 2차원 배열 mx는 두 개의 1차원 배열 mx[0]과 mx[1]을 원소로 가진다. 따라서 mx.length는 2를 반환한다. 즉, mx의 원소는 2개라는 뜻이다.

mx[0]은 첫 번째 행을 나타내는 1차원 배열(mx[0][0], mx[0][1], mx[0][2])의 시작 주소를 저장한다. 이 배열은 세 개의 정수(1, 2, 3)를 가지고 있으므로, mx[0].length는 3을 반환한다.

마찬가지로 mx[1]도 두 번째 행을 나타내는 1차원 배열(mx[1][0], mx[1][1], mx[1][2])의 시작 주소를 저장하며, mx[1].length는 3을 반환한다.

[예제 3-16]은 2차원 문자열 배열을 만들고 도넛의 이름을 출력하는 코드이다.

예제 3-16 2차원 문자열 배열 사용하기 MultipleArrayExample.java

```
package sec03.exam16;

public class MultipleArrayExample {
    public static void main(String[] args) {
        String[][] name = {                 // 2행 3열의 배열 선언 및 초기화
```

```
06                {"기본", "크림", "초코"},
07                {"크런치", "망고", "생딸기"}
08            };
09
10            for (int i = 0; i < name.length; i++) {         // 2행 반복
11                for (int j = 0; j < name[i].length; j++) {  // 3열 반복
12                    System.out.println("도넛[" + i + "][" + j + "]=" + name[i][j]);
13                }
14            }
15        }
16    }
```

```
도넛[0][0]=기본
도넛[0][1]=크림
도넛[0][2]=초코
도넛[1][0]=크런치
도넛[1][1]=망고
도넛[1][2]=생딸기
```

2차원 배열을 출력하려면 다중 반복문을 사용해야 한다. 10행의 바깥쪽 for 문은 행을 반복하고, 11행의 안쪽 for 문은 열을 반복한다. 2행 3열의 배열이므로 10행의 i < name.length는 2번 반복하고, 11행의 j < name[i].length는 3번 반복을 하여 6개의 도넛 이름이 출력된다.

만약 인덱스 없이 도넛의 이름만 출력한다면, 다음과 같이 for-each 문을 사용하여 코드를 단순하게 만들 수도 있다.

```
for (String[] row: name) {                  // 2행 반복
    for (String value: row) {               // 3열 반복
        System.out.println(value);
    }
}
```

2차원 배열에서 각 행의 원소는 배열이다. 따라서 바깥쪽 for 문의 임시 변수 row는 String[] row: name으로 선언해야 한다. 이후 row에는 name[0]과 name[1]이 순차적으로 저장된다. 각 열

의 원소는 문자열이기 때문에 안쪽 for 문의 임시 변수 value는 String value: row로 선언해야 한다. 이후 각 열의 문자열이 순차적으로 저장된다.

2. 가변 배열

자바에서의 2차원 배열은 내부적으로는 배열 안에 또 다른 배열이 들어있는 '배열의 배열' 구조로 동작한다. 이러한 특성 덕분에 모든 행이 반드시 동일한 열의 길이를 가질 필요는 없다. 이처럼 행마다 열의 길이가 다른 배열을 가변 배열jagged array이라고 한다.

가변 배열은 메모리를 효율적으로 사용할 수 있으며, 행렬 구조가 일정하지 않은 데이터를 처리할 때 매우 유용하다. 가변 배열을 만들 때는 행의 크기를 먼저 정하고, 열의 크기는 비워둔 채로 2차원 배열을 생성한다. 다음 예를 살펴보자.

```
int[][] ja = new int[3][];
ja[0] = new int[1];                    // 첫 번째 행: 1열
ja[1] = new int[2];                    // 두 번째 행: 2열
ja[2] = new int[3];                    // 세 번째 행: 3열
```

위 코드에서 int[][] ja = new int[3][];과 같이 행의 크기는 3으로 지정하고 열의 크기는 공백인 상태로 생성한다. 이후 각 행에 원하는 크기의 1차원 배열을 별도로 할당한다. 예를 들어 ja[0] = new int[1];, ja[1] = new int[2];, ja[2] = new int[3];과 같이 배열을 만들어 각 행에 연결한다. 이렇게 만들어진 배열 ja[3][]의 구조는 [그림 3-16]과 같으며, 각 행마다 서로 다른 크기를 가진다.

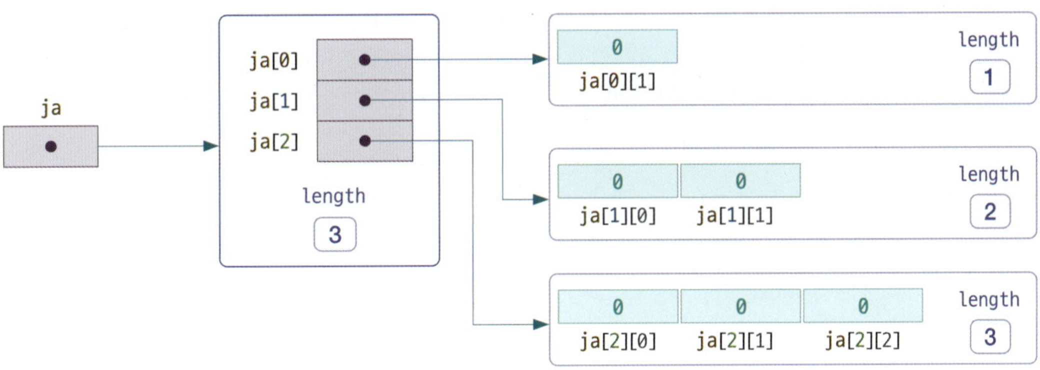

그림 3-16 가변 배열 ja[3][]의 구조

가변 배열을 생성하면서 동시에 값을 초기화할 수도 있다. 이 경우, new int[]와 함께 중괄호를 사용하여 각 행의 초깃값을 지정한다.

```
int[][] ja = new int[3][];                    // 가변 객체 ja[3][] 선언
ja[0] = new int[] {1};                        // 첫 번째 행: 1로 초기화
ja[1] = new int[] {2, 3};                     // 두 번째 행: 2, 3으로 초기화
ja[2] = new int[] {4, 5, 6};                  // 세 번째 행: 4, 5, 6으로 초기화
```

이 코드는 첫 번째 행에 1개의 열, 두 번째 행에 2개의 열, 세 번째 행에 3개의 열을 가진 가변 배열을 생성한다. 이렇게 생성된 배열은 각 행마다 다른 크기의 요소를 담을 수 있다.

[예제 3-17]은 가변 배열을 만든 후에 각 행을 초기화한 뒤 원소의 값을 출력하는 코드이다.

예제 3-17 가변 길이 배열 사용하기 JaggedArrayExample.java

```java
package sec03.exam17;

public class JaggedArrayExample {
    public static void main(String[] args) {
        int[][] ja = new int[3][];         // 가변 객체 ja[3][] 선언
        ja[0] = new int[] {1};             // 첫 번째 행: 1로 초기화
        ja[1] = new int[] {2, 3};          // 두 번째 행: 2, 3으로 초기화
        ja[2] = new int[] {4, 5, 6};       // 세 번째 행: 4, 5, 6으로 초기화

        for (int i = 0; i < ja.length; i++) {
            for (int j = 0; j < ja[i].length; j++) {
                System.out.print("[" + i + "][" + j + "]=" + ja[i][j] + ", ");
            }
            System.out.println();
        }
    }
}
```

```
[0][0]=1,
[1][0]=2, [1][1]=3,
[2][0]=4, [2][1]=5, [2][2]=6,
```

가변 배열에서 각 행에 연결된 배열 객체의 크기가 다르더라도, 11행과 같이 ja[i].length를 사용하면 일반 배열과 같은 방식으로 원소의 값을 출력할 수 있다.

체크 프로그램

[예제 3-17]을 for-each 문을 사용하여 원소의 값을 각각 한 줄에 출력하는 코드로 바꾸시오.

4 main() 메서드의 인자전달 심화

1. main(String[] args) 메서드의 이해

자바 프로그램의 실행은 항상 main() 메서드에서 시작하며, 반드시 다음과 같은 형식으로 작성되어야 한다.

```
public static void main(String[] args)
```

여기서 String[] args는 커맨드라인 인자Command Line Arguments를 전달받기 위한 문자열 배열이다. 코드가 실행되는 시점에, 프로그램과 함께 전달되는 값을 이 args 배열을 통해 받을 수 있다. 예를 들어 사용자가 명령어로 다음과 같이 프로그램을 실행했다고 가정하자.

```
java MyApp Hello World
```

이 경우, args[0]에는 "Hello"가, args[1]에는 "World"가 저장된다. 이렇게 전달된 인자를 활용하면, 사용자 맞춤형 실행을 구현할 수 있다. 다음 코드는 커맨드라인으로 전달된 인자를 출력하는 예제이다.

```
public class Main {
    public static void main(String[] args) {
        for (int i = 0; i < args.length; i++) {
            System.out.println("args[" + i + "] = " + args[i]);
        }
    }
```

이 코드를 저장하고 컴파일한 후, 터미널(또는 명령 프롬프트)에서 다음과 같이 실행해보자.

```
javac Main.java
java Main apple banana orange
```

Main 코드를 실행할 때 뒤에 입력한 apple banana orange는 공백을 기준으로 나뉘어 args 배열에 다음과 같은 형태로 저장된다.

```
args[0] = "apple";
args[1] = "banana";
args[2] = "orange";
```

또한, args.length를 사용하면 입력된 인자의 개수를 쉽게 알 수 있어, 이를 활용해 반복문을 제어할 수 있다. args를 사용할 때는 다음과 같은 주의가 필요하다.

- 인자가 없을 수도 있으므로 항상 args.length를 먼저 확인하여 배열의 인덱스 범위를 벗어나지 않도록 해야 한다. 인자가 없는데 args[0]에 접근하려 하면 ArrayIndexOutOfBoundsException 예외가 발생한다.
- String[] args의 모든 값은 문자열이다. 숫자를 입력받아 사용하려면 문자열을 정수나 실수로 변환해야 한다.

TIP 예를 들어 args[0]을 정수로 바꿀 때는 Integer.parseInt(args[0])과 같은 메서드를 사용한다. Integer.parseInt(args[0])에서 Integer는 정수를 객체로 바꾼 Wrapper 클래스이며, parseInt()는 정수로 변환하는 메서드이다. Wrapper 클래스와 관련 메서드는 7장 '자바 기본 패키지'에서 다룬다.

2. 이클립스에서 인자 설정하기

이클립스 같은 IDE에서는 명령줄에서 직접 인자를 입력하지 않으므로, 다음 단계로 인자를 설정해야 한다.

❶ 실행할 Java 파일을 작성한 뒤, [Run]-[Run Configurations] 메뉴를 클릭한다.

❷ 왼쪽 창에서 실행할 Java 클래스를 선택한다.

❸ 오른쪽 탭에서 [Arguments] 탭을 클릭한다.

❹ 'Program arguments' 입력란에 공백으로 구분하여 인자를 입력한다.

예 apple banana orange

❺ 〈Apply〉를 클릭한 후 〈Run〉을 클릭하면 프로그램에 인자가 전달되어 실행된다.

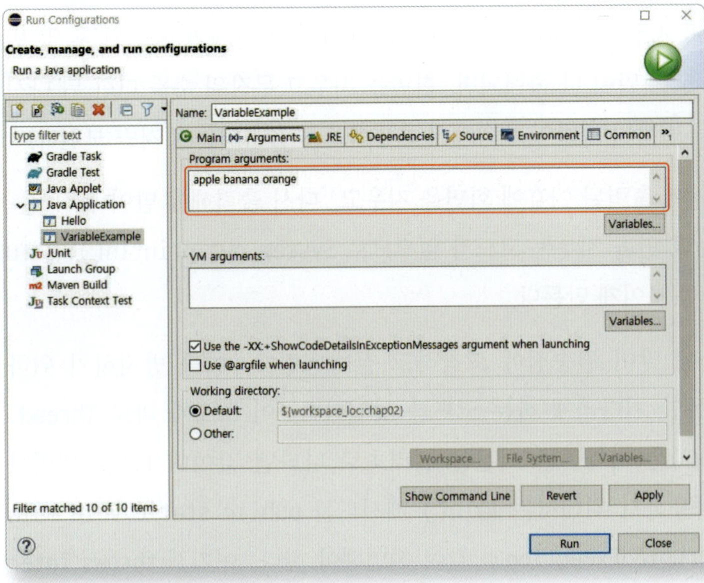

그림 3-17 이클립스 인자 설정 창

LAB 움직이는 경마 게임 만들기

배열을 이용하여 움직이는 경마 게임을 만들어보자. 총 7마리의 말이 달리기 시작하여 선두마가 결승점에 도달하면 승리한 말 번호를 출력한 후 게임을 종료한다. 실행 결과는 다음과 같다.

```
                                                   0:>
                                                          1:>
                                                         2:>
                                                   3:>
                                                         4:>
                                                            5:>
                                                          6:>
< 5번 말 승리 >
```

경마 게임의 전체적인 구조를 살펴보자. 먼저 정수형 배열 `horse[7]`을 선언한 후, 게임이 반복될 때마다 배열 `horse[]`의 각 원소에는 0에서 9 사이의 무작위 수가 더해진다. 해당 값이 100을 넘으면(결승점에 도달하면) 승리한 말 번호를 출력하고 게임을 종료한다.

말이 실제로 달리는 것처럼 보이기 위해서 `horse[]`에 저장된 숫자만큼 공백 문자를 출력한 후 말 번호를 출력한다. 예를 들어 20이 저장되어 있다면, 화면에 20개의 공백 문자가 출력된 후 말 번호를 출력한 뒤 줄 바꿈을 한다. 모든 말이 다 출력되면, 화면을 지우고 무작위 수를 더한 뒤 다시 화면에 말을 출력한다. 이 과정을 반복하면 말이 왼쪽에서 오른쪽으로 움직이는 것처럼 보인다.

이때, 7개의 말이 서로 다른 위치에 출력된 이후에 화면을 지우고, 다시 출력해야 말이 움직이는 것처럼 보인다. 그러나 자바에는 화면을 지우는 코드가 없으므로 `System.out.println();`을 10번 출력하여 화면이 지워진 것처럼 보이게 만든다.

또한, 코드를 실행하면 순식간에 말이 결승점에 도착하고 끝나버린다. 이를 방지하기 위하여 화면을 지우기 전까지 1초 동안 기다리게 하는 코드를 삽입한다. 이 코드가 바로 `Thread.sleep(1000);`이다. 여기서 1000은 기다리는 시간을 밀리초로 나타낸 값이며 1초를 의미한다. `Thread.sleep(1000);`을 사용하기 위해서는 `main()` 메서드를 `public static void main(String[] args) throws InterruptedException`과 같이 선언해야 한다. 여기서 `throws InterruptedException`은 5장 2절의 'static 멤버와 예외 처리'에서 자세히 설명한다.

위의 설명과 다음의 조건을 참고하여 움직이는 경마 게임 프로그램의 빈칸을 채워보자. 말 7마리가 결승점을 향해 달려가는 모습을 볼 수 있을 것이다.

조건

- 7개의 정수형 배열 horse를 선언한다.
- 변수 `win`은 승리한 말 번호를 저장하는 변수이며 초깃값은 -1이다.
- go 변수는 `while` 반복문을 탈출하기 위해 사용하는 변수이다. 초깃값은 `true`이며, 승리한 말이 결정되면 go 변수의 값은 `false`가 되어 게임이 종료된다.
- 각 말들은 `Math.random() * 10`을 사용하여 0에서 9 사이의 무작위 수를 더한다.
- `horse[]`에 저장된 숫자만큼 공백 문자를 출력한 후 말 번호를 출력한다.
- `horse[]`에 저장된 숫자가 100 이상이면 `win`에 해당 인덱스를 저장하고 반복문을 종료한다.
- `win`에 저장된 말 번호를 출력한다.

Lab 3-3 **움직이는 경마 게임 만들기**

```
package chap03.lab03;

public class HorseRace {
    public static void main(String[] args) throws InterruptedException {
        int[] horse = [    ①    ];                  // 7개의 정수형 배열 horse
        [    ②    ] go = true;                      // while 탈출 조건
        int win = -1;                               // 승리한 말 번호 저장

        while ([    ③    ]) {
            for (int i = 0; i < 7; i++) System.out.println();    //화면 지우기
            for (int k = 0; k < horse.[    ④    ]; k++) {    // 배열 각 원소 반복
                horse[k] = horse[k] + (int) (Math.random() * 10);
                for (int m = 0; m < horse[k]; m++) {
                    System.out.print(" ");          // 공백 문자 출력
                }
                System.out.println(k + ":>");       // 말 번호 출력
                if ([    ⑤    ] > 100) {            // 결승점 도착
                    win = k;                        // 승리한 번호 저장
                    go = [    ⑥    ];               // while 문 탈출
                }
            }
            Thread.sleep(1000);                     // 1000 밀리초(1초) 대기
        }
        System.out.println("< " + win + "번 말 승리 >");   // 승리한 말 출력
    }
}
```

정답

① new int[7]

② boolean

③ go

④ length

⑤ horse[k]

⑥ false

미니 프로젝트 점심 메뉴 추천기

이번 프로젝트의 주제는 '점심 메뉴 추천기'이다. 7개의 점심 메뉴 중에서 사용자가 오늘 먹고 싶지 않은 메뉴 1개를 선택하면, 해당 메뉴를 제외한 메뉴 중 하나를 추천한다. 다음의 실행 결과와 조건에 맞게 프로그램을 작성해보자.

```
==== 오늘의 점심 추천기 ====
1. 김치찌개
2. 샐러드
3. 치킨
4. 돈까스
5. 초밥
6. 라면
7. 햄버거

오늘은 어떤 메뉴가 싫으신가요? (번호 입력): 3

오늘의 추천 메뉴는 >> 돈까스 << 입니다!
맛있게 드세요 :)
```

조건

- 점심 메뉴를 저장하는 문자열 배열 menu를 만든다.
- Scanner를 사용하여 사용자로부터 먹고 싶지 않은 메뉴 번호를 입력받아 dislike 변수에 저장한다.
- Math.random()과 menu.length를 사용하여 무작위 수를 만든다.

[코드 구조 설명]

- 메뉴를 저장하는 문자열 배열 menu를 만들어 값을 초기화하고, menu.length를 사용하여 1번 메뉴부터 마지막 메뉴까지 화면에 출력한다.
- 먹고 싶지 않은 메뉴 번호를 dislike 변수에 저장한다.
- do-while 문을 사용하여 dislike와 다른 번호의 무작위 수가 만들어질 때까지 반복한다.
- 오늘의 추천 메뉴를 출력한다.

요약

01 if 조건문은 괄호(())안에 주어진 조건식의 결과가 참일 때 중괄호({})로 구성한 코드 블록을 실행한다. if-else 문은 if에 속한 블록 안에는 참일 때 실행되는 코드가 있고, else의 블록 안에는 거짓일 때 실행되는 코드가 있다.

02 여러 개의 조건을 연결하여 사용할 때는 if-else if-else 문을 사용한다. 이때 여러 조건 중에서 가장 처음 만족하는 하나의 조건만 실행된다. 중첩 if 문은 if 문 안에 또 다른 if 문을 사용하는 구조이다.

03 switch 문은 변수의 값에 따라 실행되는 코드를 결정하는 구조이다. 따라서 조건 값과 일치하는 case에 해당하는 코드 블록이 실행된다. switch 문에서 break를 활용하면 여러 case에서 중복된 코드를 간결하게 처리할 수 있다.

04 Math.random() 메서드는 0.0 이상 1.0 미만의 실수(double)를 생성한다. 또한, (int)(Math.random() * 10)은 0에서 9까지의 정수 무작위 수를 만든다.

05 반복문은 특정 조건을 만족할 때까지 같은 코드를 반복해서 실행하는 구조이며 초기화, 조건식, 증감식의 3가지 요소로 구성된다.

06 for 문은 초기화, 반복 조건, 증감식을 한 줄에 작성하는 반복문으로, 코드를 간결하게 표현할 수 있다는 장점이 있다. while 문은 반복 횟수를 사전에 알 수 없거나, 특정 조건을 만족할 때까지 반복해야 할 때 사용하는 반복문이다. do-while 문은 반복문의 조건을 코드 실행 이후에 확인하는 반복문으로, 처음 조건이 거짓이더라도 반복문의 본문이 최소 한 번은 실행된다. 다중 반복문은 반복문 내부에 또 다른 반복문이 있는 구조이다.

07 continue 문은 반복문에서 현재 반복을 건너뛰고 다음 반복으로 넘어갈 때 사용된다. break 문은 반복문이나 switch 문을 즉시 종료하며, 자신이 속한 블록만 빠져나온다.

08 배열이란 같은 자료형의 데이터를 하나의 묶음으로 관리하는 구조이며 '자료형[] 변수이름 = {};'로 만든다. 배열은 객체로 취급하며, 한번 크기를 지정하면 변경할 수 없고, 같은 자료형만 저장할 수 있다.

09 기본 자료형은 실제 데이터 값을 직접 저장하는 반면에 객체는 주소를 참조하는 참조 자료형을 사용한다. 객체를 만드는 방식으로 배열을 선언할 때는 `new` 연산자를 사용한다.

10 배열에 저장된 각 원소에 접근할 때는 인덱스를 사용하며, `'변수이름.length'`를 사용하여 배열의 크기를 알 수 있다. 또한 `for-each` 문을 사용할 수 있다.

11 다차원 배열이란 배열 안에 또 다른 배열이 포함된 구조이며 주로 2차원 배열이 사용된다. 자바에서는 각 행이 서로 다른 크기를 가지는 가변 배열을 만들 수 있다.

연습 문제

01 나머지 3개와 다른 제어 구조를 찾으시오.

① switch ② for ③ while ④ do-while

02 나머지 3개와 다른 제어 구조를 찾으시오.

① if ② if-else ③ switch ④ for

03 조건 변수는 i이고, if 문에서 i가 3의 배수일 때 실행되는 조건식을 찾으시오.

① i = 3 ② i == 3 ③ i % 3 = 0 ④ i % 3 == 0

04 조건 변수는 i이고, if 문에서 i가 19 이상인 경우, '성인입니다'가 출력되는 정확한 조건식을 찾으시오.

① i > 18 ② i > 19 ③ i >= 18 ④ i <= 19

05 i가 홀수인지 짝수인지를 출력하는 if-else 문에서 else 문의 실행문은 System.out.println("짝수 입니다.");이다. 올바르게 출력되는 if 조건식을 찾으시오.

① i / 2 == 1 ② i % 2 == 1 ③ i % 2 == 0 ④ i / 2 = 0

06 다중 조건문에서 if (조건) 다음의 (다른 조건) 앞에 사용되는 키워드를 찾으시오.

① else ② if ③ if else ④ else if

07 x와 y값을 비교하여 더 큰 수를 max에 넣는 삼항 조건 연산자가 정확하게 표시된 것을 찾으시오.

① int max = (x > y) x : y; ② int max = (x > y) ! x : y;

③ int max = (x > y) ? x : y; ④ int max = (x > y) ? x = y;

08 switch 문에서 조건 값과 일치할 때 실행되는 코드 블록을 지정하는 키워드를 찾으시오.

① case ② default ③ continue ④ break

09 switch 문에서 실행하는 코드 블록을 마치고, switch 문을 탈출하는 키워드를 찾으시오.

① case ② default ③ continue ④ break

10 다음 중 틀린 설명을 찾으시오.

① if-else if-else 문에서는 여러 개의 조건을 선택하여 실행할 수 있다.

② 조건문에서 실행할 코드가 한 줄이면 중괄호를 생략할 수 있다.

③ 중첩 조건문은 if 문 안에 또 다른 if 문이 있는 구조이다.

④ if-else 문에서 else {}에는 조건이 거짓일 때 실행 코드가 들어간다.

11 0.0 이상 1.0 미만의 무작위 실수를 만드는 코드를 찾으시오.

① (int) (Math.random() * 9) ② (int) (Math.random() * 10)

③ Math.random() ④ (int) (Math.random() * 10) + 1

12 0에서 9 이하의 무작위 정수를 만드는 코드를 찾으시오.

① (int) (Math.random() * 9) ② (int) (Math.random() * 10)

③ Math.random() ④ (int) (Math.random() * 10) + 1

13 반복문을 구성하는 3가지 요소가 아닌 것을 찾으시오.

① 증감식 ② 초기화 ③ 무작위 수 ④ 반복 조건

14 반복문에서 반복을 시작하는 변수의 처음 값을 설정하는 단계는 무엇인가?

① 증감식 ② 초기화 ③ 무작위 수 ④ 반복 조건

15 반복문 중 초기화, 반복 조건, 증감식을 한 줄로 표현하는 키워드는 무엇인가?

① switch　② for　③ while　④ do-while

16 반복문 중 반복 조건의 결과가 false여도 최소 한 번은 실행하는 코드를 가지는 키워드는 무엇인가?

① switch　② for　③ while　④ do-while

17 문법에 맞지 않는 코드를 찾으시오.

① for (int i = 3; i > 0; i--;)　② for (int i = 3; i > 0; i = i - 1)

③ for (i = 3, j = 5; i > 0; i--)　④ for (i = 3, j = 5; i > 0; i--, j++)

18 문법에 맞지 않는 코드를 찾으시오.

① while (number != 0)　② while ()

③ while (number != i)　④ while (true)

19 반복문에서 현재 반복을 건너뛰고 다음 반복으로 넘어갈 때 사용하는 키워드를 찾으시오.

① case　② default　③ continue　④ break

20 다음 중 틀린 설명을 찾으시오.

① do-while 문은 조건을 확인하기 전에 코드를 적어도 한 번은 실행한다.

② 다중 반복문에서 break를 사용하면 외부 반복문까지 모두 탈출한다.

③ 반복 횟수를 사전에 알 수 없을 때에는 while 반복문을 사용하는 것이 좋다.

④ 반복 횟수가 정해져 있을 때에는 for 반복문을 사용하는 것이 좋다.

21 배열을 바르게 선언한 코드를 고르시오.

① int[3] price = { 2, 3, 4 };　② int price[3] = { 2, 3, 4 };

③ int[] price = { 2, 3, 4 };　④ int price = { 2, 3, 4 };

22 배열을 바르게 선언한 코드를 고르시오.

① `int[] price = new int[4] { 2000, 2300, 2700, 3000 };`

② `int[] price = new int[] { 2000, 2300, 2700, 3000 };`

③ `int[4] price = new int[] { 2000, 2300, 2700, 3000 };`

④ `int[4] price = new int[4] { 2000, 2300, 2700, 3000 ;`

23 7개의 원소를 가진 배열 price에서 마지막 원소의 인덱스를 찾으시오.

① price[0]　　② price[5]

③ price[7]　　④ price[6]

24 배열을 생성하면 자동으로 만들어지는 초깃값 중 문자 배열의 초깃값을 찾으시오.

① \u0000　　② 0.0

③ null　　④ 0

25 배열 내부에 자동으로 생성되며, 배열의 크기를 가지고 있는 것을 찾으시오.

① length　　② size

③ new　　④ long

26 String[] donutBox = { "기본", "크림", "초코" };에 대하여 정확하게 표현된 for-each문을 찾으시오.

① for (donutBox: name)　　② for (String name: donutBox)

③ for (name: donutBox)　　④ for (String name; donutBox)

27 3행 4열의 2차원 배열 선언 코드를 찾으시오.

① `int[3][4] mx = new int[][];`　　② `int[][] mx = new int[4][3];`

③ `int[][] mx = new int[3][4];`　　④ `int[][4] mx = new int[3][];`

28 다음 코드의 결과가 올바르게 출력되도록 빈칸을 채우시오.

```
public class IfElseExample {
    public static void main(String[] args) {
        int number = 15;

       [                    ] System.out.println("7의 배수입니다.");
        else System.out.println("7의 배수가 아닙니다.");
    }
}
```

29 다음은 19세 이상 성인만 회원으로 가입할 수 있는 클럽에서 회원과 비회원을 구분하는 코드이다. 빈칸을 채우시오.

```
int age = 25;
boolean isMember = true;

if [                    ] System.out.println("성인 회원입니다.");
else if (age >= 19) System.out.println("성인 비회원입니다.");
else System.out.println("미성년자입니다.");
```

30 다음은 포장 쿠폰을 3개 이상 모으면 무료 음료수를 제공하고, 10개 이상 모으면 치킨 한 마리를 무료로 제공하는 조건문 코드이다. 빈칸을 채우시오.

```
if (coupon >= 10) {                    // coupon이 10개 이상
    System.out.println("무료 치킨 한 마리");
} [                    ] {             // coupon이 3 - 9개
    System.out.println("무료 음료");
} else {                               // coupon이 2개 이하
    System.out.println("다음 기회에");
}
```

31 다음은 삼항 조건 연산자를 사용하여 큰 값을 출력하는 코드이다. 빈칸을 채우시오.

```
public class TernaryExample {
    public static void main(String[] args) {
        int x = 10, y = 20;

        int max [                    ]; // 조건: x가 y보다 큰 경우
        System.out.println("더 큰 값은 " + max);
    }
}
```

32 다음은 돈까스 식당의 세트 메뉴를 출력하는 코드이다. 세트 메뉴 1은 돈까스, 세트 메뉴 2는 샐러드와 돈까스, 세트 메뉴 3은 스프, 샐러드, 돈까스로 구성되도록 switch 문을 완성하시오.

```
import java.util.Scanner;

public class SwitchBreak {
    public static void main(String[] args) {
        Scanner scanner = new Scanner(System.in);

        System.out.print("세트메뉴 입력: ");
        int menu = scanner.nextInt();

        switch (menu) {

        [                              ] // 이곳에 들어갈 코드를 쓰시오.

        }
        scanner.close();
    }
}
```

33 다음은 1부터 20 사이의 임의로 만든 숫자를 맞추는 스무고개 게임 프로그램이다. 입력한 숫자가 작으면 더 큰 숫자라고 알려주고, 입력한 숫자가 크면 더 작은 숫자라고 알려주도록 다음 빈칸 위치에 들어갈 코드를 작성하시오.

```
import java.util.Scanner;

public class SwitchBreak {
    public static void main(String[] args) {
        Scanner scanner = new Scanner(System.in);
        int target = (int) (Math.random() * 20) + 1;
        int guess = 0;

        System.out.println("1부터 20 사이의 숫자를 맞춰보세요.");

        [                    ]  // 이곳에 들어갈 코드를 쓰시오.

        System.out.println("정답! " + target + "입니다.");
        scanner.close();
    }
}
```

34 다음은 1에서 9까지의 수를 입력할 때까지 계속해서 숫자를 입력받는 코드이다. do-while 문의 빈칸을 채우시오.

```
do {
    System.out.print("1에서 9사이의 수를 입력: ");
    user = scanner.nextInt();
} while [          ];
```

35 34번의 do-while 문의 코드를 while 문만 사용하여 작성하시오.

36 무한 반복과 break 문을 사용하여 1에서 9 사이의 수를 입력할 때까지 계속하여 입력받는 코드를 작성하시오.

37 continue 문을 사용하여 1에서 10까지 출력하면서, 짝수만 출력하지 않는 코드를 작성하시오.

38 다음은 price 배열을 사용하여 전체 금액을 출력하는 코드이다. 모든 빈칸을 채우시오.

```
public class PriceArrayExample {
    public static void main(String[] args) {
        [            ] = { 2000, 2300, 2700, 3000 };
        int sum = 0;

        for (int i = 0; i < 4; i++) {
            System.out.println("도넛 " + i + ": " + [            ] + "원");
            sum += [            ];
        }
        System.out.println("총 도넛 가격: " + sum + "원");
    }
}
```

39 38번에서 작성한 for 문을 length를 사용하여 수정하시오.

40 다음은 문자열 배열을 사용하여 도넛 이름을 출력하는 코드이다. 빈칸을 채우시오.

```
public class StringArrayExample {
    public static void main(String[] args) {
        [          ] donutBox = { "기본", "크림", "초코" };

        for (int i = 0; i < [          ]; i++) {
            System.out.println(donutBox[i] + " 도넛");
        }
    }
}
```

41 40번의 코드를 for-each와 임시 변수 name을 사용하는 코드로 수정하시오.

42 난이도 상 다음은 2차원 문자열 배열 name을 만들고 for-each를 사용하여 도넛의 이름을 출력하는 코드이다. 빈칸을 채우시오.

```
public class StringArrayExample {
    public static void main(String[] args) {
        String[][] name = {
            {"기본", "크림", "초코"},
            {"크런치", "망고", "생딸기"}
        };

        for ([          ]) {
            for ([          ]: row) {
                System.out.println(value);
            }
        }
    }
}
```

43 1부터 10까지의 수 중에서 홀수만 출력하는 프로그램을 작성하시오.

```
1 3 5 7 9
```

44 사용자로부터 정수를 입력받아 1부터 해당 수까지의 합을 계산하여 출력하는 프로그램을 작성하시오.

```
정수를 입력하세요: 5
1부터 5까지의 합: 15
```

45 사용자로부터 월을 입력받아 계절을 출력하는 프로그램을 작성하시오.
(3~5월: 봄, 6~8월: 여름, 9~11월: 가을, 12~2월: 겨울)

```
월을 입력하세요: 4
봄입니다.
```

46 커피 종류(아메리카노, 라떼, 카푸치노)를 입력받아 가격을 출력하는 프로그램을 작성하시오. 가격은 아메리카노 3000원, 라떼 4000원, 카푸치노 4500원이며, `switch` 문을 사용하시오.

```
커피를 선택하세요: 라떼
라떼의 가격은 4000원입니다.
```

47 5명의 점수를 배열로 입력받아, 순서대로 60점 이상이면 '합격', 아니면 '불합격'을 출력하는 프로그램을 작성하시오.

```
점수 5개를 입력하세요:
90
45
77
59
82
합격
불합격
합격
불합격
합격
```

48 입력된 정수의 구구단을 출력하는 프로그램을 작성하시오.

```
출력할 구구단 단 수를 입력하세요: 7
7 * 1 = 7
7 * 2 = 14
...
7 * 9 = 63
```

49 나이를 입력받아 어린이(0~12세), 청소년(13~18세), 성인(19~64세), 노인(65세 이상)으로 분류하여 출력하는 프로그램을 작성하시오.

```
나이를 입력하세요: 25
당신은 성인입니다.
```

50 사용자로부터 요일(1~7)을 입력받아 한글 요일명으로 출력하는 프로그램을 작성하시오. 단. switch 문을 사용하시오. (1=월요일, ... 7=일요일)

```
요일 번호를 입력하세요(1~7): 5
금요일입니다.
```

51 사용자로부터 5개의 정수를 입력받아 가장 큰 수를 출력하는 프로그램을 작성하시오.

```
정수 5개를 입력하세요:
12
84
53
9
77
가장 큰 수는 84입니다.
```

52 **난이도 상** 다음은 가변 배열을 만든 후에 초기화를 하고, 각 원소의 값을 출력하는 코드이다. 빈칸을 채우시오.

```
public class Test_10 {
    public static void main(String[] args) {
        [                    ]
        ja[0] = new int[] {1};
        ja[1] = new int[] {2, 3};
        ja[2] = new int[] {4, 5, 6};

        for (int i = 0; i < [      ]; i++)
            for (int j = 0; j < [      ]; j++)
                System.out.println(ja[i][j]);
    }
}
```

53 **난이도 상** 사용자로부터 숫자 5개를 입력받아 배열에 저장한 후, 입력된 값의 평균을 출력하는 프로그램을 작성하시오.

```
숫자 5개를 입력하세요:
10
20
30
40
50
평균: 30.0
```

54 **난이도 최상** 가위바위보 게임을 switch 문으로 작성하시오. switch에 사용할 조건식은 다음 표를 바탕으로 작성하시오.

HINT switch 문으로 가위바위보를 만들기 위해서는 조건식의 결과가 0, 1, 2중 하나만 나오는 식을 만들어야 한다. 이를 위해 다음과 같은 표를 만든다. 표에서 가로는 컴퓨터가 가질 수 있는 경우의 수이며, 세로는 사용자의 경우의 수이다. 각 칸의 대괄호[ ] 안에는 com의 값에서 user의 값을 뺀 값(com-user)을 적어 놓았다. 그리고 사용자가 이기는 경우의 수에 색칠을 했다.

대괄호[ ] 안의 숫자는 (com - user)의 결괏값

사용자 \ 컴퓨터	가위(0)	바위(1)	보(2)
가위(0)	비김 [0]	컴퓨터 승 [1]	사용자 승 [2]
바위(1)	사용자 승 [−1]	비김 [0]	컴퓨터 승 [1]
보(2)	컴퓨터 승 [−2]	사용자 승 [−1]	비김 [0]

PART 02

객체지향 프로그래밍

CONTENTS

CHAPTER 04

객체지향 프로그래밍의 이해

학습 목표

- 클래스를 정의하고, 객체를 생성하여 객체 멤버에 접근하는 방법을 학습한다.
- 생성자의 특징을 이해하고, 생성자 오버로딩에 대해 학습한다.
- 메서드와 메서드 오버로딩에 대해 알아본다.

- 클래스와 객체
  - 객체지향 프로그래밍의 개요
    - 객체지향 프로그래밍의 개념
    - 객체지향 프로그래밍의 특징
  - 클래스와 객체의 생성
    - 클래스 정의
    - 객체와 인스턴스 생성
    - 클래스의 기본 구조
    - 객체 멤버 접근
    - 객체와 참조 변수
- 생성자와 메서드
  - 생성자와 this의 이해
    - 생성자와 기본 생성자
    - 생성자 오버로딩
    - this 예약어
    - this() 생성자
    - final 멤버 변수와 생성자
  - 메서드
    - 메서드의 이해
    - 메서드 오버로딩
    - 매개변수와 반환형
  - 자바 클래스와 객체의 메모리 구조
    - 스택과 힙 영역의 이해
    - 객체와 메모리 구조

SECTION 01

클래스와 객체

1 객체지향 프로그래밍의 개요

1. 객체지향 프로그래밍의 개념

객체지향 프로그래밍 Object-Oriented Programming, OOP은 프로그램을 독립적인 단위인 객체 object로 나누어 개발하는 방식이다. C 언어와 같은 전통적인 절차지향 프로그래밍은 명령어를 순서대로 나열하는 방식으로 데이터를 처리한다. 반면, 객체지향 프로그래밍은 서로 독립적인 객체들이 상호작용하며 작업을 수행한다. 이 방식은 코드 작성이 쉽고 유지보수도 간단하여 널리 사용된다.

두 방식의 차이를 도넛 만들기로 비교해보자. 절차지향 방식에서는 밀가루, 우유, 달걀을 계량한 후 반죽을 만들고, 도넛을 굽는 과정을 하나의 흐름으로 처리한다. 이때 특정 단계에서 문제가 발생하면 흐름이 끊어져 전체 과정에 영향을 미친다.

반면, **객체지향 방식에서는** 도넛을 만드는 과정을 여러 객체로 나눈다. 재료를 준비하는 객체, 반죽을 만드는 객체, 도넛을 굽는 **독립적인 객체가 상호작용**하며 도넛을 만든다. 객체지향 방식이 문제 자체를 마법처럼 없애는 것은 아니다. 다만, 문제가 발생했을 때 그 파급력을 최소화하고 해결 과정을 효율적으로 만든다.

▲ 절차지향 프로그래밍 ▲ 객체지향 프로그래밍

그림 4-1 절차지향 프로그래밍과 객체지향 프로그래밍의 차이

예를 들어, '재료 준비 객체' 내부에서 문제가 발견된다면, 해당 객체만 수정하면 되기 때문에 다음 단계인 '반죽 만들기 객체', '도넛 굽기 객체'는 수정할 필요가 없다. 이처럼 객체지향 방식에서는 재료 객체만 변경하면 다양한 맛의 도넛을 만들 수 있고, 반죽 객체만 수정하면 다양한 모양과 크기의 도넛을 만들 수 있다. 또한 각 **객체가 독립적이기 때문에 특정 과정의 문제가 다른 작업에 미치는 영향을 최소화할 수 있다**. 이러한 객체지향 프로그래밍은 유지보수가 쉽고, 확장성과 유연성이 뛰어나다는 장점이 있다.

2. 객체지향 프로그래밍의 특징

객체지향 프로그래밍에서 **객체**는 **데이터(변수)**와 이를 처리하는 **동작(메서드)**을 하나로 묶은 독립적인 단위로 구성된다. 그리고 다음 4가지 핵심 특징을 바탕으로 객체들이 협력하여 복잡한 기능을 수행한다.

■ 캡슐화

캡슐화encapsulation는 객체의 내부 정보를 숨기고, 오직 정해진 방법을 통해서만 객체 내부의 데이터에 접근하도록 하는 기법이다. 이를 통해 **데이터를 안전하게 보호할 수 있다**.

```
class Donut {
    private String recipe = "밀가루 90g + 소금 1.5g";

    public String name = "기본 도넛";

    public void makeDonut() {
        System.out.println("5분간 구워 도넛 만들기");
    }

    public void show() {
        System.out.println(name + "입니다.");
    }
}
```

private 외부 접근 불가

public 외부 접근 가능

캡슐화는 외부에 필요한 부분만 공개하여 데이터를 보호

그림 4-2 캡슐화와 데이터 보호

[그림 4-2]에서 재료의 비율을 저장하는 중요한 데이터인 recipe는 private로 선언하여 외부에서 볼 수 없도록 막는다. 반대로 도넛 이름을 저장하는 name 변수, 도넛을 굽는 makeDonut() 메서드, 도넛을 보여주는 show() 메서드는 public으로 선언하여 외부에 공개한다. 이는 도넛 레시

피는 숨기고, 도넛을 만드는 과정만 외부에 공개하는 것과 같다. 다시 말해, 외부에서는 제공된 기능만 사용할 수 있을 뿐, 객체 내부의 데이터를 함부로 확인하거나 임의로 변경할 수는 없다. 자바에서는 public이나 private와 같은 접근 제한자를 사용하여 객체를 보호하며, 이러한 캡슐화는 객체의 안정성과 보안성을 높이는 중요한 역할을 한다.

TIP 이 절에서 소개하는 자바 코드 속의 public, private, this, void, extends, abstract와 같은 예약어는 나중에 자세히 설명할 예정이다. 지금은 코드 전체의 구조만 살펴보기 바란다.

■ 상속

상속inheritance은 기존 클래스를 물려받아 새로운 클래스를 만드는 기능이다. 이를 통해 **코드를 재사용하고, 기능을 확장**할 수 있다.

예를 들어, 기본 도넛(Dounut)에 카라멜 토핑을 얹어 스페셜 도넛(specialDonut)을 만드는 과정을 코드로 구현하면 [그림 4-3]의 class specialDonut extends Donut과 같다. 이 코드는 Donut 클래스를 상속받아 specialDonut 클래스를 만든다.

```java
class SpecialDonut extends Donut { // SpecialDonut 클래스는 Donut 클래스를 상속
    private String topping;

    public void setTopping(String topping) {
        this.topping = topping;
    }

    @Override
    public void show() {          // 부모 클래스의 show()를 다시 정의
        System.out.println(name + "에 " + topping + " 추가.");
    }
}
```

그림 4-3 상속과 코드 재사용

상속된 specialDonut 클래스는 부모 클래스인 Donut의 makeDonut()이나 show()와 같은 기존 메서드의 기능을 그대로 사용할 수 있으며, setTopping()과 같은 새로운 기능도 추가할 수 있다. 이는 모든 도넛에 공통적으로 적용되는 레시피는 Donut 클래스에서 구현하고, 이를 상속받은 도넛에서는 '카라멜 토핑'이나 '딸기 시럽'과 같은 새로운 것을 추가하여 자신만의 도넛을 만드는 것과 같다.

또한 부모 클래스의 show()를 자식 클래스에서 다시 정의하여 원하는 방식으로 동작하게 만들 수도 있다. 예를 들어, Donut 클래스는 '기본 도넛입니다.'를 출력하지만, specialDonut 클래스는 '기본 도넛에 카라멜 추가.'로 변형하여 출력할 수 있다. 이렇게 상속을 활용하면 중복되는 코드를 줄이고, 다양하게 확장할 수 있는 프로그램 구조를 만들 수 있다.

■ 다형성

다형성polymorphism은 같은 이름의 메서드를 호출하더라도 객체에 따라 다르게 동작하는 성질을 말한다. 이 덕분에 **코드의 유연성과 재사용성이 크게 향상**된다.

[그림 4-4]는 앞의 Donut과 SpecialDonut 클래스를 사용하여 만든 예제이다. basic 변수는 기본 도넛인 Donut 클래스를 사용하여 만든 객체이고, special 변수는 SpecialDonut 클래스를 사용하여 만든 객체이다.

```
public class DonutMain {
    public static void main(String[] args) {
        Donut basic  = new Donut();

        Donut special  = new SpecialDonut();
        ((SpecialDonut) special).setTopping("카라멜");

        basic.show();          // '기본 도넛입니다.' 출력
        special.show();        // '기본 도넛에 카라멜 추가.' 출력
    }
}
```

그림 4-4 다형성과 다양한 객체 처리

자바에서는 basic과 special 변수를 Donut 자료형으로 선언하여 같은 종류의 객체인 것처럼 다룰 수 있다. 따라서 basic.show()를 호출하면 '기본 도넛입니다.'가 출력되고, special.show()를 호출하면 '기본 도넛에 카라멜 추가.'가 출력된다. 도넛의 종류는 달라도 공통된 show() 메서드를 통해 각자의 특성에 맞는 내용을 출력할 수 있다.

이처럼 실행 시점에 적절한 메서드가 자동으로 연결되는 방식을 동적 바인딩dynamic binding이라고 한다. 다형성을 사용하면 하나의 방식으로 다양한 객체를 처리할 수 있어 확장성과 유지보수성이 높은 코드가 된다.

■ 추상화

추상화abstraction**는 객체들의 공통적인 특징을 추출하여 상위 개념으로 정의하고, 구체적인 구현은 하위 클래스가 담당하도록 하는 기법**이다. 이를 통해 프로그램의 복잡성을 줄이고, 코드 구조를 명확하게 만들 수 있다.

예를 들어, 초코 도넛과 크림 도넛을 각각 다른 클래스로 만든다고 가정해보자. 초코 도넛 클래스는 도넛을 만드는 메서드를 makeDonut()이라 부르고, 크림 도넛 클래스는 이를 donutMaking()이라고 부른다면, 초코 도넛을 만들 때는 makeDonut()을 호출해야 하고, 크림 도넛을 만들 때는 donutMaking()을 호출해야 한다. 이처럼 도넛을 만드는 공통된 작업을 수행하는 메서드의 이름이 달라지면 큰 혼란이 생긴다. 이를 해결하기 위해 [그림 4-5]와 같이, AbstractDonut이라는 **추상 클래스**를 만들고 공통 기능을 makeDonut()으로 정의한다.

```java
abstract class AbstractDonut {
    abstract void makeDonut();
}

class ChocoDonut extends AbstractDonut {        // 추상 클래스 상속
    void makeDonut() {
        System.out.println("초코 도넛 만들기");
    }
}

class CreamDonut extends AbstractDonut {        // 추상 클래스 상속
    void makeDonut() {
        System.out.println("크림 도넛 만들기");
    }
}

public class AbstractMain {
    public static void main(String[] args) {
        AbstractDonut choco = new ChocoDonut();
        AbstractDonut cream = new CreamDonut();
        choco.makeDonut();                      // '초코 도넛 만들기'
        cream.makeDonut();                      // '크림 도넛 만들기'
    }
}
```

abstract 추상 클래스

추상화는 동일한 작업을 일관된 이름으로 구현하도록 만듦

그림 4-5 추상화와 코드의 명확성

ChocoDonut과 CreamDonut 클래스는 추상 클래스(abstract class)를 상속받아 makeDonut()을 자신에게 맞는 방식으로 구현한다. 따라서 choco 객체의 makeDonut()을 호출하면 '초코 도넛 만들기'가 되고, cream 객체의 makeDonut()을 호출하면 '크림 도넛 만들기'가 된다. 각자 만드는 방식은 다르지만, 외부에서는 동일한 makeDonut() 메서드를 호출하여 도넛을 만들 수 있다.

앞서 살펴본 것과 같이 객체지향 프로그래밍은 캡슐화, 상속, 다형성, 추상화라는 네 가지 핵심 특징을 바탕으로 프로그램을 보다 유연하고 유지보수하기 쉽게 만든다. 절차지향 프로그래밍에 비해 확장성, 재사용성, 유지보수성이 뛰어나며, 특히 복잡한 시스템을 설계할 때 효과적인 접근 방식이다.

생성형 AI와 공부하기

자바 객체의 캡슐화, 상속, 다형성, 추상화에 대하여 도넛을 주제로 짧은 코드를 작성하고, 이를 자세히 설명해줘.

2 클래스와 객체의 생성

도넛을 만들 때는 도넛의 모양과 크기를 결정하는 '도넛 틀(설계도)'을 준비하고, 그 틀에 반죽을 부어 도넛을 만든다. 자바에서 객체를 만드는 과정도 이와 유사하다. 객체를 만들기 위해서는 먼저 **클래스를 정의하고**, 정의된 클래스를 이용해 **객체를 생성**해야 한다. 자바에서 객체를 만들 때는 다음 두 가지 단계를 반드시 거쳐야 한다.

❶ **클래스를 정의하는 단계:** 객체가 어떤 속성과 동작을 가질지를 설계하는 과정이다.

❷ **객체를 생성하는 단계:** 정의된 클래스를 바탕으로 프로그램에서 사용할 수 있는 실체를 만드는 과정이다.

즉, 클래스는 객체를 만들기 위한 **설계도**이며, **객체**는 그 설계도를 바탕으로 생성된 **구체적인 실체**라고 할 수 있다.

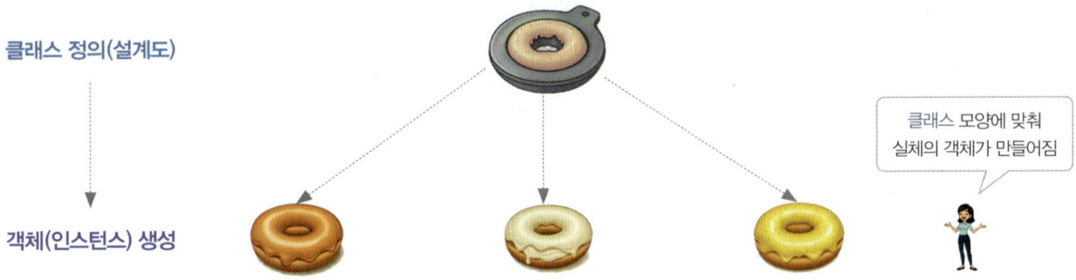

그림 4-6 클래스 정의와 객체 생성

1. 클래스 정의

도넛은 둥근 모양일 수도 있고 별 모양일 수도 있으며, 크기나 색깔, 맛도 다양할 수 있다. 이처럼 도넛의 이름, 모양, 크기와 같은 **공통적인 특징과 행동을 하나의 틀로 정의한 것이 클래스**이다. 자바에서는 class 예약어를 사용하여 클래스를 정의한다.

```
class 클래스이름 {
    // 클래스의 속성(필드)과 기능(메서드)을 정의
}
```

여기서 클래스 이름을 Donut으로 정했다면, 이 클래스는 아직 구체적인 도넛이 아니라, 여러 도넛을 만들기 위한 틀template에 불과하다. 이 틀을 이용해 실제 도넛 객체를 만들어야 프로그램에서 사용할 수 있는 도넛이 완성된다.

2. 객체와 인스턴스 생성

객체는 클래스라는 설계도를 기반으로 생성된 실체를 의미한다. 설계도만으로는 실제 도넛을 먹을 수 없듯이, 클래스만으로는 프로그램에서 아무 일도 일어나지 않는다.

클래스를 이용해 실제로 생성된 각각의 객체를 **인스턴스**instance라고 부른다. 일반적으로 두 용어는 비슷하게 사용하지만, '인스턴스'는 객체가 특정 클래스의 인스턴스인 것을 강조할 때 사용한다. 예를 들어, Donut 클래스가 도넛 틀이라면, 그 틀을 통해 만들어진 도넛 1, 도넛 2, 도넛 3이 바로 도넛 객체이자 Donut 클래스의 인스턴스이다.

객체는 **new 예약어**를 사용하여 생성하며, 일반적인 형식은 다음과 같다.

```
01    Donut d1;                  // Donut 형태의 변수 d1 선언
02    d1 = new Donut();          // 실제 Donut() 객체를 생성하고 d1 변수에 연결
```

1행에서는 Donut 타입의 객체 변수 d1을 선언한다. 이렇게 하면 앞으로 생성될 도넛 객체를 가리킬 수 있는 이름표가 만들어지는 것이다. 2행에서는 new Donut();으로 실제 Donut 클래스의 인스턴스를 생성하고, 이를 d1 변수에 연결한다. 이는 마치 방금 만들어진 실제 도넛에 d1이라는 이름표를 붙여주는 것과 같다. 이제 d1 이름표를 통해 실제 도넛의 크기를 바꾸거나 토핑을 추가하는 등 해당 도넛에 접근하여 데이터를 조작할 수 있게 된다.

위에서 작성한 코드는 다음과 같이 한 줄로 작성할 수 있다.

```
Donut d1 = new Donut();      // 변수 d1 선언과 객체 생성 후 연결
```

3. 클래스의 기본 구조

자바에서 클래스를 정의할 때는 class 예약어를 사용한다. class 다음에는 클래스 이름이 오며, 클래스 이름은 반드시 대문자로 시작하는 것이 관례이다. 클래스에는 두 가지 요소가 있다.

- **멤버 변수(필드):** 객체가 가지는 상태나 속성을 나타낸다. 예를 들어 도넛의 이름, 가격, 모양 등이 여기에 해당한다.
- **멤버 메서드:** 객체가 수행할 수 있는 동작이나 기능을 나타낸다. 예를 들어 도넛의 가격을 보여주거나 도넛을 만드는 등의 행위가 여기에 해당한다.

클래스에는 객체가 가져야 할 상태나 속성을 나타내는 변수와 동작이나 기능을 수행하는 메서드(함수)가 정의된다. 자바에서 함수는 클래스 안쪽에만 존재하기 때문에 메서드라 부르며, 해당 클래스에 속한 변수와 메서드라는 의미로 멤버 변수와 멤버 메서드라 부른다. [그림 4-7]은 클래스의 기본 구조를 나타낸 것이다.

클래스 선언 / 클래스 이름 — Donut 클래스

```
class Donut {
    int price;                                   // 변수

    public void show() {                         // 메서드
        System.out.println(price + "원 입니다");
    }
}
```

접근 제한자 / 클래스 선언 / 클래스 이름 — DonutExample 클래스

```
public class DonutExample {
    public static void main(String[] args) {    // 메서드
        // main()이 시작점                        코드 시작점
    }
}
```

그림 4-7 클래스의 구조

[그림 4-7]의 Donut 클래스에는 가격을 나타내는 price 변수와 가격 정보를 출력하는 show() 메서드가 정의되어 있다. 또한 DonutExample 클래스에는 프로그램을 처음 실행하는 main() 메서드가 포함된다. 이 main() 메서드를 작성할 때는 다음 규칙을 따라야 한다.

- **하나의 main() 메서드만을 작성 :** 자바 프로그램은 여러 클래스로 구성되지만, 실행은 반드시 public static void main(String[] args) 메서드에서 시작한다. 따라서 하나의 자바 프로그램에는 **오직 하나의 main() 메서드만 존재**해야 한다. 또한 main() 메서드를 포함하는 클래스는 반드시 **public**으로 선언해야 한다. 여기서 public은 접근 제한자라고 부르며, 어디서든 접근 가능하다는 의미이다.
- **자바 파일 이름 규칙 :** 하나의 자바 파일(.java)에는 public으로 선언한 클래스가 한 개만 있어야 하며, 이 클래스 이름이 자바 파일의 이름이 되어야 한다. main() 메서드를 포함하는 클래스는 무조건 public으로 선언해야 하므로, **main() 메서드를 가진 클래스의 이름이 곧 자바 파일의 이름이 된다**. 예를 들어 DonutExample 클래스가 main() 메서드를 가지고 있다면, 자바 파일 이름은 DonutExample.java여야 한다.

Note **public static void의 의미**

public static void main() 메서드에서 public은 해당 클래스나 메서드를 다른 클래스에서도 사용할 수 있도록 공개하는 역할을 한다. static은 객체를 만들지 않아도 실행 가능하다는 의미이며, void는 반환값이 없다는 의미이다. 각 내용은 5장 '클래스와 객체의 이해'에서 자세히 설명할 예정이다.

4. 객체 멤버 접근

객체의 변수에 접근하거나 메서드를 호출할 때는 **점(.) 연산자**를 사용한다. 형식은 다음과 같다.

```
객체.변수;                    // 객체의 멤버 변수에 접근
객체.메서드();                // 객체의 멤버 메서드 호출
```

예를 들어 d1.price = 2000;은 d1이라는 도넛 객체의 price 변수에 2000을 저장하고, System.out.println(d1.price);는 d1 객체의 price 변수에 저장된 값 2000을 화면에 출력한다.

```
d1.price = 2000;                  // 객체 d1의 변수 price에 값을 저장
System.out.println(d1.price);     // 객체 d1의 변수 price의 값을 읽어옴
```

점 연산자를 사용하여 메서드를 호출할 수도 있다. d1.show();는 d1 객체의 show() 메서드를 호출하여 도넛의 가격을 출력한다.

```
d1.show();                              // 객체 d1의 메서드 show() 호출
```

[예제 4-1]은 Donut 클래스를 선언하고, 도넛 객체를 만든 후 각 도넛의 가격을 출력하는 예제이다.

예제 4-1 도넛 객체 만들기 DonutExample.java

```
01  package sec01.exam01;
02
03  class Donut {                                  // Donut 클래스
04      int price;                                 // 멤버 변수 price
05
06      public void show() {                       // 멤버 메서드 show()
07          System.out.println(price + "원입니다.");
08      }
09  }
10
11  public class DonutExample {                    // DonutExample 클래스
12      public static void main(String[] args) {   // 프로그램 시작점
13          Donut d1 = new Donut();                // Donut 객체 d1 생성
14          Donut d2 = new Donut();                // Donut 객체 d2 생성
15
16          d1.price = 2000;                       // d1의 변수 price에 2000 저장
17          d2.price = 3000;                       // d2의 변수 price에 3000 저장
18          d1.show();
19          d2.show();
20      }
21  }
```

```
2000원입니다.
3000원입니다.
```

3행에서 9행까지가 Donut 클래스의 선언부이다. 11행부터 21행까지는 DonutExample 클래스의 선언부이며 main() 메서드를 포함한다.

13행의 Donut d1 = new Donut();은 Donut 클래스를 이용해 d1 객체(인스턴스)를 만들고, 14행의 Donut d2 = new Donut();은 d2 객체를 만든다.

16행의 d1.price = 2000;은 d1 객체의 price 변수에 2000을 저장하며, 17행의 d2.price = 3000;은 d2 객체의 price 변수에 3000을 저장한다.

18행의 d1.show();는 d1 객체의 show() 메서드를 호출하므로 '2000원입니다.'가 출력된다. 19행의 d2.show();는 d2 객체의 show() 메서드를 호출하므로 '3000원입니다.'가 출력된다.

5. 객체와 참조 변수

3장에서 기본 자료형은 실제 데이터값을 저장하고, 참조 자료형은 객체의 주솟값(참조값)을 저장한다고 했다. 이러한 차이가 생기는 이유를 살펴보자.

자바는 int, double, char, boolean과 같은 기본 자료형에 대한 메모리 크기와 구조를 미리 정의해두었다. 예를 들어 int는 4바이트의 메모리 공간을 사용해 정수를 저장하고, char는 2바이트 공간에 유니코드로 된 문자 한 개를 저장한다. 따라서 변수 선언 시에는 실제 데이터를 담을 수 있는 메모리 공간이 바로 생성된다.

클래스는 사용자가 마음대로 만들 수 있는 사용자 정의 자료형user-defined type이다. 자바는 클래스 내부에 어떤 변수와 메서드가 포함되는지 알 수 없다. 따라서 클래스 정의 과정으로 그 구조를 먼저 알려주어야 한다. 예를 들어 Donut 클래스에 int price라는 변수와 show()라는 메서드를 정의했다면, new Donut();을 실행했을 때 자바는 int price 변수와 show() 메서드로 구성된 객체를 만든다.

객체가 준비되었다고 해서 바로 접근할 수 있는 것은 아니다. 객체에 접근하려면 해당 객체에 접근하기 위한 변수를 만들고, 그 공간에 객체의 시작 주소를 넣어야 한다. 따라서 객체 변수에는 객체의 메모리 주솟값이 저장되며 이를 **참조 변수**reference variable라고 부른다. 변수에 저장된 주소를 통해 객체에 접근(참조)할 수 있기 때문이다.

[그림 4-8]은 Donut d1 = new Donut();이 실행되는 동안의 객체와 참조 변수의 변화 과정을 보여준다. Donut d1;은 d1이라는 참조 변수를 만들고, new Donut();은 Donut 클래스 구조를 가진 객체(인스턴스)를 생성한다. 따라서 Donut d1 = new Donut();은 객체를 생성한 후, 객체의 주솟값(예 100)을 d1에 저장한다. 이후 **d1을 통해서만 해당 객체에 접근할 수 있다.**

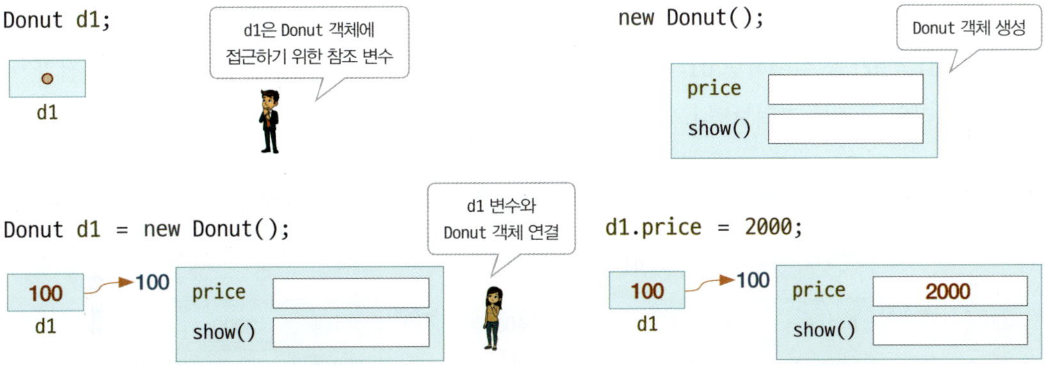

그림 4-8 객체와 참조 변수와의 관계

예를 들어 d1.price = 2000;을 사용하면, d1이 가리키고 있는(예 100번지) 객체의 price 변수에 2000을 저장하게 된다. 또한 d1.show();는 100번지에 있는 객체의 show() 메서드를 호출한다. 이처럼 d1은 객체에 접근(참조)하기 위해 사용되는 변수이다.

> **Note** **참조 변수의 값 출력**
>
> [예제 4-1] 코드의 19행 다음에 System.out.println(d1);을 추가하여 d1에 저장된 값을 출력하면, Donut@7f31245a가 출력된다. @앞은 클래스 이름(Donut)이고, @뒤는 객체의 해시 코드 값(7f31245a)이다.

6. 참조 변수와 가비지 컬렉션

객체 변수도 변수이기 때문에, 참조하고 있는 주솟값을 다른 주소로 변경할 수 있다. 다음 코드를 살펴보자.

```
d1.price = 2000;          // d1의 변수 price에 2000 저장
d2.price = 3000;          // d2의 변수 price에 3000 저장
d1.show();
d2.show();

d1 = d2;                  // d2의 참조값을 d1에 저장: 같은 객체 참조
d1.show();                // d2의 price 값이 출력됨

d1.price = 4000;          // d1의 price 값을 4000으로 변경
d2.show();                // 같은 객체를 참조하므로 4000이 출력됨
```

```
2000원입니다.
3000원입니다.
3000원입니다.
4000원입니다.
```

처음에는 d1.price에 2000을 저장하고, d2.price 변수에 3000을 저장한 후 각 내용을 출력하였다. 이후 d1 = d2;를 실행하면 d1의 참조 주소를 d2의 참조 주소로 변경한다. d1 = d2; 이전과 이후의 메모리의 구조를 그려보면 [그림 4-9]와 같다.

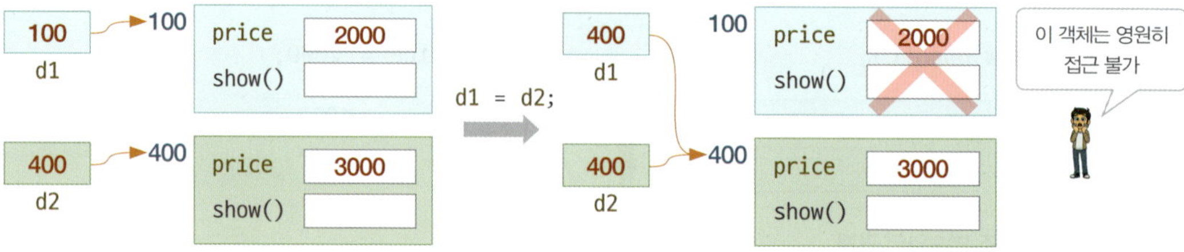

그림 4-9 d1 = d2; 이후 참조 변숫값의 변화

처음에 d1은 주솟값 100을 참조하고, d2는 주솟값 400을 참조하고 있었다. d1 = d2;가 실행되면 d1의 주솟값이 400이 되어 둘 다 동일한 객체를 참조하게 된다. 따라서 d1은 더 이상 기존 객체를 참조하지 않고, d2와 동일한 객체를 참조하게 된다.

이후 d1.show();를 실행하면 d2의 price인 '3000원입니다.'가 출력된다. 또한 d1.price = 4000;을 실행하면 d2도 같은 객체를 참조하고 있으므로 d2.show();도 '4000원입니다.'가 출력된다.

중요한 점은, 처음 d1이 참조하던 객체(100번지)에는 더 이상 접근할 수 없다는 것이다. 이처럼 접근이 불가능한 객체를 가비지garbage라고 부른다. 이러한 가비지가 메모리에 쌓이면 사용할 수 있는 공간이 줄어들어 프로그램 실행 속도가 느려질 수 있다. 이를 방지하기 위해 자바는 자동으로 메모리를 정리하는 가비지 컬렉션garbage collection 기능을 제공한다.

Note **자바 클래스와 객체의 메모리 구조**

자바의 메모리 영역은 크게 스택(stack)과 힙(heap) 영역으로 구분된다. 스택은 메서드가 임시로 사용하는 영역이고 힙은 객체가 저장되는 영역이다. 기본 자료형과 객체의 주솟값을 저장하는 참조 변수는 스택 영역에 저장되고, 실제의 객체는 힙 영역에 저장된다. 따라서 [그림 4-9]의 d1과 d2 변수는 스택에 저장되며, Donut 객체는 힙 영역에 따로 저장된다. 스택에 있는 d1과 d2 변수는 힙 영역에 만들어진 Donut 객체의 주소를 가지고 있다. 다시 말해, d1과 d2 변수는 힙 영역에 있는 객체에 접근하기 위해 스택에 만들어진 변수이다. 2절 '3. 자바 클래스와 객체의 메모리 구조'에서 객체와 메모리의 구조에 대하여 상세히 설명한다.

LAB OTT 서비스의 월 이용료 출력하기

두 개의 OTT 서비스 객체를 정의하고, 해당 OTT 서비스의 월 이용료를 출력하는 프로그램의 빈칸을 채워보자. 실행 결과와 조건은 다음과 같다.

```
Netflix의 월 이용료는 13500원
TVING의 월 이용료는 7900원
```

조건

- 월 이용료를 출력하는 OTT 객체와 main()을 포함하는 OTTExample 객체를 만든다.
- OTT 객체의 필드에는 OTT 서비스의 이름을 저장하는 문자열 변수 String name;과 월 회원 가격을 저장하는 int price;를 정의한다.
- show() 메서드는 OTT의 이름과 월 이용료를 출력한다.

Lab 4-1 OTT 서비스의 월 이용료 출력하기

```java
package chap04.lab01;

class OTT {
    String name;                    // OTT 서비스 이름
    int price;                      // 월 회원 가격

    public void show() {
        System.out.println(name + "의 월 이용료는 " + price + "원");
    }
}

public class OTTExample {
    [               ①               ] {
        [       ②       ];          // 첫 번째 OTT 객체 생성
        [       ③       ];          // 두 번째 OTT 객체 생성

        netflix.name = "Netflix";   // 이름 설정
        [    ④    ] = 13500;        // 가격 설정

```

```
        ______⑤______ = "TVING";        // 이름 설정
        tving.price = 7900;            // 가격 설정

        netflix.show();                // 첫 번째 객체의 정보 출력
        tving.show();                  // 두 번째 객체의 정보 출력
    }
}
```

정답

① public static void main(String[] args)

② OTT netflix = new OTT()

③ OTT tving = new OTT()

④ netflix.price

⑤ tving.name

SECTION 02 생성자와 메서드

1 생성자와 this의 이해

1. 생성자

생성자constructor는 객체를 만들 때 자동으로 호출되는 특별한 메서드다. 생성자는 객체를 만들며, 초깃값을 설정하거나 바로 사용할 수 있도록 준비하는 역할을 한다.

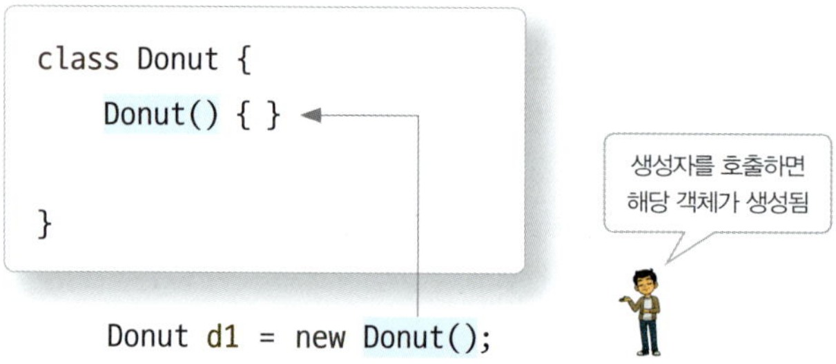

그림 4-10 생성자와 객체 생성

1절 '클래스와 객체'에서 이미 생성자를 사용해왔다. Donut d1 = new Donut();에서 new Donut();은 Donut() 생성자를 호출하라는 의미이다. 생성자를 호출하면 객체가 만들어지며 객체의 주소는 d1에 저장된다. 생성자는 클래스 이름에 괄호를 붙여 만든다. 생성자의 기본 구조는 다음과 같다.

```
class 클래스이름 {
    클래스이름() { }        // 생성자: new 연산자로 호출
}
```

생성자와 메서드는 비슷하게 생겼지만, 많은 차이가 있다. 이어지는 생성자의 특징을 살펴보자.

■ **생성자의 이름은 클래스 이름과 동일해야 한다.**

생성자는 객체를 만들기 위해 준비된 특별한 메서드이며, **클래스 이름과 생성자 이름은 같다**. 따라서 **생성자의 이름은 항상 대문자**로 시작한다.

```
class Donut {
    Donut() { }                    // 클래스 이름과 같은 이름의 메서드가 생성자
}
```

■ **생성자는 한 번만 호출된다.**

생성자는 new 연산자를 사용하여 객체를 만들 때 **딱 한 번 호출**되며, **그 이후에는 다시 호출할 수 없다**.

```
Donut d1 = new Donut();            // 생성자는 new 연산자에 의해 한 번만 호출
```

■ **생성자는 반환형을 지정할 수 없다.**

반환형return type이란 메서드가 반환하는 값의 종류를 의미하며, 모든 메서드는 반환형을 표시해야만 한다. 만약 반환형이 없다면 void 예약어를 사용하여 반환형이 없음을 알려야 한다. 그러나 생성자는 객체 생성 시에만 호출되는 특별한 메서드이기 때문에 **반환형을 지정할 수 없다**.

2. 기본 생성자

클래스에는 기본 생성자뿐 아니라 다양한 형태의 생성자를 정의할 수 있다. 그중 **기본 생성자는 클래스 이름과 동일하며 매개변수가 없는 생성자이다**. Donut d1 = new Donut();에서 Donut()은 매개변수가 없는 기본 생성자이다. 기본 생성자는 객체가 생성될 때 자동으로 호출된다.

Note 매개변수

매개변수(파라미터, parameter)란 메서드가 실행될 때 외부에서 전달받는 값을 말한다. 메서드는 특정 작업을 수행하는 코드의 집합이며, 작업을 수행하려면 외부로부터 값을 전달받아야 할 때가 있다. 이때 값을 전달받을 수 있는 통로가 바로 매개변수이다. 매개변수가 없다는 것은 외부에서 전달받는 값이 없어도 작동하는 메서드라는 의미이다.

클래스 내부에 **생성자를 정의하지 않으면, 자바 컴파일러가 자동으로 기본 생성자를 만들어 코드에 삽입한다**. 이 덕분에 앞의 코드에서 기본 생성자를 정의하지 않았어도 new 연산자를 사용해 객체를 생성할 수 있었던 것이다. 그러나 **개발자가 생성자를 하나라도 정의하면, 자바는 기본 생성자를 자동으로 만들지 않는다**. 따라서 필요한 경우에는 기본 생성자를 명시적으로 작성해야 한다.

[예제 4-2]는 기본 생성자를 명시적으로 정의하고 사용하는 예제이다.

예제 4-2 기본 생성자 정의하고 사용하기 ConstBasicExample.java

```java
package sec02.exam02;

class Donut {
    int price;

    Donut() {                        // 기본 생성자: 다른 생성자가 없으면 자동 생성
        System.out.println("Donut 객체가 생성되었습니다.");
    }

    public void show() {
        System.out.println(price + "원입니다.");
    }
}

public class ConstBasicExample {
    public static void main(String[] args) {
        Donut d1 = new Donut();     // 기본 생성자 호출

        d1.price = 2000;
        d1.show();
    }
}
```

```
Donut 객체가 생성되었습니다.
2000원입니다.
```

6행의 Donut() {}이 기본 생성자이다. 이 생성자를 17행의 new Donut();이 호출하면, 객체가 만들어진 후 'Donut 객체가 생성되었습니다.'가 출력된다.

19행은 도넛의 기본 가격을 2000으로 초기화한다. 만약, 객체가 생성될 때 값을 초기화하고 싶다면 다음과 같이 작성한다. 이렇게 하면 가격을 따로 설정하지 않아도 되기 때문에 코드가 더 간결해진다.

```
Donut() {
    price = 2000;                   // 객체가 만들어질 때 price를 2000으로 초기화
}
```

3. 생성자 오버로딩

자바에서는 하나의 클래스에 여러 개의 생성자를 정의할 수 있다. 이 기능을 **생성자 오버로딩** constructor overloading 혹은 생성자 중복이라고 한다. 생성자 오버로딩은 **이름은 같지만 매개변수의 개수나 매개변수의 자료형이 다른 생성자를 여러 개 정의하는 것**을 말한다.

TIP 오버로딩의 특징과 사용 방법은 215쪽 '2. 메서드 오버로딩'에서 자세히 설명한다.

그림 4-11 생성자 오버로딩

도넛 가게에서 기본 도넛은 2000원이지만, 멤버십 회원은 1500원에 구매할 수 있다고 가정해보자. 두 가격을 모두 처리하기 위해서 생성자를 두 개 만들 수 있다. 하나는 매개변수가 없는 생성자이고, 다른 하나는 가격을 직접 전달받는 생성자이다.

[예제 4-3]은 생성자 오버로딩을 사용하여 도넛을 서로 다른 가격으로 초기화하는 코드이다.

예제 4-3 생성자 오버로딩 사용하기 ConstOverloadingExample.java

```
package sec02.exam03;

class Donut {
    int price;

    Donut() {                   // 기본 생성자: price를 2000으로 초기화
```

```
07          price = 2000;
08      }
09
10      Donut(int p) {          // price를 전달받은 가격으로 초기화
11          price = p;
12      }
13
14      public void show() {
15          System.out.println(price + "원입니다.");
16      }
17  }
18
19  public class ConstOverloadingExample {
20      public static void main(String[] args) {
21          Donut d1 = new Donut();           // 기본 생성자 호출
22          d1.show();
23
24          Donut d2 = new Donut(1500);       // 매개변수가 1개인 생성자 호출
25          d2.show();
26      }
27  }
```

```
2000원입니다.
1500원입니다.
```

[예제 4-3]에서 6행의 Donut()은 기본 생성자이며 7행에서 price 값을 2000으로 초기화한다. 10행의 Donut(int p)는 매개변수를 받는 생성자이며 전달받은 가격으로 초기화한다. 생성자의 이름은 같지만, 매개변수 유무에 따라 자바가 자동으로 생성자를 선택한다.

따라서 21행의 Donut d1 = new Donut();은 기본 생성자를 호출하여 가격이 2000원이 되고, 24행의 Donut d2 = new Donut(1500);은 매개변수가 있는 10행의 생성자를 호출하여 가격이 1500원이 된다. 이처럼 상황에 따라 객체를 다양하게 생성할 수 있는 것이 생성자 오버로딩의 장점이다.

■ 생성자 정의 시 주의 사항

생성자는 여러 개 만들 수 있지만, **생성자를 하나라도 정의하면 기본 생성자는 자동으로 생성되지 않는다**. 다음은 [예제 4-3]에서 기본 생성자를 삭제한 코드이다.

오류 코드

```
class Donut {
    int price;

    Donut(int p) {                          // 매개변수가 하나인 생성자
        price = p;
    }
}

public class ConstOverloadingExample {
    public static void main(String[] args) {
        Donut d1 = new Donut();             // 기본 생성자 없음: 오류 발생
    }
}
```

기본 생성자 Donut()이 정의되어 있지 않으므로, Donut d1 = new Donut();은 오류를 발생시킨다.

체크 프로그램

위의 오류 코드를 실행하여 발생하는 오류를 확인하시오.

자바가 하나 이상의 생성자가 이미 정의된 클래스에 대해 기본 생성자를 자동으로 생성하지 않는 이유는 개발자의 의도를 존중하기 때문이다. 예를 들어, 객체를 만들 때 초기화를 위해 반드시 하나 이상의 매개변수를 가진 생성자만 사용해야 하는 경우가 있다. 이러한 상황에서 자바가 자동으로 기본 생성자를 만들면, 개발자가 의도하지 않은 방식으로 객체가 생성되는 문제가 발생한다. 기본 생성자와 관련된 문제는 '6. final 멤버 변수와 생성자' 부분에서 더 자세히 설명한다.

4. this 예약어

자바에서 this는 **객체 자기 자신을 가리키는 참조 변수**이다. 다시 말해, this는 현재 실행 중인 객체의 주솟값을 저장하는 특별한 변수이다. this는 객체에 속한 멤버 변수와 같은 이름을 사용하는 매개변수를 구분할 때 사용된다. 다음 코드를 살펴보자.

오류 코드

```
class Donut {
    int price;              // 멤버 변수 price

    Donut(int price) {      // 매개변수 price
        price =  price;     // 멤버 변수 price와 매개변수 price 구분 불가
    }
```

위 코드에서 price = price;는 어떤 것이 멤버 변수이고 어떤 것이 매개변수인지 구분되지 않는다. 따라서 자신이 자신의 값을 다시 저장하는 잘못된 코드이다. 이때 this를 사용하여 this.price = price;라고 작성하면 코드가 명확해진다.

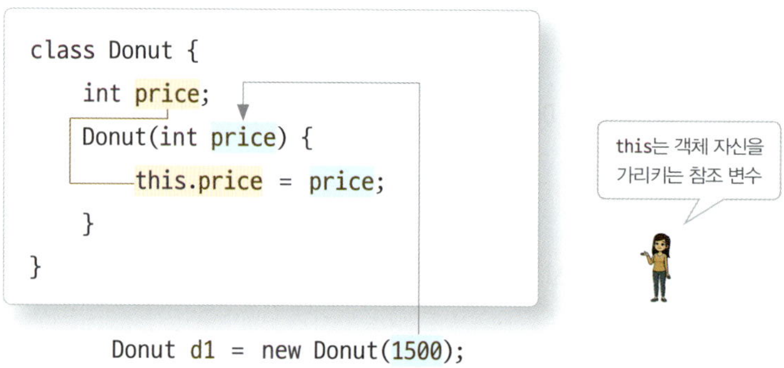

그림 4-12 객체 자신을 가리키는 변수 this

여기서 this.price는 객체의 멤버 변수 price를 의미하고, price는 생성자로 전달된 매개변수를 의미한다. 따라서 this.price = price;는 생성자로 전달받은 값으로 멤버 변수를 초기화한다는 의미가 된다. 반면, this를 사용하지 않고 문제를 해결하는 방법도 있다. 바로 매개변수의 이름을 initPrice로 변경하는 것이다. 다음 코드를 살펴보자.

```
Donut(int initPrice) {
    price =  initPrice;
}
```

이 방식은 가격을 나타내는 변수 이름을 계속 다르게 만들어야 하므로, 코드의 일관성이 떨어지고 프로그램의 가독성도 저하된다. 따라서 this를 사용하면 코드를 명확하게 만들 수 있고, 변수명이 중복되어도 혼동을 피할 수 있다.

this는 **모든 메서드 안에서 사용할 수 있다.** 즉, 생성자뿐만 아니라 일반 메서드 안에서도 사용할 수 있다. 다음 코드는 show() 메서드에서 this를 사용한 예이다.

```
public void show() {
    System.out.println(this.price);      // 명시적으로 멤버 변수를 표시
}
```

여기서 this.price와 price는 같은 의미이다. 하지만 가독성을 위해서 객체 자신에 속한 변수임을 명확히 표시하는 this를 사용하는 것이 좋다.

5. this() 생성자

this() 생성자는 생성자 안에서만 사용할 수 있는 특수한 생성자로, 같은 클래스 안에 있는 다른 생성자를 호출할 때 사용한다. this()를 사용하면 생성자 안에서 중복되는 코드를 최소화하고 기본값 설정을 깔끔하게 처리할 수 있다.

[예제 4-4]는 this() 생성자를 사용하여 도넛 이름과 가격을 출력하는 코드이다.

예제 4-4 this() 생성자 사용하기 ThisConstExample.java

```
package sec02.exam04;

class Donut {
    String name;
    int price;

    Donut() {                          // 기본 생성자
        this("기본 도넛", 2000);       // this() 생성자: 다른 생성자 호출
    }

    Donut(String name, int price) { // 모든 필드를 초기화하는 생성자
        this.name = name;              // this.name은 멤버 변수, name은 매개변수
        this.price = price;            // this.price는 멤버 변수, price는 매개변수
    }

    public void show() {
        System.out.println(name + "의 가격은 " + price + "원입니다.");
    }
}
```

```
20
21  public class ThisConstExample {
22      public static void main(String[] args) {
23          Donut d1 = new Donut();      // 기본 생성자 호출
24          d1.show();
25
26          Donut d2 = new Donut("딸기 도넛", 2800);  // 매개변수가 2개인 생성자 호출
27          d2.show();
28      }
29  }
```

```
기본 도넛의 가격은 2000원입니다.
딸기 도넛의 가격은 2800원입니다.
```

23행의 new Donut();이 기본 생성자를 호출하면, 기본 생성자 안의 this("기본 도넛", 2000);이 실행된다. this()는 매개변수 **기본 도넛**과 **2000**을 사용하여 11행의 Donut(String name, int price) 생성자를 다시 호출한다. 따라서 기본 생성자만 호출해도 name은 **기본 도넛**, price는 2000으로 초기화할 수 있다.

■ this() 생성자 사용 시 주의 사항

this()는 반드시 **생성자의 첫 번째 문장**이어야 한다. 따라서 다음 코드는 오류이다.

오류 코드

```
Donut() {
    System.out.println("기본 생성자");
    this("기본 도넛", 2000);      // 오류: this()는 생성자의 첫 줄에만 사용 가능
}
```

또한, this()는 생성자에서만 호출할 수 있기 때문에 **일반 메서드에서는 사용할 수 없다**. 따라서 다음 코드는 오류이다.

오류 코드

```
public void show() {
    this("기본 도넛", 2000);      // 오류: 일반 메서드에서는 this() 생성자 사용 불가
    System.out.println(name + "의 가격은 " + price + "원입니다.");
}
```

위 코드를 오류 없이 작성하려면 this()를 사용하지 않고, 기본 생성자 안에서 초깃값을 설정하면 된다.

생성형 AI와 공부하기

도넛을 예제로 사용하여 자바 생성자, 생성자 오버로딩, this() 생성자를 사용한 코드를 각각 작성하고, 특징을 자세히 설명해줘.

6. final 멤버 변수와 생성자

final은 변수를 상수constant로 만들 때 사용하는 예약어이다. 예를 들어 final int PI = 3.14;와 같은 상수는 선언과 동시에 초기화하지 않으면 오류가 발생한다. 이는 주로 메서드 안에 있는 지역 변수를 상수로 만들 때 사용하며, 메서드가 실행되는 동안 해당 값을 변경할 수 없다는 의미이다.

클래스의 멤버 변수도 final을 붙여 변하지 않게 만들 수 있다. 하지만 final 멤버 변수를 선언과 함께 바로 초기화하면 문제가 생기는 경우가 있다. 다음 코드를 보자.

```
public class Donut {
    final String name = "기본 도넛";     // 모든 도넛 이름이 기본 도넛으로 고정
    final int price = 2000;             // 모든 도넛 가격이 2000으로 고정
}
```

final 멤버 변수를 선언과 동시에 초기화해 버리면, 모든 Donut 객체의 이름(name)이 '기본 도넛'으로 고정된다. 초코 도넛이든 딸기 도넛이든 모두 '기본 도넛'으로만 인식되며 이름을 변경할 수도 없다. 가격(price) 또한 2000원으로 고정되기 때문에 모든 도넛의 가격이 같아지며, 다른 가격의 도넛 객체는 만들 수 없다.

final 멤버 변수는 단 한 번만 초기화되는 변수이며, 초기화된 후에는 그 값을 변경할 수 없다. 이러한 final 멤버 변수는 다음과 같이 생성자에서 초기화하는 것이 일반적이다.

```
public class Donut {
    final String name;                  // final 멤버 변수 name 선언
    final int price;                    // final 멤버 변수 price 선언

    public Donut(String name, int price) {
        this.name = name;               // final 멤버 변수 name 초기화, 이후 변경 불가
```

```
        this.price = price;            // final 멤버 변수 price 초기화, 이후 변경 불가
    }
}
```

위 코드는 객체를 생성할 때 생성자를 통해 final 멤버 변수를 초기화한다. 예를 들어 Donut d3 = new Donut("생딸기 도넛", 3400);으로 초기화하면, 객체 d3의 이름은 '생딸기 도넛', 가격은 3400원으로 고정된다. [그림 4-13]은 두 방법의 결과 차이를 보여준다.

그림 4-13 final 멤버 변수와 생성자 사용

이처럼 final 멤버 변수와 생성자를 함께 사용하면 객체마다 서로 다른 값으로 초기화할 수 있으며, 초기화된 값들은 상수처럼 사용된다.

[예제 4-5]는 final 멤버 변수와 생성자를 사용하여 객체별로 초기화하는 코드이다.

예제 4-5 final 멤버 변수와 생성자 사용하기 FinalConstExample.java

```
package sec02.exam05;

class Donut {
    final String name;                  // final 멤버 변수 name 선언
    final int price;                    // final 멤버 변수 price 선언

    Donut(String name, int price) {     // final 멤버 변수 초기화, 이후 변경 불가
        this.name = name;
        this.price = price;
    }

```

```
12      public void show() {
13          System.out.println(name + " " + price + "원");
14      }
15  }
16
17  public class FinalConstExample {
18      public static void main(String[] args) {
19          Donut d1 = new Donut("기본 도넛", 2000);
20          Donut d2 = new Donut("초코 도넛", 2800);
21          Donut d3 = new Donut("생딸기 도넛", 3400);
22
23          d1.show();
24          d2.show();
25          d3.show();
26
27          // d1.price = 2200;  // 오류: final로 선언된 변수는 변경 불가
28      }
29  }
```

```
기본 도넛 2000원
초코 도넛 2800원
생딸기 도넛 3400원
```

4행에서 final 멤버 변수 name을 선언하고, 5행에서는 final 멤버 변수 price를 선언한다. 7행은 두 개의 매개변수를 가진 생성자로 name과 price를 초기화한다. 19행에서 객체 d1은 '기본 도넛', 2000원으로 초기화된 후 그 값이 변경되지 않는다. 마찬가지로 객체 d2는 '초코 도넛', 2800원, 객체 d3은 '생딸기 도넛', 3400원으로 초기화된다.

[예제 4-5]는 new Donut()과 같이 이름과 가격을 모르는 도넛이 만들어지는 것을 막기 위해 기본 생성자를 만들지 않았다. 따라서 모든 도넛은 이름과 가격을 입력해야만 객체로 생성할 수 있다. 자바는 개발자가 기본 생성자를 만들지 않는 의도를 존중하기 때문에, 다른 생성자가 하나라도 정의되어 있는 경우에는 기본 생성자를 자동으로 만들지 않는다.

체크 프로그램

[예제 4-5]의 코드에서 27행의 주석을 지우고 d1.price = 2200;을 실행하면 어떤 오류가 발생하는지 확인하시오.

생성형 AI와 공부하기

자바에서 메서드의 지역 변수를 `final`로 만드는 것과 메서드의 멤버 변수를 `final`로 만드는 것의 차이를 예제 코드를 작성해서 자세히 설명해줘.

2 메서드

1. 메서드의 이해

메서드method는 클래스 내부에 정의된 함수function로, 객체가 수행할 동작이나 기능을 나타내는 코드의 집합이다. 메서드가 실행하는 코드는 중괄호 안의 블록에 모여 있다. 자바에서 함수는 클래스 바깥에 독립적으로 존재할 수 없고, **항상 클래스 내부에 포함**되어야 한다. 그래서 자바는 함수가 아닌 메서드라는 표현을 사용한다.

메서드는 객체의 데이터(멤버 변수)를 다루기 위한 수단이다. 외부에서 객체의 데이터를 직접 수정하지 못하게 하고, 메서드를 통해 안전하게 접근하거나 변경할 수 있도록 한다. 메서드는 객체의 데이터와 기능을 안전하게 관리하기 때문에, 캡슐화에서 중요한 역할을 담당한다. 메서드는 다음과 같은 구조로 구성된다.

```
[접근제한자] 반환형 메서드이름(매개변수 목록) {
        // 메서드 실행 코드
    return 반환값;
}
```

TIP 접근 제한자는 메서드에 접근할 수 있는 범위를 설정하며 `public`, `private`, `protected`, `default(생략)` 중 하나를 사용할 수 있다. 접근 제한자는 5장 '클래스와 객체의 이해'에서 자세히 설명한다.

[그림 4-14]의 메서드 `int addNumber(int a, int b) {}`를 예로 들어 각 요소의 특징을 살펴보자.

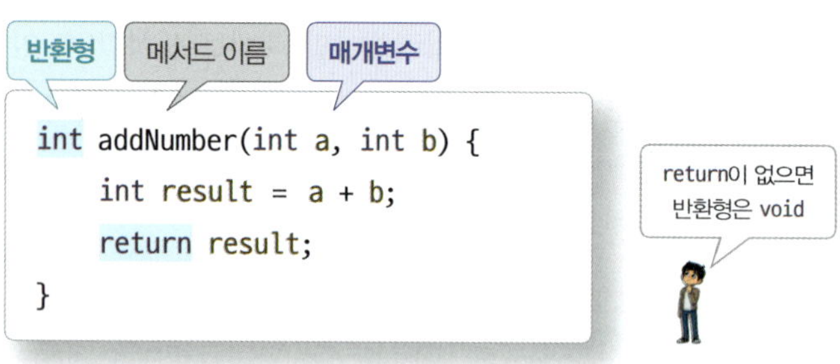

그림 4-14 메서드의 구조

- **반환형**

메서드는 실행 후 그 결과를 반환한다. 메서드가 반환하는 값은 정수나 문자열일 수도 있고, 없을 수도 있다. 이때 메서드가 반환하는 값이 어떤 종류의 자료형인지를 표시하는 부분을 **반환형** return type 이라고 한다.

return은 메서드가 실행된 후의 결과를 호출한 쪽으로 돌려줄 때 사용하는 예약어이다. 메서드 안의 return result;는 int로 선언된 result 값을 돌려준다는 의미이다. 따라서 메서드의 반환형은 int가 되어야 한다. 만약 메서드가 돌려주는 자료형이 실수이면 double, 문자열이면 String, 정수 배열이면 int[]라고 명시해야 한다.

반환형은 생략할 수 없으며, 돌려줄 값이 없는 경우에는 **void**라고 표시한다. 즉, 반환형이 void인 메서드는 반환값이 없는 메서드이다.

```
int addNumber() {}                    // 반환값이 정수
void show() {}                        // 반환값이 없으면 void
int[] createArray() {}                // 반환값이 정수 배열
```

반환값의 유무에 따라 메서드 호출 방법이 달라진다. 반환값이 없는 경우에는 단순히 메서드만 호출하면 되지만, 반환형이 있는 경우에는 반환값을 저장할 변수와 같이 사용한다.

```
int result = addNumber(20, 40);       // result는 반환값을 저장하는 변수
```

위 코드와 같이 addNumber() 메서드를 호출하면, 실행 결과는 result에 저장된다. 이때 결과를 저장하는 변수와 반환 자료형은 일치해야 한다. 예를 들어 다음은 오류이다.

오류 코드

```
char result = addNumber(20, 40);      // 변수와 반환형이 일치하지 않음
```

TIP 반환값을 변수에 저장하지 않는다면 addNumber(20, 40);과 같이 변수를 사용하지 않고 메서드를 호출할 수 있다.

Note void와 return

void로 선언된 메서드에서도 return을 단독으로 사용할 수 있다. 여기서 return;은 특정 값을 반환하는 것이 아니라 메서드를 강제로 종료한다는 의미이다.

```
void func() {
    return;
}
```

■ 메서드 이름

'메서드 이름'은 메서드를 호출할 때 사용하는 이름이다. 메서드 이름도 식별자 규칙에 따라 숫자로 시작하면 안 되고, $와 _를 제외한 특수문자는 사용할 수 없다. 메서드 이름은 소문자로 시작하는 것이 관례이며 여러 단어일 경우 카멜 표기법을 사용한다. 또한, 메서드 이름을 만들때에는 메서드가 수행하는 기능을 쉽게 알 수 있는 동사형을 사용하는 것을 권장한다.

■ 매개변수

매개변수란 메서드가 실행될 때 외부에서 값을 전달받을 때 사용하는 변수이다. 메서드에는 매개변수가 없는 경우도 있고, 한 개 이상인 경우도 있다.

매개변수는 변수 선언과 같이 **'자료형 변수이름'**으로 선언하며, **세미콜론(;)을 사용하지 않는다.** 또한, 매개변수가 2개 이상일 경우에는 쉼표(,)를 사용하여 나열한다. 다음은 2개의 매개변수를 선언한 메서드의 예이다.

```
int addNumber(int a, int b) {   }        // 매개변수 int a와 int b
```

addNumber() 메서드는 매개변수를 통해 정수 a와 정수 b를 전달받는다. 호출하는 쪽에서는 addNumber(20, 40)과 같이 2개의 정수를 같이 전달해야 한다. 다음과 같이 매개변수의 개수가 다르거나 자료형이 다르면 오류가 발생한다.

오류 코드

```
int result = addNumber(20);             // 오류: 매개변수의 개수가 다름
int result = addNumber(20.0, 40.0);     // 오류: 매개변수의 자료형이 다름
```

자바에서는 매개변수에 데이터를 보낼 때 자동 형 변환과 강제 형 변환을 모두 지원한다. 다음 코드를 살펴보자.

```
void printValue(double a) { }

printValue(10);                    // int를 double로 자동 형 변환 후 전달
printValue((double)10);            // 강제 형 변환 후 전달
```

printValue(10);으로 호출하면, int를 double로 자동 형 변환하여 전달한다. 또한 printValue((double)10);과 같이 강제 형 변환하여 호출할 수도 있다. 그러나 형 변환 시에는 데이터 손실이 발생할 수 있으므로 신중하게 사용해야 한다.

[예제 4-6]은 매개변수를 사용하여 도넛의 원래 가격과 할인된 가격을 출력하는 코드이다.

예제 4-6 메서드 사용하기 MethodExample.java

```
package sec02.exam06;

class Donut {
    int price;

    Donut() {                          // 기본 생성자, price=2000으로 초기화
        this.price = 2000;
    }

    public int getPrice() {                       // 원래 가격 반환 메서드
        return this.price;
    }

    public int getDiscount(int discount) {      // 할인된 가격 반환 메서드
        int result = this.price - discount;
        return result;
    }
}

public class MethodExample {
    public static void main(String[] args) {   // return 값이 없으므로 void
        Donut d1 = new Donut();

```

```
24          int resultPrice = d1.getDiscount(500);    // 메서드 호출
25          System.out.println("원래 가격: " + d1.getPrice() + "원");
26          System.out.println("할인 가격: " + resultPrice + "원");
27      }
28  }
```

```
원래 가격: 2000원
할인 가격: 1500원
```

14행 `public int getDiscount(int discount)`의 `public`은 접근 제한자이며, 이 메서드는 어디서든 접근할 수 있다는 것을 의미한다. 16행 `return result;`가 정숫값을 반환하기 때문에 반환형은 `int`이며, 매개변수로 `(int discount)`를 사용한다. 따라서 한 개의 정숫값과 함께 `getDiscount()`를 호출해야 한다. 또한 21행의 `main()` 메서드에는 반환값이 없으므로 반환형을 `void`로 표시했다.

24행 `int resultPrice = d1.getDiscount(500);`은 객체 `d1`의 `getDiscount()` 메서드를 호출한다. 호출할 때, 매개변수에 500을 넣어서 보내고, 메서드가 반환하는 값은 `resultPrice`에 저장된다. 따라서 500원을 할인한 1500원을 출력한다.

Note **메서드 작성 시 참고 사항**

메서드 이름은 `getDiscount()`와 같이 의미가 명확한 단어를 사용하여 만든다. 또한 메서드가 너무 많은 일을 하면 유지보수가 어렵기 때문에 메서드는 가능한 한 가지 기능만 수행하도록 간결하게 작성한다. 메서드가 값을 반환해야 한다면 반환형과 `return` 문을 반드시 맞춘다. 또한 너무 많은 매개변수는 메서드를 복잡하게 만들기 때문에 매개변수는 필요한 만큼만 사용한다.

■ 메서드와 생성자의 차이점

메서드와 생성자는 비슷해 보이지만 많은 차이가 있다. 생성자는 객체가 생성될 때 한 번만 호출되며, 주로 객체의 초기 상태를 설정하는 데 사용한다. 메서드는 객체가 생성된 후에 호출되며, 객체의 상태를 변경하거나 특정 동작을 수행할 때 사용한다. 또한 생성자의 이름은 클래스 이름과 같고 반환형이 없는 반면에 메서드는 반환형을 꼭 표시해야 한다. [표 4-1]은 메서드와 생성자의 차이점을 정리한 것이다.

표 4-1 메서드와 생성자의 차이점

구분	메서드	생성자
호출 시점	객체가 생성된 후에 호출한다.	객체가 생성될 때 자동으로 한 번만 호출된다.
반환형	반환형을 생략할 수 없다. 반환값이 없으면 void를 사용한다.	반환형이 없다.
이름	원하는 이름으로 작성할 수 있다.	클래스 이름과 같아야 한다.
목적	객체의 기능을 수행하거나 상태를 변경한다.	객체의 초기 상태를 설정한다.

2. 메서드 오버로딩

메서드 오버로딩method overloading 혹은 메서드 중복은 하나의 클래스 내에서 같은 이름의 메서드를 여러 개 정의할 수 있도록 허용하는 기능을 말한다. 메서드 오버로딩은 '**하나의 이름으로 다양한 방식의 동작을 구현하는 기술**'이라 정의할 수 있으며 생성자를 포함한 모든 메서드에 적용된다.

메서드 오버로딩은 같은 동작을 수행하는 메서드가 입력값만 다를 때, 메서드 이름을 여러 개 만들지 않고 하나의 이름으로 통일하여 사용할 수 있도록 해준다. 예를 들어, 어떤 도넛 객체의 정보를 출력할 때 다음과 같은 세 가지 상황이 있을 수 있다.

- 이름만 출력
- 이름과 가격을 함께 출력
- 이름, 가격, 맛을 모두 출력

이 세 가지 경우를 모두 처리하려면 일반적으로 세 개의 메서드를 만들어야 하는데, 각각의 이름을 다르게 설정하면 코드를 읽는 사람 입장에서 혼란이 생길 수 있다. 이런 상황에서 메서드 오버로딩을 사용하여 모든 메서드를 show()라는 하나의 이름으로 정의하고, 매개변수만 다르게 설정한다.

메서드 오버로딩이 성립하려면 반드시 매개변수 부분에서 차이점이 있어야 한다. 매개변수의 **개수가 다를 경우**, 매개변수의 **자료형이 다를 경우**, 매개변수의 **순서가 다를 경우**에는 오버로딩이 가능하다. 다음은 show()라는 이름의 메서드에 대하여 다양한 형태의 오버로딩을 보여주는 코드이다.

```
void show() {}
void show(String name) {}
void show(int price) {}
void show(String name, int price) {}
void show(int price, String name) {}
```

이러한 형태는 메서드의 매개변수가 모두 다르므로 오버로딩으로 인식되며, 알맞은 메서드가 **자동으로 선택**된다. 그러나 오직 **반환형만 다른 경우에는 오버로딩이 불가능**하다. 다음의 오류 코드를 살펴보자.

오류 코드

```
int show(String name) {}
String show(String name) {}      // 오류 발생: 반환형만 다르고 매개변수는 동일함
```

결론적으로 오버로딩을 적용할 때는 반드시 매개변수에 차이를 두어야 하며, 반환형은 오버로딩의 기준이 되지 않는다는 점을 기억해야 한다.

그림 4-15 메서드 오버로딩 규칙

[예제 4-7]은 메서드 오버로딩을 사용하여 도넛 정보를 출력하는 코드이다.

예제 4-7 메서드 오버로딩 사용하기 MethodOverloadExample.java

```
package sec02.exam07;

class Donut {
    String name;
    int price;
    String taste;

    Donut(String name, int price, String taste) {
        this.name = name;
        this.price = price;
        this.taste = taste;
    }

    void show() {                         // 이름만 출력
```

```java
15            System.out.println(name);
16        }
17
18        void show(int price) {                        // 이름, 가격 출력
19            System.out.println(name + ", 가격: " + price + "원");
20        }
21
22        void show(int price, String taste) {          // 이름, 가격, 맛 출력
23            System.out.println(name + ", 가격: " + price + "원, 맛: " + taste);
24        }
25    }
26
27    public class MethodOverloadExample {
28        public static void main(String[] args) {
29            Donut d1 = new Donut("초코 도넛", 1500, "달콤함");
30
31            d1.show();                                // 이름만 출력
32            d1.show(d1.price);                        // 이름, 가격 출력
33            d1.show(d1.price, d1.taste);              // 이름, 가격, 맛 출력
34        }
35    }
```

```
초코 도넛
초코 도넛, 가격: 1500원
초코 도넛, 가격: 1500원, 맛: 달콤함
```

14, 18, 22행에는 show() 메서드가 세 가지 형태로 오버로딩되어 있으며, 자바는 호출되는 매개변수의 종류에 따라 자동으로 알맞은 메서드를 선택한다. 따라서 개발자는 하나의 이름만 기억하면 되고, 상황에 따라 어떤 출력이 필요한지만 판단하면 된다.

메서드 오버로딩을 사용하면 코드 작성과 유지보수에 있어서 다음과 같은 장점이 있다.

- **일관성 유지:** 같은 기능을 수행하는 메서드를 모두 같은 이름으로 정의할 수 있으므로, 개발자는 어떤 메서드를 호출해야 할지 쉽게 유추할 수 있어 일관성을 유지할 수 있다.
- **가독성 향상:** 같은 동작을 수행하는 메서드가 각각 다른 이름을 갖는다면 개발자가 외워야 할 이름이 많아지고, 코드도 복잡해진다. 그러나 오버로딩을 사용하면 이름은 같고 입력값만 달라지므로 전체적인 구조가 단순해지며, 가독성이 향상된다.

- **쉬운 유지보수:** 메서드 이름이 하나로 통일되어 있기 때문에, 추후 기능을 수정하거나 확장할 때 특정 이름 하나만 추적하면 되므로 유지보수가 쉬워진다.

> **Note** **오버로딩 사용 시 주의 사항**
>
> 매개변수의 타입이 비슷할 경우 오버로딩이 헷갈릴 수 있다. 예를 들어 show(int)와 show(long) 메서드가 모두 정의되어 있는 경우, show(3)을 호출하면 int가 먼저 선택된다. 하지만 개발자는 순서를 혼동하기 쉽기 때문에, 이러한 상황에서는 명확하게 타입을 지정해 주는 것이 좋다.

3. 매개변수와 반환형

자바에서 메서드는 일반적으로 값을 입력받고, 특정 작업을 수행한 뒤 결과를 반환한다. 이때 입력값은 매개변수, 출력값은 반환값이라고 부른다. 여기서 중요한 것은 자료형에 따라 전달 방식이 완전히 달라진다는 점이다.

■ 기본 자료형의 전달 방식

자바에서 int, double, char, boolean, float, long, short, byte 등과 같은 기본 자료형을 매개변수로 전달하면, **값 자체가 복사되어 전달**된다. 즉, 메서드 내부에서 값을 변경하더라도 **원래 변수의 값에는 아무런 영향을 주지 않는다.**

[예제 4-8]은 매개변수로 정숫값을 받아 10을 증가시킨 후 출력한다.

예제 4-8 기본 자료형을 매개변수로 전달하기 BasicParaExample.java

```java
package sec02.exam08;

public class BasicParaExample {
    public static void increase(int value) {    // 매개변수로 정수를 받음
        value += 10;
        System.out.println("increase : " + value);
    }

    public static void main(String[] args) {
        int price = 5;

        increase(price);                        // price의 값을 복사하여 전달
        System.out.println("main : " + price);
    }
}
```

```
increase : 15
main : 5
```

10행의 **price** 변수는 5로 초기화되고, 12행에서 **increase(price);**를 호출한다. 이때 **price**의 값 5가 복사되어 4행의 매개변수 **int value**에 전달된다. 따라서 **increase()** 메서드 안에서 **value** 값을 10 증가하여 15로 만든 후 출력한다. **increase()** 메서드가 끝나고 **main()**으로 돌아와서 13행을 실행하면, 원래의 **price** 값은 여전히 5이다.

이는 개발자가 함수 안에서 값을 바꾸어도 원본 데이터를 변경하지 않는다는 안정성을 보장해준다. 하지만 값을 자유롭게 바꿀 수 없다는 제약이 있다.

▪ 참조 자료형의 전달 방식

배열이나 클래스 등과 같은 참조 자료형을 메서드로 전달할 때는 **주솟값이 복사되어 전달**된다. 즉, 객체 자체를 가리키는 포인터가 복사되어 전달되는 방식이다. 주솟값이 복사되면 메서드 안에서 전달받은 객체나 배열을 그대로 조작할 수 있다. 따라서 **메서드 내부의 변경이 원본 데이터에도 영향을 준다**.

[예제 4-9]는 매개변수로 정수 배열을 받아 원소들의 값을 10 증가시킨 후 출력한다.

예제 4-9 참조 자료형을 매개변수로 전달하기 ArrayParaExample.java

```java
package sec02.exam09;

public class ArrayParaExample {          // 배열의 모든 요소에 10을 더하는 메서드
    public static void increaseAll(int[] arr) { // 매개변수로 배열의 주솟값을 받음
        for (int i = 0; i < arr.length; i++) {
            arr[i] += 10;
        }
    }

    public static void main(String[] args) {
        int[] price = {1, 2, 3};

        increaseAll(price);              // price의 주솟값을 복사하여 전달
        for (int n : price) {
            System.out.print(n + " ");
        }
    }
}
```

```
11 12 13
```

10~13행의 main() 메서드에서 price 배열의 값을 {1, 2, 3}으로 초기화하고, increaseAll(price);를 호출하면, 배열 price가 가지고 있는 주소값이 int[] arr에 전달된다. 주소가 전달된 이후의 메모리 구조는 [그림 4-16]과 같다.

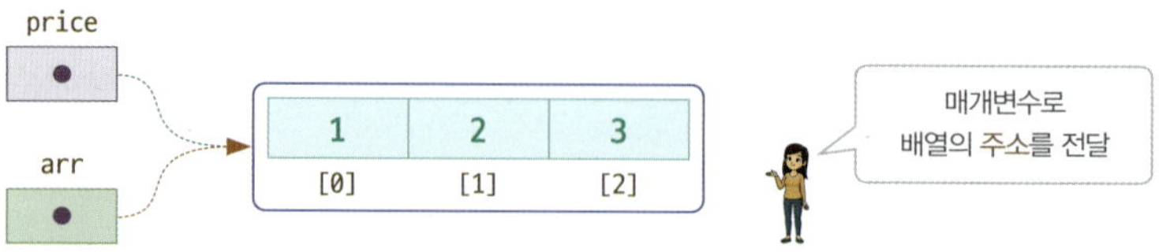

그림 4-16 배열을 매개변수로 전달

배열의 주소가 전달된다는 것은 price와 arr 둘 다 배열에 접근할 수 있다는 의미이다. 따라서 6행의 arr[i] += 10;을 실행하면 실제 price 배열 안의 원소 값이 변경된다. 이후, main()으로 돌아왔을 때 price 배열의 값은 {11, 12, 13}이 되어 출력된다. 따라서 참조 변수를 매개변수로 전달할 때는 원본 데이터가 의도치 않게 변할 수 있기 때문에 신중하게 다뤄야 한다.

단, 참조 자료형 중 **String은 매개변수로 전달되어도 원본값이 변경되지 않는다**는 점을 주의해야 한다. 다음 코드는 String을 매개변수로 전달하고 새로운 문자열로 바꾸려는 시도를 보여준다.

```
public class StringExample {
    public static void change(String str) {
        str = "변경됨";                // str이 새로운 문자열 객체를 참조하도록 변경
    }

    public static void main(String[] args) {
        String name = "원본";
        change(name);
        System.out.println(name);     // 여전히 '원본'을 출력
    }
}
```

```
원본
```

change(String str) 메서드에서 전달받은 String 타입의 str을 str = "변경됨";으로 변경하더라도, main() 메서드에서 name을 출력하면 여전히 '원본' 문자열이 출력된다. 이런 현상이 생기는 이유는 String이 **불변 객체**immutable object라는 특수한 종류의 객체이기 때문이다. 불변 객체란

한 번 만들어지면 그 내용을 절대로 바꿀 수 없는 객체를 말한다. 마치 한 번 인쇄된 책의 내용을 수정할 수 없는 것과 같다고 이해하면 쉽다.

String은 자바의 대표적인 불변 객체이다. 그래서 String 변수를 메서드의 매개변수로 넘겨도 그 내용이 변경되지 않는다. 위 코드에서 str = **"변경됨"**;은 기존 str이 가리키던 '원본' 문자열 객체를 바꾸는 것이 아니다. 대신, 새로운 '변경됨'이라는 문자열 객체를 만들고, str이 이제 그 새로운 객체를 가리키도록 연결을 바꾼다. 하지만 main() 메서드의 name 변수는 여전히 원래의 '원본' 문자열 객체를 가리키고 있기 때문에, '원본'이 그대로 출력되는 것이다. String과 불변 객체에 대한 더 자세한 설명은 5장 2절 'static 멤버와 예외 처리'에서 다룬다.

지금까지 설명한 자료형에 따른 매개변수의 전달 방식을 정리하면 [표 4-2]와 같다.

표 4-2 자료형에 따른 매개변수의 전달 방식 비교

구분	기본 자료형	참조 자료형
전달방식	값 자체를 복사	객체 주소(참조값)를 복사
메서드에서 수정	원본에 영향 없음	원본에 영향 있음(String 제외)
예시	int, double 등	배열, 클래스 등
예외	해당 없음	String은 불변이라 원본 영향 없음

■ 참조 자료형의 반환값

메서드는 결괏값을 반환할 수 있다. 이때 기본 자료형을 반환하면 값만 전달되고, 참조 자료형을 반환하면 객체의 주소가 전달된다. 즉, 반환된 참조 자료형은 호출한 쪽에서 그대로 이어서 사용할 수 있는 객체가 된다.

[예제 4-10]은 메서드에서 배열을 만들어 반환하고, 반환된 배열의 원소값을 출력하는 코드이다.

예제 4-10 참조 자료형의 반환값 확인하기 ArrayReturnExample.java

```
package sec02.exam10;

public class ArrayReturnExample {        // 새로운 배열을 만들어 반환하는 메서드
    public static int[] createArray() {  // 반환형 int[]
        int[] arr = {5, 10, 15};
        return arr;
    }

    public static void main(String[] args) {
        int[] price = createArray();     // 배열의 주소를 반환받음

```

```
12            for (int n : price) {
13                System.out.print(n + " ");
14            }
15        }
16    }
```

```
5 10 15
```

4행의 int[] createArray()는 반환형이 int[]인 메서드이다. 10행에서 메서드가 만들어 반환한 배열의 참조값을 price가 받는다. 이후 price는 일반 배열처럼 사용할 수 있다. 그래서 12행에서 값을 출력하면 '5 10 15'가 출력된다.

반환값도 참조 자료형일 경우, 값을 읽거나 변경하는 것이 모두 가능하다는 점을 기억하기 바란다.

생성형 AI와 공부하기

자바 메서드에서 기본 자료형, 참조 자료형, String을 매개변수로 사용하는 코드를 작성하고, 그 차이를 설명해줘.

3 자바 클래스와 객체의 메모리 구조

1. 스택과 힙 영역의 이해

앞서 자바에서 변수를 선언하면 메모리에 저장된다고 간단히 설명했다. 이때, 자바가 사용하는 메모리는 스택과 힙이라는 두 공간으로 나누어져 있으며, 각 공간의 역할이 다르다. **스택은 임시 공간, 힙은 객체를 저장하는 창고**라고 이해하면 된다. 스택과 힙을 구분해서 알면 기본 자료형과 참조 자료형이 왜 다르게 동작하는지 더 쉽게 이해할 수 있다.

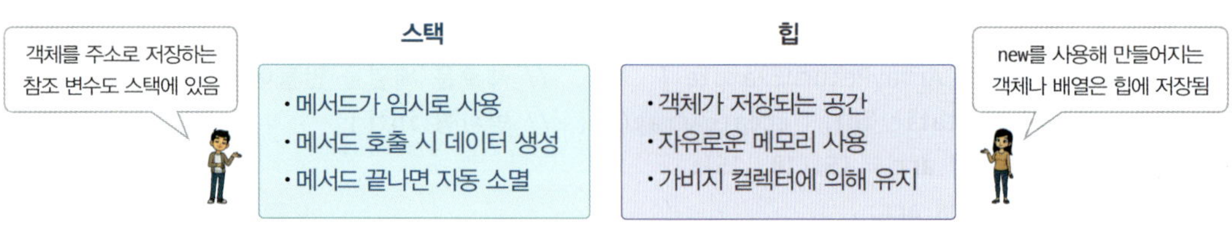

그림 4-17 스택과 힙의 특징

▪ 스택 메모리 영역

스택stack은 **메서드를 실행할 때 잠깐 사용하는 메모리 공간이다.** 메서드가 호출되면 그 안에서 사용하는 변수, 메서드의 매개변수, 임시 계산 값이 스택에 저장되고, 메서드 실행이 끝나면 스택에 있던 내용은 자동으로 사라진다. 스택에는 크게 두 가지가 저장된다.

- **기본 자료형 변수:** 예를 들어 `int age = 20;`이라는 코드가 있으면 age라는 변수 이름과 값 20이 스택에 저장된다.
- **참조 자료형 변수(주소):** String이나 Donut 같은 참조 변수도 스택에 저장된다. 하지만 객체 자체가 저장되는 건 아니고, 객체가 있는 위치(주소)만 스택에 저장된다.

또한 스택은 데이터를 쌓아 올리고 빼는 구조로 동작한다. 마치 접시를 위로 차곡차곡 쌓았다가, 맨 위에 있는 접시부터 꺼내는 것과 같은데, 이 구조를 선입후출Last-In First-Out, LIFO이라고 부른다. 그래서 메서드 실행이 끝나면 가장 나중에 저장된 데이터부터 바로 사라진다.

▪ 힙 메모리 영역

힙heap은 **new 예약어로 만든 객체가 실제로 저장되는 공간이다.** 예를 들어 다음과 같이 d1 참조 변수를 생성했다고 가정해보자.

```
Donut d1 = new Donut();          // Donut 객체 d1 생성
```

참조 변수 d1은 스택에 저장되지만, new로 만든 도넛 객체의 실제 데이터는 힙에 저장된다. `new int[5]`로 만든 배열도 힙에 저장된다. 힙에 저장된 객체는 메서드가 끝났다고 바로 사라지지 않는다. 대신 해당 객체를 더 이상 사용하지 않을 때, 즉 그 객체를 가리키는 변수가 없어지면 자바가 자동으로 정리하는데, 이를 가비지 컬렉션garbage collection이라고 부른다.

힙은 스택보다 오래 살아남는 데이터를 저장하는 공간이다. 스택에는 잠깐 사용하는 변수만 저장하고, 힙에는 프로그램이 계속 활용하는 객체가 저장된다.

Note 자바의 가비지 컬렉션

`System.gc();`는 JVM에게 가비지 컬렉션을 요청하는 명령어이다. 그러나 이 명령은 강제 실행이 아닌 요청일 뿐이다. JVM이 메모리 상황을 판단하여 실행 여부를 결정하므로, 바로 실행된다는 보장은 없다.

2. 객체와 메모리 구조

기본 자료형은 스택 메모리 영역에 값이 그대로 저장된다. 다음 코드는 스택에 a라는 이름과 10이라는 값이 같이 저장된다.

```
int a = 10;
```

하지만 객체는 조금 다르다. 객체는 힙에 저장되고, 그 객체의 위치를 가리키는 참조 변수만 스택에 저장된다.

```
class Donut {
    int price;
}

Donut d1 = new Donut();    // Donut 객체 d1 생성
d1.price = 2000;
Donut d2 = new Donut();    // Donut 객체 d2 생성
d2.price = 3000;
```

이 코드를 실행하면 메모리는 [그림 4-18]과 같이 나뉜다.

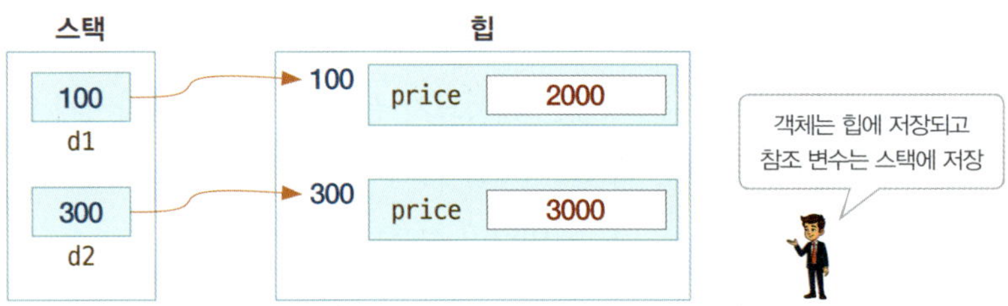

그림 4-18 객체와 참조 변수의 위치

d1은 스택에 저장되고, 힙에 있는 첫 번째 Donut 객체(주소 100)를 가리킨다. 또한, d2도 스택에 저장되고, 힙에 있는 두 번째 Donut 객체(주소 300)를 가리킨다. 실제로 2000, 3000이라는 값은 힙에 있는 객체의 price 변수에 저장된다. 즉, 참조 변수(d1, d2)는 스택에 있고, 실제 객체는 힙에 있다.

스택과 힙을 구분해서 이해한다면 자바의 기본 자료형과 참조 자료형이 왜 다르게 동작하는지 쉽게 알 수 있다. 예를 들어, 다음 코드에서 y = x;는 x의 값 10이 y에게 복사되어 전달된다. 따라서

y = 20;을 실행해도 x의 값은 변하지 않는다. 다시 말해, 메서드에 매개변수로 기본 자료형을 전달해도 원본 데이터에는 영향이 없다.

```
int x = 10;
int y = x;                // x의 값이 Y에게 복사됨
y = 20;                   // y는 20으로 바뀌고 x는 그대로 10
```

하지만 참조 자료형은 주소를 복사하기 때문에, 객체를 함께 가리킨다. 이는 힙에 저장되어 있는 객체의 위치(주소)를 서로 공유하게 된다. 다음 코드에서 arr1과 arr2는 둘 다 힙에 있는 같은 배열 객체를 가리키고 있기 때문에 둘 다 배열의 값을 변경할 수 있으며, 이를 그림으로 나타내면 [그림 4-19]와 같다.

```
int[] arr1 = {1, 2, 3};
int[] arr2 = arr1;        // arr1의 주소가 arr2로 복사됨
arr2[0] = 100;            // arr1[0]의 값도 100으로 변경
arr1[1] = 200;            // arr2[1]의 값도 200으로 변경
```

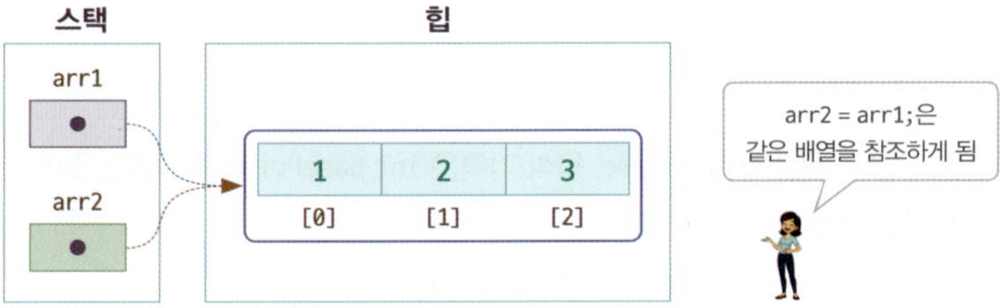

그림 4-19 arr2 = arr1; 후 스택과 힙의 구조

따라서 참조 자료형을 매개변수로 전달하면 원본 데이터를 변경할 수 있다. 이처럼 스택에는 참조만 있고, 힙에는 실제 데이터가 있다는 개념을 알면 객체가 어떻게 동작하는지 쉽게 이해할 수 있다.

생성형 AI와 공부하기

자바에서 스택과 힙을 설명할 수 있는 코드를 작성하고, 기본 자료형과 참조 자료형의 저장 방식을 설명해줘.

LAB 음식 주문 금액 출력하기

세 개의 식당에서 음식을 주문했다고 가정한 뒤, 음식 가격과 배달료를 포함한 총 지불 금액을 출력하는 프로그램의 빈칸을 채워보자. 실행 결과와 조건은 다음과 같다.

```
[김밥천국]
음식 가격: 12000원
배달료: 2000원
총 결제 금액: 14000원

[버거킹]
음식 가격: 9000원
배달료: 3000원
총 결제 금액: 12000원

[피자스쿨]
음식 가격: 13000원
배달료: 0원
총 결제 금액: 13000원
```

조건

- Restaurant 클래스의 멤버 변수로 식당 이름은 String name, 음식 가격은 int basePrice, 배달료는 int deliveryFee, 지불 금액은 int totalCost 변수로 정의한다.
- Restaurant 클래스는 2개의 생성자를 가지며 생성자 오버로딩을 사용한다.
- 하나는 (이름, 가격, 배달료)를 매개변수로 가지는 생성자이며, 배달료가 없는 경우에는 (이름, 가격)으로 생성자를 호출한다.
- 2개의 매개변수를 가지는 생성자의 경우 deliveryFee를 0으로 하여 매개변수가 3개인 생성자를 호출한다.

Lab 4-2 음식 주문 금액 출력하기

```java
package chap04.lab02;

public class DeliveryFeeCompare {

    static class Restaurant {
        String name;
        int basePrice, deliveryFee, totalCost;
```

```java

        [               ①               ] {
            [      ②      ];
        }

        [   ③   ](String name, int basePrice, int deliveryFee) {
            [     ④     ];
            this.basePrice = basePrice;
            this.deliveryFee = deliveryFee;
            this.totalCost = [     ⑤     ];
        }

        void print() {
            System.out.println("[" + name + "]");
            System.out.println("음식 가격: " + basePrice + "원");
            System.out.println("배달료: " + deliveryFee + "원");
            System.out.println("총 결제 금액: " + totalCost + "원\n");
        }
    }

    public static void main(String[] args) {
        Restaurant r1 = new Restaurant("김밥천국", 12000, 2000);
        Restaurant r2 = new Restaurant("버거킹", 9000, 3000);
        Restaurant r3 = new Restaurant("피자스쿨", 13000);

        r1.print();
        r2.print();
        r3.print();
    }
}
```

정답

① Restaurant(String name, int basePrice)

② this(name, basePrice, 0)

③ Restaurant

④ this.name = name

⑤ basePrice + deliveryFee

미니 프로젝트 스마트 가전 전력 관리 시스템

이번 프로젝트의 주제는 '스마트 가전 전력 관리 시스템'이다. 집에서 사용하는 가전제품을 객체로 정의하고, 각 객체에 고유의 이름과 소비 전력 상태를 정의한다. 이후 메서드를 활용해 전원을 켜고 끄는 동작을 수행하며, 최종적으로 현재 작동 중인 모든 가전의 총 소비 전력을 계산하여 출력한다. 다음의 실행 결과와 조건에 맞게 프로그램을 작성해보자.

```
[현재 현황]
1. 냉장고 (50.5W): 대기
2. TV (120.0W): 작동 중
3. 노트북 (35.2W): 대기
>> 총 시간당 소비 전력: 120.0 W
--------------------------------
메뉴 (1.켜기 / 2.끄기 / 3.새로고침 / 4.종료): 1
변경할 장치 번호 입력 (1~3): 3
* 노트북 상태 변경 완료.

[현재 현황]
1. 냉장고 (50.5W): 대기
2. TV (120.0W): 작동 중
3. 노트북 (35.2W): 작동 중
>> 총 시간당 소비 전력: 155.2 W
--------------------------------
메뉴 (1.켜기 / 2.끄기 / 3.새로고침 / 4.종료): 4
시스템 종료.
```

조건

- 클래스 이름은 Appliance로 하며, 가전제품 이름을 가진 멤버 변수 String name, 시간당 소비 전력을 저장하는 변수 double PowerDraw, 작동 상태를 저장하는 boolean isOn을 정의한다. isOn의 초깃값은 false이다.
- turnOn()과 turnOff() 메서드를 호출하여 객체의 isOn 상태를 변경한다.
- getCurrentConsumption() 메서드가 현재 상태에 따른 소비 전력을 반환한다.
- getStatus() 메서드는 가전제품의 현재 상태를 출력한다.
- Scanner를 사용하여 사용자의 입력을 받는다.

【코드 구조 설명】

- **class Appliance {} 클래스**: 가전제품이라는 현실 세계의 개념을 정의하는 클래스이다. 생성자를 포함하는 여러 메서드를 정의한다.
- **public class PowerManager {} 클래스**: main() 메서드를 포함하며, 객체 배열을 생성하고, 사용자의 입력을 받아 결과를 화면에 출력한다.
- getCurrentConsumption() 메서드는 다음과 같이 isOn일 경우에만 powerDraw 값을 반환한다.

```
public double getCurrentConsumption() {
    return isOn ? powerDraw : 0.0;
}
```

- getStatus() 메서드는 다음과 같이 현재 상태를 출력한다.

```
public String getStatus() {
    return name + " (" + powerDraw + "W): " + (isOn ? "작동 중" : "대기");
}
```

- 다음과 같은 방식으로 Appliance 객체 fridge, tv, laptop을 만들고 초기화한다.

```
Appliance fridge = new Appliance("냉장고", 50.5);
Appliance tv = new Appliance("TV", 120.0);
Appliance laptop = new Appliance("노트북", 35.2);
```

요약

01 객체지향 프로그래밍은 유지보수가 쉽고, 확장성과 유연성이 뛰어난 장점이 있으며, 캡슐화, 상속, 다형성, 추상화라는 핵심 특징을 가진다.

02 객체를 만들기 위해서는 먼저 클래스를 정의하고, 그다음에 그 클래스를 이용해 객체를 생성해야 한다. 클래스를 정의할 때는 `class` 예약어를 사용하며, 객체는 `new` 예약어를 사용하여 생성한다. 객체는 멤버 변수와 이를 처리하는 멤버 메서드를 하나로 묶은 독립적인 단위로 구성된다.

03 자바 프로그램은 여러 클래스로 구성될 수 있지만, 실행은 반드시 `main()`에서 시작해야 하며, 반드시 하나만 존재해야 한다. `main()` 메서드를 포함하는 클래스는 `public`으로 선언해야 한다. 또한 `main()` 메서드를 가진 클래스 이름이 자바 파일의 이름이 된다.

04 객체의 변수에 접근하거나 메서드를 호출할 때는 점(`.`) 연산자를 사용한다. 객체 변수에는 객체의 메모리 주솟값이 저장되며 이를 참조 변수라고 부른다.

05 생성자는 객체를 만들 때 자동으로 호출되는 특별한 메서드이며, 객체를 만들고 초깃값을 설정하거나 바로 사용할 수 있도록 준비하는 역할을 한다. 생성자의 이름은 클래스 이름과 동일해야 하고, 생성자는 딱 한 번만 호출되며, 반환형을 지정할 수 없다.

06 기본 생성자는 클래스 이름과 동일하지만 매개변수가 없는 생성자이다. 생성자를 정의하지 않으면, 컴파일러가 자동으로 기본 생성자를 만든다. 생성자는 여러 개를 만들 수 있으며, 생성자가 하나라도 정의되어 있다면, 기본 생성자는 자동으로 생성되지 않는다.

07 자바에서 `this`는 객체 자기 자신을 가리키는 참조 변수이다. `this()` 생성자는 같은 클래스 안에 있는 다른 생성자를 호출할 때 사용하며, 생성자 안에서만 사용할 수 있다. `this()`는 반드시 생성자의 첫 번째 문장이어야 하고, 일반 메서드에서는 사용할 수 없다.

08 `final` 멤버 변수는 단 한 번만 초기화되는 변수이며, 초기화된 후에는 그 값을 변경할 수 없다.

09 메서드는 클래스 내부에 정의된 함수로, 객체가 수행할 동작이나 기능을 나타내는 코드의 집합이다. 메서드의 반환형은 메서드가 실행된 후 돌려주는 값이 어떤 종류의 자료형인지를 표시하며, 생략할 수 없다. 매개변수란 메서드가 실행될 때 외부에서 값을 전달받을 때 사용하는 변수이다.

10 메서드 오버로딩은 하나의 클래스 내에서 같은 이름의 메서드를 여러 개 정의할 수 있는 기능이다. 매개변수의 개수가 다를 경우, 매개변수의 자료형이 다를 경우, 매개변수의 순서가 다를 경우에는 오버로딩할 수 있지만, 반환형만 다른 경우는 오버로딩할 수 없다.

11 기본 자료형을 매개변수로 전달하면, 값 자체가 복사되어 전달되기 때문에 메서드 내부에서 값을 변경하더라도 원래 변수의 값에는 영향을 주지 않는다. 참조 자료형을 메서드로 전달하면 주솟값이 복사되어 전달되며, 메서드 내부의 변경이 원본 데이터에도 영향을 준다. 단, 불변 객체인 `String`은 예외다.

12 스택은 메서드를 실행할 때 잠깐 사용하는 메모리 공간이며 힙은 객체가 실제로 저장되는 공간이다.

연습 문제

01 객체지향 프로그래밍과 거리가 먼 것을 찾으시오.

① 캡슐화 ② 상속 ③ 일관성 ④ 추상화

02 객체를 만들기 위한 설계도에 해당하는 개념은 무엇인가?

① 메서드 ② 변수 ③ 인스턴스 ④ 클래스

03 객체가 수행할 수 있는 동작이나 기능을 나타내는 개념은 무엇인가?

① 멤버 메서드 ② 멤버 변수 ③ 인스턴스 ④ 생성자

04 클래스를 정의하는 단계에 사용하는 예약어를 찾으시오.

① new ② public ③ void ④ class

05 객체를 생성할 때 사용하는 예약어를 찾으시오.

① new ② public ③ void ④ class

06 메서드가 반환하는 값이 없을 때 사용하는 예약어를 찾으시오.

① new ② public ③ void ④ class

07 다음 중 틀린 설명을 찾으시오.

① 언제나 main()이라는 메서드에서 시작한다.
② main() 메서드가 한 개 이상이어야 한다.
③ public으로 선언한 클래스가 자바 파일의 이름이 된다.
④ main() 메서드를 포함하는 클래스는 public으로 선언해야 한다.

08 main() 메서드를 정확하게 선언한 것을 찾으시오.

① public static void main(String[] args)

② public static void Main(String[] args)

③ Public Static Main(String[] args)

④ public static main(String[] args)

09 Donut 클래스의 참조 변수 d1을 한 줄로 정확하게 선언한 것을 찾으시오.

① Donut d1 = new Donut;

② Donut() d1 = new Donut();

③ Donut() d1 = new Donut;

④ Donut d1 = new Donut();

10 객체 멤버에 접근할 때 사용하는 연산자를 찾으시오.

① 점(.) ② 대입(=) ③ 별표(*) ④ 중괄호({})

11 초깃값을 설정하거나 준비 작업을 자동으로 수행할 때 사용되는 특별한 메서드는 무엇인가?

① 메서드

② 변수

③ 생성자

④ 메서드 오버로딩

12 다음 중 참조 자료형을 찾으시오.

① byte ② String ③ Double ④ boolean

13 다음 중 <u>틀린</u> 설명을 찾으시오.

① 생성자의 이름은 클래스 이름과 동일해야 한다.

② 생성자를 호출한 후 다시 호출할 수 없다.

③ 생성자는 딱 한 번만 호출된다.

④ 생성자의 반환형은 void이다.

14 다음 중 Donut 클래스의 기본 생성자를 찾으시오.

① Donut {} ② void Donut() {}

③ Donut() {} ④ donut() {}

15 다음 중 틀린 설명을 찾으시오.

① 기본 생성자는 매개변수가 없는 생성자이다.

② 생성자를 정의하지 않으면, 컴파일러가 기본 생성자를 만들어준다.

③ 생성자는 오버로딩이 가능하다.

④ 하나의 생성자가 정의되어 있어도 기본 생성자를 자동으로 만든다.

16 같은 클래스 안에 있는 다른 생성자를 호출할 때 사용하는 것은 무엇인가?

① this 예약어 ② this() 생성자 ③ final 예약어 ④ new 예약어

17 멤버 변수를 단 한 번만 초기화하고, 이후에는 그 값을 변경할 수 없도록 만드는 것은 무엇인가?

① this 예약어 ② this() 생성자 ③ final 예약어 ④ new 예약어

18 다음 중 틀린 설명을 찾으시오.

① this와 this()는 모든 메서드 안에서 사용할 수 있다.

② this()는 반드시 생성자의 첫 번째 문장이어야 한다.

③ this() 생성자는 같은 클래스 안에 있는 다른 생성자를 호출할 때 사용한다.

④ this는 객체 자기 자신을 가리키는 참조 변수이다.

19 메서드의 구조에 나타나는 구성 요소가 아닌 것은 무엇인가?

① 메서드 이름 ② 매개변수 ③ 반환형 ④ 멤버 변수

20 메서드가 반환하는 값이 없을 때 반환형에 사용되는 단어는 무엇인가?

① void　　② return

③ int[]　　④ public

21 메서드 오버로딩에 해당하지 않는 경우는 무엇인가?

① 매개변수의 개수가 다를 경우

② 매개변수의 자료형이 다를 경우

③ 반환형만 다를 경우

④ 매개변수의 순서가 다를 경우

22 void show(String name) {}에 대하여 메서드 오버로딩을 할 수 없는 것은 무엇인가?

① void show(int price) {}

② String show(String name) {}

③ void show(byte price) {}

④ void show(String name, int price) {}

23 매개변수와 자료형에 대한 설명으로 틀린 것을 찾으시오.

① 기본 자료형은 값 자체를 복사한다.

② 참조 자료형은 주소를 복사한다.

③ String을 포함한 참조 자료형은 원본에 영향이 있다.

④ 기본 자료형은 메서드에서 수정하면 원본에 영향이 없다.

24 빈칸에 기본 생성자를 작성하시오.

```
class Donut {
    [          ] { }
}
```

25 다음은 도넛 객체를 만들어 가격을 출력하는 코드이다. 빈칸을 채우시오.

```
2000원입니다.
3000원입니다.
```

```
[          ] {                              // Donut 클래스
    int price;

    public [          ] {                   // 멤버 메서드 show()
        System.out.println(price + "원입니다.");
    }
}

public class DonutExample {
    public static void main(String[] args) {    // 프로그램 시작점
        Donut d1 = new Donut();              // Donut 객체 d1 생성
        [                    ];              // Donut 객체 d2 생성

        d1.price = 2000;                     // d1의 변수 price에 2000 저장
        [          ];                        // d2의 변수 price에 3000 저장
        [          ];
        d2.show();
    }
}
```

26 다음 코드의 빈칸을 채우시오.

```
class Donut {
    int price;

    Donut() {
        price = 2000;
    }

    [          ] {
        price = p;
    }

    public void show() {
        System.out.println(price + "원 입니다.");
    }
}

public class ConstOverloadingExample {
    public static void main(String[] args) {
        Donut d1 = new Donut();             // 기본 생성자 호출
        d1.show();

        [                    ](1500);    // 매개변수가 1개인 생성자 호출
        d2.show();
    }
}
```

27 다음 코드의 오류를 찾고, 오류가 발생하는 이유를 설명하시오.

```
Donut() {
    System.out.println("기본 생성자");
    this("기본 도넛", 2000);
}
```

28 다음 코드의 오류를 찾고, 오류가 발생하는 이유를 설명하시오.

```
class Donut {
    int price;

    Donut(int p) {
        price = p;
    }
}

public class ConstOverloadingExample {
    public static void main(String[] args) {
        Donut d1 = new Donut();
    }
}
```

29 다음 코드를 오류가 없도록 수정하시오.

```
class Donut {
    int price;

    Donut(int price) {
        price =  price;
    }
}
```

30 다음 코드의 name과 price 변수를 변경할 수 없는 상수로 선언하시오.

```
class Donut {
    [              ];
    [              ];

    Donut(String name, int price) {  // final 멤버변수 초기화, 이후 변경 불가
        this.name = name;
        this.price = price;
    }

    public void show() {
        System.out.println(name + " " + price + "원");
    }
}

public class FinalConstExample {
    public static void main(String[] args) {
        Donut d1 = new Donut("기본 도넛", 2000);
        d1.show();
    }
}
```

31 다음 코드의 오류를 찾고, 오류가 발생하는 이유를 설명하시오.

```
public void show() {
    this("기본 도넛", 2000);
    System.out.println(name + "의 가격은 " + price + "원 입니다.");
}
```

32 다음 코드의 출력값을 작성하시오.

```
public class BasicParaExample {
    public static void increase(int value) {
        value += 10;
        System.out.println("increase : " + value);
    }

    public static void main(String[] args) {
        int price = 5;

        increase(price);
        System.out.println("main : " +  price);
    }
}
```

33 다음 코드의 출력값을 작성하시오.

```
public class ArrayParaExample {
    public static void increaseAll(int[] arr) {
        for (int i = 0; i < arr.length; i++) {
            arr[i] += 10;
        }
    }

    public static void main(String[] args) {
        int[] price = {1, 2, 3};
        increaseAll(price);

        for (int n : price) {
            System.out.print(n + " ");
        }
    }
}
```

34 이름과 나이를 저장하는 Person 클래스를 만들고, 생성자를 사용하여 값을 초기화한 후 출력하시오.

```
이름: 철수
나이: 20
```

35 Circle 클래스를 만들고 반지름을 초기화하는 생성자와 radius = 5인 원의 넓이를 구하는 프로그램을 작성하시오.

```
넓이: 78.5
```

36 고양이 이름을 저장하는 Cat 클래스를 만들고 this()를 이용한 생성자를 만드시오. 기본 생성자는 '이름없음'이 출력되고, 이름이 있으면 해당 이름을 출력하는 프로그램을 작성하시오.

```
이름: 이름없음
이름: 나비
```

37 final 멤버 변수를 가진 Book 클래스를 만들고 생성자를 사용해 초기화하는 프로그램을 작성하시오.

```
제목: 미라클 자바
```

38 `Calculator` 클래스에 두 숫자를 더하는 메서드와 곱하는 메서드를 작성한 뒤 매개변수 10과 20을 활용하여 '합'과 '곱'을 출력하는 프로그램을 작성하시오.

```
합: 30
곱: 200
```

39 `Song` 클래스를 만들어 제목과 가수를 저장하고, 이를 출력하는 프로그램을 작성하시오.

```
제목: 빌려온 고양이
가수: 아일릿
```

40 `Battery` 클래스를 만들고 잔량이 20% 이하일 때 '충전 필요'를 출력하는 프로그램을 작성하시오.

```
잔량: 15%
충전 필요
```

41 `BankAccount` 클래스를 만들고 생성자를 활용해 잔고가 10000인 객체를 생성하시오. `deposit()`으로 입금을 하고 `printBalance()`로 출력하면 현재 잔액을 출력하는 프로그램을 작성하시오.

```
현재 잔액: 15000원
```

42 `Light` 클래스를 만들고 불이 켜졌는지 여부를 `boolean`으로 저장한 후 상태를 출력하는 프로그램을 작성하시오.

```
불이 켜졌습니다.
```

43 `MathTool` 클래스를 만들고 23, 80, 55의 세 숫자 중 가장 큰 수를 반환하는 프로그램을 작성하시오.

```
가장 큰 수: 80
```

44 `Dice` 클래스를 만들어 주사위 눈금을 랜덤으로 반환하는 프로그램을 작성하시오.

```
주사위 결과: 4
```

45 `Movie` 클래스를 만들어 영화 제목과 평점을 저장하고, 평점이 9 이상이면 추천 메시지를 출력하는 프로그램을 작성하시오.

```
영화: 인터스텔라
추천: 꼭 보세요!
```

CHAPTER 05

클래스와 객체의 이해

학습 목표

- 자바 패키지의 특징을 이해하고, 패키지를 만드는 방법을 학습한다.
- 다양한 접근 제한자의 접근 범위와 특징을 이해한다.
- static 멤버의 특징을 알아보고, 예외 처리 방법을 살펴본다.

- 패지키와 접근 제한자
  - 패키지
    - 패키지의 선언과 구조
    - 패키지 작성 시 주의할 점
    - 다른 패키지의 클래스 가져오기
    - 이클립스에서 패키지 만들기
  - 접근 제한자
    - public, default(생략)
    - protected, private
  - 게터와 세터
- static 멤버와 예외 처리
  - static 멤버
  - static final과 불변 객체
    - static final 변수
    - 불변 객체
  - 예외 처리
    - try–catch–finally 구조
    - try–with–resources 구조
    - throw와 throws
    - throws 다시 던지기
- 객체 배열과 열거형
  - 객체 배열
    - 객체 배열 선언과 생성
    - 객체 배열의 사용
  - 열거형

SECTION 01

패키지와 접근 제한자

1 패키지

1. 패키지의 이해

자바 프로그램은 수많은 클래스와 메서드로 구성된다. 이러한 코드들을 한 파일 안에 무질서하게 나열하면, 프로그램의 가독성이 저하되고, 유지보수 또한 어려워진다. 자바는 이러한 문제를 해결하는 방안으로 패키지 구조를 제공한다. **패키지**Package는 서로 관련된 클래스들을 하나의 이름 공간으로 묶은 단위로, 클래스 파일을 논리적으로 정리하고 관리하는 폴더 시스템을 말한다.

자바에서 패키지는 단순히 파일을 정리하는 것 이상의 의미가 있다. 예를 들어, `java.util.Scanner`라는 클래스는 `util` 패키지에 속한 `Scanner` 클래스이며, 이 클래스를 사용하려면 `import java.util.Scanner;`를 선언해야 한다.

또한 패키지는 **클래스를 구분하는 식별자 역할**도 하기 때문에 클래스 이름 충돌을 방지할 수 있다. 예를 들어, 패키지 `donut`에 속하는 `Donut` 클래스와 패키지 `customer`에 속하는 `Donut` 클래스는 이름이 같더라도 서로 다른 클래스로 인식된다. 따라서 패키지를 사용하면 패키지 이름으로 구분하여 관련 클래스를 그룹화하여 관리할 수 있다는 장점이 있다.

그림 5-1 패키지의 역할

■ 패키지를 사용하는 이유

패키지를 사용하는 이유는 크게 세 가지가 있다.

- **클래스 이름 충돌 방지:** 서로 다른 클래스가 이름이 같더라도 패키지가 다르면 충돌하지 않는다.

- **클래스 관리 및 유지보수 용이:** 수많은 클래스 파일을 용도별로 구분해 정리할 수 있어 유지보수가 훨씬 쉬워진다.
- **접근 제어 가능:** 패키지 단위로 접근을 제한할 수 있다. 예를 들어, 같은 패키지 내에서는 접근할 수 있지만, 다른 패키지에서는 접근을 제한하도록 설정할 수 있다. 이 기능은 접근 제한자와 함께 사용될 때 큰 효과를 발휘한다.

패키지는 단순히 파일을 모아두는 개념을 넘어 개발의 효율성을 높이고, 유지보수를 용이하게 하는 데 중요한 역할을 한다.

2. 패키지의 선언과 구조

자바에서 패키지를 만들려면 **소스 코드의 가장 위**에 package 예약어를 사용해 선언한다. 또한 상위 패키지와 하위 패키지가 있다면 점(.)으로 구분한다. 선언 방식은 다음과 같다.

```
package 상위패키지.하위패키지;

public class 클래스이름 {...}
```

예를 들어 sec01의 하위 패키지 exam01에 속한 Donut 클래스는 왼쪽과 같이 작성하고 sec01의 하위 패키지 exam02에 속한 Donut 클래스는 오른쪽처럼 작성한다.

```
package sec01.exam01;

public class Donut {...}
```

▲ sec01.exam01 패키지

```
package sec01.exam02;

public class Donut {...}
```

▲ sec01.exam02 패키지

각 클래스 파일은 패키지 구조에 맞는 폴더에 저장해야 한다. 예를 들어, sec01.exam01 패키지의 Donut 클래스는 sec01/exam01이라는 폴더 안에 Donut.java 파일로 저장하고, sec01.exam02 패키지의 Donut 클래스는 sec01/exam02 폴더 안에 Donut.java 파일로 저장해야 한다. 이처럼 패키지를 사용하면 클래스 이름이 같아도 서로 충돌하지 않고 함께 존재할 수 있다. 두 개의 Donut 클래스 파일이 정상적으로 저장되었다면, 폴더 구조는 [그림 5-2]와 같은 형태가 된다.

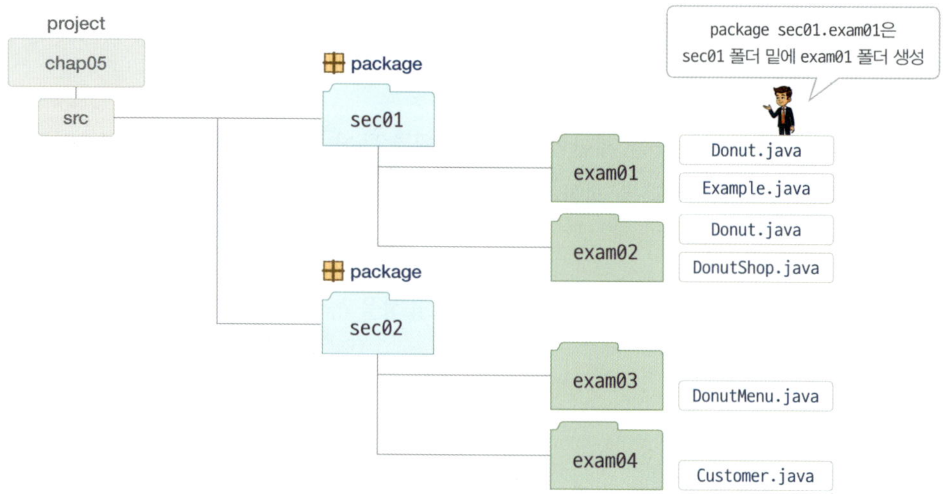

그림 5-2 패키지와 폴더 구성

프로젝트는 개발 도구IDE에서 관리하는 단위이며, 소스 코드, 리소스 파일, 라이브러리, 설정 파일 등이 함께 포함된다. 즉, 프로젝트는 자바 애플리케이션 전체를 구성하는 실제 작업 단위이며, 클래스와 패키지를 물리적으로 묶은 상위 구조이다. 이 책에서는 프로젝트 'chap05'와 같이 각 장에 속한 패키지를 프로젝트 형태로 묶어서 관리한다. 따라서 chap05 프로젝트 안에는 5장의 모든 예제 파일이 모여 있으며, 각 장의 모든 예제는 패키지 형태로 관리되어 '절번호.예제번호' 형식을 따른다. 즉, 1절의 예제 1번과 관련된 모든 클래스는 `sec01.exam01` 패키지 안에 있다.

TIP Java 9에서는 복잡한 대규모 소프트웨어 개발을 위해 모듈이라는 개념을 도입하였다. 모듈은 여러 개의 패키지를 묶어서 하나의 독립적인 단위로 구성하며, 서로 다른 모듈 간의 의존성, 접근 권한, 공개 여부를 명확하게 정의할 수 있다. 모듈에 대한 자세한 설명은 7장 '자바 기본 패키지'에서 살펴본다.

3. 패키지 작성 시 주의할 점

패키지를 만들 때 지켜야 할 규칙과 권장 사항은 다음과 같다.

- 패키지 이름은 일반적으로 도메인 이름을 거꾸로 사용한다. 예를 들어 'hanbit.com'이라는 도메인을 가진 회사라면 'com.hanbit'으로 시작하는 패키지를 만든다.
- 패키지 이름은 대소문자 구분으로 인한 혼란을 막기 위해 소문자만 사용하는 것을 권장한다.
- 의미 있는 이름을 계층적으로 붙여야 한다. 예를 들어 한빛의 자바 프로젝트에 사용되는 데이터 모듈이라면 'com.hanbit.javaproject.datamodule'과 같이 작성할 수 있다.
- 숫자나 밑줄(_)을 사용할 수는 있지만, 가독성을 위해 권장하지는 않는다.
- **패키지 이름과 폴더 구조는 반드시 일치**해야 한다. 컴파일러와 JVM은 이 구조를 기반으로 클래스를 찾기 때문이다.

- **패키지 선언은 반드시 파일의 첫 번째 줄에 작성**해야 한다. 주석은 그 위에 올 수 있지만, 코드가 오면 안 된다.
- 클래스를 사용할 때 같은 이름의 클래스가 중복될 경우, 충돌을 피하고 원하는 클래스를 정확히 지정하기 위해서는 반드시 **전체 패키지명**을 사용하여 구분해야 한다. 예를 들어, hanbit.java 패키지와 hanbit.book 패키지에 모두 Donut 클래스가 존재한다고 가정해보자. 이때, hanbit.book.Donut 클래스 내부에서 hanbit.java의 Donut 클래스를 사용하려면 hanbit.java.Donut d1 = new hanbit.java.Donut();과 같이 전체 경로를 명시해야 한다.

4. 다른 패키지의 클래스 가져오기

다른 패키지에 있는 클래스를 사용하려면 import 문을 사용해야 한다. import 문은 다른 집에 있는 물건을 내 집으로 가져와 편리하게 쓰는 것과 같다. import 문을 사용하지 않으면 사용할 때마다 클래스의 전체 경로를 길게 써야 하므로 매우 불편하다. 예를 들어 Scanner 클래스를 사용하려면 다음과 같이 작성한다.

```
import java.util.Scanner;          // java.util 패키지의 Scanner 클래스 사용
```

여기서 java.util은 패키지 이름이고, Scanner는 클래스 이름이다. java.util과 같이 java로 시작하는 패키지는 자바가 개발자를 위해 미리 정의해 놓은 기본 패키지이다. 만약 사용자가 만든 sec01.exam04의 DonutMenu라는 클래스를 사용하고 싶다면 다음과 같이 작성한다.

```
import sec01.exam04.DonutMenu;     // sec01.exam04 패키지의 DonutMenu 클래스 사용
```

패키지에 있는 모든 클래스를 사용하려면 별표(*)를 import 문 끝에 작성한다. 단, 모든 클래스를 import하면 어떤 클래스를 사용했는지 한눈에 파악하기 어렵기 때문에 필요한 클래스만 명확히 import하는 것을 권장한다.

```
import java.util.*;                // java.util 패키지에 속한 모든 클래스 사용
import sec01.exam04.*;             // sec01.exam04 패키지에 속한 모든 클래스 사용
```

TIP java로 시작하는 패키지는 7장 '자바 기본 패키지'에서 자세히 설명한다.

5. 이클립스에서 패키지 만들기

이클립스에서 패키지를 만드는 방법은 매우 간단하다. 먼저 ❶ 먼저 프로젝트를 만든 뒤 src 폴더를 마우스 오른쪽 버튼으로 클릭한다. ❷ 메뉴에서 [New] ▶ [Package]를 선택한다. ❸ 새 패키지 생성 팝업 창이 나타나면 패키지 이름을 입력한다. 예를 들어 'myproject.myapp'과 같이 작성한다. ❹ 〈Finish〉를 클릭하면 해당 패키지가 만들어지며, 자동으로 폴더 구조도 함께 생성된다. ❺ 이후 만들어진 패키지를 마우스 오른쪽 버튼으로 클릭하고 [New] ▶ [Class]를 선택하면 그 패키지에 속한 새로운 클래스를 만들 수 있다.

이렇게 하면 자바에서 권장하는 패키지 구조에 맞게 자동으로 관리되므로 매우 편리하다.

Note **이클립스의 패키지 구조**

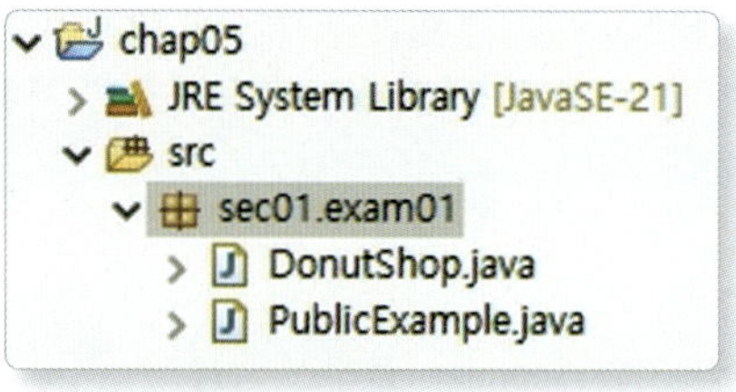

그림 5-3 이클립스의 패키지 구조

이클립스의 [Package Explore]는 전체 패키지의 구조를 보여준다. 일반적으로 패키지는 프로젝트의 src 폴더 하위에 만든다. 오른쪽 그림은 chap05 프로젝트(5장)의 src 폴더 하위에 `sec01.exam01` 패키지를 만든 것이다. 해당 패키지는 DonutShop.java와 PublicExample.java라는 2개의 파일로 구성된다.

체크 프로그램

`sec01.exam01` 패키지 안의 DonutShop.java와 PublicExample.java 파일의 첫 줄에는 어떤 코드가 있는지 확인하시오.

생성형 AI와 공부하기

자바 패키지의 중요성과 사용 방법에 대해 자세히 설명해줘.

2 접근 제한자

접근 제한자access modifier는 클래스, 변수, 메서드가 **프로그램 내에서 어디까지 접근할 수 있는지를 정하는 제어 장치**이다. 접근 제한자는 코드가 허용된 범위 안에서만 객체나 메서드에 접근하도록 제한함으로써 프로그램의 안정성과 보안성을 높인다. 또한 자바 프로그램에서 정보 은닉과 캡슐화를 구현하는 데 매우 중요한 역할을 한다.

자바에서 사용하는 접근 제한자는 public, protected, default(생략), private가 있으며, 이를 접근 범위가 넓은 순서대로 정리하면 [그림 5-4]와 같다.

public > protected > default(생략) > private

그림 5-4 접근 제한자의 허용 범위 넓은 순

같은 클래스 내부에서는 접근 제한자와 상관없이 모두 접근할 수 있다. 그러나 서로 다른 클래스의 경우에는 크게 두 가지 기준으로 접근 제한자의 접근 범위를 구분할 수 있다. 하나는 같은 패키지 내의 서로 다른 클래스 간 접근, 다른 하나는 다른 패키지에 있는 클래스 간 접근이다.

- **같은 패키지 안에서** public, protected, default(생략)는 접근을 허용하지만, **private는 접근을 허용하지 않는다.** private는 오직 같은 클래스 내부에서만 접근할 수 있으므로, 가장 제한적인 접근 권한을 제공한다.
- **다른 패키지에서는 public만 항상 접근을 허용**하고, protected는 상속 관계가 있을 때만 접근을 허용한다.

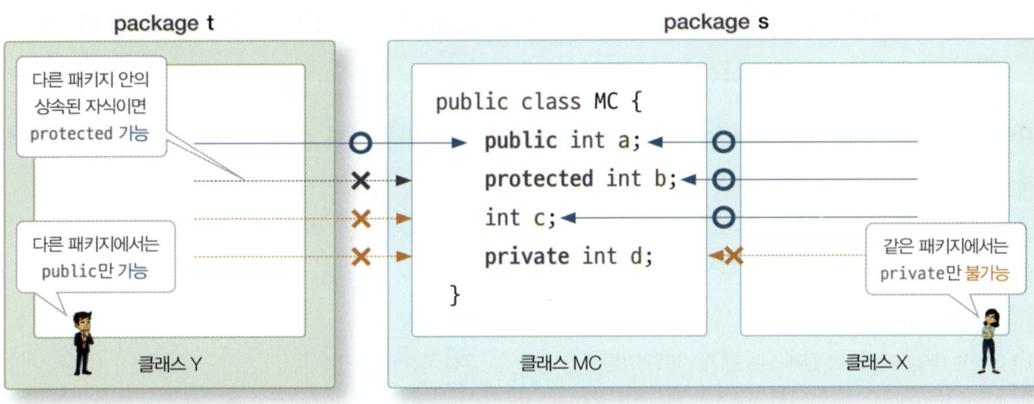

그림 5-5 접근 제한자의 접근 허용 범위

접근 제한자를 적절하게 사용하면 다음과 같은 이점을 얻을 수 있다.

- **불필요한 정보 노출 방지:** 클래스 내부의 핵심 데이터를 외부에서 마음대로 변경하지 못하게 막을 수 있다. 중요한 정보는 private로 숨기고, 안전한 메서드를 통해서만 접근하도록 제한한다.
- **코드의 안정성 향상:** 외부에서 예상치 못한 방법으로 데이터를 조작하는 것을 막아 프로그램의 오류 발생 가능성을 줄이고 안정성을 높인다.

- **유지보수 용이:** 클래스 내부 구현을 변경하더라도 외부에서 private로 보호된 부분은 영향을 받지 않으므로, 코드 변경에 대한 부담이 줄어들어 유지보수가 쉬워진다.
- **캡슐화 구현:** 클래스의 데이터(필드)와 그 데이터를 다루는 메서드(기능)를 하나로 묶고, 외부로부터 내부 구현을 숨기는 캡슐화를 효과적으로 구현할 수 있다.

1. public 접근 제한자

public은 네 가지 접근 제한자 중에서 **가장 개방적인 접근 권한을 제공한다**. 이는 마치 모든 사람이 볼 수 있는 공개 메뉴판에 비유할 수 있다. public으로 선언된 클래스, 변수, 메서드는 모든 클래스와 패키지에서 접근할 수 있다. 이러한 특성 때문에 외부와의 상호작용이 필요한 공용 API, 라이브러리, 도구 클래스 등에 자주 사용된다. 자바에서 pubilc 접근 제한자를 사용할 때는 다음과 같은 규칙이 적용된다.

- 하나의 자바 파일에는 public 클래스가 오직 하나만 존재할 수 있다.
- public 클래스의 이름은 파일 이름과 반드시 일치해야 한다. 예를 들어, public class PublicExample {}이 있다면 파일 이름은 반드시 PublicExample.java가 되어야 한다.
- 자바 프로그램의 진입점인 main() 메서드는 반드시 public으로 선언되어야 하며, 이 메서드가 포함된 클래스도 역시 public이어야 한다.

따라서 하나의 패키지 안에서 여러 개의 public 클래스를 만들려면 각각 별도의 파일로 만들어서 패키지로 묶어주어야 한다.

public 접근 제한자

- **가장 개방적**인 접근 제한자
- 하나의 파일에 public 클래스는 한 개 ▸ 파일 이름이 됨
- main()은 public, main()을 포함하는 클래스도 public
- 여러 개의 public 클래스를 만들려면 별도 파일 구성

그림 5-6 public 접근 제한자의 특징

[예제 5-1]은 public 클래스를 사용해 가게가 문을 열었다는 사실을 출력하는 코드이다.

예제 5-1 public 접근 제한자 사용하기 DonutShop.java

```
package sec01.exam01;

public class DonutShop {
```

```java
    public String shopName = "미라클 도넛";

    public void openShop() {
        System.out.println(shopName + " OPEN!");
    }
}
```

PublicExample.java

```java
01  package sec01.exam01;
02
03  import sec01.exam01.DonutShop;   // 같은 패키지에 있으므로 import 없이도 작동함
04
05  public class PublicExample {
06      public static void main(String[] args) {
07          DonutShop shop = new DonutShop();
08          System.out.println(shop.shopName);     // 다른 패키지에서도 접근 가능
09          shop.openShop();                       // 다른 패키지에서도 호출 가능
10      }
11  }
```

```
미라클 도넛
미라클 도넛 OPEN!
```

[예제 5-1]에서는 DonutShop 클래스와 PublicExample 클래스가 모두 public으로 선언되었다. 두 클래스는 각각 별도의 파일에 정의되었으며, 같은 패키지 sec01.exam01에 속해 있다.

DonutShop 클래스의 필드와 메서드는 public으로 선언되었기 때문에, 다른 클래스에서도 아무 제약 없이 접근할 수 있다. 또한 main() 메서드를 포함한 PublicExample 클래스도 public으로 선언되어야 프로그램이 정상적으로 실행된다.

체크 프로그램

PublicExample.java 파일의 3행 import sec01.exam01.DonutShop;을 지우고 프로그램을 실행해도 문제가 없는지 확인하시오.

2. default(생략) 접근 제한자

자바에서 클래스, 변수, 메서드 앞에 접근 제한자를 따로 명시하지 않으면 자동으로 default 접근 제한자가 적용된다. 이 제한자는 같은 패키지 안에 있는 클래스는 서로 자유롭게 접근할 수 있지만, 다른 패키지에 있는 클래스에서는 접근할 수 없다.

default(생략) 접근 제한자

- 접근 제한자가 없음(생략됨)
- 같은 패키지 안에서는 접근 가능
- **다른 패키지에서는 접근 불가**

그림 5-7 default(생략) 접근 제한자의 특징

[예제 5-2]는 default 접근 제한자를 사용해 직원 전용 도넛과 음료를 출력하는 코드이다.

예제 5-2 default(생략) 접근 제한자 사용하기 DefaultExample.java

```java
package sec01.exam02;

class DonutMenu {               // default 접근 제한자(생략됨)
    String[] staffOnly = { "직원 전용 도넛", "비밀 음료" };

    void showStaffMenu() {
        System.out.println("직원 전용: " + staffOnly[0] + ", " + staffOnly[1]);
    }
}

public class DefaultExample {
    public static void main(String[] args) {
        DonutMenu menu = new DonutMenu();

        menu.showStaffMenu(); // 같은 패키지에 있으므로 접근 가능
    }
}
```

```
직원 전용: 직원 전용 도넛, 비밀 음료
```

[예제 5-2]에서는 DonutMenu 클래스와 DefaultExample 클래스가 같은 패키지 안에 있기 때문에 DonutMenu에 자유롭게 접근할 수 있다. 하지만, DonutMenu 클래스를 다른 패키지에서 사용하려

고 하면 접근할 수 없으며, 오류가 발생한다.

이는 DonutMenu가 같은 패키지 안에서만 정보를 공유하도록 설계된 default 접근 제한자를 가지고 있기 때문이다. 따라서 default 접근 제한자는 같은 패키지 내부에서만 사용할 목적의 클래스, 메서드, 필드에 적합하다. 또한, 이 제한자는 상속 여부와는 관계없이 다른 패키지에 있는 클래스가 접근하는 것을 허용하지 않는다. 이 점은 protected 접근 제한자와의 중요한 차이점이다.

3. protected 접근 제한자

protected 접근 제한자는 기본적으로 default와 비슷하게 동작한다. 즉, 같은 패키지 안에서는 접근이 허용되지만 다른 패키지에서는 접근할 수 없다. 그러나 protected는 다른 패키지에 있더라도 해당 클래스를 상속받은 자식 클래스에서 접근할 수 있다는 점이 추가로 허용된다. 이러한 상속 관계를 포함한다는 점에서 protected는 default보다 접근 범위가 조금 더 넓다.

이 특징은 마치 본사와 지점 간에만 공유되는 도넛 공급가 목록과 비슷하다. 일반 고객이나 제3의 매장에서는 접근할 수 없지만, 같은 브랜드 소속(상속 관계)의 지점이라면 도넛 공급가를 공유할 수 있다.

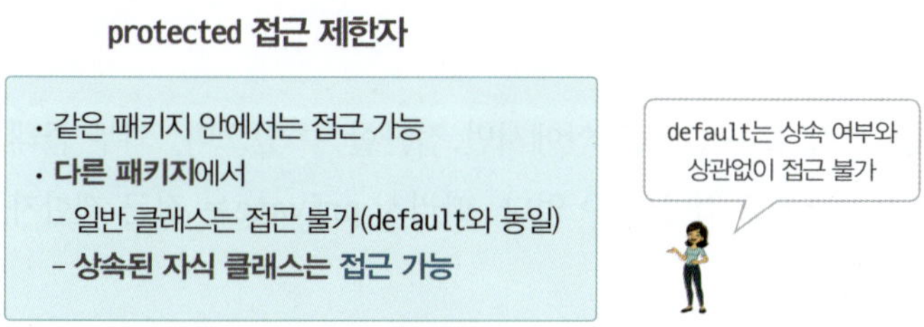

그림 5-8 protected 접근 제한자의 특징

[예제 5-3]은 protected 접근 제한자를 사용하여 도넛의 공급가를 출력하는 코드이다.

예제 5-3 protected 접근 제한자 사용하기 ProtectedExample.java

```
package sec01.exam03;

class DonutPriceList {
    protected int netPrice = 900;          // 본사와 지점만 공유하는 가격

    protected void showNetPrice() {
        System.out.println("도넛 공급가: " + netPrice + "원");
    }
}
```

```java
public class ProtectedExample {
    public static void main(String[] args) {
        DonutPriceList priceList = new DonutPriceList();

        priceList.showNetPrice();           // 같은 패키지에 있으므로 접근 가능
    }
}
```

```
도넛 공급가: 900원
```

이 예제만 보면 protected와 default의 차이를 크게 느끼기 어렵다. 하지만 상속 개념이 등장하면 이 둘의 차이가 확실하게 드러난다. 예를 들어, 도넛 가게가 새로운 지점을 오픈하면서 기존의 클래스를 상속받는 방식으로 기능을 확장한다고 해보자. 이때 protected로 선언된 필드나 메서드는 새로운 지점(자식 클래스)에서도 접근이 가능한 반면, default로 선언된 경우에는 상속 여부와 관계없이 다른 패키지의 클래스에서는 접근할 수 없다.

4. private 접근 제한자

private 접근 제한자로 선언된 요소는 오직 같은 클래스 안에서만 접근할 수 있으며, 외부 클래스를 포함하여 같은 패키지나 다른 패키지에서도 접근할 수 없다. 따라서 **private는 접근 제한자 중 가장 강력한 제한을 가진다.**

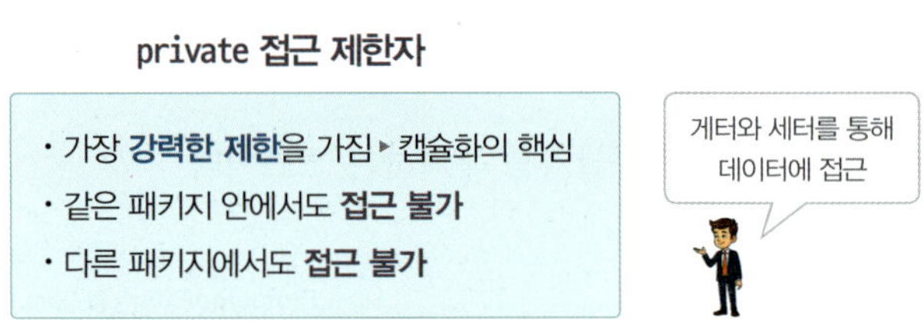

그림 5-9 private 접근 제한자의 특징

예를 들어, 도넛 가게의 밀가루와 소금의 비율을 명시한 반죽 레시피는 외부에 공개할 수 없는 아주 중요한 데이터이다. 이러한 레시피는 private로 선언하여 외부에서 함부로 접근할 수 없도록 막는다. 반대로 도넛을 굽는 makeDonut() 메서드를 public으로 선언하여 외부에 공개하면, 외부에서는 makeDonut()처럼 제공된 기능만 사용할 수 있을 뿐, 객체 내부의 중요한 데이터를 함부로 확인하거나 마음대로 바꿀 수는 없다.

[예제 5-4]는 private 접근 제한자를 사용하여 레시피를 숨기면서 도넛을 만드는 코드이다.

예제 5-4 **private 접근 제한자 사용하기** PrivateExample.java

```java
01 package sec01.exam04;
02 
03 class DonutRecipe {
04     private String recipe = "밀가루 90g + 소금 1g";    // 레시피 노출 금지
05 
06     public void makeDonut() {
07         System.out.println("도넛을 만듦-레시피 공개 불가!");
08     }
09 }
10 
11 public class PrivateExample {
12     public static void main(String[] args) {
13         DonutRecipe d1 = new DonutRecipe();
14 
15         d1.makeDonut();
16 
17         // 외부에서는 private로 선언된 recipe는 직접 접근할 수 없음
18         // System.out.println(d1.recipe); // 오류
19     }
20 }
```

```
도넛을 만듦-레시피 공개 불가!
```

[예제 5-4]에서 recipe 변수는 private로 선언되었기 때문에 외부에서는 직접 접근할 수 없다. 대신 makeDonut() 메서드를 통해서만 간접적으로 기능을 제공할 수 있다. private 접근 제한자는 객체의 캡슐화와 정보 은닉을 구현하는 핵심 기능이며, 클래스 내부의 중요한 데이터를 외부로부터 보호하는 역할을 한다.

체크 프로그램

[예제 5-4]에서 주석 처리된 18행의 System.out.println(d1.recipe); 코드를 실행하면 어떤 오류가 발생하는지 확인하시오.

네 가지 접근 제한자를 정리하면, 외부에서도 반드시 접근해야 하는 기능은 public으로, 같은 패키지 내부에서만 공유해야 하는 정보는 default 또는 protected로, 외부에서 절대 접근하면 안

되는 중요한 정보는 private로 선언하는 것이 좋다. 이렇게 하면 코드의 캡슐화가 잘 이루어지고, 유지보수가 쉬워지며, 실수로 데이터를 잘못 다루는 위험을 크게 줄일 수 있다.

생성형 AI와 공부하기

자바에서 접근 제한자의 범위를 설명하는 코드를 작성하고, 각 제한자의 특징을 설명해줘.

3 게터와 세터

1. 게터와 세터가 필요한 이유

객체지향 언어인 자바의 핵심 원칙 중 하나는 캡슐화이다. **캡슐화는 클래스 내부의 데이터를 외부에서 직접 접근하지 못하도록 막고, 게터와 세터라는 통로를 통해 간접적으로 안전하게 접근할 수 있도록 돕는 원리**이다.

객체의 데이터는 외부에서 함부로 변경되거나 잘못 읽히면 안 되기 때문에 클래스의 변수를 private로 선언하여 외부에서 직접 접근하지 못하게 막을 수 있다. 하지만 접근을 완전히 차단하면 값을 읽거나 설정할 수 없게 되므로, 필요한 경우에만 간접적인 접근을 허용하도록 게터와 세터를 사용한다.

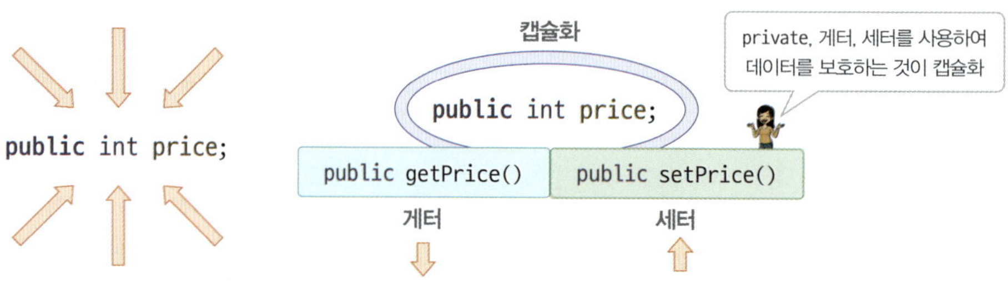

그림 5-10 게터와 세터가 필요한 이유

예를 들어 도넛을 표현하는 클래스를 만들었을 때, 다음 코드와 같이 필드를 public으로 선언하면 외부에서 아무런 제약 없이 데이터를 마음대로 변경할 수 있다.

```
public class BadDonut {
    public String name;
    public int price;
}
BadDonut donut = new BadDonut();
donut.price = -1000;
```

위 코드는 문법적으로는 오류가 나지 않지만, 도넛 가격이 음수로 설정되는 비현실적인 상태가 된다. 이처럼 데이터를 외부에 직접 노출하면 잘못된 값이 입력되어도 막을 방법이 없다. 결국 객체의 상태가 비정상적으로 유지되고, 이는 프로그램 전체의 신뢰성에 심각한 문제를 일으킨다.

2. 게터와 세터 메서드

게터getter는 클래스의 변숫값을 읽어오는(가져오는) 메서드이고, 세터setter는 필드 값을 설정하는(지정하는) 메서드이다. 도넛의 상태를 안정적으로 관리하려면, 데이터를 외부에서 직접 변경하지 못하게 해야 한다. 다음 코드는 클래스의 필드를 private로 숨기고, 필요한 경우에만 게터와 세터를 제공하여 위의 문제를 해결하는 방식을 알려준다.

```
public class Donut {
    private int price;                  // private로 외부 접근 차단

    public int getPrice() {             // price 변수 게터
        return price;
    }

    public void setPrice(int price) {   // 유효성 검사가 포함된 price 변수 세터
        if (price >= 0 && price <= 10000) {
            this.price = price;
        } else {
            System.out.println("가격은 0원 이상 10,000원 이하만 가능!");
        }
    }
}
```

먼저 private int price;를 선언하여 외부에서 함부로 price 값을 읽거나 변경할 수 없도록 막는다. 이렇게 막아놓은 price 값을 읽을 때는 게터인 public int getPrice()를 사용하고, 변경할 때는 세터인 public void setPrice(int price)를 사용한다. 또한, 세터 setPrice() 안에는 값이 유효한지를 검사하는 코드를 넣어 유효한 값일 때는 변경하고, 유효하지 않을 때는 경고 메시지를 출력하도록 만든다.

이렇게 작성하면 외부에서는 간접적으로만 필드에 접근할 수 있으며, 특히 세터 안에 조건문을 넣어 데이터의 유효성까지 검증할 수 있다. 이것이 바로 캡슐화의 핵심 목적 중 하나이다.

3. 읽기 전용 또는 쓰기 전용 변수 생성

필요에 따라 변수를 읽기 전용 또는 쓰기 전용으로 설정할 수 있다. 예를 들어 도넛의 이름은 한 번 정하면 바꿀 수 없어야 한다. 이름을 바꿀 수 있다면, 프로그램 실행 중에 초코 도넛이 갑자기 딸기 도넛으로 바뀌는 문제가 발생할 수 있다. 4장에서 설명한 **final** 멤버 변수와 생성자를 함께 사용하면 도넛 이름을 읽기 전용으로 만들 수 있다. 다음 코드를 살펴보자.

```
public class Donut {
    private final String name;        // final 멤버 변수, 설정 후 변경 불가능

    public Donut(String name) {       // 생성자: final 멤버 변수 name 초기화
        this.name = name;
    }

    public String getName() {         // name 변수 게터, name 변경 불가로 세터는 없음
        return name;
    }
```

위 코드에서 name은 private final String name;으로 선언하고, 초기화는 생성자인 public Donut(String name)에서 이루어진다. 따라서 객체가 생성될 때의 이름이 끝까지 유지된다. 또한, 클래스 안에는 게터만 있고 세터는 없으므로, Donut 객체를 생성한 뒤에는 이름을 바꿀 수 없다. 이처럼 게터와 세터를 활용하면 변수를 읽기 전용 또는 쓰기 전용으로 만들 수 있다.

지금까지 설명한 내용을 바탕으로 게터와 세터를 활용한 Donut 클래스를 [예제 5-5]에서 살펴보자.

예제 5-5 게터와 세터 사용하기 Donut.java

```
package sec01.exam05;

public class Donut {
    private final String name;          // final 멤버 변수, 설정 후 변경 불가능
    private int price;                  // private로 외부 접근 차단

    public Donut(String name) {         // 생성자: final 멤버 변수 name 초기화
        this.name = name;
    }

    public String getName() {           // name 변수 게터
```

```
        return name;                    // name 변수 세터가 없으므로 변경 불가
    }

    public int getPrice() {             // price 변수 게터
        return price;
    }

    public void setPrice(int price) {   // 유효성 검사가 포함된 price 변수 세터
        if (price >= 0 && price <= 10000) {
            this.price = price;
        } else {
            System.out.println("가격은 0원 이상 10,000원 이하만 가능!");
        }
    }
}
```

GetterSetterExample.java

```
01  package sec01.exam05;
02  
03  public class GetterSetterExample {
04      public static void main(String[] args) {
05          Donut d1 = new Donut("스페셜 너트 도넛");   // 생성자를 통해 이름 설정
06  
07          d1.setPrice(2000);                       // 가격 설정
08  
09          System.out.println("도넛 이름: " + d1.getName());
10          System.out.println("가격: " + d1.getPrice() + "원");
11  
12          d1.setPrice(-500);                       // 유효하지 않은 값 설정 시도
13      }
14  }
```

```
도넛 이름: 스페셜 너트 도넛
가격: 2000원
가격은 0원 이상 10,000원 이하만 가능!
```

main() 메서드의 5행에서 **d1**의 이름을 '스페셜 너트 도넛'으로 설정하면 이후 이름을 바꿀 수 없다. 가격은 7행의 **d1.setPrice(2000);**으로 설정하고, 10행의 **d1.getPrice()**로 읽는다. 만약 12행과 같이 유효하지 않은 값으로 설정을 시도하면 경고 메시지가 나타난다.

캡슐화는 단순히 데이터를 가리는 것이 아니라 객체의 상태를 보호하고 통제하는 것이다. 이처럼 게터와 세터는 단순한 문법 요소가 아니라 객체지향 설계의 본질인 캡슐화의 중심 역할을 한다. 이를 제대로 이해하고 활용하는 것은 좋은 코드와 나쁜 코드를 구분하는 중요한 기준이 된다. 데이터 보호를 위해 개발자가 꼭 기억해야 할 점을 정리하면 다음과 같다.

❶ 필드는 기본적으로 `private`로 선언해야 한다.
❷ 외부 접근이 필요한 경우에만 `public` 메서드(게터, 세터)를 제공해야 한다.
❸ 세터에는 반드시 유효성 검사 조건을 추가하는 것이 좋다.
❹ 읽기 전용 변수는 `final`로 선언하고, 세터를 만들지 않아야 한다.

Note **데이터 보호를 위해 기억해야 할 사항**

이 책의 예제 소스는 책의 분량을 고려하여 게터와 세터를 거의 사용하지 않았다. 그러나 실제 개발을 할 때는 `private`, 게터, 세터를 활용하여 객체를 캡슐화하고, 정보를 은닉하는 방식을 적극 사용하는 것을 권장한다.

LAB 접근 제한자의 접근 범위 확인하기

지금까지 배웠던 접근 제한자들의 차이를 명확히 이해하기 위해 두 개의 패키지를 만들어 예제를 완성해보자. 이 실습을 통해 서로 다른 패키지에서의 접근 제한자의 접근 범위를 이해하게 될 것이다. 조건은 다음과 같다.

조건

- `chap05.lab01.exam01` 패키지에는 DonutMenu.java와 같은 패키지의 접근을 확인하기 위한 TestSamePackage.java가 있다. 같은 패키지뿐 아니라 다른 패키지에서도 접근할 수 있도록 적절한 접근 제한자를 사용해야 한다.
- `chap05.lab01.exam02` 패키지에는 `chap05.lab01.exam01` 패키지 접근을 확인하기 위한 TestOtherPackage.java가 있다.

먼저 `chap05.lab01.exam01` 패키지에 두 개의 파일을 생성한 후, 다음과 같은 실행 결과가 나오도록 빈칸을 채워보자. 주의할 것은 다른 패키지에서도 접근할 수 있는 접근 제한자를 사용해야 한다는 점이다.

```
직원 전용 메뉴: 직원 전용 도넛, 비밀 음료
```

Lab 5-1 **같은 패키지의 접근 범위 확인하기**

DonutMenu.java

```java
package chap05.lab01.exam01;

[        ①        ] DonutMenu {
    String[] staffOnly = { "직원 전용 도넛", "비밀 음료" };

    [      ②      ] showStaffMenu() {
        System.out.println("직원 전용: " + staffOnly[0] + ", " + staffOnly[1]);
    }
}
```

TestSamePackage.java

```java
package chap05.lab01.exam01;

public class TestSamePackage {
    public static void main(String[] args) {
        DonutMenu menu = new DonutMenu();      // 같은 패키지라서 접근 가능
        menu.showStaffMenu();
    }
}
```

정답

① public class

② public void

이번에는 chap05.lab01.exam02 패키지에서 DonutMenu 클래스에 접근을 시도해보자. 다음과 같은 실행 결과가 나타나도록 빈칸을 채워보자.

```
직원 전용 메뉴: 직원 전용 도넛, 비밀 음료
```

Lab 5-1 **다른 패키지의 접근 범위 확인하기**

TestOtherPackage.java

```java
[      ③      ] chap05.lab01.exam02;

[                    ④                    ];
```

```

public class TestOtherPackage {
    public static void main(String[] args) {
        DonutMenu menu = new DonutMenu();
        menu.showStaffMenu();
    }
}
```

정답

③ package

④ import chap05.lab01.exam01.DonutMenu

SECTION 02 static 멤버와 예외 처리

1 static 멤버

1. static의 이해

static 예약어는 **클래스 전체에서 공유하는 변수나 메서드를 만들 때 사용**한다. static으로 선언된 변수나 메서드는 **객체를 생성하지 않고도 클래스 이름을 통해 접근**할 수 있다.

일반적으로 클래스를 정의하고 객체를 생성하면, 그 객체는 자신만의 데이터(인스턴스 데이터)를 가지게 된다. 다시 말해, 클래스 인스턴스에 속한 변수는 객체마다 개별적으로 존재하므로 서로 다른 객체 간에는 영향을 주지 않는다. 다음 코드를 통해 이 개념을 확인해보자.

```
class Donut {
    String name;                    // 도넛 이름
    int sales = 0;                  // 이 도넛의 개별 판매량(초깃값은 0)

    public Donut(String name) {
        this.name = name;
    }
```

```java
    public void sell() {
        this.sales++;
        System.out.println(this.name + " 총 판매량: " + this.sales + "개");
    }
}

public class StaticVariableExample {
    public static void main(String[] args) {
        Donut choco = new Donut("초코 도넛");
        Donut lemon = new Donut("레몬 도넛");
        Donut nut = new Donut("너트 도넛");

        choco.sell();           // 초코 도넛 1개 판매
        lemon.sell();           // 레몬 도넛 1개 판매
        nut.sell();             // 너트 도넛 1개 판매
        lemon.sell();           // 레몬 도넛 1개 더 판매
    }
}
```

```
초코 도넛 총 판매량: 1개
레몬 도넛 총 판매량: 1개
너트 도넛 총 판매량: 1개
레몬 도넛 총 판매량: 2개
```

위 코드를 실행하면 각각의 도넛 객체는 독립적인 변수(인스턴스 변수) sales 값을 가진다. 초코 도넛이 판매되면 초코 도넛 객체의 sales가 증가하지만 다른 sales 변수에는 영향이 없다. 이처럼 인스턴스 변수는 해당 객체에만 속하며, 다른 객체와 값을 공유하지 않는다.

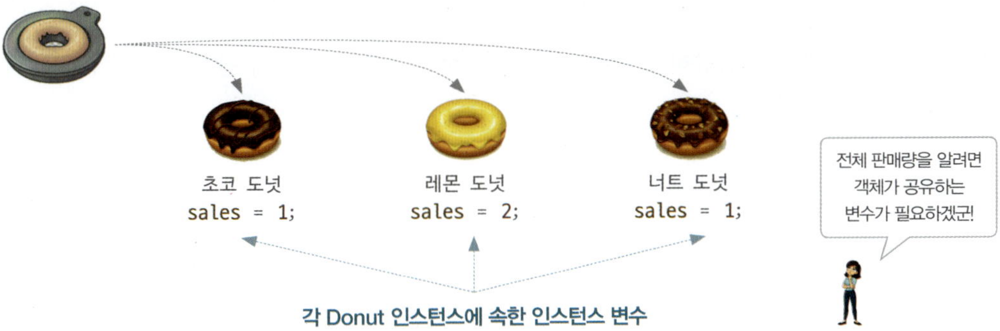

그림 5-11 객체와 인스턴스 변수

하지만 때로는 모든 객체가 함께 공유해야 하는 정보가 필요할 수 있다. 예를 들어, 전체 도넛의 총 판매량을 저장하려면 객체 각각이 아닌 클래스 전체가 함께 사용할 수 있는 변수를 만들어야 한다. 이때 static을 사용한다.

static으로 선언된 변수는 클래스가 메모리에 로딩loading될 때 **한 번만 생성**되며, 이후 생성되는 **모든 객체가 이를 공유**한다. 이는 일종의 공용 저장 공간처럼 작동한다. 예를 들어, 전체 판매량을 저장할 totalSales라는 변수는 다음과 같이 선언할 수 있다.

```
static int totalSales;                // static은 전체 객체가 공유하는 변수
```

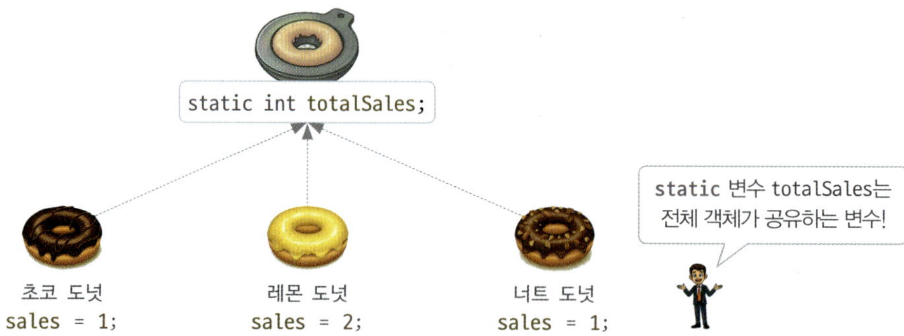

그림 5-12 전체 객체가 공유하는 static 변수

이 변수는 객체가 아닌 클래스에 속하므로, 다음과 같이 '**클래스이름.static변수이름**'으로 접근해야 한다. 예를 들어 Donut 클래스의 static 변수 totalSales는 Donut.totalSales로 접근한다. 그래서 static 변수를 클래스 변수라고도 부른다.

```
클래스이름.static변수이름
```

[예제 5-6]은 전체 객체가 공유하는 static 변수를 사용하여 각 도넛의 판매량과 전체 도넛의 판매량을 출력하는 코드이다.

예제 5-6 **static 변수 사용하기** StaticVariableExample.java

```
package sec02.exam06;

class Donut {
    String name;                // 도넛 이름
```

```java
    int sales = 0;                // 이 도넛의 개별 판매량 - 초깃값은 0

    static int totalSales = 0;    // static은 전체 객체가 공유하는 변수

    public Donut(String name) {
        this.name = name;
    }

     public void sell() {
        this.sales++;             // 이 도넛의 개별 판매량 1 증가
        Donut.totalSales++;       // 전체 도넛 판매량 1 증가
        System.out.println(this.name + " 총 판매량: " + this.sales + "개");
        System.out.println("도넛 전체 판매량: " + Donut.totalSales + "개");
    }
}

public class StaticVariableExample {
    public static void main(String[] args) {
        Donut choco = new Donut("초코 도넛");
        Donut lemon = new Donut("레몬 도넛");
        Donut nut = new Donut("너트 도넛");

        choco.sell();             // 초코 도넛 1개 판매
        lemon.sell();             // 레몬 도넛 1개 판매
        nut.sell();               // 너트 도넛 1개 판매
        lemon.sell();             // 레몬 도넛 1개 더 판매
    }
}
```

```
초코 도넛 총 판매량: 1개
도넛 전체 판매량: 1개
레몬 도넛 총 판매량: 1개
도넛 전체 판매량: 2개
너트 도넛 총 판매량: 1개
도넛 전체 판매량: 3개
레몬 도넛 총 판매량: 2개
도넛 전체 판매량: 4개
```

7행의 static int totalSales = 0;은 전체 도넛 인스턴스가 공유하는 totalSales 변수를 만들고 0으로 초기화한다. 14행의 this.sales++;는 개별 도넛의 판매량을 1 증가시킨다. 15행의 Donut.totalSales++;는 전체 도넛 판매량을 1 증가시킨다. 여기서 static 변수에 접근하기 위해 클래스 이름 Donut 다음에 점(.)을 찍고 static변수이름을 사용하였다. 이처럼 static 변수는 클래스 전체에서 공통으로 사용되는 정보를 저장할 때 유용하다.

2. static 멤버의 특징

static으로 선언된 변수와 메서드를 static 멤버라고 한다. 이들의 대표적인 특징을 살펴보자.

■ 객체 생성 없이 사용

static 변수와 메서드는 전체 객체가 공유할 수 있을 뿐 아니라, **객체를 생성하지 않고도 클래스 이름을 통해 바로 사용할 수 있다**. 예를 들어 도넛 가게의 전화번호처럼 모든 객체가 동일하게 사용하는 정보는 static으로 선언하여 사용한다.

[예제 5-7]은 static 메서드를 사용하여 가게 전화번호를 출력하는 코드이다.

예제 5-7 static 메서드 사용하기 StaticMethodExample.java

```java
package sec02.exam07;

class DonutInfo {
    static String phoneNumber = "02-123-4567";  // 객체 생성 없이 접근 가능

    static void callShop() {                    // 객체 생성 없이 호출 가능
        System.out.println("도넛 가게에 전화: " + phoneNumber);
    }
}

public class StaticMethodExample {
    public static void main(String[] args) {
        DonutInfo.callShop();                   // 도넛 가게에 전화: 02-123-4567
        System.out.println("전화번호: " + DonutInfo.phoneNumber);
    }
}
```

```
도넛 가게에 전화: 02-123-4567
전화번호: 02-123-4567
```

4행에서 전화번호 phoneNumber를 static으로 선언하고, 6행에서 callShop() 메서드를 static으로 선언하였다. 13행에서 객체 생성 없이도 DonutInfo.callShop() 형태로 바로 호출하였으며, static 변수 역시 객체 생성 없이 DonutInfo.phoneNumber를 바로 사용할 수 있다.

우리는 이미 여러 번 static 메서드를 사용해왔다. 가장 대표적인 예가 main() 메서드이다. main() 메서드는 프로그램의 시작점이며, 클래스의 객체를 만들지 않고도 실행되어야 하므로 반드시 static으로 선언해야 한다. 또한 무작위 수를 생성하는 Math.random() 메서드도 static으로 정의되었기 때문에, 별도의 객체를 생성하지 않아도 바로 사용할 수 있다.

하지만 static이 편리하다는 이유로 남용해서는 안 된다. static으로 선언된 멤버는 프로그램이 종료될 때까지 메모리에 유지되므로, 메모리 낭비를 방지하려면 필요할 때만 신중히 사용해야 한다.

▪ 인스턴스 변수에 접근 불가

static 변수와 메서드는 클래스에 속하여 모든 객체가 공유하는 멤버로, 공통된 데이터를 저장하거나 전역 기능을 제공할 때 유용하게 사용된다. 그러나 **static 메서드 내부에서는 인스턴스 변수에 접근할 수 없다**. 이는 static 메서드가 객체 없이 호출되므로 객체의 내부를 알 수 없기 때문이다. 마찬가지로 **this 예약어도 사용할 수 없다**. 예를 들어 다음과 같은 코드는 오류가 발생한다.

오류 코드

```
String name;
static String phoneNumber = "02-123-4567";

static void callShop() {
    System.out.println(name);        // 오류 인스턴스 변수 접근 불가
    System.out.println("도넛 가게에 전화: " + phoneNumber);
}
```

정리하면, static이 없는 변수와 메서드는 객체에 속하고, static이 붙은 변수와 메서드는 클래스에 속한다. 객체 멤버는 객체가 생성될 때마다 개별적으로 생성되지만, static 멤버는 클래스가 메모리에 올라갈 때 한 번만 생성된다.

3. 객체 멤버와 static 멤버

객체 멤버는 객체가 생성된 후에만 사용할 수 있지만, static 멤버는 객체 없이도 사용할 수 있다. 따라서 static 메서드 안에서는 인스턴스 멤버에 접근할 수 없다는 점을 항상 유의해야 한다. 변수나 메서드를 사용할 때 객체 멤버와 static 멤버의 접근 방식은 다음과 같다.

- **객체 멤버:** 객체참조변수.변수, 객체참조변수.메서드()
- **static 멤버:** 클래스이름.변수, 클래스이름.메서드()

객체 멤버와 static 클래스 멤버의 차이를 정리하면 [표 5-1]과 같다.

표 5-1 객체 멤버와 클래스 멤버의 차이

구분	인스턴스 변수/메서드	static 변수/메서드
소속	객체(인스턴스)	클래스
생성 시점	객체 생성 시마다 새로 생성	프로그램 시작 시 한 번만 생성
메모리	객체마다 별도 존재	한 번만 생성되어 모든 객체가 공유
특징	객체 생성 후 사용 가능	객체 생성 없이 사용 가능, 인스턴스 변수에 접근 불가
변수 사용 방법	객체참조변수.변수	클래스이름.변수
메서드 사용 방법	객체참조변수.메서드()	클래스이름.메서드()
사용 예	각 도넛의 판매량	전체 도넛의 판매량

2 static final과 불변 객체

1. static final 변수

final은 값이 단 한 번만 초기화될 수 있도록 제한하는 예약어이다. static과 final을 함께 사용하면, **값이 바뀌지 않으며, 객체 없이도 접근할 수 있는 값**을 만들 수 있다. 즉, 프로그램 전반에서 동일하고 안전하게 사용할 수 있는 고정된 상수를 표현할 수 있다.

도넛 가게를 예로 들어보면, 가게 이름이나 할인율은 임의로 변경되어서는 안 된다. 이러한 정보는 모두 static final로 선언하여 관리하는 것이 가장 바람직하다.

[예제 5-8]은 도넛 가게 이름, 할인율, 할인된 가격을 출력하는 코드이다.

예제 5-8 static final 변수 사용하기 StaticFinalExample.java

```
package sec02.exam08;

class Donut {
    static final double DISCOUNT_RATE = 0.1;          // 할인율
    static final String SHOP_NAME = "미라클 도넛";     // 가게 이름
    String name;
    int price;

    Donut(String name, int price) {
```

```
10          this.name = name;
11          this.price = price;
12      }
13
14      void price() {
15          System.out.println(name + " 가격은 " + price + "원");
16          int result = price - (int)(price * DISCOUNT_RATE);
17          System.out.println("할인된 가격은 " + result + "원"); ;
18      }
19  }
20
21  public class StaticFinalExample {
22      public static void main(String[] args) {
23          Donut d1 = new Donut("초코 도넛", 3000);
24
25          System.out.println(Donut.SHOP_NAME + "에 오신 걸 환영합니다.");
26          System.out.println("할인율은 " + Donut.DISCOUNT_RATE + "입니다.");
27          d1.price();
28
29           // Donut.DISCOUNT_RATE = 0.9; //오류: final은 변경 불가
30      }
31  }
```

```
미라클 도넛에 오신 걸 환영합니다.
할인율은 0.1입니다.
초코 도넛 가격은 3000원
할인된 가격은 2700원
```

4행의 static final double DISCOUNT_RATE는 할인율 상수로 선언하며, 5행의 static final String SHOP_NAME은 가게 이름을 상수로 선언한다.

25행에서 객체 생성 없이도 가게 이름을 출력할 수 있으며, 26행에서는 할인율을 출력한다. 16행과 같이 객체 내부에서도 할인율을 적용하여 할인된 가격을 출력할 수 있다.

체크 프로그램

[예제 5-8]에서 주석 처리된 29행의 Donut.DISCOUNT_RATE = 0.9; 코드를 실행하면 어떤 오류가 발생하는지 확인하시오.

static final 상수는 단순히 값을 고정하기 위한 목적뿐 아니라, 코드의 명확성과 유지보수성을 향상시킨다. 그런 static final 상수의 장점은 다음과 같다.

첫째, 한 곳에서만 값을 관리할 수 있어서 프로그램의 일관성을 유지할 수 있다. 예를 들어 할인율이 변경되어야 한다면 여러 파일에 있는 0.1이라는 숫자를 일일이 찾아 바꾸지 않고, DISCOUNT_RATE 값만 수정한다.

둘째, 가독성이 좋아진다. price - (int)(price * 0.1)처럼 의미를 알기 어려운 숫자보다는 price - (int)(price * DISCOUNT_RATE)처럼 이름 있는 상수를 사용하는 것이 훨씬 직관적이다.

셋째, 실수를 방지할 수 있다. final은 값을 한 번만 설정할 수 있기 때문에, 중간에 실수로 값을 바꾸는 일이 생기지 않는다. 이는 프로그램의 안정성을 높인다.

따라서 코드 안에 2000, 0.1처럼 의미를 모르는 숫자가 있다면 상수로 바꾸는 것이 좋다. 또한 여러 곳에서 함께 사용하는 상수들은 DonutConstants, AppSettings, Config와 같이 전용 클래스를 만들어 따로 모아 관리하는 것이 좋다.

2. 불변 객체

불변 객체immutable object는 생성된 후 필드 값이 한 번 설정되면, 그 상태를 변경할 수 없는 객체를 말한다. 불변 객체는 객체의 상태가 변하지 않으므로, 오류 발생 시 원인을 추적하기가 쉽고, 객체의 상태를 외부에서 변경할 수 없으므로, 의도치 않은 변경으로부터 객체를 보호할 수 있다. 다음은 불변 클래스를 보여주는 코드이다.

```
public final class Donut {                        // final class는 상속 불가
    private final String name;                    // private는 외부 접근 불가
    private final int price;

    public Donut(String name, int price) {        // 초기화 후 변경 불가
        this.name = name;
        this.price = price;
    }

    public String getName() {                     // 게터는 있지만 세터는 없음
        return name;
    }

    public int getPrice() {                       // 게터는 있지만 세터는 없음
        return price;
    }
}
```

public final class Donut은 상속을 받을 수 없도록 설정되었고, 모든 변수는 private final로 선언하여 외부에서 접근할 수 없을 뿐만 아니라 한 번 값이 초기화되면 그 값을 변경할 수 없다. 또한 게터는 있지만, 세터는 없으므로 값을 변경할 수 없다. 이렇게 클래스를 만들면 불변 객체가 된다.

■ 불변 객체 String

문자열이 한 번 생성된 이후 변경되면 프로그램에 문제가 생길 수 있다. 예를 들어 파일 경로나 비밀번호와 같이 프로그램 실행 중에 바뀌면 안 되는 정보가 변경되거나 가게 이름과 전화번호와 같이 여러 객체가 공유하는 문자열이 변경되면 프로그램 전체에 문제가 생길 수 있다. 이러한 문제를 방지하기 위해 String은 불변 객체로 설계되었으며, 일반적인 객체와는 다르게 작동한다.

일반적인 변수는 수정하면 값이 변한다. 예를 들어, 다음 코드에서 a의 값 3은 b에 저장되고, a = 5;를 통해 a에 저장된 값이 3에서 5로 변경된다.

```
int a = 3;
int b = a;                          // b의 값은 3

a = 5;                              // a의 값을 5로 변경
```

그러나 문자열을 수정하면 내용이 바뀌는 것이 아니라 새로운 문자열이 생성된다. 다음 코드를 살펴보자.

```
public class ImmutableExample {
    public static void main(String[] args) {
        String a = "초코";
        String b = a;                    // a와 b는 같은 문자열 "초코"를 가리킴

        a = "딸기";                       // a가 새로운 문자열 "딸기"를 참조

        System.out.println("a: " + a);  // 딸기
        System.out.println("b: " + b);  // 초코
    }
}
```

```
a: 딸기
b: 초코
```

String b = a; 실행 이후에는 [그림 5-13]의 왼쪽과 같이 a와 b는 "**초코**" 문자열을 가리키게 된다. 이후 a = "**딸기**";가 실행되면 a가 참조하고 있던 "**초코**" 문자열이 변경되는 것이 아니라, 새로운 "**딸기**" 문자열이 생성되고 a가 이를 참조하게 된다. 그래서 [그림 5-13]의 오른쪽과 같이, b는 여전히 "**초코**"를 가리키고 있다.

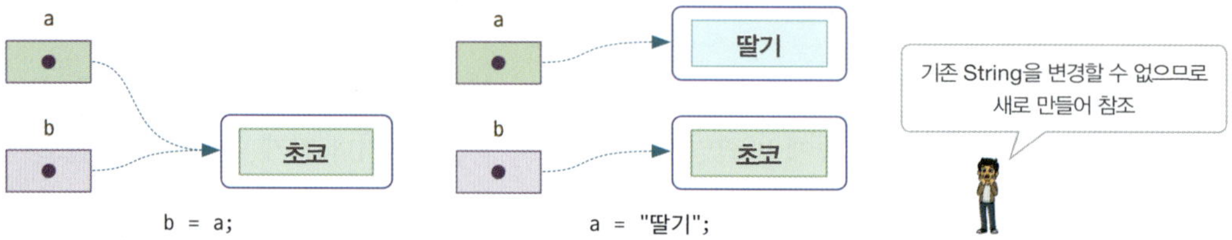

그림 5-13 불변 객체의 동작 방식

이처럼, String은 불변 객체이기 때문에, 문자열을 매개변수로 보낸 후 값을 변경해도 원본은 변하지 않는다. 다음 코드를 살펴보자.

```
public class StringExample {
    public static void change(String str) {
        str = "변경됨";
    }

    public static void main(String[] args) {
        String name = "원본";
        change(name);
        System.out.println(name);      // 여전히 "원본"이 출력됨
    }
}
```

```
원본
```

str = "**변경됨**";은 기존 문자열을 수정하는 것이 아니라 새로운 "**변경됨**" 문자열을 만들고 str이 그 객체를 참조하도록 한다. 단, string이 불변 객체라고 해서 문자열을 추가하거나 그 값을 변경할 수 없는 것은 아니다. 다음 코드를 살펴보자.

```
public class StringImmutable {
    public static void main(String[] args) {
        String str = "apple";
        str = str + " pie";
```

```
        System.out.println(str);                // 출력: apple pie
    }
}
```

```
apple pie
```

이 예제에서 "apple"이라는 문자열을 만들고, 뒤에 " pie"를 붙였다. 여기서 "apple" 문자열이 바뀐 것이 아니라, "apple pie"라는 새로운 문자열 객체가 생성된 것이다. 즉, 기존 "apple"은 그대로 남고, str이 새 객체를 가리키게 된다.

이 외에도 다음 코드와 같이 배열의 초기화된 문자열을 다른 문자열로 바꿀 수도 있다.

```
String[] fruits = {"apple", "banana"};
fruits[0] = "grape";                            // 가능
```

3 예외 처리

1. 예외 처리의 필요성

자바 프로그램을 만들다보면, 정상적인 흐름에서 벗어나는 상황인 '예외 상황'이 반드시 발생한다. 예를 들어, 사용자가 입력한 값이 잘못된 숫자일 수도 있으며, 배열의 범위를 벗어나 접근하려 할 수도 있다. 이런 상황이 발생했을 때 자바는 예외exception라는 형태로 문제를 알려준다.

예외를 처리하지 않으면 프로그램은 즉시 종료되며, 사용자에게 오류 메시지가 출력된다. 따라서 우리는 이런 상황을 예측하고, 적절하게 처리하여 프로그램을 안전하게 유지해야 하는데, 이때 필요한 것이 바로 **예외 처리**exception handling이다.

자바에서는 Exception이라는 클래스를 기반으로 다양한 예외 클래스가 존재한다. 예외는 **컴파일 시점에 반드시 처리해야 하는 체크 예외**와 실행 중 발생하고 **컴파일러가 예외 처리를 강제하지 않는 비체크 예외**로 나뉜다.

■ 체크 예외

체크 예외checked exception는 컴파일 시점에서 반드시 처리해야 하는 예외이다. 이 예외는 컴파일 타임에 발생할 수 있는 예외를 처리하도록 강제하며, 이를 처리하지 않으면 컴파일 자체가 불가능하다. 대표적인 체크 예외는 [표 5-2]와 같다.

표 5-2 자바의 주요 체크 예외

체크 예외 클래스	설명
IOException	파일 입출력, 네트워크 통신 등의 입출력 작업에서 문제가 발생하는 경우
SQLException	데이터베이스 연결 및 처리 작업 중, 잘못된 SQL 구문 실행, 드라이버 오류, 연결 실패 등에서 발생
ClassNotFoundException	클래스를 동적으로 로드하려 했으나, 해당 클래스를 경로에서 찾지 못할 때 발생
InterruptedException	스레드가 sleep(), join(), wait() 등으로 대기 중일 때, 다른 스레드에 의해 중단 신호를 받았을 때 발생
Exception	자바에서 복구 가능한 모든 예외의 최상위 클래스로 일반적인 예외 처리를 위해 포괄적으로 사용하며, 항상 마지막에 작성

■ 비체크 예외

비체크 예외unchecked exception는 실행 중에 발생하며, 컴파일러가 예외 처리를 강제하지 않는다. 주로 개발자의 실수로 인해 발생하는 경우가 많으며, 잘못된 코드를 수정하는 방식으로 해결하는 것이 일반적이다. 대표적인 비체크 예외는 [표 5-3]과 같다.

표 5-3 자바의 주요 비체크 예외

비체크 예외 클래스	설명
ArithmeticException	0으로 나누기 등과 같은 수학적 오류 시 발생
NullPointerException	null을 참조했을 때 발생
ArrayIndexOutOfBoundsException	배열의 유효한 범위를 벗어난 인덱스를 참조했을 때 발생
IllegalArgumentException	잘못된 인수를 메서드에 전달했을 때 발생

2. try-catch-finally 구조

자바에서 예외를 처리할 때는 try-catch-finally 구조를 사용하며, [그림 5-14]와 같은 구조를 가진다.

- **try 블록**: 예외가 발생할 수 있는 코드를 작성하는 곳이다.
- **catch 블록**: 예외가 발생했을 때 해당 **예외를 잡아내고 처리하는 부분**이다.
- **finally 블록**: 예외와 관계없이 무조건 실행되는 코드이며, 프로그램에서 자원 해제 등의 후속 작업에 필요한 코드를 작성한다. 프로그램의 흐름을 관리하는 데 중요한 역할을 하며, 만약 실행되는 코드가 없는 경우에는 finally 블록을 생략할 수 있다.

```
try {
        // 예외가 발생할 수 있는 코드 1
        // 예외가 발생할 수 있는 코드 2
        // 예외가 발생할 수 있는 코드 3
} catch (특정예외1 e) {
        // 특정예외1이 발생했을 때 실행
} catch (특정예외2 e) {
        // 특정예외2가 발생했을 때 실행
} catch (Exception e) {
        // 그 외 모든 예외 처리
} finally {
        // 예외 발생 여부와 상관없이 무조건 실행
}
```

그림 5-14 try-catch-finally 구조

예외를 여러 개 정의할 경우, try와 catch를 여러 개 작성할 수 있다. 단, **Exception은 모든 예외의 최상위 클래스이므로 항상 catch의 마지막에 작성**해야 한다. 그렇지 않으면 컴파일 오류가 발생한다.

> **Note** Exception을 맨 마지막에 처리해야 하는 이유
>
> Exception은 모든 종류의 예외를 포함하고 있다. 따라서 Exception이 먼저 나타나면, 예외의 종류에 상관없이 무조건 처리되고, 다른 예외들의 처리는 무시된다. 따라서 세부적인 예외를 먼저 처리하고, 처리하지 않은 나머지 예외를 마지막의 Exception에서 처리한다.

[예제 5-9]는 예외 처리를 사용한 도넛 가게 주문 시스템이다.

예제 5-9 예외 처리하기 DonutOrderWithException.java

```java
package sec02.exam09;

import java.util.Scanner;

public class DonutOrderWithException {
    public static void main(String[] args) {
        Scanner scanner = new Scanner(System.in);
```

```java

        String[] donutMenu = {"", "초코 도넛", "레몬 도넛", "딸기 도넛"};
        int[] donutPrices = {0, 2000, 2200, 2100};

        System.out.println("도넛 주문 시스템에 오신 것을 환영합니다!");
        System.out.println("1: 초코 도넛 (2000원)");
        System.out.println("2: 레몬 도넛 (2200원)");
        System.out.println("3: 딸기 도넛 (2100원)");
        System.out.print("도넛 번호를 입력하세요: ");

        try {
            int menuNum = scanner.nextInt();      // 입력한 값이 숫자가 아닌 경우
            String donut = donutMenu[menuNum];   // 존재하지 않는 번호 입력 시
            int price = donutPrices[menuNum];

            System.out.println(donut + "을(를) 선택하셨습니다.");
            System.out.println("결제 금액: " + price + "원");

        } catch (ArrayIndexOutOfBoundsException e) {
            System.out.println("메뉴 번호 오류! 1~3번 중에서 선택해 주세요.");
        } catch (Exception e) {
            System.out.println("입력 오류! 숫자를 입력해 주세요.");
        } finally {                            // 항상 실행
            System.out.println("도넛 가게를 이용해 주셔서 감사합니다.");
            scanner.close();
        }
    }
}
```

정상적인 입력

```
도넛 주문 시스템에 오신 것을 환영합니다!
1: 초코 도넛 (2000원)
2: 레몬 도넛 (2200원)
3: 딸기 도넛 (2100원)
도넛 번호를 입력하세요: 2
레몬 도넛을(를) 선택하셨습니다.
결제 금액: 2200원
도넛 가게를 이용해 주셔서 감사합니다.
```

잘못된 메뉴 번호

```
도넛 번호를 입력하세요: 7
메뉴 번호 오류! 1~3번 중에서 선택해 주세요.
도넛 가게를 이용해 주셔서 감사합니다.
```

문자를 입력한 경우

```
도넛 번호를 입력하세요: 초코
입력 오류! 숫자를 입력해 주세요.
도넛 가게를 이용해 주셔서 감사합니다.
```

try 블록에는 예외가 발생할 수 있는 코드를 작성한다. 예를 들어 19행 int menuNum = scanner.nextInt();에서 사용자가 숫자 외의 값을 입력하면, InputMismatchException 예외가 발생한다. '초코'와 같이 문자를 입력하는 경우가 이에 해당한다.

또한 20행 String donut = donutMenu[menuNum];에서 입력이 메뉴 배열의 범위를 초과하면 ArrayIndexOutOfBoundsException 예외가 발생한다. 예를 들어 메뉴는 1~3번까지만 존재하는데, 7번을 입력하면 배열의 범위를 벗어나기 때문에 예외가 발생한다.

catch 블록에는 예외가 발생했을 때 실행할 코드를 작성한다. 26행 catch (ArrayIndexOutOfBoundsException e)는 사용자가 4 이상이나 0 이하의 번호를 입력하여, 배열 인덱스 범위를 벗어났을 때 실행된다.

또한 28행 catch (Exception e)는 문자를 입력하거나, 다른 형식의 예외가 발생한 경우 실행된다. 여기서는 InputMismatchException을 처리하는 역할을 한다. 자바에서는 자식 예외를 위에 배치하고, 28행과 같이 가장 넓은 Exception을 마지막에 배치해야 한다. 그렇지 않으면 자식은 실행되지 않기 때문이다.

30행 finally 블록은 예외 발생 여부와 상관없이 항상 실행되는 코드이다. 여기서는 정상 주문과 오류에 관계없이 감사 메시지를 출력하고, scanner.close()를 통해 자원을 정리한다.

예외 처리는 단순히 오류를 막는 것을 넘어, 개발자가 문제 상황을 예측하고 책임 있게 처리하는 과정이며, 사용자에게 더 나은 경험을 제공하는 수단이다. try-catch-finally 구조를 통해 프로그램은 예외가 발생해도 중단되지 않고, 적절한 메시지와 함께 정상적으로 종료될 수 있다. 예외는 언제든 발생할 수 있기 때문에, 개발자는 항상 예외 발생 가능성을 고려하고 대비하는 태도를 가져야 한다.

3. try–with–resources 구조

Java 7부터는 try-with-resources라는 새로운 문법이 도입되었다. 이 문법은 try 블록에 자원을 등록하면, 자동으로 자원을 해제하는 기능을 제공하기 때문에 파일, 데이터베이스 연결 등 자원이 자동으로 닫히도록 보장한다. 다음 코드는 [예제 5–9]를 try-with-resources 구조로 변형한 것이다.

```
import java.util.Scanner;

public class DonutOrderWithException {
    public static void main(String[] args) {
        // try-with-resources를 사용하여 Scanner를 자동으로 닫음
        try (Scanner scanner = new Scanner(System.in)) {
            String[] donutMenu = {"", "초코 도넛", "레몬 도넛", "딸기 도넛"};
            int[] donutPrices = {0, 2000, 2200, 2100};

            System.out.println("도넛 주문 시스템에 오신 것을 환영합니다!");
            System.out.println("1: 초코 도넛 (2000원)");
            System.out.println("2: 레몬 도넛 (2200원)");
            System.out.println("3: 딸기 도넛 (2100원)");
            System.out.print("도넛 번호를 입력하세요: ");

            int menuNum = scanner.nextInt();          // 입력한 값이 숫자가 아닌 경우
            String donut = donutMenu[menuNum];        // 존재하지 않는 번호 입력 시
            int price = donutPrices[menuNum];

            System.out.println(donut + "을(를) 선택하셨습니다.");
            System.out.println("결제 금액: " + price + "원");

        } catch (ArrayIndexOutOfBoundsException e) {
            System.out.println("메뉴 번호 오류! 1~3번 중에서 선택해 주세요.");
        } catch (Exception e) {
            System.out.println("입력 오류! 숫자를 입력해 주세요.");
        } finally {
            // scanner.close();가 자동으로 처리됨
            System.out.println("도넛 가게를 이용해 주셔서 감사합니다.");
        }
    }
}
```

try-with-resources 구조의 가장 큰 차이는 try (Scanner scanner = new Scanner(System.in))과 같이 Scanner를 try 괄호 안에서 만든다는 것이다. 이 경우, finally에서 scanner.close()를 직접 호출할 필요 없이 자동으로 처리된다.

try-with-resources 구조는 finally에서 직접 close()를 호출하는 방식보다 코드가 짧고 예외 흐름이 깨끗하며, 닫기 누락과 같은 오류 발생 가능성이 낮다. 다만 System.in을 감싼 Scanner를 닫으면 표준 입력 스트림도 함께 닫히므로 같은 프로세스에서 추가 입력이 필요한 경우에는 사용할 수 없다.

4. throw와 throws

자바에서 예외를 다루는 방법에는 throw와 throws라는 두 가지 키워드가 있다. **throw**는 말 그대로 '예외를 던진다'는 의미로, 메서드 안에서 어떤 조건이 맞지 않을 때 **개발자가 의도적으로 예외를 발생시킬 때 사용**한다.

예를 들어, 도넛 주문을 받을 때 수량이 0개 이하라면 정상적인 주문이라고 볼 수 없으므로, throw new Exception("주문은 0보다 커야 함.");과 같이 예외를 발생시킬 수 있다. 이렇게 하면 메서드가 더 진행되지 않고, 호출한 쪽에서 이 예외를 처리하도록 넘겨준다.

```
public static void order(int q) throws Exception {
    if (q <= 0) {
        throw new Exception("주문은 0보다 커야 함.");
    }
    System.out.println("도넛 주문이 완료. 수량: " + q);
}
```

그림 5-15 throw와 throws의 특징

반면 throws는 메서드 선언부에 붙어 '이 메서드를 실행하면 이런 종류의 예외가 발생할 수 있으니, 호출하는 네가 알아서 처리해야 한다'고 알려주는 역할을 한다. throw가 실제 예외를 발생시키는 명령이라면, **throws는 발생할 수 있는 예외를 미리 알려주는** 선언문과 같다. 만약 throw로 던지는 예외가 체크 예외라면, 해당 메서드의 선언부에는 throws를 사용해야 하며, 비체크 예외의 경우에는 throws를 생략할 수 있다.

[예제 5-10]은 throw와 throws를 사용하여 의도적으로 예외를 만들어 처리하는 코드이다.

예제 5-10 **예외 던지기**

ThrowExample.java

```
01 package sec02.exam10;
02
03 public class ThrowExample {
04     public static void main(String[] args) {
05         try {
06             order(-1);
07         } catch (Exception e) {
08             System.out.println("예외 발생: " + e.getMessage());
09         }
10     }
11
12     // 주문 수량을 확인하고 잘못되면 예외를 던짐
13     public static void order(int q) throws Exception {
14         if (q <= 0) {
15             throw new Exception("주문은 0보다 커야 함.");
16         }
17         System.out.println("도넛 주문이 완료. 수량: " + q);
18     }
19 }
```

order(-1);

```
예외 발생: 주문은 0보다 커야 함.
```

order(3);

```
도넛 주문이 완료. 수량: 3
```

[예제 5-10]에서 order(-1)인 경우, q가 0보다 작으므로, 15행의 throw new Exception이 예외를 발생시킨다. 이후 7행의 catch 블록이 실행되고, Exception의 매개변수로 전달되는 문자열은 e.getMessage()로 확인할 수 있다. 따라서 '예외 발생: 도넛 주문은 0보다 커야 함.'이 출력된다. 만약 order(3)인 경우에는 정상적인 수량이 출력된다.

Exception과 같은 체크 예외는 13행과 같이 order() throws Exception을 붙여서 예외가 발생할 수 있다는 것을 미리 알려주어야 한다.

Note **비체크 예외와 throws**

비체크 예외는 컴파일 시 예외 검사를 하지 않기 때문에 메서드 선언부에 throws를 생략할 수 있다. 다음은 [예제 5-10]을 비체크 예외인 IllegalArgumentException으로 수정하여 throws를 생략한 코드이다.

```
public class ThrowExample {
    public static void main(String[] args) {
        try {
            order(-1);
        } catch (IllegalArgumentException e) {  // unchecked Exception
            System.out.println("예외 발생: " + e.getMessage());
        }
    }

    public static void order(int q) { // unchecked Exception: throws 생략가능
        if (q <= 0) {
            throw new IllegalArgumentException("주문은 0보다 커야 함.");
        }
        System.out.println("도넛 주문이 완료. 수량: " + q);
    }
}
```

체크 프로그램

[예제 5-10]에서 13행의 throws Exception을 지우면 어떤 오류가 발생하는지 확인하시오.

5. throws 다시 던지기

자바의 InterruptedException 예외는 잠시 멈춰야 하거나, 갑자기 중단될 수 있을 때 발생하는 예외이다. 예를 들어, 한 직원이 중요한 보고서를 작성하던 중 다른 사람이 말을 걸거나 퇴근 시간이 되어 작업을 중단해야 하는 상황과 같다. 즉, 작업이 잠시 멈추거나 갑자기 중단될 수 있을 때 발생하는 예외가 InterruptedException이다. 따라서 Thread.sleep()처럼 스레드를 잠시 멈추는 메서드를 사용할 때는 InterruptedException이 발생할 가능성이 있다고 미리 알려주어야 한다.

다음 코드와 같이 main() 메서드에 throws InterruptedException을 붙이게 되면, try-catch를 사용하지 않아도 정상적으로 작동한다. throws를 main()에 붙이면, 예외를 직접 처리하지 않고 자바 가상 머신(JVM)에 넘기겠다는 의미이기 때문에, main() 내부에서 Thread.sleep()이 예외를 던져도, JVM이 알아서 처리하게 된다.

TIP main()에 throws를 사용하였기 때문에 3장의 '경마 게임 만들기'에서는 try-catch를 사용하지 않고서도 thread.sleep();을 사용할 수 있었다.

```java
public class ThrowsExample {
    public static void main(String[] args) throws InterruptedException {
        System.out.println("도넛을 준비 중입니다...");
        Thread.sleep(2000);             // 대기 중 InterruptedException 발생 가능
        System.out.println("도넛이 준비되었습니다!");
    }
}
```

main() 메서드가 아닌 일반 메서드에서 Thread.sleep()을 사용하려면 InterruptedException을 직접 처리해야 한다. 다음 코드를 살펴보자.

```java
public class ThrowsExample {
    public static void main(String[] args) {
        try {
            makeDonut();
        } catch (InterruptedException e) {
            System.out.println("도넛 제작 중단: " + e.getMessage());
        }
    }

    public static void makeDonut() throws InterruptedException {
        System.out.println("도넛을 준비 중입니다...");
        Thread.sleep(2000);             // 대기 중 InterruptedException 발생 가능
        System.out.println("도넛이 준비되었습니다!");
    }
}
```

위 코드의 makeDonut() 메서드는 throws InterruptedException을 선언하고 있다. 이 경우에는 makeDonut()을 **호출하는 main() 메서드에서 반드시 이 예외를 처리**해야 한다. 자바는 체크 예외를 반드시 처리하거나 선언할 것을 강제하기 때문에 catch (InterruptedException e) 블록을 만들지 않으면 오류가 발생한다.

만약 makeDonut()의 예외를 처리하지 않으려면 throws로 다시 던지기를 한다. main()에 throws InterruptedException을 작성하여 makeDonut()으로부터 전달받은 throws를 다시 JVM에 넘겨 줄 수 있다. 이렇게 하면 try-catch를 생략할 수 있으며, JVM이 InterruptedException을 처리하게 된다.

```java
public class ThrowsExample {
    // 전달받은 InterruptedException을 자바 가상 머신에게 다시 넘김
    public static void main(String[] args) throws InterruptedException {
        makeDonut();
    }

    public static void makeDonut() throws InterruptedException {
        System.out.println("도넛을 준비 중입니다...");
        Thread.sleep(2000);          // 대기 중 InterruptedException 발생 가능
        System.out.println("도넛이 준비되었습니다!");
    }
}
```

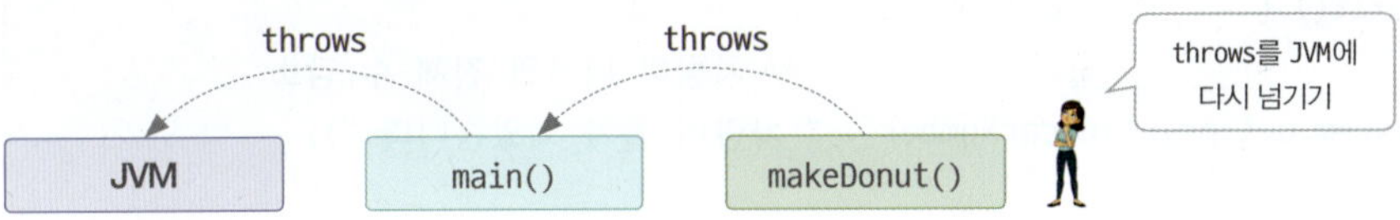

그림 5-16 throws 다시 넘기기

생성형 AI와 공부하기

도넛을 주제로 체크 예외와 비체크 예외를 처리하는 코드를 작성하고, 두 코드를 설명해줘.

LAB 주차장의 차량 수 관리하기

static 키워드를 사용하여 주차장에 존재하는 차량의 수를 모든 Car 객체가 공유하고 관리하는 프로그램의 빈칸을 채워보자. 실행 결과와 조건은 다음과 같다.

```
12가 3456 차량이 입차 되었습니다.
34나 7890 차량이 입차 되었습니다.
12가 3456 차량이 출차 되었습니다.
현재 주차장에 있는 차량 수: 1
```

조건

- totalCars는 모든 Car 객체가 공유하는 변수이며, 이는 클래스 전체에서 하나만 존재한다.
- 현재 주차장에 있는 차량의 수를 출력하는 메서드인 showTotalCars()는 객체 없이 클래스 이름으로 호출하여 사용한다.

Lab 5-2 **주차장의 차량 수 관리하기**

```
package chap05.lab02;

class Car {
    String carNumber;
    [     ①     ] totalCars = 0;   // 전체 등록된 차량 수(클래스 변수)

    Car(String carNumber) {
        this.carNumber = carNumber;
        totalCars++;                  // 새로운 차량이 들어올 때마다 전체 수 증가
        System.out.println(carNumber + " 차량이 입차 되었습니다.");
    }

    void exit() {
        [     ②     ];                 // 차량이 나가면 전체 수 감소
        System.out.println(carNumber + " 차량이 출차 되었습니다.");
    }

    [     ③     ] showTotalCars() {
        System.out.println("현재 주차장에 있는 차량 수: " + totalCars);
    }
}

public class ParkingLotExample {
    public static void main(String[] args) {

        Car car1 = new Car("12가 3456");
        Car car2 = new Car("34나 7890");
        [     ④     ];                 // 1대 출차
        [        ⑤        ];           // 현재 주차장에 있는 차량 수
    }
}
```

정답

① static int

② totalCars--

③ static void

④ car1.exit()

⑤ Car.showTotalCars()

SECTION 03

객체 배열과 열거형

1 객체 배열

1. 객체 배열 선언과 생성

자바에서 배열은 같은 종류의 데이터를 여러 개 저장할 수 있는 자료구조이다. 기본 자료형을 담는 배열은 정수형(int), 실수형(double) 등의 실제 값을 저장하지만, 클래스 타입의 배열인 객체 배열은 그렇지 않다. **객체 배열은** 실제 객체를 저장하는 것이 아닌 **객체의 주소(참조값)를 저장하는 구조**이기 때문에 같은 종류의 객체를 효율적으로 관리한다.

객체 배열을 만들기 위해서는 먼저 배열을 선언하고, 배열의 크기를 지정해 생성해야 한다. 객체 배열을 생성하는 형식은 다음과 같다.

```
클래스이름[] 배열변수 = new 클래스이름[배열크기];
```

예를 들어, Donut 객체를 담을 배열을 3개 만들고 싶다면 다음과 같이 작성한다.

```
Donut[] donuts = new Donut[3];
```

이 코드가 실행되면 메모리 상에는 Donut 객체를 담을 수 있는 donuts[0], donuts[1], donuts[2]라는 3개의 참조 공간이 생긴다. 아직 아무 객체도 가리키고 있지 않기 때문에 모두 null로 초기화된다. 따라서 배열을 만든 후에는 배열의 각 원소에 직접 Donut 객체를 생성해서 할당해야 한다. 객체를 생성하는 방식은 일반적인 객체 생성과 동일하게 new 키워드를 사용한다.

```
donuts[0] = new Donut("초코 도넛", 2500);
donuts[1] = new Donut("딸기 도넛", 2800);
donuts[2] = new Donut("너트 도넛", 3200);
```

new Donut("초코 도넛", 2500)은 Donut 클래스의 생성자를 호출하여 객체를 생성한다. 이 과정을 통해 각 배열 요소는 실제 Donut 객체를 가리키게 된다. 결과적으로 donuts 배열은 Donut 객체들의 주소를 저장하며, 그 주소를 통해 객체에 접근할 수 있게 된다. 이 과정을 마친 메모리 구조는 [그림 5-17]과 같다.

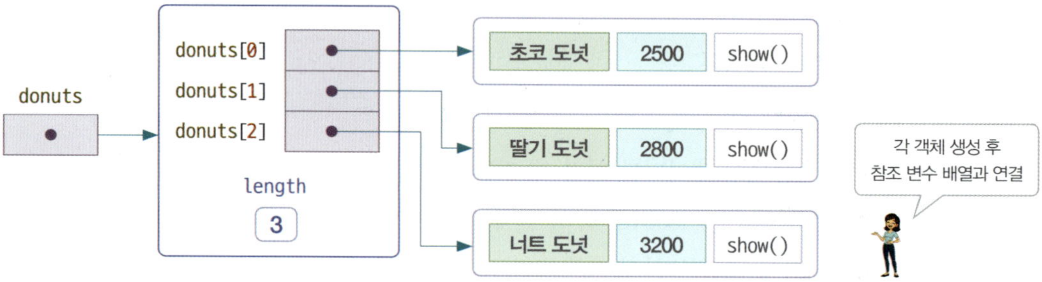

그림 5-17 객체 배열 생성 후 메모리 구조

2. 객체 배열의 사용

객체 배열을 사용하면 각 객체에 반복문을 이용해 접근할 수 있으므로, 같은 종류의 데이터를 일괄 처리할 수 있다. 예를 들어 모든 도넛의 정보를 출력하기 위해 다음과 같이 for 문을 사용할 수 있다. 여기서 donuts.length는 배열의 크기, 즉 원소의 개수를 의미한다.

```
for (int i = 0; i < donuts.length; i++) {
    donuts[i].show();
}
```

만약 배열의 크기와 내용을 미리 알고 있다면, 배열을 선언하면서 객체를 동시에 생성하는 방식이 더 간편하다. 이렇게 하면 코드가 더 간결해지고 직관적이기 때문에, 초깃값이 정의된 경우에 유용하게 사용할 수 있다.

```
Donut[] donuts = {
    new Donut("초코 도넛", 2500),
    new Donut("딸기 도넛", 2800),
    new Donut("너트 도넛", 3200),
};
```

[예제 5-11]은 객체 배열을 이용하여 도넛 정보를 출력하는 코드이다.

예제 5-11 **객체 배열 사용하기** ObjectArrayExample.java

```java
package sec03.exam11;

class Donut {
    String name;
    int price;

    Donut(String name, int price) {
        this.name = name;
        this.price = price;
    }

    public void show() {
        System.out.println(name + "의 가격은 " + price + "원.");
    }
}

public class ObjectArrayExample {
    public static void main(String[] args) {
        Donut[] donuts = new Donut[3];   // Donut 객체 배열 생성

        donuts[0] = new Donut("초코 도넛", 2500);
        donuts[1] = new Donut("딸기 도넛", 2800);
        donuts[2] = new Donut("너트 도넛", 3200);

        for (int i = 0; i < donuts.length; i++) {
            donuts[i].show();             // 각 도넛 정보 출력
        }
    }
}
```

```
초코 도넛의 가격은 2500원.
딸기 도넛의 가격은 2800원.
너트 도넛의 가격은 3200원.
```

[예제 5-11]을 실행하면 각 도넛의 이름과 가격이 차례로 출력된다. 배열 덕분에 객체를 하나하나 따로 다루지 않고도 반복문을 통해 효율적으로 처리할 수 있게 된다. 또한, 매개변수로 객체 배열을 받아서 출력하는 showAll() 메서드는 다음과 같이 만들 수 있다.

```
static void showAll(Donut[] donuts) {
    for (int i = 0; i < donuts.length; i++) {
        donuts[i].show();
    }
}
```

위와 같이 선언된 showAll()은 다음과 같이 Donut.showAll(donuts);로 호출한다.

```
Donut.showAll(donuts);                  // showAll() 클래스 메서드 호출
```

여기서 주의할 것은 showAll()은 static으로 선언해야 한다는 것이다. 왜냐하면 static이 없는 메서드는 객체를 생성한 이후에만 사용할 수 있기 때문이다. 따라서 객체를 만들지 않고서도 showAll() 메서드를 호출하려면 static void showAll()로 선언해야 한다.

Note **show() 메서드**

donuts 자체는 배열의 참조값일 뿐이기 때문에 donuts.show()처럼 show() 메서드를 직접 호출할 수 없다. show() 메서드는 donuts[0].show, donuts[1].show(), donuts[2].show()와 같이 객체 배열의 원소 안에 있기 때문이다.

2 열거형

열거형enum type은 서로 관련 있는 고정된 값(상수)을 하나의 묶음으로 정의하는 특별한 자료형이다. 열거형을 사용하면 프로그램 내에서 특정 값만 허용되도록 강제할 수 있으므로, 코드의 안정성을 높이고 실수를 줄일 수 있다. 열거형은 enum이라는 예약어를 사용하여 선언하며, 그 형식은 다음과 같다.

```
enum 열거형이름 { 상수1, 상수2, ... }
```

요일은 월요일부터 일요일까지 딱 7개만 존재하며, 그 외의 값은 허용되지 않는다. 이처럼 가능한 값이 제한적이고 고정되어 있을 때는 열거형을 사용하는 것이 좋다. 다음 코드는 Day라는 새로

운 자료형을 정의한 것이며, 정의된 일곱 가지 값 중 하나만 가질 수 있는 사용자 정의 자료형이 된다.

```
enum Day {
    MONDAY, TUESDAY, WEDNESDAY, THURSDAY, FRIDAY, SATURDAY, SUNDAY;
}
```

이렇게 정의된 열거형은 다음과 같이 사용할 수 있다. 생성된 열거형 변수 **today**는 정해진 값 이외에는 컴파일되지 않기 때문에, 잘못된 값이 코드에 들어갈 가능성이 사라진다.

```
Day today = Day.MONDAY;                        // 열거형 변수 today 선언
```

자바의 열거형은 기본적으로 **Enum** 클래스를 상속받기 때문에, 다음과 같은 기본 메서드를 사용할 수 있다.

- **name()**: 열거 상수의 이름을 문자열로 반환한다.
- **ordinal()**: 해당 열거 상수가 선언된 순서를 반환한다(0부터 시작).
- **values()**: 해당 열거형에 정의된 모든 값을 배열로 반환한다.

다음 코드에서 사용한 **today.name()**은 상수의 이름 **FRIDAY**를 반환한다. 또한 **today.ordinal()**은 0부터 시작하는 상수의 순서를 반환한다. **FRIDAY**는 0부터의 위치가 4이므로 4가 반환된다. 이처럼 열거형은 단순한 숫자 값이나 문자열이 아니라, 동작 가능한 객체처럼 사용된다.

```
Day today = Day.FRIDAY;

System.out.println(today.name());          // "FRIDAY"
System.out.println(today.ordinal());       // 4
```

열거형은 메서드를 정의할 수 있기 때문에, 열거형 내부에 직접 기능을 포함시킬 수 있다. [예제 5-12]는 특정 요일이 평일인지 주말인지를 판별하는 메서드를 **enum** 내부에 정의하여 판별 결과를 출력하는 코드이다.

예제 5-12 **열거형 사용하기** EnumExample.java

```java
package sec03.exam12;

public class EnumExample {
    enum Day {
        MONDAY, TUESDAY, WEDNESDAY, THURSDAY, FRIDAY, SATURDAY, SUNDAY;

        boolean isWeekday() {
            return ordinal() < 5;   // 5보다 작으면 true 반환, 아니면 false 반환
        }
    }

    public static void main(String[] args) {
        Day today = Day.SATURDAY;

        System.out.println("오늘은 " + today + "입니다.");

        if (today.isWeekday()) {
            System.out.println("평일입니다.");
        } else {
            System.out.println("주말입니다.");
        }
    }
}
```

```
오늘은 SATURDAY입니다.
주말입니다.
```

[예제 5-12]에서 `ordinal()` 메서드는 요일의 순서를 정수로 반환하고, `isWeekday()`는 이를 이용해 특정 요일이 평일인지 아닌지를 판단한다. 월~금은 0~4번 인덱스를 갖기 때문에 `ordinal() < 5`일 때는 평일이고, 그렇지 않으면 주말이라고 판단한다.

열거형을 사용하면 다음과 같은 여러 가지 이점이 생긴다.

첫째, 가독성이 향상된다. `Day.MONDAY`와 같은 명확한 이름을 사용하면 코드의 의미가 훨씬 분명해지므로 숫자나 문자열보다 직관적이다.

둘째, 코드 안정성이 높아진다. 열거형은 정해진 값만 사용할 수 있기 때문에, 존재하지 않는 값을 사용하는 실수를 컴파일 단계에서 미리 방지할 수 있다.

셋째, 유지보수가 쉬워진다. 고정된 값이 한곳에 모여있기 때문에 수정이나 확장이 편리하고, 실수할 확률이 줄어든다.

넷째, 객체처럼 사용할 수 있으며 필드와 메서드를 추가할 수 있어, 각 상수에 대한 의미를 더 풍부하게 담아낼 수 있다. 이로 인해 객체지향적인 설계에 자연스럽게 통합된다.

생성형 AI와 공부하기

enum이 기본적으로 제공하는 메서드를 예제로 만들어서 자세히 설명해줘.

LAB 객체 배열을 활용하여 배달료 비교하기

식당과 배달료로 구성된 객체 배열과 기준 배달료를 매개변수로 받아서 기준 배달료보다 비싼지 아닌지를 출력하는 프로그램의 빈칸을 채워보자. 실행 결과와 조건은 다음과 같다.

```
[기준 배달료 2000원과 비교]
피자나라: 비쌈-3000원
치킨왕국: 평균-2000원
분식천국: 저렴-1500원
```

조건

- show() 메서드의 첫 번째 매개변수는 DeliveryStore 타입의 객체 배열을 받아야 하므로, 배열 타입으로 선언해야 한다.
- show() 메서드를 static으로 선언하고, 객체 생성 없이 호출해야 한다.

Lab 5-3 객체 배열을 활용하여 배달료 비교하기

```java
package chap05.lab03;

public class DeliveryApp {                          // 음식점 클래스 정의
    static class DeliveryStore {
        String name;
        int fee;

        DeliveryStore(String name, int fee) {
            this.name = name;
            this.fee = fee;
```

```
        }

        static void show(    ①    stores, int standardFee) {
            for (    ②    : stores) {
                if (    ③    ) {
                    System.out.println(s.name + ": 저렴-" + s.fee + "원");
                } else if (s.fee == standardFee) {
                    System.out.println(s.name + ": 평균-" + s.fee + "원");
                } else {
                    System.out.println(s.name + ": 비쌈-" + s.fee + "원");
                }
            }
        }
    }

    public static void main(String[] args) {
        DeliveryStore[] stores = {                    // 음식점 객체 배열 생성
            new DeliveryStore("피자나라", 3000),
            new DeliveryStore("치킨왕국", 2000),
            new DeliveryStore("분식천국", 1500)
        };

        int standard = 2000;
        System.out.println("[기준 배달료 " + standard + "원과 비교]");
            ④    (stores, standard);          // 배열을 전달하여 출력
    }
}
```

정답

① DeliveryStore[]

② DeliveryStore s

③ s.fee < standardFee

④ DeliveryStore.show

미니 프로젝트 온라인 쇼핑몰 상품 관리 시스템

이번 프로젝트의 주제는 '온라인 쇼핑몰 상품 관리 시스템'이다. 온라인 쇼핑몰에서 상품 정보를 관리하는 시스템을 시뮬레이션하는 프로그램으로, 상품의 이름, 가격, 재고 수량 등의 속성을 정의하고, 시스템 전체 상품 수를 추적할 수 있다. 이 프로그램에서는 private 접근 제한자를 사용하여 상품의 속성(이름, 가격, 재고)을 외부로부터 보호하고, 게터와 세터를 사용하여 private 속성에 안전하게 접근하거나 유효성 검사를 거쳐 수정할 수 있는 공용 메서드를 만든다. 다음의 실행 결과와 조건에 맞게 프로그램을 작성해보자.

```
*** 온라인 쇼핑몰 상품 관리 시스템 ***

[상품 정보 등록]
상품 1: 상품명: 노트북, 가격: 1500000원, 재고: 10개

[상품 2 정보 등록 시도]
상품 2: 상품명: 마우스, 가격: 30000원, 재고: 5개

[상품 1 정보 업데이트 시도 (재고 증가)]
노트북의 재고가 10 -> 12로 업데이트되었습니다.

[상품 1 정보 업데이트 시도 (유효하지 않은 재고 설정)]
오류: 재고 수량은 0 미만일 수 없습니다. 재고는 12로 유지됩니다.

[전체 상품 현황]
총 등록 상품 수: 2개

[개별 상품 상세 정보]
1. 상품명: 노트북, 가격: 1500000원, 재고: 12개
2. 상품명: 마우스, 가격: 30000원, 재고: 5개
```

조건

- 상품의 정보를 담는 Product 클래스를 만들고, 상품의 속성(예 name, price, stockQuantity)은 private 접근 제한자로 선언한다.
- 상품의 속성에 접근하고 수정하기 위해 게터와 세터를 구현해야 하며, 세터 메서드 중 하나 이상(예 setStockQuantity)은 유효성 검사 로직을 포함해야 한다. 예를 들어 재고는 음수가 될 수 없다.
- static 변수(totalProductCount)를 선언하여 현재까지 생성된 Product 객체의 총 개수를 추적하고, 객체가 생성될 때마다 totalProductCount가 증가해야 한다.

[코드 구조 설명]

- name, price, stockQuantity는 각 상품 객체 고유의 속성을 저장하는 변수로 외부의 직접 접근을 방지한다. 해당 변수는 getName(), getPrice(), getStockQuantity()와 같은 게터를 사용하여 변숫값을 읽어와야 한다.
- totalProductCount는 모든 상품 객체가 공유하는 전체 상품 수를 저장하는 변수이다.
- getTotalProductCount()는 totalProductCount 값을 반환하는 게터이며, setStockQuantity()는 세터이다.
- Product()로 객체 생성 시 totalProductCount를 1 증가시킨다.
- 실행 클래스의 이름은 ShopSystemMain이고, main 메서드를 포함하며, Product 객체를 생성하고 조작하는 코드를 포함한다.

요약

01 패키지는 관련된 클래스를 하나로 묶어주는 기능이며, 클래스 이름이 같더라도 패키지가 다르면 서로 다른 클래스로 인식한다. 소스 코드의 가장 위에 package 예약어를 사용해 선언하며, 실제 파일을 저장할 때는 패키지 구조에 맞는 폴더에 저장해야 한다. 다른 패키지에 있는 클래스를 사용하려면 import 문을 사용한다.

02 접근 제한자는 클래스, 변수, 메서드가 어디까지 접근할 수 있는지를 정의한 제어 장치이며 public, protected, default(생략), private의 총 네 가지가 있다. 같은 패키지 안에서는 private만 접근 불가이며, 다른 패키지에서는 public만 항상 접근을 허용한다. 또한 protected는 상속 관계가 있을 경우에만 접근을 허용한다.

03 public은 가장 개방적인 접근 권한을 제공하며, 하나의 자바 파일에는 public 클래스가 오직 하나만 존재할 수 있다. main() 메서드는 반드시 public으로 선언되어야 하며, 포함된 클래스도 역시 public이어야 한다. 따라서 하나의 패키지 안에서 여러 개의 public 클래스를 만들려면 각각 별도의 파일로 만들어서 패키지로 묶어주어야 한다.

04 접근 제한자를 따로 명시하지 않으면 default 접근 제한자가 적용된다. 이 제한자는 같은 패키지 안에 있는 클래스끼리는 자유롭게 접근할 수 있지만, 다른 패키지에 있는 클래스에서는 접근할 수 없다.

05 protected는 기본적으로 default와 비슷하게 동작하지만, 다른 패키지에 있더라도 해당 클래스를 상속받은 자식 클래스에서는 접근할 수 있다는 차이점이 있다.

06 private로 선언된 것은 오직 같은 클래스 안에서만 접근할 수 있으며, 외부 클래스, 같은 패키지, 다른 패키지 모두 접근이 불가능하다.

07 자바의 핵심 원칙 중 하나는 캡슐화이며, 이는 클래스 내부의 데이터를 외부에서 직접 접근하지 못하도록 막고, 게터와 세터라는 통로를 통해 간접적으로 안전하게 접근할 수 있도록 한다.

08 static은 클래스 전체에서 공유하는 변수나 메서드를 만들 때 사용하며, static 변수나 메서드는 객체를 생성하지 않고도 클래스 이름을 통해 접근할 수 있다. 그러나 static 메서드 내부에서는 인스턴스 변수에 접근할 수 없으며 this 예약어를 사용할 수 없다. static과 final을 함께 사용하면, 바뀌지 않으면서도 객체 없이도 접근 가능한 값을 만들 수 있다.

09 불변 객체는 생성된 후 그 상태를 변경할 수 없는 객체로, 객체의 필드 값이 한 번 설정되면 다시는 변경될 수 없다. String은 대표적인 불변 객체이다.

10 예외 상황을 예측하고, 적절하게 처리하여 프로그램을 안전하게 유지하는 것이 예외 처리이다. 자바에서 예외 처리에는 try-catch-finally 구조를 사용하는데, try 블록은 예외가 발생할 수 있는 코드를 작성하고, catch 블록은 예외가 발생했을 때 그 예외를 잡아내고 처리하는 부분이며, finally 블록은 예외와 관계없이 무조건 실행되는 코드이다. try-with-resources 구조는 try 블록에 자원을 등록하면, 자동으로 자원을 해제하는 기능을 제공한다. throw는 개발자가 의도적으로 예외를 발생시키는 데 사용하고, 메서드 선언부에서 예외가 발생할 수 있다는 사실을 알려줄 때 throws를 사용한다.

11 객체 배열은 객체의 주소(참조값)를 저장하는 구조이다. 객체 배열은 같은 종류의 객체를 연속된 메모리 공간에서 효율적으로 관리할 수 있게 한다.

12 열거형은 서로 관련 있는 고정된 값(상수)들을 하나의 묶음으로 정의하는 자료형이며 enum을 사용하여 선언한다. 열거형을 사용하면 프로그램 내에서 특정 값만 허용되도록 강제할 수 있으므로, 코드의 안정성을 높이고 실수를 줄일 수 있다.

연습 문제

01 클래스를 하나로 묶어주는 기능과 가장 가까운 단어를 찾으시오.

① 패키지 ② 접근 제한자
③ 불변 객체 ④ static 멤버

02 package에서 상위 패키지와 하위 패키지를 구분하는 구분자는 무엇인가?

① 대괄호([]) ② 쉼표(,)
③ 별표(*) ④ 점(.)

03 상위 패키지 sec01의 하위 패키지 exam01을 선언한 코드를 찾으시오.

① package exam01.sec01 ② package sec01.exam01
③ package sec01/exam01 ④ package exam01/sec01

04 다음 중 틀린 설명을 찾으시오.

① 패키지는 이름 충돌을 방지할 수 있다.
② 패키지 이름과 폴더 구조가 다를 수 있다.
③ 패키지는 항상 첫 줄에 선언해야 한다.
④ 클래스가 중복될 경우, 반드시 전체 패키지명을 사용하여 구분해야 한다.

05 다른 패키지에 있는 클래스를 가져올 때 사용하는 예약어를 찾으시오.

① import ② public ③ final ④ static

06 나머지 3개와 다른 하나를 찾으시오.

① private ② public ③ protected ④ static

07 캡슐화와 거리가 있는 단어를 찾으시오.

① getter ② static ③ private ④ setter

08 접근 제한자의 허용 범위가 좁은 순서에서 넓은 순서대로 나열한 것을 찾으시오.

① private, protected, default, public

② public, protected, default, private

③ private, default, protected, public

④ default, private, protected, public

09 같은 패키지 안에서 접근이 허용되지 않는 접근 제한자를 찾으시오.

① private ② public

③ protected ④ default

10 다음 중 틀린 설명을 찾으시오.

① public은 가장 개방적인 접근 권한을 제공한다.

② 하나의 자바 파일에는 public 클래스가 한 개 이상 있어야 한다.

③ main() 메서드는 반드시 public으로 선언되어야 한다.

④ public 클래스의 이름은 파일 이름과 반드시 일치해야 한다.

11 클래스 전체에서 공유하는 변수나 메서드를 만들 때 사용하는 예약어를 찾으시오.

① import ② public

③ final ④ static

12 다음 중 틀린 설명을 찾으시오.

① static 멤버는 클래스가 메모리에 로딩될 때 한 번만 생성된다.

② static 멤버는 모든 객체가 공유한다.

③ static 멤버는 객체를 생성하지 않고서도 바로 사용할 수 있다.

④ static 멤버는 this를 사용하여 만든다.

13 Donut 클래스의 static 변수 name을 바르게 참조하는 코드를 찾으시오.

① Donut.name ② this.name
③ name.Donut ④ static.name

14 정수형 상수 NAME을 값이 바뀌지 않으며 객체 없이도 접근 가능한 변수로 선언하려 한다. 올바른 코드를 찾으시오.

① public final int NAME; ② public static int NAME;
③ static final int NAME; ④ static final NAME;

15 생성된 후 상태를 변경할 수 없는 것과 가장 가까운 단어를 찾으시오.

① 패키지 ② 접근 제한자
③ 불변 객체 ④ static 멤버

16 자바에서 불변 객체로 설계된 자료형을 찾으시오.

① 배열 ② 정수
③ 문자 ④ 문자열

17 예외 처리에서 예외를 잡아내고 처리하는 부분을 찾으시오.

① finally ② final
③ catch ④ try

18 개발자가 의도적으로 예외를 발생시키는 데 사용하는 예약어를 찾으시오.

① finally ② throw
③ catch ④ try

19 메서드 선언부에서 예외가 발생할 수 있다는 사실을 알려줄 때 사용하는 예약어를 찾으시오.

① finally ② throw
③ throws ④ try

20 catch의 가장 마지막에 위치해야 하는 예외를 찾으시오.

① IOException
② InputMismatchException
③ Exception
④ NullPointerException

21 3개의 원소를 가진 Donut 클래스의 객체 배열 선언이 올바른 것을 찾으시오.

① Donut[] donuts = new Donut[3];
② Donut[3] donuts = new Donut[];
③ Donut donuts = new Donut[3];
④ Donut[3] donuts = new Donut;

22 열거형에서 사용 가능한 메서드 중 열거 상수가 선언된 순서를 반환하는 메서드를 찾으시오.

① values() ② show()
③ ordinal() ④ name()

23 다음 코드에서 오류가 발생하는 부분을 찾고 이유를 설명하시오.

```
class DonutRecipe {
    private String Recipe = "밀가루 90g + 소금 1g";     // 레시피 노출 금지

    public void makeDonut() {
        System.out.println("도넛을 만듦-레시피 공개 불가!");
    }
}

public class PrivateExample {
    public static void main(String[] args) {
        DonutRecipe recipe = new DonutRecipe();

        recipe.makeDonut();
        System.out.println(recipe.Recipe);
    }
}
```

24 다음은 도넛 이름을 읽기 전용으로 만드는 코드이다. 빈칸을 채우시오.

```
public class Donut {
    [          ] name;

    [          ] {
        this.name = name;
    }

    public String getName() {
        return name;
    }
```

25 다음은 가격이 0원 이상 10000원 이하일 때만 값을 변경하도록 하는 세터이다. 빈칸을 채우시오.

```
public class Donut {
    [          ];

    public int getPrice() {             // price 변수 게터
        return price;
    }

    public void setPrice(int price) {  // 유효성 검사가 포함된 price 변수 세터
        if ([                    ]) {
            [                    ];
        } else {
            System.out.println("가격은 0원 이상 10,000원 이하만 가능!");
        }
    }
}
```

26 다음 코드에서 오류를 찾고 이유를 설명하시오.

```
String name;
static String phoneNumber = "02-123-4567";

static void callShop() {
    System.out.println(name);
    System.out.println("도넛 가게에 전화: " + phoneNumber);
}
```

27 다음은 가게 전화번호를 출력하는 코드이다. 빈칸을 채우시오.

```
class DonutInfo {
    [            ] phoneNumber = "02-123-4567";

    static void callShop() {
        System.out.println("도넛 가게에 전화: " + phoneNumber);
    }
}

public class StaticMethodExample {
    public static void main(String[] args) {
        [                ];
        System.out.println("전화번호: " + [                ]);
    }
}
```

28 다음 코드의 출력값을 작성하시오.

```
public class StringExample {
    public static void change(String str) {
        str = "변경됨";
    }

    public static void main(String[] args) {
        String name = "원본";
        change(name);
        System.out.println(name);
    }
}
```

29 다음 코드의 출력값을 작성하시오.

```
public class StringImmutable {
    public static void main(String[] args) {
        String str = "apple";
        str = str + " pie";

        System.out.println(str);
    }
}
```

30 다음 코드의 빈칸을 채우시오.

```
public class DonutMaker {
    public static void main(String[] args) [          ] InterruptedException {
        System.out.println("도넛을 준비 중입니다...");

        Thread.sleep(2000);     // 2초 대기 - InterruptedException 발생 가능

        System.out.println("도넛이 준비되었습니다!");
    }
}
```

31 예외 처리 코드의 빈칸을 채우시오.

```
import java.util.Scanner;

public class DonutOrderWithException {
    public static void main(String[] args) {
        Scanner scanner = new Scanner(System.in);

        String[] donutMenu = {"", "초코 도넛", "레몬 도넛", "딸기 도넛"};
        int[] donutPrices = {0, 2000, 2200, 2100};

        System.out.println("도넛 주문 시스템에 오신 것을 환영합니다!");
        System.out.println("1: 초코 도넛 (2000원)");
        System.out.println("2: 레몬 도넛 (2200원)");
        System.out.println("3: 딸기 도넛 (2100원)");
        System.out.print("도넛 번호를 입력하세요: ");

        [          ] {
            int menuNum = scanner.nextInt();   // 입력한 값이 숫자가 아닌 경우
            String donut = donutMenu[menuNum]; // 존재하지 않는 번호 입력 시
            int price = donutPrices[menuNum];

            System.out.println(donut + "을(를) 선택하셨습니다.");
            System.out.println("결제 금액: " + price + "원");

        } [          ] (ArrayIndexOutOfBoundsException e) {
            System.out.println("메뉴 번호 오류! 1~3번 중에서 선택해 주세요.");
        } [                            ] {
            System.out.println("입력 오류! 숫자를 입력해 주세요.");
        } [          ] {
            System.out.println("도넛 가게를 이용해 주셔서 감사합니다.");
            scanner.close();
        }
    }
}
```

32 다음은 객체 배열 코드이다. 빈칸을 채우시오.

```
class Donut {
    String name;
    int price;

    Donut(String name, int price) {
        this.name = name;
        this.price = price;
    }

    public void show() {
        System.out.println(name + "의 가격은 " + price + "원.");
    }
}

public class ObjectArrayExample {
    public static void main(String[] args) {
        [            ];    // Donut 객체 배열 생성

        donuts[0] = new Donut("초코 도넛", 2500);
        donuts[1] = new Donut("딸기 도넛", 2800);
        donuts[2] = new Donut("너트 도넛", 3200);

        for (int i = 0; i < [          ]; i++) {
            [            ];
        }
    }
}
```

33 요일을 나타내는 열거형 Day를 만들고, 현재 요일이 무엇인지 출력하는 프로그램을 작성하시오.

```
오늘은 WEDNESDAY입니다.
```

34 객체가 생성될 때마다 `static` 변수 `count`가 1씩 증가하는 `Counter` 클래스를 작성하시오. `count`는 클래스 전체에 공유되며, 생성자에서 `count`를 증가시키고, 현재까지 생성된 객체 수를 출력하는 `static` 메서드 `getCount()`를 포함하시오.

```
현재 생성된 객체 수: 3
```

35 `Passport` 클래스를 불변 객체로 만들어 여권번호와 이름을 저장하시오. 두 필드는 `private final`로 선언하여 변경할 수 없도록 설정하고, 생성자를 통해 한 번만 초기화할 수 있도록 만드시오. 단, `setter`는 작성하지 않고 `getter`만 제공하시오.

```
여권번호: A12345678
이름: 김영희
```

36 `MathUtil`이라는 유틸리티 클래스를 만들고, 두 정수 중 더 큰 값을 반환하는 `static` 메서드 `max(int a, int b)`를 구현하시오. 단, 객체 생성 없이 메서드를 사용하시오.

```
더 큰 수는 55입니다.
```

37 Book 클래스를 작성하고 제목과 저자를 저장하시오. 이후 Book 객체를 3개 생성하고 배열에 저장한 후, 모든 책의 제목과 저자를 출력하시오.

```
제목: 미라클 자바, 저자: 조성호
제목: 소년이 온다, 저자: 한강
제목: 무빙, 저자: 강풀
```

38 사용자의 이름과 나이 정보를 포함하는 User 클래스를 작성하시오. 두 필드는 private로 선언하고, 이름과 나이를 설정/조회할 수 있는 getter와 setter 메서드를 구현하시오. 메인 메서드에서 사용자 객체를 생성하여 이름은 '민수', 나이는 '25'로 설정한 뒤, 출력하시오.

```
이름: 민수
나이: 25
```

39 열거형 Season을 만들고 SPRING, SUMMER, FALL, WINTER를 정의하시오. 현재 계절에 따라 다른 메시지를 출력하는 프로그램을 switch를 사용하여 작성하시오.

```
봄에는 꽃이 핍니다.
```

40 Account 클래스를 작성하고 잔액(balance) 필드를 private로 선언하시오. 또한 외부에서 잔액을 직접 수정하지 못하도록 하고, getBalance()와 setBalance()를 통해 접근하도록 하시오. 단, setBalance는 음수가 입력될 경우 잔액을 변경하지 않도록 설정하시오.

```
잔액: 10000원
```

41 모든 학생이 공통적으로 사용하는 학교 이름을 static 변수로 저장하시오. Student 클래스에서 각 객체는 이름만 다르고, 학교명은 모두 동일하게 출력하는 프로그램을 작성하시오.

```
이름: 민진, 학교: 미라클고등학교
이름: 성호, 학교: 미라클고등학교
```

42 CoffeeType 열거형을 만들고 AMERICANO, LATTE, CAPPUCCINO를 정의하시오. 커피 타입에 따라 다른 가격을 출력하는 printPrice() 메서드를 switch를 사용하여 작성하시오.

```
LATTE는 4000원입니다.
```

CHAPTER 06

상속과 다형성

학습 목표

- 자바 상속의 특징을 살펴보고, 상속에 따른 접근 제한자 범위를 이해한다.
- 메서드 오버라이딩의 규칙과 사용 방법을 학습한다.
- 다형성, 추상 클래스, 인터페이스의 사용 방법을 이해한다.

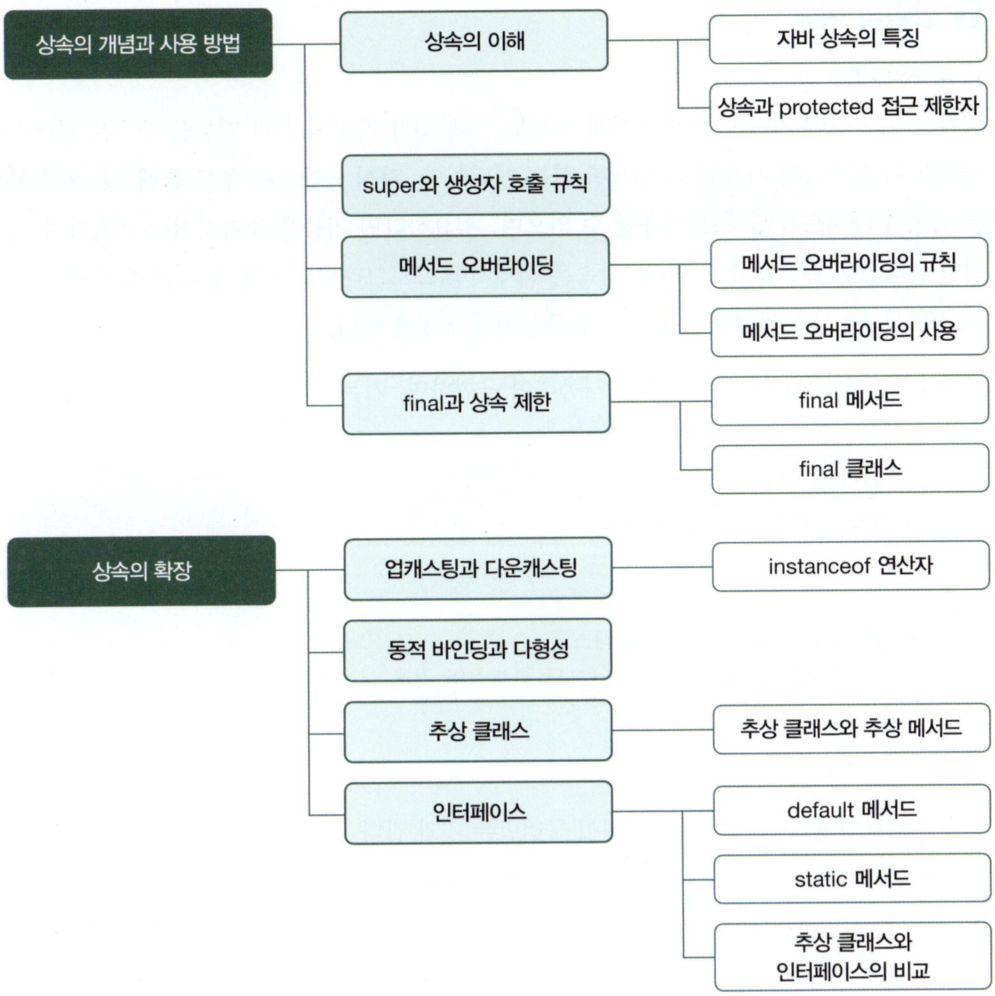
상속의 개념과 사용 방법
상속의 이해
자바 상속의 특징
상속과 protected 접근 제한자
super와 생성자 호출 규칙
메서드 오버라이딩
메서드 오버라이딩의 규칙
메서드 오버라이딩의 사용
final과 상속 제한
final 메서드
final 클래스
상속의 확장
업캐스팅과 다운캐스팅
instanceof 연산자
동적 바인딩과 다형성
추상 클래스
추상 클래스와 추상 메서드
인터페이스
default 메서드
static 메서드
추상 클래스와
인터페이스의 비교

SECTION

01 상속의 개념과 사용 방법

1 상속의 이해

1. 상속의 개념

상속inheritance이란 이미 만들어진 클래스(부모 클래스)가 가진 속성과 기능을 새로운 클래스(자식 클래스)가 물려받아 사용할 수 있도록 하는 개념이다. **자식 클래스는 부모 클래스가 제공하는 모든 속성과 메서드를 그대로 사용할 수 있으며**, 필요하다면 **기능을 추가하거나 변경하여 더 구체적인 클래스로 확장할 수도 있다**. 상속은 객체지향 프로그래밍의 가장 중요한 특징 중 하나이며, 코드의 재사용성과 확장성을 높이는 데 핵심적인 역할을 한다.

자바에서 상속은 extends 키워드를 사용하여 구현하며, 기본적인 형식은 다음과 같다.

```
class 부모클래스 {
    // 부모 클래스의 필드와 메서드
}

class 자식클래스 extends 부모클래스 {
    // 자식 클래스의 필드와 메서드(부모 클래스의 것을 상속받음)
}
```

상속은 부모의 공통적인 특징을 자식이 물려받는 것과 같다. 예를 들어, 도넛 가게에서 여러 종류의 도넛을 판다고 생각해보자. 모든 도넛은 이름(name)과 가격(price)이라는 공통 속성을 가지며, 자신을 설명하는(show()) 기능을 가진다. 하지만 초코 도넛에는 초코 토핑이 있고, 레몬 도넛에는 레몬 시럽이 추가되는 것처럼 도넛에는 공통된 부분과 각 도넛만의 특별한 부분이 공존한다. 이 상황을 그림으로 표현하면 [그림 6-1]과 같다.

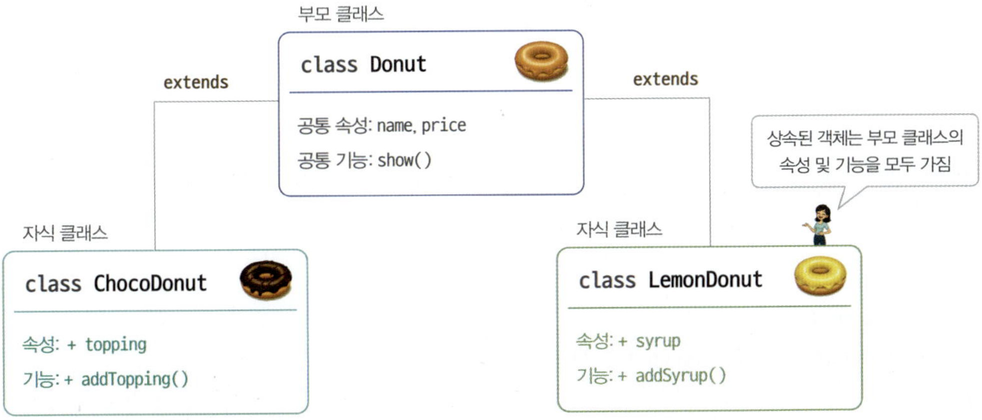

그림 6-1 상속 후 부모 및 자식 클래스의 구조

Donut 클래스에는 모든 도넛이 공통으로 가지는 name과 price 속성, show() 기능이 있다. ChocoDonut 클래스와 LemonDonut 클래스는 Donut 클래스를 상속받아, 공통 기능은 그대로 사용하고 자신만의 기능을 추가하였다. 이렇게 하면 중복되는 코드를 매번 새로 작성할 필요가 없으며, 새로운 도넛 종류가 추가되어도 쉽게 확장할 수 있다.

만약 상속을 사용하지 않고 초코 도넛과 레몬 도넛을 따로 정의한다면, 이름(name)과 가격(price), show() 메서드가 모든 클래스에 중복되어 들어가게 된다. 다음 코드는 이름, 가격, show() 메서드가 중복될 뿐 아니라 도넛의 기본 기능을 변경해야 할 때 모든 클래스를 찾아 일일이 수정해야 한다는 번거로움이 있다.

```
class ChocoDonut {
    String name;                    // 중복된 변수
    int price;                      // 중복된 변수
    String topping;

    void show() {                   // 중복된 메서드
        System.out.println(name + "의 가격은 " + price + "원");
    }

    void addTopping() {
        System.out.println(topping + " 토핑 추가");
    }
}

class LemonDonut {
```

```
    String name;                    // 중복된 변수
    int price;                      // 중복된 변수
    String syrup;

    void show() {                   // 중복된 메서드
        System.out.println(name + "의 가격은 " + price + "원");
    }

    void addSyrup() {
        System.out.println(syrup + " 시럽 추가");
    }
```

이때 상속을 사용하면 공통 부분은 부모 클래스에 두고, 각 도넛이 가진 특별한 기능만 자식 클래스에 추가할 수 있다. 위의 코드를 상속을 사용하여 변경하면 다음과 같다.

```
class Donut {                       // 부모 클래스
    String name;                    // 공통 변수
    int price;                      // 공통 변수

    void show() {                   // 공통 메서드
        System.out.println(name + "의 가격은 " + price + "원");
    }
}

class ChocoDonut extends Donut {    // Donut 클래스를 상속받는 ChocoDonut 클래스
    String topping;                 // name 및 price 사용 가능 + topping

    void addTopping() {             // show() 사용 가능 + addTopping()
        System.out.println(topping + " 토핑 추가");
    }
}

class LemonDonut  extends Donut {   // Donut 클래스를 상속받는 LemonDonut 클래스
    String syrup;                   // name 및 price 사용 가능 + syrup

    void addSyrup() {               // show() 사용 가능 + addSyrup()
        System.out.println(syrup + " 시럽 추가");
    }
}
```

이렇게 하면 각 도넛 클래스는 Donut의 기본 속성을 그대로 사용하면서 초코 도넛만의 topping 속성과 addTopping() 메서드를 추가하여 기능을 확장할 수 있고, 레몬 도넛의 syrup 속성과 addSyrup() 메서드를 추가할 수 있다. 만약, 도넛의 기본 기능을 변경해야 한다면, Donut 클래스의 코드만 수정하면 상속받는 모든 자식 클래스에 반영되므로 유지 보수가 편리하다.

[예제 6-1]은 Donut 클래스를 상속한 ChocoDonut 클래스의 정보를 출력하는 코드이다.

예제 6-1 **Donut 클래스 상속하기** InheritExample.java

```java
package sec01.exam01;

class Donut {                          // 부모 클래스
    String name;                       // 공통 변수
    int price;                         // 공통 변수

    void show() {                      // 공통 메서드
        System.out.println(name + "의 가격은 " + price + "원");
    }
}

class ChocoDonut extends Donut {  // Donut 클래스를 상속받는 ChocoDonut 클래스
    String topping;                    // name 및 price 사용 가능 + topping

    void addTopping() {                // show() 사용 가능 + addTopping()
        System.out.println(topping + " 토핑 추가");
    }
}

public class InheritExample {
    public static void main(String[] args) {
        ChocoDonut choco = new ChocoDonut();
        choco.name = "초코 도넛";  // Donut의 name 사용
        choco.price = 2000;        // Donut의 price 사용
        choco.topping = "초코 칩"; // ChocoDonut의 topping 사용

        choco.show();              // Donut의 show() 사용
        choco.addTopping();        // ChocoDonut의 addTopping() 사용
    }
}
```

```
초코 도넛의 가격은 2000원
초코 칩 토핑 추가
```

12행에서 ChocoDonut 클래스가 Donut 클래스를 상속받았기 때문에 부모 클래스의 멤버 변수를 그대로 사용할 수 있으며, ChocoDonut만의 기능을 확장할 수도 있다. 따라서 27행의 부모 클래스의 show()가 이름과 가격을 출력하고, 28행 자식 클래스의 addTopping()이 토핑을 출력한다. [예제 6-1] 코드가 실행된 이후 객체의 구조는 [그림 6-2]와 같다.

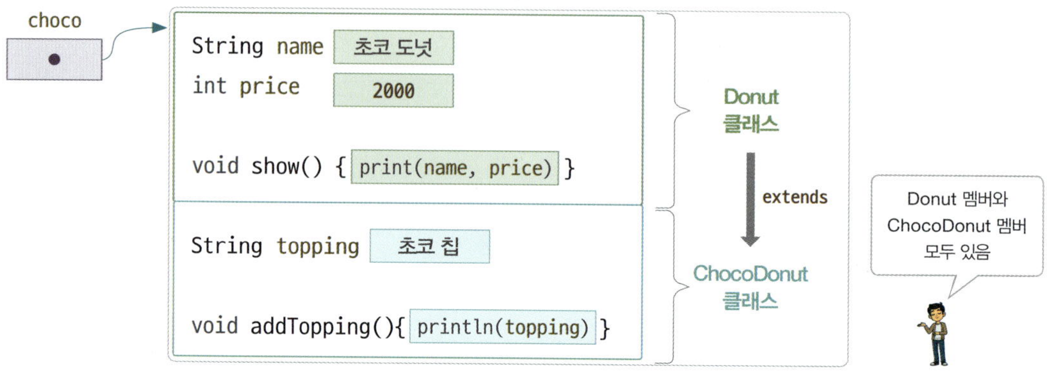

그림 6-2 Donut을 상속한 ChocoDonut 객체의 구조

2. 자바 상속의 특징

자바는 클래스에서 꼭 필요한 변수와 메서드를 최상위 클래스인 Object 클래스에 만들어 두었으며, 자바의 모든 클래스는 Object 클래스를 자동으로 상속받는다. 따라서 이를 상속받은 모든 클래스는 미리 만들어진 변수와 메서드를 사용할 수 있게 된다.

또한, 자바는 상속 횟수에 제한을 두지 않기 때문에, Donut을 상속한 ChocoDonut, ChocoDonut을 상속한 NutDonut, NutDonut을 상속한 SpecialDonut과 같이 계속하여 상속할 수 있다. 이러한 자바의 계층구조를 그림으로 정리하면 [그림 6-3]과 같다.

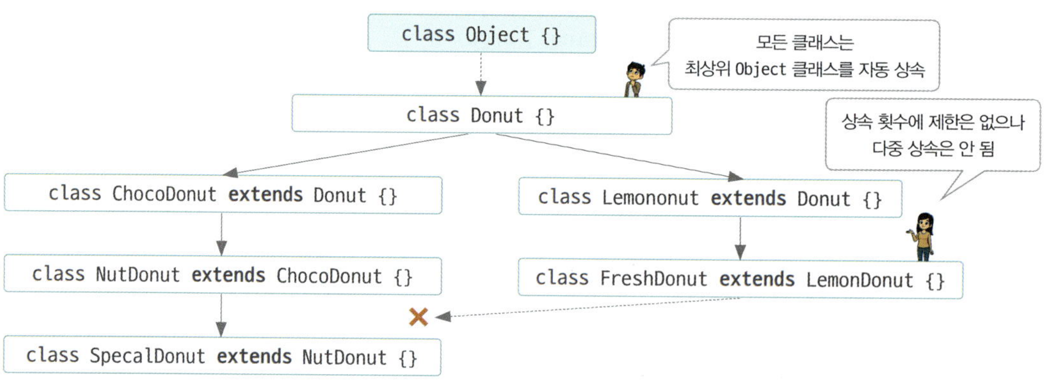

그림 6-3 자바 상속의 계층구조

TIP Object 클래스에 대한 특징과 메서드는 7장 '자바 기본 패키지'에서 자세히 설명한다.

자바는 상속 횟수에 제한을 두지는 않지만, **다중 상속을 지원하지 않는다**. 다중 상속은 class SpecialDonut extends NutDonut, FreshDonut {}과 같이 한 번에 여러 클래스로부터 상속받는 것을 의미한다. 자바에서는 한 번에 하나의 클래스만 상속받을 수 있다.

> **Note** **자바와 다중 상속**
>
> 일반 클래스에서는 다중 상속을 지원하지 않지만, 인터페이스에서는 다중 상속을 지원한다. 인터페이스와 다중 상속에 대한 내용은 2절 '4. 인터페이스'에서 다룬다.

> **생성형 AI와 공부하기**
>
> 도넛을 주제로 자바 상속의 특징을 설명할 수 있는 간단한 코드를 작성하고, 해당 코드를 자세히 설명해줘.

3. 상속과 protected 접근 제한자

5장에서 설명한 protected와 default(생략) 접근 제한자는 클래스가 다른 패키지에 있으면서 상속 관계가 있는지 여부에 따라 접근 허용 범위가 달라진다.

다른 패키지에 있으면서 상속된 객체의 경우, protected로 선언된 멤버나 객체에 접근할 수 있지만, default로 선언된 멤버나 객체는 여전히 접근할 수 없다. 따라서 protected의 접근 허용 범위가 default 보다 조금 더 넓다. [그림 6-4]는 상속을 포함하여 접근 제한자별로 허용 범위를 정리한 것이다.

그림 6-4 상속과 protected 접근 제한자

결론적으로 protected는 상속 관계가 있을 경우에만 접근을 허용한다. [표 6-1]은 접근 제한자가 허용하는 접근 범위를 표로 정리한 것이다.

표 6-1 상속을 포함한 접근 제한자의 허용 범위

구분	같은 클래스	같은 패키지	다른 패키지	다른 패키지의 상속된 객체
public	○	○	○	○
protected	○	○	×	○
default(생략)	○	○	×	×
private	○	×	×	×

2 super와 생성자 호출 규칙

1. super 예약어

super 예약어는 바로 위의 부모 클래스를 의미하며, 부모 클래스의 멤버에 접근할 때 사용하는 참조 변수다. super는 상속 관계에서 부모 클래스의 생성자, 메서드, 필드를 명확히 호출하거나 참조할 때 사용한다. super의 선언 방식은 다음과 같다.

```
super();           // 부모 클래스의 생성자 호출(생성자에서만 사용 가능, 무조건 첫 줄)
super.변수;         // 부모 클래스의 변수 사용(접근)
super.메서드();     // 부모 클래스의 메서드 호출
```

[그림 6-5]는 super의 참조 위치를 보여준다. ChocoDonut 클래스의 생성자 ChocoDonut()의 블록 안의 super()는 부모 클래스의 Donut() 생성자를 호출한다. super.name은 부모 클래스 Donut의 name 변수를 의미한다. 또한 super.show()는 Donut의 show() 메서드를 호출한다.

super는 자기 자신을 참조하는 this와 달리 부모 클래스를 참조하기 때문에 Donut 클래스의 this.name과 ChocoDonut 클래스의 super.name은 같은 변수를 참조한다.

'super.변수'와 'super.메서드()'는 상속된 자식 클래스의 내부에서 사용할 수 있다. 만약, 자식 클래스에서 부모와 자식이 같은 이름의 필드나 메서드를 가지면, 자식 클래스에 있는 것이 우선 접근되므로 부모의 것을 사용하려면 super를 사용해야 한다.

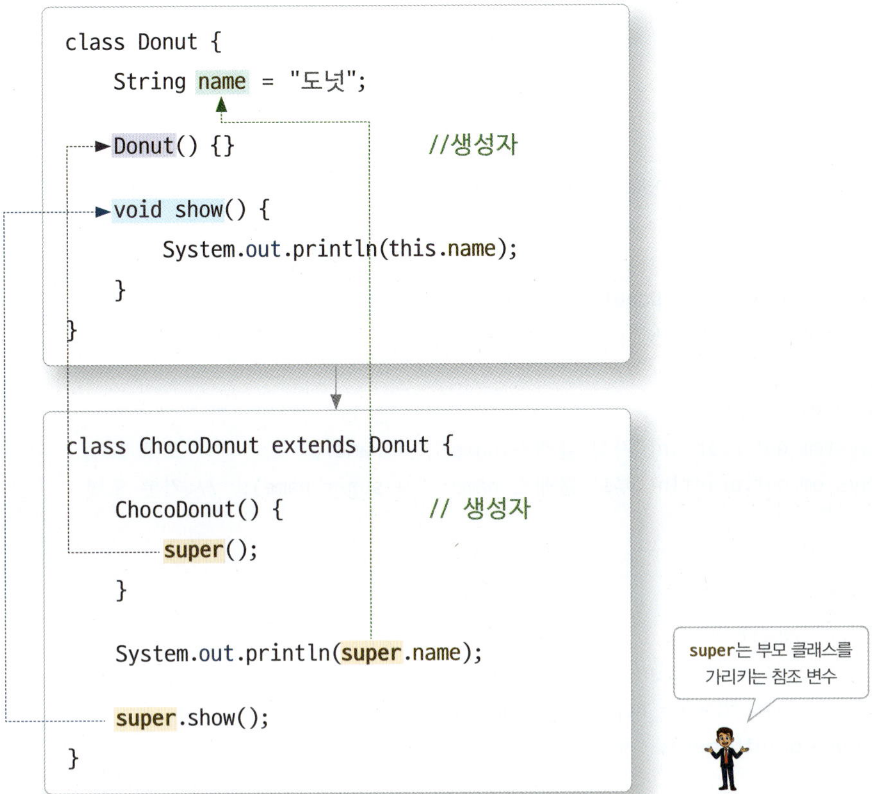

그림 6-5 super의 참조 위치

또한, super()는 생성자이므로 생성자 메서드 안에서만 사용할 수 있으며, 언제나 **생성자 코드의 첫 줄에 위치**해야 한다. 따라서 super()가 두 번째 줄에 있는 다음 코드는 오류이다.

오류 코드

```
ChocoDonut() {
    System.out.println("기본 생성자");
    super();                        // 오류: super()는 첫 줄에만 작성 가능
}
```

[예제 6-2]는 super를 사용하여 자식 클래스의 도넛 이름과 부모 클래스의 도넛 이름을 출력하는 코드이다.

예제 6-2 **super 사용하기** SuperExample.java

```
01    package sec01.exam02;
02
03    class Donut {
04        String name = "기본 도넛";
05    }
06
07    class ChocoDonut extends Donut {
08        String name = "초코 도넛";
09
10        void printName() {
11            System.out.println("자식 클래스 name: " + name);        // 초코 도넛
12            System.out.println("부모 클래스 name: " + super.name);  // 기본 도넛
13        }
14    }
15
16    public class SuperExample {
17        public static void main(String[] args) {
18            ChocoDonut choco = new ChocoDonut();
19            choco.printName();
20        }
21    }
```

```
자식 클래스 name: 초코 도넛
부모 클래스 name: 기본 도넛
```

[예제 6-2]의 실행 결과와 같이 부모의 name을 사용하기 위해서는 12행처럼 super.name을 사용해야 한다.

2. 생성자 호출 규칙

상속을 사용하면 부모 클래스의 속성과 메서드를 자식 클래스가 물려받아 사용할 수 있다. 그런데 자식 클래스의 객체를 생성할 때 부모 클래스의 생성자는 어떻게 호출될까? 이 부분을 이해하려면 객체 생성 과정과 생성자 호출 순서를 정확히 알아야 한다.

자식 클래스는 부모 클래스의 속성과 기능을 상속받지만, 부모 클래스의 생성자는 자동으로 상속되지 않는다. 따라서 **자식 클래스의 객체가 생성될 때는 부모 클래스의 생성자가 먼저 실행된 뒤**

에 자식 클래스의 생성자가 실행된다. 그 이유는 자식 클래스가 사용하기 전에 부모 클래스의 속성과 기능이 먼저 초기화되어야 하기 때문이다.

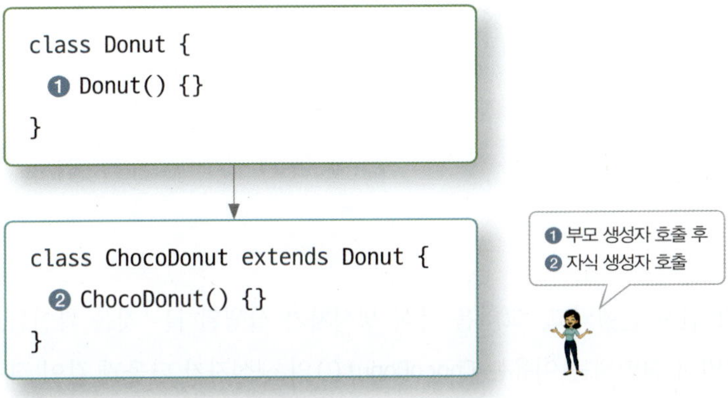

그림 6-6 상속에서 생성자 호출 순서

[그림 6-6]과 같이 '부모 생성자 호출 뒤 자식 생성자 호출'이라는 기본적인 순서를 유지하려면 부모 클래스에 기본 생성자가 있는지 혹은 없는지에 따라 코드를 작성하는 방법이 달라진다. 기본 생성자의 유무에 따라 코드를 작성하는 자세한 방법에 대하여 살펴보자.

■ 부모 클래스에 기본 생성자가 있는 경우

부모 클래스가 기본 생성자를 가지고 있다면, 자식 클래스의 생성자가 실행될 때 자동으로 부모 클래스의 기본 생성자가 먼저 호출된다. [예제 6-3]은 생성자의 호출 순서를 보여주는 코드이다.

예제 6-3 부모 클래스의 기본 생성자 호출하기 ConstExistExample.java

```java
package sec01.exam03;

class Donut {
    Donut() {
        System.out.println("Donut 생성자 호출");   // 부모 생성자가 먼저 호출됨
    }
}

class ChocoDonut extends Donut {
    ChocoDonut() {
        System.out.println("ChocoDonut 생성자 호출");
    }
}

```

```java
public class ConstExistExample {
    public static void main(String[] args) {
        ChocoDonut choco = new ChocoDonut();
    }
}
```

```
Donut 생성자 호출
ChocoDonut 생성자 호출
```

실행 결과를 보면 부모 생성자가 먼저 실행되고, 그다음 자식 생성자가 실행된다는 것을 확인할 수 있다. 부모의 기본 생성자가 먼저 실행되는 이유는 ChocoDonut()의 생성자가 다음과 같이 작동했기 때문이다.

```java
class ChocoDonut extends Donut {
    ChocoDonut() {
        super();      // 자식 클래스에 super()가 없으면 자동 생성 후 실행
        System.out.println("ChocoDonut 생성자 호출");
    }
}
```

자식 클래스의 생성자 ChocoDonut()의 첫 줄에 super();를 코드를 실행하여 부모 생성자를 먼저 호출한다. 만약 자식 클래스의 기본 생성자의 첫 줄에 super();가 없는 경우에는 **자바가 자동으로 삽입하여 실행**시킨다. 이러한 방식으로 부모 클래스의 생성자 실행 후 자식 클래스의 생성자가 실행되는 순서를 유지한다.

■ 부모 클래스에 기본 생성자가 없는 경우

자바는 개발자가 생성자를 생성하지 않으면 자동으로 기본 생성자를 삽입한다. 그러나 다른 생성자가 있을 때에는 기본 생성자를 생성하지 않는다. 따라서 부모 클래스에 기본 생성자가 없다는 것은 개발자가 **다른 생성자를 만들면서 의도적으로 기본 생성자를 만들지 않은 경우이다.**

기본 생성자가 없으면 나머지 생성자는 매개변수가 있는 생성자뿐이다. 매개변수가 있는 생성자를 호출할 때, 자바는 어떤 값을 전달할지 알지 못한다. 따라서 부모 클래스에 기본 생성자가 없는 경우에는 **자식 클래스에서 반드시 부모 생성자를 명시적으로 호출해야 한다.**

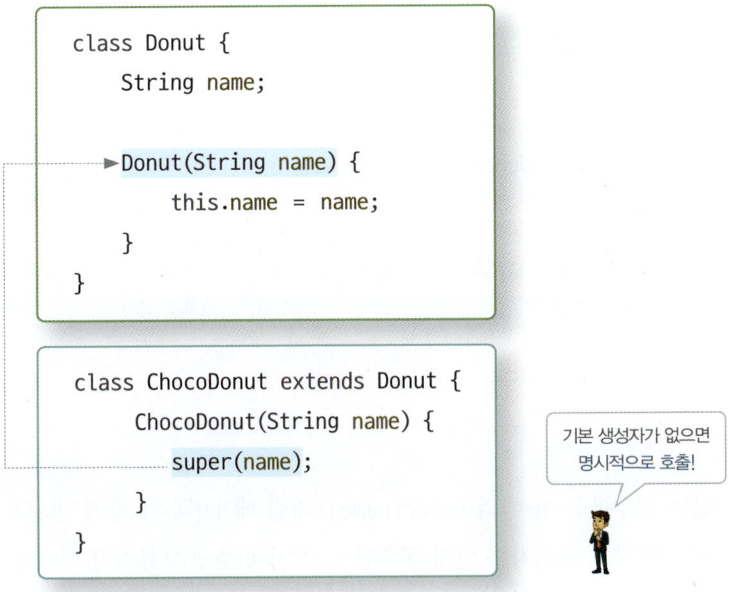

그림 6-7 부모 클래스에 기본 생성자가 없는 경우

[예제 6-4]는 부모 클래스에 기본 생성자가 없는 경우 명시적으로 생성자를 호출하는 코드이다.

예제 6-4 부모 클래스의 생성자를 명시적으로 호출하기 NoConstExample.java.

```
package sec01.exam04;

class Donut {
    String name;
                                    // 기본 생성자 Donut() {} 없음
    Donut(String name) {
        this.name = name;
        System.out.println(name + "맛 Donut 생성자 호출");
    }
}

class ChocoDonut extends Donut {
    String topping;

    ChocoDonut(String name, String topping) {
        super(name);            // 부모 생성자를 명시적으로 호출
        this.topping = topping;
        System.out.println("ChocoDonut 생성자 " + topping +  " 추가");
    }
```

```java
20 }
21
22 public class NoConstExample {
23     public static void main(String[] args) {
24         ChocoDonut choco = new ChocoDonut("초코", "초코칩");
25     }
26 }
```

```
초코맛 Donut 생성자 호출
ChocoDonut 생성자 초코칩 추가
```

부모 클래스에 기본 생성자가 없는 경우에는 16행의 super(name);처럼 매개변수와 함께 생성자를 호출해야 한다. 만약 16행을 지우면 부모 생성자를 먼저 호출할 수 없기 때문에 오류가 발생한다.

체크 프로그램

[예제 6-4] 코드의 16행 super(name);을 지우면 어떤 오류가 발생하는지 확인하시오.

■ super()와 this()의 작성 규칙

마지막으로 super()와 this()는 무조건 생성자의 첫 줄에 작성되어야 하기 때문에 둘을 같이 사용할 수 없다. 따라서 다음 코드는 오류다.

오류 코드

```java
ChocoDonut() {
    super();                    // 오류: super()와 this()는 같이 사용할 수 없음
    this("기본 도넛", "설탕");
}

ChocoDonut(String name, String topping) {
    super(name);                // 부모 생성자를 명시적으로 호출
    this.topping = topping;
    System.out.println("ChocoDonut 생성자 호출");
}
```

오류 코드를 정상적으로 실행하려면 기본 생성자 안의 super();를 지우고 this()가 호출하는 생성자의 첫 줄에 super(name);을 사용해야 한다.

3 메서드 오버라이딩

1. 메서드 오버라이딩의 개념

상속을 하면 자식 클래스는 부모 클래스의 메서드를 그대로 사용할 수 있다. 하지만, 상황에 따라 부모가 제공한 메서드의 동작을 사용하지 않고, 자식 클래스만의 방식으로 바꿔야 할 때가 있다. 예를 들어, 부모 클래스 Donut의 show() 메서드가 '나는 도넛입니다'라고 출력한다면, 초코 도넛에서는 '나는 달콤한 초코 도넛입니다'라고 바꾸어 동작시킬 수 있다.

이처럼 **부모 클래스의 메서드를 자식 클래스에서 재정의(다시 작성)하는 것을 메서드 오버라이딩** method overriding이라고 한다. 오바라이딩되는 메서드 위에는 보통 @Override을 붙인다. 이를 @Override 어노테이션 annotation이라 부르는데, 자바 컴파일러가 부모 메서드를 문법에 맞게 오버라이딩하고 있는지 점검하는 역할을 한다. @Override를 사용하면 메서드 이름이나 매개변수를 잘못 작성했을 때 오류를 통해 실수를 방지할 수 있다.

2. 메서드 오버라이딩의 규칙

자바에서 메서드를 오버라이딩하려면 [그림 6-8]과 같은 몇 가지 규칙을 반드시 지켜야 한다.

메서드 오버라이딩 규칙

❶ 메서드 이름, 매개변수의 개수, 자료형이 같아야 한다.
❷ 반환형은 부모 메서드와 같거나 좁은 형태여야 한다.
❸ 부모 메서드보다 접근 범위를 좁게 지정할 수 없다.
❹ private, static, final은 오버라이딩할 수 없다.

그림 6-8 메서드 오버라이딩 규칙

■ 메서드 이름, 매개변수의 개수, 자료형이 같아야 한다.

오버라이딩되는 메서드의 이름은 부모 클래스의 메서드와 이름이 동일해야 한다. 그렇지 않으면 전혀 다른 메서드로 인식되어 오버라이딩이 되지 않는다. 또한 매개변수의 개수와 자료형이 부모 메서드와 같아야 한다. 메서드 오버로딩(중복)은 이름이 같고 매개변수가 다른 메서드를 여러 개 만드는 것이지만, 메서드 오버라이딩(재정의)은 부모 클래스의 메서드를 다시 정의하는 것이다. 따라서 매개변수가 다르면 오버라이딩이 되지 않는다.

다음 코드에서 ChocoDounut 클래스의 int price(double count) 메서드는 부모의 메서드와 이름은 같지만 매개변수의 자료형이 다르므로 오버라이딩이 아니다.

```
class Donut {
    int price(int count) {              // 매개변수 int
        return count * 10;
    }
}

class ChocoDonut extends Donut {
    int price(double count) {           // 매개변수 자료형이 달라 오버라이딩될 수 없음
        return (int)(count * 12);
    }
}
```

TIP 위의 코드는 오버라이딩이 아닌 오버로딩으로 인식된다. 따라서 매개변수가 int이면 부모 클래스의 price()가 호출되고, double이면 자식 클래스의 price()가 호출된다.

▪ 반환형은 부모 메서드와 같거나 좁은 형태여야 한다.

메서드를 오버라이딩할 때, 반환형은 기본적으로 부모 메서드의 반환형과 같아야 한다. 다만, 반환형이 객체일 경우에는 오버라이딩하는 메서드가 부모 메서드의 반환형보다 하위 타입(자식 클래스)의 객체를 반환하는 것도 허용되는데, 이를 공변 반환형covariant return type이라 한다.

다음 코드와 같이 ChocoDonut 클래스가 Donut 클래스의 자식 타입(하위 형태)일 때, 부모 클래스의 getDonut() 메서드를 오버라이딩하는 메서드가 chocoDonut 객체를 반환하도록 할 수 있다.

```
class Donut {
    Donut getDonut() {
        return new Donut();
    }
}

class chocoDonut extends Donut {
    @Override
    chocoDonut getDonut() {
        return new chocoDonut();        // Donut 클래스의 하위 형태이므로 오버라이딩 허용
    }
}
```

그러나 다음 오류 코드와 같이 오버라이딩되는 메서드의 반환형이 부모의 Donut 객체와 전혀 관련 없는 String으로 변경되면 오류가 발생하며, 오버라이딩이 허용되지 않는다.

오류 코드

```
class Donut {
    Donut getDonut() {
        return new Donut();
    }
}

class chocoDonut extends Donut {
    @Override
    chocoDonut getDonut() {
        return "초코 도넛";                    // 오류: 반환형이 다르므로 오버라이딩이 아님
    }
}
```

■ **부모 메서드보다 접근 범위를 좁게 지정할 수 없다.**

오버라이딩되는 메서드의 접근 제한자는 부모 메서드보다 좁아질 수 없다. 예를 들어, 부모 메서드가 protected라면, 자식 메서드는 protected를 유지하거나 public으로 확장할 수 있지만, default나 private로 낮추는 것은 허용되지 않는다. 마찬가지로 부모 메서드가 public이면 자식 메서드는 더 좁은 접근 범위를 가질 수 없으며, 이는 컴파일 오류를 발생시킨다. 따라서 다음 코드는 오류이다.

오류 코드

```
class Donut {
    public void makeDonut() {
        System.out.println("도넛을 굽습니다.");
    }
}

class LemonDonut extends Donut {
    @Override
    protected void makeDonut() {             // 오류: public보다 좁은 접근 제한자
        System.out.println("레몬 도넛을 굽습니다.");
    }
}
```

- **private, static, final 메서드는 오버라이딩할 수 없다.**

private 메서드는 외부에서 접근할 수 없다. 따라서 자식 클래스에서 동일한 이름과 매개변수를 가진 메서드를 정의해도, 이는 부모 메서드를 오버라이딩한 것이 아니며 새로운 메서드를 정의한 것이다.

또한 static 메서드는 클래스 단위로 동작하며 인스턴스에 종속되지 않기 때문에 오버라이딩할 수 없다. final 메서드는 더 이상 변경할 수 없도록 선언된 메서드이므로, 자식 클래스에서 오버라이딩하는 것이 불가능하다.

Note **오버라이딩과 예외 처리**

오버라이딩에서 자식 메서드는 부모 메서드보다 더 넓은(더 많은) 범위의 예외를 처리할 수 없다. 예를 들어 부모가 Exception을 처리할 경우, 자식은 동일한 예외이거나 그보다 더 구체적인 하위 예외만 처리해야 한다. 부모 클래스가 처리하지 못할 넓은 범위의 예외를 자식이 선언하게 되면, 부모 클래스 코드에서 예기치 못한 예외가 발생할 수 있기 때문이다. 반대로, 부모 클래스가 더 넓은 범위의 예외를 처리할 수 있는 준비가 되어 있다면, 자식 클래스가 더 좁은 범위의 예외를 처리하는 것은 허용된다. 다음 코드를 살펴보자.

```java
class Donut {
    void makeDonut() throws Exception {
        System.out.println("굽는 중...");
    }
}

class ChocoDonut extends Donut {
    @Override
    void makeDonut() throws NullPointerException {
        System.out.println("타버렸습니다!");
    }
}
```

NullPointerException은 Exception의 하위 예외이므로 오버라이딩할 수 있다. 그러나 부모 메서드가 NullPointerException이고, 자식 메서드가 Exception이면, 자식 클래스에서 부모보다 더 넓은 범위인 Exception을 처리하려 하기 때문에 컴파일 오류가 발생하며 이는 오버라이딩이 아니다.

3. 메서드 오버라이딩의 사용

[예제 6-5]는 상속과 메서드 오버라이딩을 사용하여 객체마다 다르게 정의된 문장을 출력하는 코드이다.

예제 6-5 메서드 오버라이딩 사용하기 OverridingExample.java

```java
package sec01.exam05;

class Donut {
    void show() {
        System.out.println("이것은 기본 도넛이다.");
    }
}

class ChocoDonut extends Donut {
    @Override
    void show() {                  // 부모 클래스의 show() 메서드 오버라이딩
        System.out.println("이것은 달콤한 초코 도넛이다.");
    }
}

class LemonDonut extends Donut {
    @Override
    void show() {                  // 부모 클래스의 show() 메서드 오버라이딩
        System.out.println("이것은 상큼한 레몬 도넛이다.");
    }
}

public class OverridingExample {
    public static void main(String[] args) {
        Donut basic = new Donut();
        ChocoDonut choco = new ChocoDonut();
        LemonDonut lemon = new LemonDonut();

        basic.show();              // 기본 도넛
        choco.show();              // 초코 도넛
        lemon.show();              // 레몬 도넛
    }
}
```

```
이것은 기본 도넛이다.
이것은 달콤한 초코 도넛이다.
이것은 상큼한 레몬 도넛이다.
```

11행과 18행은 부모 클래스의 show() 메서드를 오버라이딩한 것이다. 따라서 29, 30, 31행에서 각자의 객체에 맞는 show()가 호출된다.

TIP 객체가 실행될 때 알맞은 메서드가 호출되는 것을 동적 바인딩(dynamic binding)이라 부른다. 동적 바인딩의 특징은 2절 '상속의 확장'에서 자세히 설명한다.

자식 클래스에서 오버라이딩을 했어도, 부모 클래스의 원래 메서드를 호출하고 싶다면 super.메서드()를 사용한다. 다음 코드는 super.show();를 사용하여 부모의 설명을 유지하면서, 추가로 ChocoDonut 클래스의 설명을 출력한다.

```
class Donut {
    void show() {
        System.out.println("이것은 기본 도넛이다.");
    }
}

class ChocoDonut extends Donut {
    @Override
    void show() {
        super.show();             // 부모 메서드도 먼저 실행
        System.out.println(" + 달콤한 초코 도넛이다.");
    }
}
```

```
이것은 기본 도넛이다.
+ 달콤한 초코 도넛이다.
```

4. 메서드 오버로딩과 메서드 오버라이딩

메서드 오버라이딩(재정의)과 헷갈리기 쉬운 개념이 메서드 오버로딩(중복)이다. **메서드 오버로딩은 같은 이름의 메서드를 여러 개 정의하는 것으로, 사용할 메서드를 매개변수 차이로 구분한다.** 이 외에 반환형이나 접근 제한자에는 제한이 없다. 그러나 **메서드 오버라이딩은 부모 클래스의 메서드를 자식 클래스에서 재정의하는 것이므로, 메서드 이름, 매개변수, 반환형, 접근 제한자가 모두 같아야 한다.** 반환형의 경우, 자식 객체(좁은 형태)는 허용되고, 접근 제한자의 범위를 확장하는 것도 허용된다. 두 개념의 차이점을 정리하면 [표 6-2]와 같다.

표 6-2 메서드 오버로딩과 메서드 오버라이딩의 차이점

구분	메서드 오버로딩(Overloading)	메서드 오버라이딩(Overriding)
적용 대상	같은 클래스 내부(메서드 중복)	부모-자식 클래스 간(메서드 재정의)
메서드 이름	같아야 함	같아야 함
매개변수	달라야 함	같아야 함
반환형	제한 없음	같거나 좁은 형태
접근 제한자	제한 없음	같거나 넓어야 함

생성형 AI와 공부하기

자바의 메서드 오버로딩과 메서드 오버라이딩을 비교할 수 있는 코드를 작성하고 둘의 차이점을 설명해줘.

4 final과 상속 제한

1. 상속 제한이 필요한 이유

상속은 기본적으로 확장과 재정의를 허용하기 때문에, 부모가 제공한 메서드는 자식이 자유롭게 오버라이딩할 수 있고, 새로운 자식 클래스는 기능을 확장할 수 있다. 그러나 이러한 상속의 유연한 특징 때문에 자칫 문제가 발생하기도 한다. 예를 들어, 모든 도넛에 적용해야 할 공통 레시피를 자식 클래스가 임의로 바꾸거나, 보안상 중요한 메서드를 오버라이딩하여 수정한다면 문제가 생길 수 있다. 또한 이미 완성된 클래스를 불필요하게 상속하면 코드가 복잡해질 수 있다. 이런 상황은 부모 클래스가 의도한 규칙을 깨뜨리거나, 시스템 전체의 안정성을 해치는 문제로 이어질 수 있다. 자바는 이러한 문제를 막기 위해 상속과 오버라이딩의 자유를 제한하는 안전장치로 `final` 키워드를 제공한다. 자바에서 `final`은 다음과 같은 의미를 가진다.

- **`final` 변수**는 한 번 값이 정해지면 **그 값을 바꿀 수 없다.**
- **`final` 메서드**는 자식 클래스에서 **오버라이딩할 수 없다.**
- **`final` 클래스**는 아예 **상속할 수 없다.**

지금은 상속과 관련된 부분이므로 `final` 메서드와 `final` 클래스를 중점적으로 살펴본다.

2. final 메서드

부모 클래스의 메서드는 기본적으로 자식이 자유롭게 오버라이딩할 수 있지만, 특정 메서드는 절대 바뀌면 안 되는 핵심 로직일 수도 있다. 예를 들어, 도넛 가게의 기본 반죽 레시피는 모든 도넛

의 기반이 되기 때문에, 해당 레시피를 변경해서는 안 된다. 이럴 때는 부모 클래스의 recipe() 메서드를 final로 선언한다. 다음 코드에서 recipe() 메서드는 final이므로, ChocoDonut 클래스가 오버라이딩하려 하면 오류가 발생한다. 따라서 부모가 정한 중요한 규칙은 자식이 바꿀 수 없도록 보호할 수 있다.

오류 코드

```
class Donut {
    final void recipe() {
        System.out.println("도넛의 기본 반죽 레시피는 절대 변경할 수 없음!");
    }
}

class ChocoDonut extends Donut {
    void recipe() {                     // 재정의하려고 하면 컴파일 오류 발생
        System.out.println("초코 도넛은 특별한 레시피로 바꿔보자!");
    }
}
```

3. final 클래스

클래스를 더 확장하거나 수정할 필요가 없다면, 클래스 자체를 final로 선언한다. final로 선언된 클래스는 상속할 수 없으며, 그대로만 사용할 수 있다. final 클래스는 더 이상 확장할 필요가 없을 때, 외부에서 상속으로 조작되면 위험할 때, 불변 객체를 만들 때 사용된다.

오류 코드

```
final class Donut {
    void show() {
        System.out.println("이 클래스는 완성된 도넛 클래스입니다.");
    }
}

class ChocoDonut extends Donut {        // 상속 불가! 오류 발생

}
```

LAB 카페에서 다양한 음료 주문하기

상속과 메서드 오버라이딩을 사용하여 음료를 주문하는 프로그램의 빈칸을 채워보자. 실행 결과와 조건은 다음과 같다.

```
=== 커피 주문 ===
아메리카노 음료 준비 시작
원두 종류: 에티오피아
아메리카노 커피를 전용 컵에 담아 따뜻하게 서빙합니다.

=== 주스 주문 ===
오렌지 주스 음료 준비 시작
사용된 과일: 오렌지
오렌지 주스를 시원하게 유리컵에 서빙합니다.
```

조건

- 자식 클래스 Coffee와 Juice는 부모 클래스 Beverage를 상속받는다.
- 자식 클래스에서는 각 음료의 특성에 맞게 serve() 메서드를 오버라이딩(재정의)한다.

Lab 6-1 카페에서 다양한 음료 주문하기

```java
package chap06.lab01;

class Beverage {              // 부모 클래스
    String name;

    Beverage(String name) {
        this.name = name;
        System.out.println(name + " 음료 준비 시작");
    }

    void serve() {
        System.out.println(name + " 음료를 컵에 담아 서빙합니다.");
    }
}

[                ①                ] {   // 상속된 자식 클래스 Coffee
    String beanType;
```

```java

    Coffee(String name, String beanType) {
        ②;                                    // 부모 생성자 호출
        this.beanType = beanType;
        System.out.println("원두 종류: " + beanType);
    }

    ③
    void serve() {
        System.out.println(name + " 커피를 따뜻하게 서빙합니다.");
    }
}

class Juice extends Beverage {                 // 상속된 자식 클래스 Juice
    String fruit;

    Juice(String name, String fruit) {
        ④;                                    // 부모 생성자 호출
        this.fruit = fruit;
        System.out.println("사용된 과일: " + fruit);
    }

    @Override
    void serve() {
        System.out.println(name + " 주스를 시원하게 서빙합니다.");
    }
}

public class CafeOrderExample  {
    public static void main(String[] args) {
        System.out.println("=== 커피 주문 ===");
        Coffee coffee = new Coffee("아메리카노", "에티오피아");
        coffee.serve();

        System.out.println("\n=== 주스 주문 ===");
        Juice juice = new Juice("오렌지 주스", "오렌지");
        juice.serve();
    }
}
```

정답

① class Coffee extends Beverage

② super(name)

③ @Override

④ super(name)

SECTION 02

상속의 확장

1 업캐스팅과 다운캐스팅

자바에서 클래스를 만들고 상속을 설정하면, 부모 클래스와 자식 클래스 사이에 상속 관계가 형성된다. 자식 클래스는 부모 클래스가 가지고 있는 속성과 메서드를 모두 물려받기 때문에, 부모 클래스의 한 형태라고 할 수 있다. 상속 구조가 형성되면, 자식 객체를 부모 타입으로 사용할 수 있으며, 부모 타입으로 저장된 객체를 다시 자식 타입으로 변환할 수도 있다. 자식 객체를 부모 타입으로 사용하는 것을 업캐스팅이라 부르며, 업캐스팅한 객체를 다시 자식 객체로 되돌리는 것을 다운캐스팅이라 부른다. 업캐스팅과 다운캐스팅에 대하여 자세히 알아보자.

1. 업캐스팅

업캐스팅 upcasting 이란 **자식 클래스의 객체를 부모 클래스 타입으로 변환하는 것**을 말한다. 자식이 부모 타입으로 변환되기 때문에 '업 Up'이라는 표현을 사용한다. 이 과정은 자동으로 형이 변환되므로, 개발자가 형 변환을 명시하지 않아도 된다. 다음 코드를 살펴보자.

```
ChocoDonut choco = new ChocoDonut();        // 자식 객체 생성
Donut d = choco;                            // 업캐스팅(자동 형 변환)
```

자식 객체 ChocoDonut을 만든 뒤 Donut 변수에 저장하면 업캐스팅이 이루어진다. 이후 d 변수를 통해 객체에 접근하면 부모 클래스 타입으로 사용할 수 있다. 이때 자식 객체 전체가 메모리에 존

재하더라도, 부모 타입의 변수는 부모 클래스에 정의된 멤버에만 접근할 수 있다. 따라서 **자식 클래스에서 새롭게 정의한 변수나 메서드는 사용할 수 없다.**

[예제 6-6]은 업캐스팅을 사용하는 코드이다.

예제 6-6 업캐스팅 사용하기 UpCastingExample.java

```java
package sec02.exam06;

class Donut {                          // 부모 클래스
    String name;

    void show() {
        System.out.println(name + "입니다.");
    }
}

class ChocoDonut extends Donut {
    String topping;

    void addTopping() {
        System.out.println(topping + " 토핑 추가.");
    }
}

public class UpCastingExample {
    public static void main(String[] args) {
        ChocoDonut choco = new ChocoDonut();
        choco.name = "초코 도넛";
        choco.topping = "초코 칩";

        Donut d = choco;               // 업캐스팅(자동 형 변환)

        d.show();                      // Donut의 show() 사용
        choco.addTopping();            // ChocoDonut의 addTopping() 사용
        // d.addTopping();             // 오류: addTopping() 사용 불가
    }
}
```

```
초코 도넛입니다.
초코 칩 토핑 추가.
```

25행의 Donut d = choco;를 통해 choco 변수가 가리키고 있는 객체 주소가 Donut 변수 d에 저장되며, 이때 업캐스팅이 이루어진다. 이후 메모리 구조는 [그림 6-9]와 같다.

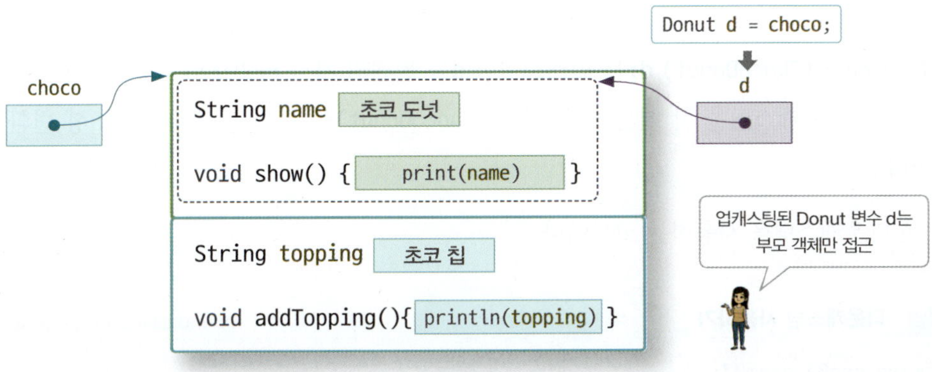

그림 6-9 **업캐스팅 이후 객체 구조**

변수 choco는 ChocoDonut의 전체 객체를 가리키지만, d는 부모 객체인 Donut을 가리킨다. 따라서 d는 Donut의 멤버에만 접근할 수 있으며, 자식 객체의 멤버인 topping과 addTopping()에는 접근할 수 없다. 이처럼 업캐스팅을 하면 여러 자식 객체를 하나의 부모 타입으로 통일하여 처리할 수 있게 되므로, 다양한 객체를 하나의 방식으로 저장하고 관리할 수 있다는 점에서 매우 유용하다.

체크 프로그램

[예제 6-6]에서 29행의 주석을 지우고 d.addTopping();을 실행하면 어떤 오류가 발생하는지 확인하시오.

2. 다운캐스팅

다운캐스팅 downcasting이란 **부모 클래스 타입으로 저장된 객체를 다시 자식 클래스 타입으로 변환하는 것**을 말한다. 부모 타입으로 저장된 객체가 실제로 자식 클래스의 인스턴스라면, 다운캐스팅을 통해 자식 클래스가 가진 고유한 기능을 다시 사용할 수 있다.

업캐스팅과는 달리, 다운캐스팅을 할 때는 반드시 **명시적으로 형 변환을 작성해야 한다**. 이때는 변환하려는 타입을 괄호 안에 명확히 지정해야 하며, 그렇지 않으면 컴파일 오류가 발생하거나 실행 중 예외가 발생한다. 다음은 명시적 형 변환을 수행하는 다운캐스팅 코드이다.

```java
Donut d = new ChocoDonut();                        // 업캐스팅
ChocoDonut choco = (ChocoDonut) d;                 // 다운캐스팅: 자식 타입으로 변환
```

ChocoDonut choco = (ChocoDonut) d;는 업캐스팅한 d를 원래의 자식 타입으로 다운캐스팅하는 코드이다. 이처럼 다운캐스팅을 할 때는 변수 앞에 (ChocoDonut)을 붙여서 명시적으로 형 변환을 해야만 한다.

[예제 6-7]은 다운캐스팅을 사용하는 코드이다.

예제 6-7 다운캐스팅 사용하기 DownCastingExample.java

```java
package sec02.exam07;

class Donut {                                      // 부모 클래스
    String name;

    void show() {
        System.out.println(name + "입니다.");
    }
}

class ChocoDonut extends Donut {
    String topping;

    void addTopping() {
        System.out.println(topping + " 토핑 추가.");
    }
}

public class DownCastingExample {
    public static void main(String[] args) {
        Donut d = new ChocoDonut();                // 업캐스팅
        d.name = "초코 도넛";

        ChocoDonut choco = (ChocoDonut) d;         // 다운캐스팅(명시적 형 변환)

        d.show();                                  // Donut의 show() 사용
        choco.topping = "초코 칩";
```

```
28            choco.addTopping();              // ChocoDonut의 addTopping() 사용
29        }
30    }
```

```
초코 도넛입니다.
초코칩 토핑 추가.
```

다운캐스팅된 후 28행과 같이 choco 변수를 통해 부모 객체와 자식 객체의 모든 멤버에 접근할 수 있게 된다. [예제 6-7]을 실행한 객체의 구조는 [그림 6-10]과 같다.

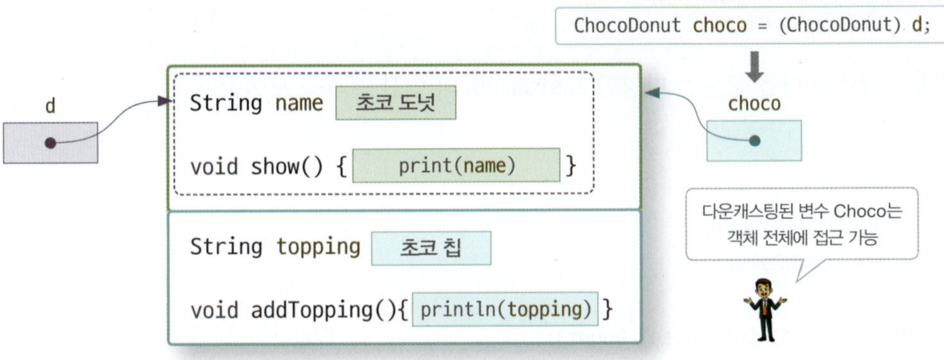

그림 6-10 다운캐스팅 이후 객체 구조

업캐스팅과 다운캐스팅은 상속 관계에서 자식 클래스와 부모 클래스를 어떻게 다룰 수 있는지를 잘 보여주는 개념이다. 업캐스팅을 통해 자식 객체를 부모 타입으로 다루면, 여러 객체를 하나의 방식으로 처리할 수 있다. 반대로, 자식 클래스의 고유한 기능이 필요할 때는 다운캐스팅을 통해 다시 자식 타입으로 변환하여 사용할 수 있다.

3. instanceof 연산자

앞에서 우리는 클래스 간의 상속 관계를 이용하여 업캐스팅과 다운캐스팅을 할 수 있다는 사실을 배웠다. 자식 객체를 부모 타입으로 다루는 업캐스팅은 항상 안전하게 수행되지만, 부모 타입으로 참조하고 있는 객체를 자식 타입으로 되돌리는 다운캐스팅은 조심해서 사용해야 한다. 그 이유는 참조하고 있는 실제 객체가 어떤 타입인지에 따라 캐스팅의 성공 여부가 달라지기 때문이다.

이때 필요한 것이 바로 instanceof 연산자이다. instanceof 연산자는 객체의 실제 타입을 확인할 수 있도록 도와주는 연산자이다. 객체가 특정 클래스의 인스턴스이거나 그 클래스를 상속받은

자식 클래스의 인스턴스라면 true가 되고, 그렇지 않으면 false가 된다. 이 연산자를 사용하면 다운캐스팅이 안전한지 사전에 검사할 수 있기 때문에, 실행 중 오류를 막는 데 큰 도움이 된다. 예를 들어, [그림 6-11]과 같이 Donut 클래스를 상속하고 있다고 가정하자.

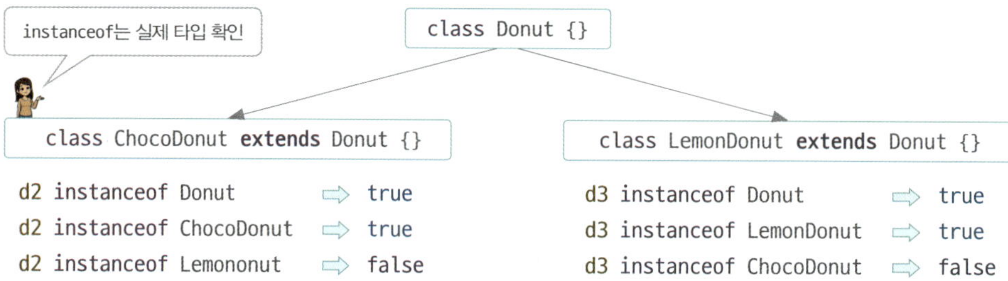

그림 6-11 상속 관계와 instanceof 연산 결과

이러한 상속 관계에서 다음 코드는 다양한 instanceof의 연산 결과를 보여준다.

```
Donut d1 = new Donut();
Donut d2 = new ChocoDonut();
Donut d3 = new LemonDonut();

System.out.println(d1 instanceof Donut);          // true
System.out.println(d2 instanceof Donut);          // true
System.out.println(d2 instanceof ChocoDonut);     // true
System.out.println(d2 instanceof LemonDonut);     // false
System.out.println(d3 instanceof ChocoDonut);     // false
```

d1은 Donut 객체이기 때문에 d1 instanceof Donut은 true이다. d2는 ChocoDonut 객체이므로 Donut과 ChocoDonut 모두에 대해 true를 반환하지만, LemonDonut과는 상속 관계가 없어 false를 반환한다. 또한, d3의 경우, d3 instanceof LemonDonut은 true이지만, d3 instanceof ChocoDonut은 false이다. 이처럼 instanceof 연산자를 사용하면 객체가 실제 어떤 타입인지 쉽게 확인할 수 있다.

다운캐스팅에서 실제 객체가 자식 타입이 아닐 때 억지로 캐스팅을 시도하면 ClassCastException 오류가 발생한다. 다음 코드의 d는 만들어질 당시부터 Donut 객체이므로 ChocoDonut으로 변환할 수 없기 때문에 오류가 발생한다.

오류 코드

```
Donut d = new Donut();                      // Donut 객체
ChocoDonut choco = (ChocoDonut) d;          // 오류 발생
```

이러한 오류를 방지하려면, instanceof를 사용하여 먼저 객체의 실제 타입을 확인한 뒤 캐스팅을 해야 한다. 다음 코드는 d가 실제로 ChocoDonut 타입인지 먼저 검사하고, 맞을 때에만 캐스팅을 수행한다. 따라서 오류가 발생하지 않는다.

```
Donut d = new ChocoDonut();

if (d instanceof ChocoDonut) {              // ChocoDonut 객체인지 확인
    ChocoDonut choco = (ChocoDonut) d;
    choco.addTopping();
}
```

이처럼 instanceof 연산자는 자바에서 타입과 클래스의 관계를 명확히 이해하고 안전하게 다루기 위해 반드시 필요한 도구 중 하나이다.

2 동적 바인딩과 다형성

1. 동적 바인딩의 이해

앞에서 우리는 자식 객체를 부모 타입으로 저장할 수 있다는 업캐스팅과 자식 클래스가 부모의 메서드를 새롭게 정의하는 오버라이딩에 대해 배웠다. 이 두 개념을 함께 사용하면 메서드를 호출할 때 특별한 현상이 발생하는데, 이것이 동적 바인딩이다.

동적 바인딩dynamic binding이란 **메서드 호출이 실행 시점에 실제 객체의 타입에 따라 결정되는 것**을 말한다. 즉, 변수는 부모 클래스 타입으로 선언되었지만, 실제로는 자식 객체를 참조하고 있을 때, **호출되는 메서드는 변수의 타입이 아닌 실제 객체의 타입을 기준으로 결정**된다. 이처럼 실행 중에 메서드를 찾아 실행하는 방식이 동적 바인딩이다. 예를 들어 다음과 같은 코드가 있다고 하자.

```java
class Donut {
    void show() {
        System.out.println("이것은 기본 도넛이다.");
    }
}

class ChocoDonut extends Donut {
    @Override
    void show() {
        System.out.println("이것은 달콤한 초코 도넛입니다.");
    }
}

public class DynamicBindingExample {
    public static void main(String[] args) {
        Donut d = new ChocoDonut();           // 부모 타입의 변수 d
        d.show();                             // chocoDonut의 show()가 호출됨
}
```

위 코드에서 show() 메서드가 오버라이딩되어 있고, Donut 타입의 변수 d가 ChocoDonut 객체를 참조하고 있다. 이를 그림으로 표현하면 [그림 6-12]와 같다.

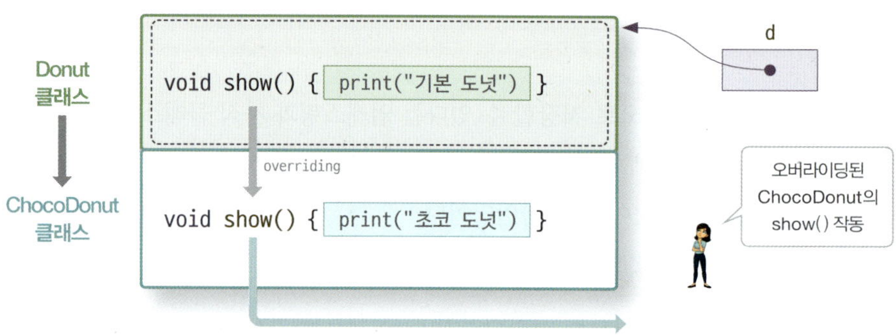

그림 6-12 오버라이딩과 동적 바인딩

이러한 상황에서 d.show();는 부모 클래스 Donut의 show()가 실행되는 것이 아니라, **자식 클래스 ChocoDonut의 show()가 실행**된다. 이처럼 메서드를 실제 객체에 따라서 실행 시점에 연결하는 것이 동적 바인딩이다.

[예제 6-8]은 동일한 부모 타입 변수를 이용해 다양한 자식 객체를 참조하여, 메서드 호출 결과가 달라지는 모습을 보여주는 코드이다.

예제 6-8 **동적 바인딩 확인하기** DynamicBindingExample.java

```java
package sec02.exam08;

class Donut {
    void show() {
        System.out.println("이것은 기본 도넛이다.");
    }
}

class ChocoDonut extends Donut {
    @Override
    void show() {
        System.out.println("이것은 달콤한 초코 도넛입니다.");
    }
}

class LemonDonut extends Donut {
    @Override
    void show() {
        System.out.println("이것은 상큼한 레몬 도넛입니다.");
    }
}

public class DynamicBindingExample {
    public static void main(String[] args) {
        Donut d1 = new Donut();
        Donut d2 = new ChocoDonut();
        Donut d3 = new LemonDonut();

        d1.show();              // 기본 도넛
        d2.show();              // 초코 도넛
        d3.show();              // 레몬 도넛
    }
}
```

```
이것은 기본 도넛이다.
이것은 달콤한 초코 도넛입니다.
이것은 상큼한 레몬 도넛입니다.
```

[예제 6-8]에서 d1은 Donut 타입 객체이고, d2와 d3는 Donut 타입으로 선언되었지만 실제로는 ChocoDonut과 LemonDonut 타입 객체이다. 따라서, 30행에서 show() 메서드를 호출하면 부모 클래스의 것이 아닌, ChocoDonut이 오버라이딩한 show() 메서드가 실행된다. 마찬가지로 31행에는 LemonDonut이 오버라이딩한 show() 메서드가 실행된다.

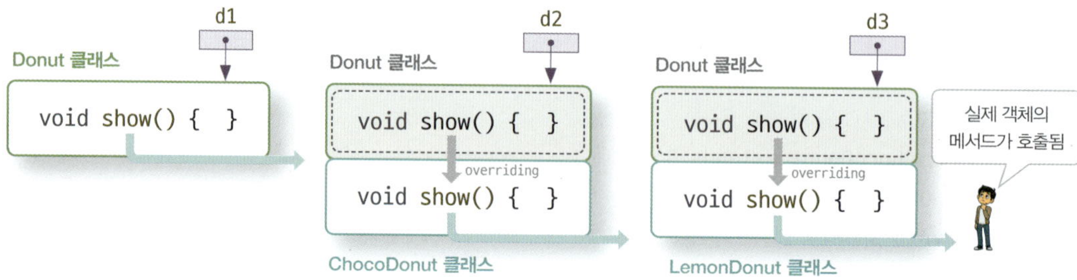

그림 6-13 각 객체의 동적 바인딩

이처럼 동적 바인딩을 사용하면 하나의 부모 타입으로 여러 자식 객체를 다룰 수 있고, 같은 메서드를 호출해도 실제 객체에 따라 동작이 달라진다. 따라서, 새로운 도넛 객체인 SpecialDonut을 생성해도 Donut 타입으로 관리하면서, SpecialDonut만의 동작을 실행할 수 있다.

동적 바인딩은 프로그램을 더욱 유연하고 확장 가능하게 만든다. 개발자는 부모 타입만 알고 있어도 자식 객체가 가진 고유한 동작을 실행할 수 있으므로 객체의 실제 종류를 몰라도 하나의 메서드 호출만으로 각 객체에 맞는 동작이 자동으로 수행되도록 만들 수 있다.

Note **정적 바인딩**

동적 바인딩과 반대되는 개념은 정적 바인딩 static binding 이다. 정적 바인딩은 컴파일할 때 호출할 메서드가 미리 결정되는 방식이다. 예를 들어 static, final, private로 선언된 메서드는 오버라이딩이 불가능하므로 항상 정적으로 바인딩된다. 그래서 실제 객체가 어떤 것이든, 항상 그 메서드가 실행된다.

2. 다형성의 이해

다형성 polymorphism 이란 객체지향 프로그래밍의 중요한 특징 중 하나이며, **하나의 부모 타입으로 여러 자식 객체를 참조하여 같은 메서드를 호출했을 때 객체마다 다르게 동작하는 성질**을 말한다. 앞서 부모 클래스인 Donut 타입 하나로 ChocoDonut, LemonDonut과 같은 다양한 자식 객체를 다룰 수 있었다. 그리고 show() 메서드를 호출했을 때, 실제 객체에 따라 다른 결과가 나타나는 것을 확인했는데, 이것이 바로 다형성이다. 다형성이 작동하려면 다음과 같은 조건이 충족되어야 한다.

- **상속:** 자식 클래스는 부모 클래스의 기능을 물려받아야 한다.
- **오버라이딩:** 자식 클래스가 부모의 메서드를 새롭게 정의해야 한다.
- **업캐스팅:** 자식 객체를 부모 타입 변수에 저장해야 한다.

다형성이 있으면 여러 종류의 객체를 하나의 타입으로 묶어 처리할 수 있다. 예를 들어, 다음과 같이 다양한 도넛 객체를 하나의 배열에 담아 반복문으로 처리할 수 있다.

```
Donut[] donuts = {          // Donut 객체 배열
    new Donut(),
    new ChocoDonut(),
    new LemonDonut()
};

for (Donut d : donuts) {
    d.show();
}
```

위 코드는 Donut 타입 배열에 여러 자식 객체를 담고 있고, 반복문을 통해 하나씩 꺼내어 show() 메서드를 호출한다. 그 결과, 각 객체의 실제 타입에 따라 다른 메시지가 출력된다. 즉, 하나의 타입으로 다양한 객체를 동일하게 다룰 수 있으며, 호출되는 메서드는 실행 시점에 객체의 실제 타입에 따라 결정된다. 이것이 바로 다형성과 동적 바인딩의 핵심이다.

생성형 AI와 공부하기

자바에서 동적 바인딩과 다형성을 사용하는 코드를 작성하고, 이에 대하여 자세히 설명해줘.

3 추상 클래스

1. 추상 클래스의 이해

자바로 프로그램을 작성하다 보면, 여러 클래스 사이에서 공통되는 속성과 기능을 하나의 부모 클래스로 묶고, 자식 클래스들이 이를 물려받아 사용하는 경우가 많다. 이럴 때 부모 클래스에서 show()라는 추상 메서드만 미리 정해놓고, 실제 내용은 자식 클래스에서 각각 다르게 작성하도록 하고 싶을 수 있다. 이처럼 **부모 클래스가 기능을 선언만 하고, 구체적인 동작은 자식 클래스가 직접 정하도록 강제하는 것**이 바로 **추상 클래스**abstract class이다. 추상 클래스를 선언할 때는 abstract 키워드를 사용한다.

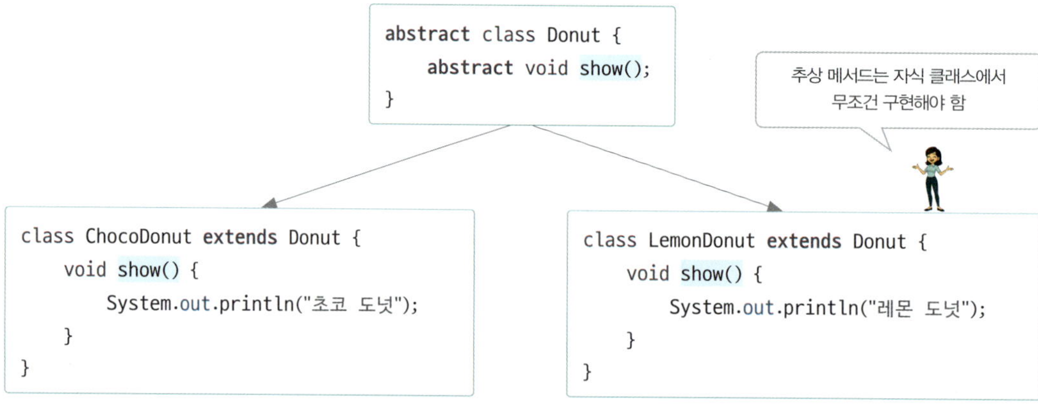

그림 6-14 추상 클래스의 특징

추상 클래스는 프로그램에서 공통된 구조와 규칙을 먼저 제시하는 설계도 같은 역할을 한다. 하지만 실제로 동작하는 내용은 담고 있지 않기 때문에, 이 클래스만 가지고는 객체를 만들 수 없다. 따라서 **추상 클래스는 반드시 자식 클래스가 상속받아 구현하지 않은 부분을 완성해야만 사용할 수 있다.**

2. 추상 메서드

추상 클래스는 완성한 메서드와 완성하지 않은 메서드를 함께 포함하는데, 완성하지 않은 메서드를 추상 메서드라고 부른다. **추상 메서드**abstract method**는 메서드의 이름과 형태만 있고, 동작하는 내용은 없다.** 예를 들어, 다음과 같은 모양이다.

```
abstract void show();          // 추상 메서드(중괄호 없음)
```

이 메서드는 show()라는 이름을 가지지만, 실행할 내용이 없으므로 **중괄호({})가 없다.** 이 메서드를 사용하려면, 자식 클래스가 반드시 내용을 채워서 오버라이딩해야 한다. 그렇지 않으면 자식 클래스 역시 추상 클래스가 되어야 하며, 결국 객체를 만들 수 없게 된다. 이런 방식으로 추상 클래스는 자식 클래스에게 반드시 기능을 구현하도록 강제한다. 추상 클래스, 추상 메서드와 관련된 규칙에 대하여 자세히 살펴보자.

■ 추상 메서드에는 코드가 작성되어 있으면 안 된다.

추상 메서드는 구현이 없는 메서드로 메서드 이름, 매개변수, 반환형만 정의한다. 따라서 중괄호 대신 세미콜론(;)으로 끝나야 한다.

```java
abstract class Donut {
    abstract void show();              // 올바른 추상 메서드
}
```

추상 메서드의 구현 내용은 자식 클래스가 직접 작성하기 때문에, 부모 클래스는 내용 없이 선언만 해둬야 한다. 따라서 다음과 같이 추상 메서드에 중괄호를 사용하면 오류가 발생한다.

오류 코드

```java
abstract class Donut {
    abstract void show() {             // 오류 발생: 추상 메서드인데 본문이 있음
        System.out.println("이것은 도넛입니다.");
    }
}
```

■ **추상 메서드가 있으면 반드시 추상 클래스로 선언해야 한다.**

추상 메서드는 실행 내용이 없는 불완전한 메서드이므로, 해당 메서드를 포함한 클래스는 반드시 `abstract class`로 선언해야 한다. 따라서 다음 코드는 오류이다.

오류 코드

```java
class Donut {                          // 오류 발생: 일반 클래스에 추상 메서드가 존재
    abstract void show();
}
```

■ **추상 클래스는 객체를 생성할 수 없다.**

추상 클래스는 미완성된 클래스이므로, `new` 키워드로 직접 객체를 만들 수 없다. 다음 오류 코드를 살펴보자.

오류 코드

```java
abstract class Donut {
    abstract void show();
}

public class DonutTest {
    public static void main(String[] args) {
```

```
        Donut d = new Donut();            // 오류 발생: 추상 클래스는 객체 생성 불가
    }
}
```

Donut 클래스는 추상 클래스이기 때문에, 내부에 완성하지 않은 추상 메서드가 존재한다. 추상 메서드는 기능이 없는 미완성 메서드이므로, 객체 생성 시 오류가 발생한다. 따라서 **추상 메서드를 가진 클래스는 추상 클래스로 선언**하여 객체를 생성하지 못하도록 방지해야 한다.

추상 클래스는 공통된 메서드 이름과 구조를 미리 정의하고, 각 자식 클래스가 해당 규칙에 맞춰 기능을 작성하도록 한다. 이로 인해 같은 기능을 서로 다른 이름으로 구현했을 때 생기는 문제를 방지하고, 일관성 있는 코드를 유지할 수 있게 한다.

[예제 6-9]는 추상 클래스와 추상 메서드를 활용하여 각각의 도넛의 이름과 가격을 출력하는 코드이다.

예제 6-9 추상 클래스와 추상 메서드 사용하기 AbstractExample.java

```java
package sec02.exam09;

abstract class Donut {                    // 추상 클래스
    String name;
    int price;

    void setPrice(int price) {
        this.price = price;
    }

    abstract void show();                 // 추상 메서드
}

class ChocoDonut extends Donut {
    @Override
    void show() {                         // 추상 메서드 show() 구현
        System.out.println("달콤한 초코 도넛입니다. 가격: " + price + "원");
    }
}

class LemonDonut extends Donut {
    @Override
```

```
23        void show() {                          // 추상 메서드 show() 구현
24            System.out.println("상큼한 레몬 도넛입니다. 가격: " + price + "원");
25        }
26    }
27
28    public class AbstractExample {
29        public static void main(String[] args) {
30            // Donut d = new Donut(); // 오류 발생. 추상 클래스는 객체 생성 불가
31
32            Donut choco = new ChocoDonut();   // 자식 클래스로 객체 생성
33            choco.setPrice(2000);
34            choco.show();
35
36            Donut lemon = new LemonDonut();   // 다른 자식 클래스도 동일
37            lemon.setPrice(2800);
38            lemon.show();
39        }
40    }
```

```
달콤한 초코 도넛입니다. 가격: 2000원
상큼한 레몬 도넛입니다. 가격: 2800원
```

3행의 추상 클래스를 상속하는 모든 도넛은 이름과 가격을 가지며, 자신을 소개하는 show() 메서드를 무조건 구현해야 한다. 소개하는 방식은 도넛마다 다르기 때문에, 부모 클래스 Donut은 공통된 틀과 추상 메서드 show()를 만들고 실제 동작은 자식 클래스가 구현하도록 하였다. 이때 자식 클래스는 부모 클래스를 상속받았기 때문에 Donut 타입으로도 다룰 수 있다.

체크 프로그램

[예제 6-9]에서 30행의 주석을 지우고 Donut d = new Donut();을 실행하면 어떤 오류가 발생하는지 확인하시오.

3. 추상 클래스의 장점

추상 클래스는 다음과 같은 장점을 가진다.

첫째, 공통된 규칙을 자식 클래스에 강제할 수 있다. 예를 들어, show()라는 메서드를 자식이 반드시 구현하도록 만들 수 있다. 만약 자식 클래스가 이 메서드를 구현하지 않으면 컴파일할 때 오

류가 발생하기 때문에 실수를 줄일 수 있다.

둘째, 프로그램의 구조를 일관되게 유지할 수 있다. 메서드 이름과 기능이 제각각이 되는 것을 방지하고, 모두 같은 방식으로 기능을 제공하도록 유도할 수 있다.

셋째, 다형성과 함께 사용하면 매우 유용하다. 부모 타입으로 여러 자식 객체를 다룰 수 있고, 자식이 오버라이딩한 메서드를 자동으로 실행하게 만들 수 있다.

4 인터페이스

1. 인터페이스의 이해

자바로 프로그램을 만들다 보면 여러 클래스가 공통된 기능을 꼭 가져야 하는 상황이 생긴다. 예를 들어, 도넛 가게에서는 도넛 종류에 상관없이 모든 도넛을 소개하고, 포장하고, 결제하는 기능이 필요하다. 이런 경우 자바에서는 인터페이스를 사용하여 모든 도넛 클래스가 공통 기능을 반드시 구현하도록 강제할 수 있다.

인터페이스는 '이 기능은 꼭 구현해야 합니다.'라는 약속(계약)을 정하는 장치이다. [그림 6-15]와 같이 **인터페이스는 interface** 예약어를 사용하며, **메서드의 이름과 형태만 정의하고 그 내용은 적지 않는다**. 이 약속을 지키는 클래스는 인터페이스를 **implements** 예약어로 구현하고, 모든 메서드를 직접 완성해야 한다. [그림 6-15]의 sellable 인터페이스는 pack(포장)과 pay(결제) 기능을 정의하고 있으며, 이를 구현하는 ChocoDonut이 실제 코드를 작성한다.

```
interface Sellable {         // 인터페이스 선언
      void pack();
      void pay();
}

class ChocoDonut implements Sellable {
    public void pack() {
        System.out.println("초코 도넛 포장 완료");
    }

    public void pay() {
        System.out.println("초코 도넛 결제 완료");
    }
}
```

그림 6-15 인터페이스 선언 및 구현

ChocoDonut은 Sellable 인터페이스를 구현해야 하고, 모든 기능을 완성한 상태에서만 사용할 수 있다. [그림 6-15]의 코드를 사용하여 인터페이스의 특징을 하나씩 살펴보자.

■ **인터페이스는 객체를 생성할 수 없다.**

인터페이스는 객체의 동작을 정의하는 틀이기 때문에 직접 객체를 만들 수 없으며, **생성자를 정의할 수 없다**. 즉, new Sellable()처럼 인터페이스를 이용해 인스턴스를 생성하는 것은 불가능하다. 따라서 다음 코드를 실행하면 오류가 발생한다.

오류 코드

```
public class DonutTest {
    public static void main(String[] args) {
        Sellable donut = new Sellable();        // 오류 발생
    }
}
```

■ **인터페이스 타입의 참조 변수를 사용할 수 있다.**

인터페이스는 직접 객체를 만들 수는 없지만, 인터페이스 타입의 변수는 선언할 수 있다. 또한 해당 변수에 인터페이스를 구현한 클래스의 객체를 넣어서 사용할 수 있다. 다음 코드의 donut 변수는 Sellable 타입이지만 실제로는 ChocoDonut 객체를 참조하고 있다. 이 덕분에 프로그램에서는 도넛 종류에 상관없이 공통된 방식으로 기능을 실행하는 다형성을 구현할 수 있다.

```
public class DonutTest {
    public static void main(String[] args) {
        Sellable donut = new ChocoDonut();      // 인터페이스 타입 변수 선언 가능
        donut.pack();
        donut.pay();
    }
}
```

■ **클래스는 인터페이스를 상속할 수 없다.**

자바에서 **클래스는 클래스끼리 상속하고, 인터페이스는 인터페이스끼리 상속한다**. 만약 클래스가 인터페이스를 extends로 상속받으려고 하면 다음과 같이 오류가 발생한다.

오류 코드

```
interface Delicious {
    void taste();
}

class StrawberryDonut extends Delicious {          // 오류 발생
    // 클래스가 인터페이스를 상속하려고 함
}
```

인터페이스를 구현할 때는 다음과 같이 **implements**를 사용해야 하며, 인터페이스를 구현하는 클래스는 그 안에 기능을 반드시 직접 완성해야 한다.

```
class StrawberryDonut implements Delicious {
    public void taste() {
        System.out.println("딸기 도넛은 달콤하고 상큼하다.");
    }
}
```

■ **인터페이스는 다중 상속이 가능하다.**

자바에서 클래스는 하나만 상속할 수 있지만, 인터페이스는 여러 개를 동시에 상속할 수 있다. 이를 인터페이스의 **다중 상속**이라 한다. 인터페이스의 다중 상속을 사용하면, 여러 기능을 하나의 인터페이스에 합칠 수 있다. 주의할 것은 인터페이스끼리 상속할 때는 **extends**를 사용하며, 다중 상속을 할 때는 쉼표(,)를 사용하여 나열한다는 점이다.

```
interface Packable {
    void pack();
}

interface Payable {
    void pay();
}

// 두 인터페이스를 상속한 Sellable 인터페이스
interface Sellable extends Packable, Payable {}
```

Sellable 인터페이스를 구현한 클래스는 pack()과 pay() 두 기능을 모두 구현해야 한다. 이를 구현한 코드와 실행 결과는 다음과 같다.

```
class LemonDonut implements Sellable {
    public void pack() {
        System.out.println("레몬 도넛을 노란 포장지에 담습니다.");
    }

    public void pay() {
        System.out.println("레몬 도넛 가격 2200원을 결제합니다.");
    }
}

public class DonutTest {
    public static void main(String[] args) {
        Sellable donut = new LemonDonut();
        donut.pack();
        donut.pay();
    }
}
```

```
레몬 도넛을 노란 포장지에 담습니다.
레몬 도넛 가격 2200원을 결제합니다.
```

위 코드와 같이 인터페이스는 여러 개의 기능을 조합하여 하나의 계약으로 묶을 수 있다. 이것은 코드의 재사용성과 유연성을 높이는 데 매우 유용하다.

Note **implements와 extends**

클래스가 인터페이스를 구현할 때는 implements 예약어를 사용하며, 클래스 혹은 인터페이스가 상속할 때는 extends 예약어를 사용한다. 또한 인터페이스는 다중 상속을 허용하며, 쉼표(,)를 사용하여 상속할 인터페이스를 나열한다.

2. default 메서드

Java 8부터는 인터페이스 안에 default 메서드를 정의할 수 있게 되었다. **default 메서드는 인터페이스 안에 구현을 포함할 수 있는 메서드로**, 인터페이스를 구현하는 클래스에서 해당 메서드를 재정의하지 않아도 자동으로 실행된다.

```
interface MakeDonut {
    default void make() {              // 인터페이스 안에 미리 만들어 놓은 메서드
        System.out.println("미라클 도넛을 만듭니다.");
    }
}
```

위의 MakeDonut 인터페이스를 구현한 클래스는 객체가 생성될 때 자동으로 make() 메서드가 실행된다.

```
class Donut implements MakeDonut {
    public Donut() {
        make();                        // 인터페이스의 default 메서드 실행
    }
}
```

3. static 메서드

Java 8부터 인터페이스에 static 메서드를 만들 수 있다. static 메서드는 객체 없이 인터페이스 이름으로 직접 호출할 수 있어 메시지 출력과 같은 간단한 기능을 효율적으로 처리할 수 있다. 예를 들어, 도넛 가게 시스템에서 메뉴나 안내 메시지를 보여주는 기능으로 활용할 수 있다.

```
interface DonutUtil {
    static void printBanner() {        // 객체 생성 없이 호출 가능
        System.out.println("[ 도넛 주문 시스템 ]");
    }
}

public class DonutShop {
    public static void main(String[] args) {
        DonutUtil.printBanner();       // 인터페이스 이름으로 호출
    }
}
```

```
[ 도넛 주문 시스템 ]
```

[예제 6-10]은 인터페이스를 사용하여 도넛을 만드는 코드이다.

예제 6-10 인터페이스 사용하기 InterfaceExample.java

```java
package sec02.exam10;

interface MakeDonut {           // 인터페이스 선언 1
    default void make() {       // 인터페이스 안에 미리 만들어 놓은 메서드
        System.out.println("미라클 도넛을 만듭니다.");
    }
}

interface Fillable {            // 인터페이스 선언 2
    void fill();
}

interface Decoratable {         // 인터페이스 선언 3
    void decorate();
}

interface DonutUtil {           // 인터페이스 선언 4
    static void printStart() { // 객체 생성 없이 호출 가능
        System.out.println("=== 도넛 만들기 시작 ===");
    }
}

class Donut implements MakeDonut, Fillable, Decoratable {  // 다중 인터페이스
    public Donut() {
        make();                 // 인터페이스 1 안의 default 메서드 자동 실행
    }

    public void fill() {        // 인터페이스 2 구현
        System.out.println("크림을 채웁니다.");
    }

    public void decorate() {    // 인터페이스 3 구현
        System.out.println("초코 토핑을 얹습니다.");
    }
}

public class IntefaceExample {
```

```
38      public static void main(String[] args) {
39          DonutUtil.printStart();  // static 메서드 실행
40          Donut d = new Donut();   // 생성자 안의 make() 자동 실행
41          d.fill();
42          d.decorate();
43      }
44  }
```

```
=== 도넛 만들기 시작 ===
미라클 도넛을 만듭니다.
크림을 채웁니다.
초코 토핑을 얹습니다.
```

3행의 인터페이스 MakeDonut에는 default 메서드가 있어 객체 생성 시 자동 실행된다. 17행의 DonutUtil에는 static 메서드가 있으므로 39행에서 객체 생성 없이 바로 호출한다. 23행의 Donut 클래스는 여러 인터페이스를 동시에 구현하는 다중 구현을 하고 있다. 이와 같이 기능별로 인터페이스를 나누면 설계가 유연해지고 유지보수가 쉬워진다.

4. 추상 클래스와 인터페이스의 비교

추상 클래스와 인터페이스는 다형성과 설계의 유연성을 제공하는 중요한 객체지향 개념이다. 두 개념 모두 미완성된 메서드를 정의할 수 있으며, 다형성을 지원하고, 직접 객체를 생성할 수 없다는 공통점이 있다. 그러나 두 개념의 구조와 사용 목적에는 분명한 차이가 있다.

추상 클래스는 필드, 생성자, 일반 메서드, 추상 메서드를 모두 포함하며 클래스는 단일 상속만 가능하다. 따라서 추상 클래스는 클래스의 기능을 상속하고자 할 때 유용하다. 이에 비해, 인터페이스는 추상 메서드, default 메서드, static 메서드 등만 포함하며 생성자는 정의할 수 없는 대신 다중 상속을 지원한다. 인터페이스는 클래스 간에 공통된 행위만을 정의하며, 서로 전혀 관련 없는 클래스에 동일한 기능을 강제할 수 있다는 장점이 있다. 따라서 인터페이스는 여러 클래스가 같은 기능을 가지도록 강제하고 싶을 때 유용하게 사용할 수 있으며, 이미 다른 클래스를 상속받은 클래스가 추가로 공통 기능을 가져야 할 때 사용하면 좋다. 또한 다양한 객체를 하나의 인터페이스 타입으로 통합해서 다루고 싶을 때 인터페이스를 사용할 수 있다.

[표 6-3]은 추상 클래스와 인터페이스를 비교한 것이다.

표 6-3 추상 클래스와 인터페이스의 비교

항목	추상 클래스	인터페이스
상속/구현	클래스는 단일 상속만 가능	클래스는 다중 인터페이스 구현 가능
구성 요소	필드, 생성자, 일반 메서드, 추상 메서드 포함	추상 메서드, default/static 메서드 등만 포함
용도	관련 있는 클래스들의 공통 기능 제공	서로 다른 클래스 간의 기능 계약 정의
생성자	생성자 정의 가능(직접 호출 불가)	생성자 정의 불가

생성형 AI와 공부하기

자바에서 추상 클래스와 인터페이스를 비교할 수 있는 코드를 작성하고, 둘의 차이점에 대해 알려줘.

LAB 배송 시스템 만들기

다형성, 추상 클래스, 인터페이스를 활용하여 배송 시스템을 구현한 프로그램의 빈칸을 채워보자. 실행 결과와 조건은 다음과 같다.

```
미라클 자바: 책 포장
미라클 자바: 책 배송 중
미라클 자바: 책 수령 완료
딸기 도넛: 식품 냉장 포장
딸기 도넛: 냉장 배송 중
딸기 도넛: 식품 수령 완료
```

조건

- 코드의 Deliverable 인터페이스는 pack(), ship(), confirm() 메서드로 구현한다.
- Deliverable 인터페이스를 구현한 Product는 추상 클래스로 선언되었으며 name이라는 공통 속성을 정의하고, 생성자로 초기화한다.
- Book 클래스와 Food 클래스는 Product를 상속받는 자식 클래스이며, Deliverable을 구현한 클래스이다. 생성자에서는 부모의 생성자를 먼저 실행한다.
- Deliverable 타입의 배열을 생성하고, 업캐스팅을 통해 자식 객체를 부모 타입으로 저장한다.
- 세 가지 메서드는 식품 특성에 맞는 포장 형식과 배송 메시지를 출력한다.

Lab 6-2 **배송 시스템 만들기**

```
package chap06.lab02;

[    ①    ] Deliverable {          // 배송 가능한 기능 정의(인터페이스)
    void pack();
    void ship();
    void confirm();
}

[        ②        ] Deliverable { // 공통 속성의 추상 클래스
    String name;
    Product(String name) { this.name = name; }
}

class Book extends Product {              // 상품 1: 책
    Book(String name) { [    ③    ]; }

    public void pack()    { System.out.println(name + ": 책 포장"); }
    public void ship()    { System.out.println(name + ": 책 배송 중"); }
    public void confirm() { System.out.println(name + ": 책 수령 완료"); }
}

class Food extends Product {              // 상품 2: 식품
    Food(String name) { super(name); }

    public void pack()    { System.out.println(name + ": 식품 냉장 포장"); }
    public void ship()    { System.out.println(name + ": 냉장 배송 중"); }
    public void confirm() { System.out.println(name + ": 식품 수령 완료"); }
}

public class DeliveryExample {
    public static void main(String[] args) {
        [    ④    ] items = {
            new Book("미라클 자바"),
            new Food("딸기 도넛")
        };

        for ([    ⑤    ]: items) {
            item.pack();           // 다형성: 각 상품의 포장 방식
            item.ship();           // 다형성: 각 상품의 배송 방식
```

```
            item.confirm();        // 다형성: 수령 확인
        }
    }
}
```

정답

① interface

② abstract class Product implements

③ super(name)

④ Deliverable[]

⑤ Deliverable item

미니 프로젝트 상속을 사용한 AI 비서 시스템

이번 프로젝트의 주제는 '상속을 사용한 AI 비서 시스템'이다. 여러 종류의 AI 비서를 정의하고, 각 비서의 공통된 기본 행동을 인터페이스로 구현한다. 이후 공통 조상(추상 클래스)으로부터 특정 기능을 상속받아 사용한다. 다음의 실행 결과와 조건에 맞게 프로그램을 작성해보자.

```
일반 AI 비서: 리나
리나가 초기화되었습니다. (버전 1.0)
리나: 사용자님, 무엇을 도와드릴까요?
리나: '안녕하세요'라고 응답합니다. (기본 응답)
---
음악 AI 비서: 뮤즈
뮤즈가 초기화되었습니다. (버전 2.0 - 음악 특화)
뮤즈: 사용자님, 어떤 노래를 들려드릴까요?
뮤즈: '오늘의 인기 차트'를 재생합니다. (특화 기능 오버라이딩)
---
동적 바인딩 테스트:
뮤즈: 사용자님, 어떤 노래를 들려드릴까요?
리나: 사용자님, 무엇을 도와드릴까요?
```

조건

- 모든 AI 비서가 가지는 공통의 능력은 `interface AssistantBehavior`로 만든다.
- AI 비서의 공통 조상인 `AIBase`는 추상 클래스로 선언하고, `AssistantBehavior`를 구현한다.
- AI 비서 `GeneralAssistant`와 `MusicAssistant`는 `AIBase`를 상속하고 각자의 특성에 맞게 기능을 오버라이딩하며, 동적 바인딩을 통해 유연하게 호출한다.

[코드 구조 설명]

- 인터페이스 `AssistantBehavior`는 모든 AI 비서가 가져야 할 필수적인 행동(메서드)을 정의한다. `askQuestion()` 메서드는 사용자의 질문을 출력하고, `respond()`는 응답을 출력하는 메서드이다.

- 추상 클래스인 AIBase는 모든 AI 비서의 공통 조상이 되며, 공통 필드로 비서의 이름을 저장하는 name과 비서의 버전 정보를 저장하는 version을 가진다. 또한 init() 메서드는 해당 비서가 초기화되었음을 출력한다. 하위 클래스는 추상 메서드인 askQuestion()을 포함하여 각 비서의 특성에 맞게 오버라이딩한다.
- GeneralAssistant 클래스는 AIBase를 상속받아 일반적인 AI 비서의 기능을 구현한다.
- MusicAssistant 클래스는 AIBase를 상속받고, respond() 메서드를 오버라이딩하여 음악에 특화된 기능을 제공한다.
- 메인 클래스인 AIProject에서는 각 비서를 생성하고 호출하여 상속 및 오버라이딩된 기능이 작동하는 것을 확인한다. 또한, AIBase 타입의 배열에 하위 클래스 객체를 저장하고 반복문으로 호출함으로써 동적 바인딩을 구현한다.

요약

01 상속이란 부모 클래스가 가진 속성과 기능을 자식 클래스가 물려받아 사용할 수 있도록 하는 개념이며, 자식 클래스는 기능을 추가하거나 변경하여 더 구체적인 클래스로 확장할 수도 있다. 자바에서 상속은 `extends` 키워드를 사용하여 구현한다.

02 자바의 모든 클래스는 `Object` 클래스를 자동으로 상속받으며, 상속 횟수에 제한을 두지 않지만, 다중 상속은 지원하지 않는다. 다른 패키지에 있으나 상속된 객체의 경우, `protected`로 선언된 변수나 객체에 접근이 허용된다.

03 `super`는 바로 위의 부모 클래스를 의미하며, 부모 클래스의 멤버에 접근할 때, 사용하는 참조 변수다. `super`는 상속 관계에서 부모 클래스의 생성자, 메서드, 필드를 명확히 호출하거나 참조할 때 사용한다. `super()`는 생성자이므로 생성자 메서드 안에서만 사용할 수 있으며, 언제나 생성자 코드의 첫 줄에 위치해야 한다.

04 자식 클래스의 객체가 생성될 때는 반드시 부모 클래스의 생성자가 먼저 실행된 뒤에 자식 클래스의 생성자가 실행된다. 부모 클래스가 기본 생성자를 가지고 있다면, 자식 클래스의 생성자가 실행될 때 자동으로 부모 클래스의 기본 생성자가 먼저 호출된다. 부모 클래스에 기본 생성자가 없는 경우에는 자식 클래스에서 반드시 부모 생성자를 명시적으로 호출해야 한다.

05 부모 클래스의 메서드를 자식 클래스에서 재정의(다시 작성)하는 것을 메서드 오버라이딩이라고 한다. 오버라이딩은 부모의 메서드를 다시 만드는 것이므로 메서드 이름, 매개변수, 반환형, 접근 제한자가 모두 같아야 한다. 반환형의 경우, 자식 객체(좁은 형태)와 접근 제한자의 범위를 넓히는 것이 허용된다. 유사한 개념인 메서드 오버로딩은 같은 이름의 메서드를 여러 개 만드는 것이기 때문에 어떤 메서드를 선택할지를 매개변수 차이로 구분한다.

06 `final` 메서드는 자식 클래스에서 오버라이딩할 수 없으며, `final` 클래스는 상속을 할 수 없다.

07 업캐스팅이란 자식 클래스의 객체를 부모 클래스 타입으로 변환하는 것이며, 업캐스팅이 되면, 자식 클래스에서 새롭게 정의한 변수나 메서드는 사용할 수 없다. 다운캐스팅이란 부모 클래스 타입으로 저장된 객체를 다시 자식 클래스 타입으로 변환하는 것이며, 다운캐스팅을 할 때는 반드시 명시적으로 형 변환을 해야 한다. instanceof는 객체의 실제 타입이 무엇인지 확인할 수 있도록 도와주는 연산자이다.

08 동적 바인딩이란 메서드 호출이 실행 시점에 실제 객체의 타입에 따라 결정되는 것을 말한다. 호출되는 메서드는 변수의 타입이 아닌 실제 객체의 타입을 기준으로 결정된다. 다형성이란 하나의 부모 타입으로 여러 자식 객체를 참조하고, 같은 메서드를 호출했을 때 객체마다 다르게 동작하는 성질을 말한다. 다형성이 작동하려면 상속, 오버라이딩, 업캐스팅의 세 가지 조건을 만족해야 한다.

09 부모 클래스가 기능을 선언만 하고, 구체적인 동작은 자식 클래스가 직접 정하도록 강제하는 것이 바로 추상 클래스이다. 추상 클래스는 반드시 자식 클래스가 상속해서 빠진 부분을 채워야만 사용할 수 있다. 추상 메서드는 메서드의 이름과 형태만 있고, 동작하는 내용은 없으며, 추상 클래스로 선언하여 객체를 만들지 못하도록 막는다. 추상 클래스는 필드, 생성자, 일반 메서드, 추상 메서드를 모두 포함하며, 클래스는 단일 상속만 가능하며 클래스의 기능을 상속하고자 할 때 유용하다.

10 인터페이스는 interface 예약어를 사용하며, 메서드의 이름과 형태만 정의하고 그 내용은 적지 않는다. 이 약속을 지키는 클래스는 인터페이스를 implements로 구현하고, 모든 메서드를 직접 완성해야 한다. 인터페이스는 추상 메서드, default 메서드, static 메서드 등만 포함하며, 생성자는 정의할 수 없는 대신 다중 상속을 지원한다. 인터페이스는 클래스 간에 공통된 행위만을 정의하며, 서로 전혀 관련 없는 클래스에도 동일한 기능을 강제할 수 있다는 장점이 있다.

연습문제

01 상속에 사용하는 예약어를 찾으시오.

① implements ② extends
③ abstract ④ super

02 다음 중 틀린 설명을 찾으시오.

① 모든 클래스는 Object 클래스를 상속한다.
② 상속 횟수에 제한을 두지 않는다.
③ 다중 상속을 지원한다.
④ 상속된 자식 클래스는 부모 클래스의 고유 기능을 확장할 수 있다.

03 바로 위의 부모 클래스를 의미하는 참조 변수는 무엇인가?

① implements ② extends
③ abstract ④ super

04 부모 클래스의 생성자를 호출할 때 사용하는 예약어의 표현으로 옳은 것을 찾으시오.

① this.변수 ② super.메서드()
③ super() ④ super.변수

05 다음 중 틀린 설명을 찾으시오.

① 다른 패키지에 있으나 상속된 객체의 경우, default는 객체에 접근이 허용된다.
② 부모 클래스의 생성자가 먼저 실행된 뒤에 자식 클래스의 생성자가 실행된다.
③ super.변수와 super.메서드()는 상속된 클래스의 어느 곳에서도 사용 가능하다.
④ 기본 생성자의 첫 줄에 super();가 없는 경우 자동으로 삽입하여 실행시킨다.

06 매개변수는 다르지만, 같은 이름의 메서드를 여러 개 만드는 것과 가장 관련 있는 단어를 찾으시오.

① 메서드 오버라이딩 ② 메서드 오버로딩
③ 추상 클래스 ④ 인터페이스

07 메서드 오버라이딩에 대하여 <u>틀린</u> 설명을 찾으시오.

① `@Override`는 문법에 맞게 오버라이딩하고 있는지를 점검한다.
② 반환형은 부모 메서드와 같거나 더 넓은 형태여야 한다.
③ 메서드 이름은 동일해야 하며, 메서드 개수와 자료형이 같아야 한다.
④ 접근 제한자는 부모 메서드보다 더 넓어져도 된다.

08 메서드 오버라이딩을 할 수 있는 예약어를 찾으시오.

① `private` ② `final` ③ `protected` ④ `static`

09 부모 메서드가 `public`일 때, 오버라이딩이 가능한 접근 제한자를 찾으시오.

① `private` ② `default` ③ `protected` ④ `public`

10 다음 중 <u>틀린</u> 설명을 찾으시오.

① `final` 변수는 한 번 값이 정해지면 그 값을 바꿀 수 없다.
② `final` 메서드는 자식 클래스에서 오버라이딩할 수 있다.
③ 오버라이딩에서 메서드 이름은 동일해야 한다.
④ `final` 클래스는 아예 상속을 할 수 없다.

11 자식 클래스를 부모 클래스로 변환하는 것과 가장 관련 있는 단어를 찾으시오.

① 업캐스팅 ② 인터페이스 ③ 추상 클래스 ④ 다운캐스팅

12 다음 중 <u>틀린</u> 설명을 찾으시오.

① 다운캐스팅은 자동 형 변환을 한다.
② 다운캐스팅이란 자식 클래스 타입으로 다시 돌리는 것을 말한다.
③ 업캐스팅은 부모 클래스로 변환하는 것이다.
④ 업캐스팅을 하면 자식 클래스의 변수나 메서드는 사용할 수 없다.

13 메서드 호출이 실행 시점에 실제 객체의 타입에 따라 결정되는 것과 가장 관련 있는 단어를 찾으시오.

① 추상 클래스 ② 인터페이스 ③ 동적 바인딩 ④ 다운캐스팅

14 하나의 부모 타입으로 여러 자식 객체를 참조하고, 같은 메서드를 호출했을 때 객체마다 다르게 동작하는 성질과 가장 관련 있는 단어를 찾으시오.

① 다형성 ② 인터페이스 ③ 추상 클래스 ④ 다운캐스팅

15 추상 클래스와 관련하여 <u>틀린</u> 설명을 찾으시오.

① 추상 메서드에는 코드가 작성되어 있으면 안 된다.
② 추상 메서드가 있으면 반드시 추상 클래스로 선언해야 한다.
③ 추상 클래스는 객체를 생성할 수 없다
④ 추상 메서드에는 중괄호가 사용된다.

16 클래스가 인터페이스를 구현할 때 사용하는 예약어를 찾으시오.

① `abstract` ② `extends` ③ `interface` ④ `implements`

17 인터페이스 안에 구현을 포함할 수 있는 메서드를 만들 때 사용하는 예약어를 찾으시오.

① `abstract` ② `default` ③ `interface` ④ `implements`

18 인터페이스와 관련하여 틀린 설명을 찾으시오.

① 클래스는 인터페이스를 상속할 수 없다.

② 인터페이스는 다중 상속이 가능하다.

③ 인터페이스 타입의 참조 변수를 사용할 수 없다.

④ 인터페이스는 객체를 생성할 수 없다.

19 추상 클래스와 인터페이스 비교에서 틀린 설명을 찾으시오.

① 추상 클래스는 단일 상속만 가능하다.

② 인터페이스는 생성자를 정의할 수 있다.

③ 추상 클래스는 필드, 생성자, 일반 메서드, 추상 메서드 포함한다.

④ 인터페이스는 추상 메서드, `default`/`static` 메서드 등만 포함한다.

20 다음 코드에서 발생하는 오류를 찾고 이유를 설명하시오.

```
ChocoDonut() {
    super();
    this("기본 도넛", "설탕");
}

ChocoDonut(String name, String topping) {
    super(name);
    this.topping = topping;
    System.out.println("ChocoDonut 생성자 호출");
}
```

21 다음 코드에서 오류가 발생하는 부분을 찾고 이유를 설명하시오.

```
ChocoDonut() {
    System.out.println("기본 생성자");
    super();
}
```

22 다음은 Donut 객체를 상속하는 코드이다. 빈칸을 채우시오.

```
class Donut {
    String name;

    void show() {
        System.out.println(name + "입니다.");
    }
}

class ChocoDonut [          ] {
    String topping;

    void addTopping() {
        System.out.println(topping + " 토핑 추가");
    }
}

public class InheritExample {
    public static void main(String[] args) {
        [                        ];
        choco.name = "초코 도넛";
        choco.topping = "초코 칩";

        choco.show();
        choco.addTopping();
    }
}
```

23 다음은 자식 클래스의 도넛 이름과 부모 클래스의 도넛 이름을 출력하는 코드이다. 빈칸을 채우시오.

```
class Donut {
    String name = "기본 도넛";
}

class ChocoDonut extends Donut {
    String name = "초코 도넛";

    void printName() {
        System.out.println("자식 클래스 name: " + name);
        System.out.println("부모 클래스 name: " + [          ]);
    }
}

public class SuperKeywordExample {
    public static void main(String[] args) {
        ChocoDonut choco = new ChocoDonut();
        [          ];
    }
}
```

24 다음 코드에서 안전하게 다운캐스팅을 할 수 있도록 빈칸을 채우시오.

```
Donut d = new ChocoDonut();

if ([          ]) {
    ChocoDonut choco = (ChocoDonut) d;
    choco.addTopping();
}
```

25 다음 코드에서 메서드 오버라이딩이 안 되는 이유를 설명하시오.

```
class Donut {
    int price(int count) {
        return count * 10;
    }
}

class ChocoDonut extends Donut {
    int price(double count) {
        return (int)(count * 12);
    }
}
```

26 다음 코드에서 메서드 오버라이딩이 안 되는 이유를 설명하시오.

```
class Donut {
    Donut getDonut() {
        return new Donut();
    }
}

class chocoDonut extends Donut {
    @Override
    chocoDonut getDonut() {
        return "초코 도넛";
    }
}
```

27 다음 코드에서 발생하는 오류를 찾고 이유를 설명하시오.

```
class Donut {
    final void recipe() {
        System.out.println("도넛의 기본 반죽 레시피는 절대 변경할 수 없음!");
    }
}

class ChocoDonut extends Donut {
    void recipe() {
        System.out.println("초코 도넛은 특별한 레시피로 바꿔보자!");
    }
}
```

28 다음 코드에서 오류를 찾고 이유를 설명하시오.

```
final class Donut {
    void show() {
        System.out.println("이 클래스는 완성된 도넛 클래스입니다.");
    }
}

class ChocoDonut extends Donut {

}
```

29 다음 코드에서 발생하는 오류를 찾고 이유를 설명하시오.

```
Donut d = new Donut();
ChocoDonut choco = (ChocoDonut) d;
```

30 다음 코드에서 발생하는 오류를 찾고 이유를 설명하시오.

```
class Donut {
    abstract void show();
}
```

31 다음 코드에서 발생하는 오류를 찾고 해결 방법을 작성하시오.

```
interface Delicious {
    void taste();
}

class StrawberryDonut extends Delicious {

}
```

32 다음과 같은 실행 결과가 출력되도록 코드의 빈칸을 채우시오.

```
초코 도넛입니다.
초코 칩 토핑 추가.
```

```
class Donut {
    String name;

    void show() {
        System.out.println(name + "입니다.");
    }
}

class ChocoDonut extends Donut {
    String topping;

    void addTopping() {
        System.out.println(topping + " 토핑 추가.");
    }
}

public class UpCastingExample {
    public static void main(String[] args) {
        Donut d = new ChocoDonut();
        d.name = "초코 도넛";

        [                    ];

        d.show();
        [          ] = "초코 칩";
        [            ];
    }
}
```

33 다음 코드의 실행 결과를 작성하시오.

```
class Donut {
    void show() {
        System.out.println("이것은 기본 도넛이다.");
    }
}

class ChocoDonut extends Donut {
    @Override
    void show() {
        System.out.println("이것은 달콤한 초코 도넛입니다.");
    }
}

public class DynamicBindingExample {
    public static void main(String[] args) {
        Donut d1 = new Donut();
        Donut d2 = new ChocoDonut();

        d1.show();
        d2.show();
    }
}
```

34 다음 코드에서 발생하는 오류를 찾고 이유를 설명하시오.

```
abstract class Donut {
    abstract void show() {
        System.out.println("이것은 도넛입니다.");
    }
}
```

35 카드와 간편 결제가 있는 전자 결제 시스템 프로그램을 작성하시오. 추상 클래스 Payment를 만들고, 이를 상속받은 CardPayment, SimplePayment 클래스에서 각각 '카드로 결제합니다.', '간편 결제로 결제합니다.'를 출력하도록 구현하시오. 단, Payment 배열을 만들어 각각의 결제 방식이 실행되도록 만드시오.

```
카드로 결제합니다.
간편 결제로 결제합니다.
```

36 교통 앱에서 경로를 탐색할 때, 이동 수단은 버스와 지하철이 있다. Moveable 인터페이스를 만들고, move() 메서드를 선언한 뒤 Bus, Subway 클래스가 이 인터페이스를 구현하여 각각 다른 이동 방식을 출력하도록 구현하시오. 단, 인터페이스 배열을 통해 교통 수단의 이동 방식을 출력하시오.

```
버스를 타고 이동합니다.
지하철을 타고 이동합니다.
```

37 배송 로봇 시스템에서 로봇은 택배 상자(Box)를 배송하거나, 음식(Food)을 배송할 수 있다. 추상 클래스 Delivery를 만들고, 이를 상속받은 BoxDelivery와 FoodDelivery 클래스에서 각각 배송 내용을 출력하도록 구현하시오. 또한 main() 메서드에서 Delivery 배열을 사용하여 모든 배송이 수행되도록 하시오.

```
택배 상자를 배송합니다.
음식을 배송합니다.
```

38 뉴스 앱에서 뉴스는 텍스트로 전달되거나 영상으로 전달된다. 인터페이스 News를 정의하고, display() 메서드를 선언한 뒤 TextNews와 VideoNews 클래스가 이를 구현하여 각 뉴스 방식에 따라 출력 내용이 다르도록 구현하시오. 단, News 배열을 통해 뉴스들이 다형성으로 출력되도록 하시오.

```
텍스트 뉴스: 오늘 날씨는 맑음입니다.
영상 뉴스: 기상 캐스터가 현재 상황을 전합니다.
```

39 음식 설명을 출력하는 앱을 만들고자 한다. MenuItem 인터페이스에 default void describe() 메서드를 선언하고, Pizza 클래스에서 오버라이딩하여 상세 설명을 출력하시오. 단, Salad 클래스는 기본 설명을 그대로 출력하시오.

```
피자: 도우 위에 치즈와 토핑이 올라가 있습니다.
이 음식은 맛있습니다.
```

40 모든 스마트워치는 걸음 수를 표시하는 기능을 구현한다. HealthTracker 인터페이스에 기본 메서드 showSteps()를 선언하고, Fitbit, GalaxyWatch 클래스에서 이를 상속받아 출력하도록 구현하시오.

```
오늘 걸음 수: 7,500보
오늘 걸음 수: 7,500보
```

41 모든 앱은 기본 알림음을 가진다. Alarm 인터페이스의 default void ring() 메서드를 사용하여 MessengerAlarm과 BankAlarm 클래스에서 각각 알림을 출력하도록 구현하시오. 단, BankAlarm은 기본 알림음을 재정의해야 한다.

```
띠리링! 기본 알림음
땡땡! 계좌 입금 알림
```

42 메신저에서는 문자, 이미지, 이모티콘을 전송할 수 있다. Message 클래스를 만들고 각각 상속받아 다형성을 이용해 전송 내용을 출력하시오.

```
문자 메시지를 보냅니다.
이미지 파일을 보냅니다.
이모티콘을 보냅니다.
```

43 Vehicle 클래스를 만들고, Car, Motorbike, Truck 클래스가 상속받아 각각의 주차 방법을 정의하고, 다형성을 통해 차량을 주차하는 과정을 출력하시오.

```
승용차를 주차합니다.
오토바이를 주차합니다.
화물차를 주차합니다.
```

44 Product 클래스를 만들고 Snack, Drink 클래스를 상속받아 자판기에서 상품을 분류한 뒤 instanceof를 이용해 어떤 상품인지 출력하시오.

```
스낵 상품입니다.
음료 상품입니다.
음료 상품입니다.
```

45 헬스장 운동기구 클래스를 작성하고, GymEquipment 추상 클래스에서 상속받아 각각의 운동을 시작하는 프로그램을 작성하시오. 이때, 다형성을 통해 모든 운동기구를 작동시키시오.

```
러닝머신 시작!
실내 자전거 시작!
로잉 머신 시작!
```

46 버스는 도착 직전 다양한 알림을 보낸다. BusNotice 인터페이스를 만들고 announce() 메서드를 정의하시오. VoiceNotice, ScreenNotice, VibrationNotice 클래스가 이를 구현하여 각각 알림 방식을 출력한 뒤, BusNotice 배열을 통해 알림을 전송하는 프로그램을 작성하시오.

```
음성 안내: 다음 정류장은 시청입니다.
화면 안내: 곧 정류장 도착.
진동 안내: 정차 예정
```

47 자동차 계기판은 다양한 경고등을 표시한다. `WarningLight` 추상 클래스를 만들고 `OilLight`, `EngineLight`, `DoorLight` 클래스가 이를 상속받아 `warn()` 메서드를 각각 구현하는 프로그램을 작성하시오. 이때 `WarningLight` 배열을 사용해 모든 경고를 출력하시오.

```
엔진 오일 부족 경고!
엔진 점검 필요!
문이 열려 있습니다!
```

48 자판기는 여러 종류의 음료를 제공한다. `VendingItem` 추상 클래스를 만들고, 이를 상속받는 `Coffee`, `Juice`, `Soda` 클래스에서 음료를 추출하는 `extract()` 메서드를 오버라이딩하시오. 또한 `VendingItem` 배열을 만들어 각각의 음료가 추출되도록 구현하시오.

```
커피가 추출됩니다.
주스가 나옵니다.
탄산음료가 나옵니다.
```

CHAPTER 07

자바 기본 패키지

학습 목표

- 자바 패키지와 모듈의 차이점을 알아본다.
- 자바 API 문서를 활용하는 방법을 익힌다.
- 자바 기본 패키지에 속한 주요 클래스를 학습하고 사용 방법을 익힌다.

- 패키지와 모듈
  - 패키지와 모듈의 이해
    - 자바 기본 패키지
    - 자바 기본 패키지의 구조
    - 모듈의 필요성
  - 기본 모듈 API
- 자바 주요 패키지
  - Object 클래스
    - equals() 메서드
    - toString() 메서드
    - getClass() 메서드
  - Wrapper 클래스
    - 오토박싱과 언박싱
  - String 클래스
    - 문자열 객체 생성과 문자열 풀
  - StringBuffer 클래스
  - StringBuilder 클래스
  - StringTokenizer 클래스
  - Math 클래스
  - 날짜와 시간 클래스
    - Calendar 클래스
    - java.time 패키지

SECTION 01

패키지와 모듈

1 패키지와 모듈의 이해

1. 자바 기본 패키지

자바 프로그램을 만들다보면, 문자열을 조작하거나 사용자로부터 입력을 받거나, 날짜를 처리하거나, 여러 데이터를 한꺼번에 담는 기능이 필요할 때가 많다. 이런 기능을 매번 직접 코드를 작성해서 만들기에는 시간이 많이 들고, 실수도 발생하기 쉽다.

그래서 자바는 개발자가 자주 사용하는 기능을 미리 만들어 클래스라는 형태로 제공하고, 관련 있는 클래스를 하나의 패키지로 묶어 놓았다. 이렇게 **자바에서 미리 제공하는 기능의 묶음을 자바 기본 패키지**java standard library package라고 부른다. 자바의 기본 패키지는 자바 언어를 사용하는 모든 개발자에게 제공하는 강력한 도구 상자와 같다. 개발자는 그 도구 상자에서 필요한 기능을 꺼내 쓸 수 있으며, 이미 안정성과 효율성이 검증된 코드이기 때문에 안심하고 사용할 수 있다.

2. 자바 기본 패키지의 구조

자바의 기본 패키지는 분야별로 정리된 모음집이다. 각 패키지는 서로 다른 기능을 담당하고 있기 때문에, 사용하려는 기능에 맞는 패키지를 선택해야 한다. 그런 자바의 기본 패키지는 마치 도서관의 책처럼 분야별로 나누어 정리되어 있다. 예를 들어, 문자열이나 수학 계산처럼 자바의 핵심적인 기능은 **java.lang** 패키지에 들어 있고, 입출력 기능은 java.io 패키지, Scanner, Calendar와 컬렉션은 java.util 패키지, 파일 시스템은 java.nio.file 패키지, 날짜와 시간은 java.time 패키지에 담겨 있다. [그림 7-1]은 대표적인 자바 기본 패키지를 정리한 것이다.

java.lang	자바의 핵심 기능 (문자열, 수학 등)	Object, String, Math
java.util	자료 구조, 유틸리티 기능	Scanner, Calendar
java.time	날짜와 시간 처리 기능	LocalDate, LocalTime
java.io	파일 및 입출력 기능	File, InputStream
java.nio.file	고급 파일 시스템 처리	Files, Paths

그림 7-1 대표적인 자바 기본 패키지

java.lang에 포함된 클래스는 자바 컴파일러가 항상 자동으로 포함하기 때문에, 별도로 import 할 필요가 없다. 예를 들어, 자주 사용하는 String, System, Object, Math 같은 클래스들은 java.lang 패키지에 속하기 때문에 어떤 자바 프로그램에서든지 import 없이 바로 사용할 수 있다.

반면, Scanner, ArrayList, LocalDate, Files 같은 클래스는 각각 다른 패키지에 속하기 때문에, 사용하기 전에 반드시 import 문으로 선언해야 한다.

자바 기본 패키지에 익숙해지면, 개발자는 반복적인 코드를 줄이고, 이미 검증된 기능을 재활용함으로써 생산성과 안정성을 모두 높일 수 있다. 따라서 자바 기본 패키지를 잘 아는 것은 곧 자바를 잘 활용하는 것이라 할 수 있다. [표 7-1]은 자바의 기본 패키지에 속한 주요 클래스를 정리한 것이며, 각 클래스에 대한 설명은 2절 '자바 주요 패키지'에서 자세히 살펴본다.

표 7-1 자바 기본 패키지에 속한 주요 클래스

패키지	클래스	주요 기능
java.lang (별도의 import 불필요)	Object	모든 자바 클래스의 최상위 부모 클래스
	Wrapper	int, char 등의 기본 타입을 객체로 래핑하여 다룸
	String	불변(immutable) 문자열 객체 생성 및 처리
	StringBuffer	가변 문자열을 다루며, 스레드 안전(thread-safe)성 제공
	StringBuilder	가변 문자열을 다루며, 단일 스레드 환경에서 더 빠름 (StringBuffer와 메서드 동일)
	Math	수학적 계산을 위한 정적 메서드 제공
java.util	StringTokenizer	문자열을 지정된 구분자 기준으로 분리(토큰화)
	Calendar	날짜/시간 정보를 다루는 추상 클래스
java.time	LocalDate	날짜 정보(년, 월, 일)를 다룸
	LocalTime	시간 정보(시, 분, 초)를 다룸
	LocalDateTime	날짜와 시간 정보를 모두 다룸

3. 모듈의 필요성

앞서 자바는 하나의 기능 단위인 클래스와 관련 클래스를 그룹으로 관리하는 패키지를 이용해 프로그램을 구조화하여 유지보수성을 높인다고 설명했다. 하지만 자바가 점점 더 복잡하고 규모가 큰 소프트웨어 개발에 사용되면서, 패키지 단위만으로는 부족한 점이 드러나기 시작했다.

첫 번째 문제는 접근 범위를 클래스 단위로만 제한할 수 있기 때문에 패키지 전체에 대한 접근 범위를 지정할 수 없었다. 예를 들어, 'myapp.donutshop' 패키지 전체를 외부에 숨기고 싶을 때는 방법이 없었다. 또한 public으로 선언된 클래스는 다른 모든 패키지의 코드에서 접근할 수 있으며, 패키지 자체에 대한 접근 제한을 설정할 수 없었다. 이런 구조는 내부를 구현한 세부 사항을 외부에 노출하게 만들고, 소프트웨어의 보안성과 유지보수성을 떨어뜨린다.

두 번째 문제로, 자바 프로그램이 점점 커지고 여러 외부 라이브러리를 함께 사용하게 되면서, 코드가 어떤 라이브러리와 패키지에 의존하고 있는지를 파악하는 것이 어려워졌다. 프로그램의 의존 관계가 명확하지 않으면, 코드를 변경하거나 배포할 때 예상하지 못한 문제가 생기기도 한다. 개발자는 소스 코드를 직접 열어보기 전에는 어떤 패키지가 어디에 쓰였는지 파악하기 어려웠고, 그 결과 불필요한 클래스나 라이브러리가 포함되는 경우도 많았다.

세 번째 문제로, 자바의 핵심 구성 요소인 JDK가 점점 무거워졌다. Java 8까지는 JDK가 하나의 큰 덩어리로 되어 있어, 간단한 애플리케이션을 만들더라도 불필요한 기능이 함께 포함되는 일이 많았다. 예를 들어, 데이터베이스를 전혀 사용하지 않는 프로그램에 `java.sql` 패키지가 함께 포함되는 경우가 있었다. 이런 문제는 자원 사용 측면에서 비효율적이며, 특히 제한된 환경에서 실행되는 사물인터넷이나 모바일 기기에서는 부담이 될 수 있다.

위에서 설명한 문제를 해결하기 위해 JDK 9에서는 **모듈**Module이라는 개념이 도입되었다. 모듈은 **여러 개의 패키지를 묶어서 하나의 더 큰 단위로 구성한 것**이며, 캡슐화, 의존성 명시, 경량화된 실행 환경을 구성할 수 있게 한다.

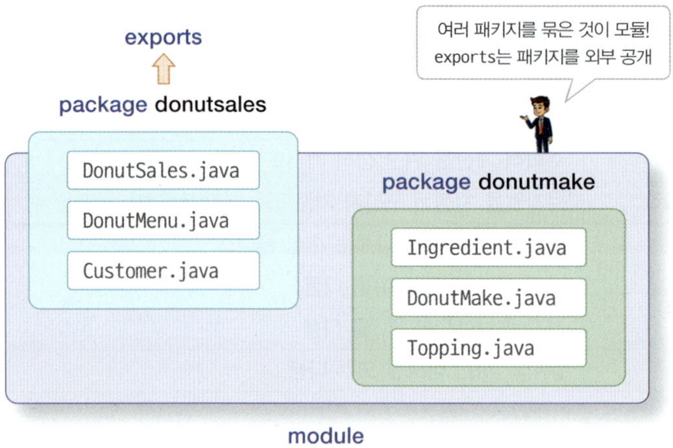

그림 7-2 모듈의 필요성

모듈을 사용하려면 먼저 프로젝트 내에 `module-info.java` 파일을 생성해야 한다. 이 파일에는 `module` 예약어 다음에 해당 모듈의 이름을 명시한다. 모듈 안에서는 `export` 예약어를 사용하여 외부에 공개할 패키지를 선언하고, `requires` 예약어 다음에 의존하는 다른 모듈들을 명시한다. 예를 들어, 도넛 가게 애플리케이션 모듈 `myapp.donutshop`을 정의한 뒤 내부 패키지인 도넛 상품 정보(`myapp.donutshop.donutsales`)를 외부에 공개하고, 데이터베이스 기능(`java.sql`)을 사용하고 싶다면 [그림 7-3]과 같이 작성한다.

```
module myapp.donutshop {
    exports myapp.donutshop.donutsales;
    requires java.sql;
}
```

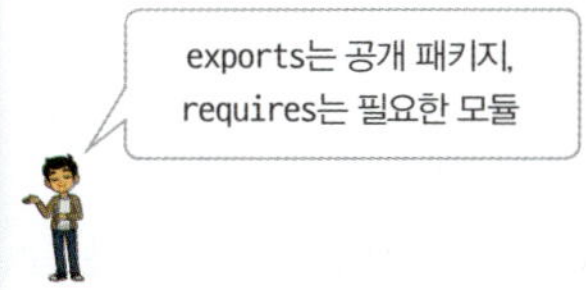

module-info.java

그림 7-3 모듈 파일의 구조

이처럼 모듈은 어떤 기능을 외부에 제공할지, 어떤 모듈에 의존할지를 개발자가 직접 명시할 수 있다. 결과적으로 프로그램은 더 구조화되고 안전한 형태로 발전하게 된다.

모듈을 구성하는 코드는 일반적인 자바 클래스와 패키지로 작성되며, 컴파일과 실행은 기존과 같은 방식으로 이루어진다. 단, `module-info.java` 파일이 존재하면 자바 컴파일러가 이를 기준으로 의존성과 공개 범위를 체크한다. 만약 외부에서 공개되지 않은 패키지에 접근하려고 하면 컴파일 오류가 발생하게 되므로, 프로그램 구조를 자연스럽게 모듈 단위로 정리할 수 있다. 다음 [표 7-2]는 패키지와 모듈의 차이점을 정리한 것이다.

표 7-2 패키지와 모듈의 차이점

구분	패키지	모듈
단위	클래스의 묶음	패키지의 묶음
선언 위치	클래스 파일 내부(package)	별도 파일(module-info.java)
접근 제한 수준	클래스/멤버 단위(public, default)	패키지 단위(exports, opens)
도입 시기	자바 초창기부터	Java 9 이후
목적	논리적 그룹화, 이름 충돌 방지	대규모 관리, 캡슐화, 의존성 관리

결론적으로 모듈을 도입하면 다음과 같은 효과를 얻을 수 있다.

- **보안성과 캡슐화 강화:** 외부에 공개할 필요가 없는 패키지는 모듈 내부에 숨길 수 있으므로, 내부 구현에 접근하는 잘못된 시도를 원천적으로 막을 수 있다.
- **의존성 명시 가능:** 어떤 모듈이 어떤 기능에 의존하는지를 코드 수준에서 명시하기 때문에 전체 프로그램의 구조와 흐름을 쉽게 파악할 수 있다.
- **경량화된 실행 환경:** JDK가 모듈화되었기 때문에 필요한 모듈만 선택하여 포함시킬 수 있다. 이 기능은 특히 임베디드 시스템, 사물인터넷, 모바일 환경에서 매우 유용하다.

2 기본 모듈 API

자바에는 수천 개가 넘는 클래스와 인터페이스가 있으며, 이들은 모두 공식 API 문서Java API Documentation로 정리되어 있다. 이 문서는 자바의 모든 기본 클래스, 메서드, 상수 등에 대한 정보를 포함하고 있으며, 자바 프로그래밍을 하는 개발자라면 반드시 참고해야 하는 자료이다. 자바의 API 문서는 웹 브라우저를 통해 무료로 열람할 수 있으며, 원하는 클래스나 패키지에 대한 정보도 쉽게 검색할 수 있다.

자바 API 문서는 오라클Oracle에서 제공하는 공식 웹사이트에 정리되어 있다. 자바 버전에 따라 문서 주소가 다를 수 있으므로, 사용 중인 자바 버전에 맞는 문서를 확인하는 것이 좋다. 이 책에서 사용하는 자바 25 버전의 문서 URL은 다음과 같다.

```
https://docs.oracle.com/en/java/javase/25/docs/api/index.html
```

위 주소에 접속하면 자바 25 버전의 모든 기본 모듈과 패키지를 확인할 수 있는 웹페이지가 열린다. 이 문서는 영어로 되어 있지만, 구조가 매우 체계적이고 일관되어 있어 누구나 금방 익숙해질 수 있다. Java 9 이상부터는 모든 클래스와 패키지가 모듈에 포함되어 있기 때문에 공식 문서에 접속하여 문서를 볼 때는 [Modules]-[Packages] 탭 순서로 확인하는 것이 좋다.

먼저, [All Modules] 탭을 클릭하면 전체 모듈 목록을 확인할 수 있다. 예를 들어 `java.base` 모듈은 자바 프로그램에서 항상 포함되는 가장 기본적인 모듈로, `java.lang`, `java.util` 등이 이 안에 포함된다.

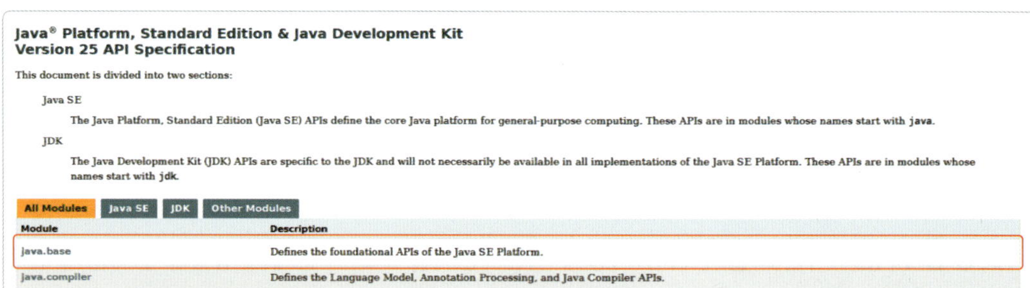

그림 7-4 java.base 모듈

`java.base` 모듈 항목을 클릭하면 [Packages] 탭이 나타난다. 여기서는 자바에서 제공하는 모든 패키지를 알파벳 순으로 확인할 수 있다. [그림 7-5]는 `java.util` 패키지 안에 포함된 클래스 목록을 확인한 것이다.

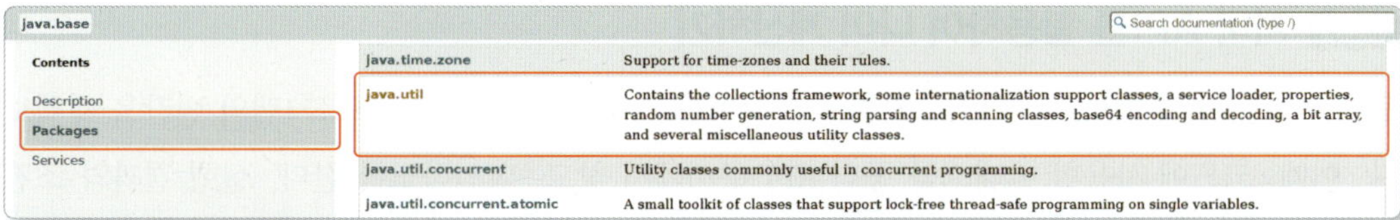

그림 7-5 java.util 패키지

클래스 목록 중에서 Scanner 클래스를 클릭하면 해당 클래스의 생성자, 메서드, 상속 관계, 예외 처리 등 모든 정보를 볼 수 있다.

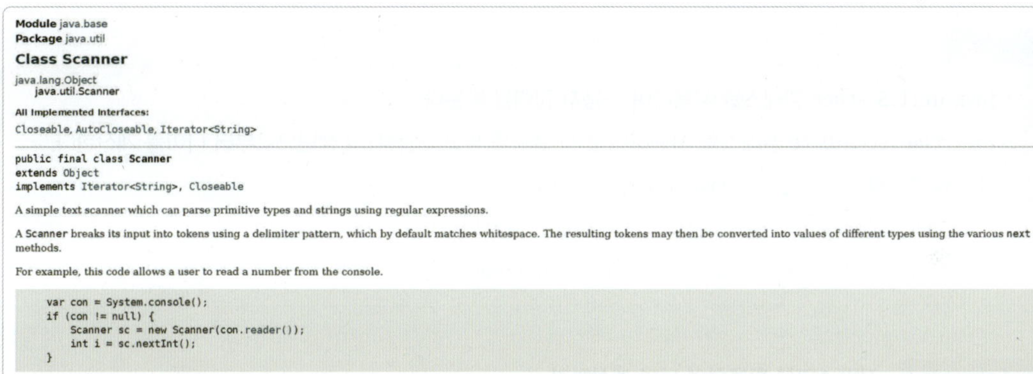

그림 7-6 Scanner 클래스

이처럼 API 문서를 직접 확인하면, 어떤 기능이 어떤 패키지와 클래스에 포함되어 있는지를 체계적으로 익힐 수 있다.

Note **자바 API 문서 검색 팁**

공식 웹사이트가 익숙하지 않다면 구글 검색을 활용할 수도 있다. 검색창에 다음과 같이 입력하면 바로 해당 문서로 연결된다.

```
java Scanner class site:docs.oracle.com
LocalDate java 25 API
ArrayList Java SE 25
```

LAB 자바 API를 활용하여 나이 계산하기

출생 연도를 입력하면, 현재 연도 기준으로 나이를 계산하여 출력하는 프로그램의 빈칸을 채워보자. 이때, 코드에 사용할 클래스를 공식 API 문서에서 찾고, 확인하도록 한다. 실행 결과와 조건은 다음과 같다.

```
당신의 출생 연도를 입력하세요(예: 2000): 2006
당신의 나이는 19세입니다.
```

조건

- java.util.Scanner 클래스를 사용하여 사용자 입력을 받는다.
- java.time.LocalDate 클래스를 사용하여 현재 날짜를 얻고, 사용자의 생년으로부터 나이를 계산한다.
- 다음 클래스의 API를 공식 문서에서 찾아 확인한다.
  - Scanner 클래스 API의 주요 메서드: nextInt(), nextLine()
  - LocalDate 클래스 API의 주요 메서드: now(), getYear()

Lab 7-1 자바 API를 활용하여 나이 계산하기

```
package chap07.lab01;

import java.util.Scanner;
import java.[      ①      ];

public class AgeCalculator {
    public static void main(String[] args) {
        Scanner scanner = new Scanner(System.in);
        System.out.print("당신의 출생 연도를 입력하세요(예: 2000): ");
        int birthYear = [    ②    ];          // 사용자로부터 정수 입력받기

        LocalDate today = [      ③      ];   // 현재 날짜 정보 가져오기
        int currentYear = [      ④      ];   // 올해 연도만 추출

        int age = currentYear - birthYear;
        System.out.println("당신의 나이는 " + age + "세입니다.");
    }
}
```

정답

① time.LocalDate

② scanner.nextInt()

③ LocalDate.now()

④ today.getYear()

SECTION 02 자바 주요 패키지

1 Object 클래스

자바를 배우다 보면 어느 순간, 모든 클래스가 서로 연결되어 있다는 사실을 알게 된다. 모든 자바 클래스는 하나의 조상 클래스로부터 시작된다. 그 클래스가 바로 자바의 최상위 클래스인 Object 클래스이며, 자바의 **모든 클래스는 자동으로 Object 클래스를 상속**받는다. 따라서 class Donut {}이라는 코드를 작성하면, 자바 내부에서는 다음과 같이 동작한다.

```
class Donut extends Object {}        // 모든 클래스는 Object를 무조건 상속
```

Object 클래스를 무조건 상속하게 하는 이유는 클래스마다 공통으로 가져야 할 기본 기능을 제공하기 위해서이다. 모든 객체는 자신을 문자열로 표현하거나 다른 객체와 비교할 수 있어야 하며, 자신의 클래스 정보를 제공할 수 있어야 한다. 이러한 기본 기능을 Object 클래스에 정의해두면, 각 클래스에서 다시 정의하지 않아도 바로 사용할 수 있으므로 Object 클래스 안에는 모든 객체가 사용할 수 있는 기본 메서드가 정의되어 있다.

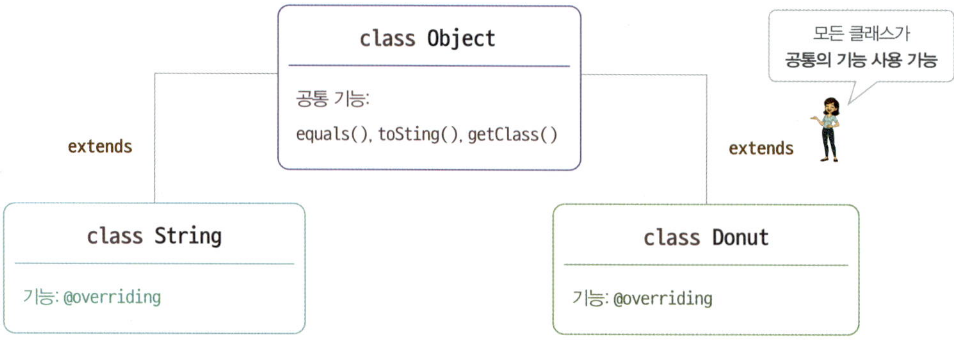

그림 7-7 Object 클래스를 상속하는 이유

또한, Object 클래스는 자바의 모든 클래스가 자동으로 물려받는 공통 부모이기 때문에, 모든 자바 객체는 Object 타입으로 업캐스팅되어 참조될 수 있다. 즉, Donut, String, ArrayList와 같은 모든 클래스를 Object 변수에 담을 수 있다.

[표 7-3]은 Object 클래스의 주요 메서드를 정리한 것이다. Object 클래스에는 다양한 메서드가 있지만, 이 책에서는 두 객체가 같은지 비교하는 equals(), 객체를 문자열로 표현하는 toString(), 객체의 실제 클래스 정보를 알려주는 getClass() 메서드를 살펴본다.

표 7-3 Object 클래스의 주요 메서드

메서드	설명
boolean equals(Object o)	현재 객체와 매개변수로 받은 객체가 동일한지 비교한다.
int hashCode()	객체의 고유한 해시코드 값을 반환한다.
String toString()	객체를 '클래스이름@해시코드' 형태의 문자열로 표현하여 반환한다.
Class<?> getClass()	실행 시간에 객체의 실제 클래스를 나타내는 Class 객체를 반환한다.
void wait(), void notify(), void notifyAll()	멀티스레드 환경에서 스레드 간의 동기화를 위해 사용한다.

TIP Class<?>는 제네릭이 적용된 Class 객체를 나타내며, ?는 어떤 타입이든 올 수 있다는 의미이다. 즉, Class<String>이나 Class<Donut> 등 클래스 타입에 상관없이 담을 수 있다. 제네릭은 8장에서 자세히 설명한다.

1. equals() 메서드

equals()는 두 객체가 같은 값인지를 비교할 때 사용하는 메서드이다. 자바에서 **== 연산자는 두 참조가 같은 객체를 가리키는지(주소 비교)를 판단**하는 반면, **equals()는 그 안의 내용이 같은지(값 비교)를 판단하도록 오버라이딩해서 사용**할 수 있다.

기본적으로 Object의 equals()는 ==와 같은 방식으로 작동하기 때문에 오버라이딩하지 않으면 equals()도 참조 주소만 비교하게 된다. 하지만 실무에서는 내용 비교가 필요한 경우가 대부분이므로, 클래스마다 equals()를 오버라이딩하는 것이 일반적이다. 예를 들어, 도넛의 이름이 같을 때 같은 도넛으로 판단하는 코드는 다음과 같이 작성한다.

```
@Override
public boolean equals(Object obj) {              // Object의 equals() 오버라이딩
    if (obj instanceof Donut) {
        Donut other = (Donut) obj;               // Donut으로 다운캐스팅
        return this.name.equals(other.name);     // 두 객체의 name이 같은지 비교
    }
    return false;
}
```

이처럼 equals()를 오버라이딩하면 같은 값을 가진 객체는 true를 출력하지만, == 연산자는 서로 다른 객체를 참조하기 때문에 false를 출력한다.

```
Donut d1 = new Donut("초코");
Donut d2 = new Donut("초코");

System.out.println(d1.equals(d2));              // true(내용 비교)
System.out.println(d1 == d2);                   // false(주소 비교)
```

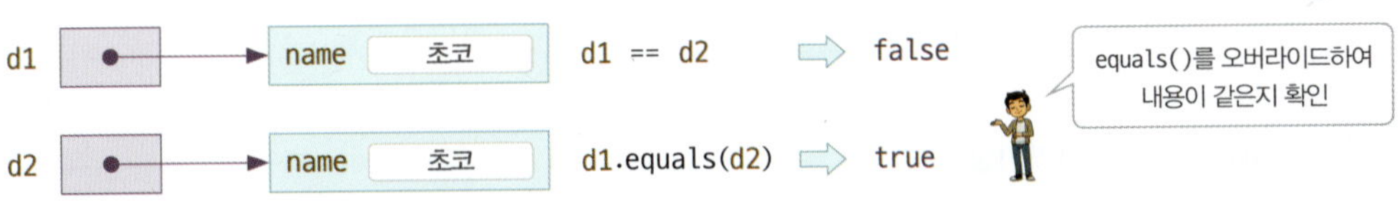

그림 7-8 equals()와 == 연산자의 차이

[예제 7-1]은 equals()를 오버라이딩하여 두 객체의 도넛 이름이 같은지를 출력하는 코드이다.

예제 7-1 equals()로 비교하기 EqualsExample.java

```
package sec02.exam01;

class Donut {
    String name;
```

```java

    Donut(String name) {
        this.name = name;
    }

    @Override
    public boolean equals(Object obj) {          // Object의 equals() 오버라이딩
        if (obj instanceof Donut) {
            Donut other = (Donut) obj;           // Donut으로 다운캐스팅
            return this.name.equals(other.name);
        }
        return false;
    }
}

public class EqualsExample {
    public static void main(String[] args) {
        Donut d1 = new Donut("초코");
        Donut d2 = new Donut("초코");

        System.out.println("equals 결과: " + d1.equals(d2));  // 내용 비교
        System.out.println("== 결과: " + (d1 == d2));         // 주소 비교
    }
}
```

```
equals 결과: true
== 결과: false
```

Note **equals()와 오버라이딩**

사용자 정의 클래스의 경우에는 equals()를 오버라이딩하여 사용해야 하지만, String이나 Wrapper 클래스는 이미 equals() 메서드를 오버라이딩하여 값을 비교하도록 구현되어 있어 바로 사용할 수 있다.

생성형 AI와 공부하기

자바에서 class Donut을 만들고, 2개의 도넛 객체의 name과 price가 같은지를 판단하는 equals() 코드를 작성해줘.

2. toString() 메서드

toString()은 객체를 문자열로 표현하는 메서드이다. 예를 들어 객체를 출력하거나 문자열과 연결할 때 자동으로 호출된다. 다음 코드에서 System.out.println(d1);은 내부적으로 d1.toString()을 호출한다.

```
Donut d1 = new Donut("초코", 2000);
System.out.println(d1);                // d1.toString() 호출
```

만약 toString()을 오버라이딩하지 않으면, 다음과 같이 Donut@7f31245a를 출력하는데, 이는 '클래스이름@해시코드' 형태의 문자열이다.

```
Donut@7f31245a
```

사실 이러한 정보는 유용하지 않기 때문에 대부분의 클래스에서는 toString()을 오버라이딩하여 필요한 값을 출력하게 한다. [예제 7-2]는 toString()을 오버라이딩하여 도넛 이름과 가격을 출력하는 코드이다.

예제 7-2 ToString() 사용하기 ToStringExample.java

```java
package sec02.exam02;

class Donut {
    String name;
    int price;

    Donut(String name, int price) {
        this.name = name;
        this.price = price;
    }

    @Override
    public String toString() {      // Object의 toString() 오버라이딩
        return name + " 도넛(" + price + "원)";
    }
}

```

```java
public class ToStringExample {
    public static void main(String[] args) {
        Donut d1 = new Donut("초코", 2000);
        System.out.println(d1);          // 자동으로 toString() 호출
    }
}
```

```
초코 도넛(2000원)
```

체크 프로그램

[예제 7-2]에서 오버라이딩된 toString() 코드를 지우고 실행하면 출력이 어떻게 달라지는지 확인하시오.

Note **toString()과 오버라이딩**

사용자 정의 클래스의 경우, 문자열로 변경할 내용을 자바가 결정할 수 없기 때문에 toString()을 오버라이딩하여 사용해야 한다. 이외에 String이나 Wrapper 클래스에서는 toString()을 이미 오버라이딩하여 구현하고 있으므로 바로 사용할 수 있다.

3. getClass() 메서드

Object 클래스는 모든 클래스의 부모이기 때문에 모든 객체는 Object 타입으로 담을 수 있다. 이것이 바로 업캐스팅이다.

```java
Object obj = new ChocoDonut();              // Object로 업캐스팅
```

업케스팅을 한 후에는 그 객체가 실제로 어떤 타입인지 알 수 없다. 이때 instanceof 연산자를 사용하면 해당 객체가 어떤 클래스의 인스턴스인지 확인할 수 있다.

```java
if (obj instanceof ChocoDonut) {            // Obj가 ChocoDonut의 인스턴스이면
    ChocoDonut choco = (ChocoDonut) obj;    // 다운캐스팅
    System.out.println("초코 도넛 발견!");
}
```

instanceof 연산자와 유사한 getClass()는 해당 객체가 실제로 어떤 클래스에서 만들어졌는지를 알려주는 메서드이다. 이 메서드는 상속 구조 안에서 객체의 정확한 클래스 정보를 알고 싶을 때 사용한다. 다음 코드는 ChocoDonut 클래스에서 만들어졌기 때문에 ChocoDonut이라는 결과를 출력한다.

```
Donut d1 = new ChocoDonut();
System.out.println(d1.getClass().getName());
```

```
ChocoDonut
```

이처럼 getClass()는 객체가 어느 클래스에 의해 생성되었는지를 정확하게 판단할 수 있게 한다. getClass()와 instanceof는 객체의 타입을 확인하는 역할은 비슷하지만, 질문의 초점이 다르다. getClass()는 '정확히 어떤 클래스인가'를 묻는 것이고, instanceof는 '이 클래스 또는 그 하위 클래스인가'를 묻는다. 따라서 특정 클래스와 완전히 일치하는 경우를 확인하고 싶을 때는 getClass()를 사용하고, 상속 계층 전체를 포함하여 확인하고 싶을 때는 instanceof를 사용한다.

2 Wrapper 클래스

int나 double과 같은 기본 자료형은 계산 속도도 빠르고 메모리도 적게 사용하지만, 자바가 제공하는 다양한 기능들을 사용할 수는 없다. 예를 들어, int는 단순한 숫자이기 때문에 .toString() 같은 메서드를 사용할 수 없고, 컬렉션 프레임워크에는 객체만 담을 수 있기 때문에 기본형을 직접 저장할 수 없다. 이러한 한계를 극복하기 위해 자바는 각 기본형을 객체로 감싸는 클래스인 Wrapper 클래스를 제공한다.

Wrapper 클래스가 필요한 이유는 기본 자료형을 객체처럼 다루기 위해서이다. 자바는 객체지향 언어이기 때문에, 대부분의 기능이 객체를 기반으로 작동한다. 기본형은 객체가 아니므로, 메서드를 사용할 수 없고, 다형성, 컬렉션 저장, Object 업캐스팅 등도 사용할 수 없다. 이러한 문제를 Wrapper 클래스가 해결한다.

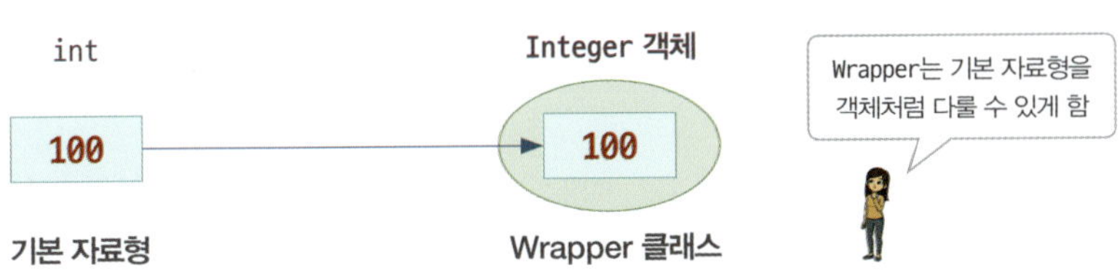

그림 7-9 기본 자료형과 Wrapper 클래스의 관계

기본형마다 하나씩 대응하는 Wrapper 클래스는 기본 자료형 이름의 첫 글자를 대문자로 바꾼 형태이다. 예를 들어, long → Long, double → Double, boolean → Boolean과 같다. 다만 int → Integer이며, char → Character이다.

표 7-4 기본 자료형과 Wrapper 클래스

기본형	byte	short	int	long	float	double	char	boolean
Wrapper	Byte	Short	Integer	Long	Float	Double	Character	Boolean

1. Wrapper 클래스의 주요 메서드

Wrapper 클래스를 사용하면 다양한 메서드를 활용할 수 있다. 예를 들어 Integer 클래스에는 숫자를 비교하거나, 문자열을 숫자로 바꾸는 유용한 메서드가 존재한다. 이런 기능은 int에는 존재하지 않으며, Wrapper 클래스를 통해서만 사용할 수 있다. [표 7-5]는 Wrapper 클래스의 주요 메서드를 정리한 것이다.

표 7-5 Wrapper 클래스의 주요 메서드

Wrapper	주요 메서드	설명
모든 숫자 래퍼 클래스 (Integer, Long, Double, Float 등)	parse[Type]()	문자열을 기본 타입으로 변환한다. 예 Integer.parseInt("100")은 123을 반환
	valueOf()	기본 타입 값이나 문자열을 해당 Wrapper 객체로 변환한다. 예 Integer.valueOf("100")
	[type]Value()	Wrapper 객체에 저장된 값을 해당 기본 타입으로 변환한다. 예 integerObject.intValue()는 int 값을 반환
	toString()	Wrapper 객체에 저장된 값을 문자열로 변환한다(이미 오버라이딩되어 있음).
Integer, Long	toBinaryString()	정숫값을 2진수 문자열로 변환한다.
	toHexString()	정숫값을 16진수 문자열로 변환한다.
	toOctalString()	정숫값을 8진수 문자열로 변환한다.
Character	isDigit()	해당 문자가 숫자인지 확인한다.
	isLetter()	해당 문자가 문자인지 확인한다.
	isUpperCase()	해당 문자가 대문자인지 확인한다.
	isLowerCase()	해당 문자가 소문자인지 확인한다.
	toUpperCase()	해당 문자를 대문자로 변환한다.
	toLowerCase()	해당 문자를 소문자로 변환한다.

Boolean	parseBoolean()	문자열을 boolean 값으로 변환한다. 예 "true"는 true로, 그 외의 문자열은 false로 변환
	getBoolean()	시스템 속성에서 주어진 이름의 불리언 값을 가져온다.

Wrapper 클래스는 객체이므로, 다음 코드와 같은 객체 생성 방식을 사용한다. Integer num1 = new Integer(100);은 Intger 객체를 생성하고, 값을 100으로 설정한다. 이때, valueOf() 메서드를 사용하여 객체를 생성할 수도 있는데, valueOf() 메서드는 기본 타입 값을 해당 Wrapper 객체로 변환한다. 따라서 Integer.valueOf(100)은 100을 Integer 객체 100으로 변환한다.

```
Integer num1 = new Integer(100);        // 구형 방식
Integer num2 = Integer.valueOf(100);    // 권장 방식
```

valueOf() 메서드는 기본 타입 값뿐 아니라 문자열도 Wrapper 객체로 변환한다. 반대로 Wrapper 객체에 저장된 값을 문자열로 바꿀 때는 ToString() 메서드를 사용한다. 다음 코드에서 문자열 s1은 Integer.valueOf(s1)에 의해 문자열이 100으로 변경되어 Integer 객체 num1에 저장된다. 또한 num1.toString()은 num1의 값 100을 문자열 "100"으로 변경한다.

```
String s1 = "100";
Integer num1 = Integer.valueOf(s1);     // 문자열을 Integer 100으로 변경
String s2 = num1.toString();            // 100을 문자열로 변경
```

parse[Type]()은 문자열을 기본 타입으로 변환하는 메서드이다. 예를 들어 문자열 "100"을 정수 100으로 바꾸거나 실수 100.0으로 변경하려면 다음과 같이 코드를 작성한다. 다음 코드에서 Integer.parseInt(s1)은 문자열 s를 정수 100으로 변환하고, Double.parseDouble(s1)은 실수 100.0으로 변환한다.

```
String s1 = "100";
int num1 = Integer.parseInt(s1);          // int 100으로 변환
Double num2 = Double.parseDouble(s1);     // double 100.0으로 변환
```

2. 오토박싱과 언박싱

new 연산자를 사용하여 Intger 객체를 생성하고, 값 100을 저장하는 코드는 다음과 같다.

```
Integer num = new Integer(100);          // Intger 객체 생성 후 100 저장
```

그러나 객체 생성 방식으로 기본 자료형 변수를 선언하는 것은 익숙하지 않다. 그래서 Java 5 이후부터는 **오토박싱**auto-boxing 기능이 도입되어 기본 자료형을 자동으로 Wrapper 객체로 변경할 수 있게 되었다. 예를 들어, 다음 코드와 같이 Integer num = 100;을 사용하면 Integer 객체를 만들고 자동으로 정수 100으로 초기화한다. 따라서 Wrapper 객체를 기본 자료형처럼 사용할 수 있다.

```
Integer num = 100;               // 오토박싱(자동으로 new Integer(100)으로 변환됨)
```

반대로 **객체를 기본형으로 변환할 때도 자동 변환**이 이루어지는데, 이를 **언박싱**unboxing이라 부른다. 다음 코드의 int value = num;은 자동으로 num.intvalue()가 호출되어 정수 100이 int 자료형 value에 저장된다.

```
int value = num;                 // 언박싱(자동으로 num.intValue()가 호출됨)
```

이처럼 자바는 Wrapper 객체에 대하여 오토박싱과 언박싱을 자동 처리하므로, 개발자는 기본형과 객체형을 자유롭게 사용할 수 있다.

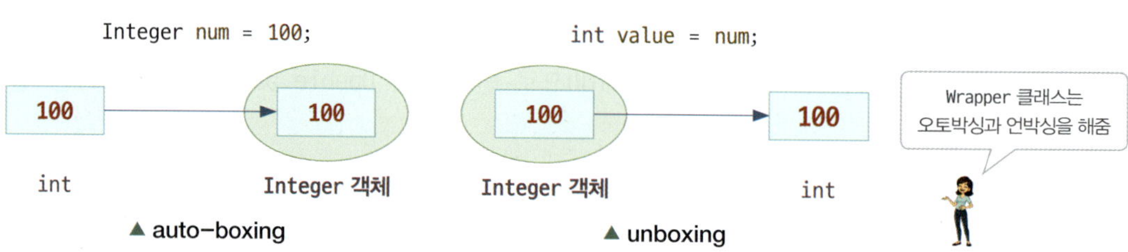

그림 7-10 오토박싱과 언박싱

[예제 7-3]은 오토박싱, 언박싱, 자료형 변환과 같은 `Wrapper` 클래스의 다양한 기능을 보여주는 코드이다.

예제 7-3 Wrapper 클래스 사용하기 WrapperExample.java

```java
package sec02.exam03;

public class WrapperExample {
    public static void main(String[] args) {

        Integer num1 = 100;                        // 오토박싱: int → Integer
        System.out.println("오토박싱된 값: " + num1);

        int i = num1;                              // 언박싱: Integer → int
        System.out.println("언박싱된 값: " + i);

        String s = "123";
        int j = Integer.parseInt(s);               // 문자열을 숫자로 변환
        System.out.println("문자열을 정수로 변환: " + j);

        String str = Integer.toString(j);          // 숫자를 문자열로 변환
        System.out.println("정수를 문자열로 변환: " + str);

        String yes = "true";
        Boolean flag = Boolean.parseBoolean(yes);  // 문자열 → boolean 객체
        if (flag) {
            System.out.println("참이다.");
        } else {
            System.out.println("거짓이다.");
        }
    }
}
```

```
오토박싱된 값: 100
언박싱된 값: 100
문자열을 정수로 변환: 123
정수를 문자열로 변환: 123
참이다.
```

❸ String 클래스

1. String 클래스와 불변성

자바에서 문자열은 String 클래스를 통해 다룬다. 우리가 "Hello"나 "도넛" 같은 값을 변수에 저장할 때, 그 값은 단순한 문자가 아니라 자바 내부에서 자동으로 생성한 String 객체이다. 다음 코드의 String은 기본 자료형처럼 보이지만, 실제로는 클래스 타입(참조형)이기 때문에 다양한 메서드와 기능을 사용할 수 있다.

```
String s1 = "Java";                // String 객체 생성
```

자바에서 String은 한 번 생성되면 변경할 수 없는 불변immutable 객체이다. 따라서 문자열을 수정하는 것처럼 보여도 실제로는 새로운 문자열이 만들어진다. 다음 코드를 살펴보자.

```
String s1 = "Java";
s1 = s1 + " World";                // 새로운 객체 s1 = "Java World"가 만들어짐
```

위 코드는 기존 "Java" 문자열을 수정한 것이 아니라 "Java World"라는 새로운 문자열 객체를 만들어 s1에 다시 할당한 것이다. 원래 있던 "Java"는 더 이상 사용되지 않으며, 가비지 컬렉터GC에 의해 자동으로 메모리에서 정리된다. 이러한 불변성은 값이 바뀌지 않으므로 안정성이 높다는 장점이 있다.

2. 문자열 객체 생성과 문자열 풀

자바의 String 객체는 효율적인 메모리 관리를 위해 문자열 풀String pool이라는 특별한 메모리 영역을 사용한다. **문자열 풀은** 힙heap 영역에 위치하며 **동일한 문자열을 여러 번 생성할 때 메모리를 공유하게 함으로써 메모리 공간의 낭비를 줄이는 역할**을 한다. 문자열 풀은 다음과 같은 방식으로 작동한다.

❶ String s1 = "Java";와 같이 문자열을 사용해 객체를 생성하면, JVM은 먼저 문자열 풀을 확인한다.

❷ "Java"라는 문자열이 이미 문자열 풀에 존재한다면, 기존 객체의 주소를 반환하여 새 변수(s1)가 해당 객체를 참조하도록 한다.

❸ 존재하지 않으면, 새로운 String 객체를 문자열 풀에 생성하고 그 주소를 반환한다.

이러한 방식 덕분에 String s1 = "Java";와 String s2 = "Java";는 메모리상에서 같은 객체를 가리키게 된다. 다음 코드에서 s1 == s2는 문자열 풀의 동일한 객체를 가리키고 있으므로 true를 출력한다.

```
String s1 = "Java";                          // 문자열 풀에 "Java" 생성
String s2 = "Java";                          // 문자열 풀의 "Java" 참조

System.out.println(s1 == s2);                // true(동일한 객체 참조)
```

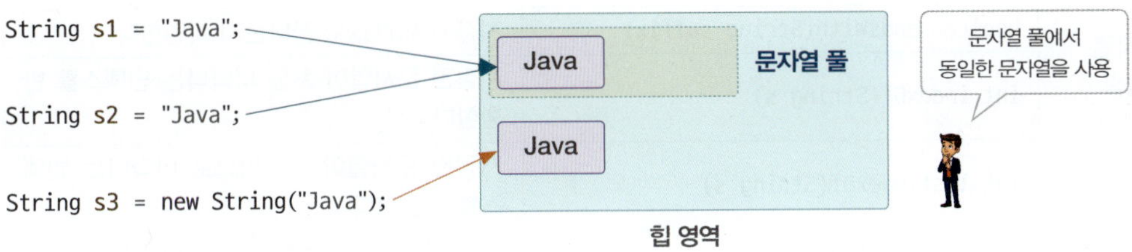

그림 7-11 String 객체와 문자열 풀

주의할 점은 String s3 = new String("Java");와 같이 **new 예약어를 사용하여 문자열 객체를 만들면**, 문자열 풀과는 별개로 **항상 새로운 String 객체가 생성**된다는 것이다. 따라서 new로 생성된 두 객체는 내용이 같더라도 서로 다른 메모리 주소를 가리키게 된다. 다음 코드의 s3 == s4는 서로 다른 객체를 가리키고 있으므로 false를 출력한다.

```
String s3 = new String("Java");              // 새로운 "Java" 객체 생성
String s4 = new String("Java");              // 새로운 "Java" 객체 생성

System.out.println(s3 == s4);                // false(서로 다른 객체 참조)
```

3. String 클래스의 주요 메서드

String 클래스에는 문자열 비교, 검색, 조작, 변환을 위한 다양한 메서드가 정의되어 있다. [표 7-6]은 String 클래스의 주요 메서드를 정리한 것이다.

표 7-6 String 클래스의 주요 메서드

구분	메서드	설명
문자열 정보	int length()	문자열의 길이를 반환한다.
	boolean isEmpty()	문자열이 비어 있으면 true를 반환한다.
	char charAt(int index)	지정된 index 위치의 문자를 반환한다.
문자열 비교	boolean equals(String s)	두 문자열의 내용을 비교한다.
	boolean equalsIgnoreCase(String s)	대소문자를 무시하고 두 문자열을 비교한다.
	boolean compareTo(String s)	사전 순서로 두 문자열을 비교한다.
문자열 검색	boolean contains(CharSequence s)	특정 문자열이 포함되어 있는지 확인한다.
	boolean startsWith(String prefix)	지정된 prefix로 시작하는지 확인한다.
	boolean endsWith(String suffix)	지정된 suffix로 끝나는지 확인한다.
	int indexOf(String s)	지정된 문자열이 처음 나타나는 인덱스를 반환한다.
	int lastIndexOf(String s)	지정된 문자열이 마지막으로 나타나는 인덱스를 반환한다.
문자열 조작	String concat(String s)	두 문자열을 결합한다(+ 연산자와 유사).
	String replace(char old, char new)	old 문자를 new 문자로 대체한다.
	String replaceAll(String regex, String replace)	regex와 일치하는 모든 부분을 대체한다.
	String substring(int begin)	begin 인덱스부터 끝까지의 부분 문자열을 반환한다.
	String substring(int begin, int end)	begin 인덱스부터 end 인덱스 직전까지 부분 문자열을 반환한다.
	String String trim()	문자열 양 끝의 공백을 제거한다.
	String toUpperCase()	문자열의 모든 문자를 대문자로 변환한다.
	String toLowerCase()	문자열의 모든 문자를 소문자로 변환한다.
문자열 변환	String[] split(String regex)	정규식을 기준으로 문자열을 분할하여 String 배열로 반환한다.
	String join(CharSequence delim, CharSequence... elements)	구분자로 여러 문자열을 결합한다(정적 메서드).
	String valueOf(int index)	다양한 타입의 값을 문자열로 변환한다(정적 메서드).

▪ String 클래스의 메서드를 사용한 문자열 처리

String 클래스의 주요 메서드를 사용하여 문자열을 처리하는 다양한 방법을 살펴보자.

- **length()**: String도 객체이기 때문에 문자열의 길이를 알고 싶을 때는 length() 메서드를 사용한다. 영문과 마찬가지로 한글 한 글자도 하나의 문자로 취급한다. 다음 코드는 문자의 길이 2를 출력한다.

```
String s = "도넛";
System.out.println(s.length());      // 2(한글 한 글자도 하나의 문자)
```

- **charAt()**: 특정 위치의 문자를 얻고 싶을 때는 charAt(int index)를 사용한다. 다음 코드의 문자열에서 index의 위치(0 위치)의 문자 J가 반환되며, 반환되는 자료형은 char이다.

```
String s = "Java";
System.out.println(s.charAt(0));      // J
```

- **equals()**: Object의 기본 equals()는 == 연산자와 동일하게 주소(참조)를 비교하기 때문에 내용을 비교하려면 equals()를 오버라이딩하여 사용해야 했다. 그러나 String 클래스에는 이미 equals() 메서드를 오버라이딩하여 문자열의 내용을 비교하도록 구현되어 있다. 따라서 String 객체에서 ==로 비교하면 '같은 객체인지(주소)'를 비교하고, equals()를 사용하면 '내용(문자 시퀀스)'을 비교한다. 다음 코드에서 s1 == s2는 false이지만, 문자열 내용이 같으므로 s1.equals(s2)는 true이다. 추가적으로 대소문자를 무시하고 비교하고자 할 때는 equalsIgnoreCase() 메서드를 사용한다.

```
String s1 = "Java";                   // 문자열 풀에 "Java" 생성
String s2 = new String("Java");       // 새로운 "Java" 객체 생성

System.out.println(s1 == s2);         // false(new는 새로운 문자열 생성)
System.out.println(s1.equals(s2));    // true(내용 같음)
```

- **indexOf()**: 특정 문자의 위치를 얻을 때는 indexOf()를 사용한다. 다음 코드에서 indexOf("도")는 "도" 위치의 인덱스 값 2를 반환한다. 특정 문자열이 여러 번 나타나는 경우에는 처음 나타나는 위치의 인덱스가 반환된다. 만약, 마지막 위치의 인덱스를 얻고자 한다면 lastIndexOf() 메서드를 사용한다.

```
String s = "초코도넛";
System.out.println(s.indexOf("도")); // 2 반환, 여러 개일 경우 처음 위치 반환
```

- **substring()**: 문자열의 일부분을 반환받을 때는 substring()을 사용한다. substring(int begin)은 문자열의 시작 위치(begin)부터 끝까지의 부분 문자열을 반환하고, substring(int begin, int end)는 begin 인덱스부터 end 인덱스 **바로 앞까지**의 문자열을 반환한다. 다음 코드에서 substring(0, 2)는 0에서 1까지의 문자열 "**초코**"를 반환한다. 이때, **인덱스 2는 포함되지 않는 것에 주의하자.**

```
String s = "초코도넛";
System.out.println(s.substring(0, 2));      // 0에서 2 직전(1)까지 문자열 "초코" 반환
```

- **trim()**: 문자열의 앞뒤에 공백이 있는 경우 trim()을 사용하여 제거할 수 있다. 다음 코드에서 trim()은 문자열 " **초코** "의 앞뒤 공백을 제거하고 "**초코**"를 반환한다.

```
String s = " 초코 ";
System.out.println(s.trim());                // 앞뒤 공백 제거 후 "초코" 반환
```

- **toUpperCase()/toLowerCase()**: 모든 문자를 대문자로 변경할 때는 toUpperCase()를 사용하고, 반대로 소문자로 변경할 때에는 toLowerCase()를 사용한다. 다음 코드에서 모든 문자는 대문자로 변경되어 출력된다.

```
String s = "hello";
System.out.println(s.toUpperCase());        // 모두 대문자로 변경: "HELLO"
```

- **replace()**: 특정 문자나 문자열을 다른 문자 또는 문자열로 바꿀 때는 replace()를 사용한다. 다음 코드에서 "**딸기**"는 "**레몬**"으로 변경되며, '레몬도넛'이 출력된다.

```
String s = "딸기도넛";
System.out.println(s.replace("딸기", "레몬"));      // "레몬도넛"이 출력됨
```

- **split()**: 구분자를 기준으로 문자열을 나눌 때는 split()을 사용하며, 반환되는 값은 문자열 배열(String[])이다. 다음 코드에서 "**초코,레몬,딸기**"는 쉼표(,)를 기준으로 나뉘어 문자열 배열로 반환되며, parts[0]을 출력하면 '초코'가 나타난다.

```java
String s = "초코,레몬,딸기";
String[] parts = s.split(",");            // 구분자는 쉼표(,)
System.out.println(parts[0]);             // "초코"가 출력됨
```

[예제 7-4]는 String 클래스의 다양한 메서드를 활용하는 코드이다.

예제 7-4 String 클래스의 메서드 사용하기 StringExample.java

```java
package sec02.exam04;

public class StringExample {
    public static void main(String[] args) {
        String s1 = "레몬도넛";

        System.out.println("문자열: " + s1);
        System.out.println("문자 수: " + s1.length());
        System.out.println("첫 글자: " + s1.charAt(0));
        System.out.println("부분 문자열: " + s1.substring(0, 2));
        System.out.println("바뀐 문자열: " + s1.replace("레몬", "초코"));

        String s2 = new String("레몬도넛");
        System.out.println("s1 == s2: " + (s1 == s2));           // false
        System.out.println("s1.equals(s2): " + s1.equals(s2)); // true

        String s3 = "레몬도넛";        // 문자열 풀의 "레몬도넛" 참조
        System.out.println("s1 == s3: " + (s1 == s3));           // true
        s1 = s1 + " 포장";
        System.out.println("s1 변경 후 == s3: " + (s1 == s3));  // false
    }
}
```

```
문자열: 레몬도넛
문자 수: 4
첫 글자: 레
부분 문자열: 레몬
바뀐 문자열: 초코도넛
s1 == s2: false
s1.equals(s2): true
s1 == s3: true
s1 변경 후 == s3: false
```

4 StringBuffer 클래스

1. StringBuffer 클래스와 가변 객체

앞에서 배운 String은 불변 객체이기 때문에 문자열을 수정하려면 새로운 문자열 객체를 생성해야만 했다. 이러한 방식은 단순한 문자열에는 문제가 없지만, 문자열을 반복해서 추가하거나 삭제하는 작업이 많을 경우 메모리를 많이 사용하고 성능이 떨어지게 된다. 이러한 문제를 해결하기 위해 자바는 **문자열을 수정 가능한 형태로 다룰 수 있는 클래스**를 제공하는데, 그중 하나가 바로 StringBuffer 클래스이다.

StringBuffer는 문자열을 변경할 수 있는 가변 객체mutable object이다. 내부적으로 문자 배열을 사용해 직접 내용을 바꾸기 때문에, **새로운 객체를 만들지 않고도 문자열을 추가하거나 삭제할 수 있다**. 따라서 문자열 조작이 빈번할 때는 String보다 훨씬 성능이 좋다. StringBuffer 클래스는 다음과 같은 방법으로 생성한다.

```
StringBuffer sb1 = new StringBuffer();          // 빈 문자열
StringBuffer sb2 = new StringBuffer("도넛");    // 초기 문자열
```

[그림 7-12]는 문자열과 관련된 클래스의 특징을 정리한 것이다. String 클래스는 불변 객체인 반면, StringBuffer 클래스는 가변 객체를 사용한다. 이후에 설명할 StringBuilder 클래스는 StringBuffer 클래스와 동일하지만, 공동 작업을 지원한다는 특징을 가진다. 마지막으로 StringTokenizer 클래스는 문자열을 손쉽게 구분하거나 분리할 수 있는 클래스이다.

String 클래스	StringBuffer 클래스	StringTokenizer 클래스
· **불변 객체** · 문자열 풀 사용	· **가변 객체** · stringBuilder와 유사	· 문자열을 자를 때 사용 · split()보다 사용 편함

그림 7-12 문자열 관련 클래스의 특징

2. StringBuffer 클래스의 주요 메서드

StringBuffer 클래스에는 문자열 추가, 삽입, 삭제, 치환을 위한 다양한 메서드가 정의되어 있다. [표 7-7]은 StringBuffer 클래스의 주요 메서드를 정리한 것이다.

표 7-7 StringBuffer 클래스의 주요 메서드

구분	메서드	설명
문자열 정보	int length()	문자열의 길이를 반환한다.
	int capacity()	현재 버퍼의 용량을 반환한다.
	char charAt(int index)	지정된 index 위치의 문자를 반환한다.
	void setCharAt(int index, char c)	지정된 index 위치의 문자를 변경한다.
문자열 추가/삽입	StringBuffer append(String s)	끝에 문자열을 추가한다.
	StringBuffer insert(int offset, String s)	offset 앞에 문자열을 삽입한다.
문자열 삭제	StringBuffer delete(int start, int end)	start부터 end 앞까지 문자열을 삭제한다.
	StringBuffer deleteCharAt(int index)	index 위치의 문자를 삭제한다.
문자열 치환	StringBuffer replace(int start, int end, String s)	start부터 end 앞까지 새로운 문자열로 치환한다.
문자열 추출	String substring(int start)	지정된 인덱스부터 끝까지 부분 문자열을 반환한다.
	String substring(int start, int end)	지정된 구간의 부분 문자열을 반환한다.
문자열 반전	StringBuffer reverse()	문자열을 거꾸로 변환한다.
용량 관리	void ensureCapacity(int min)	최소한의 용량을 확보한다.
	void trimToSize()	사용하지 않는 용량을 제거하여 크기를 최적화한다.
기타	String toString()	StringBuffer 객체를 문자열로 변환한다.

■ StringBuffer 클래스의 메서드를 사용한 문자열 처리

StringBuffer 관련 메서드에서 주의할 점은 String은 불변 객체이므로 관련 메서드가 원본을 변형하지 않지만, **StringBuffer는 가변 객체이므로 일부 메서드는 원본을 변형한다**는 것이다. StringBuffer 클래스의 주요 메서드를 사용해 문자열을 처리하는 방법을 살펴보자.

- **append()**: 문자열의 끝에 새로운 문자열을 추가할 때는 append() 메서드를 사용한다. 다음 코드 "**도넛**"에 " **가게**"가 추가되어 '도넛 가게'가 출력된다. StringBuffer는 가변 객체이므로 문자열이 "**도넛**"에서 "**도넛 가게**"로 변경된다.

```
StringBuffer sb = new StringBuffer("도넛");
System.out.println(sb.append("도넛 가게"));        // 문자열 뒤에 " 가게" 추가
```

- **insert()**: 문자열의 특정 위치(offset) 앞에 새로운 문자열을 추가할 때는 insert(int offset, String s) 메서드를 사용한다. 다음 코드에서 sb.insert(2, " 맛있는")은 인덱스 2

앞에 " 맛있는"을 추가하므로 문자열이 "도넛 맛있는 가게"로 변경된다. 또한 특정 위치의 문자 한 개를 삭제할 때는 deleteCharAt(int index)를 사용한다.

```
StringBuffer sb = new StringBuffer("도넛 가게");
System.out.println(sb.insert(2, " 맛있는"));      // "도넛 맛있는 가게"
```

- **replace()**: 특정 범위의 문자열을 새로운 문자열로 치환할 때는 replace(int start, int end, String s) 메서드를 사용한다. 다음 코드에서 replace(0, 2, "**초코**")는 0에서 2앞 까지(1 까지)의 "딸기"를 "**초코**"로 치환하므로 '초코도넛'이 된다.

```
StringBuffer sb = new StringBuffer("딸기도넛");
System.out.println(sb.replace(0, 2, "초코"));     // "초코도넛"
```

- **reverse()**: 문자열의 순서를 반대로 변경할 때는 reverse() 메서드를 사용한다. 다음 코드에서 reverse()는 "ABC"의 순서를 반대로 변경하므로 결과는 'CBA'가 된다.

```
StringBuffer sb = new StringBuffer("ABC");
System.out.println(sb.reverse());                // "CBA"
```

[예제 7-5]는 StringBuffer 클래스의 다양한 메서드를 활용하는 코드이다.

예제 7-5 **StringBuffer 클래스의 메서드 사용하기** StringBufferExample.java

```
package sec02.exam05;

public class StringBufferExample {
    public static void main(String[] args) {

        StringBuffer sb = new StringBuffer("도넛");
        System.out.println("초기 문자열: " + sb);

        sb.append(" 가게");                    // 문자열 뒤에 추가
        System.out.println("append 후: " + sb);

        sb.insert(2, " 맛있는");               // 문자열 중간에 삽입
```

```
        System.out.println("insert 후: " + sb);

        sb.delete(2, 6);                // " 맛있는" 삭제
        System.out.println("delete 후: " + sb);

        sb.replace(0, 2, "초코");        // 문자열 변경
        System.out.println("replace 후: " + sb);

        sb.reverse();                   // 문자열 뒤집기
        System.out.println("reverse 후: " + sb);

        String result = sb.toString();  // String으로 변환
        System.out.println("최종 문자열(String): " + result);
    }
}
```

```
초기 문자열: 도넛
append 후: 도넛 가게
insert 후: 도넛 맛있는 가게
delete 후: 도넛 가게
replace 후: 초코 가게
reverse 후: 게가 코초
최종 문자열(String): 게가 코초
```

5 StringBuilder 클래스

자바에서 프로그램이 실행될 때, 그 안에서 작업을 처리하는 하나의 실행 흐름이 생성되는데, 이 흐름을 **스레드**thread라고 한다. 또한 여러 작업을 동시에 처리하기 위해, 프로그램 내부에서 둘 이상의 스레드가 동시에 실행되도록 만든 프로그램을 **멀티스레드**multi-thread 프로그램이라고 부른다.

멀티스레드 프로그램에서는 여러 스레드가 같은 변수나 객체에 접근하여 동시에 사용하려고 할 때 문제가 발생할 수 있다. 이는 마치 여러 사람이 동시에 하나의 메모장에 글을 쓰려는 상황과 같다. 동시에 글을 쓰면 내용이 뒤섞이거나, 한 사람이 쓴 중요한 데이터가 다른 사람에 의해 덮어 쓰여 지워질 수 있다.

이러한 데이터 혼란을 막기 위해 한 번에 하나의 스레드만 접근하여 데이터를 변경할 수 있도록 접근을 제한하는 장치가 필요한데, 이를 **동기화**synchronization라고 부른다. 동기화를 통해 여러 스레드가 동시에 접근해도 데이터의 무결성이 유지되는 클래스를 **스레드 안전한**thread-safe 클래스라고 한다.

StringBuffer 클래스는 대표적인 스레드 안전한 클래스로, 여러 스레드가 동시에 접근할 경우, 자동으로 하나의 스레드씩 처리되도록 설계되어 있어, 멀티스레드 환경에서도 안전하게 사용할 수 있다. 하지만 이러한 안전성(동기화)을 위해 StringBuffer 클래스는 불필요한 연산 및 메모리 사용이 발생할 수 있다.

따라서 단일 스레드 환경에서는 더 가볍고 빠른 문자열 편집 클래스가 필요하며, 그 역할을 하는 것이 바로 StringBuilder 클래스이다. StringBuilder는 StringBuffer와 동일한 메서드와 기능을 제공하지만, 동기화 기능을 제거하여 더 빠르게 동작하도록 만든 클래스이다. 스레드 안전이 필요 없는 상황이라면 StringBuilder를 사용하는 것이 성능면에서 더 유리하다. StringBuilder 클래스를 사용하여 객체를 생성하는 방법은 다음과 같으며, 사용 가능한 주요 메서드는 StringBuffer와 동일하다.

```
StringBuilder sb1 = new StringBuilder();                 // 빈 문자열
StringBuilder sb2 = new StringBuilder("도넛");            // 초기 문자열
```

6 StringTokenizer 클래스

1. StringTokenizer 클래스의 이해

프로그램을 작성하다 보면, 문자열을 특정 기준(쉼표, 공백 등)으로 나눠야 할 때가 많다. 예를 들어 **"초코,레몬,딸기"**라는 문자열을 초코, 레몬, 딸기로 나눠서 각각 다르게 처리하고 싶을 수 있다. 물론, String 클래스의 split() 메서드를 사용하면 문자열을 나눌 수 있지만, 이 메서드는 정규 표현식을 사용하기 때문에 문법이 다소 복잡하고, 익숙하지 않은 사용자에게는 어렵게 느껴질 수 있다. 이럴 때 StringTokenizer 클래스를 사용하면, 더 간단하고 직관적으로 문자열을 나눌 수 있다.

StringTokenizer는 문자열을 구분자$_{\text{delimiter}}$ 기준으로 분리하여 문자열 조각(토큰)을 만드는 클래스이다. 즉, 한 줄의 문자열을 단어를 기준으로 자르는 가위 역할을 한다. 기본적으로 구분자를 지정하지 않으면 공백을 구분자로 사용하며, “,”와 같이 구분자를 지정할 수도 있다. 이 클래스는 java.util 패키지에 포함되어 있으며, 다음과 같이 사용할 수 있다.

```
StringTokenizer st1 = new StringTokenizer("초코 레몬");       // 기본 구분자: 공백
StringTokenizer st2 = new StringTokenizer("초코,레몬", ","); // 구분자: 쉼표(,)
```

2. StringTokenizer 클래스의 사용

StringTokenizer 클래스는 hasMoreTokens(), nextToken(), countTokens() 메서드를 제공한다. 각 메서드의 기능을 [표 7-8]에 정리하였다.

표 7-8 StringTokenizer 클래스의 메서드

메서드	설명
boolean hasMoreTokens()	다음 토큰이 있는지 확인한다.
String nextToken()	다음 토큰을 꺼낸다.
int countTokens()	남아 있는 토큰의 수를 반환한다.

[예제 7-6]은 StringTokenizer 클래스의 메서드를 활용하여 문자열을 토큰 단위로 처리하는 코드이다.

예제 7-6 StringTokenizer 클래스 사용하기 StringTokenizerExample.java

```java
package sec02.exam06;

import java.util.StringTokenizer; // StringTokenizer는 java.util에 있음

public class StringTokenizerExample {
    public static void main(String[] args) {
        String donutMenu = "초코,레몬,딸기,크림";

        // 쉼표(,)를 기준으로 문자열을 분리
        StringTokenizer st = new StringTokenizer(donutMenu, ",");

        System.out.println("메뉴에 있는 도넛 종류:");

        while (st.hasMoreTokens()) {          // 토큰이 남아 있는 동안 반복
            String donut = st.nextToken();    // 다음 토큰 꺼냄
            System.out.println("- " + donut + " 도넛");
        }
    }
}
```

```
메뉴에 있는 도넛 종류:
- 초코 도넛
- 레몬 도넛
- 딸기 도넛
- 크림 도넛
```

문자열 "초코,레몬,딸기,크림"에 대하여 10행의 new StringTokenizer(donutMenu, ",");는 StringTokenizer를 생성할 때, 구분자로 ","를 지정한다. 14행의 hasMoreTokens()는 토큰이 더 남아 있는지를 검사한다. 따라서 토큰이 남아 있는 동안에는 while 문이 반복되고, 15행에서 nextToken()을 호출하여 도넛 이름을 하나씩 꺼낸다. 이렇게 하면 복잡한 정규 표현식 없이도 간단하게 문자열을 분리할 수 있다.

StringTokenizer는 문자열을 손쉽게 나눌 수 있는 도구이며, 공백이나 쉼표 같은 구분자 기준으로 토큰을 하나씩 꺼내며 처리할 수 있다. split()보다 기능은 단순하지만, 반복적으로 문자열을 나누어 처리하는 상황에 매우 적합하다. 단, StringTokenizer는 토큰이 제거되면 다시 접근할 수 없다는 단점이 있다. 최신 자바에서는 split()을 더 자주 사용하지만, 간단하고 반복적인 분리 작업에서는 여전히 유용하게 사용할 수 있는 클래스이다.

7 Math 클래스

1. Math 클래스의 주요 메서드

Math는 자바에서 기본적인 수학 연산과 함수를 제공하는 클래스이다. 개발자가 복잡한 수학 연산을 직접 구현하지 않아도, Math 클래스가 미리 제공하는 정적 메서드를 호출하여 간단히 사용할 수 있다. 예를 들어, 제곱, 절댓값, 최댓값, 반올림, 난수 생성 등은 Math 클래스의 기능으로 쉽게 구현할 수 있다. Math 클래스는 java.lang 패키지에 포함되어 import 없이 사용할 수 있다. 생성자는 private이므로 new Math()와 같이 **객체로 만들 수 없다.**

[표 7-9]는 Math 클래스의 주요 메서드를 나타낸다. 모두 static으로 정의되어 있으며, 특별한 표시가 없다면 반환 자료형은 double이다.

표 7-9 Math 클래스의 주요 메서드

메서드	설명
abs(double a)	주어진 값의 절댓값을 반환한다(int, long, float 사용 가능).
sqrt(double a)	주어진 값의 제곱근을 반환한다.
pow(double a, double b)	a를 b의 제곱만큼 거듭제곱한 값을 반환한다.
ceil(double a)	주어진 값보다 크거나 같은 가장 작은 정수(올림)를 double로 반환한다.
floor(double a)	주어진 값보다 작거나 같은 가장 큰 정수(내림)를 double로 반환한다.
long round(double a)	주어진 값과 가장 가까운 정수(반올림)를 long으로 반환한다.
max(double a, double b)	두 값 중 더 큰 값을 반환한다(int, long, float 사용 가능).
min(double a, double b)	두 값 중 더 작은 값을 반환한다(int, long, float 사용 가능).
random()	0.0 이상 1.0 미만의 double 형 난수를 반환한다.
sin(double a)	라디안 단위로 주어진 각도의 sine 값을 반환한다.

cos(double a)	라디안 단위로 주어진 각도의 cosine 값을 반환한다.
tan(double a)	라디안 단위로 주어진 각도의 tangent 값을 반환한다.
log(double a)	주어진 값의 자연 로그(base e)를 반환한다.
log10(double a)	주어진 값의 밑이 10인 로그를 반환한다.
final double PI	원주율 π에 해당하는 값이다.
final double E	자연 로그의 밑 e에 해당하는 값이다.

2. Math 클래스의 메서드 사용 방법

Math 클래스의 주요 메서드의 사용 방법은 다음과 같다.

- **Math.abs()**: 절댓값을 구할 때는 Math.abs()를 사용한다. 다음 코드와 같이 Math.abs()는 양수는 그대로, 음수는 양수로 바꿔주는 함수이다.

```
int r1 = Math.abs(10);                // 10
double r2 = Math.abs(-3.14);          // 3.14
```

- **Math.max()/Math.min()**: 최댓값을 구할 때는 Math.max()를 사용하고, 최솟값을 구할 때에는 Math.min()을 사용한다. 다음 코드와 같이 int 형뿐 아니라 long, float, double 형도 사용할 수 있다.

```
int max = Math.max(10, 20);           // 20
double min = Math.min(3.5, 2.8);      // 2.8
```

- **Math.round()/Math.ceil()/Math.floor()**: Math.round()는 값을 반올림하여 가장 가까운 정수를 반환하는데, 반환되는 정수는 long 또는 int 형이다. Math.ceil()은 천장을 의미하는 ceiling 함수로, 값을 올림한 후에 가장 가까운 정수를 double 형으로 반환한다. Math.floor()는 바닥을 의미하는 floor 함수로, 값을 내림한 후에 가장 가까운 정수를 double 형으로 반환한다.

```
long r1 = Math.round(3.6);            // 4(반올림)
double r2 = Math.ceil(3.2);           // 4.0(올림)
double r3 = Math.floor(3.9);          // 3.0(내림)
```

- **Math.pow()/Math.sqrt():** Math.pow()는 제곱을 계산하며, Math.sqrt()는 제곱근을 계산한다.

```
double pow = Math.pow(2, 3);                // 8.0(2의 3제곱)
double sqrt = Math.sqrt(25);                // 5.0(25의 제곱근)
```

- **Math.random():** 난수(무작위 수)를 만들 때는 Math.random()을 사용한다. Math.random()은 0.0 이상 1.0 미만의 실수형 난수를 반환한다. 이를 이용하여 1부터 10 사이의 정수를 만들려면 (Math.random() * 10) + 1을 사용하고, 그 결과를 정수로 형 변환하여 사용한다.

```
double r1 = Math.random();                  // 0.0 이상 1.0 미만의 실수
int r2 = (int)(Math.random() * 10) + 1;     // 1부터 10 사이의 정수
```

[예제 7-7]은 Math 클래스의 메서드를 사용하여 도넛의 할인가를 계산하는 코드이다.

예제 7-7 Math 클래스 사용하기 MathExample.java

```
package sec02.exam07;

public class MathExample {
    public static void main(String[] args) {
        int price = 3500;
        double discount = 0.15;

        double newPrice = price * (1 - discount);
        long rounded = Math.round(newPrice); // 반올림

        System.out.println("원래 가격: " + price + "원");
        System.out.println("할인율: " + (int)(discount * 100) + "%");
        System.out.println("할인가(반올림): " + rounded + "원");

        int donuts = (int)(Math.random() * 5) + 1;  // 랜덤 개수 생성(1~5)
        System.out.println("랜덤 구매 개수: " + donuts + "개");
        System.out.println("총 가격: " + (rounded * donuts) + "원");
    }
}
```

```
원래 가격: 3500원
할인율: 15%
할인가(반올림): 2975원
랜덤 구매 개수: 3개
총 가격: 8925원
```

8 날짜와 시간 클래스

1. Calendar 클래스

날짜와 시간을 조작하는 Calendar 클래스는 Java 1.1부터 사용해왔으며, java.util.Calendar 패키지에 속한다. Calendar 클래스는 추상 클래스이므로 new calendar()를 사용하지 않고, **getInstance() 메서드를 사용하여 객체를 생성한다.**

```
Calendar cal = Calendar.getInstance();      // 현재 날짜와 시간
```

getInstance()가 반환한 객체 cal은 현재 날짜와 시간 정보를 가진다. 이후 다음과 같이 get() 메서드를 사용하여 세부 정보를 얻을 수 있다.

```
int year = cal.get(Calendar.YEAR);              // Calendar.YEAR 필드
int month = cal.get(Calendar.MONTH) + 1;        // 월은 0부터 시작!
int day = cal.get(Calendar.DAY_OF_MONTH);
```

cal.get(Calendar.YEAR)는 년, cal.get(Calendar.MONTH)는 월, cal.get(Calendar.DAY_OF_MONTH)는 일 값을 반환한다. 이때, **월(month)이 0부터 시작하기 때문에 실제 값은 1을 더해야 한다.** 반대로 set() 메서드를 사용하여 월을 지정할 때는 1을 뺀 값을 저장해야 한다.

[표 7-10]은 Calendar 클래스의 주요 메서드를 정리한 것이다.

표 7-10 Calendar 클래스의 주요 메서드

메서드	설명
getInstance()	현재 날짜 및 시간으로 초기화된 Calendar 객체를 반환한다.
get(int field)	지정된 field의 값을 반환한다. 예 Calendar.YEAR, Calendar.MONTH, Calendar.DAY_OF_MONTH
set(int field, int value)	지정된 field의 값을 설정한다.
set(int year, int month, int date)	년, 월, 일을 한 번에 설정한다.
add(int field, int amount)	지정된 field에 amount만큼의 값을 더하거나 뺀다.
getTime()	Calendar 객체가 나타내는 시간을 Date 객체로 반환한다.
getTimeInMillis()	Calendar 객체가 나타내는 시간을 밀리초 단위로 반환한다.
before(Object when)	현재 Calendar 객체가 when 객체보다 이전인지 확인한다.
after(Object when)	현재 Calendar 객체가 when 객체보다 이후인지 확인한다.
equals(Object obj)	두 Calendar 객체가 같은지 비교한다.

[예제 7-8]은 Calendar 클래스의 메서드를 사용하여 날짜와 시간을 출력하는 코드이다.

예제 7-8 Calendar 클래스 사용하기 CalendarExample.java

```
package sec02.exam08;

import java.util.Calendar;

public class CalendarExample {
    public static void main(String[] args) {
        Calendar cal = Calendar.getInstance();     // 현재 날짜와 시간

        int year = cal.get(Calendar.YEAR);
        int month = cal.get(Calendar.MONTH) + 1;   // 월은 0부터 시작!
        int day = cal.get(Calendar.DAY_OF_MONTH);

        int hour = cal.get(Calendar.HOUR_OF_DAY);  // 24시간 형식
        int minute = cal.get(Calendar.MINUTE);

        System.out.println("오늘: " + year + "년 " + month + "월 " + day + "일");
        System.out.println("현재 시간: " + hour + "시 " + minute + "분");

        cal.add(Calendar.DATE, 7);                 // 7일 뒤로 이동

        year = cal.get(Calendar.YEAR);
```

```
22        month = cal.get(Calendar.MONTH) + 1;        // 월은 0부터 시작!
23        day = cal.get(Calendar.DAY_OF_MONTH);
24
25        System.out.println("7일후: " + year + "년 " + month + "월 " + day + "일");
26    }
27 }
```

```
오늘: 2025년 8월 25일
현재 시간: 9시 42분
7일후: 2025년 9월 1일
```

7행에서 Calendar 객체 cal을 만들고, get() 메서드를 사용하여 9행에서 14행까지 년, 월, 일, 시간, 분을 얻은 후 출력한다. 19행의 cal.add(Calendar.DATE, 7);은 날짜에 7을 더한다. 날짜가 변하면 월이 바뀔 수도 있고, 년이 바뀔 수도 있다. 따라서 21행부터 23행까지 년, 월, 일을 다시 받은 후 출력한다. 출력 결과에서 2025년 8월 25일의 7일 후는 2025년 9월 1일이 된다.

Note **Date 클래스**

java.util 패키지에는 Calendar 클래스 외에 날짜와 시간을 다루는 데 사용되는 Date 클래스도 있다. Date 클래스는 연산이 복잡하고, 타임존 정보를 명확하게 다루지 못하면 오류가 발생할 수 있기 때문에 대부분의 메서드가 더 이상 사용되지 않게 되었다. 따라서 Date 클래스가 아닌 java.time 패키지에 속한 LocalDate, LocalTime, LocalDateTime과 같은 클래스를 사용할 것을 권장한다.

2. java.time 패키지

Calendar 클래스는 앞서 살펴본 바와 같이 날짜와 시간 연산이 복잡하다. 또한 불변 객체가 아니기 때문에 사용 중간에 값이 변경되어도 이를 알지 못한 채 계속 사용하게 되면 안정성에 문제가 발생할 수 있다.

이러한 문제를 해결하고, 보다 직관적이고 안정적인 방식으로 날짜와 시간을 다루기 위해 Java 8부터 java.time 패키지가 도입되었다. java.time 패키지에 속한 대표적인 클래스로는 LocalDate, LocalTime, LocalDateTime이 있으며 모두 불변 객체이다. LocalDate 클래스는 날짜를 연/월/일로 표현하며, LocalTime 클래스는 시간을 시/분/초로 표현한다. LocalDateTime 클래스는 날짜와 시간을 함께 표현할 수 있다.

▪ LocalDate 클래스

java.time 패키지에 속한 LocalDate 클래스는 날짜를 다루며, now() 메서드를 사용하여 객체를 생성한다. 다음 코드에서 today는 현재 날짜 정보를 '년-월-일' 형식으로 생성한다.

```
LocalDate today = LocalDate.now();                    // 현재 날짜
System.out.println(today);
```

java.time 패키지에 속한 객체들은 불변 객체이기 때문에 한 번 생성되면 원본값을 변경할 수 없다. 따라서 특정 날짜로 값을 설정하기 위해서는 다음과 같이 of() 메서드를 사용하여 새로운 객체를 만들어야 한다.

```
LocalDate birthday = LocalDate.of(1999, 7, 25);       // 새로운 날짜 객체 생성
```

[표 7-11]은 LocalDate 클래스의 주요 메서드를 정리한 것이다.

표 7-11 LocalDate 클래스의 주요 메서드

메서드	설명
now()	현재 시스템 날짜를 생성한다.
of(int year, int month, int dayOfMonth)	특정 날짜 객체를 생성한다.
parse(CharSequence text)	문자열을 날짜/시간 객체로 파싱한다.
getYear()	연도를 정수 형태로 반환한다.
getMonth()	월을 Month 열거형 객체로 반환한다.
getDayOfMonth()	월의 날짜(일)를 반환한다.
getDayOfWeek()	요일을 DayOfWeek 열거형 객체로 반환한다.
plus[Days, Weeks, Months](long add)	날짜에 일/주/월을 더한 새로운 날짜 객체를 반환한다.
minus[Days, Weeks, Month](long sub)	날짜에 일/주/월을 뺀 새로운 날짜 객체를 반환한다.
withYear(int year)	연도를 변경한 새로운 날짜 객체를 반환한다.
isAfter(ChronoLocalDate other)	날짜가 other보다 이후인지 확인한다(Boolean 반환).
isBefore(ChronoLocalDate other)	날짜가 other보다 이전인지 확인한다(Boolean 반환).
isEqual(ChronoLocalDate other)	날짜가 other과 같은지 확인한다(Boolean 반환).

[예제 7-9]는 LocalDate의 메서드를 사용하여 날짜를 출력하는 코드이다.

예제 7-9 LocalDate 클래스 사용하기 LocalDateExample.java

```java
01 package sec02.exam09;
02 
03 import java.time.LocalDate;
04 
05 public class LocalDateExample {
06     public static void main(String[] args) {
07         LocalDate today = LocalDate.now();    // now()를 사용하여 현재 날짜 생성
08         LocalDate birthday = LocalDate.of(1999, 7, 25); // 특정 날짜 생성
09 
10         System.out.println("오늘 날짜: " + today);
11         System.out.println("생일: " + birthday);
12 
13         System.out.println("일주일 후: " + today.plusWeeks(1));
14         System.out.println("한 달 전: " + today.minusMonths(1));
15     }
16 }
```

```
오늘 날짜: 2025-08-25
생일: 1999-07-25
일주일 후: 2025-09-01
한 달 전: 2025-07-25
```

7행은 현재 날짜 객체를 생성한다. LocalDate 날짜는 불변 객체이므로 새로운 날짜를 생성하려면 8행과 같이 of()를 사용하여 새 객체를 생성해야 한다. 또한, 13행, 14행과 같이 plus, minus를 써도 기존 객체는 변경되지 않는다.

LocalDate 클래스에서 getYear(), getMonthValue(), getDayOfMonth() 메서드를 사용하면 Calendar 클래스와 유사한 형태로 날짜를 출력할 수 있다. 예를 들어 오늘 날짜를 년, 월, 일 형태로 출력하고자 한다면 다음과 같이 작성한다.

```java
import java.time.LocalDate;

public class LocalDateExample2 {
    public static void main(String[] args) {
        LocalDate today = LocalDate.now();      // now()를 사용하여 현재 날짜 생성
```

```
        System.out.println("오늘: " + today.getYear() + "년 " +
                today.getMonthValue() + "월 " + today.getDayOfMonth() + "일");
    }
}
```

```
오늘: 2025년 8월 25일
```

Calendar 클래스와 비교하면, LocalDate 클래스는 사용법이 단순하고 직관적이다. 또한 LocalDate 객체는 불변 객체이기 때문에 안전하게 사용할 수 있다. 이러한 이유로 Calendar 클래스보다는 java.time 패키지에 속한 클래스를 사용할 것을 권장한다.

■ LocalTime 클래스

LocalTime 클래스는 LocalDate 클래스와 유사하지만 시간만을 다룬다. [표 7-12]는 LocalTime 클래스의 주요 메서드를 정리한 것이다.

표 7-12 LocalTime 클래스의 주요 메서드

메서드	설명
now()	현재 시스템의 시간을 생성한다.
of(int hour, int minute, int second)	시, 분, 초를 사용하여 특정 시간 객체를 생성한다.
parse(CharSequence text)	문자열을 날짜/시간 객체로 파싱한다.
getHour()	시(Hour)를 정수 형태로 반환한다.
getMinute()	분(Minute)을 정수 형태로 반환한다.
getSecond()	초(Second)를 정수 형태로 반환한다.
plus[Hours, Minutes](long add)	시/분을 더한 새로운 시간 객체를 반환한다.
minus[Hours, Minutes](long sub)	시/분을 뺀 새로운 시간 객체를 반환한다.
withSecond(int second)	초(second)를 변경한 새로운 시간 객체를 반환한다.
isAfter(LocalTime other)	이 시간이 other보다 이후인지 확인한다(Boolean 반환).
isBefore(LocalTime other)	시간이 other보다 이전인지 확인한다(Boolean 반환).

[예제 7-10]은 LocalTime 클래스의 메서드를 사용하여 현재 시간과 함께 도넛 가게의 오픈, 마감 시간을 출력하는 코드이다.

예제 7-10 **LocalTime 클래스 사용하기** LocalTimeExample.java

```java
01 package sec02.exam10;
02 
03 import java.time.LocalTime;
04 
05 public class LocalTimeExample {
06     public static void main(String[] args) {
07         LocalTime now = LocalTime.now();           // 현재 시간
08         LocalTime open = LocalTime.of(9, 0);       // 09:00
09         LocalTime close = open.plusHours(10);      // 10시간 후
10 
11         System.out.println("현재 시간: " + now);
12         System.out.println("도넛 가게 오픈: " + open);
13         System.out.println("도넛 가게 마감: " + close);
14     }
15 }
```

```
현재 시간: 09:33:32.670143637
도넛 가게 오픈: 09:00
도넛 가게 마감: 19:00
```

8행에서 LocalTime.of(9, 0)은 시간과 분을 설정하고, 9행의 open.plusHours(10)은 10시간을 더한 새로운 LocalTime 객체를 반환한다.

▪ LocalDateTime 클래스

LocalDateTime 클래스는 LocalDate와 LocalTime 클래스의 기능을 하나로 결합하여 날짜와 시간을 모두 표현하는 데 사용한다. [표 7-13]은 LocalDateTime 클래스의 주요 메서드를 정리한 것이다.

표 7-13 LocalDateTime 클래스의 주요 메서드

메서드	설명
now()	현재 시스템의 날짜와 시간을 생성한다.
of(int year, int month, int day, int hour, int minute)	연, 월, 일, 시, 분을 사용하여 특정 날짜 및 시간 객체를 생성한다.
parse(CharSequence text)	문자열을 LocalDateTime 객체로 파싱한다.
toLocalDate()	날짜 부분만을 추출하여 LocalDate 객체로 변환한다.
toLocalTime()	시간 부분만을 추출하여 LocalTime 객체로 변환한다.
getYear(), getMonth() 등	LocalDate 및 LocalTime의 모든 조회(getter) 메서드를 사용할 수 있다.
plusDays(), minusHours() 등	LocalDate와 LocalTime의 모든 조작 및 비교 메서드를 사용할 수 있다.

[예제 7-11]은 LocalDateTime 클래스의 메서드를 사용하여 날짜와 특정 시간을 출력하는 코드이다.

예제 7-11 **LocalDateTime 클래스 사용하기**

LocalDateTimeExample.java

```java
01 package sec02.exam11;
02 
03 import java.time.LocalDateTime;
04 
05 public class LocalDateTimeExample {
06     public static void main(String[] args) {
07         LocalDateTime now = LocalDateTime.now();     // 현재 날짜 및 시간
08         LocalDateTime meeting = LocalDateTime.of(2025, 8, 10, 14, 30);
09 
10         System.out.println("현재: " + now);
11         System.out.println("다음 미팅 시간: " + meeting);
12         System.out.println("미팅 30분 전: " + meeting.minusMinutes(30));
13     }
14 }
```

```
현재: 2025-08-25T10:27:04.169081374
다음 미팅 시간: 2025-08-10T14:30
미팅 30분 전: 2025-08-10T14:00
```

8행의 LocalDateTime.of(2025, 8, 10, 14, 30)은 차례대로 년, 월, 일, 시, 분을 지정하여 meeting 객체를 생성한다. LocalDateTime 클래스에서는 12행의 minusMinutes(30)과 같이 LocalTime 클래스에 속한 객체도 사용할 수 있다.

Note **타임존 정보**

LocalDate, LocalTime, LocalDateTime은 클래스는 타임존(Time Zone, 시간대) 정보를 포함하지 않는다. 타임존이란 지구상의 특정 지역에 공통으로 적용되는 시간의 표준을 의미하며, 지역에 따라 달라지는 시간 차이를 관리하기 위해 사용된다. 따라서 지역별 시간 차이를 다루는 타임존 정보가 필요하다면 ZonedDateTime과 같은 추가 클래스를 사용해야 한다.

생성형 AI와 공부하기

자바에서 날짜 및 시간과 연관된 Calendar, Date, LocalDate, LocalTime, LocalDateTime 클래스를 사용한 코드를 작성하고, 각 클래스의 특징을 설명해줘.

■ DateTimeFormatter 클래스

LocalDate, LocalTime, LocalDateTime 클래스는 getYear(), getMonthValue(), getDayOfMonth() 메서드 등을 사용하여 Calendar 클래스처럼 날짜와 시간을 표현할 수 있다. 그러나 매번 여러 메서드를 연결하여 출력 형식을 만드는 것은 번거로운 일이다. 이러한 불편을 해결하기 위해 도입된 클래스가 DateTimeFormatter이다.

DateTimeFormatter는 Java 8부터 도입된 java.time.format 패키지의 클래스로, 문자열을 다양한 형식으로 출력한다. 이 클래스는 LocalDate, LocalTime, LocalDateTime과 같은 날짜/시간 객체를 특정 형식의 문자열로 변환하거나, 그 반대로 문자열을 날짜/시간 객체로 파싱하는 데 사용한다. [표 7-14]는 DateTimeFormatter 클래스의 주요 메서드를 정리한 것이다.

표 7-14 DateTimeFormatter 클래스의 주요 메서드

메서드	설명
ofPattern(String pattern)	주어진 패턴 문자열로 포맷터를 생성한다.
format(TemporalAccessor temporal)	날짜/시간 객체를 문자열로 포맷팅한다.
parse(CharSequence text)	문자열을 날짜/시간 객체로 파싱한다.

DateTimeFormatter 클래스를 사용하여 만들어진 날짜 및 시간 객체를 특정 포맷으로 변경하는 예를 살펴보자. 다음 코드는 LocalDateTime 객체 now를 "yyyy년 M월 d일 a h시 m분"의 형식에 맞추어 변경한 뒤 출력한다.

```
LocalDateTime now = LocalDateTime.now();      // 날짜 및 시간 객체 생성
// 포맷터 생성
DateTimeFormatter f = DateTimeFormatter.ofPattern("yyyy년 M월 d일 a h시 m분");
String formatted = now.format(f);             // 포맷에 맞춰진 문자열 반환
System.out.println("포맷된 날짜/시간: " + formatted);
```

y, M, d와 같이 포맷에 사용할 수 있는 다양한 문자가 있으며, [표 7-15]는 DateTimeFormatter 클래스의 패턴에 사용하는 문자를 나타낸다.

표 7-15 DateTimeFormatter 클래스의 패턴에 사용하는 문자

문자	의미	예	문자	의미	예
y	연도	2025	h	시 (1–12)	2
M	월(숫자)	8	m	분	30
L	월(숫자)	8	s	초	5
d	월의 일	25	a	오전/오후	AM/PM
H	시(0–23)	14	E	요일	Mon

y는 년을 의미하며, yyyy는 네 자리의 연도를 표시한다. 또한 M은 월을 의미하고, d는 일을 의미하며, h는 시간, m은 분을 의미한다. 이러한 문자를 조합하여 출력 형식을 자유롭게 만들 수 있다.

[예제 7-12]는 DateTimeFormatter 클래스를 사용하여 포맷에 맞춰 현재 날짜와 시간을 출력하는 코드이다.

예제 7-12 DateTimeFormatter 클래스 사용하기 DateTimeFormatterExample.java

```java
package sec02.exam12;

import java.time.LocalDateTime;
import java.time.format.DateTimeFormatter;

public class DateTimeFormatterExample {
    public static void main(String[] args) {
        LocalDateTime now = LocalDateTime.now();
        // 포맷터 생성
        DateTimeFormatter f = DateTimeFormatter.ofPattern("yyyy년 M월 d일 a h시 m분");
        String formatted = now.format(f);
        System.out.println("포맷된 날짜/시간: " + formatted);
    }
}
```

```
포맷된 날짜/시간: 2025년 8월 25일 AM 10시 46분
```

LAB 도넛 멤버십 포인트 시뮬레이터 만들기

도넛 가게 멤버십에 가입된 고객이 도넛을 구매하면 포인트를 적립하고, 고객의 구매 항목을 기록하는 프로그램의 빈칸을 채워보자. 실행 결과와 조건은 다음과 같다.

```
구매할 도넛을 쉼표로 입력(예: 초코,딸기,레몬): 초코,딸기

[도넛 영수증]
초코도넛: 3316원
딸기도넛: 3421원

총 금액: 6737원
적립 포인트(7%): 471점
```

조건

- 입력한 문자열을 StringTokenizer로 분리한다.
- trim()을 사용하여 앞뒤의 공백 문자를 제거한다.
- 도넛 가격은 Math.random()을 사용하여 2000원 이상 3500원 미만의 가격으로 자동 책정한다.
- 영수증은 StringBuilder를 사용하여 문자열을 추가하는 형태로 구성한다.
- 적립 포인트는 구매 금액의 7%로 고정한다.

Lab 7-2 도넛 멤버십 포인트 시뮬레이터 만들기

```
package chap07.lab02;

import java.util.*;

public class DonutMembership {
    public static void main(String[] args) {
        Scanner sc = new Scanner(System.in);

        System.out.print("구매할 도넛을 쉼표로 입력(예: 초코,딸기,레몬): ");
        String input = [      ①      ];

        StringTokenizer st = [      ②      ];
        StringBuilder receipt = new StringBuilder();
        int totalPrice = 0;

        while ([      ③      ]) {
            String d = [      ④      ].trim();
            int price = [   ⑤   ](Math.random() * 1500) + 2000;
            receipt.append(d).append("도넛: ").append(price).append("원\n");
            totalPrice += price;
```

```java
        }

        int points = totalPrice * 7 / 100;

        System.out.println("\n[도넛 영수증]");
        System.out.println(receipt);
        System.out.println("총 금액: " + totalPrice + "원");
        System.out.println("적립 포인트(7%): " + points + "점");

        sc.close();
    }
}
```

정답

① sc.nextLine()

② new StringTokenizer(input, ",")

③ st.hasMoreTokens()

④ st.nextToken()

⑤ (int)

미니 프로젝트 로또 번호 생성기

이번 프로젝트의 주제는 '로또 번호 생성기'이다. 1에서 45 사이의 6자리 로또 번호를 자동으로 생성하는 프로그램으로, Math, String, Wrapper, Object, LocalDate, LocalTime 등을 활용하여 날짜와 시간을 조합하여 로또 번호를 생성한다. 다음의 실행 결과와 조건에 맞게 프로그램을 작성해보자.

```
=== 로또 번호 생성기 ===
이름: Hanbit
현재 날짜: 2025-11-10
현재 시간: 18:57:44

오늘의 로또 번호는:
[ 33 1 26 30 7 34 ]
```

조건

- Math를 사용하여 1에서 45 사이의 로또 번호를 생성한다. 단, 중복 값은 없어야 한다.
- LocalDate와 LocalTime으로 날짜와 시간을 표시하며, Wrapper 클래스를 사용한다.
- Object 객체의 toString()과 equals() 메서드를 오버라이딩해야 한다.

[코드 구조 설명]

- LottoInfo 클래스는 로또 번호 정보를 담는 데이터 모델 역할을 한다. 멤버 변수 name은 로또를 구매한 사람의 이름을 저장하고, numbers는 생성된 6개의 번호를 저장하는 정수 배열이다. 생성자 LottoInfo()는 이름과 로또 번호 배열을 받아 필드를 초기화하며, getName() 및 getNumbers()는 필드에 저장된 이름과 로또 번호 배열을 외부에서 읽을 수 있도록 하는 게터 메서드이다.
- 오버라이딩하는 toString()은 객체를 문자열로 표현할 때 사용하는 메서드이며, 이름과 로또 번호 배열을 포맷에 맞춰 출력하는 문자열을 반환한다.

- 오버라이딩하는 equals()는 객체의 동등성을 비교하는 메서드로, 로또 번호가 아닌 이름(name)이 같을 때만 true를 반환하도록 단순화하여 구현한다.
- LuckyLottoSimulator 클래스는 프로그램의 주요 실행 로직을 담고 있는 메인 클래스이다. 프로그램 시작 메시지를 출력하고, LocalDate.now()로 현재 날짜를 얻고, LocalTime.now().withNano(0)으로 나노초를 제거한 현재 시간을 얻어 출력한다.
- 로또 번호 생성은 for 문을 6번 반복하여 6개의 번호를 생성하는데, 각 루프 내부에서 do-while 문을 사용하여 1부터 45 사이의 난수를 생성한다. 난수를 생성할 때마다 이전에 배열에 저장된 번호들과 중복되는지 확인하고, 중복이 없을 때만 do-while 루프를 탈출한다.

요약

01 모듈은 여러 개의 패키지를 묶어서 하나의 큰 단위로 구성한 것이며, 캡슐화, 의존성 명시, 경량화된 실행 환경 구성을 가능하게 한다.

02 자바에서 미리 제공하는 기능의 묶음을 자바 기본 패키지라고 부른다. 자바의 핵심적인 기능은 `java.lang` 패키지에 들어 있고, 입출력 기능은 `java.io`, `List`나 `Set`과 같은 컬렉션은 `java.util`, 파일 시스템은 `java.nio.file`, 날짜와 시간은 `java.time` 패키지에 담겨 있다. 패키지를 사용하기 위해서는 `import` 키워드를 사용해야 하지만, `java.lang`에 포함된 클래스는 자바 컴파일러가 항상 자동으로 포함해 주기 때문에 별도로 `import`할 필요가 없다.

03 자바의 클래스는 자동으로 `Object` 클래스를 상속받는다. 따라서 모든 클래스는 두 객체가 같은지 비교하는 `equals()`, 객체를 문자열로 표현하는 `toString()`, 객체의 실제 클래스 정보를 알려주는 `getClass()` 메서드를 사용할 수 있다.

04 자바는 기본 자료형을 객체로 감싸는 `Wrapper` 클래스를 제공한다. `Wrapper` 클래스는 기본 자료형 이름의 첫 글자를 대문자로 바꾼 형태이다. 오토박싱은 기본 자료형을 자동으로 `Wrapper` 객체로 변환하는 기능이며, 언박싱은 객체를 기본 자료형으로 자동 변환하는 기능이다.

05 `String`은 한 번 생성되면 변경할 수 없는 불변 객체이며, 효율적인 메모리 관리를 위해 문자열 풀을 사용한다. 문자열 풀은 동일한 문자열이 같은 객체를 가리키게 하여 메모리 낭비를 줄인다. 그러나 `new` 예약어를 사용하면, 항상 새로운 `String` 객체가 생성된다. `String` 클래스에는 문자열 비교, 검색, 조작, 변환을 위한 다양한 메서드가 정의되어 있다.

06 `StringBuffer`는 문자열을 수정 가능한 형태로 다룰 수 있는 클래스이며, 새로운 객체를 만들지 않고도 문자열을 추가하거나 삭제할 수 있다. `StringBuffer` 클래스에는 문자열 추가, 삽입, 삭제, 치환을 위한 다양한 메서드가 정의되어 있다. `StringBuilder`는 `StringBuffer`와 유사하지만, 스레드 안전한 클래스이다. `StringTokenizer`는 문자열을 구분자 기준으로 분리하여 작은 문자열 조각(토큰)으로 만드는 클래스이다.

07 Math는 기본적인 수학 연산과 함수를 제공하는 클래스이며, java.lang 패키지에 포함되어 import 없이 사용할 수 있다. Math는 정적 메서드를 호출하여 제곱, 절댓값, 최댓값, 반올림, 난수 생성 등을 할 수 있다.

08 날짜와 시간을 조작하는 Calendar 클래스는 java.util.Calendar 패키지에 속하는 추상 클래스이다. 따라서 getInstance() 메서드를 사용하여 객체를 생성한다. 주의할 점은 월(month)이 0부터 시작하기 때문에 1을 더해야 한다는 것이다.

09 Calendar 클래스는 날짜와 시간 연산이 복잡하고, 불변 객체가 아니어서 안전하지 않다. 이러한 문제를 방지하고 보다 직관적이고 안정적인 방식으로 날짜와 시간을 다루기 위해 java.time 패키지가 도입되었다. java.time 패키지에 속한 클래스에는 LocalDate, LocalTime, LocalDateTime이 있다.

10 LocalDate 클래스는 날짜를 다루며 now() 메서드를 사용하여 객체를 생성한다. LocalTime 클래스는 LocalDate 클래스와 유사하며 시간만 다룬다. LocalDateTime 클래스는 LocalDate와 LocalTime 클래스의 기능을 하나로 결합하여 날짜와 시간을 모두 표현하는 데 사용한다. DateTimeFormatter는 java.time.format 패키지의 클래스로, LocalDate, LocalTime, LocalDateTime과 같은 날짜/시간 객체를 특정 형식의 문자열로 변환하거나, 그 반대로 문자열을 날짜/시간 객체로 파싱하는 데 사용한다.

연습 문제

01 다음 중 가장 큰 단위는 무엇인가?

① 메서드 ② 모듈 ③ 패키지 ④ 클래스

02 모듈에서 특정 패키지를 공개할 때 사용하는 예약어는 무엇인가?

① export ② package ③ public ④ default

03 자바 기본 패키지 중 import 없이 사용할 수 있는 것은 무엇인가?

① java.time ② java.util ③ java.io ④ java.lang

04 java.lang 패키지에 속하지 않는 클래스는 무엇인가?

① StringBuffer ② String
③ StringTokenizer ④ StringBuilder

05 java.time 패키지에 속하지 않는 클래스는 무엇인가?

① Calendar ② LocalDate
③ LocalTime ④ LocalDateTime

06 모든 클래스가 명시하지 않아도 자동으로 상속받는 자바의 최상위 클래스는 무엇인가?

① Wrapper ② Calendar ③ Object ④ Math

07 패키지를 import 해야 사용자 정의 클래스에서 사용할 수 있는 메서드를 찾으시오.

① trim() ② toString() ③ equals() ④ getClass()

08 instanceof와 유사한 기능을 가진 메서드를 찾으시오.

① trim() ② toString() ③ equals() ④ getClass()

09 Wrapper 클래스가 아닌 것을 찾으시오.

① Int ② Float ③ Short ④ Boolean

10 Wrapper 클래스의 메서드 중 문자열 "100"을 int 형 100으로 변환하는 메서드를 찾으시오.

① Integer.valueOf("100") ② Integer.parseInt("100")
③ Integer.toString("100") ④ integerObject.intValue("100")

11 다음 코드의 출력값을 찾으시오.

```
String s = "도 넛";
System.out.println(s.length());
```

① 0 ② 1 ③ 2 ④ 3

12 다음 코드의 출력값을 찾으시오.

```
String s = "abcdef";
System.out.println(s.charAt(2));
```

① a ② b ③ c ④ d

13 다음 코드의 출력값을 찾으시오.

```
String s = "012012";
System.out.println(s.lastIndexOf("1"));
```

① 1 ② 2 ③ 3 ④ 4

14 다음 코드의 출력값을 찾으시오.

```
String s = "012012";
System.out.println(s.substring(0, 2));
```

① 0 ② 01 ③ 012 ④ 12

15 다음 코드의 출력값을 찾으시오.

```
String s = " 초코 ";
System.out.println("[" + s.trim() + "]");
```

① [초코] ② [초코] ③ [초코] ④ [초코]

16 다음 코드의 출력값을 찾으시오.

```
StringBuffer sb = new StringBuffer("1234");
System.out.println("[" + sb.insert(2, "56") + "]");
```

① [123456] ② [123564] ③ [125634] ④ [156234]

17 다음 코드의 출력값을 찾으시오.

```
StringBuffer sb = new StringBuffer("12345");
System.out.println("[" + sb.replace(0, 2, "67") + "]");
```

① [16745] ② [62345] ③ [12675] ④ [67345]

18 Math 클래스에서 절댓값을 반환하는 메서드를 찾으시오.

① ceil() ② floor()

③ round() ④ abs()

19 1부터 11 사이의 난수(무작위 수)를 만드는 코드를 찾으시오.

① (Math.random() * 11) + 1 ② (int)(Math.random() * 11) + 1

③ (int)(Math.random() * 10) ④ (int)(Math.random() * 10) + 1

20 Calendar 클래스에서 객체를 만들 때 사용하는 메서드를 찾으시오.

① get() ② getInstance()

③ now() ④ of()

21 현재 5월 3일라고 가정했을 때, 다음 코드의 출력값을 찾으시오.

```
Calendar cal = Calendar.getInstance();
int month = cal.get(Calendar.MONTH);
System.out.println(month);
```

① 3 ② 4

③ 5 ④ 6

22 LocalDate 클래스에서 객체를 만들 때 사용하는 메서드를 찾으시오.

① get() ② getInstance()

③ now() ④ of()

23 다음은 `equals()`를 오버라이딩하여 두 객체의 도넛 이름이 같은지를 출력하는 코드이다. 코드의 빈칸을 채우시오.

```
class Donut {
    String name;

    Donut(String name) {
        this.name = name;
    }

    @Override
    public [                    ] {
        if (obj instanceof Donut) {
            Donut other = (Donut) obj;
            return this.name.equals(other.name);
        }
        return false;
    }
}

public class EqualsExample {
    public static void main(String[] args) {
        Donut d1 = new Donut("초코");
        Donut d2 = new Donut("초코");

        System.out.println("equals 결과: " + [          ]);  // 내용 비교
        System.out.println("== 결과: " + d1 == d2);            // 주소 비교
    }
}
```

24 다음 코드의 출력값을 작성하시오.

```
String s1 = "Java";
String s2 = "Java";
System.out.println(s1 == s2);
```

25 다음 코드의 출력값을 작성하시오.

```
class Donut {
    String name;
    int price;

    Donut(String name, int price) {
        this.name = name;
        this.price = price;
    }

    @Override
    public String toString() {
        return name + " 도넛 (" + price + "원)";
    }
}

public class ToStringExample {
    public static void main(String[] args) {
        Donut d1 = new Donut("초코", 2000);
        System.out.println(d1);
    }
}
```

26 다음 코드의 출력값을 작성하시오.

```
String s1 = new String("Java");
String s2 = new String("Java");
System.out.println(s1 == s2);
```

27 다음 코드의 출력값을 작성하시오.

```
String s1 = "Java";
String s2 = new String("Java");
System.out.println(s1 == s2);
```

28 다음은 StringTokenizer 클래스의 메서드를 사용하여 문자열을 분리하는 코드이다. 빈칸을 채우시오.

```
import java.util.StringTokenizer;

public class StringTokenizerExample {
    public static void main(String[] args) {
        String donutMenu = "초코,레몬,딸기,크림";

        // 쉼표(,)를 기준으로 문자열을 분리
        StringTokenizer st = [                    ];

        System.out.println("메뉴에 있는 도넛 종류:");

        while (st.[            ]) {
            String donut = st.[            ];
            System.out.println("- " + donut + " 도넛");
        }
    }
}
```

29 다음은 Calendar 클래스의 메서드를 사용하여 날짜를 출력하는 코드이다. 빈칸을 채우시오.

```
import java.util.Calendar;

public class CalendarExample {
    public static void main(String[] args) {
        Calendar cal = [              ];

        int year = cal.get(Calendar.YEAR);
        int month = [              ];
        int day = cal.get(Calendar.DAY_OF_MONTH);

        System.out.println("오늘: " + year + "년 " + month + "월 " + day + "일");
    }
}
```

30 다음과 같은 실행 결과가 출력되도록 코드의 빈칸을 채우시오.

```
오늘 날짜: 2025-08-25
생일: 1999-07-25
```

```
import java.time.LocalDate;

public class LocalDateExample {
    public static void main(String[] args) {
        LocalDate today = [              ];
        LocalDate birthday = [                    ];

        System.out.println("오늘 날짜: " + today);
        System.out.println("생일: " + birthday);
    }
}
```

31 다음과 같은 실행 결과가 출력되도록 코드의 빈칸을 채우시오.

```
문자열을 정수로 변환: 123
참이다.
```

```
public class WrapperExample {
    public static void main(String[] args) {
        String s = "123";
        int j = [               ];
        System.out.println("문자열을 정수로 변환: " + j);

        String yes = "true";
        Boolean flag = [                              ];
        if (flag) {
            System.out.println("참이다.");
        } else {
            System.out.println("거짓이다.");
        }
    }
}
```

32 문자열 숫자 "123"과 "456"을 정수로 변환하여 합을 출력하시오.

```
579
```

33 실수 "3.14"를 Double 객체로 변환한 뒤 제곱 값을 출력하시오.

```
9.8596
```

34 "Hello Java World"라는 문자열에서 "Java" 부분만 출력하시오.

```
Java
```

35 "서울시 강남구 역삼동" 문자열을 "강남구"가 포함되어 있는지 확인하고, 있으면 '존재합니다'를 출력하시오.

```
존재합니다
```

36 StringBuffer를 사용하여 "JavaProgramming"에서 "Programming" 부분을 삭제하고 "Developer"로 바꾸어 출력하시오.

```
JavaDeveloper
```

37 StringTokenizer를 사용하여, "2025-08-26" 문자열을 - 구분자로 나누어 연, 월, 일을 출력하시오.

```
연도: 2025
월: 08
일: 26
```

38 오늘 날짜를 '오늘은 yyyy년 M월 dd일 입니다.' 형식으로 출력하시오. LocalDate 클래스와 getYear(), getMonthValue(), getDayOfMonth() 메서드를 사용하시오.

```
오늘은 2025년 8월 26일 입니다.
```

39 100일 후의 날짜를 구하여 '100일 후 날짜: yyyy-m-dd' 형식으로 출력하시오.

```
100일 후 날짜: 2025-12-04
```

40 "오늘의 기온: 30.5"에서 숫자만 추출하여 Double로 변환한 뒤 5도를 더한 값을 출력하시오.

```
35.5
```

41 "010-1234-5678" 문자열에서 "-"를 제거하고 '전화번호: 01012345678'로 출력하시오.

```
전화번호: 01012345678
```

42 "김철수,90,80,70" 문자열에서 이름과 세 과목 점수를 분리하여 평균 점수를 구하시오.

```
이름: 김철수
평균 점수: 80.0
```

43 태어난 해를 입력받아 현재 연도를 기준으로 나이를 계산하여 출력하시오.

```
태어난 해를 입력하세요: 2000
나이: 25세
```

CHAPTER 08

제네릭과 컬렉션

학습 목표

- 제네릭 클래스를 선언하고 사용하는 방법을 익힌다.
- List, Set, Map에 속한 다양한 컬렉션 클래스를 학습한다.
- 제네릭 메서드, 와일드카드, 람다 표현식이 무엇인지 살펴본다.

- 제네릭과 컬렉션의 이해
  - 제네릭
    - 제네릭 클래스 선언
    - 제네릭 클래스 객체의 생성과 사용
  - 컬렉션
    - 컬렉션 프레임워크
    - 주요 컬렉션 클래스
- 다양한 컬렉션
  - List 컬렉션
    - ArrayList
    - Vector
    - LinkedList
  - Set 컬렉션
    - HashSet
    - equals()와 hashCode()
  - Map 컬렉션
    - HashMap
  - Iterator 인터페이스
    - Iterator
    - ListIterator
- 제네릭과 람다 표현식 심화
  - 제네릭 깊이 알기
    - 제네릭 메서드
    - 제한된 제네릭 타입
    - 와일드카드
    - 제네릭 타입의 형 변환
  - 람다 표현식
    - 익명 클래스와 람다 표현식

SECTION 01

제네릭과 컬렉션의 이해

1 제네릭

1. 제네릭이 필요한 이유

자바 프로그래밍에서는 여러 개의 데이터를 하나의 묶음으로 처리해야 하는 경우가 빈번하다. 자바는 이러한 데이터 묶음을 효율적으로 관리하기 위해 컬렉션 프레임워크를 제공한다. 프레임워크는 특정 목적을 달성하기 위한 기본 개념, 구조, 재사용 가능한 코드의 모음이며, 컬렉션 프레임워크는 데이터를 저장하고 처리하는 데 사용되는 다양한 자료구조의 집합체이다.

컬렉션에는 정수, 실수, 문자열 등 다양한 종류의 데이터를 저장해야 한다. 과거에는 다양한 종류의 데이터를 처리하기 위해 모든 클래스의 조상인 `Object` 타입으로 업캐스팅하는 방식을 사용했다. 이 방식은 어떤 자료형이든 담을 수 있다는 장점이 있지만, 데이터를 꺼내서 사용할 때마다 원래의 타입으로 강제 형 변환을 해야 하는 번거로움이 있다.

더 심각한 문제는 타입 안정성type safety이 보장되지 않는다는 것이다. 자바는 엄격한 타입 검사를 수행하지만, `Object`로 업캐스팅하면 컴파일 시점에서 오류를 발견할 수 없게 된다. 다음 코드를 통해 `Object` 배열 사용 시 발생하는 런타임 오류를 확인할 수 있다.

오류 코드

```
Object[] array = new Object[2];
array[0] = "Hello";            // String
array[1] = 100;                // 오토박싱 -> Integer

String s0 = (String) array[0]; // 강제 형 변환 필요
String s1 = (String) array[1]; // 런타임 오류(ClassCastException) 발생
```

서로 다른 타입의 객체를 `Object` 배열에 저장하는 것은 컴파일 시 문제가 발생하지 않는다. 하지만 `array[1]`에 저장된 `Integer` 객체를 `String` 타입으로 강제 변환하려고 시도하면, 프로그램 실행 중에 런타임 오류가 발생한다.

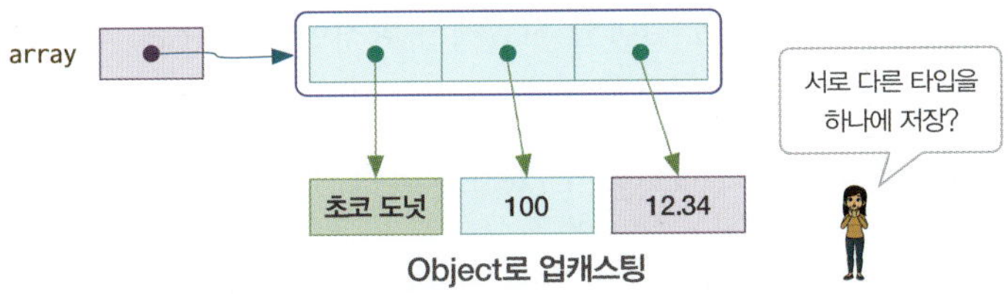

그림 8-1 Object 업캐스팅의 문제점

서로 다른 종류의 객체를 하나의 배열에 저장하는 것은 타입 안정성을 해치는 근본적인 원인이다. 이러한 문제를 해결하고 컬렉션의 안정성과 편의성을 높이기 위해 제네릭이 도입되었다. **제네릭** generics**은 클래스나 메서드를 정의할 때 사용할 데이터 타입을 미리 지정하지 않고, 실제로 사용할 때 타입을 명시**할 수 있도록 지원하는 기능이다.

제네릭을 선언하는 방법은 나중에 살펴보기로 하고, 제네릭을 사용하여 List 컬렉션을 만든 다음 코드를 통해 제네릭이 어떻게 작동하는지 살펴보자.

```
import java.util.ArrayList;
import java.util.List;

public class GenericsExample {
    public static void main(String[] args) {
        List<String> list = new ArrayList<String>();    // String 객체만 허용
        list.add("Hello");
        // list.add(100); // 컴파일 오류! 정수는 넣을 수 없음

        String s0 = list.get(0);                        // 형 변환이 필요 없음
        System.out.println(s0);
    }
}
```

위 코드에서 ArrayList<String>이 바로 제네릭이다. 제네릭은 **클래스 이름 옆 꺾쇠괄호(<>) 안에 컬렉션에 저장하려는 자료의 타입을 표시한다**. 예를 들어 ArrayList<String>은 문자열 객체만 저장할 수 있도록 제한하며, `List<String> list = new ArrayList<String>();`은 문자열 객체만 저장할 수 있는 list 객체를 선언한 것이다. 따라서 String 객체를 추가하는 `list.add("Hello");`는 허용되지만, 정수 100을 추가하는 `list.add(100)`은 컴파일러가 타입을 검사하여 즉시 컴파일 오류를 발생시킨다. 또한 `String s0 = list.get(0);`과 같이 저장된 객체를 가져올 때는 강제 형 변환이 필요 없어 코드가 간결해지는 장점도 있다.

이처럼 제네릭은 잘못된 타입의 객체가 저장되는 것을 컴파일 시점에서 방지하여 런타임 오류 발생 가능성을 줄이며, 객체를 컬렉션에서 꺼내올 때 강제 형 변환이 필요 없어 코드가 간결하다. 또한, 특정 타입에 종속되지 않고 범용적으로 코드를 작성할 수 있어 코드의 재사용성을 높인다.

체크 프로그램

위 코드에서 주석을 지우고 list.add(100);을 실행하면 어떤 오류가 발생하는지 확인하시오.

2. 제네릭 클래스 선언

다양한 종류의 도넛을 담는 상자를 만든다고 상상해보자. 이 상자에는 초콜릿 도넛만 담을 수도 있고, 딸기 도넛만 담을 수도 있다. 이때 제네릭을 사용하면, 상자 클래스를 만들 때 어떤 종류의 도넛이 담길지 미리 정하지 않고, 상자를 만들 때마다 실제 타입으로 유연하게 지정할 수 있다.

제네릭 클래스를 선언하는 방법은 일반적인 클래스 선언 방법과 크게 다르지 않지만, 클래스 이름 옆에 꺾쇠괄호(〈〉)를 사용하여 **타입 파라미터**type parameter를 명시한다는 점에서 차이가 있다. 예를 들어, 일반 클래스는 class Box {}로 선언하는 반면, 제네릭 클래스는 class Box<T> {}로 선언한다. 여기서 타입 파라미터 <T>는 클래스 내부에서 여러 타입의 객체를 다루기 위한 임시적인 타입 이름이다. class Box<T> {} 안에서 타입이 바뀌는 위치에 T를 사용하면, 실제 사용 시에 T는 구체적인 타입으로 변경된다. [그림 8-2]의 제네릭 클래스 안에서의 T의 위치와 일반 클래스 안의 String의 위치를 비교하면 쉽게 이해할 수 있다.

```
class Box<T> {
    private T item;

    public Box(T item) {
        this.item = item;
    }
}
```

```
class Box {
    private String item;

    public Box(String item) {
        this.item = item;
    }
}
```

그림 8-2 제네릭 클래스와 일반 클래스 선언의 차이

제네릭에서는 실제 객체를 생성할 때 T에 구체적인 타입을 지정함으로써 해당 타입에 맞는 Box 객체를 만들 수 있다. 예를 들어 Box<String>이라고 선언하면 T의 위치에 있는 모든 타입이 String으로 변경되고, Box<Donut>이라고 선언되면 T의 위치에 있는 모든 타입이 Donut으로 변경된다. 이처럼 제네릭 클래스를 선언하면, Box 클래스는 특정 자료에 얽매이지 않고 다양한 객체를 다룰 수 있는 범용적인 클래스가 된다. 다음 코드는 게터와 세터를 포함하여 제네릭 클래스 Box를 선언하는 예이다.

```
class Box<T> {                              // 제네릭 클래스 Box<T> 선언
    private T item;                         // T 타입의 인스턴스 변수

    public Box(T item) {                    // T 타입의 매개변수를 받는 생성자
        this.item = item;
    }

    public T getItem() {                    // T 타입 객체를 반환하는 메서드
        return this.item;
    }

    public void setItem(T item) {           // T 타입 객체를 설정하는 메서드
        this.item = item;
    }
}
```

제네릭 클래스 Box<T>의 내부를 보면, T가 마치 일반적인 타입 이름처럼 사용되는 것을 알 수 있다. item 변수의 타입, 생성자의 매개변수 타입, getItem() 메서드의 반환 타입 등이 모두 T로 정의된다. 제네릭에서 사용되는 타입 파라미터는 보통 하나의 대문자로 표현하며, 그 종류는 [표 8-1]과 같다.

표 8-1 제네릭에서 사용하는 주요 타입 파라미터

타입 매개변수	설명
<T>	Type의 약자로, 보통 클래스에 사용한다.
<E>	Element의 약자로, 컬렉션에 저장될 요소를 의미한다.
<K>	Key의 약자로, Map 컬렉션에서 키를 의미한다.
<V>	Value의 약자로, Map 컬렉션에서 값을 의미한다.
<N>	Number의 약자로, 숫자를 나타낸다.

3. 제네릭 클래스의 객체 생성

제네릭 클래스를 선언했다면, 이를 이용해 실제로 객체를 생성하고 사용하는 방법을 알아보자. 제네릭 클래스의 객체 생성 방법은 다음과 같이 **<타입>** 부분에 구체적인 클래스 이름을 넣어 생성한다.

```
클래스이름<타입> 변수이름 = new 클래스이름<타입>();
```

예를 들어, Box<T>라는 제네릭 클래스에서 T에 Donut 타입을 지정하여 객체를 생성하려면 다음과 같이 작성한다.

```
Box<Donut> b1 = new Box<Donut>();          // <T>가 <Donut>으로 대체됨
```

b1은 이제 Donut 객체만 담을 수 있는 특별한 상자가 된다. T라는 타입 파라미터는 컴파일러에 의해 Donut으로 대체되며, 이 상자에는 Donut 객체 이외에 String과 같은 다른 타입의 객체는 넣을 수 없다. 만약 String 객체를 담을 상자를 선언하고 싶다면 다음과 같이 작성한다.

```
Box<String> b1 = new Box<String>();        // String을 담는 Box 객체 생성
```

Java 7부터는 다이아몬드 연산자(<>)를 사용하여 객체를 생성할 때 타입 파라미터를 생략하는 것이 가능해졌다. 컴파일러가 변수의 타입(Box<Donut>)으로부터 타입 파라미터를 유추하기 때문에 다음과 같이 코드를 더 간결하게 작성할 수 있다.

```
Box<String> b1 = new Box<>();              // new Box<String>에서 String 생략 가능
```

주의할 것은 **제네릭에는 객체만 저장할 수 있다는 점이다**. int나 float와 같은 기초 자료형은 제네릭에 저장할 수 없다. 따라서 다음 코드는 오류이다.

오류 코드

```
Box<int> b1 = new Box<int>();              // 오류: 기초 자료형 객체 생성 불가
```

4. 제네릭 클래스 객체의 사용

제네릭 클래스의 객체 사용 방법은 일반 객체와 동일하다. 객체의 메서드를 호출하여 값을 저장하거나 가져올 수 있으며, 형 변환이 필요 없다. 이미 컴파일러가 타입을 알고 있으므로, getItem() 메서드로 객체를 가져올 때 자동으로 지정된 타입으로 인식한다. 아래 예시를 통해 자세히 살펴보자.

```java
Donut myDonut = new Donut("초콜릿 도넛");              // Dount 객체 myDonut 생성
Box<Donut> myBox = new Box<>(myDonut);               // myDonut으로 Box 객체 생성

Donut d1 = myBox.getItem();                          // 상자에서 도넛을 꺼낸다.
System.out.println("상자에서 꺼낸 도넛: " + d1.getName());
```

위 코드를 보면 myBox에 myDonut 객체를 넣어 Box 객체를 생성하고, 객체를 가져올 때는 (Donut)과 같은 형 변환 연산자를 사용하지 않는다. 이는 제네릭 클래스를 통해 타입 안정성이 확보되었기 때문이다. 만약 Box<Donut>에 String 객체와 같이 다른 타입을 넣으려 하면, 컴파일러가 오류를 발생시켜 잘못된 타입 사용을 미리 방지한다.

제네릭에는 기초 자료형을 저장할 수 없지만, Wrapper 클래스와 오토박싱, 언박싱을 사용하면 기초 자료형도 문제없이 처리할 수 있다. 다음은 Integer 제네릭 객체를 사용하는 코드이다.

```java
Box<Integer> b1 = new Box<>();

b1.setItem(4);                      // 4 (int) -> new Integer(4)(오토박싱)
int i = b1.getItem();               // new Integer(4) -> 4 (int)(자동 언박싱)
```

[예제 8-1]은 제네릭 클래스 Box를 만들고 사용하는 코드이다.

예제 8-1 **제네릭 사용하기** GenericsExample.java

```java
package sec01.exam01;

class Box<T> {                      // 제네릭 클래스 Box<T> 선언
    private T item;                 // T 타입의 인스턴스 변수

    public Box(T item) {            // 생성자
        this.item = item;
    }

    public T getItem() {             // 게터(getter)
        return this.item;
    }

```

```java
14      public void setItem(T item) {       // 세터(setter)
15          this.item = item;
16      }
17  }
18
19  class Donut {                           // Donut 클래스 정의
20      private String name;
21
22      public Donut(String name) {         // 생성자
23          this.name = name;
24      }
25
26      public String getName() {           // 게터(getter)
27          return name;
28      }
29  }
30
31  public class GenericsExample {
32      public static void main(String[] args) {
33
34          Donut myDonut = new Donut("초코 도넛");     // Dount 객체 생성
35          Box<Donut> myBox = new Box<>(myDonut);     // 제네릭 Box 객체 생성
36
37          Donut d1 = myBox.getItem();                // Box에서 Donut 꺼내기
38          System.out.println("상자에서 꺼낸 도넛: " + d1.getName());
39      }
40  }
```

```
상자에서 꺼낸 도넛: 초코 도넛
```

3행의 제네릭 클래스 Box<T>는 타입 매개변수 T를 가지며, 어떤 타입이든 담을 수 있는 범용 상자 역할을 한다. item 필드는 T 타입의 객체를 저장하며, getItem()과 setItem()을 통해 안전하게 접근할 수 있다. 19행의 Donut 클래스는 이름(name)을 가지고 있으며, 생성자를 통해 초기화한다. 35행 Box<Donut>을 생성할 때 Donut 타입을 지정했으므로, 이 상자는 도넛 객체만 저장할 수 있다. 37행의 myBox.getItem()을 호출할 때 형 변환이 필요 없으며, 반환된 객체는 자동으로 Donut 타입으로 인식된다.

2 컬렉션

1. 컬렉션 프레임워크

자바의 **컬렉션 프레임워크**collection framework는 여러 데이터를 효율적으로 저장하고 관리할 수 있는 자료구조와 알고리즘을 표준화된 방식으로 제공하는 라이브러리다. 여기서 '자료구조'는 데이터를 체계적으로 저장하여 검색, 삽입, 삭제 같은 작업을 편리하게 처리하는 구조를 말한다.

배열은 동일한 타입의 여러 데이터를 순서대로 저장할 수 있는 기본적인 자료구조이지만, 크기가 고정되어 있고, 중간에 요소를 삽입하거나 삭제하는 데 비효율적이다. 이러한 한계를 보완하기 위해 자바는 다양한 컬렉션 클래스Collection Class를 제공한다. 컬렉션 프레임워크는 크게 List, Set, Map의 세 가지 핵심 인터페이스로 구분된다.

- **List**: **순서가 있는 데이터 집합으로, 중복된 데이터를 허용**한다. 데이터가 삽입된 순서나 인덱스를 통해 접근할 수 있다.
- **Set**: **순서를 보장하지 않으며, 중복을 허용하지 않는 데이터 집합**이다. 주로 객체의 고유성을 보장해야 할 때 사용한다.
- **Map**: **키Key와 값Value의 쌍으로 데이터를 저장**한다. 키는 중복될 수 없지만, 값은 중복될 수 있다. 키를 통해 값을 빠르게 조회할 수 있다.

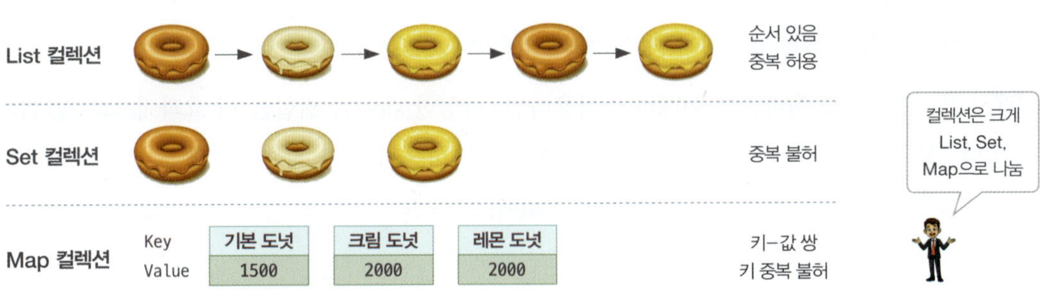

그림 8-3 List, Set, Map 컬렉션의 특징

이 세 가지 유형은 각각의 특징과 목적에 맞게 선택하여 사용해야 한다. 예를 들어, 고객이 주문한 도넛을 순서대로 저장하려면 List 컬렉션을, 판매 중인 도넛 종류를 중복 없이 저장하려면 Set 컬렉션을, 도넛 이름과 가격처럼 쌍으로 관리하려면 Map 컬렉션을 사용하는 것이 적합하다.

2. 주요 컬렉션 클래스

자바의 컬렉션 프레임워크는 List, Set, Map의 세 가지 인터페이스를 중심으로 다양한 구현 클래스를 제공한다. 예를 들어, List 인터페이스는 ArrayList, Vector, LinkedList 클래스로 구현되고, Set 인터페이스는 HashSet, TreeSet, LinkedHashSet 등의 클래스로 구현된다. Map 인터페이스는 HashMap, Hashtable, TreeMap, LinkedHashMap 클래스 등을 제공한다.

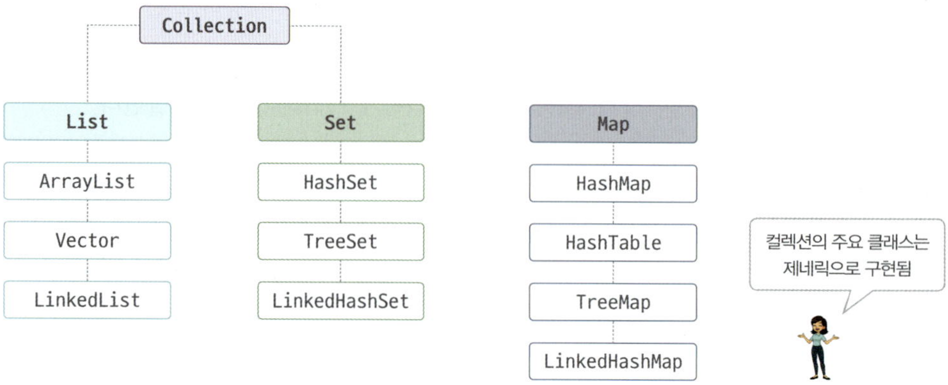

그림 8-4 각 컬렉션의 주요 클래스

컬렉션 프레임워크의 클래스는 데이터 요소element를 다루기 위한 다양한 표준 메서드를 제공한다. 요소를 추가하는 add(), 제거하는 remove(), 포함 여부를 확인하는 contains(), 크기를 확인하는 size() 등의 메서드는 대부분의 컬렉션 클래스에서 동일하게 사용할 수 있기 때문에, 새로운 클래스를 학습할 때 부담이 줄고 코드의 일관성을 유지할 수 있다. 또한, 컬렉션 프레임워크는 제네릭을 지원한다. 따라서 저장할 데이터의 타입을 미리 지정할 수 있어 컴파일 시점에 타입 오류를 방지하고, 코드의 안정성과 가독성을 높여준다.

컬렉션 프레임워크를 올바르게 이해하고 사용하면, 다양한 데이터 집합을 더 효과적으로 처리할 수 있다. 실제 프로젝트에서는 배열보다 컬렉션을 사용하는 경우가 훨씬 많으므로, 컬렉션은 자바 개발에서 꼭 알아야 할 핵심 개념이라 할 수 있다.

LAB 책 상자 만들고 출력하기

제네릭 클래스로 책 상자를 만든 후 출력하는 프로그램의 빈칸을 채워보자. 실행 결과와 조건은 다음과 같다.

```
상자 속 책 제목: 미라클 자바
상자 속 책 가격: 33000원
아이템: 미라클 HTML
아이템: 31000
```

조건

- 제네릭 클래스 BookBox<T>를 선언하고 게터와 세터를 만든다.
- BookBox<T>는 타입 매개변수 T를 사용하여 문자열(String)이나 정수(Integer)를 안전하게 저장한다.
- BookBox<String>은 문자열만 저장할 수 있고, BookBox<Integer>는 정수만 저장할 수 있다.
- String을 출력하는 printString() 메서드와 Integer를 출력하는 printInteger() 메서드를 만든다.

Lab 8-1 **책 상자 만들고 출력하기**

```
package chap08.lab01;

class [      ①      ] {                          // 제네릭 클래스 선언
    private T item;

    public void setItem([    ②    ]) {           // 세터(setter)
        this.item = item;
    }

    [    ③    ] getItem() {                      // 게터(getter)
        return item;
    }
}

public class GenericsLab {
    public static void printString(String item) {
        System.out.println("아이템: " + item);
    }

    public static void printInteger(Integer item) {
        System.out.println("아이템: " + item);
    }

    public static void main(String[] args) {
        [        ④        ] = new BookBox<>();  // 제네릭 BookBox 객체 생성
        titleBox.setItem("미라클 자바");
        System.out.println("상자 속 책 제목: " + titleBox.getItem());

        BookBox<Integer> priceBox = new BookBox<>();
        priceBox.setItem(33000);
        System.out.println("상자 속 책 가격: " + priceBox.getItem() + "원");

```

```java
        printString("미라클 HTML");
        printInteger(31000);
    }
}
```

정답

① BookBox<T>

② T item

③ public T

④ BookBox<String> titleBox

SECTION 02 다양한 컬렉션

1 List 컬렉션

List 컬렉션은 배열과 비슷하지만 **크기를 미리 정하지 않아도 되며, 요소를 동적으로 추가하거나 삭제**할 수 있다. 또한 List는 중복된 값을 허용하며, 저장된 데이터에 인덱스를 이용하여 순서대로 접근할 수 있다. List 컬렉션에 속하는 대표적인 클래스에는 ArrayList, Vector, LinkedList가 있다. [표 8-2]는 List 컬렉션에서 공통으로 사용하는 주요 메서드를 정리한 것이다.

표 8-2 List 컬렉션의 주요 메서드

기능	메서드	설명
객체 추가	boolean add(E element)	요소를 맨 뒤에 추가한다.
	void add(int index, E element)	index 위치에 요소를 삽입한다.
	E set(int index, E element)	index의 요소를 변경한다.
객체 검색	boolean contains(Object obj)	obj를 포함하면 true를 반환한다.
	E get(int index)	index 위치의 요소를 가져온다.
	boolean isEmpty()	비어 있으면 true를 반환한다.
	int size()	전체 요소의 수를 반환한다.

객체 삭제	void clear()	모든 요소를 삭제한다.
	E remove(int index)	index 위치의 요소를 삭제한다.
	boolean remove(Object obj)	처음 만나는 obj를 삭제한 후 true를 반환하고, obj가 더 이상 없으면 false를 반환한다.

1. ArrayList

ArrayList는 가장 많이 사용하는 컬렉션 클래스 중 하나이다. ArrayList는 java.util 패키지에 속하기 때문에 import java.util.ArrayList; 구문을 코드에 추가해야 한다. ArrayList는 다음과 같은 방법으로 객체를 생성하며, 생성한 객체 al의 구조는 [그림 8-5]와 같다.

```
ArrayList<String> al = new ArrayList<>();     // String을 저장하는 ArrayList 생성
```

그림 8-5 ArrayList 객체 al 생성 후 구조

▪ ArrayList의 주요 메서드

앞에서 생성한 ArrayList의 객체 al을 사용하여 주요 메서드의 특징과 사용 형식을 살펴보자.

- **size()**: ArrayList의 크기는 size() 메서드를 사용하여 확인한다. 다음 코드에서 size()의 반환형은 int이며, 아직 객체가 추가되지 않았기 때문에 반환값은 0이다.

```
int i = al.size();                            // 크기는 0
```

- **add()**: ArrayList의 맨 뒤에 요소를 추가할 때에는 add() 메서드를 사용한다. 다음 코드에서 al[0]에는 "초코 도넛", al[1]에는 "딸기 도넛", al[2]에는 "크림 도넛"이 저장된다. 3개의 String 객체가 삽입된 후의 구조는 [그림 8-6]과 같다.

```
al.add("초코 도넛");                           // al[0] = "초코 도넛"
al.add("딸기 도넛");                           // al[1] = "딸기 도넛"
al.add("크림 도넛");                           // al[2] = "크림 도넛"
```

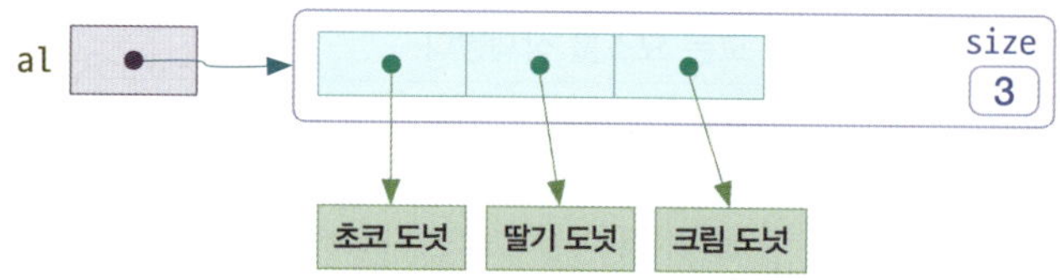

그림 8-6 add()를 사용하여 3개의 String을 삽입한 이후의 구조

add() 메서드는 인덱스를 사용하여 해당 위치에 요소를 삽입할 수도 있다. 다음 코드는 기존에 저장된 **"딸기 도넛"**과 **"크림 도넛"**을 뒤로 이동시키고, al[1]에 **"기본 도넛"**을 저장한다. 삽입이 완료된 후의 객체의 구조는 [그림 8-7]과 같다.

```
al.add(1, "기본 도넛");                    // al[1]의 위치에 "기본 도넛" 삽입
```

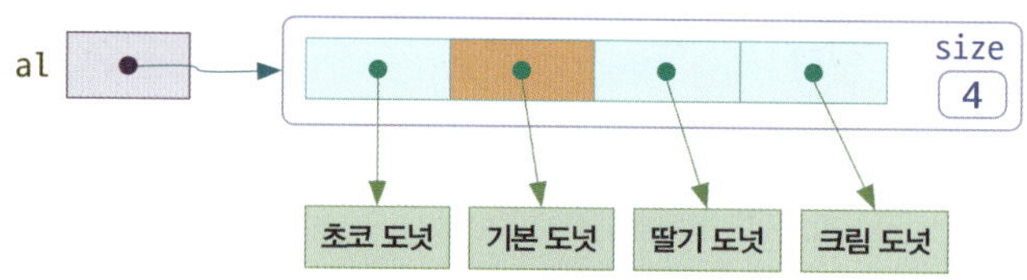

그림 8-7 al.add(1, "기본 도넛"); 이후 객체의 구조

ArrayList에 저장된 객체들은 연속적인 인덱스를 가져야 한다. [그림 8-7]과 같이 size()가 4인 경우 al[0]에서 al[3]까지의 공간에 요소를 저장할 수 있다. 따라서 add() 메서드에서 인덱스를 사용할 때는 **size() 값보다 더 큰 위치를 지정할 수 없다**. 다음 코드는 al[4]를 건너뛰고 al[5]에 요소를 추가하려고 시도하므로 오류가 발생한다.

오류 코드

```
al.add(5, "레몬 도넛");                    // size()보다 더 큰 위치에는 삽입 불가
```

- **get()**: 생성한 ArrayList에서 지정한 위치의 요소를 가져올 때는 get() 메서드를 사용한다. 다음 코드의 s에는 인덱스 0의 값, 다시 말해 al[0]에 저장된 **"초코 도넛"**이 반환된다. get(5)와 같이 유효 범위를 벗어난 인덱스를 사용하면 IndexOutOfBoundsException 오류가 발생한다.

```
String s = al.get(0);                    // s에 index 0의 값 "초코 도넛" 반환
```

- **remove()**: 지정한 값과 같은 요소를 삭제할 때는 remove() 메서드를 사용한다. 다음 코드에서는 **"딸기 도넛"**을 찾아서 지운다. 만약 같은 값이 여러 개 있는 경우에는 가장 처음 발견되는 요소 하나만 삭제한다. 요소 삭제 이후의 구조는 [그림 8-8]과 같다.

```
al.remove("딸기 도넛");                    // 처음 만나는 "딸기 도넛" 삭제
```

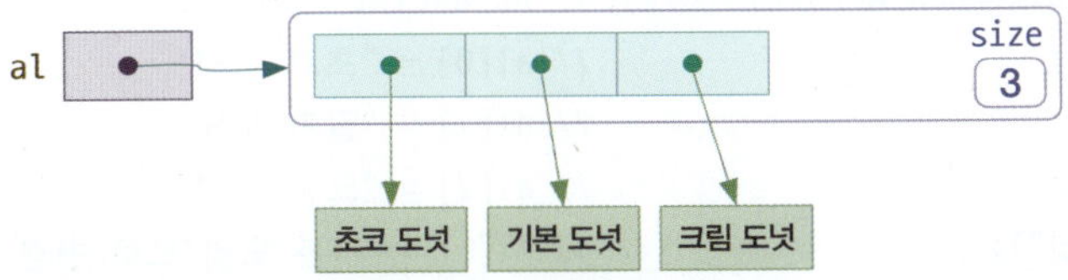

그림 8-8 al.remove("딸기 도넛"); 이후 객체의 구조

remove() 메서드는 삭제 성공 여부를 나타내는 boolean 값을 반환한다. 지정한 요소를 삭제했다면 true를 반환하고, 지정한 값과 같은 요소가 컬렉션 내에 없어서 삭제하지 못했다면 false를 반환한다. 삭제할 객체의 위치를 알고 있다면, 해당 위치의 인덱스를 지정하여 remove(index) 메서드를 사용한다. 다음 코드는 al[0] 위치에 저장된 **"초코 도넛"**을 삭제하며, 이후 객체의 구조는 [그림 8-9]와 같다.

```
al.remove(0);                              // al[0] 위치에 저장된 객체 삭제
```

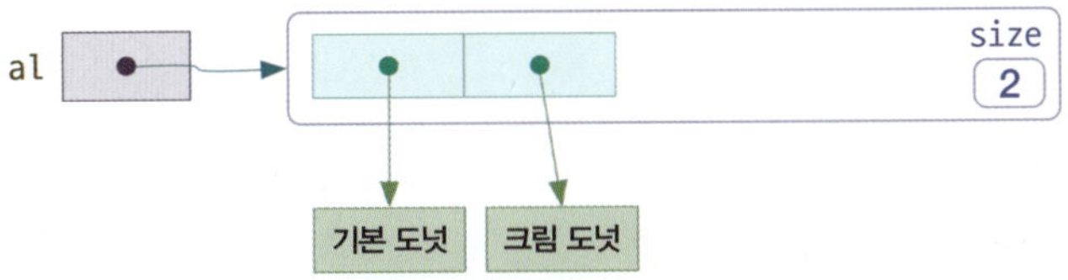

그림 8-9 al.remove("초코 도넛"); 이후 객체의 구조

remove() 메서드 역시 add() 메서드와 마찬가지로, al.remove(5)와 같이 유효 범위를 벗어난 인덱스를 사용하면 IndexOutOfBoundsException 오류가 발생한다. 다음의 [예제 8-2]는 ArrayList의 다양한 메서드를 사용하여 도넛 주문 내역을 관리하고 출력하는 코드이다.

예제 8-2 **ArrayList 사용하기**

ArrayListExample.java

```java
package sec02.exam02;

import java.util.ArrayList;

public class ArrayListExample {
    public static void main(String[] args) {
        ArrayList<String> al = new ArrayList<>(); // ArrayList 객체 생성
        al.add("초코 도넛");                       // al[0] = "초코 도넛"
        al.add("딸기 도넛");                       // al[1] = "딸기 도넛"
        al.add("크림 도넛");                       // al[2] = "크림 도넛"
        al.add(1, "기본 도넛");                    // al[1] = "기본 도넛"으로 변경

        System.out.println("총 주문 수: " + al.size());

        for (int i = 0; i < al.size(); i++) {
            System.out.println( i + "번 위치: " + al.get(i));
        }

        al.remove("딸기 도넛");                    // "딸기 도넛" 삭제
        al.remove(0);                              // al[0] 삭제

        System.out.println("\n도넛 삭제 후 주문 목록:");
        for (String order : al) {
            System.out.println(order);
        }
    }
}
```

```
총 주문 수: 4
0번 위치: 초코 도넛
1번 위치: 기본 도넛
2번 위치: 딸기 도넛
3번 위치: 크림 도넛

도넛 삭제 후 주문 목록:
기본 도넛
크림 도넛
```

[예제 8-2]에서는 add() 메서드로 도넛을 추가하고, get()으로 저장된 객체에 접근하며, remove()로 특정 객체를 삭제한다. ArrayList는 이렇게 간단한 방법으로 데이터를 순서대로 저장하고, 필요에 따라 수정할 수 있다.

ArrayList는 비동기적으로 동작하므로, 여러 스레드가 동시에 접근할 때 동기화 처리를 따로 해야 한다. 따라서 단일 스레드 환경에서는 빠르게 동작하지만, 멀티스레드 환경에서는 주의해서 사용해야 한다.

2. Vector

Vector는 내부 구조가 ArrayList와 매우 유사하기 때문에 순서를 유지하며, 크기를 동적으로 늘리거나 줄일 수 있고, 인덱스를 통해 데이터에 접근할 수 있다. 그러나 Vector는 ArrayList와 달리 동기화 기능이 내장된 클래스이다. 따라서 여러 스레드가 동시에 접근하더라도 데이터 충돌 없이 안전하게 사용할 수 있는 스레드 안전을 보장한다. Vector를 사용하려면 import java.util.Vector; 구문을 코드에 추가해야 한다. 다음은 Vector 객체 vt를 생성하는 코드이다.

```
Vector<String> vt = new Vector<>();         // Vector 객체 vt 생성
```

Vector는 ArrayList와 마찬가지로 add(), get(), size() 같은 기본적인 메서드를 사용하여 데이터를 관리할 수 있다. 또한 [표 8-3]과 같이 ArrayList에 없는 추가 메서드를 제공한다.

표 8-3 Vector의 추가 메서드

메서드	설명
int capacity()	현재 Vector가 할당받은 용량(capacity)을 반환한다.
void removeAllElement()	clear()와 동일하게 모든 객체를 삭제한다.

결론적으로 단일 작업 환경에서는 성능이 더 좋은 ArrayList 사용을 권장한다. 반면, 여러 스레드가 동시에 접근하는 멀티스레드 환경에서는 데이터의 안정성을 위해 Vector를 사용하는 것이 일반적이다.

3. LinkedList

LinkedList는 List 인터페이스를 구현한 클래스이다. ArrayList와 동일하게 리스트의 기능을 제공하지만, 두 클래스는 내부 데이터를 저장하고 관리하는 방식에 큰 차이가 있다. ArrayList는

내부적으로 배열을 사용하는 반면, LinkedList는 데이터를 노드node라는 단위로 저장하며, 이 노드들이 연결 리스트linked list 형태로 서로 연결되어 있다. LinkedList는 양방향 연결 리스트doubly linked list 구조로 구현되며, 각 노드는 자신의 데이터와 함께 이전 노드와 다음 노드의 주소를 함께 저장한다.

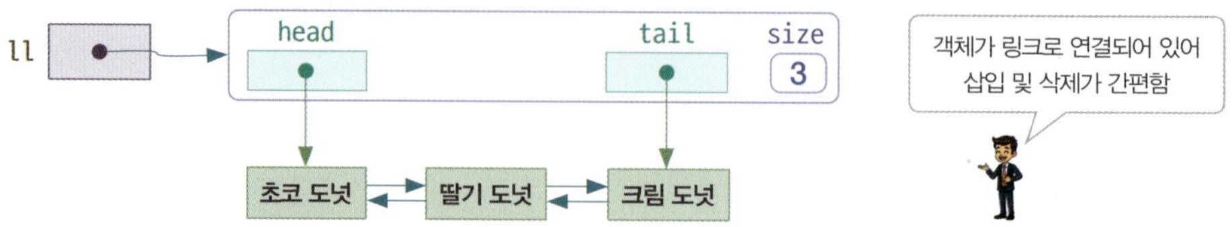

그림 8-10 LinkedList의 구조

이러한 연결 구조 덕분에 LinkedList는 데이터를 삽입하거나 삭제하는 것과 같은 특정 연산이 ArrayList보다 효율적이다. 하지만 인덱스를 이용한 검색은 모든 노드를 차례대로 탐색해야 하므로 ArrayList보다 느리다. LinkedList를 사용하려면 import java.util.LinkedList; 구문을 코드에 추가해야 한다. 다음은 LinkedList 객체 ll을 생성하는 코드이다.

```
LinkedList<String> ll = new LinkedList<>();          // LinkedList 객체 ll 생성
```

LinkedList는 ArrayList에 속한 대부분의 메서드를 사용할 수 있으며, 추가로 [표 8-4]와 같은 메서드를 제공한다.

표 8-4 LinkedList에서 추가되는 주요 메서드

기능	메서드	설명
추가/삽입	void addFirst(E element)	리스트 맨 앞에 요소를 삽입한다.
	void addLast(E element)	리스트 맨 뒤에 요소를 삽입한다.
	void push(E element)	스택처럼 앞에 삽입한다(= addFirst).
	boolean offer(E element)	큐의 뒤에 삽입하고, 성공하면 true를 반환한다.
	boolean offerFirst(E element)	덱의 앞에 삽입하고, 성공하면 true를 반환한다.
	boolean offerLast(E element)	덱의 뒤에 삽입하고, 성공하면 true를 반환한다.
조회/가져오기	E getFirst()	첫 번째 요소를 반환한다(없으면 예외 발생).
	E getLast()	마지막 요소를 반환한다(없으면 예외 발생).
	E peek()	큐의 첫 번째 요소를 조회하고, 없으면 null을 반환한다.
	E peekFirst()	첫 번째 요소를 조회하고, 없으면 null을 반환한다.
	E peekLast()	마지막 요소를 조회하고, 없으면 null을 반환한다.

삭제 후 반환	E removeFirst()	첫 번째 요소를 삭제한 후 반환한다(없으면 예외 발생).
	E removeLast()	마지막 요소를 삭제한 후 반환한다(없으면 예외 발생).
	E pop()	스택처럼 앞에서 첫 번째 요소를 삭제한 후 반환한다 (= removeFirst).
	E poll()	큐의 첫 번째 요소를 삭제한 후 반환하고, 없으면 null을 반환한다.
	E pollFirst()	첫 번째 요소를 삭제한 후 반환하고, 없으면 null을 반환한다.
	E pollLast()	마지막 요소를 삭제한 후 반환하고, 없으면 null을 반환한다.

LinkedList는 List 인터페이스뿐만 아니라 Queue(큐)와 Deque(덱) 인터페이스도 구현하고 있어 여러 형태의 자료구조로 활용할 수 있다. 여기서 스택stack은 먼저 들어간 데이터가 나중에 나오는 구조Last In First Out, LIFO이고, 큐queue는 먼저 들어간 데이터가 먼저 나오는 구조First In First Out, FIFO이다. 또한 덱Double-Ended Queue, Deque은 앞과 뒤 양쪽 끝에서 삽입과 삭제가 모두 가능한 구조로 스택과 큐 기능을 모두 가진다. LinkedList는 큐나 스택의 요소를 조작할 수 있는 다양한 메서드를 제공하므로, 순차 리스트로도 사용 가능하고, 큐나 덱처럼 활용할 수도 있다.

[예제 8-3]은 손님들이 주문한 도넛을 LinkedList를 이용해 관리하는 코드이다.

예제 8-3 **LinkedList 사용하기** LinkedListExample.java

```java
package sec02.exam03;

import java.util.LinkedList;

public class LinkedListExample {
    public static void main(String[] args) {
        LinkedList<String> orders = new LinkedList<>();    // linkedList 생성

        orders.add("초코 도넛");
        orders.add("딸기 도넛");
        orders.add("크림 도넛");

        System.out.println("현재 주문 목록:");
        for (String donut : orders) {
            System.out.println(donut);
        }

```

```
18          orders.addFirst("기본 도넛");          // 맨 앞에 추가
19          orders.addLast("생딸기 도넛");         // 맨 뒤에 추가
20
21          System.out.println("\n도넛 추가 후:");
22          for (String donut : orders) {
23              System.out.println(donut);
24          }
25
26          orders.remove("딸기 도넛");            // "딸기 도넛" 삭제
27
28          System.out.println("\n딸기 도넛 삭제 후:");
29          for (String donut : orders) {
30              System.out.println(donut);
31          }
32      }
33  }
```

```
현재 주문 목록:
초코 도넛
딸기 도넛
크림 도넛

도넛 추가 후:
기본 도넛
초코 도넛
딸기 도넛
크림 도넛
생딸기 도넛

딸기 도넛 삭제 후:
기본 도넛
초코 도넛
크림 도넛
생딸기 도넛
```

[예제 8-3]은 18행의 addFirst()나 19행의 addLast()와 같은 메서드를 사용해 리스트의 앞과 뒤에 자유롭게 데이터를 삽입하고 삭제한다. 이러한 메서드는 ArrayList에서 지원하지 않거나 성능이 좋지 않기 때문에 LinkedList를 사용하여 구현해야 한다.

Note java.util.Stack

자바 초기에 제공된 java.util.Stack 클래스는 스택 자료구조 전용 클래스였으나, 불필요한 기능과 동기화로 인한 성능 저하 문제가 있다. 따라서 현재는 LinkedList의 push(), pop(), peek() 메서드를 이용해 스택을 구현하는 것이 더 권장된다.

2 Set 컬렉션

Set 컬렉션은 **순서 없이 요소를 저장하는 컬렉션으로 중복된 값은 하나만 저장**한다. 또한 값을 추가한 순서와 출력하는 순서가 일치하지 않으며, **인덱스가 없기 때문에 특정 위치의 요소를 직접 가져올 수 없다.** [표 8-5]는 Set 컬렉션에서 자주 사용하는 주요 메서드를 정리한 것이다.

표 8-5 Set 컬렉션의 주요 메서드

기능	메서드	설명
요소 추가	boolean add(E element)	컬렉션에 새로운 요소를 추가한다(성공 시 true 반환).
요소 검색 /확인	boolean contains(Object obj)	obj가 컬렉션에 포함되어 있는지 확인한다(성공 시 true 반환).
	boolean isEmpty()	컬렉션이 비어 있는지 확인하고 비어 있으면 true를 반환한다.
	int size()	컬렉션에 저장된 전체 요소의 개수를 반환한다.
요소 반복	Iterator<E> iterator()	컬렉션에 저장된 요소를 순차적으로 접근할 수 있는 Iterator 객체를 반환한다.
요소 삭제	void clear()	컬렉션에 저장된 모든 요소를 삭제한다.
	boolean remove(Object obj)	obj와 일치하는 요소를 삭제한다(삭제 성공 시 true 반환, 없으면 false 반환).

Set 컬렉션은 인덱스로 접근할 수 없기 때문에, 요소를 모두 꺼내려면 반복자(Iterator)를 사용해야 한다. Iterator는 컬렉션을 순회하는 도구이며, 자세한 사용법은 '4. Iterator 인터페이스'에서 자세히 설명한다.

1. HashSet

HashSet은 자바에서 가장 대표적인 Set 구현 클래스이다. HashSet은 내부적으로 **해시 테이블**hash table이라는 구조를 사용하여 데이터를 저장한다. 보통 데이터를 찾을 때는 순차적으로 하나씩 비교하거나 정렬된 상태에서 범위를 좁혀 가면서 찾지만, 해시 테이블은 다른 방식을 사용한다.

해시 테이블은 저장하려는 데이터(String, Integer 등)를 해시 함수에 넣으면, 이 함수가 데이터를 숫자(주소)로 변경한다. 예를 들어, **"초코 도넛"**을 넣으면 4번, **"딸기 도넛"**을 넣으면 1번과 같이 위치(주소)를 계산하고, 이 주소에 데이터를 저장한다. 따라서 "**초코 도넛**"을 찾을 때 이를 해시 함수에 넣으면 4번이 계산되고, 4번 위치에서 데이터를 가져올 수 있다. 이러한 구조 덕분에 HashSet은 데이터가 많아도 검색, 추가, 삭제 속도가 빠르다. 따라서 중복을 제거하거나 유일한 값을 저장해야 할 때 자주 사용된다.

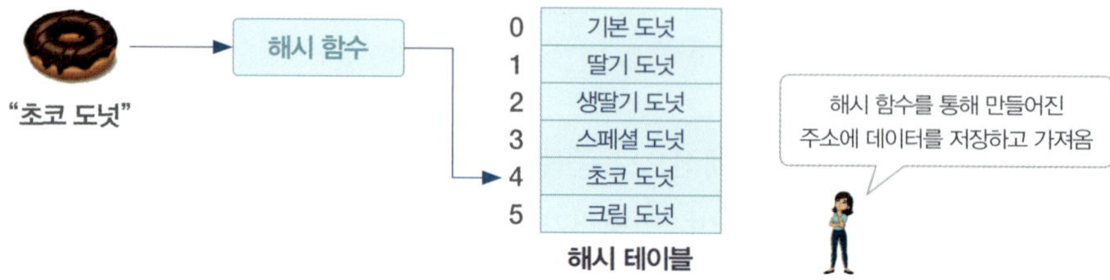

그림 8-11 해시 테이블의 저장 방식

HashSet을 사용하려면 import java.util.HashSet; 구문을 코드에 추가해야 한다. HashSet 객체 hs를 만드는 코드는 다음과 같다.

```
HashSet<String> hs = new HashSet<>();   // String을 저장하는 HashSet 객체 hs 생성
```

[예제 8-4]는 도넛 메뉴를 등록할 때, HashSet을 사용하여 중복된 도넛 이름을 제거하는 코드이다.

예제 8-4 HashSet 사용하기 HashSetExample.java

```
package sec02.exam04;

import java.util.HashSet;

public class HashSetExample {
    public static void main(String[] args) {
        HashSet<String> hs = new HashSet<>();  // String을 저장하는 HashSet

        hs.add("초코 도넛");
        hs.add("딸기 도넛");
        hs.add("크림 도넛");
        hs.add("초코 도넛");                   // 중복된 값 -> 무시됨

        System.out.println("등록된 도넛 메뉴:");
```

```
        for (String donut : hs) {
            System.out.println(donut);
        }
    }
}
```

```
등록된 도넛 메뉴:
초코 도넛
딸기 도넛
크림 도넛
```

[예제 8-4]에서 **"초코 도넛"**이 두 번 추가되었지만, HashSet은 중복을 허용하지 않기 때문에 한 번만 출력된다.

> **Note** **toString()의 출력값**
>
> 오버라이딩을 하지 않고 toString()으로 객체 정보를 출력하면 '객체이름@해시코드'가 출력된다. 여기서 해시코드는 단순히 객체를 구분하기 위한 숫자일 뿐, 해시 테이블에 저장된다는 뜻은 아니다. 모든 객체는 힙 메모리에 저장되며, 해시 테이블은 HashSet, HashMap 같은 컬렉션이 내부적으로 사용하는 구조이다.

2. equals()와 hashCode()

HashSet은 요소의 동일성을 판단할 때 equals()와 hashCode() 메서드를 함께 사용한다. 이때 equals() 메서드가 두 객체를 같다고 판단한다면, 두 객체의 hashCode() 값도 반드시 같아야 한다. 이 규칙을 지키지 않으면 HashSet과 같은 해시 기반 컬렉션이 논리적으로 같은 객체를 찾지 못하거나, 컬렉션에 중복된 객체가 추가되는 문제가 발생할 수 있다.

String이나 기본 자료형의 Wrapper 클래스처럼 자바 표준 라이브러리에서 이미 두 메서드가 잘 정의된 객체는 따로 처리할 필요가 없지만, 사용자가 직접 정의한 클래스의 객체를 HashSet에 저장할 때는 반드시 equals()와 hashCode()를 함께 재정의해야 한다. 다음 코드를 살펴보자.

```
@Override
public boolean equals(Object obj) {
    if (this == obj) return true;
    if (!(obj instanceof Donut)) return false;
    Donut donut = (Donut) obj;
    return name.equals(donut.name);
}

@Override
public int hashCode() {
    return Objects.hash(name);
}
```

위 코드와 같이 hashCode()를 쉽게 구현하려면 Objects.hash()를 사용한다. 여러 값을 받아서 자동으로 해시 코드를 작성하기 때문에 직접 계산할 필요가 없다. 단, 이 메서드를 사용하려면 import java.util.Objects; 구문을 코드에 추가해야 한다.

[예제 8-5]는 equals()와 hashCode()를 오버라이딩하여 중복된 객체를 제거하는 코드이다.

예제 8-5 **HashCode 오버라이딩하기** HashCodeExample.java

```
package sec02.exam05;

import java.util.HashSet;
import java.util.Objects;                        // Objects.hash() 메서드 사용

class Donut {
    String name;

    Donut(String name) {
        this.name = name;
    }

    @Override
    public boolean equals(Object obj) {
        if (this == obj) return true;
        if (!(obj instanceof Donut)) return false;
        Donut donut = (Donut) obj;
        return name.equals(donut.name);
    }
```

```java

    @Override
    public int hashCode() {
        return Objects.hash(name);              // 중복 방지를 위해 사용
    }

    @Override
    public String toString() {
        return name;
    }
}

public class HashCodeExample {
    public static void main(String[] args) {
        HashSet<Donut> set = new HashSet<>();
        set.add(new Donut("초코 도넛"));
        set.add(new Donut("크림 도넛"));
        set.add(new Donut("초코 도넛"));        // 같은 이름의 도넛

        System.out.println("도넛 객체 저장 결과:");
        for (Donut donut : set) {
            System.out.println(donut);
        }
    }
}
```

```
도넛 객체 저장 결과:
크림 도넛
초코 도넛
```

[예제 8-5]에서는 name을 기준으로 equals()와 hashCode() 메서드를 오버라이딩했기 때문에 **"초코 도넛"**이 중복되지 않고 **"크림 도넛"**과 **"초코 도넛"** 두 개만 저장된다.

체크 프로그램

[예제 8-5] 코드에서 오버라이딩된 hashCode() 코드를 지우고 실행하면 출력이 어떻게 변하는지 확인하시오.

3 Map 컬렉션

1. Map 컬렉션의 특징과 주요 메서드

Map 컬렉션은 키(key)와 값(value)을 사용하여 데이터를 쌍으로 저장하는 자료구조이다. 이 컬렉션은 사전에서 특정 단어(key)를 찾아서 그 의미(value)를 알아내는 것과 비슷하게 동작한다. Map 컬렉션의 주요 특징은 다음과 같다.

- **키의 유일성:** Map의 키는 고유해야 하며 중복될 수 없다. 만약 기존의 키로 새로운 값을 저장하려면, 기존 값이 새로운 값으로 대체된다. 이러한 특징 덕분에 키를 사용해 원하는 값을 빠르게 찾아 수정하고 삭제할 수 있다.
- **값의 중복 허용:** 값은 중복될 수 있다. 즉 서로 다른 도넛이라면, 같은 가격을 저장할 수 있다.
- **비순차적 저장:** Map은 데이터를 순서대로 저장하지 않기 때문에 인덱스로 값을 가져올 수 없다.

[표 8-6]은 Map 컬렉션에서 사용되는 주요 메서드를 정리한 것이다.

표 8-6 Map 컬렉션에서 사용되는 주요 메서드

기능	메서드	설명
객체 추가	V put(K key, V value)	주어진 key로 value를 저장한다. 새로운 키면 null을 반환하고, 동일한 키가 있으면 새로운 값으로 변경한 후 이전 값을 반환한다.
객체 검색	boolean containsKey(Object key)	key가 있으면 true를 반환한다.
	boolean containsValue(Object value)	value가 있으면 true를 반환한다.
	Collection<V> values()	저장된 모든 값을 Collection에 담아서 반환한다.
	Set<K> KeySet()	모든 키를 Set에 담아서 반환한다.
	Set<Map.Entry<K,V>> entrySet()	키와 값의 모든 쌍(Entry)을 Set에 담아서 반환한다.
	V get(Object key)	주어진 Key의 해당 값을 반환한다.
	boolean isEmpty()	비어 있으면 true를 반환한다.
	int size()	저장된 모든 쌍의 총 개수를 반환한다.
객체 삭제	void clear()	모든 쌍을 삭제한다.
	boolean remove(Object key)	key와 일치하는 쌍을 삭제한다.

Map 컬렉션 자체는 순서를 가지지 않아 반복자를 직접 얻을 수가 없다. 따라서 Map에 저장된 데이터를 반복해서 사용하려면 KeySet(), values(), entrySet() 메서드를 사용해야 한다. 이 메서드가 반환하는 Set이나 Collection을 통해 반복자를 얻거나 for 문을 사용하면 Map 컬렉션의 데이터를 순회할 수 있다.

- **KeySet():** Map 컬렉션의 모든 키를 Set 컬렉션에 담아서 반환하므로, 모든 키를 순회할 수 있다.
- **values():** Map 컬렉션의 모든 값을 Collection 형태로 반환한다.
- **entrySet():** Map 컬렉션의 모든 키와 값의 쌍을 Map.Entry 객체로 담아 Set 형태로 반환한다. 이 방법은 키와 값을 동시에 얻을 수 있기 때문에 가장 효율적인 순회 방법 중 하나이다.

2. HashMap

자바에서는 여러 Map 컬렉션을 구현한 클래스를 제공하며, 각각의 특징이 다르다.

- **HashMap:** 가장 많이 사용하는 Map 구현 클래스이다. HashSet과 같이 해시 테이블을 사용하여 저장하기 때문에 빠르게 값을 검색할 수 있지만, 순서를 보장하지 않는다. HashMap은 키와 값으로 null을 허용한다.
- **Hashtable:** HashMap과 유사하게 해시 테이블 구조를 사용하지만, 멀티스레드에 안전하다는 차이점이 있다. 여러 스레드가 동시에 데이터를 수정하더라도 충돌이 발생하지 않기 때문에 HashMap보다 성능이 조금 더 느리다는 단점이 있다. HashTable은 키와 값으로 null을 허용하지 않는다.
- **TreeMap:** 키를 기준으로 오름차순 정렬하여 저장하는 클래스이다. 키를 정렬된 상태로 유지해야 할 때 유용하게 사용할 수 있다.

이중 HashMap은 키를 기준으로 데이터를 저장하고 검색하는 데 최적화되어 있다. HashMap을 사용하려면 import java.util.HashMap; 구문을 코드에 추가해야 한다. HashMap은 내부적으로 해시 함수를 사용하여 데이터를 저장하고, **하나의 키에 하나의 값만 연결**할 수 있으며 순서를 유지하지 않는다.

HashMap에서 **새로운 데이터를 삽입할 때, 새로운 Key가 이미 존재하면 새로운 Value 값으로 덮어쓴다.** [그림 8-12]에서 기존의 데이터 <"초코 도넛", 2500>은 새로운 데이터 <"초코 도넛", 2700>이 삽입되면, "초코 도넛" 키의 값이 2700으로 업데이트된다.

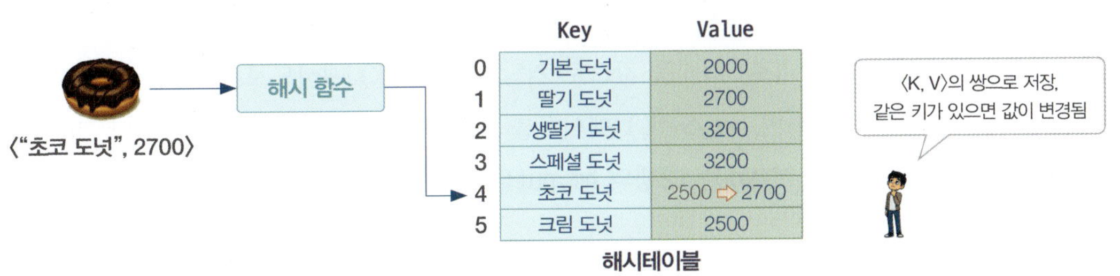

그림 8-12 Map 컬렉션의 해시테이블 저장 방식

다음 코드는 Key로 String을 사용하고, Value로 Integer를 사용하는 HashMap 객체 hm을 생성하는 코드이다.

```java
HashMap<String, Integer> hm = new HashMap<>();     // HashMap 객체 hm 생성
```

[예제 8-6]은 HashMap을 사용하여 도넛 이름과 가격을 저장하는 코드이다.

예제 8-6 **HashMap 사용하기** HashMapExample.java

```java
01  package sec02.exam06;
02
03  import java.util.HashMap;
04
05  public class HashMapExample {
06      public static void main(String[] args) {
07          HashMap<String, Integer> hm = new HashMap<>();
08
09          hm.put("초코 도넛", 2500);
10          hm.put("딸기 도넛", 2700);
11          hm.put("크림 도넛", 2500);
12          hm.put("초코 도넛", 2700);      // 중복된 Key -> 새로운 Value로 변경
13
14          System.out.println("도넛 가격 목록:");
15          for (String name : hm.keySet()) {
16              System.out.println(name + ": " + hm.get(name) + "원");
17          }
18      }
19  }
```

```
도넛 가격 목록:
초코 도넛: 2700원
딸기 도넛: 2700원
크림 도넛: 2500원
```

[예제 8-6]은 도넛 이름을 키로, 가격을 값으로 저장한다. put() 메서드로 데이터를 추가하고, get() 메서드로 값을 조회하며, keySet() 메서드를 이용해 모든 키를 순회할 수 있다. 또한 9행의 hm.put("초코 도넛", 2500)은 12행의 hm.put("초코 도넛", 2700)을 통해 "초코 도넛"의 Value가 2700이 된다.

4 Iterator 인터페이스

컬렉션 프레임워크를 사용하다 보면 저장된 데이터를 하나씩 꺼내 처리해야 하는 경우가 자주 발생한다. 이럴 때 가장 단순한 방법은 for 문이나 while 문을 사용하는 것이지만, 컬렉션의 종류가 다양하고 내부 구조가 다르기 때문에 일관된 방식으로 데이터를 반복 처리하기는 어렵다.

자바에서는 이런 문제를 해결하기 위해 Iterator(반복자)라는 개념을 도입했으며, 이는 **컬렉션 내부의 구조에 관계 없이 데이터를 순차적으로 접근할 수 있는 객체**이다. 자바에서는 대표적으로 Iterator나 ListIterator 등을 제공하며, 각각의 컬렉션에서 데이터를 꺼낼 수 있도록 돕는다.

1. Iterator

Iterator는 자바 컬렉션 프레임워크에서 요소를 반복하여 처리하는 데 가장 널리 사용하는 인터페이스이다. Iterator는 **모든 컬렉션에서 사용할 수 있으며**, 컬렉션에 저장된 데이터를 **앞에서 뒤로 순차적으로 꺼내서 처리할 때 사용**한다. Iterator를 사용하려면 import java.util.Iterator 구문을 코드에 추가해야 한다.

Iterator 객체는 생성된 컬렉션 객체의 iterator() 메서드를 호출하여 생성한다. 이때, 컬렉션 객체의 제네릭 타입과 생성되는 Iterator 객체의 타입은 반드시 같아야 한다. 다음은 컬렉션 객체 orders의 iterator() 메서드를 호출하여 Iterator 객체 it를 생성하는 코드이다.

```
ArrayList<String> orders = new ArrayList<>();     // 컬렉션 객체 생성
Iterator<String> it = orders.iterator();          // Iterator 객체 생성
```

생성한 Iterator 객체는 [표 8-7]과 같은 메서드를 사용하여 순차적으로 접근할 수 있다.

표 8-7 Iterator 객체의 주요 메서드

메서드	설명
boolean hasNext()	순회할 다음 요소가 있는지 확인한다.
E next()	다음 요소를 반환하고, 다음 위치로 이동한다.
void remove()	next() 메서드로 반환된 마지막 요소를 컬렉션에서 제거한다.

TIP Iterator의 hasNext()와 next() 메서드는 사용자의 입력을 토큰 형태로 처리하는 Scanner의 hasNext()와 next() 메서드와 유사하게 동작한다.

[예제 8-7]은 Iterator를 사용하여 주문한 도넛을 순차적으로 출력하는 코드이다.

예제 8-7 Iterator 사용하기 IteratorExample.java

```
01 package sec02.exam07;
02
03 import java.util.ArrayList;
04 import java.util.Iterator;
05
06 public class IteratorExample {
07     public static void main(String[] args) {
08         ArrayList<String> orders = new ArrayList<>();
09         orders.add("초코 도넛");
10         orders.add("딸기 도넛");
11         orders.add("크림 도넛");
12
13         Iterator<String> it = orders.iterator();  // Iterator 객체 생성
14
15         while (it.hasNext()) {           // 다음 순회할 요소가 있는 동안 반복
16             String donut = it.next();    // 다음 요소를 가져와 donut에 저장
17             System.out.println("주문 도넛: " + donut);
18         }
19     }
20 }
```

```
주문 도넛: 초코 도넛
주문 도넛: 딸기 도넛
주문 도넛: 크림 도넛
```

[예제 8-7]의 13행에서 Iterator 객체 it를 만들고, ArrayList에 저장된 도넛 주문 목록을 차례대로 출력한다. 이 방법은 컬렉션의 내부 구조와 상관없이 데이터를 안전하게 반복 처리할 수 있다는 장점이 있다.

Iterator는 한 방향으로만 이동할 수 있으며, 현재 위치에서 이전 요소로 되돌아갈 수는 없다. 또한 remove() 메서드를 이용해 요소를 순회하는 중에도 안전하게 요소를 삭제할 수 있다.

2. ListIterator

ListIterator는 Iterator를 확장한 인터페이스로, ArrayList, LinkedList와 같은 List 계열의 컬렉션에서만 사용할 수 있다. ListIterator를 사용하려면 코드에 import java.util.

ListIterator; 구문을 코드에 추가해야 한다. ListIterator 객체는 생성된 컬렉션 객체의 listiterator() 메서드를 호출하여 생성한다. 다음은 컬렉션 객체 orders의 listIterator() 메서드를 호출하여 ListIterator 객체 li를 생성하는 코드이다.

```
ArrayList<String> orders = new ArrayList<>();        // 컬렉션 객체 생성
ListIterator<String> li = orders.listiterator();    // ListIterator 객체 생성
```

ListIterator는 ArrayList나 LinkedList와 같은 **리스트 구조에서 양방향 반복을 지원하며, 요소를 추가하거나 수정할 수 있다.** 또한 생성된 ListIterator 객체는 [표 8-8]과 같은 메서드를 사용할 수 있다.

표 8-8 ListIterator의 주요 메서드

메서드	설명
boolean hasNext()	순회할 다음 요소가 있는지 확인한다.
E next()	다음 요소를 반환하고, 다음 위치로 이동한다.
boolean hasPrevious()	순회할 이전 요소가 있는지 확인한다.
E previous()	이전 요소를 반환하고, 이전 위치로 이동한다.
int nextIndex()	next() 메서드로 반환될 요소의 인덱스를 반환한다.
int previousIndex()	previous() 메서드로 반환될 요소의 인덱스를 반환한다.
void set(E element)	next() 또는 previous()로 반환된 마지막 요소의 값을 변경한다.
void add(E element)	현재 위치에 새로운 요소를 추가한다.
void remove()	next() 또는 previous()로 반환된 마지막 요소를 제거한다.

[예제 8-8]은 ListIterator를 사용하여 도넛의 종류를 양방향으로 출력하는 코드이다.

예제 8-8 ListIterator 사용하기 ListIteratorExample.java

```
package sec02.exam08;

import java.util.ArrayList;
import java.util.ListIterator;

public class ListIteratorExample {
    public static void main(String[] args) {
        ArrayList<String> orders = new ArrayList<>();
        orders.add("초코 도넛");
        orders.add("딸기 도넛");
```

```
        orders.add("크림 도넛");

        ListIterator<String> listIt = orders.listIterator();

        System.out.println("앞에서부터 출력:");
        while (listIt.hasNext()) {        // 다음 순회할 요소가 있는 동안 반복
            System.out.println(listIt.next());
        }

        System.out.println("\n뒤에서부터 출력:");
        while (listIt.hasPrevious()) {    // 이전 순회할 요소가 있는 동안 반복
            System.out.println(listIt.previous());
        }
    }
}
```

```
앞에서부터 출력:
초코 도넛
딸기 도넛
크림 도넛

뒤에서부터 출력:
크림 도넛
딸기 도넛
초코 도넛
```

[예제 8-8]은 ListIterator를 사용하여 리스트를 앞뒤로 모두 순회하고 있다. Iterator는 한 방향 순회만 가능하지만, ListIterator는 양방향 이동이 가능하고, 요소를 추가하거나 값을 변경할 수 있다는 점에서 더욱 유연하게 사용할 수 있다.

LAB 판매 중인 도넛 관리하기

List, Set, Map을 활용하여 판매 중인 도넛을 관리하는 프로그램의 빈칸을 채워보자. 중복을 포함한 여러 도넛을 List, Set, Map에 저장한 후 출력해보며 다양한 컬렉션의 차이점을 확인할 수 있다. 실행 결과와 조건은 다음과 같다.

```
=== List ===
판매된 도넛 목록: [레몬 도넛, 초코 도넛, 딸기 도넛, 초코 도넛]
첫 번째 판매 도넛: 레몬 도넛

=== Set ===
판매된 도넛 종류: [레몬 도넛, 초코 도넛, 딸기 도넛]

=== Map ===
도넛 메뉴판: {레몬 도넛=1500, 초코 도넛=2000, 딸기 도넛=2200}
초코 도넛 가격: 2000원
```

조건

- ArrayList를 사용하여 도넛이 판매된 순서대로 데이터를 저장하며, 중복을 허용한다.
- HashSet을 사용하여 판매된 도넛이 무엇인지 확인한다.
- HashMap을 사용하여 판매할 도넛의 이름과 가격을 짝지어 관리한다.

Lab 8-2 **판매 중인 도넛 관리하기**

```
package chap08.lab02;

import [    ①    ].*;

public class CollectionsLab {
    public static void main(String[] args) {

        List<String> donutsList = [    ②    ];        // ArrayList 사용
        donutsList.add("레몬 도넛");
        donutsList.add("초코 도넛");
        donutsList.add("딸기 도넛");
        donutsList.add("초코 도넛");                         // 중복 허용
        System.out.println("=== List ===");
        System.out.println("판매된 도넛 목록: " + donutsList);
        System.out.println("첫 번째 판매 도넛: " + [    ③    ]);

        Set<String> donutsSet = [    ④    ](donutsList);      // HashSet 사용
        System.out.println("\n=== Set ===");
        System.out.println("판매된 도넛 종류: " + donutsSet);
```

```
        Map<String, Integer> menu = [     ⑤     ];                    // HashMap 사용
        menu.put("레몬 도넛", 1500);
        menu.put("초코 도넛", 2000);
        menu.put("딸기 도넛", 2200);
        System.out.println("\n=== Map ===");
        System.out.println("도넛 메뉴판: " + menu);
        System.out.println("초코 도넛 가격: " + menu.get("초코 도넛") + "원");
    }
}
```

정답

① java.util
② new ArrayList<>()
③ donutsList.get(0)
④ new HashSet<>
⑤ new HashMap<>()

SECTION 03 제네릭과 람다 표현식 심화

1 제네릭 깊이 알기

1. 제네릭 메서드

앞서 제네릭 클래스를 선언하고, 객체를 만들어 사용하는 방법을 배웠다. 제네릭은 클래스뿐만 아니라 메서드에도 적용할 수 있다. **제네릭 메서드는 일반 클래스에 속한 메서드를 유연한 형태로 만들 때 사용**하며, 메서드 선언부에 타입 파라미터를 포함한다. 제네릭 메서드를 사용하면 메서드 내에서 사용하는 데이터 타입을 메서드를 호출할 때마다 다르게 지정할 수 있기 때문에, 하나의 메서드로 다양한 타입의 객체를 처리하는 유연한 코드를 작성할 수 있다.

제네릭 메서드를 선언하는 방법은 반환 타입 앞에 <T>와 같이 타입 파라미터를 명시한다. 이 타입 파라미터는 메서드 내에서만 유효하며, 메서드가 호출될 때 구체적인 타입으로 결정된다.

```java
public class GenericsMethodExample {                    // 일반 클래스
    public static <T> void printItem(T item) {          // 제네릭 메서드
        System.out.println("아이템: " + item);
    }
}
```

위 코드에서 printItem() 메서드는 GenericsMethodExample 클래스에 속해있다. 제네릭 클래스가 아닌 일반 클래스 안에 선언되기 때문에 매개변수 T는 알 수 없는 타입이다. 따라서 public static <T> void printItem()과 같이 제네릭을 사용하는 메서드라는 것을 표시해야 한다. <T>는 제네릭 메서드를 나타내는 표식이며, printItem() 메서드가 호출될 때 전달되는 인자의 타입으로 결정된다.

[예제 8-9]는 제네릭 메서드를 사용하여 다양한 타입을 출력하는 코드이다.

예제 8-9 제네릭 메서드 사용하기 GenericsMethodExample.java

```java
package sec02.exam09;

class Box<T> {                                          // 제네릭 클래스 Box<T> 선언
    private T item;                                     // T 타입의 인스턴스 변수

    public T getItem() {                                // T 타입 객체를 반환하는 메서드
        return this.item;
    }

    public void setItem(T item) {                       // T 타입 객체를 설정하는 메서드
        this.item = item;
    }
}

public class GenericsMethodExample {
    public static <T> void printItem(T item) {  // 제네릭 메서드
        System.out.println("아이템: " + item);
    }

    public static void main(String[] args) {
        Box<String> nameBox = new Box<>();
        nameBox.setItem("초코 도넛");

```

```
24            printItem(nameBox.getItem());              // 제네릭 메서드 호출
25            printItem(2500);                           // 정수도 문제없이 처리
26        }
27    }
```

```
아이템: 초코 도넛
아이템: 2500
```

3행의 제네릭 클래스 class Box<T>는 이미 클래스 레벨에서 타입 매개변수 T를 정의하고 있다. 따라서 10행의 public void setItem(T item)은 별도로 제네릭 메서드를 선언할 필요가 없다. 그러나 16행의 printItem()은 일반 클래스에 속하므로 public static <T> void printItem(T item)과 같이 제네릭 메서드로 선언해야 한다.

24행의 printItem(nameBox.getItem());이 제네릭 메서드를 호출하면, 자바는 printItem의 타입 파라미터 T를 감지하고 String으로 유추한다.

25행의 printItem(2500);에서 2500은 int 타입이지만, 자바가 자동으로 Integer 객체로 변환한다. 이때, 컴파일러는 T를 Integer로 자동 유추하여 이 호출이 public static void printItem (Integer item);처럼 동작하게 한다.

이처럼 제네릭 메서드는 컴파일러의 타입 유추 기능을 통해 별도의 타입 명시 없이도 여러 타입에 대해 동일한 로직을 수행할 수 있다. 이는 제네릭 메서드가 타입 안정성을 유지하면서 코드를 유연하게 만드는 핵심적인 이유이다.

2. 제한된 제네릭 타입

제네릭 클래스를 선언할 때, 타입 파라미터로 올 수 있는 타입을 특정 타입으로 제한할 수 있는데, 이를 제한된 제네릭 타입bounded generics이라고 부른다. 제한된 제네릭 타입은 extends 예약어를 사용하여 구현하며, 특정 클래스를 상속받거나 인터페이스를 구현한 클래스만 사용하도록 강제할 수 있다.

타입 파라미터를 제한하면, 제네릭 클래스 내부에서 해당 타입이 가진 상위 타입의 특정 메서드나 필드를 안전하게 호출하거나 사용할 수 있다. 예를 들어, 모든 종류의 도넛을 담는 제네릭 상자를 만들고, 모든 도넛이 getPrice() 메서드를 가진다고 가정해보자. 이 상자 클래스에서 getPrice() 메서드를 호출하여 도넛의 가격을 계산하고 싶다면, 타입 파라미터로 오는 모든 객

체가 반드시 getPrice() 메서드를 가지고 있어야 한다. 이러한 상황을 코드로 구현하려면, 제네릭 클래스를 선언할 때 타입 파라미터 T가 Donut 클래스를 상속받도록 제한한다.

```
class Box<T extends Donut> {              // Donut을 상속하는 객체로 제네릭 클래스 제한
    // ... T 타입 객체를 사용하는 메서드 정의 ...
}

Box<ChocoDonut> myBox1 = new Box<>();

// myBox1.printPrice() 메서드가 Donut의 getPrice()를 안전하게 호출
myBox1.setItem(new ChocoDonut("초코 도넛", 1800));
myBox1.printPrice();                      // 도넛의 가격: 1800원
```

따라서 Donut을 상속하지 않는 타입을 타입 파라미터로 사용하면 컴파일 오류가 발생한다.

오류 코드

```
Box<String> myBox2 = new Box<String>();   // String은 Donut의 자식이 아니므로 오류
```

이처럼 제한된 제네릭 타입은 타입 안정성을 높이는 동시에, 제네릭 클래스 내부에서 타입 파라미터가 가진 상위 클래스의 멤버를 자유롭게 활용할 수 있게 한다. 만약 여러 인터페이스를 구현한 클래스로 제한하고 싶다면 extends 키워드 뒤에 & 기호를 사용하여 여러 인터페이스를 나열한다. 다음 코드의 T extends Donut & Cookie는 Donut 클래스를 상속받고 Cookie 인터페이스를 구현한 클래스만 타입 파라미터로 허용한다는 의미이다.

```
class Box<T extends Donut & Cookie> {}   // Donut과 Cookies로 클래스 제한
```

[예제 8-10]은 제한된 제네릭을 사용하여 도넛의 가격을 출력하는 코드이다.

예제 8-10 제한된 제네릭 사용하기 LimitedGenericsExample.java

```
package sec02.exam10;

class Donut {
    int price;

```

```java
    public Donut(int price) {
        this.price = price;
    }

    public int getPrice() {
        return this.price;
    }
}

class ChocoDonut extends Donut {
    public ChocoDonut(int price) {
        super(price);
    }
}

class Box<T extends Donut> {          // Donut 클래스와 그 자식 클래스로 제한
    private T item;

    public void setItem(T item) {
        this.item = item;
    }

    public void printPrice() {
        System.out.println("도넛의 가격: " + item.getPrice() + "원");
    }
}

public class LimitedGenericsExample {
    public static void main(String[] args) {
        ChocoDonut chocoDonut = new ChocoDonut(2500);

        Box<ChocoDonut> myBox1 = new Box<>();
        myBox1.setItem(chocoDonut);
        System.out.println("초코 도넛이 박스에 담겼습니다.");
        myBox1.printPrice();
    }
}
```

```
초코 도넛이 박스에 담겼습니다.
도넛의 가격: 2500원
```

[예제 8-10]의 21행 Box<T extends Donut>은 T에 Donut 클래스 또는 Donut을 상속받은 하위 클래스만 올 수 있도록 제한한다. 따라서 Donut과 관련 없는 String과 같은 타입을 지정하려고 시도하면 오류가 발생한다.

3. 와일드카드

와일드카드wildcard는 제네릭 타입에 <?> 기호를 사용하여 알 수 없는 타입을 표현하는 방식이다. 타입 파라미터가 구체적으로 어떤 타입인지 모르거나 다양한 타입의 제네릭 객체를 다뤄야 할 때 와일드카드를 사용한다. 와일드카드는 특히 메서드의 매개변수로 제네릭 객체를 받을 때 유용하다. 예를 들어, 다양한 종류의 도넛 상자를 인쇄하는 메서드를 정의한다고 가정하자. 이 메서드는 초콜릿 도넛 상자(Box<ChocoDonut>)나 레몬 도넛 상자(Box<LemonDonut>)를 포함한 모든 도넛 상자를 처리할 수 있어야 한다. 이때, 매개변수의 타입을 특정 도넛으로 지정하면 해당 타입의 상자만 받을 수 있으므로, 모든 종류의 상자를 처리하기 위해 여러 개의 오버로딩된 메서드를 만들어야 하는 번거로움이 생긴다.

이러한 상황에서, 와일드카드를 사용하면 하나의 메서드로 모든 종류의 제네릭 상자를 처리할 수 있다. 다음은 와일드카드를 사용하여 도넛 상자를 인쇄하는 printBox() 메서드를 정의한 코드이다.

```
public void printBox(Box<?> box) {               // 와일드카드로 다양한 상자 처리
    System.out.println("상자에 담긴 도넛: " + box.getItem());
}
```

printBox() 메서드는 Box<?>를 매개변수로 받는다. 여기서 <?>는 '타입에 제한이 없다'는 의미이기 때문에 이 메서드는 Box<ChocoDonut>, Box<LemonDonut> 등 어떤 타입이 지정된 Box 객체라도 받을 수 있다. 이러한 와일드카드는 크게 세 가지 형태로 사용된다.

- **제한 없는 와일드카드(<?>)**: <?>는 <? extends Object>와 동일하며, 타입 파라미터에 어떤 클래스든 올 수 있도록 허용한다. 앞에서 살펴본 printBox() 예시처럼 컬렉션이나 객체에서 데이터를 단순히 읽기만 할 때 사용한다.
- **상한 경계**upper bounded **와일드카드(<? extends T>)**: T와 T의 자손 클래스만 타입 파라미터로 올 수 있도록 상한을 제한한다. 따라서 Box<? extends Donut>은 Donut 클래스 또는 Donut의 자식 클래스(예 ChocoDonut, LemonDonut)만 허용한다. 이는 객체를 안전하게 읽을 때 사용한다. 예를 들어 도넛 상자에서 도넛을 꺼내 가격을 합산하는 메서드를 만들 때, Donut 타입의 getPrice() 메서드를 호출해야 하므로 <? extends Donut>을 사용하면 안전하게 메서드를 호출할 수 있다.

- **하한 경계**lower bounded **와일드카드(<? super T>)**: T와 T의 조상 클래스만 타입 파라미터로 올 수 있도록 하한을 제한한다. Box<? super ChocoDonut>은 ChocoDonut, Donut, Object만 타입 파라미터로 허용한다. 주로 객체를 안전하게 저장할 때 사용한다. 예를 들어 Box<? super ChocoDonut>은 ChocoDonut 타입의 객체를 저장할 수 있는 상자를 의미한다. 이 상자는 Donut 타입의 상자일 수도 있고, Object 타입의 상자일 수도 있다. 어떤 상자든 ChocoDonut 객체를 저장하는 데에는 문제가 없으므로 안전하게 사용할 수 있다.

[예제 8-11]은 와일드카드를 사용하여 다양한 도넛 박스의 정보를 출력하는 코드이다.

예제 8-11 와일드카드 사용하기 WildcardExample.java

```java
package sec02.exam11;

class Donut {
    String name;

    public Donut(String name) {
        this.name = name;
    }

    public String toString() {
        return name;
    }
}

class ChocoDonut extends Donut {
    public ChocoDonut(String name) {
        super(name);
    }
}

class Box<T> {
    private T item;

    public void setItem(T item) {
        this.item = item;
    }

    public T getItem() {
        return item;
    }
```

```
31  }
32
33  public class WildcardExample {
34      public static void printBox(Box<?> box) {   // 와일드카드로 다양한 상자 처리
35          System.out.println("상자에 담긴 도넛: " + box.getItem());
36      }
37
38      public static void main(String[] args) {
39          Box<Donut> myBox = new Box<>();
40          myBox.setItem(new Donut("기본 도넛"));
41          printBox(myBox);                        // 기본 도넛 박스 정보 출력
42
43          Box<ChocoDonut> chocoBox = new Box<>();
44          chocoBox.setItem(new ChocoDonut("초코 도넛"));
45          printBox(chocoBox);                     // 초코 도넛 박스 정보 출력
46      }
47  }
```

```
상자에 담긴 도넛: 기본 도넛
상자에 담긴 도넛: 초코 도넛
```

34행의 printBox() 메서드는 와일드카드를 사용한 Box<?> 매개변수를 이용해 다양한 종류의 도넛 박스를 받을 수 있다. 따라서 41행에서 printBox()를 호출하여 기본 도넛 박스 정보를 출력하고, 45행에서 printBox()를 호출하여 초코 도넛 박스 정보를 출력한다. 이처럼 와일드카드를 사용하면, 코드의 유연성을 높여 다양한 타입의 제네릭 객체를 하나의 메서드로 처리할 수 있다.

4. 제네릭 타입의 형 변환

일반 클래스에서 상속 관계에 있는 두 클래스 간에 형 변환이 가능한 것처럼, 제네릭 타입에서도 형 변환이 필요할 때가 있다. 하지만 제네릭의 형 변환은 일반적인 형 변환과 조금 다르며, 몇 가지 중요한 규칙을 따른다.

가장 먼저 알아야 할 것은 제네릭 타입이 다르면 상속 관계가 성립하지 않는다는 점이다. 예를 들어, ChocoDonut이 Donut 클래스를 상속받는다고 하더라도, Box<ChocoDonut>은 Box<Donut>의 자손이 아니다. 따라서 Box<ChocoDonut> 객체를 Box<Donut> 타입의 변수에 직접 할당하면 오류가 발생한다.

오류 코드

```
Box<ChocoDonut> chocoBox = new Box<>();
Box<Donut> donutBox = (Box<Donut>) chocoBox;          // 직접 상속 관계 아님, 오류!
```

이는 컴파일러가 제네릭 타입을 다루는 방식 때문에 그렇다. 만약 Box<ChocoDonut>을 Box<Donut>으로 형 변환하는 것이 허용된다면, Box<Donut> 변수에 LemonDonut을 넣을 수 있게 되어 결국 타입 안정성이 깨지게 된다. 타입 안정성을 유지하기 위한 제네릭 타입의 형 변환 규칙을 살펴보자.

- **제네릭 타입이 서로 다르면 형 변환을 할 수 없다.**

Box<ChocoDonut>과 Box<LemonDonut>처럼, 타입 파라미터가 다르면 서로 형 변환할 수 없다. 이는 Box<Donut>과 Box<ChocoDonut> 사이에도 동일하게 적용된다.

- **와일드카드를 사용하면 형 변환을 할 수 있다.**

제네릭 객체를 매개변수로 받는 메서드에서 와일드카드를 사용하면, 다른 제네릭 타입을 매개변수로 받을 수 있다. 예를 들어, Box<? extends Donut> 타입의 매개변수를 받는 메서드는 Box<ChocoDonut>이나 Box<LemonDonut> 객체를 인자로 받을 수 있다. 이는 와일드카드가 다양한 타입을 포괄하는 역할을 하기 때문이다.

- **제네릭 타입의 객체를 Object 타입으로 형 변환할 수 있다.**

모든 클래스의 최상위 클래스는 Object이므로, Box<ChocoDonut> 객체는 Object 타입으로 형 변환할 수 있다. 하지만 이렇게 형 변환하면 제네릭의 장점인 타입 안정성을 잃게 된다.

```
Box<ChocoDonut> chocoBox = new Box<>();
Object obj = chocoBox;                       // 가능
```

- **제네릭 타입을 명시하지 않은 원시 타입으로는 형 변환을 할 수 있다.**

단, 원시 타입raw type으로 형 변환하면 Box<ChocoDonut> 객체에 LemonDonut을 저장하는 것과 같은 타입 안전성 위반을 막을 수 없다. 따라서 원시 타입은 가급적 사용하지 않는 것을 권장한다.

```
Box<ChocoDonut> chocoBox = new Box<>();
Box rawBox = chocoBox;                       // 가능하지만, 경고 메시지가 나타날 수 있음
```

정리하자면, 제네릭 타입은 타입 안전성을 위해 일반적인 상속 관계의 형 변환을 허용하지 않는다. 대신, 와일드카드를 사용하여 다양한 제네릭 타입을 다룰 수 있는 유연성을 제공한다. 제네릭 타입의 형 변환은 꼭 필요한 경우에만 신중하게 사용해야 하며, 대부분의 경우 와일드카드를 사용하는 것이 더 안전하다.

2 람다 표현식

1. 익명 클래스의 이해

람다 표현식이 등장하기 전에는 익명 클래스anonymous class를 통해 인터페이스와 추상 클래스를 구현하였다. 익명 클래스는 이름이 없는 클래스를 즉석에서 정의하여 객체를 생성하는 방식으로, 별도의 클래스 파일을 만들지 않고도 특정 인터페이스의 메서드를 구현하거나 추상 클래스의 추상 메서드를 정의할 수 있다. 이 방식은 특정 기능을 한 번만 사용할 때 유용하다.

다음 코드의 new Makeable() { ... } 부분이 바로 익명 클래스이다. 도넛을 만드는 기능을 가진 Makeable 인터페이스를 구현하는 새로운 클래스를 따로 만들지 않고, 그 자리에서 makeDonut 메서드를 재정의하여 사용한다.

```
public class DonutShop {

    interface Makeable {                              // 함수형 인터페이스
        void makeDonut(String donutType);
    }

    public static void main(String[] args) {
        Makeable donutMaker = new Makeable() {        // 익명 클래스
            @Override
            public void makeDonut(String donutType) {
                System.out.println(donutType + " 도넛을 만들고 있습니다.");
            }
        };
        donutMaker.makeDonut("초코");
    }
}
```

익명 클래스의 장점은 특정 로직을 해당 코드가 사용되는 곳에 직접 정의할 수 있어 코드가 한 곳에 모이므로 가독성이 좋아지고, 재사용할 필요가 없는 간단한 기능을 위해 별도의 클래스 파일

을 만들지 않아도 된다는 것이다. 그러나 이름이 없기 때문에 동일한 기능을 다른 곳에서 재사용하기 어렵고, 문법이 복잡하여 코드가 장황해지기 때문에 디버깅이 어렵다는 단점이 있다.

2. 람다 표현식의 이해

자바의 익명 함수anonymous function는 이름이 없는 함수로, 함수를 정의함과 동시에 사용하는 **일회성 함수**를 의미한다. 주로 인터페이스나 추상 클래스를 구현할 때 사용된다.

람다 표현식lambda expression은 Java 8에서 도입된 기능으로, 익명 함수를 사용하여 코드를 간결하게 표현하는 방식이다. 람다 표현식을 사용하면 함수형 프로그래밍을 자바에서 사용할 수 있다. 람다 표현식은 주로 하나의 추상 메서드만 가진 함수형 인터페이스를 구현할 때 활용된다. 람다 표현식은 다음과 같은 형식으로 작성된다.

```
(매개변수 리스트) -> { 표현식 또는 코드 블록 };
```

여기서 매개변수 리스트는 함수에 전달되는 입력값을 정의하는 부분이며, 화살표 연산자(->)는 람다 표현식에서 매개변수와 코드 블록을 구분하는 역할을 한다. 표현식 또는 코드 블록은 람다 표현식이 수행할 실제 코드를 정의한다. 이 기본 형식을 바탕으로 람다 표현식을 작성하는 다양한 형식을 살펴보자. 먼저, 매개변수가 없는 경우에는 다음과 같이 작성한다.

```
() -> System.out.println("도넛 만들기를 시작합니다!");
```

매개변수가 하나라면 소괄호를 생략할 수 있다.

```
donutType -> System.out.println(donutType + " 도넛을 만들고 있습니다.");
```

매개변수가 두 개 이상이면 쉼표로 구분하여 나열한다.

```
(donutType, price) -> System.out.println(donutType + " 도넛 가격: " + price + "원");
```

반환값이 있고, 람다 표현식이 한 줄의 코드일 경우에는 중괄호와 return 키워드를 생략할 수 있다.

```
(price) -> price * 0.9;
```

반환값이 있고, 코드가 여러 줄인 경우에는 중괄호와 return을 사용해야 한다.

```
(price) -> {
    int discountPrice = (int)(price * 0.9);
    System.out.println("10% 할인된 가격: " + discountPrice);
    return discountPrice;
};
```

[표 8-9]는 람다 표현식에서 매개변수를 지정하는 방법을 정리한 것이다.

표 8-9 람다식의 매개변수 지정 방법

표현 형식	설명
() => {}	매개변수가 없다면 소괄호만 작성한다.
x => {}	매개변수가 1개이면 소괄호를 생략할 수 있다.
(x, y) => {}	매개변수가 2개 이상이면 함수와 동일하게 쉼표로 나열한다.

람다 표현식은 주로 함수형 인터페이스와 함께 사용되므로, 익명 클래스를 사용했던 Makeable 인터페이스를 람다 표현식으로 바꾸면 다음과 같다.

```
public class DonutShop {

    interface Makeable {                                // 함수형 인터페이스
        void makeDonut(String donutType);
    }

    public static void main(String[] args) {
        Makeable donutMaker = (donutType) -> {          // 람다 표현식
            System.out.println(donutType + " 도넛을 만들고 있습니다.");
        };
        donutMaker.makeDonut("초코");
    }
}
```

기존 방식에서는 new Makeable()을 사용해 익명 클래스를 만들고 makeDonut 메서드를 오버라이드해야 했지만, 람다 표현식은 불필요한 코드를 모두 제거하고 메서드의 핵심 로직만 남겨두었다. 이처럼 람다 표현식을 사용하면 코드가 훨씬 간결해진다. 주의해야 할 것은 람다 표현식 안의 여러 명령어는 중괄호를 사용하여 하나로 묶어 놓은 것이기 때문에 마지막 중괄호 다음에는 세미콜론(;)을 작성해야 한다.

미니 프로젝트 맛집 평점 관리 시스템

이번 프로젝트의 주제는 '맛집 평점 관리 시스템'이다. 이 프로그램은 맛집의 이름을 Key로, 해당 맛집의 평점을 Value로 저장하여 관리하며, 평점의 만점은 5.0점이다. 데이터를 저장하기 위해 HashMap을 활용하고, 최종적으로는 전체 맛집 목록과 함께 평점 기준의 랭킹 순위를 출력할 수 있도록 구성한다. 다음의 실행 결과와 조건에 맞게 프로그램을 작성해보자.

```
[맛집 평점 관리 시스템]
----------------------------------------
1. 맛집 등록 (이름, 평점)
2. 맛집 전체 목록 및 평점 보기
3. 최고 평점 맛집 보기
4. 종료
----------------------------------------
메뉴를 선택하세요 (1-4): 1
맛집 이름을 입력하세요: 라멘짱
평점을 입력하세요 (0.0~5.0): 4.5
'라멘짱' (4.5점) 등록 완료!

----------------------------------------
1. 맛집 등록 (이름, 평점)
2. 맛집 전체 목록 및 평점 보기
3. 최고 평점 맛집 보기
4. 종료
----------------------------------------
메뉴를 선택하세요 (1-4): 1
맛집 이름을 입력하세요: 파스타리아
평점을 입력하세요 (0.0~5.0): 4.8
'파스타리아' (4.8점) 등록 완료!

----------------------------------------
1. 맛집 등록 (이름, 평점)
2. 맛집 전체 목록 및 평점 보기
3. 최고 평점 맛집 보기
```

```
4. 종료
----------------------------------------
메뉴를 선택하세요 (1-4): 2
[등록된 전체 맛집 목록]
----------------------------------------
1. 파스타리아 (4.8점)
2. 라멘짱 (4.5점)
----------------------------------------
```

조건

- java.util.HashMap을 메인 데이터 저장소로 사용하며, 맛집 이름(String, Key)과 평점(Double, Value)을 저장한다. 또한 HashMap<String, Double>을 전역 변수로 선언한다.
- 사용자 입력을 처리하기 위해 Scanner를 사용하며, 사용자의 입력에 따라 switch 또는 if-else 구문으로 기능을 분기한다.
- 최고 평점 맛집을 찾기 위해 Map의 entrySet()을 사용하여 데이터를 탐색한다.

[코드 구조 설명]

- RestaurantRanker 클래스에서는 정적 멤버 변수를 선언한다. restaurantMap(HashMap)은 프로그램 전체에서 공유되는 중앙 데이터 저장소이며, 맛집의 이름을 Key(String)으로, 평점을 Value(Double)로 저장하는 HashMap을 사용한다.
- main 메서드는 시작 메시지를 출력한 후, do-while 반복문을 사용하여 프로그램의 메인 루프를 시작한다. 반복문 내에서 displayMenu() 메서드를 호출하여 사용자에게 선택 가능한 메뉴 목록을 보여주고, 사용자의 입력을 받아 choice 변수에 저장한다.
- switch 문을 사용하여 choice 값에 따라 addRestaurant(), showAllRestaurants(), showBestRestaurant() 중 해당 기능을 수행하는 메서드를 호출한다. 사용자가 '4. 종료'를 선택할 때까지 이 루프가 반복되며, do-while 조건인 (choice != 4)를 만족하면 프로그램을 종료한다.

- addRestaurant()은 사용자로부터 이름과 평점을 입력받으며, restaurantMap.put(name, score)를 호출하여 HashMap에 데이터를 저장한다. 이미 같은 이름의 맛집이 있다면, 이 메서드는 기존의 평점을 자동으로 새로운 값으로 덮어쓴다.

- showAllRestaurants()는 restaurantMap.isEmpty()를 통해 데이터 존재 여부를 확인한다. for (Map.Entry<String, Double> entry : restaurantMap.entrySet()) 구문을 사용하여 HashMap의 모든 Key-Value 쌍을 순회한다.

- showBestRestaurant()은 최대 평점을 저장할 maxScore 변수(double)와 해당 맛집 이름을 저장할 bestName 변수(String)를 초기화하며, for 문을 사용하여 restaurantMap의 모든 요소를 순회하며 평점을 비교한다. 현재 순회 중인 평점(entry.getValue())이 maxScore보다 높으면, maxScore와 bestName을 새로운 값으로 즉시 갱신한다. 순회가 완료되면 최종적으로 가장 높은 평점과 해당 맛집 이름을 출력한다.

요약

01 컬렉션 프레임워크는 데이터를 저장하고 처리하는 다양한 자료구조의 집합체이며, 제네릭을 사용하여 구현한다. 제네릭은 클래스나 메서드를 정의할 때 타입을 미리 지정하지 않고, 실제로 사용할 때 타입을 명시한다. 제네릭 클래스 선언은 클래스 이름 옆에 꺾쇠괄호(<>)를 사용하여 타입 파라미터를 명시하며, 제네릭에는 객체만 저장할 수 있다.

02 컬렉션 프레임워크는 크게 `List`, `Set`, `Map` 세 가지 핵심 인터페이스로 구분되며, `List`는 순서가 있는 데이터 집합으로, 중복된 데이터를 허용한다. `Set`은 순서를 보장하지 않으며, 중복을 허용하지 않는 데이터 집합이다. `Map`은 키(Key)와 값(`Value`)으로 구성된 데이터를 쌍으로 저장한다.

03 `List`는 크기를 미리 정하지 않아도 되며, 요소를 동적으로 추가하거나 삭제할 수 있다. 또한 중복된 값을 허용하며, 저장된 데이터에 대하여 인덱스를 이용하여 순서대로 접근할 수 있다. `List` 컬렉션에 속하는 대표적인 클래스로 `ArrayList`, `Vector`, `LinkedList`가 있다. `ArrayList`는 가장 많이 사용되는 컬렉션 클래스 중 하나이며, `Vector`는 스레드 안전을 보장하는 대신에 느리다. `LinkedList`는 데이터를 노드라는 단위로 저장하고, 노드들이 양방향 연결 리스트 형태로 서로 연결되기 때문에 중간에 데이터를 삽입하거나 삭제하는 성능이 뛰어나다.

04 `Set`은 순서 없이 요소를 저장하기 때문에 중복 값을 허용하지 않으며, 추가한 순서와 출력 순서가 일치하지 않는다. 또한 인덱스가 없기 때문에 특정 위치의 요소를 직접 가져올 수 없다. `HashSet`은 자바에서 가장 대표적인 `Set` 구현 클래스로 내부적으로 해시 테이블을 사용하여 데이터를 저장하기 때문에 검색, 추가, 삭제 속도가 빠르다. `HashSet`과 같은 해시 기반 컬렉션에서는 `equals()`와 `hashCode()`를 올바르게 오버라이드하지 않으면 같은 객체를 찾지 못하거나 중복된 값이 추가될 수 있다.

05 `Map` 컬렉션은 키와 값의 쌍으로 데이터를 저장하는 자료구조이다. 키는 유일해야 하고, 값은 중복될 수 있으며, 저장 순서를 유지하지 않는다. `Map` 컬렉션을 구현하는 클래스에는 해시 테이블을 사용하여 저장하는 `HashMap`, 해시 테이블 구조를 사용하지만 멀티스레드에 안전한 `Hashtable`, 키를 기준으로 오름차순으로 정렬하는 `TreeMap`이 있다. `HashMap`은 하나의 키에 하나의 값만 연결할 수 있으며 새로운 데이터의 `Key`가 기존의 `Key`와 같으면 새로운 `Value` 값으로 덮어쓴다.

06 Iterator(반복자)는 컬렉션 내부 구조에 관계없이 데이터에 순차적으로 접근할 수 있는 객체이며, 모든 컬렉션에서 사용할 수 있다. 주로 데이터를 앞에서 뒤로 순차적으로 꺼내서 처리할 때 사용한다. ListIterator는 List 계열의 컬렉션에서만 사용할 수 있으며, 양방향 반복을 지원하고, 요소의 추가 및 수정도 가능하다.

07 [심화] 제네릭 메서드는 일반 클래스에 속한 메서드를 유연한 형태로 만들 때 사용하며, 선언 방법은 반환 타입 앞에 <T>와 같이 타입 파라미터를 명시한다. 제한된 제네릭 타입은 extends 키워드를 사용하여 구현하며, 특정 클래스를 상속받거나 인터페이스를 구현한 클래스만 타입 파라미터로 사용할 수 있도록 강제하는 방식이다. 와일드카드는 제네릭 타입에 <?> 기호를 사용하여 알 수 없는 타입을 표현하는 방식이다.

08 [심화] 익명 함수는 정의함과 동시에 사용하는 일회성 함수를 의미하며, 별도의 클래스 파일을 만들지 않고도 특정 인터페이스의 메서드를 구현하거나 추상 클래스의 추상 메서드를 정의할 수 있게 한다.

09 [심화] 람다 표현식은 익명 함수를 간결하게 표현하는 방식이다. 화살표 연산자(->)는 람다 표현식에서 매개변수와 코드 블록을 구분하는 역할을 하며, 코드 블록에서 한 줄의 표현식일 경우 중괄호와 return 문을 생략할 수 있다.

연습문제

01 클래스나 메서드를 정의할 때 타입을 미리 지정하지 않고, 실제 사용할 때 명시하는 방법을 찾으시오.

① 제네릭　　② 익명 함수　　③ 람다 표현식　　④ 컬렉션

02 제네릭에서 자료의 타입을 표시할 때 사용하는 기호를 찾으시오.

① 중괄호({})　　② 괄호(())　　③ 꺽쇠 괄호(<>)　　④ 화살표(->)

03 다음 중 올바른 제네릭 클래스 선언을 찾으시오.

① class <T>Box {}　　② <T> class Box {}　　③ class Box {}　　④ class Box<T> {}

04 제네릭 클래스에서 사용하는 주요 파라미터 중 Map 컬렉션의 값을 나타내는 대문자를 찾으시오.

① <V>　　② <T>　　③ <K>　　④ <E>

05 제네릭에 사용하는 주요 타입 파라미터 중 와일드카드를 나타내는 것을 찾으시오.

① <?>　　② <T>　　③ <!>　　④ <E>

06 제네릭 객체 선언에서 오류가 발생하는 것을 찾으시오.

① Box<int> b1 = new Box<>();

② Box<Donut> b1 = new Box<>();

③ Box<String> b1 = new Box<String>();

④ Box<String> b1 = new Box<>();

07 다음 중 나머지 3개와 종류가 다른 것을 찾으시오.

① List ② Set ③ Array ④ Map

08 순서가 있는 데이터 집합으로 중복된 데이터를 허용하며 크기를 늘리거나 줄일 수 있으며, 데이터가 삽입된 순서나 인덱스를 통해 접근 가능한 컬렉션을 찾으시오.

① List ② Set ③ Array ④ Map

09 순서를 보장하지 않으며, 중복을 허용하지 않는 데이터 집합으로 고유성을 보장할 때 사용하는 컬렉션을 찾으시오.

① List ② Set ③ Array ④ Map

10 다음 중 나머지와 속한 컬렉션이 다른 메서드를 찾으시오.

① ArrayList ② LinkedHashSet ③ Vector ④ LinkedList

11 다음 중 나머지와 속한 컬렉션이 다른 메서드를 찾으시오.

① Hashtable ② LinkedHashSet ③ HashSet ④ TreeSet

12 List 컬렉션의 클래스 중 배열을 사용하며, 단일 작업 환경에서 사용이 권장되는 클래스를 찾으시오.

① ArrayList ② LinkedHashSet ③ Vector ④ LinkedList

13 ArrayList에서 size()의 값이 6일 때 오류 없이 사용할 수 있는 코드를 찾으시오.

① add(6, "기본 도넛"); ② add(7, "기본 도넛");
③ add(8, "기본 도넛"); ④ add(9, "기본 도넛");

14 ArrayList의 메서드 중 반환형이 boolean이 아닌 것을 찾으시오.

① add(E element)　　② contains(Object obj)

③ remove(Object obj)　　④ get(int index)

15 ArrayList의 메서드 중 요소를 맨 뒤에 추가하는 메서드를 찾으시오.

① add(E element)　　② contains(Object obj)

③ remove(Object obj)　　④ get(int index)

16 ArrayList에서 사용할 수 없고 Vector에서만 사용할 수 있는 메서드를 찾으시오.

① contains(Object obj)　　② capacity()

③ remove(Object obj)　　④ get(int index)

17 ArrayListd와 LinkedList에서 둘 다 사용할 수 있는 메서드를 찾으시오.

① peek()　　② poll()　　③ remove()　　④ offer()

18 LinkedList의 메서드 중 큐의 첫 번째 요소를 조회하는 메서드를 찾으시오.

① peek()　　② poll()　　③ contains()　　④ offer()

19 Set 컬렉션에서 사용할 수 없는 메서드를 찾으시오.

① removeLast()　　② add()　　③ size()　　④ isEmpty()

20 HashSet을 사용할 때 사용자가 직접 만든 클래스에서 equals()와 함께 오버라이드해야 하는 메서드를 찾으시오.

① equal()　　② hashCode()　　③ iterator()　　④ isEmpty()

21 Map 컬렉션의 메서드 중 모든 키(Key)를 Set 컬렉션에 담아서 반환하는 메서드를 찾으시오.

① KeySet() ② values() ③ get() ④ entrySet()

22 Map 컬렉션에서 모든 키(Key)와 값(Value)의 쌍을 Map.Entry 객체로 담아 Set 형태로 반환하는 메서드를 찾으시오.

① KeySet() ② values() ③ get() ④ entrySet()

23 Map 컬렉션에 속한 클래스 중 멀티스레드에 안전한 클래스를 찾으시오.

① Hashtable ② TreeMap ③ HashSet ④ Vector

24 Iterator에는 없고 ListIterator에만 있는 메서드를 찾으시오.

① hasNext() ② next() ③ remove() ④ previous()

25 Iterator에서 순회할 다음 요소가 있는지 확인하는 메서드를 찾으시오.

① hasNext() ② next() ③ remove() ④ previous()

26 Iterator에서 다음 요소를 반환하고, 다음 위치로 이동하는 메서드를 찾으시오.

① hasNext() ② next() ③ remove() ④ previous()

27 심화 제한된 제네릭 타입을 구현할 때 사용하는 예약어를 찾으시오.

① interface ② abstract ③ extends ④ Object

28 심화 람다 표현식에서 매개변수와 코드 블록을 구분하는 역할을 하는 기호를 찾으시오.

① 중괄호({ }) ② 괄호(( )) ③ 꺽쇠 괄호(<>) ④ 화살표(->)

29 제네릭 클래스 Box를 선언하는 코드이다. 빈칸을 채우시오.

```
class [          ] {
    private T item;

    public Box([          ]) {
        this.item = item;
    }
}
```

30 제네릭 클래스 Box를 선언하는 코드이다. 빈칸을 채우시오.

```
class Box<T> {
    private T item;

    public Box(T item) {
        this.item = item;
    }

    [          ] getItem() {
        return this.item;
    }

    public void setItem([          ]) {
        this.item = item;
    }
}
```

31 다음은 LinkedList를 이용하는 코드이다. 실행 결과를 참고하여 빈칸을 채우시오.

```
도넛 추가 후:
기본 도넛
초코 도넛
딸기 도넛
크림 도넛
생딸기 도넛
```

```
import java.util.LinkedList;

public class LinkedListExample {
    public static void main(String[] args) {
        [                              ];

        orders.add("초코 도넛");
        orders.add("딸기 도넛");
        orders.add("크림 도넛");
        orders.addFirst("기본 도넛");
        [                ]("생딸기 도넛");

        System.out.println("도넛 추가 후:");
        for ([                     ]) {
            System.out.println(donut);
        }
    }
}
```

32 다음은 equals()와 hashCode()를 오버라이딩하는 코드이다. 빈칸을 채우시오.

```
@Override
public boolean equals(Object obj) {
    if (this == obj) return true;
    if (!(obj instanceof Donut)) return false;
    Donut donut = (Donut) obj;
    return name.equals(donut.name);
}

@Override
public int hashCode() {
    return [          ];
}
```

33 다음 코드의 출력값을 순서에 상관없이 모두 작성하시오.

```
import java.util.HashMap;

public class HashMapExample {
    public static void main(String[] args) {
        HashMap<String, Integer> hm = new HashMap<>();

        hm.put("초코 도넛", 2500);
        hm.put("딸기 도넛", 2700);
        hm.put("크림 도넛", 2500);
        hm.put("초코 도넛", 2700);

        for (String name : hm.keySet()) {
            System.out.println(name + ": " + hm.get(name) + "원");
        }
    }
}
```

34 Iterator를 사용하여 순차적으로 출력하는 코드이다. 실행 결과를 참고하여 빈칸을 채우시오.

```
주문 도넛: 초코 도넛
주문 도넛: 딸기 도넛
주문 도넛: 크림 도넛
```

```
import java.util.ArrayList;
import java.util.Iterator;

public class IteratorExample {
    public static void main(String[] args) {
        ArrayList<String> orders = new ArrayList<>();
        orders.add("초코 도넛");
        orders.add("딸기 도넛");
        orders.add("크림 도넛");

        Iterator<String> [          ];

        while (it.[          ]) {
            String donut = [          ];
            System.out.println("주문 도넛: " + donut);
        }
    }
}
```

35 카페에서 주문한 음료와 수량을 저장하고, 총 주문 내역을 출력하는 프로그램을 작성하시오.

```
아메리카노: 2잔
카페라떼: 1잔
에스프레소: 3잔
```

36 다음 코드의 출력값을 순서대로 모두 작성하시오.

```
import java.util.ArrayList;
import java.util.ListIterator;

public class ListIteratorExample {
    public static void main(String[] args) {
        ArrayList<String> orders = new ArrayList<>();
        orders.add("초코 도넛");
        orders.add("딸기 도넛");
        orders.add("크림 도넛");

        ListIterator<String> listIt = orders.listIterator();

        while (listIt.hasPrevious()) {
            System.out.println(listIt.previous());
        }
    }
}
```

37 학생의 이름을 입력받아 중복 없이 저장하고, 오름차순으로 정렬하여 출력하는 프로그램을 작성하시오.

```
학생 명단: [김민수, 박지영, 이승훈, 최유리]
```

38 사용자가 방문한 웹사이트 주소를 최근 순서대로 출력하는 프로그램을 작성하시오.

```
최근 방문: naver.com → google.com → youtube.com
```

39 장바구니에 담긴 상품과 가격을 저장하고, 총 합계를 출력하는 프로그램을 작성하시오.

```
장바구니: 사과(1000), 바나나(2000), 딸기(3000)
총합: 6000원
```

40 입력한 단어들을 역순으로 출력하는 프로그램을 작성하시오.

```
최근 단어: [orange, banana, apple]
```

41 도서관에서 대출한 책을 저장하고, 대출 순서대로 출력하는 프로그램을 작성하시오.

```
대출 목록: [Java, Python, C++]
```

42 <"홍길동", 90>, <"김철수", 80>, <"이영희", 85>를 저장하고 평균 점수를 출력하는 프로그램을 작성하시오.

```
평균 점수: 85.0
```

43 String[] sales = {"셔츠", "신발", "바지", "신발", "셔츠", "신발"}에 대하여 상품이 몇 개 팔렸는지 집계하여 출력하는 프로그램을 작성하시오.

```
셔츠: 2개
바지: 1개
신발: 3개
```

44 버스 정류장을 순서대로 저장하고, 역순으로 출력하는 프로그램을 작성하시오.

```
역순 경로: [종점, 시청, 강남, 출발]
```

45 [심화] 다음은 람다 표현식이다. 빈칸을 채우시오.

```
public class DonutShop {

    interface Makeable {
        void makeDonut(String donutType);
    }

    public static void main(String[] args) {
        Makeable donutMaker = [          ] {
            System.out.println(donutType + " 도넛을 만들고 있습니다.");
        };
        donutMaker.makeDonut("초코");
    }
}
```

46 심화 다음은 제네릭 메서드를 사용하여 다양한 타입을 출력하는 코드이다. 빈칸을 채우시오.

```
class Box<T> {
    private T item;


    public T getItem() {
        return this.item;
    }

    public void setItem(T item) {
        this.item = item;
    }
}

public class GenericsMethodExample {
    public static [                    ] {
        System.out.println("아이템: " + item);
    }

    public static void main(String[] args) {
        Box<String> nameBox = new Box<>();
        nameBox.setItem("초코 도넛");

        printItem([           ]);
        printItem(2500);
    }
}
```

PART 03

자바 심화 문법

CONTENTS

CHAPTER 09

입출력 스트림

학습 목표

- 입출력 스트림의 개념을 이해하고, 입출력 클래스가 제공하는 공통 메서드의 특징을 살펴본다.
- 파일 입출력의 특징을 알아보고, 문자 및 바이트 입출력 방법을 학습한다.
- 입출력 성능을 향상하는 중간 스트림의 종류를 살펴보고, 사용 방법을 익힌다.

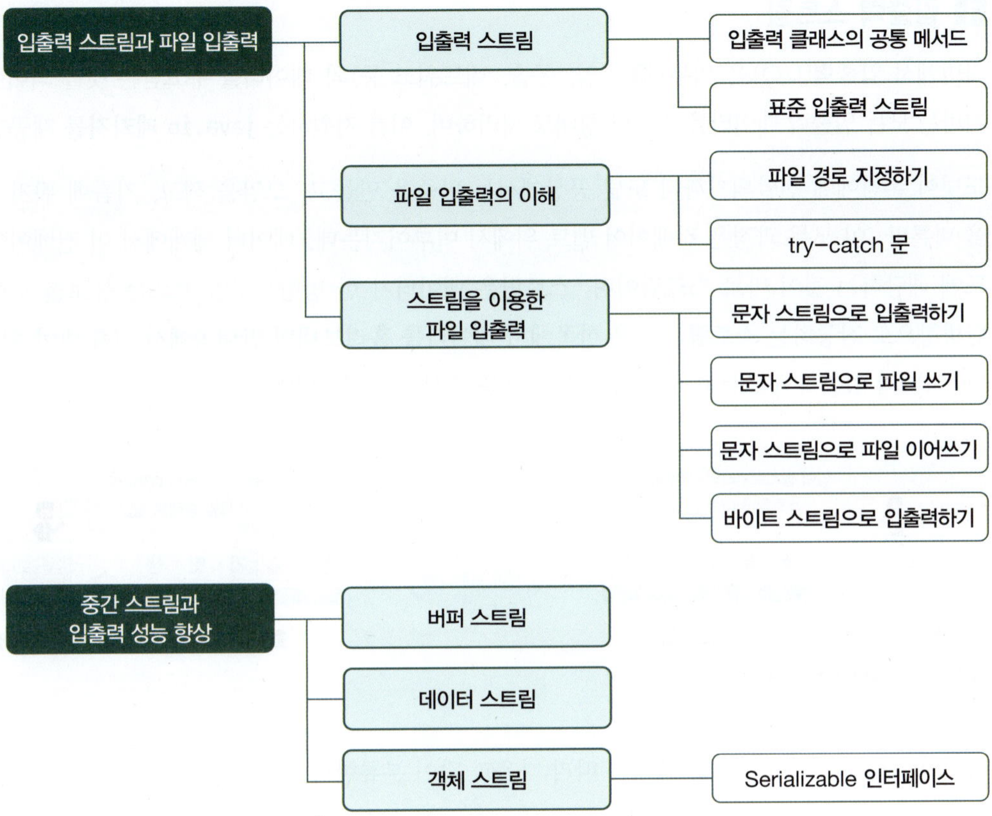
입출력 스트림과 파일 입출력
입출력 스트림
입출력 클래스의 공통 메서드
표준 입출력 스트림
파일 입출력의 이해
파일 경로 지정하기
try-catch 문
스트림을 이용한 파일 입출력
문자 스트림으로 입출력하기
문자 스트림으로 파일 쓰기
문자 스트림으로 파일 이어쓰기
바이트 스트림으로 입출력하기
중간 스트림과 입출력 성능 향상
버퍼 스트림
데이터 스트림
객체 스트림
Serializable 인터페이스

SECTION 01 입출력 스트림과 파일 입출력

1 입출력 스트림

자바에서 **입출력**(I/O)은 외부(예 파일, 콘솔, 네트워크 등)와 데이터를 주고받는 것을 의미한다. 자바는 모든 입출력 데이터를 스트림 형태로 처리하며, 이를 지원하는 **`java.io` 패키지**를 제공한다.

도넛이 손님에게 전달되기까지 도넛 공장에서는 반죽을 만들고, 모양을 찍고, 기름에 튀겨 시럽을 바른다. 이 모든 과정은 컨베이어 벨트 위에서 이루어지는데, 데이터 세계에서 이 컨베이어 벨트에 해당하는 것이 바로 스트림이며, 스트림은 데이터가 한 방향으로만 흐르는 통로를 뜻한다. 단방향으로 작동하는 **스트림**stream은 **한쪽에서 데이터를 흘려보내면 반대쪽에서 이를 받아 처리한다**. 자바의 입출력 구조는 이러한 스트림 개념을 중심으로 설계되었다.

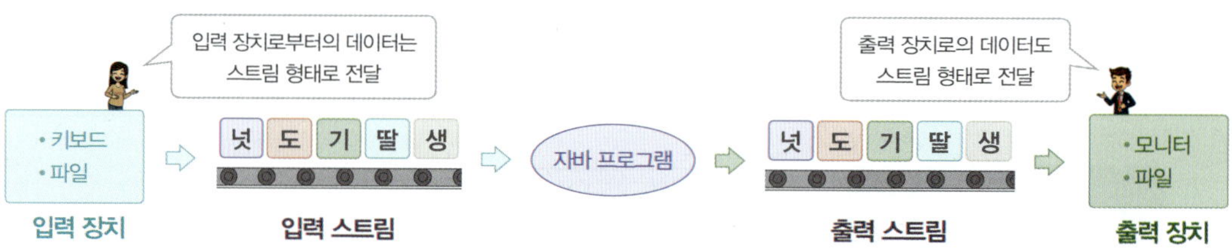

그림 9-1 입출력 스트림 구조

스트림은 방향, 데이터 형태, 대상에 따라 다음과 같이 분류한다.

❶ 데이터 방향에 따른 분류

- **입력 스트림**input stream : 키보드에서 입력하거나 파일에서 데이터를 가져온다.
- **출력 스트림**output stream : 화면에 결과를 출력하거나 파일에 데이터를 저장한다.

❷ 데이터 형태에 따른 분류

- **바이트 스트림**byte stream : **1바이트 단위로 데이터를 처리**하며, 주로 이미지, 비디오 등 이진binary 데이터를 다룰 때 사용한다. 주요 클래스로는 `InputStream`, `OutputStream`, `FileInputStream`, `FileOutputStream` 등이 있다.

- **문자 스트림**character stream: 텍스트를 안전하게 다루기 위해 **글자 단위**(2바이트, UTF-16, UTF-8)로 **처리**하며 한글이나 영어 텍스트를 처리할 때 사용한다. 주요 클래스로는 Reader, Writer, FileReader, FileWriter 등이 있다.

❸ 대상에 따른 분류

스트림의 대상은 파일, 메모리, 네트워크 소켓, 표준 입출력(System.in/System.out) 등이 있다.

- **파일 입출력**: FileReader나 FileWriter를 사용하여 파일과 스트림을 연결한다. 사용 방법은 다음과 같다.

```
FileReader fin = new FileReader("menu.txt");          // menu.txt와 연결
```

- **표준 입출력**: 콘솔(모니터)과 키보드를 사용한 입출력이다. System.in은 키보드를 의미하며, System.out은 콘솔(모니터)을 의미한다. Scanner 클래스는 다음과 같이 System.in과 연결해서 사용한다.

```
Scanner scanner = new Scanner(System.in);             // System.in과 연결
```

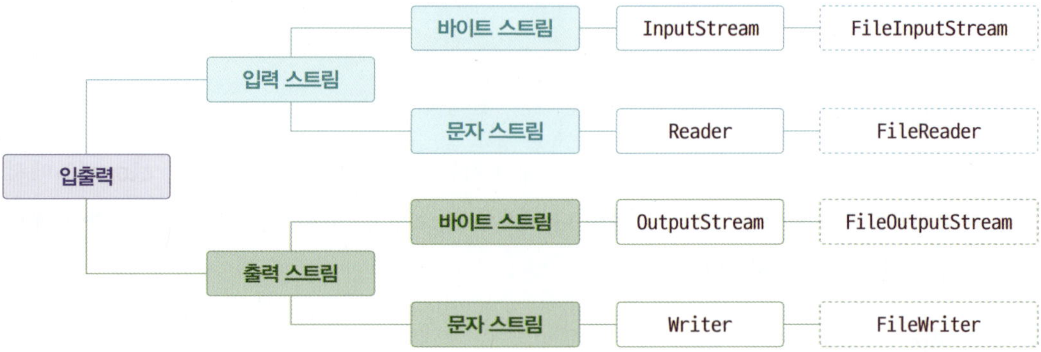

그림 9-2 입출력 분류와 주요 클래스

1. 입출력 클래스의 공통 메서드

입출력과 관련된 클래스는 read(), write(), close()와 같은 공통 메서드를 사용하며 기능에 따라 읽기/쓰기, 자원 관리, 스트림 위치 관리 영역으로 나눌 수 있다. [표 9-1]은 입출력 관련 클래스의 주요 메서드를 정리한 것이다.

표 9-1 입출력 관련 클래스의 주요 메서드

공통 메서드	설명
int read()	스트림에서 하나의 데이터를 읽어서 정수로 반환한다.
void write()	스트림에 하나의 데이터를 쓴다.
void close()	스트림을 닫고, 사용했던 시스템 자원을 해제한다.
long skip(long n)	스트림에서 n개만큼의 데이터를 건너뛴다.
boolean markSupported()	mark()와 reset() 기능 지원 여부를 확인한다.
void mark(int readlimit)	스트림의 현재 위치를 표시한다.
void reset()	mark()로 표시한 위치로 스트림의 위치를 되돌린다.

■ 읽기/쓰기 메서드

read()는 읽기 전용 메서드로, 스트림으로부터 데이터를 읽어와 정수형으로 반환한다. 문자 스트림에서는 16비트의 유니코드 문자를 읽어 정수형으로 반환하고, 바이트 스트림에서는 1바이트를 읽어 정수형으로 반환한다. 스트림 끝에 도달하면 −1을 반환하여 더 이상 읽을 데이터가 없음을 알린다.

write()는 쓰기 전용 메서드로, 인자로 받은 정수형 데이터를 스트림에 기록한다. 자바 입출력에서 데이터를 다룰 때, 문자 스트림은 16비트(char) 단위로 데이터를 처리하며, 바이트 스트림은 8비트(byte) 단위로 데이터를 처리한다. 따라서 문자 스트림에서는 정수 인자의 하위 16비트를 문자로 변환하여 쓰고, 바이트 스트림에서는 정수 인자의 하위 8비트를 바이트로 변환하여 스트림에 쓴다.

■ 자원 관리 메서드

close()는 스트림 사용이 끝난 후 반드시 호출해야 하는 가장 중요한 메서드이다. close() 메서드는 운영체제로부터 할당받은 파일 권한이나 네트워크 소켓 등의 시스템 자원을 반환하여 메모리 누수나 자원 충돌을 방지한다.

■ 스트림 위치 관리 메서드

skip(long n)은 스트림의 현재 위치에서 n만큼의 데이터를 건너뛴다. 예를 들어, 파일의 특정 헤더 부분을 무시하고 본문부터 읽고 싶을 때 유용하게 사용한다.

mark(int readlimit)는 현재 스트림의 위치를 기억하도록 표시한다. readlimit는 reset()을 호출하기 전까지 읽을 수 있는 최대 바이트(또는 문자) 수를 지정하며, 이 한계를 넘어서면 reset() 기능이 적용되지 않을 수 있다.

reset()은 mark() 메서드로 표시해 둔 곳으로 스트림의 위치를 되돌리며, 이를 통해 데이터를 다시 읽을 수 있다. 모든 스트림이 이 기능을 지원하지는 않으며, markSupported() 메서드를 통해 지원 여부를 확인할 수 있다.

2. 표준 입출력 스트림

자바에서 표준 입출력 스트림은 프로그램이 외부와 데이터를 주고받는 통로 역할을 한다. System 클래스에는 표준 입력 System.in, 표준 출력 System.out, 표준 에러 출력 System.err의 세 가지 표준 스트림이 미리 정의되어 있다.

System.in은 키보드와 같은 표준 입력 장치로부터 데이터를 읽을 때 사용하는 객체이다. 사용자로부터 문자나 숫자를 입력받을 때 주로 사용된다. 다만, System.in은 바이트 단위로 데이터를 처리하기 때문에, 문자열을 다루기 위해서는 Scanner나 BufferedReader와 같은 보조 스트림과 함께 사용하는 것이 일반적이다. 다음 코드에서 Scanner 클래스는 System.in을 기반으로 사용자로부터 문자열을 편리하게 입력받을 수 있도록 도와준다.

```
Scanner scanner = new Scanner(System.in);        // System.in과 연결
```

System.out은 콘솔과 같은 표준 출력 장치로, 데이터를 출력할 때 사용하는 객체이다. 가장 자주 사용되는 스트림 중 하나로 프로그램의 일반적인 결과를 보여줄 때 사용한다. System.out.println()이나 System.out.print() 메서드가 바로 이 스트림을 통해 동작한다.

System.err은 오류 메시지를 출력할 때 사용하는 객체이다. System.out과 마찬가지로 콘솔에 데이터를 출력하지만, 일반적인 프로그램 출력 결과와 오류 메시지를 구분하여 관리할 수 있다는 점에서 차이가 있다. 대부분의 IDE나 운영체제는 System.out과 System.err의 출력을 다른 색상으로 표시하거나, 로그 파일로 분리하는 기능을 제공하기도 한다. System.err에 대한 출력은 버퍼링되지 않으므로 즉시 콘솔에 나타난다.

다음 코드는 0으로 나누는 연산으로 인해 ArithmeticException이 발생하며, catch 블록에서 System.err.println()을 사용하여 오류 메시지를 출력한다. 해당 메시지는 getMessage() 메서드를 사용하여 출력한다.

```
public class SystemErrExample {
    public static void main(String[] args) {
        try {
            int result = 10 / 0;                    // 0으로 나누기
```

```
        } catch (ArithmeticException e) {
            System.err.println("오류 발생!: " + e.getMessage());
        }
    }
}
```

이처럼 System.err을 사용하면 프로그램의 정상적인 출력과 예외로 인한 오류 메시지를 구분하여 표시할 수 있다.

2 파일 입출력의 이해

도넛 가게의 재고 파일을 읽어 재고를 확인하고, 고객 주문을 로그 파일에 기록한다고 가정해보자. **파일 입출력**은 이와 같은 실제 데이터를 디스크 파일 형태로 저장하고, 저장된 파일로부터 불러오는 작업을 의미한다.

파일은 이미지나 동영상과 같이 바이트 형태로 저장된 **이진 파일**과 문자 형태로 저장된 **문자 파일(확장자 .txt)**로 나뉜다. 대부분의 파일 입출력은 문자 기반으로 이루어지며, 이를 위해 FileReader, BufferedReader, FileWriter, BufferedWriter와 같은 클래스를 사용한다.

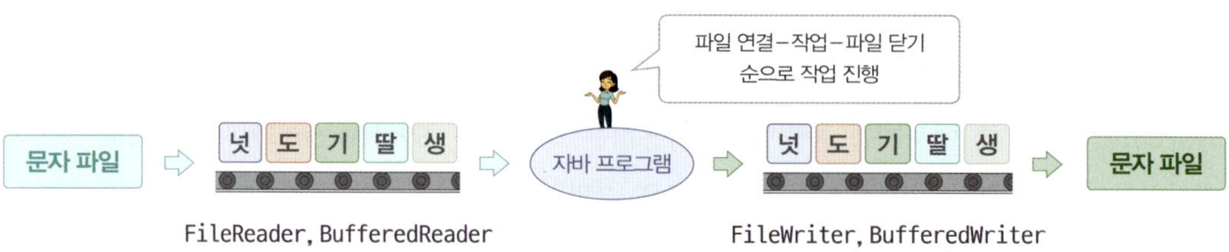

그림 9-3 문자 파일의 입출력 구조

모든 자바 입출력은 '스트림 연결 → 작업 → 스트림 닫기'의 세 단계로 이루어지며, 사용이 끝난 스트림은 시스템 자원을 효율적으로 관리하기 위해 반드시 close() 메서드를 호출하여 닫아야 한다. 파일 입출력 또한 '파일 스트림 연결 → 작업 → 파일 스트림 닫기'의 순서로 이루어진다. 다음은 FileReader 클래스를 사용하여 파일의 문자를 한 글자씩 읽어서 화면에 출력하는 코드이다.

```
import java.io.FileReader;

public class FileReadExample {
    public static void main(String[] args) throws IOException {
```

```
        FileReader fin = new FileReader("menu.txt");     // 파일 연결
        int ch;

        while ((ch = fin.read()) != -1) {                // 한 문자씩 읽어 정수로 반환
            System.out.print((char) ch);
        }
        fin.close();                                     // 파일 닫기
    }
}
```

이 코드는 java.io 패키지의 FileReader 클래스를 사용하며, new FileReader("menu.txt")를 통해 menu.txt 파일과 fin 객체를 연결한다. 파일이 정상적으로 연결된 이후에는 fin 객체를 통하여 파일 읽기 작업을 진행한다.

fin.read()에서 read()는 fin 객체에 연결된 파일에서 한 문자를 가져와서 정수로 반환하는 메서드이다. 따라서 정수 ch에는 문자의 유니코드 값이 저장되며, 이를 (char)로 형 변환하여 문자를 출력한다. 파일을 다 사용한 이후에는 fin.close();를 사용하여 파일을 닫는다.

Note **Scanner 클래스**

이 장에서 배우는 입출력 스트림과 관련된 대부분의 클래스는 Java.io 패키지에 속한다. 그러나 표준 입출력 System.in과 연결하여 토큰 형태로 잘라서 처리하는 Scanner 클래스는 Java.util 클래스에 속한다.

1. 파일 경로 지정하기

자바에서 new FileReader("menu.txt")와 같이 **파일명만으로 지정하면**, JVM은 현재 실행 중인 프로그램의 **작업 디렉터리**working directory **에서 해당 파일을 찾는다**. 여기서 디렉터리는 윈도우의 폴더를 의미한다.

이클립스와 같은 IDE에서 프로젝트를 실행하면, 일반적으로 프로젝트의 루트root 폴더가 작업 디렉터리가 되며, 'menu.txt' 파일은 프로젝트의 최상위 폴더에 있어야 한다. 이 책에서 제공되는 소스 파일을 기준으로 보면 소스 폴더 밑의 chap09 폴더가 작업 디렉터리가 되며 '소스\chap09' 폴더에 'menu.txt' 파일이 있어야 한다. 터미널에서 java 명령어를 통해 .class 파일을 직접 실행할 때는 해당 명령어를 실행하는 폴더가 작업 디렉터리가 된다.

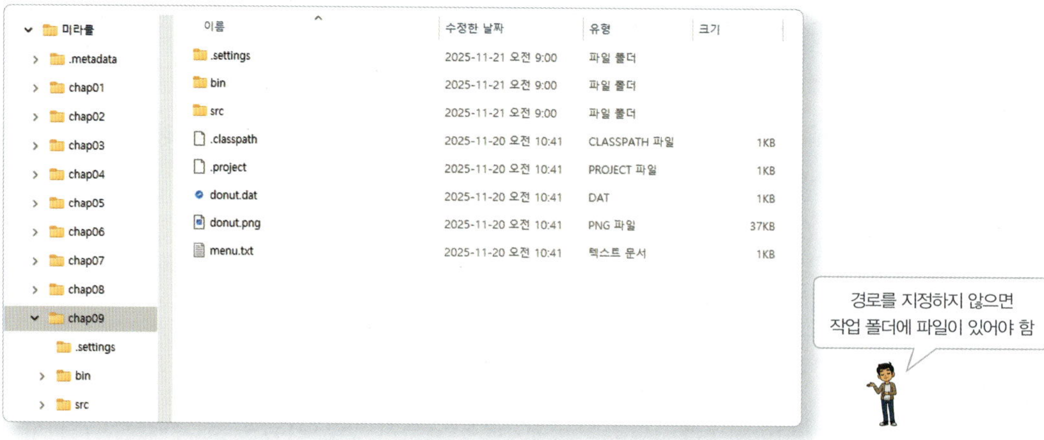

그림 9-4 이클립스에서 작업 폴더의 위치

만약 작업 디렉터리가 아닌 다른 위치에 파일이 있는 경우에는 경로를 사용하여 위치를 지정해야 한다. 여기서 **경로**path**란 파일이 있는 위치를 지정하는 방법**이며, 상대 경로와 절대 경로로 구분할 수 있다.

■ 상대 경로

상대 경로relative path**는 현재의 위치(작업 디렉터리)를 기준으로 파일의 위치를 지정한다.** 다음은 `new FileReader("menu.txt")`에 대하여 상대 경로를 사용한 예시이다.

- **`"menu.txt"`**: 현재 작업 디렉터리의 'menu.txt'
- **`"data/menu.txt"`**: 현재 작업 디렉터리 안의 data 폴더에 있는 'menu.txt'
- **`"../menu.txt"`**: 현재 작업 디렉터리의 상위 폴더에 있는 'menu.txt'

경로에서 ..은 상위 폴더를 나타내는 특수문자이며, 슬래시(/)는 폴더를 구분하는 특수문자이다. 상대 경로는 프로젝트의 구조가 변경되거나 다른 컴퓨터로 이동할 때 경로를 수정해야 할 필요가 적어 유연하다는 장점이 있다.

■ 절대 경로

절대 경로absolute path**는 파일 시스템의 최상위 디렉터리(루트)부터 시작하여 파일의 전체 위치를 지정**하며, 운영체제에 따라 형식에 차이가 있다. 만약 루트 디렉터리에 'menu.txt'가 있는 경우는 다음과 같다.

- **윈도우**: "C:/menu.txt" 또는 "C:\\menu.txt"
- **유닉스, 리눅스, 맥OS**: "/home/username/menu.txt"

윈도우는 폴더 구분자로 역슬래시(\)를 사용하는데, 한글 키보드에서 역슬래시는 원화 표시(₩)이다. 자바에서는 역슬래시가 이스케이프 시퀀스로 인식되기 때문에 "C:\\menu.txt"와 같이 두 번을 연달아 작성해야 한다. 자바는 폴더 구분자로 슬래시(/)도 인식하기 때문에 "C:/menu.txt" 형식을 권장한다.

절대 경로는 루트를 기점으로 위치를 표시하기 때문에 어떤 위치에서 프로그램을 실행하든 항상 동일한 파일을 가리킨다는 장점이 있다. 그러나 다른 시스템으로 이동 시 경로를 수정해야 한다는 단점이 있다. 결론적으로, `new FileReader("menu.txt")` 코드를 사용할 때는 프로젝트의 루트 폴더에 'menu.txt' 파일을 두는 것이 가장 일반적이고 권장하는 방법이다.

2. try-catch 문

입출력 시스템에서는 파일이 없거나, 파일에 접근 권한이 없거나, 네트워크 연결이 끊기는 등의 예상치 못한 문제가 발생할 수 있다. 예를 들어 작업 디렉터리에 파일이 없는 경우에는 `FileNotFoundException`이 발생하여 프로그램이 즉시 멈추게 된다.

이러한 예외가 발생했을 때 프로그램이 비정상적으로 종료되는 것을 막고, 안정적으로 실행되도록 하기 위해 `try-catch` 문을 사용해야 한다. `try-catch`를 사용하지 않으면, 예외가 발생했을 때는 프로그램이 비정상 종료$_{\text{crash}}$된다. 이는 사용자에게 불편을 주고, 프로그램의 안정성을 크게 떨어뜨린다. 다음 코드는 `FileReader` 클래스를 사용하여 파일의 문자를 한 글자씩 읽는 예제를 `try-catch`를 사용하여 작성한 것이다.

```
import java.io.FileReader;
import java.io.IOException;

public class FileReadExample {
    public static void main(String[] args) {
        FileReader fin = null;                      // null로 초기화
        try {
            fin = new FileReader("menu.txt");       // 파일 연결
            int ch;
            while ((ch = fin.read()) != -1) {       // 한 문자씩 읽어 정수로 반환
                System.out.print((char) ch);
            }
        } catch (IOException e) {
            e.printStackTrace();
        } finally {
```

```
            if (fin != null) {                  // 자원이 null이 아닐 때만 close() 호출
                try {
                    fin.close();                // 파일 닫기 - 자원 해제
                } catch (IOException e) {
                    System.err.println("오류 발생!: " + e.getMessage());
                }
            }
        }
    }
}
```

try 블록 안의 코드에서 예외가 발생하면, catch 블록에서 예외를 처리한다. 예외 발생 여부와 상관없이 finally 블록에서는 close()를 사용하여 파일을 닫는다. catch 블록 안의 System.err은 표준 에러 출력을 의미하며 콘솔 화면에 오류 메시지를 출력한다.

이 코드를 try-with-resources 구문을 사용하여 바꾸면 보기 쉽고 간결하게 만들 수 있다. [예제 9-1]은 FileReader 클래스를 사용하여 파일의 문자를 한 글자씩 읽는 코드를 try-with-resources 구문을 사용하여 작성한 것이다. 참고로 작업 디렉터리에 있는 'menu.txt' 파일의 내용은 다음과 같다.

```
1. 기본 도넛
2. 초코 도넛
3. 레몬 도넛
```

예제 9-1 파일에서 한 글자씩 읽기 FileReadExample.java

```
package sec01.exam01;

import java.io.FileReader;
import java.io.IOException;

public class FileReadExample {
    public static void main(String[] args) {
        try (FileReader fin = new FileReader("menu.txt")) {
            int ch;

            while ((ch = fin.read()) != -1) {      // 한 문자씩 읽어 정수로 반환
                System.out.print((char) ch);
```

```
13              }
14          } catch (IOException e) {
15              System.err.println("오류 발생!: " + e.getMessage());
16          }
17      }
18  }
```

```
1. 기본 도넛
2. 초코 도넛
3. 레몬 도넛
```

8행의 try (FileReader fin = new FileReader("menu.txt"))가 try-with-resources 구문이다. try() 안에 파일을 연결하는 코드를 넣었기 때문에 finally 블럭을 작성하지 않아도 자동으로 close()가 실행된다. 이처럼 try-with-resources 구문을 사용하면 코드가 간결해진다. 또한 11행의 read() 메서드는 파일에서 한 글자씩 읽어오며, 더 이상 읽을 문자가 없으면 −1을 반환하여 파일의 끝을 알린다.

3 스트림을 이용한 파일 입출력

1. 문자 스트림으로 입출력하기

문자 스트림은 2바이트 단위로 데이터를 처리하며, 주로 텍스트 데이터를 읽고 쓸 때 사용한다. 파일에서 문자를 읽어올 때는 FileReader 클래스를 사용하고, 파일에 문자를 쓸 때는 FileWriter 클래스를 사용한다. [표 9−2]는 문자 입출력에서 사용하는 read()와 write() 메서드의 매개변수를 정리한 것이다.

표 9-2 read()와 write() 메서드의 매개변수

메서드	설명
int read()	스트림에서 한 문자(2바이트)를 읽어 반환하며, 스트림의 끝(EOF)에 도달하면 -1을 반환한다.
int read(char[] cbuf)	스트림에서 여러 문자를 읽어 cbuf 배열에 저장하고, 읽은 문자 수를 반환한다. 스트림의 끝에 도달하면 −1을 반환한다.
void write(int c)	스트림에 한 문자를 쓴다.
void write(char[] cbuf)	cbuf 배열에 있는 모든 문자를 스트림에 쓴다.
void write(String str)	지정된 문자열을 스트림에 쓴다.
void write(char[] cbuf, int off, int n)	cbuf 배열의 off 위치부터 n개만큼의 문자를 스트림에 쓴다.

- **read()**: 파일에서 단일 문자를 읽어오며, 결과로 반환되는 int 값은 읽어온 문자의 유니코드 값이다. 파일의 끝에 도달하면 −1을 반환한다.
- **read(char[] cbuf)**: 파일에서 여러 문자를 한꺼번에 읽어올 때 사용하는 메서드이다. 매개변수로 전달된 char 배열 cbuf에 읽어온 문자를 채워 넣는다. 반환값은 실제로 읽어온 문자의 개수이며, 파일의 끝에 도달하면 −1을 반환한다.
- **write(int c)**: 파일에 단일 문자를 쓴다. int 형 매개변수를 받지만, 하위 2바이트만 사용하여 문자로 변환된 후 파일에 기록한다. writer.write('A');와 같이 사용한다.
- **write(char[] cbuf)**: char 배열에 담겨 있는 모든 문자를 파일에 한꺼번에 쓴다. 데이터를 한 문자씩 쓰는 것보다 훨씬 효율적이다.
- **write(String str)**: 문자열을 파일에 쓸 때 사용하는 오버로드 메서드로, FileWriter가 문자열을 내부적으로 문자 배열로 변환하여 쓴다.
- **write(char[] cbuf, int off, int n)**: cbuf 배열의 off 위치부터 시작하여 총 n개의 문자를 스트림에 쓴다.

[예제 9-2]는 read(char[] cbuf) 메서드를 사용하여 10개 문자를 한꺼번에 읽어오는 코드이다.

예제 9-2 여러 문자를 읽어서 파일에 쓰기 MultipleReadExample.java

```java
package sec01.exam02;

import java.io.FileReader;
import java.io.IOException;

public class MultipleReadExample {
    public static void main(String[] args) {
        try (FileReader fin = new FileReader("menu.txt")) {
            char[] cbuf = new char[10];                 // 10 크기의 문자 배열 cbuf
            int count;

            while ((count = fin.read(cbuf)) != -1) {  // 10개 문자 읽기
                for (int i = 0; i < count; i++) {
                    System.out.print(cbuf[i]);
                }
            }
        } catch (IOException e) {
            System.err.println("오류 발생!: " + e.getMessage());
```

```
19            }
20        }
21    }
```

```
1. 기본 도넛
2. 초코 도넛
3. 레몬 도넛
```

9행의 char[] cbuf = new char[10];은 10개의 문자를 저장할 문자 배열 cbuf를 만든다. 12행 count = fin.read(cbuf)는 파일에서 읽어온 10개의 문자를 cbuf에 저장한다. 여기서 count는 실제로 읽은 문자 수가 저장되므로, 파일의 마지막의 경우 10보다 작은 수가 count에 저장될 수 있다. 이후 count를 사용하여 for 반복문에서 사용 문자를 출력한다.

2. 문자 스트림으로 파일 쓰기

read()와 마찬가지로 write(int c)는 파일에 한 문자씩 쓴다. write(char[] cbuf)는 문자 배열에 저장된 데이터를 파일에 쓰며, write(String str)은 문자열을 파일에 쓴다. [예제 9-3]은 write(String str) 메서드를 사용하여 파일에 문자열을 쓰는 코드이다.

예제 9-3 파일에 문자열 쓰기 FileWriteExample.java

```
package sec01.exam03;

import java.io.FileWriter;
import java.io.IOException;

public class FileWriteExample {
    public static void main(String[] args) {
        try (FileWriter fout = new FileWriter("new_menu.txt")) {
            fout.write("4. 크림 도넛\n");    // 문자열 단위로 파일에 쓰기
            fout.write("5. 딸기 도넛\n");
            fout.write("6. 생딸기 도넛\n");
            System.out.println("파일 쓰기 완료!");
        } catch (IOException e) {
            System.err.println("오류 발생!: " + e.getMessage());
        }
    }
}
```

```
파일 쓰기 완료!
```

8행의 FileWriter fout = new FileWriter("new_menu.txt")는 새로운 문자 파일 'new_menu.txt'를 만들어 연결한다. 9행의 fout.write("4. 크림 도넛\n");은 문자열 단위로 파일에 쓰며, 서식 문자 \n도 파일에 써지기 때문에 줄 바꿈이 발생한다. 파일 쓰기가 완료되면, 콘솔에는 '파일 쓰기 완료!'가 출력된다. [예제 9-3]이 실행된 후 'new_menu.txt' 파일에는 다음 내용이 저장된다.

```
4. 크림 도넛
5. 딸기 도넛
6. 생딸기 도넛
```

3. 문자 스트림으로 파일 이어쓰기

FileWriter("new_menu.txt");는 'new_menu.txt'가 존재하지 않으면 새로운 파일을 생성한다. 만약, 'new_menu.txt' **파일이 이미 존재한다면 모든 내용을 지우고 새로운 문자로 덮어쓴다**. 또한, 기존 파일에 이어쓰기(append)도 가능하다.

다음 코드의 FileWriter("new_menu.txt", true)의 true는 기존 파일에 이어쓰는 옵션이다. 또한 FileWriter("new_menu.txt", false)는 기존 파일이 있는 경우 내용을 지우고 덮어쓰기 때문에 옵션이 없는 FileWriter("new_menu.txt")와 같다.

```
FileWriter fout = new FileWriter("new_menu.txt", true);     // 기존 파일에 이어쓰기
```

[예제 9-4]는 'menu.txt' 파일을 읽어서 'new_menu.txt' 파일의 뒤에 이어쓰는 코드이다. 두 파일에는 다음 내용이 저장되어 있다.

```
1. 기본 도넛
2. 초코 도넛
3. 레몬 도넛
```

▲ menu.txt

```
4. 크림 도넛
5. 딸기 도넛
6. 생딸기 도넛
```

▲ new_menu.txt

예제 9-4 파일에 이어쓰기

FileAppendExample.java

```
01 package sec01.exam04;
02 
03 import java.io.FileReader;
04 import java.io.FileWriter;
05 import java.io.IOException;
06 
07 public class FileAppendExample {
08     public static void main(String[] args) {
09         try (FileReader fin = new FileReader("menu.txt");
10              FileWriter fout = new FileWriter("new_menu.txt", true);) {
11 
12             int ch;
13             while ((ch = fin.read()) != -1) {   // 한 문자씩 읽어 정수로 반환
14                 fout.write(ch);                 // 파일에 한 문자 쓰기
15             }
16             System.out.println("파일 이어서 복사 완료!");
17         } catch (IOException e) {
18             System.err.println("오류 발생!: " + e.getMessage());
19         }
20     }
21 }
```

```
파일 이어서 복사 완료!
```

10행의 FileWriter("new_menu.txt", true)는 'new_menu.txt'의 파일에 내용을 이어서 기록한다. 파일을 복사한 이후에 콘솔 화면에는 '파일 이어서 복사 완료!' 메시지를 출력한다. 코드 실행 후 'new_menu.txt' 파일의 내용은 다음과 같다.

```
4. 크림 도넛
5. 딸기 도넛
6. 생딸기 도넛
1. 기본 도넛
2. 초코 도넛
3. 레몬 도넛
```

4. 바이트 스트림으로 입출력하기

바이트 스트림은 모든 종류의 파일을 처리할 수 있으며, 바이트 단위로 데이터를 읽고 쓸 수 있다. 따라서 이미지, 음악, 영상, 압축 파일처럼 문자가 아닌 데이터를 안전하고 정확하게 다룬다. 바이트 스트림은 내용을 해석하지 않으며 받은 그대로 흘려보낸다는 특징이 있다. 주요 바이트 스트림 클래스로는 데이터를 입력하기 위한 `InputStream`과 데이터를 출력하기 위한 `OutputStream`이 있다. 파일의 경우, `FileInputStream`과 `FileOutputStream`을 사용한다.

[예제 9-5]는 바이트 스트림을 사용하여 'donut.png' 이미지 파일을 복사하는 코드이다.

예제 9-5 이미지 파일 복사하기 ImageCopy.java

```java
package sec01.exam05;

import java.io.FileInputStream;
import java.io.FileOutputStream;
import java.io.IOException;

public class ImageCopyExample {
    public static void main(String[] args) {
        long bytesCopied = 0;                       // 복사된 바이트 양

        try (FileInputStream in = new FileInputStream("donut.png");
            FileOutputStream out = new FileOutputStream("donut-copy.png")) {
            byte[] buf = new byte[8192];            // 8KB 버퍼
            int n;

            while ((n = in.read(buf)) != -1) {      // 8KB 바이트 읽음
                out.write(buf, 0, n);               // buf에 있는 데이터 씀
                bytesCopied += n;
            }
            System.out.println(bytesCopied + "바이트 복사 완료");
        } catch (IOException e) {
            System.err.println("복사 중 오류 발생!: " + e.getMessage());
        }
    }
}
```

```
37759바이트 복사 완료
```

3행에서 5행은 예제 코드가 사용하는 패키지로, 이를 모두 포함하는 패키지 구문은 `import java.io.*;`이다. 11행에서 'donut.png' 파일을 `InputStream`에 연결하고, 12행에서 'donut-copy.png' 파일을 `OutputStream`에 연결하였다. 코드와 같이 세미콜론을 사용하면 `try()`의 괄호 안에 여러 개의 문장을 넣을 수 있다.

13행은 8192 바이트 크기의 `byte` 배열 `buf`를 만들고, 16행에서 `n = in.read(buf)`로 읽어온다. 17행의 `out.write(buf, 0, n)`은 `buf[0]`에서부터 `buf[n - 1]`까지의 바이트를 파일에 쓴다. 복사가 완료되면 전체 복사된 바이트의 양이 출력된다.

▲ 실행 전

▲ 실행 후

그림 9-5 [예제 9-5] 실행 전과 실행 후의 폴더 모습

LAB 키보드 입력 내용을 파일에 저장하기

사용자가 키보드로 입력한 내용을 파일에 저장하는 프로그램의 빈칸을 채워보자. 실행 결과와 조건은 다음과 같다.

```
텍스트 입력! 'quit'을 입력하면 저장 종료.
미라클 자바
입출력 스트림
파일에 저장하기
quit
'test.txt' 파일에 저장 완료!
```

조건

- `Scanner`를 이용해 키보드 입력을 받고, `FileWriter`를 이용해 'test.txt' 파일에 해당 내용을 저장한다.
- 사용자가 'quit'을 입력하면 프로그램이 종료된다.
- 코드를 실행한 후 'test.txt' 파일의 내용은 다음과 같다.

```
미라클 자바
입출력 스트림
파일에 저장하기
```

Lab 9-1 키보드 입력 내용을 파일에 저장하기

```java
package chap09.lab01;

import [ ① ];
import java.io.IOException;
import java.util.Scanner;

public class FileWriteLab {
    public static void main(String[] args) {

        System.out.println("텍스트 입력! 'quit'을 입력하면 저장 종료.");

        try (Scanner scanner = new [ ② ];
            FileWriter fout = [ ③ ]) {
            String line;

            while (!(line = scanner.nextLine()).equals("quit")) {
                [ ④ ] (line + "\n");
            }
            System.out.println("'test.txt' 파일에 저장 완료!");
        } catch (IOException e) {
            [ ⑤ ]("오류 발생!: " + e.getMessage());
        }
    }
}
```

정답

① java.io.FileWriter

② Scanner(System.in)

③ new FileWriter("test.txt")

④ fout.write

⑤ System.err.println

SECTION 02

중간 스트림과 입출력 성능 향상

중간 스트림은 기존 스트림의 프로그램 사이를 연결wrapping하여 입출력 기능을 향상시키는 스트림을 말한다. 이번 절에서는 대표적인 중간 스트림인 버퍼 스트림, 데이터 스트림, 객체 스트림에 대해 알아본다.

버퍼 스트림은 기존의 입출력 스트림과 별개로 존재하는 것이 아니다. 수도꼭지에 호스를 연결하듯이, 기존의 스트림에 중간 스트림을 연결하여 사용하며, 여러 개의 중간 스트림을 연결할 수도 있다. 기존 바이트 기반 스트림 또는 문자 기반 스트림에 중간 스트림인 `BufferedReader`와 `BufferedWriter`를 연결하여 사용하는 방법을 살펴보자.

다음 코드에서는 파일 읽기의 효율을 높이기 위해 `FileReader`에 `BufferedReader`를 연결한다. `FileReader("menu.txt")`는 메인 스트림으로 실제 디스크에 있는 'menu.txt' 파일과 직접 연결된다. `BufferedReader()`는 데이터를 한 문자씩 읽지 않고 버퍼 단위로 모아서 한 번에 가져오기 때문에 반복적인 디스크 접근을 줄여 읽기 성능을 향상시킨다.

```
BufferedReader fin = new BufferedReader(new FileReader("menu.txt"));
```

다음 코드에서 `FileWriter("new_menu.txt")`는 'new_menu.txt' 파일과 직접 연결된다. `BufferedWriter()`는 데이터를 한 문자씩 디스크에 쓰는 대신 버퍼 단위로 모아서 한꺼번에 출력하기 때문에 반복적인 디스크 접근을 줄여 쓰기 성능을 향상시킨다.

```
BufferedWriter fout = new BufferedWriter(new FileWriter("new_menu.txt"));
```

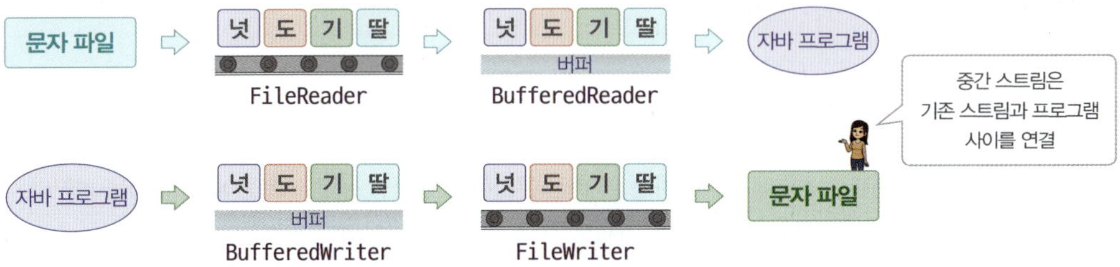

그림 9-6 중간 스트림의 역할

이제부터 중간 스트림의 유형인 버퍼 스트림, 데이터 스트림, 객체 스트림의 개념을 이해하고, 사용 방법을 살펴보자.

1 버퍼 스트림

1. 버퍼 스트림의 이해

앞 절에서 배운 FileReader와 FileWriter는 데이터를 한 글자씩 읽고 쓰기 때문에 효율이 떨어질 수 있다. 이를 도넛으로 비유하면, 여러 개의 도넛을 운반할 때, 하나씩 따로따로 가져오는 것과 같다. 도넛을 하나씩 나르는 대신, 여러 개를 쟁반에 담아서 한 번에 옮기면 훨씬 효율적인데 자바에서 이 쟁반의 역할을 하는 것이 바로 **버퍼**buffer이다. **버퍼 스트림**buffer stream은 **데이터를 묶어서 처리하는 버퍼링 방식으로 입출력의 효율을 향상시킨다.**

그림 9-7 버퍼를 사용하여 입출력 성능 향상

버퍼를 사용하는 것 외에도 read(char[] cbuf)나 write(char[] cbuf) 메서드를 사용하면 여러 개의 데이터를 한 번에 옮길 수 있다. 그러나 사용자가 cbuf의 크기를 일일이 지정해야 하는 불편함이 있으며, 데이터를 한 줄씩 읽거나 쓰는 것이 어렵다. 버퍼 스트림에서 데이터를 한 줄씩 읽을 때는 BufferedReader 클래스를 사용하고, 여러 문자를 모아 두었다가 한 번에 출력할 때는 BufferedWriter를 사용한다.

2. 버퍼 스트림의 사용

BufferedReader와 BufferedWriter는 버퍼링 기능을 추가하여 입출력 효율을 높이며, 버퍼링 관련 메서드를 추가로 제공한다. [표 9-3]은 버퍼 스트림에서 사용하는 주요 메서드를 정리한 것이다.

표 9-3 버퍼 스트림의 주요 메서드

메서드	설명
String readLine()	스트림에서 줄 전체를 읽어와 String으로 반환한다. 더 이상 읽을 내용이 없다면 null을 반환한다.
void newLine()	현재 시스템에서 사용하는 줄 바꿈 문자(예 \n, \r\n 등)를 스트림에 써서 줄을 바꾼다.
void flush()	버퍼에 저장된 데이터를 강제로 주 스트림으로 밀어내어 출력한다.
void close()	스트림을 닫고, 버퍼를 비운(flush) 후 스트림 연결을 해제한다.

- **readLine()**: 파일이나 스트림에서 줄 전체를 읽어와 문자열로 반환하는 메서드이다. 줄의 끝을 나타내는 줄 바꿈 문자(예 \r\n, \n 등)를 인식하며, **반환되는 문자열에 줄 바꿈 문자는 포함되지 않는다**. 파일의 끝에 도달하면 null을 반환하므로, 파일을 한 줄씩 읽는 반복문의 조건으로 유용하게 사용된다.
- **newLine()**: 시스템에 따라 적절한 줄 바꿈 문자를 자동으로 스트림에 삽입한다. 예를 들어, 윈도우는 \r\n, 유닉스와 리눅스는 \n을 사용한다. 이 덕분에 운영체제에 독립적인 코드를 작성할 수 있다.
- **flush()**: 버퍼 스트림은 효율을 위해 버퍼가 꽉 찰 때까지 데이터 전송을 미룬다. 이 메서드는 버퍼에 남아있는 데이터를 강제로 비워 즉시 출력되도록 한다.
- **close()**: 기존의 close() 메서드와 같이 스트림 연결을 닫는 역할을 한다. 일반 스트림과 달리, close() 메서드가 호출될 때 내부적으로 버퍼를 먼저 비운 후 스트림을 닫는 과정이 추가된다.

[예제 9-6]는 BufferedReader를 사용하여 'menu.txt' 파일의 데이터를 한 줄씩 읽어오는 코드이다.

예제 9-6 버퍼을 사용하여 파일에서 읽기 BufferredReaderExample.java

```java
package sec02.exam06;

import java.io.BufferedReader;
import java.io.FileReader;
import java.io.IOException;

public class BufferredReaderExample {
    public static void main(String[] args) {
        try (BufferedReader fin = new BufferedReader(new FileReader("menu.txt"))) {

            String line;
            while ((line = fin.readLine()) != null) {    // 한 줄씩 읽어오기
                System.out.print(line);
            }
        } catch (IOException e) {
            System.err.println("복사 중 오류 발생!: " + e.getMessage());
        }
    }
}
```

```
1. 기본 도넛2. 초코 도넛3. 레몬 도넛
```

9행의 BufferedReader fin = new BufferedReader(new FileReader("menu.txt"))는 FileReader에 BufferedReader를 연결한 것이다. 12행의 fin.readLine()은 줄 전체를 읽어와서 문자열로 반환하며, 더 이상 읽을 줄이 없으면 null을 반환한다. 이때, readLine()은 줄 바꿈 문자를 제외하고 반환한다. 따라서 콘솔 화면에는 모든 줄이 한 줄로 출력된다.

[예제 9-7]은 BufferedReader와 BufferedWriter를 사용하여 'menu.txt' 파일의 데이터를 한 줄씩 복사하여 'new_menu.txt'에 저장하는 코드이다.

예제 9-7 버퍼를 사용하여 복사하기 BufferredCopyExample.java

```java
package sec02.exam07;

import java.io.*;

public class BufferredCopyExample {
    public static void main(String[] args) {
        try (BufferedReader fin = new BufferedReader(new FileReader("menu.txt"));
             BufferedWriter fout = new BufferedWriter(new FileWriter
("new_menu.txt"))) {

            String line;
            while ((line = fin.readLine()) != null) {    // 한 줄씩 읽어오기
                fout.write(line);
                fout.newLine();                          // 줄 바꿈 추가
            }
            System.out.println("버퍼를 사용하여 복사 완료!");
        } catch (IOException e) {
            System.err.println("복사 중 오류 발생!: " + e.getMessage());
        }
    }
}
```

```
버퍼를 사용하여 복사 완료!
```

8행의 BufferedWriter fout = new BufferedWriter(new FileWriter("new_menu.txt"))는 복사할 대상 파일 'new_menu.txt'를 버퍼 스트림에 연결한다. 11행에서 한 줄을 읽어오면, 12행에서 대상 파일에 해당 문자열을 쓴다. line에 저장된 문자열에는 줄 바꿈 문자가 없기 때문에 13행에서 newLine()을 사용하여 줄 바꿈 문자를 추가한다. 이러면 'menu.txt'와 똑같은 내용의 파일이 생성된다.

코드에는 보이지 않지만, try-with-resources로 안전하게 닫으면 BufferedWriter가 자동으로 flush()를 호출해 버퍼 내용을 파일로 내보내고, close()를 실행한다. 이처럼 버퍼 스트림을 사용하면, 데이터를 묶어서 처리하기 때문에 프로그램 성능이 훨씬 좋아진다.

2 데이터 스트림

1. 데이터 스트림의 이해

InputStream과 OutputStream은 데이터를 오직 바이트 단위로 처리한다. 따라서 정수와 실수 같은 기본 자료형도 바이트 배열로 분리하여 저장하고, 이를 다시 합쳐서 읽어와야 한다. 이 과정은 번거롭고 실수하기가 쉽다.

이러한 바이트 스트림의 한계를 보완하기 위해 데이터 스트림이 제공된다. **데이터 스트림**data stream은 자바의 **기본 자료형을 바이트 단위로 변환하여 저장하거나 다시 원래 자료형으로 읽어올 수 있게 한다**. 데이터 스트림을 사용하면 별도의 변환 과정 없이 데이터를 쓴 그대로 읽을 수 있다는 장점이 있다. 예를 들어 writeInt() 메서드를 사용하면 int 형 데이터를 바이트로 변환해 저장하고, readInt() 메서드는 int 형으로 읽어올 수 있다. 이렇게 하면 데이터의 형식을 잃지 않고 그대로 저장하고 복원할 수 있다.

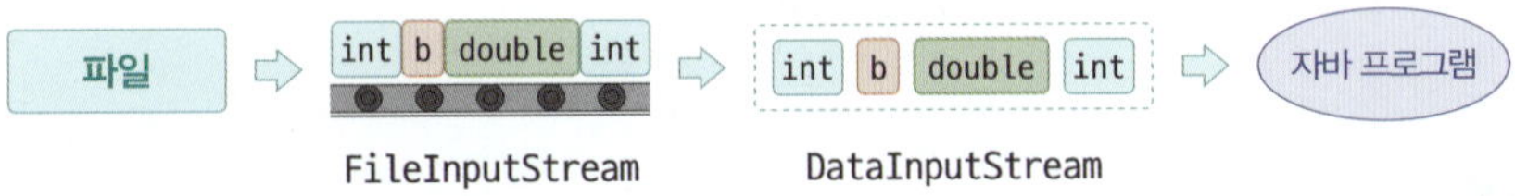

그림 9-8 데이터 스트림의 구조

데이터 스트림은 DataInputStream과 DataOutputStream이 있으며, 기존의 바이트 기반 스트림에 연결해서 사용한다. 예를 들어, 파일에서 기본 자료형을 읽고 싶다면 다음과 같이 작성한다.

```
DataInputStream in = new DataInputStream(new FileInputStream("donut.dat"));
```

위 코드에서 FileInputStream("donut.dat")는 파일에서 바이트 단위로 읽는 역할을 하고, DataInputStream은 읽은 바이트를 정수·실수·문자열 등의 자료형으로 변환하는 역할을 한다. 이처럼 데이터 스트림은 이진 데이터를 처리하므로, 객체 스트림과 함께 이진 스트림이라고 부르기도 한다. [표 9-4]는 DataInputStream과 DataOutputStream에서 자주 사용하는 메서드를 정리한 것이다.

표 9-4 데이터 스트림의 주요 메서드

구분	DataInputStream	DataOutputStream	설명
정수	readInt()	writeInt(int i)	4바이트 정수를 읽거나 쓴다.
실수	readDouble()	writeDouble(double d)	8바이트 실수를 읽거나 쓴다.
불리언	readBoolean()	writeBoolean(boolean b)	1바이트 불리언 값을 읽거나 쓴다.
문자열	readUTF()	writeUTF(String str)	UTF-8 형식으로 문자열을 읽거나 쓴다.
바이트	readByte()	writeByte(int i)	1바이트 데이터를 읽거나 쓴다.

readChar()와 writeChar() 메서드를 사용하면 UTF-16 인코딩을 이용해 문자를 처리할 수 있다. 하지만 UTF-16은 저장 공간을 많이 차지하므로, 호환성과 효율성이 뛰어난 UTF-8을 사용하는 readUTF()와 writeUTF() 메서드를 사용할 것을 권장한다.

Note **데이터 스트림과 문자열**

일반적으로 데이터 스트림은 기본 자료형만을 다루지만, 문자열 처리를 위해 특별히 readUTF()와 writeUTF() 메서드가 제공된다. readUTF()는 저장된 UTF-8 문자열을 읽어와 다시 String 객체로 복원하며, writeUTF(String str)은 문자열을 UTF-8 형식으로 변환해 저장한다. 이 방식은 단순히 문자를 2바이트 단위(UTF-16)로 읽는 것보다 효율적이다. 또한, 네트워크 통신이나 파일 저장 시에 운영체제 또는 플랫폼이 달라도 호환성을 보장할 수 있다는 장점이 있다.

2. 데이터 스트림의 사용

[예제 9-8]은 데이터 스트림을 사용하여 도넛의 이름, 가격, 재고 정보를 파일에 저장하고 다시 읽어오는 코드이다.

예제 9-8 데이터 스트림으로 쓰고 읽어오기 DataStreamExample.java

```java
package sec02.exam08;

import java.io.*;

public class DataStreamExample {
    public static void main(String[] args) {
        String donutName = "초코 크런치 도넛";        // 도넛 정보
        int donutPrice = 3500;
        boolean hasStock = true;

        try (DataOutputStream out = new DataOutputStream(new
FileOutputStream("donut.dat"))) {
            out.writeUTF(donutName);
            out.writeInt(donutPrice);
            out.writeBoolean(hasStock);
            System.out.println("도넛 정보가 파일에 저장됨.");
        } catch (IOException e) {
            System.err.println("쓰는 중 오류 발생!: " + e.getMessage());
        }

        try (DataInputStream in = new DataInputStream(new
FileInputStream("donut.dat"))) {
            String readName = in.readUTF();
            int readPrice = in.readInt();
            boolean readStock = in.readBoolean();

            System.out.println("\n파일에서 도넛 정보 읽기:");
            System.out.println("이름: " + readName);
            System.out.println("가격: " + readPrice + "원");
            System.out.println("재고 있음: " + readStock);
        } catch (IOException e) {
            System.err.println("읽는 중 오류 발생!: " + e.getMessage());
        }
    }
}
```

```
도넛 정보가 파일에 저장됨.

파일에서 도넛 정보 읽기:
이름: 초코 크런치 도넛
가격: 3500원
재고 있음: true
```

11행의 new DataOutputStream(new FileOutputStream("donut.dat"))는 FileOutputStream을 사용하여 'donut.dat'라는 파일에 바이트 스트림을 연결하고, DataOutputStream을 중간에 연결하여 데이터를 타입별로 쓸 수 있는 기능을 추가한다.

12행 out.writeUTF(donutName)은 String 형인 donutName을 UTF-8 형식의 문자열로 변환하여 파일에 쓴다. 13행 out.writeInt(donutPrice)는 int 형인 donutPrice를 4바이트 정수 형태로 변환하여 파일에 쓰며, 14행 out.writeBoolean(hasStock)은 boolean 형인 hasStock을 1바이트 불리언 값으로 변환하여 파일에 쓴다.

20행 new DataInputStream(new FileInputStream("donut.dat"))는 FileInputStream으로 파일에서 바이트를 읽고, 그 위에 DataInputStream을 중간에 연결하여 데이터를 타입별로 읽을 수 있는 기능을 추가한다.

데이터 스트림에서 주의할 것은 데이터를 쓴 순서로 읽어야 한다는 점이다. [예제 9-8]은 'writeUTF → writeInt → writeBoolean'과 동일한 순서로 읽어야 하며, 순서가 바뀌면 데이터가 깨지거나 오류가 발생한다.

3 객체 스트림

1. 객체 스트림의 이해

기존에 살펴본 버퍼 스트림은 바이트를 효율적으로 운반하는 역할을 하며, 데이터 스트림은 int, double과 같은 기본 자료형을 처리한다. 하지만 자바 프로그램은 단순히 기본 자료형만으로 이루어져 있지 않다. 예를 들어, 프로그램에 따라 도넛의 이름(String), 가격(int), 재고 여부(boolean)처럼 여러 속성을 가진 Donut 객체를 하나의 단위로 관리하고 싶을 때가 있다. 이처럼 복합적인 정보를 가진 객체를 처리할 때 필요한 것이 바로 **객체 스트림**object stream이다.

객체 스트림은 객체를 통째로 파일에 저장하거나 네트워크로 전송하고, 다시 원래의 객체로 복원하는 기능을 제공한다. 이를 **직렬화**serialization라고 부르며, **객체 자체를 바이트 스트림으로 변환하는 과정**을 의미한다. 반대로 바이트 스트림을 다시 객체로 변환하는 과정은 역직렬화deserialization라 부른다. 여러 속성을 가진 객체를 한 번에 저장하고 불러올 때는 객체 스트림을 사용해야 한다.

그림 9-9 객체 스트림의 구조

객체 스트림은 ObjectOutputStream과 ObjectInputStream이 있으며, 일반적으로 FileOutputStream과 FileInputStream 위에 객체 스트림을 연결하여 사용한다.

```
ObjectOutputStream out = new ObjectOutputStream(new FileOutputStream("donut.obj"));
ObjectInputStream  in  = new ObjectInputStream(new FileInputStream("donut.obj"));
```

객체 스트림을 사용하면 객체의 클래스 정의 정보, 필드 값, 참조 관계가 함께 저장되므로, 동일한 객체를 중복으로 저장하지 않으며, 복원 시 원형에 가깝게 재구성된다. [표 9-5]는 객체 스트림의 주요 메서드를 정리한 것이다.

표 9-5 객체 스트림의 주요 메서드

ObjectOutputStream	ObjectInputStream	설명
writeObject(Object obj)	readObject()	객체를 바이트 스트림으로 직렬화하여 쓰거나, 바이트 스트림을 역직렬화하여 객체로 읽는다.
writeStreamHeader()	readStreamHeader()	스트림의 메타 정보를 쓰거나 읽는다(내부적으로 사용).

2. Serializable 인터페이스

자바에서 Serializable 인터페이스는 객체를 직렬화할 수 있도록 하는 특별한 역할을 한다. Serializable은 내부에 메서드나 상수는 없으며, 단지 '이 클래스는 직렬화될 수 있다'는 사실을 JVM에 알려주는 마커 인터페이스marker interface이다. 만약 Serializable을 구현하지 않은 클래스의 객체를 ObjectOutputStream으로 저장하려 하면 NotSerializableException 오류가 발생한다. JVM이 이 인터페이스가 없는 객체는 직렬화할 수 없다고 판단하기 때문이다.

[예제 9-9]는 도넛 객체를 'donut.obj' 파일에 저장하고, 이를 다시 읽어오는 코드이다.

예제 9-9 객체 스트림 사용하기 ObjectStreamExample.java

```
package sec02.exam09;

import java.io.*;

class Donut implements Serializable {            // 직렬화 인터페이스 구현

    private String name;
    private int price;
```

```java
    private boolean hasStock;

    public Donut(String name, int price, boolean hasStock) {
        this.name = name;
        this.price = price;
        this.hasStock = hasStock;
    }

    @Override
    public String toString() {
        return "이름: " + name + ", 가격: " + price + "원, 재고 있음: " + hasStock;
    }
}

public class ObjectStreamExample {
    public static void main(String[] args) {
        Donut myDonut = new Donut("딸기 잼 도넛", 2800, true);

        try (ObjectOutputStream out = new ObjectOutputStream(new
FileOutputStream("donut.obj"))) {
            out.writeObject(myDonut);                    // 도넛 객체 저장
            System.out.println("도넛 객체가 파일에 저장됨.");
        } catch (IOException e) {
            System.err.println("객체 쓰기 오류 발생!: " + e.getMessage());
        }

        try (ObjectInputStream in = new ObjectInputStream(new
FileInputStream("donut.obj"))) {
            Donut readDonut = (Donut) in.readObject();   // 도넛 객체 읽기
            System.out.println("\n파일에서 도넛 객체 읽기:");
            System.out.println(readDonut);
        } catch (IOException | ClassNotFoundException e) {
            System.err.println("객체 읽기 오류 발생!: " + e.getMessage());
        }
    }
}
```

```
도넛 객체가 파일에 저장됨.

파일에서 도넛 객체 읽기:
이름: 딸기 잼 도넛, 가격: 2800원, 재고 있음: true
```

객체를 저장하고 읽어오기 위해서는 5행에서 21행까지의 Serializable 인터페이스를 무조건 구현해야 하며, 구현하지 않으면 오류가 발생한다.

27행의 new ObjectOutputStream(new FileOutputStream("donut.obj"))로 FileOutputStream에 ObjectOutputStream을 연결한다. 28행의 out.writeObject(myDonut)은 Donut 객체 전체를 바이트로 변환해 파일에 쓴다.

34행의 new ObjectInputStream(new FileInputStream("donut.obj"))는 객체 스트림을 연결한다. 35행의 in.readObject()는 저장된 바이트를 다시 객체로 복원한다. readObject()는 반환 타입이 Object이므로, 원래의 Donut 타입으로 명시적 형 변환이 필요하다.

주의할 것은 38행의 catch 블록이다. 역직렬화 중 해당 클래스 정의를 찾지 못하면 ClassNotFoundException 오류가 발생할 수 있으므로, catch (IOException | ClassNotFound Exception e)와 같이 해당 오류를 같이 처리해야 한다. 만약 catch (IOException e)만 쓰면 컴파일 오류가 발생한다.

Note **transient 예약어**

객체를 직렬화할 때 비밀번호나 신용카드 번호처럼 민감한 정보, 또는 임시 데이터 등 특정 필드를 직렬화 대상에서 제외하려면 transient 예약어를 사용한다. transient가 붙은 필드는 직렬화 과정에서 제외되며, 역직렬화 시 해당 필드는 기본값(예 int는 0, boolean은 false, 참조형은 null)으로 초기화된다. 다음 코드에서 User 객체를 직렬화하면 username만 저장되고, password는 저장되지 않는다. 이는 민감 데이터를 보호할 때 유용하게 사용할 수 있다.

```
import java.io.Serializable;

class User implements Serializable {
    private String username;
    private transient String password;       // 비밀번호는 직렬화 대상에서 제외

    public User(String username, String password) {
        this.username = username;
        this.password = password;
    }
}
```

LAB 데이터 스트림으로 책 정보 저장하기

데이터 스트림을 사용하여 책 정보를 저장한 후, 이를 읽어 콘솔에 출력하는 프로그램의 빈칸을 채워보자. 실행 결과와 조건은 다음과 같다.

```
3권의 책 정보가 저장됨.

파일에서 책 정보 읽기:
[1] 미라클 자바 - 33000원, 판매 가능: true
[2] 미라클 HTML - 31000원, 판매 가능: true
[3] 운영체제 - 33000원, 판매 가능: false
```

조건

- 저장되는 파일의 이름은 'books.dat'이다.
- 책을 구성하는 속성은 다음과 같이 설정한다.
  - 책 제목: 문자열 배열 `titles`에 저장
  - 책의 가격: 정수 배열 `prices`에 저장
  - 판매 여부: 불리언 배열 `available`에 저장
- 데이터를 저장할 때는 전체 책의 개수를 먼저 저장한다. 데이터를 읽어올 때 책의 개수를 먼저 읽어서 반복문에 활용한다.

Lab 9-2 데이터 스트림으로 책 정보 저장하기

```
package chap09.lab02;

import java.io.*;

public class DataStreamLab {
    public static void main(String[] args) {
        String[] titles = {"미라클 자바", "미라클 HTML", "운영체제"};
        int[] prices = {33000, 31000, 33000};
        boolean[] available = {true, true, false};      // 판매 가능 여부

        try (DataOutputStream out = new DataOutputStream(new
FileOutputStream("books.dat"))) {
            [ ① ](titles.length);              // 책의 개수를 먼저 저장
            for (int i = 0; i < titles.length; i++) {
```

```java
                [      ②      ](titles[i]);          // 책 제목
                out.writeInt(prices[i]);             // 가격
                out.writeBoolean(available[i]);      // 판매 여부
            }
            System.out.println(titles.length + "권의 책 정보가 저장됨.");
        } catch (IOException e) {
            System.err.println("쓰기 오류 발생!: " + e.getMessage());
        }

        try (DataInputStream in = new DataInputStream(new FileInputStream("books.dat"))) {
            int count = [      ③      ];            // 책의 개수 먼저 읽음
            System.out.println("\n파일에서 책 정보 읽기:");
            for ([          ④          ]) {
                String title = in.readUTF();
                int price = in.readInt();
                boolean isAvailable = [      ⑤      ];
                System.out.println("[" + (i + 1) + "] " + title + " - " + price + "원, 판매 가능: " + isAvailable);
            }
        } catch (IOException e) {
            System.err.println("읽기 오류 발생!: " + e.getMessage());
        }
    }
}
```

정답

① out.writeInt

② out.writeUTF

③ in.readInt()

④ int i = 0; i < count; i++

⑤ in.readBoolean()

미니 프로젝트 객체 저장 및 복원 프로그램

이번 프로젝트의 주제는 '객체 저장 및 복원 프로그램'이다. 사용자로부터 사람의 이름과 나이를 입력받아 객체로 만든 후, ObjectOutputStream을 이용해 파일에 저장하고, 저장된 파일을 ObjectInputStream으로 읽어 객체를 복원한다. 다음의 실행 결과와 조건에 맞게 프로그램을 작성해보자.

조건

- 객체가 저장되는 파일명은 'people.dat'이다.
- 사용자로부터 여러 명의 이름과 나이를 반복적으로 입력받고, 'exit'가 입력되면 입력을 종료한다.
- 입력 종료 후 파일에 데이터를 출력한다.
- 전체 책의 개수를 먼저 저장하며, 파일에서 읽어올 때 책의 개수를 먼저 읽어서 반복문에 활용한다.

```
이름을 입력하세요 (종료: exit): 김철수
나이를 입력하세요: 25
이름을 입력하세요 (종료: exit): 이영희
나이를 입력하세요: 30
이름을 입력하세요 (종료: exit): exit
객체 저장 완료!
파일에서 읽은 객체 목록:
이름: 김철수, 나이: 25
이름: 이영희, 나이: 30
```

[코드 구조 설명]

- Person 클래스는 java.io.Serializable 인터페이스를 구현하며, 객체가 저장할 데이터인 name(String)과 age(int) 필드를 가진다. 객체의 내용은 toString() 메서드를 재정의하여 "이름: [이름], 나이: [나이]" 형식의 문자열을 반환한다.
- PersonManager 클래스는 사용자 입력, 객체 생성, 파일 입출력을 담당한다. Person 객체를 저장할 List<Person>(ArrayList)를 생성하고, while 문으로 이름과 나이를 반복적으로 입력받는다. 해당 정보로 새로운 Person 객체를 생성하고, 이를 people 리스트에 추가한다.
- 객체 목록을 파일에 저장하는 부분은 try-with-resources 구문을 사용하여 스트림을 자동으로 닫도록 구현한다. FileOutputStream("people.dat")는 디스크의 'people.dat' 파일과 바이트 통로를 연결하는 메인 스트림이며, ObjectOutputStream()은 FileOutputStream에 연결되어 객체를 바이트로 변환하는 기능을 추가하는 중간 스트림이다.
- 파일에서 객체 목록을 읽는 부분도 try-with-resources 구문으로 구현한다. 메인 스트림 FileInputStream("people.dat")와 중간 스트림 ObjectInputStream()을 사용한다.

요약

01 자바의 모든 입출력 데이터를 스트림 형태로 처리하며, 입출력 스트림을 지원하는 `java.io` 패키지를 제공한다. 입출력은 입력 스트림과 출력 스트림으로 나뉘며, 1바이트 단위로 처리하는 바이트 스트림과 글자 단위로 처리하는 문자 스트림이 있다.

02 모든 입출력은 '스트림 연결 → 작업 → 스트림 닫기'의 순서로 이루어지며, 작업의 끝에는 `close()`로 스트림을 닫아야 한다. 예외 처리를 위해 `try-catch`를 사용하며, `try-with-resources`를 사용하면 `close()`를 자동으로 처리하기 때문에 코드가 간결해진다.

03 파일 입출력은 '파일 연결 → 작업 → 파일 닫기'의 순서로 이루어진다. 현재 실행 중인 프로그램의 파일은 작업 디렉터리에서 찾고, 다른 위치에 파일이 있는 경우에는 상대 경로나 절대 경로를 사용한다.

04 자바에서 표준 입출력 스트림은 프로그램이 외부와 데이터를 주고받는 통로 역할을 하며, `System` 클래스에는 `System.in`(입력), `System.out`(출력), `System.err`(오류 출력)이라는 세 가지 표준 스트림이 정의되어 있다.

05 문자 스트림은 2바이트 단위로 텍스트 데이터를 처리한다. 파일에서 문자를 읽어올 때는 `FileReader`, 문자를 쓸 때는 `FileWriter`를 사용한다. `FileWriter`는 기존 파일의 내용을 지우고 새로 작성하며, `true` 옵션을 지정하면 기존 파일에 이어쓴다.

06 주요 바이트 스트림 클래스로는 데이터를 입력하는 `InputStream`과 데이터를 출력하는 `OutputStream`이 있다. 파일의 경우, `FileInputStream`과 `FileOutputStream`을 사용한다.

07 중간 스트림은 기존의 스트림 중간에 연결하여 입출력 기능을 향상시키는 역할을 한다. 버퍼 스트림은 데이터를 묶어서 처리하는 버퍼링 방식을 사용하며 데이터를 한 줄씩 읽을 때는 `BufferedReader`를 사용하고, 여러 글자를 모아 두었다가 한 번에 출력할 때는 `BufferedWriter`를 사용한다. 데이터 스트림은 자바의 기본 자료형을 바이트 단위로 변환하여 저장하거나, 다시 원래 자료형으로 변환하는 역할을 한다.

08 객체 스트림은 객체를 통째로 파일에 저장하거나 네트워크로 전송하고, 다시 원래의 객체로 복원하는 기능을 제공한다. 객체를 바이트 스트림으로 변환하는 과정을 직렬화라고 부르며, 바이트 스트림을 다시 객체로 변환하는 과정을 역직렬화라 부른다.

연습 문제

01 한쪽에서 데이터를 흘려보내면 다른 한쪽에서 그 흐름을 받아 처리하는 방식을 의미하는 단어를 찾으시오.

① 직렬화 ② 스트림 ③ 경로 ④ 버퍼

02 입출력의 작업 순서가 바르게 작성된 것을 찾으시오.

① 닫기 – 연결 – 작업 ② 작업 – 연결 – 닫기
③ 닫기 – 작업 – 연결 ④ 연결 – 작업 – 닫기

03 자바에서 파일명만 지정하였을 때, 해당 파일이 있는 위치를 나타내는 단어를 찾으시오.

① 작업 디렉터리 ② 절대 경로 ③ 상대 경로 ④ 구분자

04 파일 시스템의 최상위 디렉터리를 기준으로 파일의 위치를 표시하는 방법을 의미하는 단어를 찾으시오.

① 작업 디렉터리 ② 절대 경로 ③ 상대 경로 ④ 구분자

05 파일 이어쓰기를 하는 올바른 코드를 찾으시오.

① `FileWriter("menu.txt", false)` ② `FileWriter("menu.txt")`
③ `FileWriter("menu.txt", append)` ④ `FileWriter("menu.txt", true)`

06 `FileReader` 클래스의 `read()` 메서드로 1개의 문자를 읽었다. 반환되는 자료형은 무엇인가?

① `int` ② `char` ③ `Double` ④ `String`

07 `FileReader` 클래스의 `read()` 메서드에서 더 이상 읽을 데이터가 없는 경우에 반환되는 것은 무엇인가?

① `null` ② `0` ③ `\n` ④ `-1`

08 파일 입출력과 같은 대부분의 입출력 스트림이 속한 패키지는 무엇인가?

① `java.util` ② `java.lang`

③ `java.io` ④ `java.sql`

09 데이터를 묶어서 처리하여 입출력 기능을 향상시키는 방법을 의미하는 단어를 찾으시오.

① 직렬화 ② 스트림

③ 경로 ④ 버퍼

10 데이터를 묶어서 처리하여 입출력 효율을 향상시키는 클래스를 찾으시오.

① `BufferedReader` ② `FileInputStream`

③ `DataInputStream` ④ `ObjectOutputStream`

11 중간 스트림에 속한 클래스가 아닌 것을 찾으시오.

① `BufferedReader` ② `FileInputStream`

③ `DataInputStream` ④ `ObjectOutputStream`

12 `FileReader` 클래스와 `BufferedReader` 클래스에서 모두 사용할 수 있는 메서드를 찾으시오.

① `flush()` ② `newLine()`

③ `readLine()` ④ `read()`

13 `BufferedWriter` 클래스에서 버퍼에 남아있는 데이터를 강제로 비우는 메서드를 찾으시오.

① `flush()` ② `newLine()`

③ `readLine()` ④ `read()`

14 readLine() 메서드에서 더 이상 읽을 데이터가 없는 경우에 반환되는 것은 무엇인가?

① null ② 0 ③ \n ④ -1

15 readLine() 메서드가 반환하는 자료형은 무엇인가?

① int ② char ③ Double ④ String

16 기본 자료형을 바이트 단위로 변환하여 처리하는 클래스를 찾으시오.

① BufferedReader ② FileInputStream

③ DataInputStream ④ ObjectOutputStream

17 데이터 스트림에서만 사용할 수 있는 메서드를 찾으시오.

① flush() ② readUTF()

③ readLine() ④ read()

18 DatainputStream 클래스에서만 사용할 수 있는 메서드가 아닌 것을 찾으시오.

① readInt() ② readUTF()

③ readLine() ④ readByte()

19 객체 자체를 바이트 스트림으로 처리하는 클래스를 찾으시오.

① BufferedReader ② FileInputStream

③ DataInputStream ④ ObjectOutputStream

20 객체 자체를 바이트 스트림으로 변환하는 과정을 나타내는 단어를 찾으시오.

① 직렬화 ② 스트림 ③ 경로 ④ 버퍼

21 'menu.txt' 파일의 데이터를 한 글자씩 읽어서 화면에 출력하는 코드이다. 빈칸을 채우시오.

```
import java.io.FileReader;
import java.io.IOException;

public class FileReadExample {
    public static void main(String[] args) {
        try (                                        ) {
            int ch;

            while ((ch = fin.read()) != -1) {
                System.out.print(           );
            }
        } catch (IOException e) {
                                 ("오류 발생!: " + e.getMessage());
        }
    }
}
```

22 이름을 입력받아 'hello.txt' 파일에 저장한 뒤, 저장된 내용을 다시 읽어 출력하는 프로그램을 작성하시오.

```
이름을 입력하세요: 홍길동
파일에서 읽은 내용: 홍길동
```

23 'menu.txt' 파일에서 여러 문자를 읽어서 화면에 출력하는 코드이다. 빈칸을 채우시오.

```
import java.io.FileReader;
import java.io.IOException;

public class MultipleReadExample {
    public static void main(String[] args) {
        try (FileReader fin = new FileReader("menu.txt")) {
            char[] cbuf = new char[10];
            int count;

            while ([                              ]) {
                for (int i = 0; i < count; i++) {
                    System.out.print([          ]);
                }
            }
        } catch (IOException e) {
            System.err.println("오류 발생!: " + e.getMessage());
        }
    }
}
```

24 'numbers.txt' 파일에 1부터 10까지 저장한 뒤, 해당 내용을 읽어 합계를 출력하는 프로그램을 작성하시오.

```
합계: 55
```

25 'menu.txt' 파일의 내용을 'new_menu.txt'에 복사하는 코드의 빈칸을 채우시오. 이때, 'new_menu.txt'에 이미 내용이 작성되어 있을 경우 이어쓰기 하시오.

```
import java.io.FileReader;
import java.io.FileWriter;
import java.io.IOException;

public class FileAppendExample {
    public static void main(String[] args) {
        try (FileReader fin = new FileReader("menu.txt");
             FileWriter fout = [                              ];) {

            int ch;
            while ((ch = fin.read()) != -1) {
                [          ];
            }
            System.out.println("파일 이어서 복사 완료!");
        } catch (IOException e) {
            System.err.println("오류 발생!: " + e.getMessage());
        }
    }
}
```

26 'data.dat' 파일에 `int`, `double`, `boolean` 형 데이터를 저장하고 다시 출력하는 프로그램을 작성하시오.

```
정수: 100
실수: 3.14
논리값: true
```

27 바이트 스트림을 사용하여 'donut.png' 이미지 파일을 복사하는 코드이다. 빈칸을 채우시오.

```
import java.io.*;

public class ImageCopyExample {
    public static void main(String[] args) {

        try (FileInputStream in = [                              ];
            FileOutputStream out = new FileOutputStream("donut-copy.png")) {
            byte[] buf = new byte[8192];
            int n;

            while ([                        ]) {
                [                    ];
            }
            System.out.println("복사 완료");
        } catch (IOException e) {
            System.err.println("복사 중 오류 발생!: " + e.getMessage());
        }
    }
}
```

28 문자열을 입력받아 'memo.txt'에 저장한 뒤, 해당 내용을 읽어 출력하는 프로그램을 작성하시오.

```
메모를 입력하세요: 오늘은 미라클 자바 공부하는 날
memo.txt 내용: 오늘은 미라클 자바 공부하는 날
```

29 BufferedReader를 사용하여 'menu.txt' 파일의 내용을 한 줄씩 읽어오는 코드이다. 빈 칸을 채우시오.

```
import java.io.*;

public class BufferredReaderExample {
    public static void main(String[] args) {
        try (BufferedReader fin = [                    ]) {

            String line;
            while ((line = [                ]) {
                System.out.print(line);
            }
        } catch (IOException e) {
            System.err.println("복사 중 오류 발생!: " + e.getMessage());
        }
    }
}
```

30 'input.txt'의 내용을 읽어 모두 대문자로 바꾼 뒤 'output.txt'에 저장하는 프로그램을 작성하시오. 단, String의 toUpperCase() 메서드를 사용하시오.

```
변환 완료!
```

31 버퍼 스트림을 사용하여 점수가 한 줄씩 저장된 'score.txt' 파일의 학생 점수를 읽어 평균을 구하는 프로그램을 작성하시오.

```
평균 점수: 90.0
```

CHAPTER 10

멀티스레딩

학습 목표

- 프로세스와 스레드의 차이점을 이해하고, 스레드의 생명 주기를 알아본다.
- 스레드를 생성하는 방법을 익히고, 스레드의 동작 방식을 이해한다.
- 동시성 문제와 경쟁 상태를 해결하는 방법을 학습한다.

- 스레드와 멀티스레딩
  - 프로세스와 스레드
    - 프로세스와 스레드의 차이
    - 스레드 상태와 생명주기
  - 스레드 생성과 동작 방식
    - Thread 클래스
    - Runnable 인터페이스
    - join(), interrupt() 메서드
  - 멀티스레딩의 장점과 위험성
- 동기화와 데이터 공유
  - 동시성 문제와 경쟁 상태
  - synchronized 예약어
    - 메서드 동기화
    - 블록 동기화
  - 협업을 위한 동기화 도구
    - 생산자–소비자 문제
    - wait(), notify(), notifyAll() 메서드의 사용

SECTION 01

스레드와 멀티스레딩

1 프로세스와 스레드

1. 프로세스와 스레드의 개념

프로세스process는 **프로그램이 실행되어 메모리에 올라와 실제 작업을 수행하는 상태**를 의미한다. 예를 들어 한글 프로그램은 하드디스크에 실행파일(hwp.exe)로 저장된다. 사용자가 문서를 편집하려면 hwp.exe를 실행해야 하며, 실행과 동시에 프로세스가 되어 작업을 수행한다. 자바 코드 역시 실행하면 프로세스로 전환되어 결과를 화면에 출력한다.

그림 10-1 프로그램과 프로세스의 관계

스레드thread는 '실'이라는 뜻의 영어 단어로, **프로세스 내부의 '실행 흐름'을 의미**한다. 일반적으로 하나의 프로세스는 하나의 스레드로 동작하여 하나의 작업 단위를 처리한다. 지금까지 작성한 자바 프로그램도 모두 단일 스레드single-thread로 동작하는 코드였다.

그러나 멀티코어 CPU의 등장으로 하나의 프로세스 안에서 여러 실행 흐름을 동시에 처리할 수 있게 되었는데, 이를 멀티스레딩이라고 한다. **멀티스레딩**multi-threading**은 하나의 프로세스 내부에 여러 개의 스레드를 두어 병렬처리를 가능하게 한다.**

예를 들어 한글 프로세스 안에는 '문서 편집 스레드'와 '맞춤법 검사 스레드'가 독립적으로 동작한다. 사용자가 문서를 편집하는 동시에 맞춤법 검사가 실시간으로 진행되는데, 이는 두 스레드가 병렬로 실행되기 때문이다. 이처럼 멀티스레딩을 사용하면 한 가지 작업을 하는 동안 다른 작업이 중단되지 않고 병렬로 처리된다. 그 결과 프로그램의 응답성이 향상되며, CPU 자원을 더욱 효율적으로 활용할 수 있다.

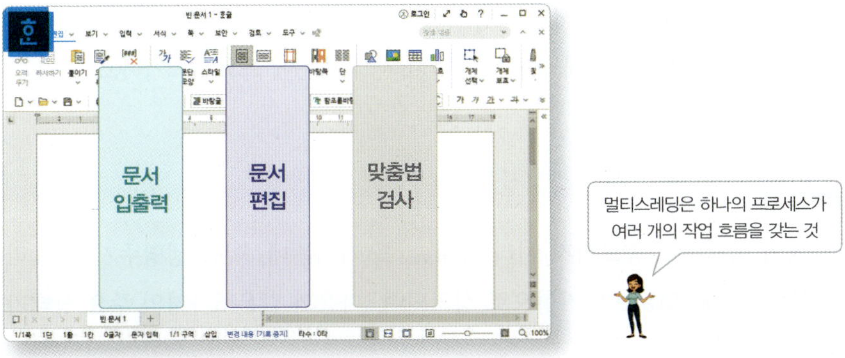

그림 10-2 멀티스레딩의 개념

2. 프로세스와 스레드의 차이

프로세스와 스레드는 컴퓨터에서 작업을 처리하는 데 사용되는 중요한 개념이다. 두 개념 모두 '동시성'을 구현하는 단위이지만, 그 성격과 자원 공유 방식에서 큰 차이를 보인다.

프로세스는 운영체제로부터 독립된 메모리 공간과 자원(예 CPU, 파일, I/O 등)을 할당받아 실행되는 프로그램의 독립적인 단위이다. 각 프로세스는 다른 프로세스와 독립적으로 존재하며, 서로의 메모리 영역에 직접 접근할 수 없다. 또한 프로세스는 기본적으로 자원을 공유하지 않으며, 프로세스 간 통신IPC, Inter-Process Communication을 통해 데이터를 주고받아야 한다. 따라서 한 프로세스에 문제가 발생해도 다른 프로세스에는 영향을 미치지 않아 안정성이 높다.

스레드는 하나의 프로세스 내에서 실행되는 여러 개의 독립적인 실행 흐름으로, 코드, 데이터, 힙 영역과 같은 대부분의 프로세스 자원을 다른 스레드와 공유한다. 따라서 스레드 간의 데이터 교환이 빠르고 효율적이다. 또한, 스레드를 생성하는 것은 프로세스 생성보다 훨씬 가볍기 때문에 경량 프로세스lightweight process라고도 불린다.

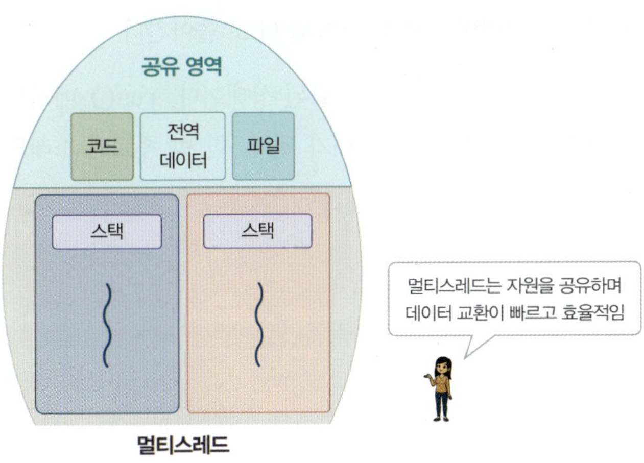

그림 10-3 스레드의 장점

그러나, 스레드가 공유하는 자원에 여러 스레드가 동시에 접근하여 값을 변경할 때 동시성 문제를 일으킬 수 있다. 또한 스레드는 다른 스레드에 영향을 미치기 때문에 프로세스가 종료되면 그 안의 모든 스레드가 같이 종료된다.

3. 스레드 상태와 생명주기

스레드는 마치 생명체처럼 생성부터 종료까지 여러 상태state를 거치는데, 이를 생명주기lifecycle라 부른다. 스레드의 상태는 `Thread.State` 열거형으로 정의되며, 다음과 같은 6가지의 주요 상태가 있다.

- **NEW**: 객체가 생성되었지만, 아직 실행할 수 없는 상태이다. `start()` 메서드를 호출하면 RUNNABLE 상태로 변경된다.
- **RUNNABLE**: `start()` 메서드가 호출되어 실행될 준비가 완료된 상태이다. 이 상태는 운영체제의 스케줄러에 의해 실행 중running이거나 CPU 할당을 기다리는 실행 대기 중ready인 상태를 모두 포함한다.
- **BLOCKED**: 스레드가 잠금lock을 얻기 위해 대기 중인 상태이다. 주로 다른 스레드가 이미 잠금을 소유하고 있어 해당 스레드가 동기화된 블록 또는 메서드에 진입하지 못할 때 발생한다. 다른 스레드가 잠금을 해제하면 RUNNABLE 상태로 돌아간다.
- **WAITING**: `wait()`나 `join()` 메서드 호출과 같이, 특정 조건을 만족할 때까지 무기한으로 대기 중인 상태이다. 다른 스레드가 `notify()` 또는 `notifyAll()` 메서드를 호출하여 깨우기 전까지는 계속 대기한다.
- **TIMED_WAITING**: `sleep()` 메서드의 호출과 같이 스레드가 지정된 시간 동안만 대기하도록 설정된 상태이다. 시간이 만료되거나 다른 스레드가 `notify()` 또는 `notifyAll()`을 호출하여 알림을 보내면 깨어난다. 타임아웃이 지나거나 알림이 오면 RUNNABLE로 돌아간다.
- **TERMINATED**: 스레드의 실행이 완료되었거나 비정상적으로 종료된 상태이다. `run()` 메서드의 실행이 끝나거나 예외가 발생하여 스레드가 종료되면 이 상태가 된다. 한 번 종료된 스레드는 다시 `start()` 메서드를 호출할 수 없다.

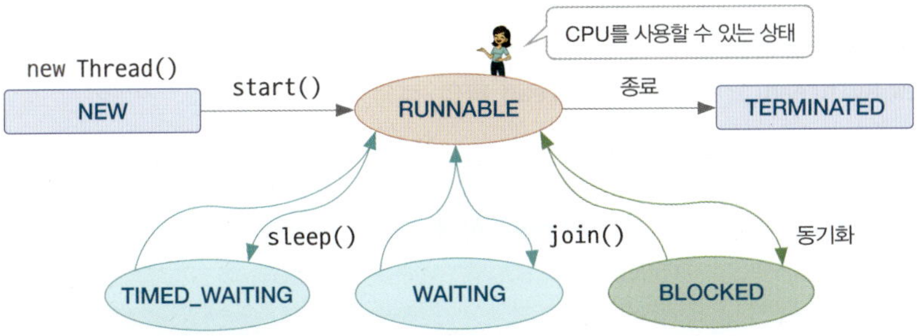

그림 10-4 스레드의 상태와 생명주기

이러한 상태 전이를 통해 스레드는 시스템 자원을 효율적으로 사용하고, 여러 스레드가 동시에 작업을 처리하는 멀티스레드 환경에서 안정적으로 상호작용하며 실행될 수 있다.

2 스레드 생성과 동작 방식

1. Thread 클래스

자바에서 스레드를 만드는 가장 기본적인 방법은 `java.lang.Thread` 클래스를 활용하는 것이다. 스레드를 만들어 실행하는 방법은 다음과 같다.

❶ Thread를 상속받아 클래스를 정의한다. ❷ 스레드로 실행할 코드는 해당 클래스 안의 run() 메서드에 작성한다. ❸ main() 메서드에서 클래스 객체를 만들고 해당 인스턴스의 start() 메서드를 호출한다.

위와 같이 실행하면 JVM과 운영체제가 새로운 실행 흐름을 만들어 run() 메서드를 독립적으로 실행시킨다. 코드를 통해 스레드를 만들고 실행하는 방법을 살펴보자. 다음은 Thread 클래스를 상속받은 MyThread 클래스를 만드는 코드이다.

```
class MyThread extends Thread {}          // Thread 객체 상속
    @Override
    public void run() {
        // 스레드로 실행할 코드 작성
    }
}
```

이때, 스레드로 실행될 코드는 run() 메서드 안에 작성한다. run()은 스레드의 실제 시작 지점 entry point이며, 이 안의 코드가 새로운 스레드로 실행된다. 객체를 생성하고 스레드를 시작하는 코드는 다음과 같다.

```
MyThread thread1 = new MyThread();       // Thread 타입 객체 thread1 생성
MyThread thread2 = new MyThread();       // Thread 타입 객체 thread2 생성

thread1.start();                         // thread1 시작
thread2.start();                         // thread2 시작
```

main() 메서드는 MyThread 타입의 객체를 생성한 뒤, 각 객체에 대해 start()를 호출한다. start()가 호출되면 JVM이 적절한 시점에 해당 스레드의 run()을 실행한다.

각 스레드의 실행 순서는 고정되어 있지 않고 매번 달라진다. 또한 하나의 스레드 인스턴스에 대해 start()는 한 번만 호출할 수 있으며, 두 번 이상 호출하면 IllegalThreadStateException이 발생한다.

▪ Thread 클래스의 주요 메서드

앞에서 살펴본 start()와 run() 메서드를 포함하여 자바 Thread 클래스의 주요 메서드를 [표 10-1]에 정리하였다.

표 10-1 Thread 클래스의 주요 메서드

메서드	설명
start()	스레드를 시작하여 JVM이 run() 메서드를 호출한다.
run()	스레드가 실행할 코드를 담고 있으며, start()를 통해 호출된다.
sleep(long millis)	현재 스레드를 지정된 시간(밀리초) 동안 일시 중지시킨다.
join()	호출한 스레드가 특정 스레드가 종료될 때까지 기다린다.
interrupt()	스레드에게 인터럽트(중단) 요청을 보내며, 대기 상태의 스레드는 InterruptedException을 발생시킨다.
isInterrupted()	스레드의 인터럽트 상태 플래그를 확인한다.
interrupted()	현재 스레드의 인터럽트 상태를 확인하고 플래그를 false로 재설정한다.
currentThread()	현재 실행 중인 스레드 객체를 반환하는 정적 메서드이다.
getState()	스레드의 현재 상태(예 RUNNABLE, BLOCKED 등)를 반환한다.
setName(String name)	스레드의 이름을 설정한다.
getName()	스레드의 이름을 반환한다.
setPriority(int n)	스레드의 우선순위를 설정한다.
getPriority()	스레드의 우선순위를 반환한다.

- **start()/run()**: start()는 새로운 스레드를 생성하고 실행을 시작하도록 JVM에 요청하는 메서드이다. start()가 호출되면 JVM은 내부 스케줄러를 통해 스레드의 run() 메서드를 호출한다. 반면, run() 메서드를 직접 호출하면 새로운 스레드가 생성되지 않고, 메인 스레드에서 일반 메서드처럼 실행된다.
- **setName()/getName()**: setName()은 스레드의 이름을 지정하고, getName()은 스레드의 이름을 반환한다. 이름을 지정하지 않으면, Thread-0, Thread-1과 같이 스레드 생성 순서가 이름이 된다.
- **sleep()/join()**: Thread.sleep(long millis)는 현재 스레드의 실행을 일시 중지하는 정적 메서드이다. 지정된 시간 동안 스레드는 TIMED_WAITING 상태가 된다. join() 메서드는 특정 스레드의 작업이 완료될 때까지 다른 스레드의 실행을 대기시킬 때 사용한다. 예를 들어, threadA.join()을 호출하면 현재 스레드는 threadA가 종료될 때까지 기다린다.
- **interrupt()**: 스레드에 중단 요청을 보내는 메서드이다. 스레드는 이 요청을 받고 스스로 어떤 동작을 할지 결정해야 한다. 만약, 대기 상태에 있는 스레드에 interrupt()를 호출하면 InterruptedException이 발생하여 대기 상태에서 벗어날 수 있다.
- **isInterrupted()/interrupted()**: isInterrupted()는 스레드의 인터럽트 상태 플래그interrupt status flag를 확인만 하고 변경하지 않는다. 반면, Thread.interrupted()는 현재 스레드의 인터럽트 상태를 확인하는 동시에 플래그를 false로 초기화하는 정적 메서드이다. 따라서 이 메서드는 한 번 호출되면 인터럽트 상태가 초기화되므로 주의해야 한다.

[예제 10-1]은 Thread 메서드를 사용하여 멀티스레딩의 작동 방식을 관찰할 수 있도록 만든 코드이다.

예제 10-1 멀티스레드 만들기 MultiThreadExample.java

```java
package sec01.exam01;

class MyThread extends Thread {          // Thread 클래스를 상속하여 스레드 생성
    @Override
    public void run() {                  // 스레드로 실행할 코드는 run() 안에 작성
        for (int i = 1; i <= 5; i++) {
            System.out.println(Thread.currentThread().getName() + ": " + i);
            try {
                Thread.sleep(500);       // 0.5초 대기
            } catch (InterruptedException e) {
                e.printStackTrace();
```

```java
12                 }
13             }
14         }
15     }
16
17     public class MultiThreadExample {
18         public static void main(String[] args) {
19             MyThread thread1 = new MyThread();     // Thread 타입 객체 thread1 생성
20             MyThread thread2 = new MyThread();     // Thread 타입 객체 thread2 생성
21
22             thread1.start();                       // thread1 시작
23             thread2.start();                       // thread2 시작
24         }
25     }
```

첫 번째 실행 콘솔화면

```
Thread-1: 1
Thread-0: 1
Thread-1: 2
Thread-0: 2
Thread-1: 3
Thread-0: 3
Thread-1: 4
Thread-0: 4
Thread-1: 5
Thread-0: 5
```

두 번째 실행 콘솔화면

```
Thread-0: 1
Thread-1: 1
Thread-1: 2
Thread-0: 2
Thread-1: 3
Thread-0: 3
Thread-0: 4
Thread-1: 4
Thread-0: 5
Thread-1: 5
```

MyThread 클래스는 Thread를 상속받아 run()을 오버라이딩하고, start()를 호출함으로써 새로운 스레드를 생성해 run()을 병렬로 실행하게 만든다. 또한 7행 Thread.currentThread().getName()은 스레드의 이름을 반환한다.

실행 결과에서 주목해야 할 점은 Thread-0과 Thread-1의 출력 순서가 실행할 때마다 달라진다는 것이다. 두 스레드는 서로 완전히 독립된 실행 흐름이기 때문에 누가 먼저 실행될지, 언제 번갈아 실행될지 예측할 수 없다. 이러한 순서가 결정되지 않은 실행 특성을 관찰하기 쉽도록 9행에 Thread.sleep(500);을 작성하였다. run() 메서드 안의 반복문은 1부터 5까지 숫자를 출력하고, 각 단계에서 Thread.sleep(500)을 호출해 현재 스레드를 약 0.5초 동안 일시 정지시킨다. sleep()은 지정한 시간 동안 스레드를 일시 정지 상태로 두는 메서드이다. 대기 시간 동안 스케줄러는 다른 스레드에 실행 기회를 주므로, 스레드가 번갈아가며 실행되는 모습을 확인할 수 있다.

만약 Thread.sleep(500)을 제거하면 출력이 더 빠르게 진행되면서 특정 실행에서는 Thread-0이 1부터 5까지 연속으로 출력된 뒤, Thread-1이 뒤따르는 등 순차적으로 실행되는 것처럼 보일 수 있다. 그러나 이러한 순서는 어디까지나 우연이며, 실제 순서가 보장되는 것은 아니다.

2. Runnable 인터페이스

자바에서 스레드를 만드는 또 다른 대표적인 방법은 java.lang.Runnable 인터페이스를 구현하는 것이다. 이 방식은 클래스가 Thread를 상속받아야 할 필요가 없고, Runnable을 구현하여 run() 메서드를 정의한 뒤, 이를 Thread 객체에 전달해 실행한다. 즉, Runnable은 스레드로 실행할 작업Task을 정의하는 인터페이스이고, 실제 스레드의 실행 관리는 Thread 객체를 통해 이루어지므로, 다른 클래스를 상속받으면서 동시에 스레드 작업을 정의할 수 있어 Thread 상속 방식보다 유연하다. Runnable을 이용해 스레드를 생성하고 실행하는 절차는 다음과 같다.

```
class MyTask implements Runnable {                    // Runnable 인터페이스로 스레드 생성
    @Override
    public void run() {
        // 스레드로 실행할 코드 작성
    }
}
```

Runnable을 구현한 객체는 Thread 생성자의 인자로 전달한다. 그 후 Thread 인스턴스에 대해 start()를 호출하면, JVM이 새로운 스레드를 만들고 해당 스레드가 run() 메서드를 실행한다.

```
MyTask task = new MyTask();
Thread thread = new Thread(task);                     // Thread에 task를 인자로 전달
thread.start();
```

Thread에 task와 함께 스레드 이름을 전달하는 경우 다음과 같이 작성한다.

```
MyTask task = new MyTask();
Thread thread = new Thread(task, "1번 스레드");   // Thread에 task와 이름 전달
```

위 코드를 한 줄로 작성하면 다음과 같다.

```
Thread thread = new Thread(new MyTask(), "1번 스레드");
```

[예제 10-2]는 Runnable 인터페이스를 구현하여 스레드를 생성하고, 두 개의 스레드가 번갈아 가며 실행되는 모습을 보여주는 코드이다.

예제 10-2 Runnable 인터페이스 사용하기 RunnableExample.java

```
package sec01.exam02;

class MyTask implements Runnable {          // Runnable 인터페이스로 스레드 생성
    @Override
    public void run() {
        for (int i = 1; i <= 5; i++) {
            System.out.println(Thread.currentThread().getName() + ": " + i);
            try {
                Thread.sleep(500);          // 0.5초 대기
            } catch (InterruptedException e) {
                e.printStackTrace();
            }
        }
    }
}

public class RunnableExample {
    public static void main(String[] args) {

        MyTask task = new MyTask();         // Runnable 구현 객체 생성
        Thread thread1 = new Thread(task, "1번 스레드");
        Thread thread2 = new Thread(task, "2번 스레드");

        thread1.start();                    // 스레드 시작
        thread2.start();
    }
}
```

```
2번 스레드: 1
1번 스레드: 1
1번 스레드: 2
2번 스레드: 2
1번 스레드: 3
2번 스레드: 3
2번 스레드: 4
1번 스레드: 4
2번 스레드: 5
1번 스레드: 5
```

3행의 MyTask 클래스는 Runnable 인터페이스를 구현하고, run() 메서드를 재정의하여 스레드로 실행될 작업 내용을 정의한다. 20행에서 MyTask 객체를 만든 후, 21, 22행과 같이 Thread 생성자의 인자로 task와 스레드 이름을 전달해 각각 thread1, thread2를 생성한다.

24행의 thread1.start()와 25행의 thread2.start()를 호출하면, JVM은 각각 새로운 스레드를 만들고 해당 스레드의 실행 흐름에서 run() 메서드를 실행한다. 실행 결과는 매번 달라질 수 있으며, 두 스레드가 번갈아 실행되는 모습이 확인된다.

Thread 상속 방식은 스레드 클래스를 직접 정의하여 사용하며, 단일 상속만 가능하므로 다른 클래스를 상속받을 수 없는 단점이 있다. Runnable 구현 방식은 실행할 작업을 별도의 인터페이스로 정의하고, Thread 객체에 전달하여 실행한다. Runnable 방식은 다중 상속이 불가능한 자바에서 다른 클래스를 상속받으면서도 스레드 작업을 정의할 수 있다는 장점이 있다.

3. join() 메서드

Thread 상속 방식과 Runnable 인터페이스를 이용해 스레드를 생성하면 각 스레드는 독립적으로 실행된다. 그 결과 출력이 섞이거나 실행 순서를 예측할 수가 없게 되는데, 이는 멀티스레딩의 특징이자 장점이기도 하다. 그러나 때로는 특정 스레드가 종료된 뒤 다른 스레드를 실행해야 하는 상황이 발생하는데, 이때 join() 메서드를 사용하면 스레드의 실행 순서를 제어할 수 있다.

join() 메서드는 다른 스레드가 끝날 때까지 현재 스레드를 잠시 기다리게 하는 메서드로, 독립적으로 실행되던 스레드 흐름에 순서를 부여할 수 있는 도구이다. [예제 10-3]을 통해 join() 메서드를 사용하여 스레드를 순차적으로 실행하는 과정을 살펴보자.

예제 10-3 join() 메서드 사용하기 JoinExample.java

```java
package sec01.exam03;

class MyTask implements Runnable {     // Runnable 인터페이스 구현
    @Override
    public void run() {
        for (int i = 1; i <= 5; i++) {
            System.out.println(Thread.currentThread().getName() + ": " + i);
            try {
                Thread.sleep(500);      // 0.5초 대기
            } catch (InterruptedException e) {
                e.printStackTrace();
            }
        }
    }
}

public class JoinExample {
    public static void main(String[] args) throws InterruptedException {

        Thread thread1 = new Thread(new MyTask(), "1번 스레드");
        Thread thread2 = new Thread(new MyTask(), "2번 스레드");

        thread1.start();                // 스레드 시작
        thread1.join();                 // thread1이 끝날 때까지 main 스레드 대기

        thread2.start();                // thread1이 끝난 후 thread2 시작
        thread2.join();                 // thread2가 끝날 때까지 main 스레드 대기

        System.out.println("메인 스레드: 모든 작업이 완료되었습니다.");
    }
}
```

```
1번 스레드: 1
1번 스레드: 2
1번 스레드: 3
1번 스레드: 4
1번 스레드: 5
2번 스레드: 1
2번 스레드: 2
2번 스레드: 3
2번 스레드: 4
2번 스레드: 5
메인 스레드: 모든 작업이 완료되었습니다.
```

3행의 Runnable을 구현한 MyTask 클래스는 1부터 5까지 숫자를 출력하고, 매번 0.5초 동안 대기한다. 20행과 21행에서 각각 thread1과 thread2를 생성한다. main() 메서드는 throws InterruptedException을 선언했기 때문에, join()에서 발생할 수 있는 예외를 별도의 try-catch 없이 처리한다.

23행에서 thread1.start()로 스레드를 시작하고, 24행에서 thread1.join()을 호출하면 main() 스레드는 thread1이 종료될 때까지 기다린다. 그 후 thread2.start()가 실행되고, thread2.join()으로 thread2 종료까지 기다린 뒤, 메인 스레드가 종료 메시지를 출력한다. 결과적으로 출력 순서를 '1번 스레드→2번 스레드→메인 스레드'로 제어할 수 있다.

체크 프로그램

[예제 10-3]의 24행 thread1.join();과 27행 thread2.join();을 지우고 실행하면 출력이 어떻게 변하는지 확인하시오.

4. interrupt() 메서드

스레드가 무한 루프에 빠지거나 특정 시간 동안 대기 상태에 있을 때, 외부에서 안전하게 스레드를 종료하거나 상태를 변경하기 위해 interrupt() 메서드를 사용한다. interrupt()는 스레드를 즉시 강제 종료하는 명령이 아니라, '중단될 준비를 하라'는 신호를 보내는 메서드이다.

interrupt() 메서드를 호출하면 해당 스레드의 인터럽트 플래그가 true로 설정된다. 이 플래그는 스레드가 sleep(), wait(), join()과 같이 인터럽트가 가능한 메서드를 호출 중일 때 해당 메서드가 InterruptedException을 던지도록 한다. 만약 반복 작업을 수행 중이라면, 스레드가 isInterrupted() 등의 플래그를 확인한 후 정상적으로 종료하거나 다른 작업을 수행하도록 설계해야 한다. 그런 interrupt() 스레드의 동작 방식은 다음과 같다.

❶ Thread.interrupt()를 호출하면 대상 스레드의 인터럽트 플래그가 true로 설정된다.
❷ 대상 스레드가 Thread.sleep(), Object.wait(), Thread.join() 등 인터럽트가 가능한 블로킹 상태일 때 즉시 InterruptedException이 발생하며, 이 예외가 던져지면 인터럽트 플래그는 자동으로 false로 초기화된다.
❸ Thread.interrupted()는 현재 스레드의 인터럽트 상태를 읽고 false로 초기화하는 반면, thread.isInterrupted()는 특정 스레드의 인터럽트 상태를 읽지만 초기화하지 않는다.
❹ InterruptedException을 잡았을 때 이를 처리하지 않으면 인터럽트 신호를 흘려보내는 것이므로, 종료 처리를 하거나 플래그를 복원(Thread.currentThread().interrupt())해야 한다.

[예제 10-4]는 sleep() 상태에 있는 스레드를 interrupt()로 깨우는 코드이다.

예제 10-4 **interrupt() 메서드 사용하기** InterruptExample.java

```java
package sec01.exam04;

class MyThread extends Thread {
    @Override
    public void run() {
        System.out.println("스레드 시작: " + Thread.currentThread().getName());
        try {
            System.out.println("5초 동안 대기합니다.");
            Thread.sleep(5000);                    // 5초 대기
            System.out.println("대기 완료!");
        } catch (InterruptedException e) {
            System.out.println("스레드 대기 중 인터럽트 발생!");
            Thread.currentThread().interrupt();    // 플래그를 다시 설정
        } finally {
            System.out.println("스레드 종료: " + Thread.currentThread().getName());
        }
    }
}

public class InterruptExample {
    public static void main(String[] args) throws InterruptedException {
        Thread workerThread = new MyThread();
        workerThread.start();

        Thread.sleep(2000);                        // 2초 대기
        System.out.println("메인 스레드에서 인터럽트 호출!");
        workerThread.interrupt();                  // 인터럽트 호출
    }
}
```

```
스레드 시작: Thread-0
5초 동안 대기합니다.
메인 스레드에서 인터럽트 호출!
스레드 대기 중 인터럽트 발생!
스레드 종료: Thread-0
```

9행의 Thread.sleep(5000);은 5초 동안 스레드를 TIMED_WAITING 상태로 만든다. 이 메서드는 InterruptedException을 발생시킬 수 있으므로 try-catch 문으로 감싸야 한다.

23행에서 MyThread 스레드가 시작되면, 25행의 Thread.sleep(2000);으로 인하여 메인 스레드는 2초 동안 대기한 후, 27행 workerThread의 interrupt() 메서드를 호출한다. workerThread는 sleep() 상태에서 InterruptedException을 즉시 발생시키고 catch 블록으로 이동하여 '스레드 대기 중 인터럽트 발생!'을 출력한다.

InterruptedException이 발생하면 JVM은 해당 스레드의 인터럽트 플래그를 자동으로 초기화한다. 따라서 catch 블록에서 Thread.currentThread().interrupt()를 호출하여 플래그를 다시 설정함으로써, 이후 코드나 상위 호출자가 인터럽트 상태를 감지할 수 있도록 한다. 만약 catch에서 플래그를 복원하지 않으면, 이후 isInterrupted()나 Thread.interrupted() 호출은 true를 반환하지 않는다. try 또는 catch 블록이 실행된 후에는 finally 블록이 실행되어 '스레드 종료' 메시지를 출력하고 스레드는 정상적으로 종료된다.

생성형 AI와 공부하기

자바의 멀티스레딩에서 isInterrupted()가 필요한 이유를 설명하고, 관련 코드를 작성해 출력 결과와 함께 코드의 구조를 설명해줘.

3 멀티스레딩의 장점과 위험성

멀티스레딩은 현대 소프트웨어 개발에서 필수적인 기술이지만, 그 활용에는 명확한 이점과 함께 위험성이 존재한다. 이를 이해하는 것은 효율적이고 안정적인 프로그램을 만드는 데 매우 중요하다. 먼저 멀티스레딩의 장점을 살펴보자.

- **응답성 향상**: 멀티스레딩은 사용자 인터페이스를 구현한 프로그램에서 중요한 역할을 한다. 메인 스레드가 사용자 입력이나 화면 렌더링을 처리하는 동안, 백그라운드 스레드는 파일 다운로드, 데이터베이스 쿼리 작업과 같이 시간이 오래 걸리는 작업을 수행할 수 있다. 이렇게 하면 프로그램이 멈춘 것처럼 보이지 않고, 사용자에게 항상 즉각적인 반응을 보여줄 수 있다.
- **리소스 효율성**: 하나의 프로세스 내에서 여러 스레드가 동시에 실행되므로, CPU 코어를 최대한 활용하여 작업을 병렬로 처리할 수 있다. 이는 단일 스레드로 작업을 순차적으로 처리하는 것보다 효율적인 방식이며, 멀티코어 프로세스 환경이라면 각 코어에 다른 스레드를 할당하여 실시간 병렬 처리를 할 수 있다.

- **자원 공유의 용이성**: 동일한 프로세스 내의 스레드는 힙 메모리를 공유하기 때문에 스레드 간에 데이터를 쉽게 주고받을 수 있다. 이는 프로세스 간 통신IPC보다 훨씬 빠르고 간단하다.

이처럼 멀티스레딩은 프로그램의 성능과 응답성을 크게 향상시킬 수 있지만, 동시에 여러 스레드가 동시에 실행됨으로써 발생할 수 있는 다양한 위험성이 존재한다.

- **동시성 문제**concurrency issues: 여러 스레드가 공유 자원에 동시에 접근하여 데이터를 변경할 때 발생하는 문제이다. 예를 들어, 두 스레드가 같은 변수의 값을 동시에 증가시키려고 할 때, 최종 결과가 예상과 다르게 나올 수 있다. 이러한 문제를 경쟁 상태라고 한다. 이를 해결하기 위해 동기화 메커니즘이 필요하며, 이는 2절 '동기화와 데이터 공유'에서 자세히 다룬다.
- **데드락**deadlock: 두 개 이상의 스레드가 서로가 점유한 자원을 무한정 기다리며 멈춰 버리는 현상이다. 예를 들어, 스레드 A가 자원 1을 점유한 채 자원 2를 기다리고, 스레드 B가 자원 2를 점유한 채 자원 1을 기다리는 상황이 발생할 수 있다. 이러한 상황에 빠지면 프로그램이 완전히 정지한다.
- **복잡한 코드 관리**: 멀티스레드 환경에서는 실행 순서가 예측 불가능하므로, 버그를 찾고 디버깅하는 것이 매우 어렵다. 특정 스레드의 실행 지연이 다른 스레드에 영향을 미치거나, 동기화 처리의 미흡으로 인해 예상치 못한 결과가 발생할 수 있기 때문이다. 또한, 스레드 안정성을 확보하기 위해서는 단일 스레드 환경에 비해 코드 작성이 훨씬 복잡해진다는 점을 유의해야 한다.

멀티스레딩은 프로그램의 성능을 비약적으로 향상할 수 있지만, 그 복잡성 때문에 신중한 설계와 구현이 요구된다. 따라서 멀티스레딩을 적용할 때는 잠재적인 위험성을 충분히 고려해야 한다.

LAB 바리스타 시뮬레이션 만들기

두 명의 바리스타(스레드)가 각자 다른 음료를 동시에 준비하는 멀티스레딩 프로그램의 빈칸을 채워보자. 이 실습을 통해 스레드가 독립적으로 실행하는 과정을 이해할 수 있으며, 실행 순서가 고정적이지 않은 멀티스레딩의 특징을 직접 확인할 수 있다. 실행 결과와 조건은 다음과 같다.

TIP 이때, 출력 결과는 실행할 때마다 달라질 수 있다.

```
메인 스레드: 오늘의 주문을 받습니다.
바리스타 스레드: 아메리카노 준비 시작.
바리스타 스레드: 라떼 준비 시작.
바리스타 스레드: 아메리카노 1단계 완료.
바리스타 스레드: 라떼 1단계 완료.
바리스타 스레드: 아메리카노 2단계 완료.
바리스타 스레드: 라떼 2단계 완료.
바리스타 스레드: 라떼 3단계 완료.
바리스타 스레드: 아메리카노 3단계 완료.
바리스타 스레드: 라떼 준비 완료!
바리스타 스레드: 아메리카노 준비 완료!
메인 스레드: 모든 주문이 처리되었습니다.
```

조건

- Barista 클래스를 만들고, java.lang.Thread 클래스를 상속받는다.
- 생성자에서 바리스타가 만들 음료의 이름을 문자열로 전달받는다.
- 음료 준비는 3단계로 나누어, for 문을 사용하고 각 단계마다 Thread.sleep()을 사용하여 0.5초씩 대기하도록 한다.
- main() 메서드는 두 개의 Barista 객체를 생성하고, start() 메서드를 호출하여 스레드를 시작한다.

Lab 10-1 바리스타 시뮬레이션 만들기

```
package chap10.lab01;

class Barista [    ①    ] {
    private String drinkName;

    public Barista(String drinkName) {
        this.drinkName = drinkName;
        [    ②    ]("바리스타 스레드");
    }

    @Override
    public void [    ③    ] {
        System.out.println(Thread.currentThread().getName() + ": " + drinkName
+ " 준비 시작.");

```

```
        try {
            for (int i = 1; i <= 3; i++) {
                System.out.println(Thread.currentThread().getName() + ": " + drinkName + " " + i + "단계 완료.");
                Thread.sleep(500);
            }
        } catch (InterruptedException e) {
            e.printStackTrace();
        }

        System.out.println(Thread.currentThread().getName() + ": " + drinkName + " 준비 완료!");
    }
}

public class ThreadLab {
    public static void main(String[] args) throws InterruptedException {
        System.out.println("메인 스레드: 오늘의 주문을 받습니다.");
        Barista barista1 = new Barista("아메리카노");
        Barista barista2 = new Barista("라떼");

        [      ④      ];
        barista2.start();

        barista1.join();
        [      ⑤      ];

        System.out.println("메인 스레드: 모든 주문이 처리되었습니다.");
    }
}
```

정답

① extends Thread

② this.setName

③ run()

④ barista1.start()

⑤ barista2.join()

SECTION 02

동기화와 데이터 공유

1 동시성 문제와 경쟁 상태

멀티스레딩의 가장 큰 위험성 중 하나는 바로 **동시성 문제**concurrency problem이다. 이는 여러 스레드가 동시에 같은 자원에 접근하여 데이터를 변경할 때 발생하는 예상치 못한 결과나 오류를 말한다.

멀티스레딩에서는 각 스레드가 언제 자원을 읽고, 쓰느냐에 따라 실행 결과가 달라질 수 있다. 예를 들어 T1과 T2 두 개의 스레드가 공유 변수인 '예금'에 접근하여 작업을 진행한다고 가정해보자. '예금'의 초깃값은 0원이며 두 스레드는 각각 10만 원을 추가하고 그 결과를 저장한다. 정상적으로 실행되었다면, '예금'은 20만 원이 되어야 하지만 다음과 같은 상황이 발생할 수 있다.

- 스레드 T1이 예금 0원을 읽고 10만 원을 추가한다. 아직 저장하기 전이다.
- 스레드 T2도 같은 예금 0원을 읽고 10만 원을 추가한다.
- 스레드 T2가 예금 10만 원을 저장한다.
- 스레드 T1이 예금 10만 원으로 덮어쓴다.

'예금'의 저장 결과는 20만 원이 되어야 하지만, 10만 원이 저장되었다. 이는 두 개의 스레드가 같은 값을 읽고 동시에 업데이트했기 때문에 결과가 올바르게 반영되지 않은 것이다.

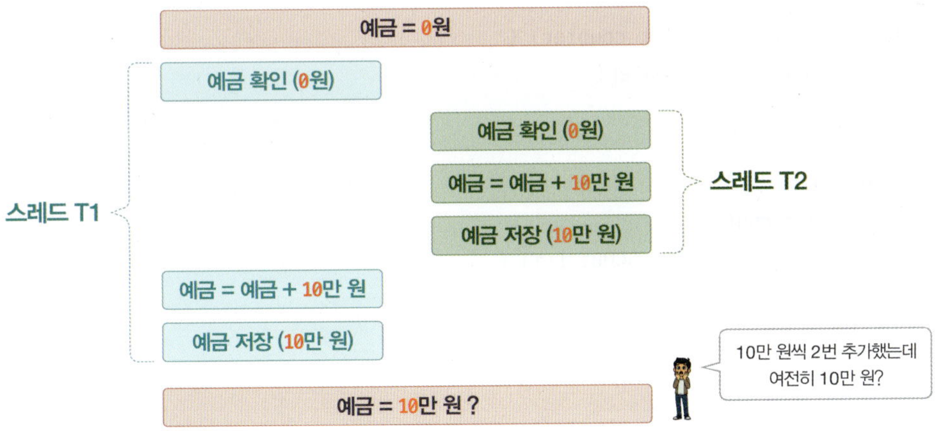

그림 10-5 동시성 문제

이처럼 두 개 이상의 스레드가 공유 자원에 동시 접근하여 예측할 수 없는 결과가 발생하는 상황을 **경쟁 상태** race condition 라고 한다. 이때 스레드들의 실행 순서가 결과에 영향을 미치게 되며, 어떤 스레드가 먼저 실행되느냐에 따라 최종 결과가 달라진다.

코드를 통해 경쟁 상태의 문제를 파악해보자. [예제 10-5]는 두 개의 스레드가 하나의 공유 변수인 count를 5000번씩 증가시키는 코드이다. 예상대로라면 최종 count 값은 10000이 되어야 하지만, 실제로는 그렇지 않은 경우가 발생한다.

예제 10-5 경쟁 상태 코드 확인하기 RaceConditionExample.java

```
package sec02.exam05;

class Counter {
    private int count = 0;

    public void increment() {
        count++;            // 이 한 줄의 코드가 사실은 여러 단계로 이루어져 있음
    }

    public int getCount() {
        return count;
    }
}

class MyThread extends Thread {  // Thread 클래스를 상속하여 스레드 생성
    private Counter counter;

    public MyThread(Counter counter) {
        this.counter = counter;
    }

    @Override
    public void run() {
        for (int i = 0; i < 5000; i++) {
            counter.increment();
        }
    }
}

public class RaceConditionExample {
    public static void main(String[] args) throws InterruptedException {
```

```java
        Counter counter = new Counter();
        MyThread thread1 = new MyThread(counter);
        MyThread thread2 = new MyThread(counter);

        thread1.start();
        thread2.start();
        thread1.join();
        thread2.join();
        System.out.println("최종 카운트: " + counter.getCount());
    }
}
```

첫 번째 실행 콘솔화면

```
최종 카운트: 10000
```

두 번째 실행 콘솔화면

```
최종 카운트: 6279
```

세 번째 실행 콘솔화면

```
최종 카운트: 9912
```

[예제 10-5]는 코드를 실행할 때마다 결과가 달라진다. 겉보기에는 count++이 한 번에 실행되는 것처럼 보이지만, 컴퓨터 내부에서는 여러 단계로 분해되어 작업이 이루어진다. 앞의 예금 예시와 같이, count를 공유하는 두 스레드의 실행 순서에 따라 결과는 달라진다. 이러한 경쟁 상태는 공유 자원에 여러 스레드가 동시에 접근하여 값을 변경할 때 발생하며, 프로그램의 신뢰성을 해치는 원인이 된다. 이러한 문제를 해결하려면 스레드 동기화thread synchronization 기술이 필요하다. 이어지는 내용에서 자세히 살펴보자.

2 synchronized 예약어

공유 자원을 보호하는 대표적인 방법은 **잠금**lock과 **잠금 해제**unlock이다. 화장실을 사용할 때 문을 잠그고 사용 후 잠금을 풀어 다른 사람이 들어올 수 있게 하는 것처럼, 공유 자원을 한 번에 한 스레드만 사용할 수 있도록 관리하는 과정을 **동기화**synchronization라 한다.

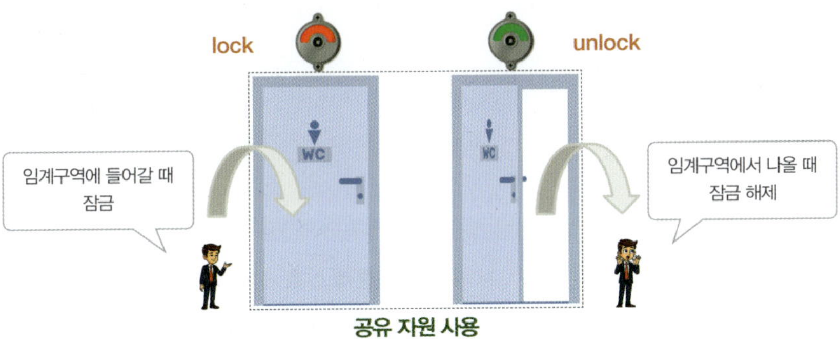

그림 10-6 잠금(lock)과 잠금 해제(unlock)

자바에서 스레드 동기화를 구현하는 가장 기본적인 방법은 **synchronized 예약어**를 사용하는 것이다. synchronized는 특정 코드 블록이나 메서드에 잠금을 설정하여, 한 번에 하나의 스레드만 해당 코드에 접근할 수 있게 보장한다. 결과적으로 여러 스레드가 동시에 공유 자원을 변경하여 발생하는 경쟁 상태를 효과적으로 방지할 수 있다.

1. 메서드 동기화

메서드 동기화는 메서드 선언부에 synchronized 예약어를 추가하여 해당 메서드 전체를 동기화시키는 방법이다. 메서드가 동기화되면 메서드를 포함하는 **객체 자체에 잠금이 걸린다**. 한 스레드가 이 동기화된 메서드를 호출하면, 해당 스레드는 객체의 잠금을 획득한다. 다른 스레드가 같은 객체의 동기화된 메서드를 호출하려고 하면, 앞선 스레드가 잠금을 해제할 때까지 BLOCKED 상태로 대기하게 된다. 메서드 동기화의 기본 형식은 다음과 같다.

```
public synchronized void synchronizedMethod() {
    // 동기화된 코드 블록
}
```

[예제 10-6]은 synchronized 메서드를 사용하여 경쟁 상태 문제를 해결한 코드이다.

예제 10-6 synchronized 메서드 사용하기 SynchronizedExample.java

```
package sec02.exam06;

class SyncCounter {
    private int count = 0;

    public synchronized void increment() {     // synchronized 예약어 추가
        count++;             // 이 한 줄의 코드가 사실은 여러 단계로 이루어져 있음
    }

    public int getCount() {
        return count;
    }
}

class MyThread extends Thread {          // Thread 클래스를 상속하여 스레드 생성
    private SyncCounter counter;

```

```java
    public MyThread(SyncCounter counter) {
        this.counter = counter;
    }

    @Override
    public void run() {
        for (int i = 0; i < 5000; i++) {
            counter.increment();
        }
    }
}

public class SynchronizedExample {
    public static void main(String[] args) throws InterruptedException {
        SyncCounter counter = new SyncCounter();
        MyThread thread1 = new MyThread(counter);
        MyThread thread2 = new MyThread(counter);

        thread1.start();
        thread2.start();
        thread1.join();
        thread2.join();
        System.out.println("최종 카운트: " + counter.getCount());
    }
}
```

```
최종 카운트: 10000
```

SyncCounter 클래스의 increment() 메서드는 synchronized 예약어로 선언되어 한 번에 한 스레드만 실행할 수 있는 동기화 메서드가 된다. thread1이 counter.increment()를 호출하면, thread1은 counter 객체의 내부 잠금을 획득한다. 이 잠금을 획득한 스레드만 increment() 메서드를 실행할 수 있다. 만약 thread2가 thread1이 잠금을 해제하기 전에 counter.increment()를 호출하려고 하면, thread2는 counter 객체의 잠금이 풀릴 때까지 BLOCKED 상태로 대기한다. thread1이 increment() 메서드를 빠져나오면 잠금이 해제되고, thread2가 잠금을 획득하여 작업을 시작할 수 있게 된다.

이처럼 synchronized 예약어를 사용하면 increment() 메서드 내의 count++ 작업이 여러 스레드에 의해 동시에 실행되지 않고, 하나의 스레드에 의해 완전히 완료된 후 다음 스레드가 접근할 수 있게 된다. 이를 통해 count++의 경쟁 상태가 사라지고, 항상 올바른 결과인 10000을 얻게 된다.

2. 블록 동기화

메서드 동기화는 메서드 전체에 잠금이 걸리기 때문에, 메서드 내에 동기화가 필요 없는 코드가 포함되어 있다면 불필요한 성능 저하가 발생할 수 있다는 단점이 있다. 이럴 때, synchronized 블록을 사용하여 동기화 범위를 세밀하게 제어할 수 있다.

블록 동기화는 메서드 동기화와 마찬가지로 synchronized 예약어를 사용하지만, 적용 범위를 특정 코드 블록으로 제한한다. 이는 동기화가 필요한 최소한의 코드에만 잠금을 적용함으로써 프로그램의 성능 저하를 최소화한다. 블록 동기화의 기본 형식은 다음과 같다.

```
synchronized (lockObject) {
    // 이 코드 블록은 한 번에 하나의 스레드만 실행할 수 있음
    // lockObject는 잠금 역할을 하는 객체
}
```

여기서 lockObject는 잠금 역할을 하는 객체이다. 이 객체는 모든 스레드가 공유하는 객체여야 하며, 일반적으로 this(현재 객체)를 사용하거나, 클래스의 static 객체를 사용한다. 한 스레드가 synchronized 블록에 진입하면 lockObject에 잠금을 걸고, 다른 스레드는 이 잠금이 해제될 때까지 대기한다.

[예제 10-7]은 synchronized 블록을 사용하여 경쟁 상태를 해결하는 코드이다. 메서드 동기화와 마찬가지로, 코드를 여러 번 실행해도 항상 동일하고 올바른 결과를 얻을 수 있다.

예제 10-7 synchronized 블록 사용하기 SyncBlockExample.java

```
package sec02.exam07;

class SyncBlockCounter {
    private int count = 0;
    private final Object lock = new Object();     // 잠금 역할을 하는 객체

    public void increment() {
        synchronized (lock) {         // count++ 부분에만 synchronized 블록 적용
            count++;
        }
```

```java
    }

    public int getCount() {
        return count;                   // 이 메서드는 동기화가 필요 없음
    }
}

class MyThread extends Thread {         // Thread 클래스를 상속하여 스레드 생성
    private SyncBlockCounter counter;

    public MyThread(SyncBlockCounter counter) {
        this.counter = counter;
    }

    @Override
    public void run() {
        for (int i = 0; i < 5000; i++) {
            counter.increment();
        }
    }
}

public class SyncBlockExample {
    public static void main(String[] args) throws InterruptedException {
        SyncBlockCounter counter = new SyncBlockCounter();
        MyThread thread1 = new MyThread(counter);
        MyThread thread2 = new MyThread(counter);

        thread1.start();
        thread2.start();
        thread1.join();
        thread2.join();
        System.out.println("최종 카운트: " + counter.getCount());
    }
}
```

```
최종 카운트: 10000
```

SyncBlockCounter 클래스 내부의 lock 객체는 increment() 메서드 내의 동기화 블록에 대한 잠금 역할을 한다. 모든 스레드가 이 lock 객체를 공유하기 때문에, synchronized (lock) 블록은 한 번에 한 스레드만 실행될 수 있다.

[예제 10-7]에서는 9행의 count++ 연산이 있는 코드에만 synchronized (lock) 블록을 적용했다. 따라서 increment() 메서드 내에 다른 코드가 있더라도 해당 부분은 여러 스레드가 동시에 실행할 수 있어 불필요한 대기 시간을 줄일 수 있다. 이처럼 블록 동기화는 동기화가 필요한 최소한의 코드에만 잠금을 걸 수 있어 불필요한 병목 현상을 방지한다. 따라서 대부분의 경우 메서드 동기화보다 블록 동기화를 사용하는 것을 권장한다.

3 협업을 위한 동기화 도구

1. 생산자–소비자 문제

생산자–소비자 문제producer-consumer problem는 대표적인 동시성 관련 문제이다. 이 문제는 데이터를 계속 생산하여 버퍼에 저장하는 생산자producer와, 버퍼에서 데이터를 꺼내 사용하는 소비자consumer 간의 협업 과정에서 발생한다. 예를 들어, 생산자가 생산한 물건은 버퍼에 저장되며, 현재 버퍼에 저장된 데이터 개수를 나타내는 변수는 count라고 가정하자. 생산자 Producer()는 input(buf)를 호출하여 버퍼에 물건을 넣고, count 값을 1 증가시킨다. 소비자 Consumer()는 output(buf)를 호출하여 버퍼에서 물건을 꺼내고, count 값을 1 감소시킨다. 이러한 생산자–소비자 문제를 도식화하면 [그림 10-7]과 같다.

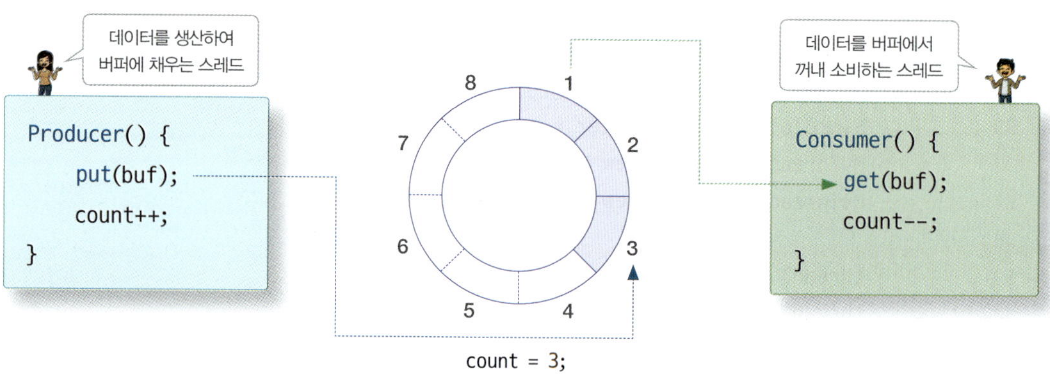

그림 10-7 생산자–소비자 문제

생산자와 소비자가 동시에 실행되어 발생하는 문제의 예를 살펴보자. count = 3인 상황에서 생산자와 소비자가 동시에 실행되면, 실행 순서에 따라 연산이 뒤섞여 잘못된 결과가 발생할 수 있다. [그림 10-8]의 왼쪽의 경우, 생산자가 먼저 count++를 실행하여 count = 4가 되고, 이어서 소비자가 count--를 실행하면 count = 3이 아닌 count = 2가 된다. 오른쪽의 경우, 소비자가 먼저 count--를 실행하여 count = 2가 되고, 이후 생산자가 count++를 실행하면 count = 4가 된다. 어느 경우든 올바른 값이 아니다.

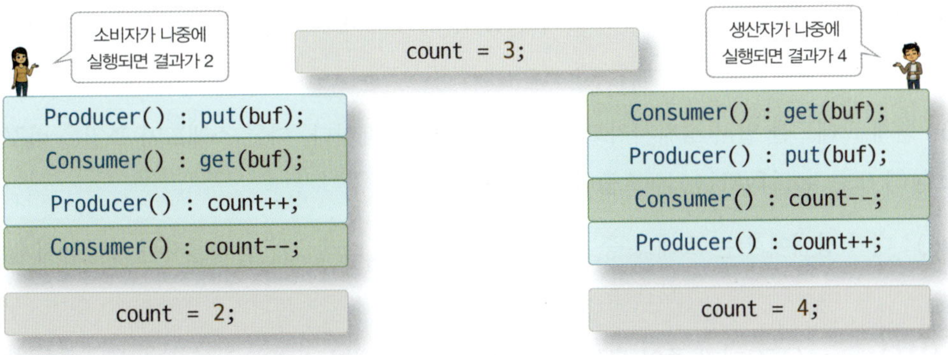

그림 10-8 실행 순서에 따른 결과 차이

이처럼 스레드 간 실행 순서에 따라 공유 데이터의 일관성이 깨지는 문제를 해결하려면 '버퍼에 데이터를 넣고 빼는 작업'과 'count 값을 변경하는 작업'을 하나의 단위로 묶어 다른 스레드가 동시에 접근하지 못하도록 해야 한다.

synchronized 예약어를 사용하여 Producer()와 Consumer() 메서드를 동기화하면 잠금 상태를 제공하여 다른 스레드가 동시에 접근하지 못하도록 막을 수 있다. 그러나, 잠금만으로는 생산자-소비자 문제를 완벽히 해결할 수가 없다. 다음 상황을 살펴보자.

> ❶ 버퍼가 비어 있는 상태에서 Consumer()가 데이터를 꺼내려 하면 오류가 발생한다.
> ❷ 버퍼가 가득 차 있는 상태에서 Producer()가 데이터를 넣으려 하면 오류가 발생한다.

위와 같은 문제 상황에서는 조건에 따라 스레드를 대기waiting시키고, 다른 스레드가 조건을 충족하면 다시 깨워notifying 실행을 재개할 수 있는 방법이 필요하다. 스레드를 대기시키거나 깨울 때 사용하는 메서드가 wait(), notify(), notifyAll()이며, 다음과 같이 상황을 제어할 수 있다.

> ❶ 버퍼가 비어 있는 상태에서는 먼저 Consumer()를 대기시키고, Producer()가 데이터를 넣은 후에 Consumer()를 깨워서 실행시킨다.
> ❷ 버퍼가 가득 차 있는 상태에서는 먼저 Producer()를 대기시키고, Consumer()가 데이터를 가져간 후에 Producer()를 깨워서 실행시킨다.

2. wait(), notify(), notifyAll() 메서드의 사용

wait(), notify(), notifyAll() 메서드는 스레드 간의 협업cooperation을 위해 사용되는 중요한 메서드이다. 세 가지 메서드는 모두 Object 클래스에 정의되어 있으며, 반드시 synchronized 블록이나 synchronized 메서드 내부에서 호출해야 한다. 이는 스레드가 잠금을 소유한 상태에서만 호출할 수 있기 때문이다.

- **wait():** 현재 스레드를 일시 정지시키고, 동시에 잠금을 해제한다. 다른 스레드가 조건을 바꾸어 notify() 또는 notifyAll()을 호출하면 깨어난다.
- **notify():** 대기 상태에 있는 스레드 중 하나를 깨운다. 어떤 스레드가 선택될지는 보장하지 않는다.
- **notifyAll():** wait()로 대기 중인 모든 스레드를 깨운다. 여러 스레드가 경쟁하여 잠금을 획득한 순서대로 실행된다. 일반적으로 notify()보다 안전하다.

[예제 10-8]은 synchronized, wait(), notifyAll()을 활용하여 생산자-소비자 문제를 해결하는 코드이다.

예제 10-8 생산자-소비자 문제 해결하기 ProducerConsumerExample.java

```java
package sec02.exam08;

class Buffer {
    private final int[] buf;              // 버퍼 배열
    private int count = 0;                // 현재 버퍼에 저장된 데이터 개수
    private int in = 0;                   // 다음에 데이터를 넣을 위치
    private int out = 0;                  // 다음에 데이터를 뺄 위치

    public Buffer(int size) {
        buf = new int[size];
    }

    public synchronized void put(int data) throws InterruptedException {
        while (count == buf.length) {     // 버퍼가 가득 찼으면 대기
            wait();
        }
        buf[in] = data;
        in = (in + 1) % buf.length;
        count++;
        System.out.println("생산: " + data + " | 버퍼 개수: " + count);
        notifyAll();                      // 대기 중인 소비자 깨우기
    }

    public synchronized int get() throws InterruptedException {
        while (count == 0) {              // 버퍼가 비어 있으면 대기
```

```
            wait();
        }
        int data = buf[out];
        out = (out + 1) % buf.length;
        count--;
        System.out.println("소비: " + data + " | 버퍼 개수: " + count);
        notifyAll();                // 대기 중인 생산자 깨우기
        return data;
    }
}

class Producer extends Thread {      // 생산자 스레드
    private final Buffer buffer;

    public Producer(Buffer buffer) {
        this.buffer = buffer;
    }

    public void run() {
        try {
            for (int i = 1; i <= 10; i++) {
                buffer.put(i);
                Thread.sleep(100);    // 생산 속도 제어
            }
        } catch (InterruptedException e) {
            e.printStackTrace();
        }
    }
}

class Consumer extends Thread {      // 소비자 스레드
    private final Buffer buffer;

    public Consumer(Buffer buffer) {
        this.buffer = buffer;
    }

    public void run() {
        try {
            for (int i = 1; i <= 10; i++) {
                buffer.get();
```

```
                Thread.sleep(200);          // 소비 속도 제어
            }
        } catch (InterruptedException e) {
            e.printStackTrace();
        }
    }
}

public class ProducerConsumerExample {
    public static void main(String[] args) {
        Buffer buffer = new Buffer(5);      // 버퍼 크기 5
        Producer producer = new Producer(buffer);
        Consumer consumer = new Consumer(buffer);

        producer.start();
        consumer.start();
    }
}
```

```
생산: 1 ¦ 버퍼 개수: 1
소비: 1 ¦ 버퍼 개수: 0
생산: 2 ¦ 버퍼 개수: 1
소비: 2 ¦ 버퍼 개수: 0
생산: 3 ¦ 버퍼 개수: 1
생산: 4 ¦ 버퍼 개수: 2
소비: 3 ¦ 버퍼 개수: 1
생산: 5 ¦ 버퍼 개수: 2
생산: 6 ¦ 버퍼 개수: 3
소비: 4 ¦ 버퍼 개수: 2
생산: 7 ¦ 버퍼 개수: 3
생산: 8 ¦ 버퍼 개수: 4
소비: 5 ¦ 버퍼 개수: 3
생산: 9 ¦ 버퍼 개수: 4
생산: 10 ¦ 버퍼 개수: 5
소비: 6 ¦ 버퍼 개수: 4
소비: 7 ¦ 버퍼 개수: 3
소비: 8 ¦ 버퍼 개수: 2
소비: 9 ¦ 버퍼 개수: 1
소비: 10 ¦ 버퍼 개수: 0
```

버퍼는 다음과 같은 구조로 되어 있다. 4행의 int[] buf는 고정 크기 원형 큐(원형 버퍼)이다. in은 버퍼에서 다음 쓰기 위치를 가리키며, out은 다음 읽기 위치를 가리킨다. count는 현재 버퍼에 저장된 현재 저장된 데이터의 수이다. in과 out은 % buf.length로 순환시켜 원형 버퍼 동작을 구현한다.

13행의 put()과 24행의 get()은 synchronized 메서드로, this(Buffer 객체)를 잠금으로 사용한다. 이에 따라 동시에 두 스레드가 버퍼 내부 상태를 변경하는 일이 방지된다.

15행에서 버퍼가 가득 차면 생산자는 wait()로 대기하고, 26행에서 버퍼가 비어 있으면 소비자는 wait()로 대기한다. 이후 값을 넣거나 꺼내는 등의 상태가 변경되면 notifyAll()을 호출하여 대기 중인 스레드를 전부 깨워 실행을 재개한다.

LAB 피자 배달 시뮬레이션 만들기

멀티스레딩을 활용한 피자 배달 시뮬레이션 프로그램의 빈칸을 채워보자. 두 명의 배달원(스레드)이 하나의 공유 자원인 '수입' 변수에 동시에 접근하여 돈을 버는 상황을 가정한다. 실행 결과와 조건은 다음과 같으며, 실행 결과의 순서는 바뀔 수 있음을 기억하자.

```
배달원2이 배달을 시작합니다.
배달원1이 배달을 시작합니다.
배달원2이 1번째 배달을 완료했습니다. (수입: 1000)
배달원2이 1번째 배달을 완료했습니다. (수입: 2000)
... 중략 ...
배달원1이 1번째 배달을 완료했습니다. (수입: 18000)
배달원1이 1번째 배달을 완료했습니다. (수입: 19000)
배달원1이 1번째 배달을 완료했습니다. (수입: 20000)
최종 수입: 20000
```

조건

- DeliveryApp 클래스에는 income이라는 정수형 변수를 공유 자원으로 선언한다.
- addIncome() 메서드를 만들어 income 변수의 값을 증가시킨다.
- DeliveryMan 클래스는 Thread 클래스를 상속받고, 배달원을 스레드로 만든다.
- run() 메서드에서 10번 반복하며 addIncome()을 호출한다.

Lab 10-2 **피자 배달 시뮬레이션 만들기**

```
package chap10.lab02;

class DeliveryApp {
    private int income = 0;

    public [        ①        ] addIncome(int amount) {
        int currentIncome = this.income;
        try {
            Thread.sleep(10);
        } catch (InterruptedException e) {
            e.printStackTrace();
        }
        this.income = currentIncome + amount;
        System.out.println(Thread.currentThread().getName() + "이 " +
(amount/1000) + "번째 배달을 완료했습니다. (수입: " + this.income + ")");
    }

    public int getIncome() {
        return income;
    }
}

class DeliveryMan extends Thread {
    private DeliveryApp app;

    public DeliveryMan(DeliveryApp app, String name) {
        this.app = app;
        [        ②        ];
    }

    @Override
    [        ③        ] {
        System.out.println(this.getName() + "이 배달을 시작합니다.");
        for (int i = 0; i < 10; i++) {
            app.addIncome(1000);
        }
    }
}

public class SyncDeliveryLab {
```

```java
    public static void main(String[] args) throws InterruptedException {
        DeliveryApp app = new DeliveryApp();
        DeliveryMan man1 = [        ④        ];
        DeliveryMan man2 = [        ⑤        ];

        man1.start();
        man2.start();
        man1.join();
        man2.join();
        System.out.println("최종 수입: " + app.getIncome());
    }
}
```

정답

① synchronized void

② this.setName(name)

③ public void run()

④ new DeliveryMan(app, "배달원1")

⑤ new DeliveryMan(app, "배달원2")

미니 프로젝트 배달 로봇 경주 프로그램

이번 프로젝트의 주제는 '배달 로봇 경주 프로그램'이다. 동시에 여러 대의 배달 로봇(스레드)이 출발해서 집까지 배달을 시도하는 프로그램으로, 각 로봇은 일정한 거리를 달리고, 이동 속도는 무작위 수로 만든다. 로봇은 동시에 실행되며, 20m에 먼저 도달하는 로봇의 이름을 출력한다. 다음의 실행 결과와 조건에 맞게 프로그램을 작성해보자.

```
로봇2이 4m 이동했습니다. (총 4m)
로봇3이 2m 이동했습니다. (총 2m)
로봇1이 3m 이동했습니다. (총 3m)
로봇2이 3m 이동했습니다. (총 7m)
... 중략 ...
로봇3이 1m 이동했습니다. (총 16m)
로봇1이 5m 이동했습니다. (총 20m)
로봇2이 2m 이동했습니다. (총 19m)
로봇3이 3m 이동했습니다. (총 19m)
로봇1이 배달을 완료했습니다!
```

조건

- 클래스명은 DeliveryRobot으로 설정한다.
- 변수명은 다음과 같이 설정한다.
  - private String name: 로봇 이름
  - private int distance: 목표 거리
  - private int progress: 현재 이동 거리
- 메서드명은 다음과 같이 설정한다.
  - run(): 스레드 실행, 랜덤 이동
  - move(): 일정 거리 이동 후 진행 상황 출력

【코드 구조 설명】

- main() 메서드는 new Thread(new DeliveryRobot("로봇1", 20)) 등으로 스레드를 생성하여 .start()를 호출한다. 이후 JVM이 각 run()을 독립적으로 실행한다.
- 각 스레드는 while 루프에 진입해 move()와 sleep()을 반복한다.
- 특정 스레드가 progress >= distance 조건을 만족하면 finished를 검사하고 true로 바꾼 뒤 우승 메시지를 출력한다.
- finished가 true이면 다른 스레드의 while 조건에서 빠져나와 루프를 끝낸다. 단, 이미 한 번 더 move를 한 경우가 있을 수 있다는 걸 기억한다.

요약

01 프로세스는 프로그램이 실행되어 메모리에 올라온 상태를 의미하며, 스레드는 프로세스 내부에서의 실행 흐름을 의미한다. 멀티스레딩은 하나의 프로세스 내부에 여러 개의 스레드를 두어 병렬 처리를 가능하게 한다.

02 스레드는 생명체와 같이 생성부터 종료까지 여러 상태를 거치는데, 이를 생명주기라 부른다. 스레드의 상태는 NEW, RUNNABLE, BLOCKED, WAITING, TIMED_WAITING, TERMINATED의 6가지가 있다.

03 스레드를 만드는 첫 번째 방법은 `java.lang.Thread` 클래스를 상속받아 클래스를 정의하는 것이며, 스레드로 실행할 코드는 해당 클래스 안의 `run()` 메서드에 작성한다. 이후, `main()` 메서드에서 클래스 객체를 만들고 해당 인스턴스의 `start()` 메서드를 호출한다. 스레드를 만드는 두 번째 방법은 `java.lang.Runnable` 인터페이스를 구현하는 것이며, `run()` 메서드를 정의한 뒤, 이를 `Thread` 객체에 전달해 실행하는 방식이다.

04 스레드의 순서를 제어하는 `join()` 메서드는 다른 스레드가 끝날 때까지 현재 스레드를 잠시 기다리게 하는 메서드이다. 스레드에게 종료를 요청할 때는 `interrupt()` 메서드를 사용하며, 이는 스레드를 즉시 강제 종료하는 명령이 아니라, 중단될 준비를 하라는 신호를 보내는 것이다.

05 멀티스레딩의 가장 큰 위험성 중 하나는 바로 동시성 문제이며, 공유 자원에 동시 접근하여 예측할 수 없는 결과가 발생하는 상황을 경쟁 상태라고 한다. 공유 자원을 보호하는 대표적인 방법은 잠금과 잠금 해제이며, 이 과정을 동기화라 부른다.

06 메서드 동기화는 메서드 선언부에 `synchronized` 예약어를 추가하여 해당 메서드 전체를 동기화시키는 방법이며, 메서드를 포함하는 객체 자체에 잠금이 걸린다.

07 블록 동기화는 `synchronized` 키워드를 사용하여, 적용 범위를 메서드 전체가 아닌 특정 코드 블록으로 제한한다.

08 `wait()`, `notify()`, `notifyAll()` 메서드는 스레드 간의 협업을 위해 사용되는 중요한 메서드이며, `Object` 클래스에 정의되어 있다. 반드시 `synchronized` 블록이나 `synchronized` 메서드 내부에서 호출해야 한다.

연습 문제

01 프로그램이 실행되어 메모리에 올라온 상태를 의미하는 단어를 찾으시오.

① 프로세스　② 상태　③ 스레드　④ 생명주기

02 프로세스 내부에서의 실행 흐름을 의미하는 단어를 찾으시오.

① 프로그램　② 상태　③ 스레드　④ 생명주기

03 병렬 처리와 가장 가까운 단어를 찾으시오.

① 프로그램　② 멀티스레딩　③ 스레드　④ 생명주기

04 다음 중 틀린 설명을 찾으시오.

① 프로세스는 운영체제로부터 독립된 메모리 공간과 자원을 할당받는다.
② 스레드는 독립적인 단위이기 때문에 다른 스레드에 영향을 미치지 않는다.
③ 프로세스는 프로세스 간 통신을 사용하여 데이터를 주고받는다.
④ 스레드를 생성하는 것은 프로세스 생성보다 훨씬 가볍다.

05 생명주기 중 CPU를 할당받아 실행 가능한 상태를 찾으시오.

① WAITING　② TIMED_WAITING
③ BLOCKED　④ RUNNABLE

06 생명주기 중 `start()` 메서드가 호출된 상태를 찾으시오.

① WAITING　② TIMED_WAITING
③ BLOCKED　④ RUNNABLE

07 생명주기 중 지정된 시간 동안만 대기하는 상태를 찾으시오.

① WAITING　② TIMED_WAITING
③ BLOCKED　④ RUNNABLE

08 생명주기 중 스레드가 잠금을 얻기 위해 대기 중인 상태를 찾으시오.

① WAITING ② TIMED_WAITING
③ BLOCKED ④ RUNNABLE

09 생명주기 중 특정 조건이 만족될 때까지 무기한 대기하는 상태를 찾으시오.

① WAITING ② TIMED_WAITING
③ BLOCKED ④ RUNNABLE

10 생명주기 중 생성되었지만, 아직 `start()` 메서드를 호출하지 않은 상태를 찾으시오.

① WAITING ② NEW ③ BLOCKED ④ RUNNABLE

11 생명주기 중 스레드가 완료된 상태를 찾으시오.

① WAITING ② NEW ③ BLOCKED ④ TERMINATED

12 `Thread` 클래스의 주요 메서드 중 스레드가 실행할 코드를 담고 있는 메서드를 찾으시오.

① `run()` ② `join()` ③ `getName()` ④ `start()`

13 `Thread` 클래스의 주요 메서드 중 새로운 스레드를 생성하고 실행을 시작하도록 JVM에게 요청하는 메서드를 찾으시오.

① `run()` ② `join()` ③ `getName()` ④ `start()`

14 `Thread` 클래스의 주요 메서드 중 스레드의 이름을 설정하는 메서드를 찾으시오.

① `setName()` ② `join()` ③ `getName()` ④ `start()`

15 `Thread` 클래스의 주요 메서드 중 스레드의 이름을 반환하는 메서드를 찾으시오.

① `setName()` ② `join()` ③ `getName()` ④ `start()`

16 Thread 클래스의 주요 메서드 중 특정 스레드가 종료될 때까지 기다리는 메서드를 찾으시오.

① setName() ② join() ③ getName() ④ start()

17 Thread 클래스의 주요 메서드 중 스레드의 순서를 제어할 때 사용하는 메서드를 찾으시오.

① setName() ② join() ③ getName() ④ start()

18 Thread 클래스의 주요 메서드 중 스레드에게 종료를 요청할 때 사용하는 메서드를 찾으시오.

① interrupt() ② join() ③ getName() ④ start()

19 멀티스레딩의 장점이 아닌 것을 찾으시오.

① 응답성 향상 ② 리소스 효율성
③ 자원 공유 용이 ④ 경쟁 상태

20 잠금과 잠금 해제를 설정하여 동기화를 구현하는 것을 찾으시오.

① synchronized ② wait()
③ notifyAll() ④ run()

21 현재 스레드를 일시 정지시키고, 동시에 잠금을 해제하는 것을 찾으시오.

① synchronized ② wait()
③ notifyAll() ④ run()

22 대기 중인 모든 스레드를 깨우는 것을 찾으시오.

① synchronized ② wait()
③ notifyAll() ④ run()

23 Thread 메서드를 사용하여 만든 멀티스레딩 코드이다. 빈칸을 채우시오.

```
class MyThread [            ] {
    @Override
    public void [          ] {
        for (int i = 1; i <= 5; i++) {
            System.out.println(Thread.currentThread().getName() + ": " + i);
            try {
                Thread.sleep(500);
            } catch (InterruptedException e) {
                e.printStackTrace();
            }
        }
    }
}

public class MultiThreadExample {
    public static void main(String[] args) {
        MyThread thread1 = new MyThread();
        MyThread thread2 = new MyThread();

        thread1.start();
        [          ];
    }
}
```

24 가족 사진을 찍는 프로그램을 작성하시오. 아빠, 엄마, 아들 스레드를 만들고, 이들이 모두 자리에 앉으면 사진을 찍도록 구현하시오.

```
아빠 앉음
엄마 앉음
아들 앉음
사진 찍기!
```

25 Runnable 인터페이스를 구현하여 스레드를 생성하고, 두 개의 스레드가 번갈아 가며 실행되는 코드이다. 빈칸을 채우시오.

```
class MyTask [          ] {
    @Override
    public void run() {
        for (int i = 1; i <= 5; i++) {
            System.out.println(Thread.currentThread().getName() + ": " + i);
            try {
                Thread.sleep(500);
            } catch (InterruptedException e) {
                e.printStackTrace();
            }
        }
    }
}

public class RunnableExample {
    public static void main(String[] args) {

        [          ];
        Thread thread1 = new Thread(task, "1번 스레드");
        [          ];

        thread1.start();
        thread2.start();
    }
}
```

26 join() 메서드를 사용하여 스레드를 순차적으로 실행하는 코드이다. 빈칸을 채우시오.

```
class MyTask implements Runnable {
    @Override
    public void run() {
        for (int i = 1; i <= 5; i++) {
            System.out.println(Thread.currentThread().getName() + ": " + i);
            try {
                Thread.sleep(500);
            } catch (InterruptedException e) {
                Thread.currentThread().interrupt();
                e.printStackTrace();
            }
        }
    }
}

public class JoinExample {
    public static void main(String[] args) throws InterruptedException {
        Thread thread1 = new Thread(new MyTask(), "1번 스레드");
        Thread thread2 = ____________________;

        thread1.start();
        __________;
        __________;
        thread2.join();
        System.out.println("메인 스레드: 모든 작업이 완료되었습니다.");
    }
}
```

27 synchronized 메서드를 사용하여 경쟁 상태 문제를 해결하는 코드이다. 빈칸을 채우시오.

```
class SyncCounter {
    private int count = 0;

    public [          ] increment() {
        count++;
    }

    public int getCount() {
        return count;
    }
}

class MyThread [          ] {
    private SyncCounter counter;

    public MyThread(SyncCounter counter) {
        this.counter = counter;
    }

    @Override
    public void run() {
        for (int i = 0; i < 5000; i++) {
            counter.increment();
        }
    }
}

public class SynchronizedExample {
    public static void main(String[] args) throws InterruptedException {
        SyncCounter counter = [          ];
        MyThread thread1 = new MyThread(counter);
        MyThread thread2 = new MyThread(counter);
```

```
        thread1.start();
        thread2.start();
        thread1.join();
        thread2.join();
        System.out.println("최종 카운트: " + counter.getCount());
    }
}
```

28 손님이 커피를 주문하면 바리스타가 커피를 만드는 스레드 프로그램을 작성하시오.

```
손님: 아메리카노 주문
바리스타: 아메리카노 만드는 중...
바리스타: 아메리카노 완성!
```

HINT Thread 클래스를 상속받아 run()을 오버라이드한다. 또한 try-catch 문은 생략할 수 있다.

29 한 사람이 방 청소를 하고, 다른 스레드가 화장실 청소를 하는 프로그램을 Runnable 인터페이스를 사용하여 작성하시오.

```
방 청소 중...
화장실 청소 중...
```

HINT 이때, try-catch 문은 생략할 수 있다.

30 synchronized 메서드를 사용하여 두 사람이 동시에 같은 계좌에서 출금하는 프로그램을 작성하시오.

```
철수 출금, 잔액: 9000
영희 출금, 잔액: 8000
```

HINT 이때, try-catch 문은 생략할 수 있다.

31 interrupt() 메서드를 사용하여 스레드를 종료하는 코드이다. 빈칸을 채우시오.

```
class MyThread extends Thread {
    @Override
    public void run() {
        System.out.println("스레드 시작: " + Thread.currentThread().getName());
        try {
            System.out.println("5초 동안 대기합니다.");
            Thread.sleep(5000);
            System.out.println("대기 완료!");
        } catch (InterruptedException e) {
            System.out.println("스레드 대기 중 인터럽트 발생!");
            Thread.currentThread().[          ];
        } finally {
            System.out.println("스레드 종료: " + Thread.currentThread().
getName());
        }
    }
}

public class InterruptExample {
    public static void main(String[] args) throws InterruptedException {
        Thread workerThread = new MyThread();
        [            ];

        Thread.sleep(2000);
        System.out.println("메인 스레드에서 인터럽트 호출!");
        workerThread.[          ];
    }
}
```

32 손님이 택시를 기다리다가 택시가 오면 모두 탑승하는 프로그램을 작성하시오.

```
손님1 대기 중...
손님2 대기 중...
택시 도착!
손님1 택시 탐
손님2 택시 탐
```

HINT wait()과 notifyAll() 메서드를 사용한다.

33 Thread.sleep과 synchronized 예약어를 사용하여 세차장에서 차를 한 대씩 세차하는 프로그램을 작성하시오.

```
차 A 세차 시작
차 A 세차 완료
차 B 세차 시작
차 B 세차 완료
```

34 우체국에서 손님이 번호표를 뽑는 프로그램을 작성하시오.

```
손님1 번호표: 1
손님2 번호표: 2
```

HINT synchronized 예약어로 동기화한다.

CHAPTER 11

GUI 프로그래밍

학습 목표

- GUI 프로그래밍의 개념을 이해하고, AWT와 스윙 라이브러리의 특징을 살펴본다.
- 스윙 컨테이너의 계층구조를 살펴보고, 각 컨테이너가 어떤 역할을 하는지 학습한다.
- 다양한 컴포넌트 배치 관리자의 특징과 활용 방법을 익힌다.

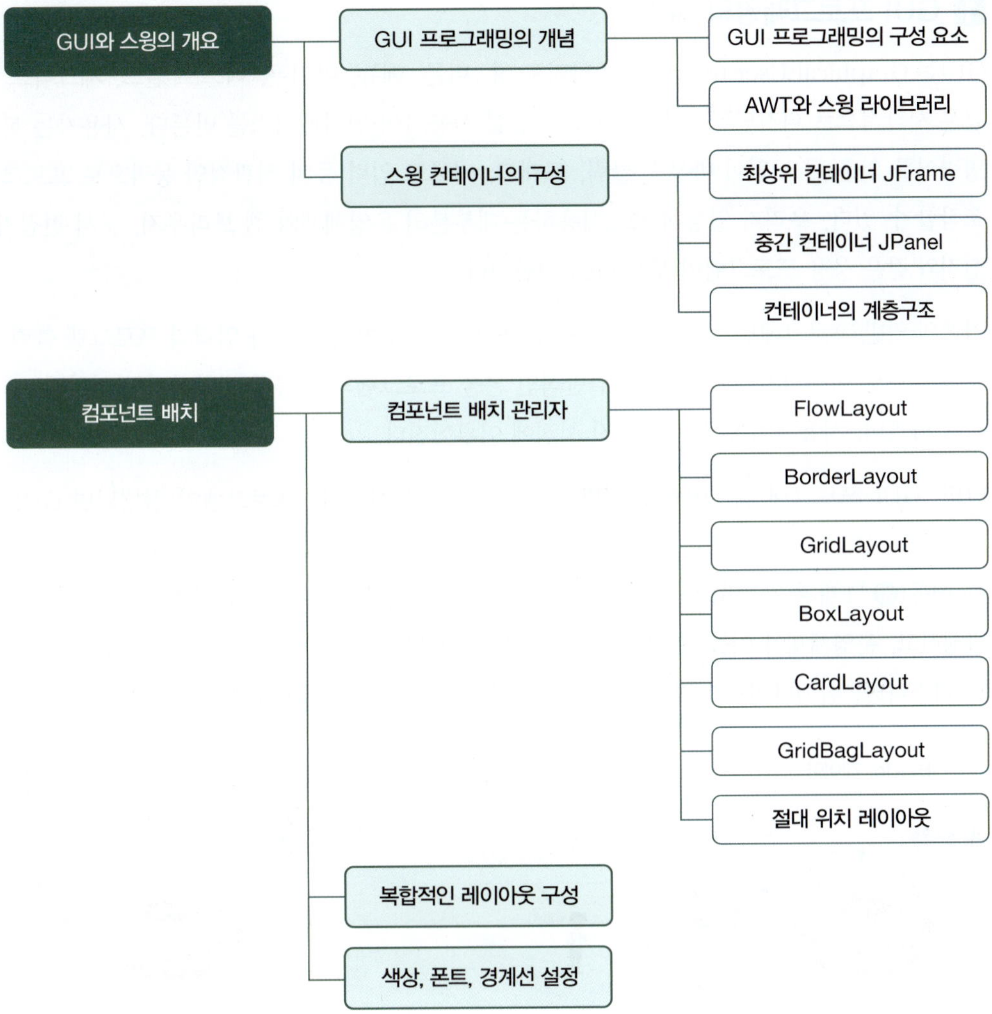
GUI와 스윙의 개요
GUI 프로그래밍의 개념
GUI 프로그래밍의 구성 요소
AWT와 스윙 라이브러리
스윙 컨테이너의 구성
최상위 컨테이너 JFrame
중간 컨테이너 JPanel
컨테이너의 계층구조
컴포넌트 배치
컴포넌트 배치 관리자
FlowLayout
BorderLayout
GridLayout
BoxLayout
CardLayout
GridBagLayout
절대 위치 레이아웃
복합적인 레이아웃 구성
색상, 폰트, 경계선 설정

SECTION 01 GUI와 스윙의 개요

1 GUI 프로그래밍의 개념

GUI는 Graphical User Interface의 약자로 창, 버튼, 메뉴, 아이콘, 텍스트 필드, 체크박스 등과 같은 시각적으로 디자인된 구성 요소component를 사용하여 인터페이스를 만든다. 사용자는 복잡한 명령어를 외울 필요 없이 마우스 클릭, 드래그, 키보드 입력 등의 직관적인 동작으로 프로그램을 조작할 수 있다. 우리가 일상적으로 사용하는 대부분의 운영체제와 웹 브라우저, 문서 편집기, 메신저와 같은 응용 프로그램이 모두 GUI 기반이다.

기존의 일반 프로그래밍은 콘솔console 프로그래밍을 의미하며, 사용자 입력과 프로그램 출력이 주로 텍스트로 이루어지는 방식이다. 일반적인 콘솔 프로그램의 흐름은 개발자가 작성한 코드의 순서를 따르며, 사용자의 입력은 정해진 시점에 이루어진다.

반면, GUI 프로그래밍은 **이벤트 기반**event-driven으로 동작한다. 프로그램이 실행되면 GUI 화면(창)이 표시되고, 프로그램은 사용자의 행동(이벤트)을 기다린다. 사용자가 임의의 시점에 특정한 행동(예 '1개 추가' 버튼 클릭, 글자 입력, 창 닫기 버튼 클릭 등)을 하면 이 행동이 이벤트로 발생하고, 운영체제가 이를 감지한다. 프로그램은 이 이벤트를 처리하도록 미리 작성된 코드(**이벤트 리스너**)를 실행하며, 그 결과 프로그램의 상태가 변경되고 화면에 시각적인 변화가 나타난다.

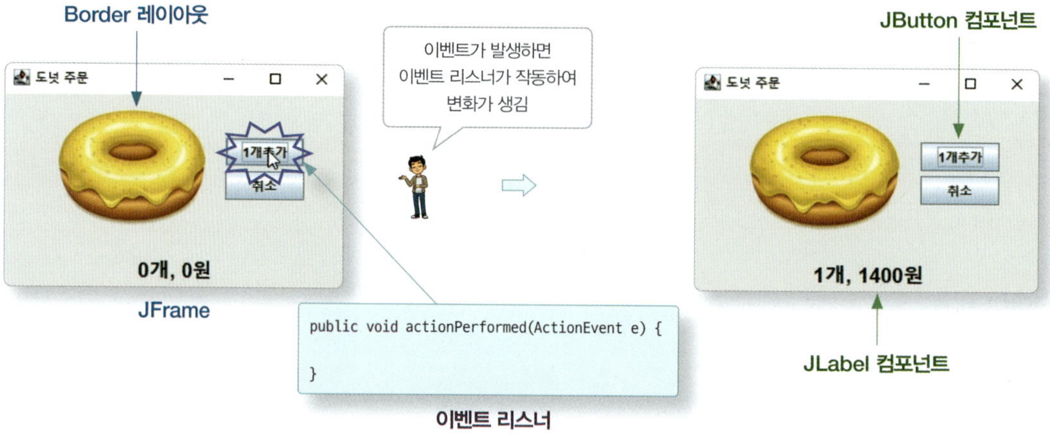

그림 11-1 GUI 프로그래밍의 동작 방식

GUI 프로그래밍에서 프로그램의 흐름은 사용자 행동에 의해 발생하는 비동기적인 이벤트에 의해 결정된다. 개발자는 프로그램의 시작부터 끝까지의 순서를 정하는 대신, 특정 이벤트가 발생했을 때 프로그램이 어떻게 동작할지를 정의하는 데 집중해야 한다.

1. GUI 프로그래밍의 구성 요소

GUI 프로그램은 크게 컴포넌트, 배치 관리, 이벤트 리스너라는 세 가지 핵심 요소로 구성된다.

■ 컴포넌트

GUI 프로그래밍은 버튼, 레이블, 텍스트 상자 등 미리 정의된 컴포넌트component를 배치하고 조립하여 화면을 구성한다. `JButton`, `JLabel`, `JTextField`와 같은 컴포넌트를 위젯widget이라고도 부른다. 컴포넌트는 사용자가 직접 보고 조작할 수 있는 GUI 요소이며, `java.awt.Component` 클래스를 상속받아 만들어진다. 컴포넌트는 독립적으로 화면에 표시될 수 없으므로 반드시 `JFrame`이나 `JPanel`과 같은 컨테이너 안에 포함되어야 한다.

TIP 11장과 12장에서는 간단한 컴포넌트만 설명하고, 13장 '스윙 컴포넌트'에서 다양한 컴포넌트와 그 특징을 살펴본다.

■ 배치 관리

컨테이너 안에 컴포넌트를 배치하는 것을 배치 관리layout management라고 한다. 배치 관리는 컨테이너 내부에 컴포넌트의 크기와 위치를 자동으로 조정하여 관리하는 시스템으로, 화면 크기가 바뀌어도 컴포넌트가 적절한 위치와 크기를 유지하도록 돕는다. 이 장에서는 컴포넌트를 담는 최상위 컨테이너인 `JFrame`을 설명하고 `FlowLayout`, `BorderLayout`, `GridLayout` 등 다양한 배치 관리자의 특징에 대하여 설명한다.

■ 이벤트 리스너

이벤트 리스너event listener를 구현하는 것은 GUI 프로그래밍의 핵심이며, 특정 컴포넌트에서 발생한 이벤트를 감지하고 처리하는 역할을 한다. 이벤트 리스너는 마우스 클릭, 키 입력과 같은 특정 이벤트가 발생하기를 기다리고 있다가, 이벤트가 발생하면 미리 정의한 코드를 실행하여 프로그램의 상태를 변화시키는 객체이다.

TIP 다양한 종류의 이벤트를 정의하고, 각 이벤트를 처리하는 이벤트 리스너 작성 방법은 12장 '이벤트 처리'에서 자세히 설명한다.

2. AWT와 스윙 라이브러리

자바에서 GUI 프로그래밍을 할 때는 AWTAbstract Window Toolkit와 스윙swing이라는 두 가지 라이브러리를 사용한다. 두 라이브러리는 모두 자바 기반의 그래픽 사용자 인터페이스를 구성하기 위한 도구이지만, 동작 원리와 제공하는 기능에서 큰 차이가 있다.

■ AWT

AWT는 자바에서 가장 처음 도입된 GUI 툴킷으로 `java.awt` 패키지를 선언하여 사용한다.

```
import java.awt.*;
```

AWT는 운영체제가 가진 기존의 GUI 컴포넌트를 호출하여 구현한다. 예를 들어, 버튼을 생성하면 자바가 직접 버튼을 그리는 것이 아니라 운영체제의 버튼 객체를 불러와 보여준다. 따라서 AWT로 만든 프로그램은 실행하는 운영체제마다 모양이 조금씩 달라질 수 있다. 또한 AWT는 운영체제의 자원을 사용하기 때문에 성능은 빠르지만, 단순한 버튼, 체크박스, 텍스트 필드 등 기본적인 GUI 요소만 제공하기 때문에 복잡한 UI를 구성하는 데 한계가 있다.

■ 스윙

스윙은 AWT의 한계를 보완하기 위해 만든 확장된 GUI 라이브러리이며, `javax.swing` 패키지를 선언하여 사용한다.

```
import javax.swing.*;
```

스윙은 AWT를 기반으로 하지만, 운영체제의 자원을 직접 사용하지 않고 자바 코드로 구현한 경량 컴포넌트를 제공한다. 이 덕분에 운영체제의 제약에서 벗어나 어떤 플랫폼에서든 일관되고 동일한 화면을 표시할 수 있다.

스윙의 컴포넌트 클래스는 AWT의 메서드와 구분하기 위해 **이름 앞에 J를 붙인다**. 예를 들어, `Button`은 스윙에서 `JButton`으로, `Frame`은 `JFrame`으로 사용한다. 또한 스윙은 `JTable`, `JTree`, `JTabbedPane` 등 AWT에는 없는 풍부하고 고급스러운 컴포넌트를 포함하고 있어 복잡한 GUI를 훨씬 쉽게 구성할 수 있다.

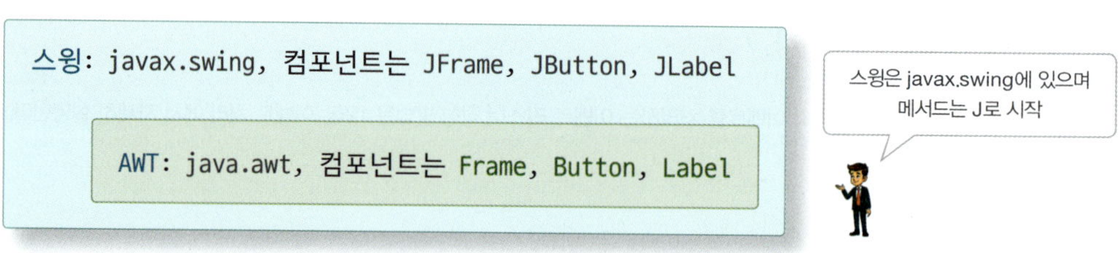

그림 11-2 AWT와 스윙의 관계

스윙 라이브러리를 활용하면 이벤트 리스너 기반 구조를 통해 사용자의 동작(클릭, 입력 등)을 쉽게 처리할 수 있다. 나아가 다양한 테마를 지원하여 동일한 프로그램도 윈도우 스타일, 모티프 스타일 등으로 다채롭게 표현할 수 있다는 장점이 있다. [표 11-1]은 AWT와 스윙의 차이점을 정리한 것이다. 이 책에서는 주로 스윙 라이브러리를 중심으로 설명한다.

표 11-1 AWT와 스윙의 차이점

구분	AWT	스윙
컴포넌트 타입	네이티브 운영체제의 컴포넌트	자바로 구현된 경량 컴포넌트
플랫폼 종속성	운영체제에 따라 UI가 달라짐	운영체제와 무관하게 동일한 UI 제공
성능	가볍고 빠름	더 많은 기능 제공, 자원 사용량이 큼
컴포넌트 확장성	제한적이고, 단순한 UI만 가능	다양한 컴포넌트 및 복잡한 UI 가능
시각적 일관성	운영체제마다 다르게 보일 수 있음	모든 플랫폼에서 동일하게 보임

2 스윙 컨테이너의 구성

1. 최상위 컨테이너 JFrame

스윙으로 GUI 프로그램을 만드는 것은 블록을 이용하여 집을 만드는 것과 유사하다. 먼저 큰 틀을 만들고, 그 위에 여러 블록을 조립해 집을 완성하듯, GUI 프로그래밍에서 **커다란 틀의 역할을 하는 것이 컨테이너**$_{container}$다. JFrame, JPanel, JDialog와 같은 컨테이너는 다른 요소들을 담을 수 있는 특별한 컴포넌트로, 버튼, 텍스트 필드, 라벨과 같은 여러 컴포넌트를 담는 틀이다. 또한 컨테이너는 내부에 들어 있는 컴포넌트의 위치와 크기를 관리하여, 전체 배치를 구성하는데, 이 때 컨테이너는 배치 관리자를 통해 내부 요소들의 정렬 방식을 자동으로 관리한다.

스윙의 대표적인 컨테이너인 **JFrame은 가장 기본적인 최상위 컨테이너**이다. 이는 일반적인 응용 프로그램 창을 만들 때 사용한다. 다음은 JFrame을 생성하고 화면에 표시하는 예시 코드이다.

```
JFrame jf = new JFrame();           // JFrame 생성
jf.setSize(300, 200);               // 프레임 크기 설정
jf.setDefaultCloseOperation(JFrame.EXIT_ON_CLOSE);     // 종료 방법 설정

jf.setVisible(true);                // 설정 완료 후 setVisible()을 사용해야 화면에 나타남
```

JFrame jf = new JFrame();은 JFrame 객체를 생성하는 코드이며, 생성된 JFrame 객체 jf의 크기를 설정하는 메서드는 jf.setSize(300, 200)이다. 이를 통해 가로 300픽셀, 세로 200픽셀 크기의 창이 생성된다.

setDefaultCloseOperation(JFrame.EXIT_ON_CLOSE)는 창의 오른쪽 상단의 종료 버튼을 클릭했을 때 프로그램(프레임)을 완전히 종료하도록 지정한다. 이 옵션을 지정하지 않으면 창을 닫더라도 프로그램은 계속 실행 상태로 남아 종료되지 않는다.

스윙에서는 프레임의 모든 컴포넌트 배치가 완료된 후, setVisible() 메서드를 사용해 화면에 표시해야 한다. jf.setVisible(true)는 생성된 프레임을 화면에 '보이도록' 설정하는 옵션이며, 이 코드가 실행되면 [그림 11-3]과 같은 창이 화면에 나타난다.

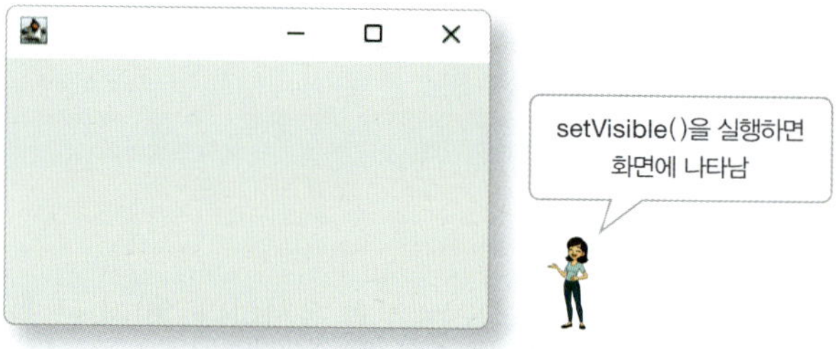

그림 11-3 300×200 크기의 JFrame 창의 모습

[표 11-2]는 JFrame의 주요 메서드를 정리한 것이다.

표 11-2 JFrame의 주요 메서드

메서드	설명
add(Component c)	JFrame의 콘텐츠 영역에 컴포넌트를 추가한다.
setLayout(LayoutManager m)	JFrame의 배치 관리자를 설정한다.
getContentPane()	콘텐츠 팬을 가져와서 사용한다.
setSize(int width, int height)	JFrame의 너비와 높이를 픽셀 단위로 설정한다.
setTitle(String title)	사용자가 창을 닫을 때 수행할 작업을 설정한다.
setLocation(int x, int y)	JFrame의 화면상 위치(좌측 상단 모서리)를 설정한다.
setLocationRelativeTo(null)	null이면 화면의 중앙에 나타나며, c일 경우 컴포넌트의 중앙에 나타난다.
setVisible(boolean b)	JFrame을 화면에 표시하거나(true) 숨긴다(false).
pack()	컴포넌트의 크기에 맞춰 JFrame의 크기를 조절한다.

- **add()**: 창에 컴포넌트를 추가할 때 사용하는 메서드이다. 예를 들어, JButton 객체를 만들고 frame.add(button);과 같이 호출하면 버튼이 창에 나타난다.

- **setLayout()**: 컨테이너에 사용할 배치 관리자를 설정하는 메서드이다. 배치 관리자의 특징과 사용 방법은 다음 절에서 자세히 설명한다.
- **getContentPane()**: JFrame의 컴포넌트가 실제로 추가되는 영역을 콘텐츠 팬content pane이라고 한다. 특정 레이아웃을 설정하거나 복잡한 GUI를 구성할 때는 frame.getContentPane().add(button);처럼 직접 콘텐츠 팬을 가져와서 사용할 수 있다.
- **setDefaultCloseOperation()**: 사용자가 창을 닫을 때 수행할 작업을 설정한다. JFrame.EXIT_ON_CLOSE가 가장 흔하게 사용되는 인자이며, 이를 설정하지 않으면 창을 닫아도 프로그램이 종료되지 않는다.
- **setLocation()**: JFrame이 나타나는 화면상의 위치를 설정한다. 좌측 상단 모서리가 (0, 0)이며, 이를 기준으로 하는 X 좌표와 Y 좌표를 매개변수로 전달한다.
- **pack()**: 컴포넌트가 setSize()로 정해진 크기에 맞춰지는 것이 아니라, 자신에게 필요한 크기만큼 창 크기를 자동으로 늘려준다. 유연한 GUI를 만들 때 유용하게 사용된다.

이번 장에서는 버튼을 생성하는 JButton 컴포넌트를 사용한다. JButton 객체는 다음과 같이 작성하여 생성할 수 있다.

```
JButton button = new JButton("Click Me");     // 버튼 생성
```

[예제 11-1]은 JFrame을 사용하여 간단한 창과 버튼을 만드는 코드이다.

예제 11-1 간단한 창과 버튼 만들기 SwingExample.java

```
package sec01.exam01;

import javax.swing.*;                    // Swing 라이브러리 사용

public class SwingExample {
    public static void main(String[] args) {

    JFrame jf = new JFrame("Swing Example");             // JFrame 객체 생성
        jf.setSize(300, 200);                            // 창 크기 설정
        jf.setDefaultCloseOperation(JFrame.EXIT_ON_CLOSE); // 종료 방법

        JButton button = new JButton("Click Me");        // 버튼 생성
        jf.add(button);                                  // 프레임에 버튼 추가
```

```
14
15            jf.setLocationRelativeTo(null);                    // 화면 중앙 배치
16            jf.setVisible(true);                               // 프레임 보이기
17        }
18    }
```

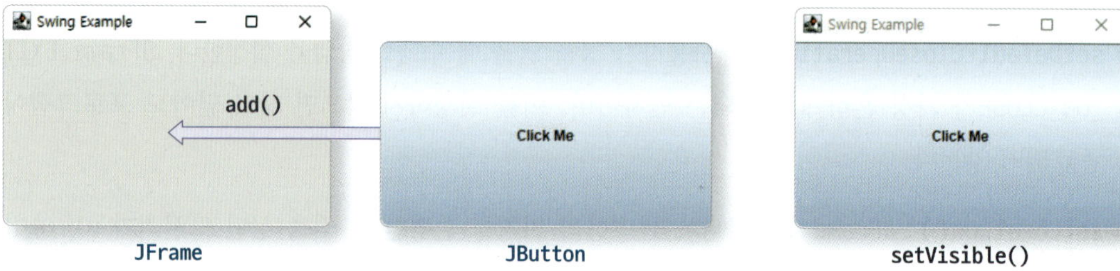

그림 11-4 [예제 11-1]의 창이 생성되는 과정

8행의 `JFrame jf = new JFrame("Swing Example");`은 'Swing Example'이라는 제목을 가진 `JFrame` 창을 생성한다. 제목이 없는 창을 생성하고, 나중에 `setTitle("Swing Example")` 메서드를 이용하여 제목을 만들 수도 있다.

9행의 `jf.setSize(300, 200);`은 가로 300픽셀, 세로 200픽셀 크기의 창을 만든다. 10행 `jf.setDefaultCloseOperation(JFrame.EXIT_ON_CLOSE);`는 창의 오른쪽 상단의 [×]을 클릭했을 때 프로그램 전체가 종료되도록 지정한다.

> **Note 픽셀(px)**
>
> 컴퓨터에서 점 하나를 픽셀pixel이라 부른다. 모니터 해상도 '1024×768'의 의미는 가로 1024개의 픽셀과 세로 768개의 픽셀을 나타낼 수 있는 모니터라는 의미이다. 자바 GUI 프로그래밍의 기본 단위도 픽셀을 사용한다.

2. 중간 컨테이너 JPanel

대표적인 중간 컨테이너intermediate container인 `JPanel`은 스윙에서 컴포넌트를 그룹화하고 배치할 때 사용하는 경량 컨테이너이며, 주로 다른 컴포넌트를 담고 레이아웃을 관리하는 데 사용된다. `JPanel`의 주요 메서드는 [표 11-3]과 같다.

표 11-3 JPanel의 주요 메서드

메서드	설명
add(Component c)	JPanel 컨테이너에 컴포넌트를 추가한다.
setLayout(LayoutManager mgr)	JPanel의 배치 관리자를 설정한다.
getLayout()	현재 패널에 설정되어있는 배치 관리자의 객체를 반환한다.
setBackground(Color bg)	패널의 배경색을 지정한 Color 객체로 설정한다.
getBackground()	현재 패널의 배경색을 Color 객체로 반환한다.
setForeground(Color bg)	패널의 전경색을 지정된 Color 객체로 설정한다.
getForeground()	현재 패널의 전경색을 Color 객체로 반환한다.
setBorder(Border border)	패널에 테두리를 설정한다.
paintComponent(Graphics g)	컴포넌트가 그려지는 방식을 정의하며, 주로 사용자 정의 그림을 그릴 때 오버라이드하여 사용한다.
revalidate()	패널의 레이아웃을 다시 계산하도록 요청한다.
repaint()	패널을 다시 그리도록 요청한다.

JPanel과 관련된 다양한 메서드는 색상, 폰트, 테두리와 관련된 주제를 설명할 때 자세히 살펴보고, 여기서는 주요 메서드의 특징을 살펴보자.

- **add(Component c)**: JPanel 컨테이너에 지정된 컴포넌트를 추가하는 메서드이다. 컴포넌트의 실제 위치와 크기는 현재 패널에 설정된 배치 관리자에 의해 결정된다.
- **setBorder(Border border)**: 패널의 테두리border를 설정한다. BorderFactory 클래스를 사용하여 다양한 종류의 테두리(예 TitledBorder, EtchedBorder, LineBorder)를 만들 수 있다.
- **paintComponent(Graphics g)**: 스윙 컴포넌트가 자신의 모습GUI을 화면에 그리는 방식을 정의하는 메서드이다. JPanel을 상속받아 사용하며, 이 메서드를 오버라이드하여 선, 도형, 이미지와 같은 사용자 정의 그림을 직접 그릴 때 활용한다.
- **revalidate()**: 패널에 컴포넌트가 추가, 제거되거나 크기가 변경되어 레이아웃이 유효하지 않게 되었을 때, 배치 관리자에 컴포넌트의 위치와 크기를 다시 계산하도록 요청하는 메서드이다. 주로 동적으로 컴포넌트를 변경한 후에 호출되어야 한다.
- **repaint()**: 패널의 시각적인 내용을 화면에 다시 그리도록 요청하는 메서드이다. revalidate()가 레이아웃을 갱신한다면, repaint()는 화면 출력을 갱신한다.

3. 컨테이너의 계층구조

스윙은 플랫폼에 종속되지 않고 자바 자체에서 컴포넌트를 생성하지만, JFrame과 같은 창을 생성하고 관리하는 부분은 여전히 AWT의 기능을 사용한다. 예를 들어 JFrame 클래스 자체는 AWT

의 Frame 클래스를 상속받는다. 또한, 컴포넌트를 창에 어떻게 배치할지 결정하는 배치 관리자는 AWT 패키지에 속해 있다. 또한 스윙은 마치 나무의 가지처럼 계층적인 구조를 이룬다. 이 계층 구조는 최상위 컨테이너를 뿌리로 시작해, 내부에 JPanel과 같은 중간 컨테이너를 포함하고, 그 컨테이너들이 최종적으로 JButton이나 JLabel과 같은 컴포넌트를 포함하는 형태로 구성된다. 이러한 계층구조를 이루는 각 요소의 개념을 정리하면 다음과 같다.

- **최상위 컨테이너:** GUI 애플리케이션의 가장 바깥쪽 창 역할을 하며, 운영체제의 창 시스템에 의해 관리된다. 예 JFrame, JDialog 등
- **중간 컨테이너:** 최상위 컨테이너 안에 포함되어, 다른 컴포넌트들을 그룹화한다. 레이아웃을 논리적으로 분할하고 복잡한 GUI를 단순화하는 데 도움을 준다. 하나의 JFrame 안에 여러 개의 JPanel을 배치할 수 있으며, JPanel마다 다른 배치 관리자를 적용할 수 있다.
- **기본 컴포넌트:** 사용자와 직접 상호작용하는 요소로 컨테이너 안에 포함되어야만 화면에 표시될 수 있다. 예 JButton, JLabel, JTextField 등

[예제 11-2]는 최상위 컨테이너, 중간 컨테이너, 기본 컴포넌트를 포함하여 스윙 컨테이너의 계층구조를 보여주는 코드이다.

예제 11-2 스윙의 계층구조 살펴보기 HierarchyExample.java

```
package sec01.exam02;

import java.awt.*;
import javax.swing.*;

public class HierarchyExample extends JFrame {
    public static void main(String[] args) {
    JFrame jf = new JFrame("Swing Example");     // 최상위 컨테이너: jf
        jf.setSize(300, 200);
        jf.setDefaultCloseOperation(JFrame.EXIT_ON_CLOSE);

        JPanel panel1 = new JPanel();             // 중간 컨테이너: JPanel1 생성
        panel1.setBorder(BorderFactory.createTitledBorder("패널1"));

        JPanel panel2 = new JPanel();             // 중간 컨테이너: JPanel2 생성
        panel2.setBorder(BorderFactory.createTitledBorder("패널2"));

```

```
18         JButton button1 = new JButton("버튼 1"); // 기본 컴포넌트
19         JButton button2 = new JButton("버튼 2");
20 
21         panel1.add(button1);                    // 기본 컴포넌트를 패널에 추가
22         panel2.add(button2);
23 
24         jf.add(panel1, BorderLayout.WEST);     // 패널을 프레임 왼쪽에 추가
25         jf.add(panel2, BorderLayout.EAST);     // 패널을 프레임 오른쪽에 추가
26         jf.setVisible(true);                    // 프레임 보이기
27     }
28 }
```

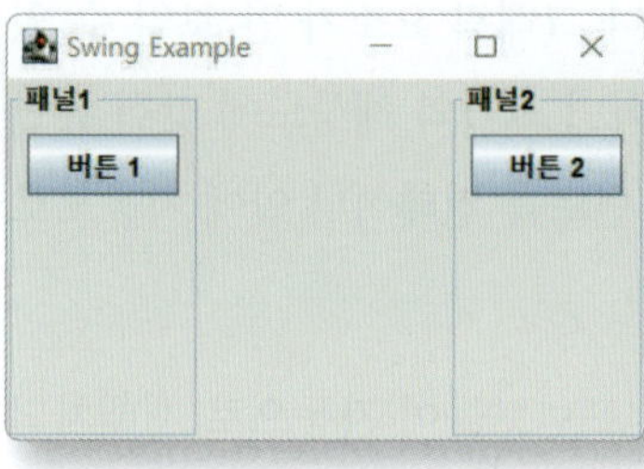

8행 JFrame jf = new JFrame("Swing Example");은 'Swing Example'이라는 제목의 최상위 컨테이너 jf를 만든다. 이 안에 모든 GUI 요소들이 들어간다.

12행과 15행은 중간 컨테이너인 panel1과 panel2를 생성한다. 이 패널들은 JButton과 같은 컴포넌트를 담는 그릇 역할을 하며, 버튼은 21행과 22행에서 add() 메서드를 통해 panel 컨테이너에 추가된다. 이렇게 만들어진 패널을 24행과 25행에서 jf 컨테이너에 추가한다.

[예제 11-2]의 실행 결과 창의 일부는 [그림 11-5]와 같은 계층구조를 이루고 있다. 이처럼 모든 스윙 요소들은 부모-자식 관계를 가지며, 이 관계를 통해 화면의 구성과 동작이 결정된다.

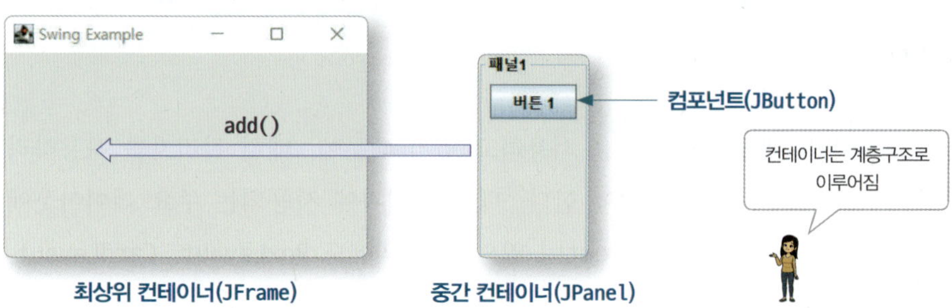

그림 11-5 [예제 11-2] 컨테이너의 계층구조

SECTION 02

컴포넌트 배치

1 컴포넌트 배치 관리자

1. 컴포넌트 배치 관리자의 특징

AWT에서는 좌표를 이용해 각 컴포넌트의 위치를 수동으로 지정한다. 이 경우, 창의 크기가 동적으로 커지거나, 작아지는 상황에서는 필요 없는 여백이 생기거나 그래픽 요소가 안 보일 수 있다. 그러나 **컴포넌트 배치 관리자**layout manager를 사용하면 다양한 화면 크기와 해상도에 맞춰 유연하고, 재사용할 수 있는 GUI를 만들 수 있다. 배치 관리자는 컴포넌트를 컨테이너 안에 자동으로 정렬하고 배치하는 역할을 하며 다음과 같은 이점이 있다.

- **해상도 독립성:** 사용자의 모니터 해상도나 창 크기가 바뀌어도 컴포넌트들이 자동으로 재배치되어 일관된 레이아웃을 유지한다.
- **쉬운 유지보수:** 새로운 컴포넌트를 추가하거나 제거할 때, 다른 컴포넌트들의 위치를 수정할 필요가 없다.
- **플랫폼 독립성:** 운영체제마다 폰트 크기나 창의 기본 여백이 다를 수 있는데, 배치 관리자는 이러한 차이를 자동으로 조정한다.

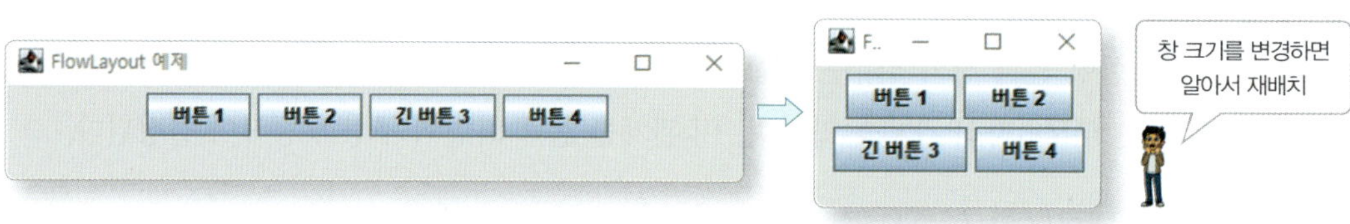

그림 11-6 배치 관리자의 특징

스윙은 AWT의 창 관리와 레이아웃 기능을 사용하고 있기 때문에, 배치 관리자를 사용하려면 `java.awt` 패키지를 반드시 `import`해야 한다. 배치 관리자에 사용되는 주요 레이아웃에는 `FlowLayout`, `BorderLayout`, `GridLayout`이 있으며, 이외에도 `BoxLayout`, `CardLayout`, `GridBagLayout`을 사용할 수 있다. [그림 11-7]은 각 레이아웃을 나타낸다.

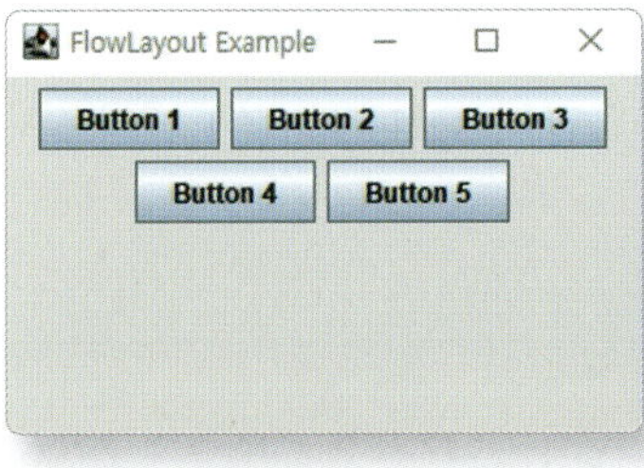

▲ FlowLayout

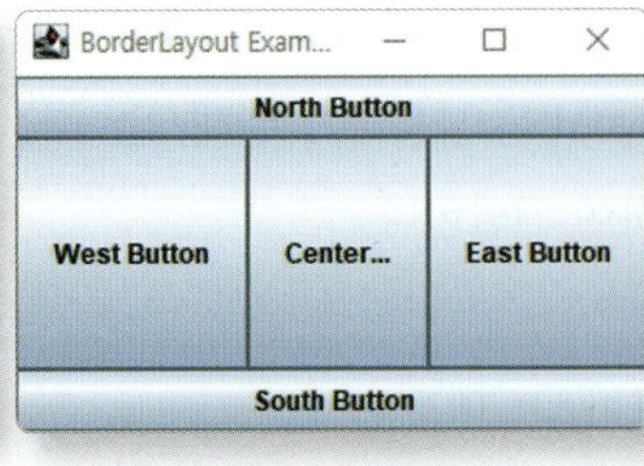

▲ BorderLayout

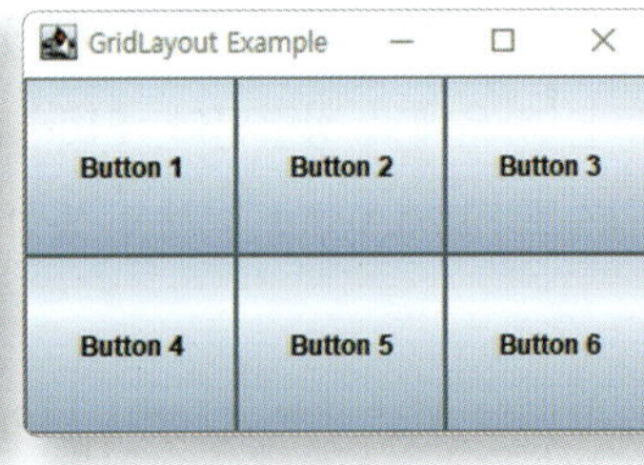

▲ GridLayout

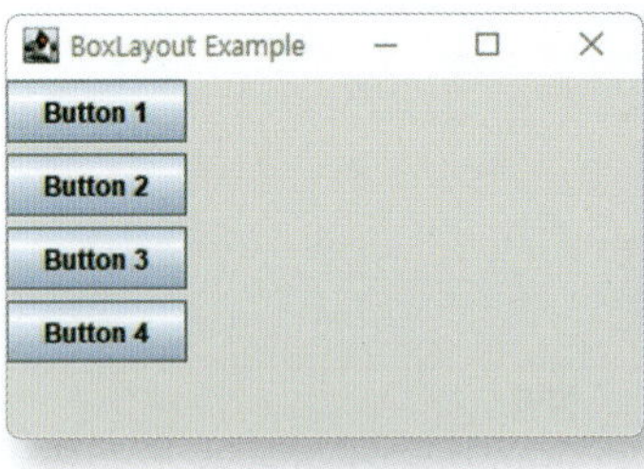

▲ BoxLayout

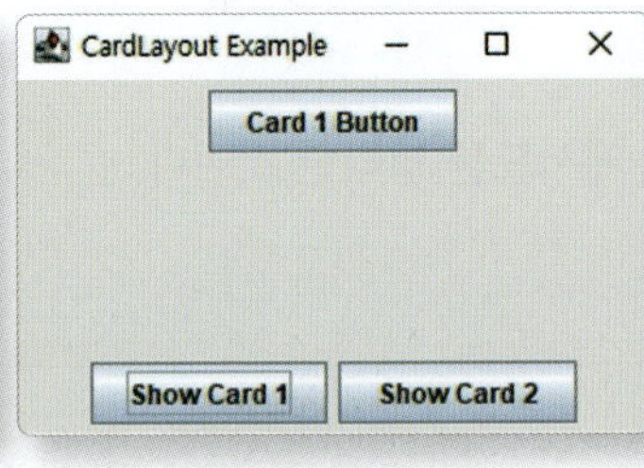

▲ CardLayout

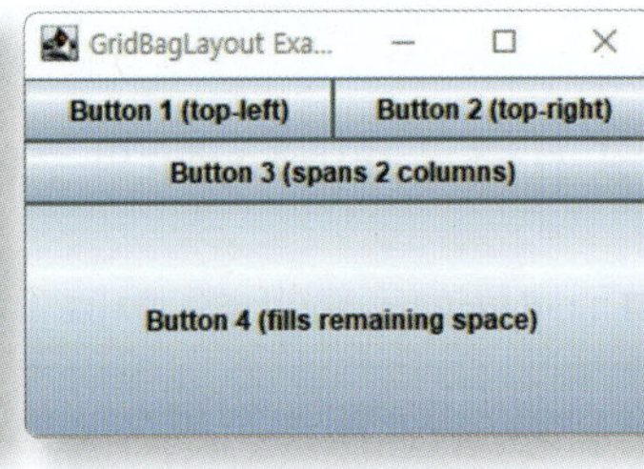

▲ GridBagLayout

그림 11-7 배치 관리자의 레이아웃

[표 11-4]는 많이 사용하는 세 가지 레이아웃의 특징을 비교한 것이다.

표 11-4 주요 레이아웃의 특징 비교

특징	FlowLayout	BorderLayout	GridLayout
배치 방식	왼쪽에서 오른쪽으로 순차적 배치된다.	5개 영역(동, 서, 남, 북, 중앙)에 배치한다.	동일한 크기로 격자 모양으로 배치한다.
크기 조절	컴포넌트의 원래 크기를 유지하며 줄을 바꾼다.	각 영역의 크기가 고정되거나 확장된다.	모든 컴포넌트의 크기가 동일하게 확장되거나 축소된다.
용도	버튼 모음, 툴바 등	기본값(메뉴, 본문 등)	계산기, 표, 게임 보드 등

이외에 `BoxLayout`과 `CardLayout`은 특정 목적(일렬 배치, 화면 전환)에 맞춰 사용된다. 또한 `GridBagLayout`은 매우 세밀한 제어가 필요할 때 사용하지만, 구성이 복잡하기 때문에 다른 레이아웃으로 해결되지 않는 경우에만 고려하는 것이 좋다. 스윙에서 제공하는 배치 관리자의 특성과 사용 방법은 이어지는 내용에서 자세히 살펴보자.

2. FlowLayout

`FlowLayout`은 컴포넌트를 왼쪽에서 오른쪽으로, 위에서 아래로 자연스럽게 흐르듯이 배치한다. 컴포넌트가 컨테이너의 너비를 넘어서면 자동으로 다음 줄로 넘어가는 특징을 가지며, 각 컴포넌트의 기본 크기를 유지한다. `FlowLayout`은 버튼이나 간단한 컴포넌트를 나열할 때 유용하게 사

용되며, JPanel의 기본 레이아웃이다. FlowLayout을 사용할 때 정렬을 지정하지 않으면 컴포넌트는 가운데로 정렬된다. FlowLayout을 사용하기 위해서는 다음과 같이 setLayout() 메서드의 인자로 FlowLayout 객체를 생성하여 전달한다.

```
JFrame jf = new JFrame("FlowLayout 예제");
jf.setLayout(new FlowLayout());                  // FlowLayout 설정
```

[표 11-5]는 FlowLayout의 주요 메서드를 정리한 것이다.

표 11-5 FlowLayout의 주요 메서드

메서드	설명
FlowLayout()	기본 정렬(가운데)과 기본 간격(5픽셀)을 가진 FlowLayout 객체를 생성한다.
FlowLayout(int align)	지정된 정렬 방식을 사용하는 FlowLayout 객체를 생성한다.
FlowLayout(int align, int hgap, int vgap)	지정된 정렬과 수평, 수직 간격을 사용하는 FlowLayout 객체를 생성한다.
setHgap(int hgap)	생성한 FlowLayout 객체의 컴포넌트 간 수평 간격을 설정하며, 픽셀 단위로 값을 지정한다.
setVgap(int vgap)	컴포넌트 행 간의 수직 간격을 설정하며, 새로운 줄로 넘어갈 때 각 행 사이에 적용된다.
getHgap()	FlowLayout에 설정된 수평 간격을 반환한다.
getVgap()	FlowLayout에 설정된 수직 간격을 반환한다.
setAlignment(int align)	생성한 FlowLayout 객체의 정렬 방식을 변경한다.
getAlignment()	FlowLayout에 설정된 정렬 방식의 정수 상숫값을 반환한다.

FlowLayout() 생성자는 가장 기본적인 생성자로, 컴포넌트를 가운데(CENTER) 정렬하고, 컴포넌트 사이의 수평(hgap)과 수직(vgap) 간격을 모두 5픽셀로 설정한다. 이때, 정렬 방식을 직접 지정하여 객체를 생성할 수 있으며, 사용 가능한 상숫값은 다음과 같다.

```
FlowLayout.LEFT                                  // 왼쪽 정렬
FlowLayout.RIGHT                                 // 오른쪽 정렬
FlowLayout.CENTER                                // 가운데 정렬, 기본값
FlowLayout.RIGHT                                 // 오른쪽 정렬
```

또한 FlowLayout.LEADING은 컴포넌트 방향에 따라 가장자리로 정렬하며 일반적으로 왼쪽으로 정렬된다. FlowLayout.TRAILING은 컴포넌트 방향에 따라 끝으로 정렬하며 일반적으로 오른쪽으로 정렬된다.

[예제 11-3]은 FlowLayout을 사용하여 4개의 버튼을 화면의 중앙에 배치하는 코드이다.

예제 11-3 FlowLayout 사용하기 FlowLayoutExample.java

```
01 package sec02.exam03;
02
03 import java.awt.*;
04 import javax.swing.*;
05
06 public class FlowLayoutExample extends JFrame {
07     public static void main(String[] args) {
08         JFrame jf = new JFrame("FlowLayout 예제");
09         jf.setSize(500, 100);
10         jf.setDefaultCloseOperation(JFrame.EXIT_ON_CLOSE);
11         jf.setLayout(new FlowLayout());    // 기본값 FlowLayout.CENTER
12
13         jf.add(new JButton("버튼 1"));
14         jf.add(new JButton("버튼 2"));
15         jf.add(new JButton("긴 버튼 3"));
16         jf.add(new JButton("버튼 4"));
17
18         // jf.pack();                      // 컴포넌트의 크기에 맞춰 창 크기 조정
19         jf.setVisible(true);
20     }
21 }
```

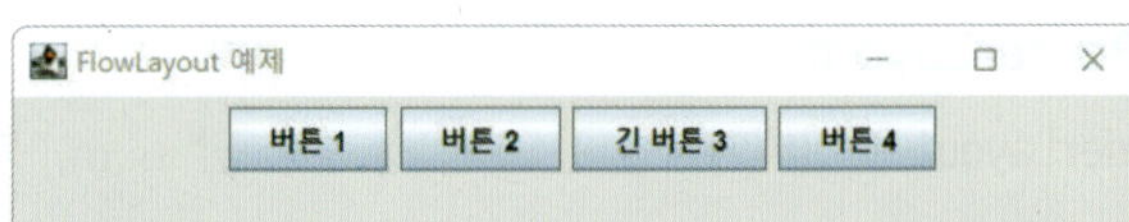

11행의 jf.setLayout(new FlowLayout());은 FlowLayout으로 버튼을 배치한다. 정렬 방식을 지정하지 않았다면, 기본값이 FlowLayout.CENTER이기 때문에 버튼이 가운데 정렬된다. 만약 new FlowLayout(FlowLayout.LEFT)로 정렬 방식을 지정한다면, 버튼이 왼쪽 정렬된다.

```
11 jf.setLayout(new FlowLayout(FlowLayout.LEFT));
```

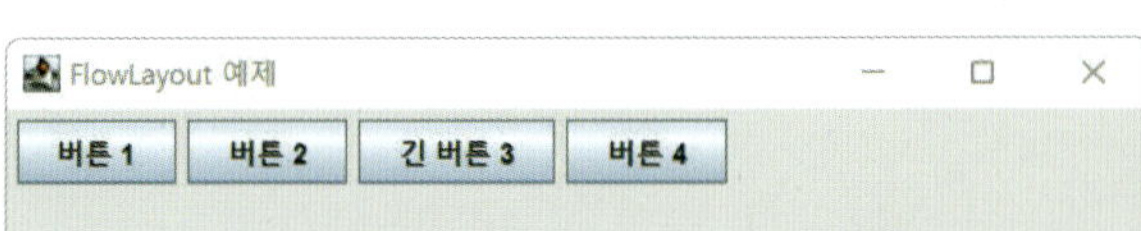

또한 FlowLayout(FlowLayout.LEFT, 20, 10)을 사용하면 요소들 사이의 가로 간격hgap과 세로 간격vgap을 만들 수 있다.

```
jf.setLayout(new FlowLayout(FlowLayout.LEFT, 20, 10));
```

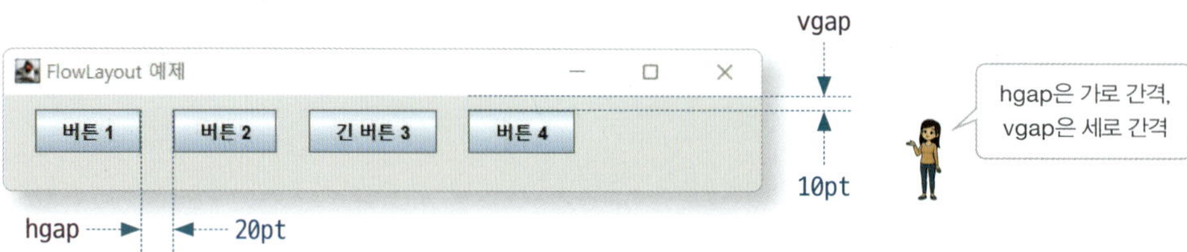

그림 11-8 hgap과 vgap

컴포넌트의 간격은 setHgap(int hgap)과 setVgap(int vgap) 메서드를 사용하여 지정할 수 있다. 또한, 전체 창의 크기를 정하지 않았을 때는 pack() 메서드를 사용하면 편리하다. [예제 11-3]에서 18행의 주석을 지우고 실행하면, setSize()는 무시되고 전체 컴포넌트의 크기에 맞는 창이 생성된다.

```
18  jf.pack();                    // 컴포넌트의 크기에 맞춰 창 크기 조정
```

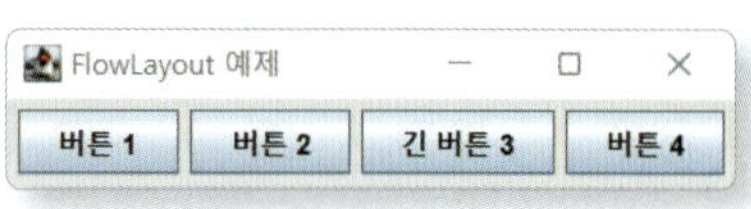

3. BorderLayout

BorderLayout은 컨테이너를 동EAST, 서WEST, 남SOUTH, 북NORTH, 중앙CENTER의 다섯 영역으로 나누어 배치한다. **JFrame의 기본 레이아웃은 BorderLayout**이므로, setLayout()을 지정하지 않아도 자동으로 BorderLayout이 적용된다. 이때, 중간 컨테이너인 JPanel의 기본 레이아웃인 FlowLayout과 혼동하지 않도록 주의한다.

BorderLayout은 복잡한 GUI의 뼈대를 만들 때 주로 사용하며, 하나의 영역에 하나의 컴포넌트만 배치할 수 있다. BorderLayout의 각 영역에서 NORTH와 SOUTH 영역은 가로로 확장되고, EAST와 WEST 영역은 세로로 확장된다. 이때 CENTER 영역은 남는 공간을 모두 차지하여 가장 크게 확장된다. [표 11-6]은 BorderLayout의 주요 메서드를 정리한 것이다.

표 11-6 BorderLayout의 주요 메서드

메서드	설명
BorderLayout()	가장 기본적인 생성자로 컴포넌트 간의 간격 없이 BorderLayout 객체를 생성한다.
BorderLayout(int hgap, int vgap)	지정된 수평 및 수직 간격을 사용하여 BorderLayout 객체를 생성한다.
setHgap(int hgap)	생성한 BorderLayout 컴포넌트 간의 수평 간격을 변경할 때 사용하며, NORTH, CENTER, SOUTH 영역 사이의 좌우 간격에 영향을 준다.
setVgap(int vgap)	컴포넌트 간의 수직 간격을 변경할 때 사용하며, WEST, CENTER, EAST 영역 사이의 상하 간격에 영향을 준다.
getHgap()	현재 설정된 수평 간격을 반환한다.
getVgap()	현재 설정된 수직 간격을 반환한다.

BorderLayout(int hgap, int vgap) 생성자는 컨테이너의 영역들 사이에 수평 및 수직 간격을 직접 지정할 수 있게 한다. 예를 들어, new BorderLayout(10, 5)는 좌우 간격 10픽셀, 상하 간격 5픽셀을 설정한다. BorderLayout은 컴포넌트를 추가할 때 add(Component, Object) 메서드를 사용하여 영역을 명시적으로 지정한다. 예를 들어, 북쪽에 버튼을 배치하는 코드는 다음과 같다.

```
JFrame jf = new JFrame("FlowLayout 예제");
jf.add(new JButton("북쪽"), BorderLayout.NORTH);      // 북쪽에 버튼을 배치
```

만약 영역을 지정하지 않으면 기본값인 CENTER에 추가된다. 또한 각 영역은 한 개의 컴포넌트만 가질 수 있으며, 새로운 컴포넌트를 추가하면 기존 컴포넌트는 교체된다. [예제 11-4]는 BorderLayout을 사용하여 버튼을 각 영역에 배치하는 코드이다.

예제 11-4 BorderLayout 사용하기 BorderLayoutExample.java

```java
package sec02.exam04;

import java.awt.*;
import javax.swing.*;

public class BorderLayoutExample extends JFrame {
    public static void main(String[] args) {
        JFrame jf = new JFrame("BorderLayout 예제");
        jf.setSize(500, 200);
        jf.setDefaultCloseOperation(JFrame.EXIT_ON_CLOSE);
```

```
11         // jf.setLayout(new BorderLayout(20, 10));   // 레이아웃 기본값
12
13         jf.add(new JButton("북쪽"), BorderLayout.NORTH);
14         jf.add(new JButton("남쪽"), BorderLayout.SOUTH);
15         jf.add(new JButton("서쪽"), BorderLayout.WEST);
16         jf.add(new JButton("동쪽"), BorderLayout.EAST);
17         jf.add(new JButton("중앙"));              // 기본값 BorderLayout.CENTER
18
19         jf.setVisible(true);
20     }
21 }
```

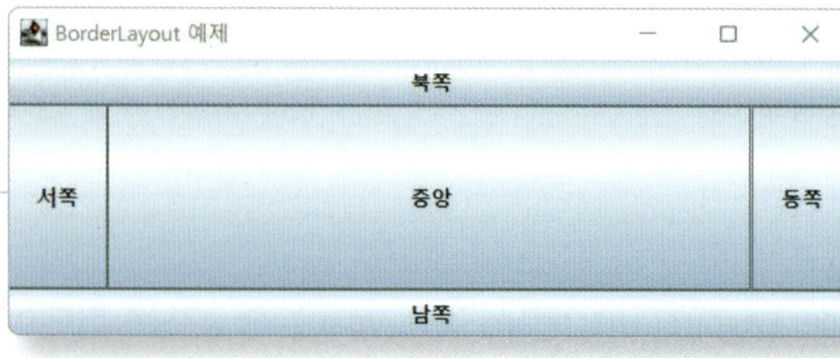

setLayout()을 지정하지 않아도 각각의 영역에 버튼이 배치되는데, BorderLayout에서 기본값은 BorderLayout.CENTER이기 때문에 17행의 jf.add(new JButton("중앙"));은 중앙에 배치된다.

만약 각 영역에 간격을 두고 싶다면 11행의 주석을 지우고 실행한다. 그러면 가로 간격 20픽셀, 세로 간격 10픽셀의 간격이 적용되어 버튼이 배치된다.

```
11  jf.setLayout(new BorderLayout(20, 10));         // hgap 20, vgap 10
```

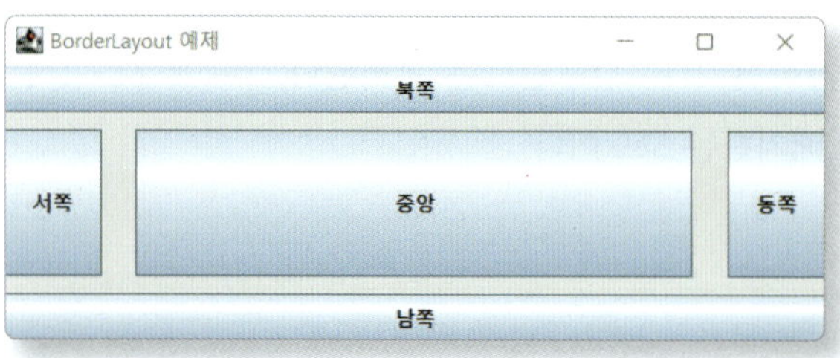

4. GridLayout

GridLayout은 컨테이너를 동일한 크기의 격자(그리드)로 나누고, 각 셀에 컴포넌트를 순서대로 배치한다. GridLayout에서는 행과 열의 수를 지정할 수 있으며, 모든 컴포넌트가 같은 크기를 가진다. GridLayout은 컴포넌트들이 균일하게 정렬되어야 할 때 유용하다. [표 11-7]은 GridLayout의 주요 메서드를 정리한 것이다.

표 11-7 GridLayout의 주요 메서드

메서드	설명
`GridLayout()`	기본 생성자로 한 열에 하나의 컴포넌트를 배치하는 GridLayout 객체를 생성하며, 컴포넌트는 수직으로 한 줄씩 추가된다.
`GridLayout(int rows, int cols)`	지정된 행(rows)과 열(cols)을 가진 GridLayout 객체를 생성한다.
`GridLayout(int rows, int cols, int hgap, int vgap)`	지정된 행, 열, 그리고 수평 및 수직 간격을 가진 GridLayout 객체를 생성한다.
`setHgap(int hgap)`	컴포넌트 간의 수평 간격을 설정한다.
`setVgap(int vgap)`	컴포넌트 간의 수직 간격을 설정한다.
`getHgap()`	현재 설정된 수평 간격을 반환한다.
`getVgap()`	현재 설정된 수직 간격을 반환한다.
`getRows()`	현재 설정된 행의 수를 반환한다.
`getColumns()`	현재 설정된 열의 수를 반환한다.

GridLayout(int rows, int cols)는 가장 많이 사용하는 생성자로, 행$_{\text{rows}}$과 열$_{\text{cols}}$의 수를 지정하여 격자 모양을 만든다. 예를 들어, new GridLayout(3, 4)는 '3×4' 격자를 생성한다. 주의할 점은, rows나 cols 둘 중 하나를 0으로 설정하면, 그 값은 무시되고 다른 값에 따라 행 또는 열이 유동적으로 결정된다. 예를 들어 new GridLayout(2, 0)은 2개의 행을 가지지만 열의 수는 컴포넌트의 수에 따라 자동으로 조절된다. 다음은 2행 3열의 GridLayout을 생성하는 코드이다.

```
JFrame jf = new JFrame("GridLayout 예제");
jf.setLayout(new GridLayout(2, 3));                // 2행 3열의 격자 레이아웃
```

[예제 11-5]는 GridLayout을 사용하여 2행 3열 형태로 버튼을 배치하는 코드이다.

예제 11-5 GridLayout 사용하기 GridLayoutExample.java

```
package sec02.exam05;

import java.awt.*;
import javax.swing.*;

public class GridLayoutExample extends JFrame {
    public static void main(String[] args) {
        JFrame jf = new JFrame("GridLayout 예제");
        jf.setSize(300, 200);
        jf.setDefaultCloseOperation(JFrame.EXIT_ON_CLOSE);
```

```
11         jf.setLayout(new GridLayout(2, 3));        // 2행 3열의 격자 레이아웃
12
13         jf.add(new JButton("1"));
14         jf.add(new JButton("2"));
15         jf.add(new JButton("3"));
16         jf.add(new JButton("4"));
17         jf.add(new JButton("5"));
18         jf.add(new JButton("6"));
19
20         jf.setVisible(true);
21     }
22 }
```

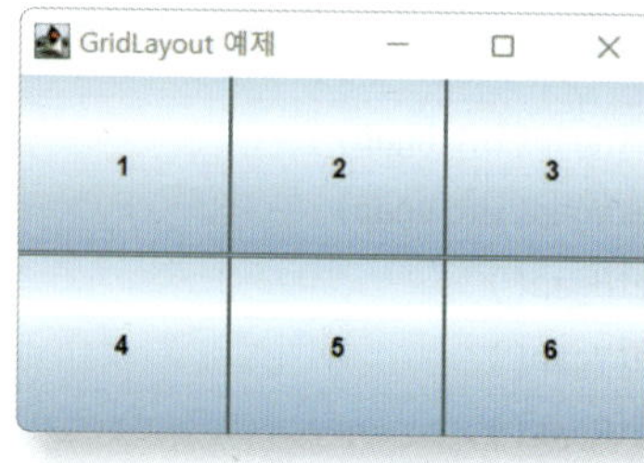

11행의 `jf.setLayout(new GridLayout(2, 3));`은 버튼을 2행 3열로 배치하는 `GridLayout`을 생성한다. 버튼은 왼쪽 위에서부터 바둑판 형태로 순서대로 배치된다. 만약, 다음과 같이 간격을 지정하면 버튼 사이에 가로 20픽셀, 세로 10픽셀 간격이 있는 `GridLayout`이 생성된다.

```
11   jf.setLayout(new GridLayout(2, 3, 20, 10));       // hgap 20, vgap 10
```

5. BoxLayout

`BoxLayout`은 컴포넌트를 하나의 행(X축) 또는 하나의 열(Y축)로 정렬하는 레이아웃이다. 여러 컴포넌트를 수직 또는 수평으로 일렬로 배치할 때 유용하며, `JToolbar`와 같은 도구 모음을 만들 때 자주 사용한다. `BoxLayout`의 주요 메서드는 [표 11-8]과 같다.

표 11-8 BoxLayout의 주요 메서드

메서드	설명
`BoxLayout(Container target, int axis)`	지정된 컨테이너에 컴포넌트를 정렬할 방향(축)을 가진 BoxLayout 객체를 생성한다.

Container target은 레이아웃이 적용될 JPanel과 같은 컨테이너를 지정한다. 최상위 컨테이너인 JFrame의 경우에는 getContentPane()을 지정한다. int axis는 컴포넌트를 어떤 방향으로 정렬할지 결정하는 축axis을 지정하며 다음 네 가지 상수 중 하나를 사용한다.

```
BoxLayout.X_AXI            // 왼쪽에서 오른쪽으로 수평 정렬
BoxLayout.Y_AXIS           // 위에서 아래로 수직 정렬
BoxLayout.LINE_AXIS        // 텍스트 흐름에 따라 정렬(X_AXIS와 동일)
BoxLayout.PAGE_AXIS        // 페이지 흐름에 따라 컴포넌트를 정렬(Y_AXIS와 동일)
```

BoxLayout은 생성자를 통해 방향을 한 번 지정하면 변경할 수 없으며, add() 메서드에는 추가적인 조건 없이 컴포넌트만 전달하면 된다. 예를 들어, add(new JButton("Button"));과 같이 사용하면, 생성 시 지정한 축에 따라 버튼이 자동으로 정렬된다. [예제 11-6]은 BoxLayout을 사용하여 버튼을 수직으로 배치하는 코드이다.

예제 11-6 BoxLayout 사용하기 BoxLayoutExample.java

```java
package sec02.exam06;

import java.awt.*;
import javax.swing.*;

public class BoxLayoutExample extends JFrame {
    public static void main(String[] args) {
        JFrame jf = new JFrame("BoxLayout 예제");
        jf.setSize(300, 150);
        jf.setDefaultCloseOperation(JFrame.EXIT_ON_CLOSE);
        jf.setLayout(new BoxLayout(jf.getContentPane(), BoxLayout.Y_AXIS));

        jf.add(new JButton("Button 1"));          // 컴포넌트 추가
        jf.add(new JButton("Button 2"));
        jf.add(new JButton("Button 3"));

        jf.setVisible(true);
    }
}
```

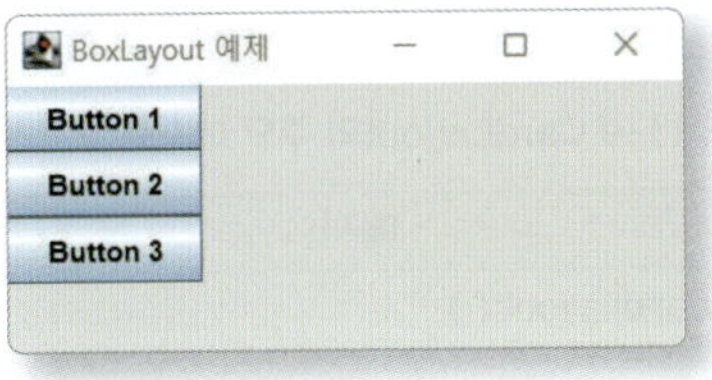

11행은 버튼을 Y축 방향(수직)으로 배치한다. 이때, `jf.pack()`을 사용하면 버튼 크기에 딱 맞는 창이 생성된다. 11행의 `BoxLayout.X_AXIS`를 다음 코드와 같이 지정하면 버튼은 X축 방향(수평)으로 배치된다.

```
11    jf.setLayout(new BoxLayout(jf.getContentPane(), BoxLayout.X_AXIS));
```

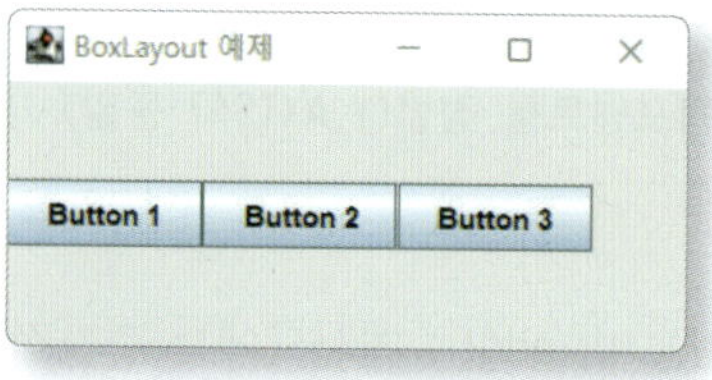

> **Note** BoxLayout의 특징
>
> BoxLayout은 컴포넌트 자체의 선호 크기를 존중하며, Box 클래스와 함께 사용하여 `strut`, `glue`, `rigid Area`와 같은 특수한 컴포넌트를 추가해 유연하게 공간을 조절할 수 있다. `strut`는 두 컴포넌트 사이에 고정된 빈 공간을 추가하고, `glue`는 남는 공간을 모두 차지하여 컴포넌트를 밀어내는 유연한 빈 공간을 추가한다. 또한 `rigidArea`는 고정된 크기의 빈 공간을 추가한다.

> **생성형 AI와 공부하기**
>
> 자바의 BoxLayout에서 공간 관리를 위해 사용되는 `strut`, `glue`, `rigidArea`를 활용한 코드를 작성하고, 각 코드의 공간 관리 방식과 특징을 설명해줘.

6. CardLayout

`CardLayout`은 여러 개의 컴포넌트를 카드처럼 겹쳐서 배치하고, 한 번에 하나의 카드만 보여주는 레이아웃이며, 카드 사이를 앞뒤로 전환하며 사용할 수 있다. 따라서 탭 패널이나 마법사wizard 형태의 다단계 인터페이스를 만들 때 적합하다. [표 11-9]는 `CardLayout`의 주요 메서드를 정리한 것이다.

표 11-9 CardLayout의 주요 메서드

메서드	설명
`CardLayout()`	컴포넌트 사이에 간격을 두지 않는 CardLayout 객체를 생성한다.
`CardLayout(int hgap, int vgap)`	컴포넌트와 컨테이너 경계선 사이에 수평 및 수직 간격을 지정하여 CardLayout 객체를 생성한다.
`show(Container parent, String name)`	지정된 이름의 컴포넌트를 표시한다.
`first(Container parent)`	컨테이너에 추가된 첫 번째 컴포넌트를 표시한다.

last(Container parent)	컨테이너에 추가된 마지막 컴포넌트를 표시한다.
next(Container parent)	현재 보이는 컴포넌트 다음의 컴포넌트를 표시하며, 마지막 카드라면 다시 첫 번째 카드로 돌아간다.
previous(Container parent)	현재 보이는 컴포넌트 이전의 컴포넌트를 표시하며, 첫 번째 카드라면 마지막 카드로 돌아간다.
setHgap(int hgap)	컴포넌트 간의 수평 간격을 설정한다.
setVgap(int vgap)	컴포넌트 간의 수직 간격을 설정한다.
getHgap()	현재 설정된 수평 간격을 반환한다.
getVgap()	현재 설정된 수직 간격을 반환한다.

이 중 show(Container parent, String name)은 가장 중요한 메서드로, add() 메서드에 컴포넌트를 추가할 때 지정한 이름(name)을 사용하여 특정 컴포넌트를 화면에 표시한다. 예를 들어, cardLayout.show(panel, "card1")은 card1이라는 이름으로 추가된 컴포넌트를 표시한다.

CardLayout에 컴포넌트를 추가할 때는 add(Component comp, Object constraints) 메서드를 사용하며, constraints에 고유한 String 이름을 지정한다. 이 이름은 show() 메서드에서 컴포넌트를 구분하는 데 사용된다. 예를 들어, 다음과 같이 add(new JButton("1번째 카드"), "Card1");과 같이 작성한다.

```
JFrame jf = new JFrame("CardLayout 예제");
jf.setLayout(new BorderLayout());

CardLayout cardLayout = new CardLayout();
JPanel cardPanel = new JPanel(cardLayout);
cardPanel.add(new JButton("1번째 카드"), "Card1");
```

[예제 11-7]은 CardLayout을 사용하여 여러 컴포넌트를 카드처럼 쌓아 올리고 필요할 때마다 한 장씩 표시하는 코드이다. 카드를 변경하는 동작에는 이벤트 리스너를 사용하였는데, 이벤트 리스너에 대해서는 12장에서 자세히 살펴본다.

예제 11-7 **CardLayout 사용하기** CardLayoutExample.java

```
package sec02.exam07;

import java.awt.*;
import java.awt.event.ActionEvent;
import java.awt.event.ActionListener;
```

```
06 import javax.swing.*;
07
08 public class CardLayoutExample {
09     public static void main(String[] args) {
10         JFrame jf = new JFrame("CardLayout 예제");
11         jf.setSize(300, 200);
12         jf.setDefaultCloseOperation(JFrame.EXIT_ON_CLOSE);
13         jf.setLayout(new BorderLayout());          // 프레임 설정
14
15         CardLayout cardLayout = new CardLayout();
16         JPanel cardPanel = new JPanel(cardLayout);
17         cardPanel.add(new JButton("1번째 카드"), "Card1");
18         cardPanel.add(new JButton("2번째 카드"), "Card2");
19         cardPanel.add(new JButton("3번째 카드"), "Card3");
20
21         JButton nextButton = new JButton("다음 카드로");
22         nextButton.addActionListener(new ActionListener() {
23             @Override
24             public void actionPerformed(ActionEvent e) {
25                 cardLayout.next(cardPanel);        // 다음 카드로 전환
26             }
27         });
28
29         jf.add(cardPanel, BorderLayout.CENTER);
30         jf.add(nextButton, BorderLayout.SOUTH);
31         jf.setVisible(true);
32     }
33 }
```

4행과 5행의 `java.awt.event.*`는 버튼 클릭과 같은 사용자 입력을 처리하는 패키지이다. 15행은 `CardLayout` 객체를 생성하며, 이 객체가 카드의 전환을 관리한다. 16행의 `JPanel cardPanel = new JPanel(cardLayout);`은 여러 컴포넌트(카드)를 겹쳐서 관리하는 `JPanel`을 생성하고, 이 패널의 배치 관리자로 앞서 만든 `cardLayout`을 지정한다. 17행에서 19행까지 `cardPanel`에 세 개의 `JButton`을 추가한다. `CardLayout`을 사용하는 컨테이너에 컴포넌트를 추가할 때는 두 번째 인자로 카드 이름(문자열)을 지정하며, 이 이름은 나중에 특정 카드를 보여줄 때 사용한다.

21행은 '다음 카드로' 기능을 수행할 버튼을 생성한다. 25행의 `cardLayout.next(cardPanel);`은 버튼이 클릭될 때마다 `CardLayout`의 `next()` 메서드를 호출한다. 이 메서드는 `cardPanel`에 추가된 컴포넌트를 순서대로 순환하며 다음 카드를 화면에 표시한다. 따라서 [예제 11-7]을 실행하

여 '다음 카드로' 버튼을 클릭하면, next() 메서드가 실행되어 [그림 11-9]와 같이 '1번째 카드 → 2번째 카드 → 3번째 카드 → 1번째 카드' 순으로 순환하며 표시된다.

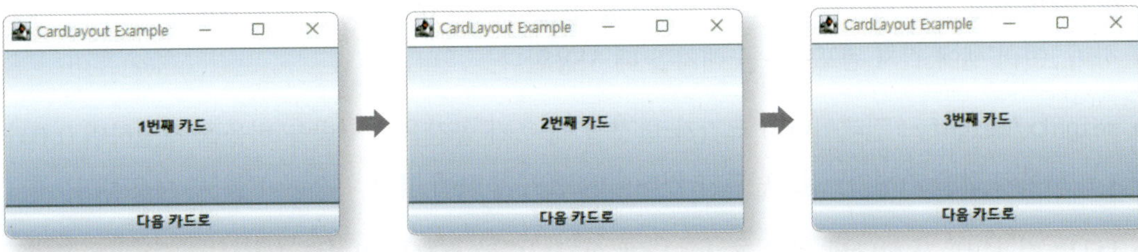

그림 11-9 [예제 11-7]의 실행 결과 화면

7. GridBagLayout

GridBagLayout은 GridLayout을 기반으로 한 배치 관리자이다. 각 셀의 크기를 다르게 설정하거나 컴포넌트가 여러 셀을 차지할 수도 있으며, 비율을 조정할 수 있는 유연한 레이아웃 방식이다. 그러나 각 컴포넌트마다 GridBagConstraints 객체를 사용하여 제약 조건을 설정해야 하므로 다른 레이아웃보다 사용이 다소 복잡하다. [표 11-10]은 GridBagLayout의 주요 메서드를 정리한 것이다.

표 11-10 GridBagLayout의 주요 메서드

메서드	설명
GridBagLayout()	GridBagLayout 객체를 생성한다.
setConstraints(Component c, GridBagConstraints const)	컴포넌트에 특정 제약 조건을 적용한다.
getConstraints(Component c)	특정 컴포넌트에 현재 적용된 GridBagConstraints 객체를 반환한다.
layoutContainer(Container parent)	컨테이너의 크기가 변경되거나 validate() 메서드가 호출될 때, GridBagLayout이 내부적으로 이 메서드를 호출하여 모든 컴포넌트를 재배치한다.

GridBagLayout() 생성자는 GridBagLayout 객체를 초기화한다. 이후 GridBagConstraints 객체를 생성하여 컴포넌트의 위치, 크기, 정렬 방식 등을 정의한 후 setConstraints() 메서드를 통해 컴포넌트에 적용한다.

setConstraints(Component c, GridBagConstraints const) 메서드의 c 인자에는 배치할 컴포넌트를 전달하고, const 인자로는 해당 컴포넌트에 적용할 GridBagConstraints 객체를 전달한다. 이 객체에는 다음과 같은 주요 속성이 있다.

- **gridx/gridy**: 컴포넌트가 위치할 격자의 열(gridx)과 행(gridy) 인덱스를 지정하며, 0부터 시작한다.
- **gridwidth/gridheight**: 컴포넌트가 차지할 열(gridwidth)과 행(gridheight)의 개수를 지정하며, 여러 셀에 걸쳐 컴포넌트를 배치할 때 사용한다.
- **weightx/weighty**: 컨테이너의 크기가 변경될 때 추가 공간을 할당받을 비율을 지정하며 0.0과 1.0 사이의 값을 가진다. 컴포넌트가 컨테이너 크기 변화에 따라 확장해야 할 때 사용한다.
- **fill**: 컴포넌트가 할당된 셀의 크기에 맞게 확장되도록 속성을 지정한다.

```
GridBagConstraints.NONE           // 확장하지 않음
GridBagConstraints.HORIZONTAL     // 수평으로만 확장
GridBagConstraints.VERTICAL       // 수직으로만 확장
GridBagConstraints.BOTH           // 수평, 수직으로 모두 확장
```

- **anchor**: 컴포넌트가 할당된 셀 내에서 정렬될 위치를 지정한다. 예 GridBagConstraints.NORTH, GridBagConstraints.CENTER, GridBagConstraints.SOUTHWEST
- **insets**: 컴포넌트 주위에 여백(padding)을 설정하며, new Insets(top, left, bottom, right) 객체를 사용한다.
- **ipadx/ipady**: 컴포넌트의 내부 패딩을 추가하여 컴포넌트 자체의 최소 크기를 늘린다.

GridBagLayout을 사용할 때는 setLayout()으로 new GridBagLayout()을 지정한 후, add(Component comp, Object constraints) 메서드를 사용하여 GridBagConstraints 객체를 두 번째 인자로 전달해야 한다. [예제 11-8]은 GridBagLayout을 사용하여 3개의 버튼을 서로 다른 위치에 배치하는 코드이다.

예제 11-8 GridBagLayout 사용하기 GridBagLayoutExample.java

```java
package sec02.exam08;

import java.awt.*;
import javax.swing.*;

public class GridBagLayoutExample {
    public static void main(String[] args) {
        JFrame jf = new JFrame("GridBagLayout 예제");
```

```
09        jf.setSize(300, 150);
10        jf.setDefaultCloseOperation(JFrame.EXIT_ON_CLOSE);
11        jf.setLayout(new GridBagLayout());
12
13        GridBagConstraints gbc = new GridBagConstraints();
14        JButton button1 = new JButton("버튼 1");
15        gbc.gridx = 0;                // 열(gridx)의 인덱스 0
16        gbc.gridy = 0;                // 행(gridy)의 인덱스 0
17        jf.add(button1, gbc);
18
19        JButton button2 = new JButton("버튼 2");
20        gbc.gridx = 1;                // 열(gridx)의 인덱스 1
21        gbc.gridy = 0;                // 행(gridy)의 인덱스 0
22        jf.add(button2, gbc);
23
24        JButton button3 = new JButton("버튼 3");
25        gbc.gridx = 0;                // 열(gridx)의 인덱스 0
26        gbc.gridy = 1;                // 행(gridy)의 인덱스 1
27        gbc.gridwidth = 2;            // 컴포넌트가 차지할 열(gridwidth)의 개수 2
28        gbc.fill = GridBagConstraints.HORIZONTAL;
29        jf.add(button3, gbc);
30
31        jf.setVisible(true);
32    }
33 }
```

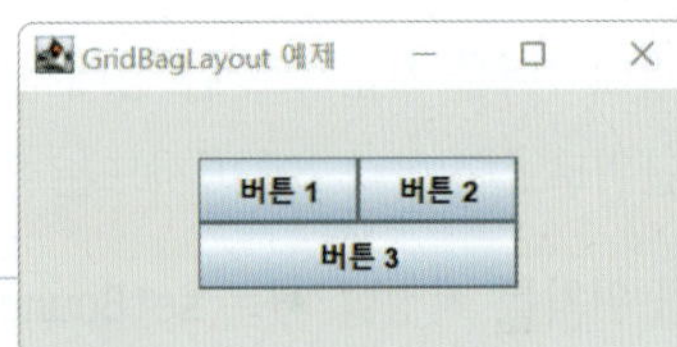

13행의 gbc 객체는 GridBagLayout에 추가될 컴포넌트의 위치와 크기, 정렬 방식 등을 정의하는 제약 조건 객체이다. 각 컴포넌트를 추가할 때마다 이 객체의 속성을 변경하여 원하는 위치에 배치한다.

14행부터 17행은 버튼 1을 (0, 0) 위치의 그리드 셀에 배치한다. 19행부터 22행은 버튼 2를 (1, 0) 위치에 배치한다. 이때, 버튼 1이 (0, 0) 위치에 있기 때문에 버튼 2는 그 옆인 (1, 0)에 위치한다.

24행부터 29행은 버튼 3을 (0, 1) 위치의 그리드 셀에 배치하여 버튼 1, 2가 있는 행 아래 새로운 행에 위치하게 된다. `gbc.gridwidth = 2;`는 가로로 2개의 셀을 차지하도록 설정하며, `gbc.fill = GridBagConstraints.HORIZONTAL;`은 가로 방향으로 확장하여 할당된 공간을 채운다. 따라서 첫 번째 행에는 버튼 1과 버튼 2가 나란히 한 칸을 차지한다. 또한 두 번째 행의 버튼 3이 두 칸(`gridwidth = 2`)을 차지하며, 첫 번째 행의 너비와 동일한 크기로 확장된다.

8. 절대 위치 레이아웃

스윙에서 배치 관리자를 사용하지 않고 컴포넌트를 배치하는 방법을 절대 위치absolute positioning라고 한다. 이 방법은 컴포넌트의 위치와 크기를 픽셀 단위로 직접 설정하는 방식이다. [표 11-11]은 절대 위치 레이아웃에서 사용하는 주요 메서드를 정리한 것이다.

표 11-11 절대 위치 레이아웃에서 사용하는 주요 메서드

메서드	설명
setLayout(null)	컨테이너의 배치 관리자를 비활성화한다.
setBounds(int x, int y, int width, int height)	컴포넌트의 위치와 크기를 동시에 설정한다.
setLocation(int x, int y)	컴포넌트의 위치(좌표)를 설정하며, 이미 크기가 설정된 컴포넌트의 위치를 옮길 때 유용하다.
setSize(int width, int height)	컴포넌트의 크기를 설정하며, 위치를 그대로 두고 컴포넌트의 크기를 설정할 때 유용하다.
setPreferredSize(Dimension d)	컴포넌트의 선호 크기를 설정한다.

절대 위치를 지정하는 setLayout(null) 메서드는 배치 관리자를 사용하지 않음을 선언한다. 이 메서드를 호출하지 않으면 setBounds() 같은 메서드가 제대로 작동하지 않을 수 있다. setBounds() 메서드의 x와 y는 컴포넌트의 좌측 상단 모서리의 좌표를 설정한다. 이 좌표는 부모 컨테이너를 기준으로 한 상대적인 위치이며, width와 height는 컴포넌트의 너비와 높이를 픽셀 단위로 설정한다. 이 메서드는 위치와 크기를 한 번에 설정할 수 있어 유용하다.

절대 위치를 지정할 때는 setBounds()나 setSize()를 사용하지만, 때때로 컴포넌트의 선호 크기를 설정해야 할 필요가 있다. 이때는 setPreferredSize(Dimension d) 메서드에서 Dimension 객체를 인자로 받아 너비와 높이를 지정한다. 이 메서드는 배치 관리자가 있을 때 주로 사용하지만, 일부 경우에 크기 관련 속성을 설정하기 위해 절대 위치에서도 사용할 수 있다.

[예제 11-9]는 절대 위치를 사용하여 버튼을 배치하는 코드이다.

예제 11-9 절대 위치 레이아웃 사용하기 AbsoluteLayoutExample.java

```java
package sec02.exam09;

import java.awt.*;
import javax.swing.*;

public class AbsoluteLayoutExample extends JFrame {
    public static void main(String[] args) {
```

```
08         JFrame jf = new JFrame("AbsoluteLayout 예제");
09         jf.setDefaultCloseOperation(JFrame.EXIT_ON_CLOSE);
10         jf.setSize(300, 200);
11         jf.setLayout(null);                     // 배치 관리자 비활성화
12 
13         JButton button1 = new JButton("Button 1");
14         button1.setBounds(50, 50, 100, 30);     // x, y, width, height
15         jf.add(button1);
16 
17         JButton button2 = new JButton("Button 2");
18         button2.setBounds(150, 100, 120, 30);
19         jf.add(button2);
20 
21         jf.setVisible(true);
22     }
23 }
```

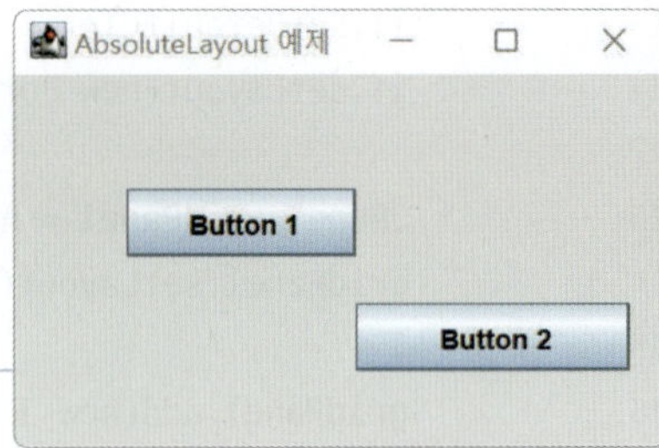

11행은 배치 관리자를 비활성화한다. 이후 14행의 `button1.setBounds(50, 50, 100, 30);`과 같이 위치와 크기를 지정하여 컴포넌트를 직접 배치할 수 있다.

> **Note** **배치 관리자 비활성화의 단점**
>
> 배치 관리자를 사용하지 않으면 다음과 같은 단점이 있다. 따라서 다음의 이유로, 특별한 목적이 있지 않은 한 배치 관리자를 사용하는 것을 권장한다.
>
> - 창 크기가 변경되면 컴포넌트들이 자동으로 재배치되지 않아 컴포넌트들이 겹치거나 화면 밖으로 벗어날 수 있다.
> - 컴포넌트의 위치를 계산하여 수동으로 지정해야 하므로, 컴포넌트가 많아질수록 코드가 복잡해지고 유지보수가 어렵다.
> - 운영체제나 화면 해상도에 따라 컴포넌트의 크기나 위치가 다르게 보일 수 있어 일관된 UI를 유지하기 어렵다.

2 복합적인 레이아웃 구성

레이아웃을 구성할 때 여러 레이아웃을 중첩해서 사용하는 경우가 많다. 이어지는 [예제 11-10]은 BorderLayout의 CENTER 영역에 JPanel을 추가하고, 그 JPanel에 GridLayout을 적용하여 버튼을 2행 2열의 그리드로 다양하게 배치하는 코드이다.

예제 11-10 복합 레이아웃 사용하기

CombinedLayoutExample.java

```
01 package sec02.exam10;
02
03 import java.awt.*;
04 import javax.swing.*;
05
06 public class CombinedLayoutExample extends JFrame {
07     public static void main(String[] args) {
08         JFrame jf = new JFrame("복합 레이아웃 예제");
09         jf.setSize(400, 300);
10         jf.setDefaultClo
11         jf.setLayout(new BorderLayout());
12
13         JPanel gridPanel = new JPanel();          // CENTER 영역에 들어갈 JPanel
14         gridPanel.setLayout(new GridLayout(2, 2)); // 2 x 2 격자
15
16         gridPanel.add(new JButton("좌상"));
17         gridPanel.add(new JButton("우상"));
18         gridPanel.add(new JButton("좌하"));
19         gridPanel.add(new JButton("우하"));
20
21         jf.add(gridPanel, BorderLayout.CENTER);
22         jf.add(new JButton("확인"), BorderLayout.SOUTH);
23
24         jf.setVisible(true);
25     }
26 }
```

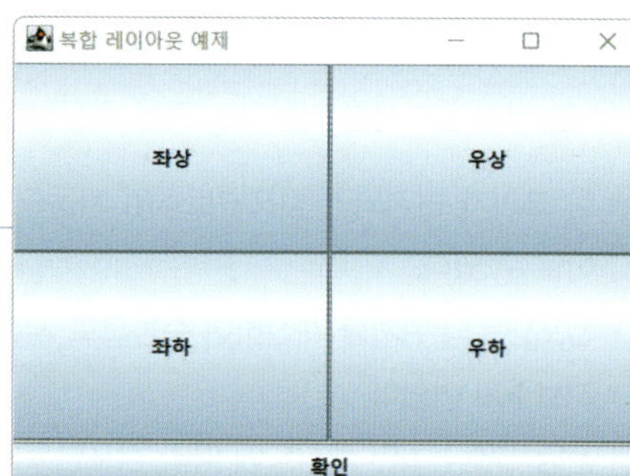

13행에서 JPanel의 객체 gridPanel을 생성하였다. 14행은 gridPanel에 2행 2열의 GridLayout을 생성한다. 16행에서 19행까지 패널 안에 4개의 버튼을 배치하고, 이 패널을 JFrame의 중앙에 추가한다. 이후 22행의 `jf.add(new JButton("확인"), BorderLayout.SOUTH);`를 통해 JFrame의 아래쪽(SOUTH)에 '확인' 버튼을 배치한다. 이처럼 BorderLayout과 GridLayout 레이아웃을 조합하여 다양한 형태로 컴포넌트를 배치할 수 있다.

3 색상, 폰트, 경계선 설정

1. 색상 설정

모든 색상은 3가지 색상의 조합으로 만들어진다. 색의 삼원색은 빨강, 노랑, 파랑이며 빛의 삼원색은 빨강Red, 녹색Green, 파랑Blue이다. 컴퓨터에서 하나의 픽셀은 빛의 삼원색으로 이루어지며, 3원색 앞 글자를 따서 RGB라 부른다.

컴퓨터에서 픽셀을 구성하는 RGB는 각각 1바이트 크기를 가진다. 1바이트가 표현할 수 있는 값은 0에서 255까지, 총 256(2^8)단계다. 따라서 빨간색(R), 녹색(G), 파란색(B)의 각 색상을 256단계로 섞어서 사용할 수 있다. 예를 들어 RGB (0, 0, 0)은 빛이 없으므로 검은색이 된다. 반대로 흰색은 모든 빛을 다 사용하는 (255, 255, 255)다. 같은 방식으로 빨간색의 RGB 값은 (255, 0, 0), 노란색은 빨간색과 녹색 빛을 섞은 (255, 255, 0)이다.

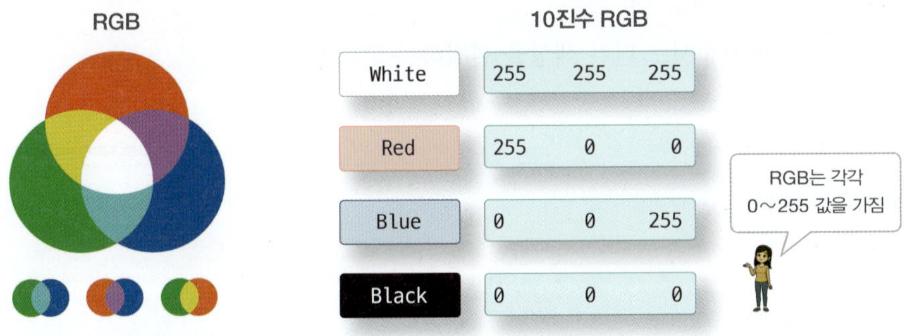

그림 11-10 RGB와 색상

JPanel과 컴포넌트들은 전경색foreground과 배경색background을 가진다. 전경색은 텍스트나 아이콘의 색상을 의미하며 배경색은 컴포넌트의 바탕색을 의미한다. 따라서 텍스트의 색상을 파란색, 배경색의 색상을 노란색으로 지정하는 경우에는 다음과 같이 작성한다.

```
JPanel panel = new JPanel();
panel.setForeground(new Color(0, 0, 255));          // 전경색 파란색
panel.setBackground(new Color(255, 255, 0));        // 배경색 노란색
```

스윙의 Color 클래스에는 Color.RED, Color.BLUE, Color.GREEN 등 자주 사용되는 색상 상수가 미리 정의되어 있으며, 이를 사용하면 코드가 더 간결해진다.

```
panel.setForeground(Color.BLUE);                    // 전경색 파란색
panel.setBackground(Color.Yellow);                  // 배경색 노란색
```

그러나 색상 상수만으로 자홍색, 깊은 바다색과 같은 미묘한 색상을 표현하기에는 한계가 있으므로, 다양한 색상을 표현하려면 RGB를 사용해야 한다. 컴퓨터 그래픽에서 투명색을 표현할 때는 RGBA 값을 사용한다. 여기서 A Alpha는 색상의 투명도를 나타내며, 0(완전 투명)부터 255(완전 불투명)까지의 값을 가진다. 125 투명도의 색을 사용할 때는 다음과 같이 작성한다.

```
panel.setForeground(new Color(0, 0, 255, 125));     // 125 투명도의 파란색
panel.setBackground(new Color(255, 255, 0, 125));   // 125 투명도의 노란색
```

[예제 11-11]은 두 개의 JPanel에 서로 다른 색상을 설정하는 코드이다.

예제 11-11 색상 설정하기 ColorExample.java

```
package sec02.exam11;

import java.awt.*;
import javax.swing.*;

public class ColorExample extends JFrame {
    public static void main(String[] args) {
        JFrame jf = new JFrame("색상 예제");
        jf.setSize(400, 200);
        jf.setDefaultCloseOperation(JFrame.EXIT_ON_CLOSE);
        jf.setLayout(new GridLayout(1, 2));

        JPanel panel1 = new JPanel();
        panel1.setBackground(Color.YELLOW);                 // 노란색

        JPanel panel2 = new JPanel();
        panel2.setBackground(new Color(255, 255, 0, 50)); // 50 투명도

        jf.add(panel1);
        jf.add(panel2);
        jf.setVisible(true);
```

```
22         }
23     }
```

14행은 왼쪽 패널의 배경색을 노란색으로 변경하고, 17행은 오른쪽의 배경색을 투명도 50%의 노란색으로 변경한다.

> **Note** `setOpaque(true)`
>
> `JPanel`의 경우 기본적으로 불투명하지만, `JLable`과 같은 컴포넌트는 투명하기 때문에 배경색을 변경해도 적용되지 않는 경우가 있다. 이때는 `setOpaque(true)`를 사용하여 불투명성을 설정한 뒤에 배경색을 지정해야만 색상을 변경할 수 있다.

2. 폰트 설정

일반적으로 폰트는 세리프serif, 산세리프san-serif, 고정폭monospace으로 나눈다. 세리프는 문자의 끝이 좁아지면서 삐침이 있는 폰트이며, 대표적으로 'Times New Roman'이 있다. 산세리프는 시작부터 끝까지 문자의 폭이 일정한 폰트이며, 가독성이 높다. 대표적으로 고딕Gothic과 에어리얼Arial이 있으며 '맑은 고딕'과 같은 산세리프 폰트가 많이 사용된다.

일반적인 폰트는 문자 폭이 일정하지 않기 때문에 abc의 문자 폭에 비해 ijk의 문자 폭이 좁다. 이러한 문제를 해결한 것이 고정폭 폰트로, [그림 11-11]의 (c)와 같이 ijk가 다른 문자와 동일한 폭을 가지도록 설계되어 주로 소스 코드를 표시할 때 사용한다. 지금까지 설명한 폰트 외에도 손글씨 느낌의 필기체cursive와 화려한 모양의 판타지fantasy 폰트 등이 있다.

▲ 세리프 ▲ 산세리프 ▲ 고정폭

그림 11-11 폰트의 종류

자바에서는 setFont() 메서드를 사용하여 글꼴을 변경할 수 있다. 폰트를 변경하려면 Font font = new Font("맑은 고딕", Font.BOLD, 18);과 같이 Font 객체를 생성하고, setFont(font);로 새로운 폰트를 설정한다.

```
JButton button = new JButton("SEND");
Font font = new Font("맑은 고딕", Font.BOLD, 18);
button.setFont(font);
```

[표 11-12]는 폰트와 관련된 메서드를 정리한 것이다.

표 11-12 폰트와 관련된 메서드

메서드	설명
Font(String name, int style, int size)	폰트 객체를 생성한다.
setFont(Font font)	모든 스윙 컴포넌트에 대한 폰트를 설정한다.
getFont()	컴포넌트에 현재 설정된 Font 객체를 반환하며, 기존 폰트의 속성을 기반으로 새로운 폰트를 만들 수 있다.
getFontMetrics(Font font)	폰트에 대한 세부 정보(높이, 너비 등)를 제공하는 FontMetrics 객체를 반환한다.
deriveFont(int style)	기존 폰트 객체에서 스타일만 변경된 새로운 폰트 객체를 반환한다.
deriveFont(float size)	기존 폰트 객체에서 크기만 변경된 새로운 폰트 객체를 반환한다.

Font(String name, int style, int size) 메서드는 Font 생성자로, new Font("글꼴 이름", 스타일, 크기); 형태의 객체를 생성한다. 인자에는 다음과 같은 속성을 설정할 수 있다.

- **name**: "Serif", "SansSerif", "Monospaced"와 같은 논리적 글꼴 이름이나, "굴림", "바탕" 같은 물리적 글꼴 이름을 사용할 수 있다.
- **style**: Font.PLAIN, Font.BOLD, Font.ITALIC을 사용하며, + 연산자로 조합할 수 있다. 예를 들어, Font.BOLD + Font.ITALIC은 굵은 기울임 스타일을 의미한다.
- **size**: 폰트의 크기를 포인트 단위로 지정한다.

[예제 11-12]는 폰트를 설정하는 코드이다.

예제 11-12 폰트 설정하기 FontExample.java

```
01 package sec02.exam12;
02
03 import java.awt.*;
04 import javax.swing.*;
05
06 public class FontExample extends JFrame {
07     public static void main(String[] args) {
08         JFrame jf = new JFrame("폰트 예제");
09         jf.setSize(300, 100);
10         jf.setDefaultCloseOperation(JFrame.EXIT_ON_CLOSE);
11         jf.setLayout(new FlowLayout());
12
13         JButton button1 = new JButton("Button 1");
14         Font font1 = new Font("맑은 고딕", Font.ITALIC, 16);
15         button1.setFont(font1);
16
17         JButton button2 = new JButton("Button 2");
18         Font font2 = new Font("Consolas", Font.BOLD + Font.ITALIC, 16);
19         button2.setFont(font2);
20
21         jf.add(button1);
22         jf.add(button2);
23         jf.setVisible(true);
24     }
25 }
```

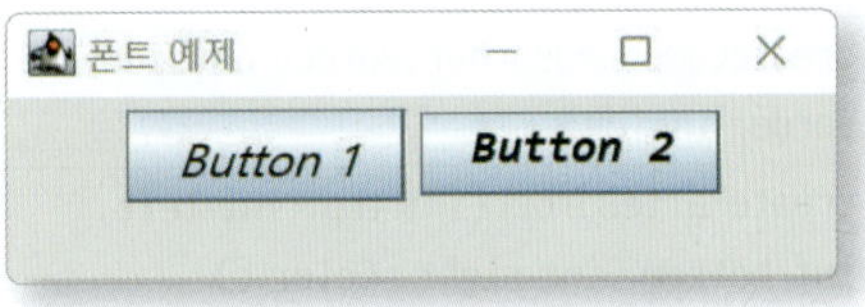

14행은 '맑은 고딕' 폰트를 기울인 16 폰트의 크기로 만든다. 18행은 'Consolas' 폰트를 두껍고 기울인 폰트로 만든다.

3. 경계선 설정

스윙의 모든 컴포넌트는 BorderFactory 클래스를 사용하여 다양한 종류의 경계선을 쉽게 만들 수 있다. BorderFactory는 경계를 생성하는 유틸리티 클래스이며 javax.swing.BorderFactory 패키지에 속해 있다. BorderFactory는 정적 클래스로, 경계선 객체(Border)를 new 연산자로 생성하는 대신, 미리 정의된 메서드를 호출하여 생성한다. 이를 통해 개발자는 복잡한 생성자 대신 간단한 메서드 호출만으로 다양한 경계선을 만들 수 있다. [표 11-13]은 경계선을 설정하는 주요 메서드를 정리한 것이다.

표 11-13 경계선을 설정하는 주요 메서드

메서드	설명
createEmptyBorder()	공간을 차지하는 빈 경계를 생성하며, 모든 네 변의 두께는 0이다.
createEmptyBorder(int top, int left, int bottom, int right)	지정된 상, 좌, 하, 우 여백을 갖는 빈 경계를 생성한다.
createLineBorder(Color c)	Color 객체와 선의 두께(픽셀 단위)를 매개변수로 받으며, 지정된 색상의 라인 경계를 생성한다(두께 기본값 1).
createLineBorder(Color c, int thickness)	지정된 색상과 두께의 단일 라인 경계를 생성한다.
createEtchedBorder()	음각 또는 양각 모양의 에칭 경계를 생성한다(기본값: 음각).
createRaisedBevelBorder()	구성 요소를 튀어나오게 보이게 하는 경사 경계를 생성하며, 밝은 색상이 위쪽과 왼쪽 가장자리에 배치된다.
createLoweredBevelBorder()	구성 요소를 움푹 들어가게 보이게 하는 경사 경계를 생성하며, 어두운 색상이 위쪽과 왼쪽 가장자리에 배치된다.
createTitledBorder(String text)	기본 경계에 제목 문자열을 포함한 Titled Border를 생성한다.
createTitledBorder(Border border, String text)	기존 Border 객체에 제목을 추가한 Titled Border를 생성하며, Line Border, Etched Border 등 원하는 경계를 사용할 수 있다.
createCompoundBorder(Border outside, Border inside)	바깥쪽, 안쪽 두 개의 경계를 결합하여 복합 경계를 생성한다. 컴포넌트와 라인 사이에 여백을 추가할 때 유용하다.
createMatteBorder(int top, int left, int bottom, int right, Color c)	지정된 색상과 상, 좌, 하, 우 두께를 갖는 무광택 경계를 생성한다. 각 변의 두께를 개별적으로 설정할 수 있다.

createEmptyBorder(int top, int left, int bottom, int right)는 상단, 왼쪽, 하단, 오른쪽의 두께를 픽셀 단위로 지정하여 빈 경계를 생성한다. 빈 경계는 표시되지 않지만, 해당 영역만큼 투명한 공간을 확보하여 컴포넌트 주위에 패딩(padding) 또는 여백(margin)을 추가할 수 있다.

createEtchedBorder()는 음각 또는 양각 효과를 내어 마치 컴포넌트가 표면에 파묻혀 있거나 튀어나와 있는 듯한 입체감을 준다. EtchedBorder.LOWERED 또는 EtchedBorder.RAISED 상수를 사용하여 효과 방향을 지정할 수 있다. [예제 11-13]은 경계를 설정하는 메서드를 활용하여 파란색의 경계선을 설정하는 코드이다.

예제 11-13 **경계선 만들기** BorderExample.java

```
01 package sec02.exam13;
02
03 import java.awt.*;
04 import javax.swing.*;
05 import javax.swing.border.*;
06
07 public class BorderExample extends JFrame {
08     public static void main(String[] args) {
09         JFrame jf = new JFrame("경계선 예제");
10         jf.setSize(300, 100);
11         jf.setDefaultCloseOperation(JFrame.EXIT_ON_CLOSE);
12         jf.setLayout(new BorderLayout());
13
14         JPanel Panel = new JPanel();
15         Panel.setBorder(BorderFactory.createLineBorder(Color.BLUE, 3));
16         Panel.setLayout(new FlowLayout(FlowLayout.CENTER, 10, 15));
17
18         JButton button1 = new JButton("버튼 1");
19         JButton button2 = new JButton("버튼 2");
20         Panel.add(button1);
21         Panel.add(button2);
22         jf.add(Panel, BorderLayout.CENTER);
23
24         jf.setVisible(true);
25     }
26 }
```

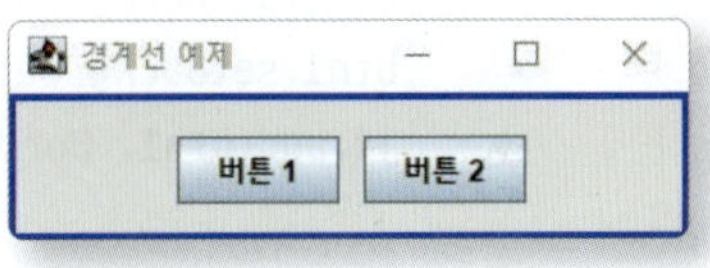

15행은 3픽셀 두께의 파란색 경계선을 생성한다.

LAB 버튼의 색상과 폰트 바꾸기

BorderLayout을 사용하여 북쪽과 중앙에 버튼을 만들고, 각 버튼의 색상과 폰트를 변경하는 프로그램의 빈칸을 채워보자. 완성한 GUI의 화면과 조건은 다음과 같다.

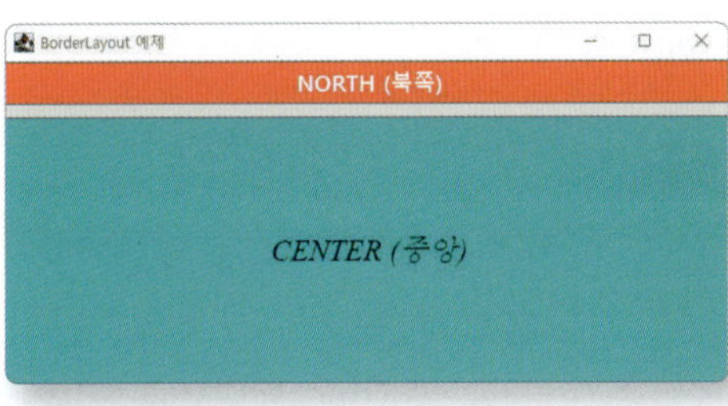

조건

- 레이아웃 생성자는 BorderLayout(10, 10)이다.
- 북쪽(NORTH)에 배치된 버튼 btn1의 폰트 옵션은 ("맑은 고딕", Font.BOLD, 18)이다. 전경색(텍스트)은 WHITE이며, 배경색은 (255, 102, 102)이다.
- 중앙(CENTER)에 배치된 버튼 btn2의 폰트 옵션은 ("Serif", Font.ITALIC, 24)이며, 배경색은 CYAN이다.

Lab 11-1 **버튼의 색상과 폰트 바꾸기**

```
package chap11.lab01;

import java.awt.*;
import [    ①    ].*;

public class BorderLayoutLab extends JFrame {
    public static void main(String[] args) {
        [    ②    ]("BorderLayout 예제");
        [    ③    ](600, 300);
        jf.setDefaultCloseOperation(JFrame.EXIT_ON_CLOSE);
        jf.setLayout(new BorderLayout(10, 10));

        JButton btn1 = new JButton("NORTH (북쪽)");
        btn1.setFont(new Font("맑은 고딕", Font.BOLD, 18));
        btn1.setForeground(Color.WHITE);
        btn1.setBackground(new Color(255, 102, 102));
        jf.add(btn1, BorderLayout.NORTH);

        JButton btn2 = new JButton("CENTER (중앙)");
        btn2.setFont(new Font("Serif", Font.ITALIC, 24));
        btn2.setBackground(Color.CYAN);
        [    ④    ];

        [    ⑤    ];
    }
}
```

정답

① javax.swing

② JFrame jf = new JFrame

③ jf.setSize

④ jf.add(btn2, BorderLayout.CENTER)

⑤ jf.setVisible(true)

미니 프로젝트 버튼 배치 프로그램

이번 프로젝트의 주제는 '버튼 배치 프로그램'이다. 스윙의 BorderLayout과 FlowLayout 배치 관리자를 사용하여 다양한 위치에 버튼 컴포넌트를 배치해본다. 창의 동, 서, 남, 북, 중앙 영역에 컴포넌트를 배치하고, 중앙 영역에는 각각 색상이 다른 세 가지 버튼을 배치한다. 완성한 GUI 화면 모습과 조건에 맞게 프로그램을 작성해보자.

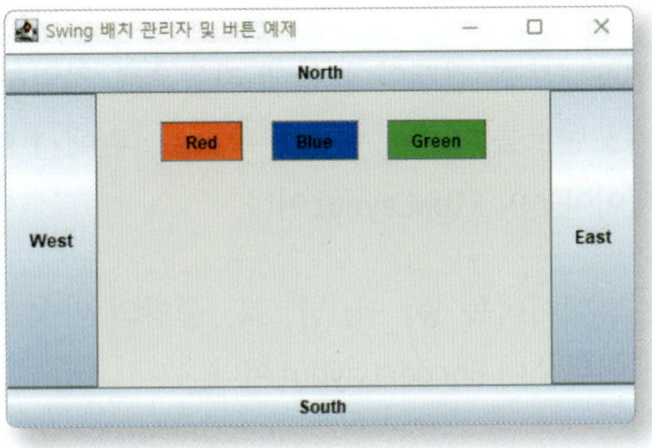

조건

- 최상위 컨테이너인 JFrame은 BorderLayout을 사용하며 동쪽, 서쪽, 남쪽, 북쪽에 각각 버튼을 배치한다.
- JFrame의 중앙(CENTER)에 위치하는 패널인 JPanel centerPanel은 FlowLayout을 사용하고, centerPanel 내부에 세 개의 버튼을 배치하여 중앙 정렬한다.
- 세 개의 버튼 이름은 redButton, blueButton, greenButton이며 이름과 같은 배경 색상을 설정한다.

[코드 구조 설명]

- JFrame은 기본적으로 BorderLayout을 사용하며, JFrame을 상속받는 LayoutButton 클래스를 정의한다.
- 세 가지 색상 버튼(Red, Blue, Green)을 생성하고, 색상을 추가한 후에 centerPanel에 추가한다.

요약

01 이벤트 기반으로 작동하는 GUI 프로그래밍은 AWT와 스윙 라이브러리를 사용한다. 스윙은 AWT의 한계를 보완한 확장된 GUI 라이브러리이며, `javax.swing` 패키지를 사용하고, 클래스 이름 앞에 J를 붙인다. 스윙은 최상위 컨테이너인 `JFrame`의 내부에 `JPanel`과 같은 중간 컨테이너를 포함하고, 이 안에 `JButton`, `JLabel`과 같은 컴포넌트를 담는 형태로 구성된다.

02 배치 관리자는 컴포넌트를 컨테이너 안에 자동으로 정렬하고 배치하는 역할을 한다. `FlowLayout`은 컴포넌트를 왼쪽에서 오른쪽으로, 위에서 아래로 흐르듯이 배치한다. `JPanel`의 기본 레이아웃이 `FlowLayout`이다.

03 `BorderLayout`은 컨테이너를 동, 서, 남, 북, 중앙의 다섯 영역으로 나누어 배치한다. `JFrame`의 기본 레이아웃이 `BorderLayout`이다.

04 `GridLayout`은 컨테이너를 동일한 크기의 격자로 나누고, 컴포넌트를 순서대로 배치한다. `GridLayout`은 행과 열의 수를 지정할 수 있으며, 모든 컴포넌트가 같은 크기를 가진다.

05 `BoxLayout`은 컴포넌트를 수평 또는 수직 방향으로 정렬하는 레이아웃이다. `CardLayout`은 여러 개의 컴포넌트를 카드처럼 겹쳐서 배치하고, 한 번에 하나의 카드만 표시하는 레이아웃으로, 카드 사이를 앞뒤로 전환하며 사용한다.

06 `GridBagLayout`은 `GridLayout`을 기반으로 하며, 각 셀의 크기를 다르게 설정하거나 컴포넌트가 여러 셀을 차지하고 비율을 조정할 수 있는 유연한 레이아웃이다. 또한 배치 관리자를 사용하지 않고 컴포넌트를 배치하는 방법을 절대 위치라고 한다.

07 스윙에서 색상을 바꿀 때는 `Color.RED`, `Color.BLUE`, `Color.GREEN` 등과 같은 색상 상수를 사용하거나, RGB 혹은 RGBA 방식을 사용한다. 또한 스윙에서 폰트를 변경하기 위해서는 `Font` 객체를 생성하고, `setFont(font)`를 사용하여 새로운 폰트를 설정한다.

08 `BorderFactory`는 경계를 생성할 때 사용하는 유틸리티 클래스이며 `javax.swing.BorderFactory` 패키지를 사용한다. `BorderFactory` 클래스에 속한 메서드를 사용하여 다양한 경계선을 만들 수 있다.

연습 문제

01 다음 중 나머지 3개와 연관이 가장 적은 단어를 찾으시오.

① 스윙 ② AWT ③ 이벤트 ④ 콘솔 프로그래밍

02 스윙 컴포넌트를 사용하기 위해 `import`해야 하는 패키지를 찾으시오.

① 스윙 ② `java.swing` ③ `javax.swing` ④ `java.AWT`

03 `JButton`, `JLabel`, `JTextField`와 같은 위젯을 가리키는 단어는 무엇인가?

① 컴포넌트 ② 컨테이너 ③ 배치 관리 ④ 이벤트 리스너

04 `JFrame`과 같은 커다란 틀을 무엇이라 부르는가?

① 이벤트 ② 컨테이너 ③ 배치 관리 ④ 이벤트 리스너

05 다음 중 틀린 설명을 찾으시오.

① 스윙의 컴포넌트 클래스 이름 앞에는 J를 붙인다.
② GUI 프로그램은 이벤트 기반으로 작동한다.
③ 스윙은 운영체제에 따라 UI가 달라진다.
④ 스윙은 AWT의 한계를 보완하기 위해 만들어진 확장된 GUI 라이브러리이다.

06 `JFrame`에서 화면을 표시하거나 숨길 때 사용하는 메서드를 찾으시오.

① `pack()` ② `setVisible()` ③ `add()` ④ `setSize()`

07 `JFrame`에서 창에 컴포넌트를 추가할 때 사용하는 메서드를 찾으시오.

① `pack()` ② `setVisible()` ③ `add()` ④ `setSize()`

08 `JFrame`에서 필요한 크기만큼 창 크기를 자동으로 늘려주는 메서드를 찾으시오.

① `pack()` ② `setVisible()` ③ `add()` ④ `setSize()`

09 JFrame에서 창의 크기를 설정하는 메서드를 찾으시오.

① pack() ② setVisible() ③ add() ④ setSize()

10 JPanel을 가장 잘 설명하는 단어를 찾으시오.

① 이벤트 ② 최상위 컨테이너 ③ 배치 관리 ④ 중간 컨테이너

11 컴포넌트를 왼쪽에서 오른쪽으로, 위에서 아래로 자연스럽게 흐르듯이 배치하는 배치 관리자를 찾으시오.

① BorderLayout ② FlowLayout ③ CardLayout ④ GridLayout

12 컨테이너를 동, 서, 남, 북, 중앙의 다섯 영역으로 나누는 배치 관리자를 찾으시오.

① BorderLayout ② FlowLayout ③ CardLayout ④ GridLayout

13 컨테이너를 동일한 크기의 격자로 나누고, 각 셀에 컴포넌트를 순서대로 배치하는 관리자를 찾으시오.

① BorderLayout ② FlowLayout ③ CardLayout ④ GridLayout

14 여러 컴포넌트를 겹쳐 놓고, 한 번에 하나의 컴포넌트만 표시하는 배치 관리자를 찾으시오.

① BorderLayout ② BoxLayout ③ CardLayout ④ GridBagLayout

15 컴포넌트를 하나의 행(X축) 또는 하나의 열(Y축)로 정렬하는 배치 관리자를 찾으시오.

① BorderLayout ② BoxLayout ③ CardLayout ④ GridBagLayout

16 격자 형태를 사용하지만, 각 컴포넌트가 여러 개의 셀을 차지할 수 있는 배치 관리자를 찾으시오.

① BorderLayout ② BoxLayout ③ CardLayout ④ GridBagLayout

17 JPanel의 기본 레이아웃은 무엇인가?

① BorderLayout ② FlowLayout ③ CardLayout ④ GridLayout

18 JFrame의 기본 레이아웃은 무엇인가?

① BorderLayout ② FlowLayout ③ CardLayout ④ GridLayout

19 FlowLayout의 기본 정렬 값은 무엇인가?

① RIGHT ② CENTER ③ LEFT ④ LEADING

20 다음 중 JFrame jf에 대하여 BorderLayout을 사용하고 버튼을 중앙에 배치하는 코드를 찾으시오.

① jf.add(new JButton("버튼"), BorderLayout.NORTH);

② jf.add(new JButton("버튼"));

③ jf.add(new JButton("버튼"), BorderLayout.WEST);

④ jf.add(new JButton("버튼"), BorderLayout.EAST);

21 다음 중 나머지 3개와 다른 색을 찾으시오.

① new Color(0, 0, 255, 255)

② Color.BLUE

③ new Color(0, 0, 255)

④ new Color(0, 0, 255, 125)

22 폰트 중 모든 문자의 폭이 일정한 폰트를 찾으시오.

① Gothic ② serif ③ san-serif ④ monospace

23 폰트 중 문자의 폭은 글자에 따라 다르지만 삐침이 있는 폰트를 찾으시오.

① Gothic ② serif ③ san-serif ④ monospace

24 스윙 컨테이너의 계층 구조를 보여주는 코드이다. 빈칸을 채우시오.

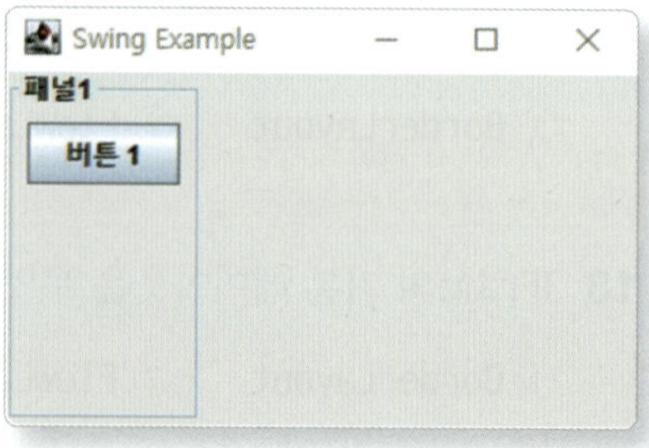


```
import java.awt.*;
import javax.swing.*;

public class HierarchyExample extends JFrame {
    public static void main(String[] args) {
        ____________________("Swing Example");

        ________________________________;
        panel.setBorder(BorderFactory.createTitledBorder("패널1"));

        JButton button = new JButton("버튼 1");
        ___________________;

        jf.add(panel, BorderLayout.WEST);
        jf.setVisible(true);
    }
}
```

25 FlowLayout을 사용하여 4개의 버튼을 배치하고, 창의 크기를 자동으로 조절하는 코드이다. 빈칸을 채우시오.

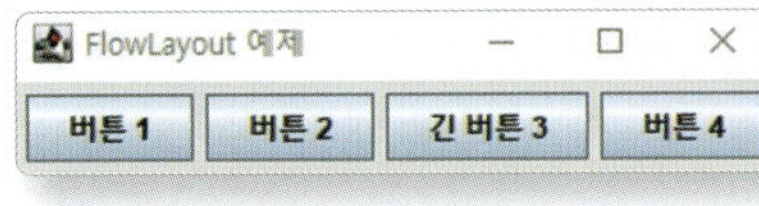


```
import java.awt.*;
import javax.swing.*;

public class FlowLayoutExample extends JFrame {
    public static void main(String[] args) {
        JFrame jf = new JFrame("FlowLayout 예제");
        jf.setDefaultCloseOperation(JFrame.EXIT_ON_CLOSE);
        __________;

        jf.add(new JButton("버튼 1"));
        jf.add(new JButton("버튼 2"));
        jf.add(new JButton("긴 버튼 3"));
        jf.add(new JButton("버튼 4"));

        __________;
        __________;
    }
}
```

26 **25**번에서 버튼을 왼쪽 정렬, hgap은 20, vgap은 10으로 설정하려 한다. 빈칸을 채우시오.

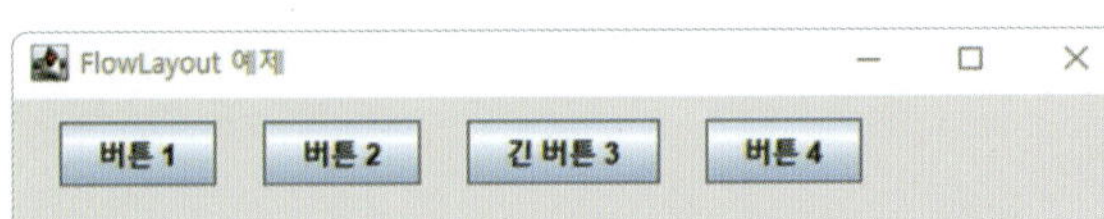


```
jf.setLayout(new FlowLayout(__________));
```

27 BorderLayout을 사용하여 버튼을 각 영역에 배치하는 코드이며, hgap은 20, vgap은 10이다. 빈칸을 채우시오.

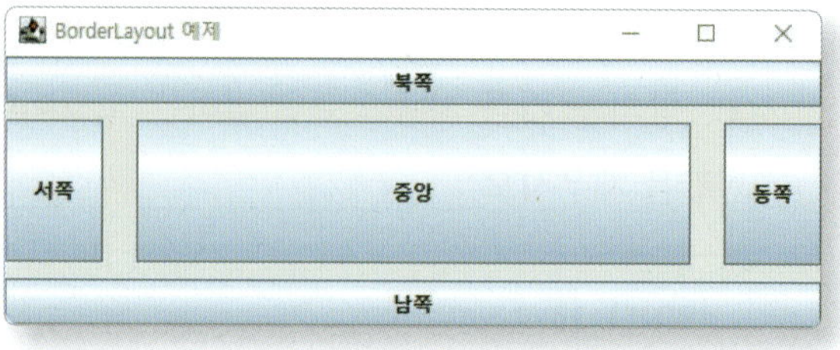


```
import java.awt.*;
import javax.swing.*;

public class BorderLayoutExample extends JFrame {
    public static void main(String[] args) {
        JFrame jf = new JFrame("BorderLayout 예제");
        jf.setSize(500, 200);
        jf.setDefaultCloseOperation(JFrame.EXIT_ON_CLOSE);
        [                              ];

        jf.add(new JButton("북쪽"), BorderLayout.NORTH);
        jf.add(new JButton("남쪽"), BorderLayout.SOUTH);
        jf.add(new JButton("서쪽"), BorderLayout.WEST);
        jf.add(new JButton("동쪽"), [                    ]);
        jf.add(new JButton("중앙"));

        jf.setVisible(true);
    }
}
```

28 GridLayout을 사용하여 2행 3열 형태로 버튼을 배치하는 코드이다. 빈칸을 채우시오.

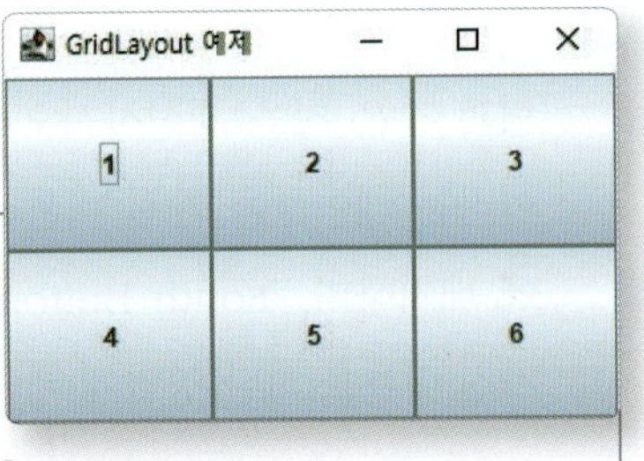


```
import java.awt.*;
import javax.swing.*;

public class GridLayoutExample extends JFrame {
    public static void main(String[] args) {
        JFrame jf = new JFrame("GridLayout 예제");
        jf.setSize(300, 200);
        jf.setDefaultCloseOperation(JFrame.EXIT_ON_CLOSE);
        [                              ];

        jf.add(new JButton("1"));
        jf.add(new JButton("2"));
        jf.add(new JButton("3"));
        jf.add(new JButton("4"));
        jf.add(new JButton("5"));
        jf.add(new JButton("6"));

        [                  ];
    }
}
```

29 **28**번에서 버튼을 왼쪽 정렬, hgap은 20, vgap은 10으로 설정하려 한다. 빈칸을 채우시오.

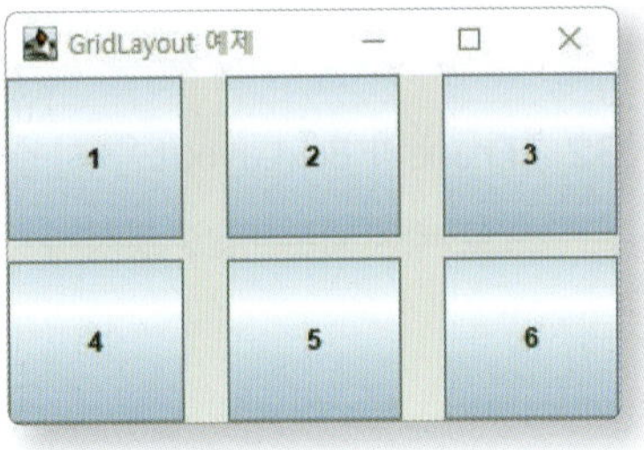


```
jf.setLayout(new GridLayout([                      ]));
```

30 JFrame과 BorderLayout을 활용하여 다음 그림과 같은 창을 생성하시오. 'Center Button'이라는 레이블을 가진 버튼 하나를 중앙 영역에 배치하며, 'South Button'이라는 레이블을 가진 버튼을 하단 영역에 배치하시오.

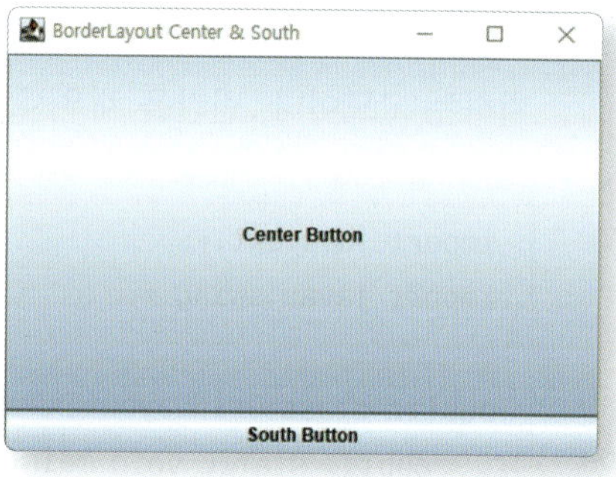

31 JFrame과 BorderLayout을 사용하여 JFrame의 중앙 영역에 2행 1열의 GridLayout을 사용하는 JPanel을 배치하시오. 이 JPanel 안에 'Top'과 'Bottom' 레이블을 가진 두 개의 버튼을 추가하여, 중앙 영역에서 수직으로 나란히 배치하시오.

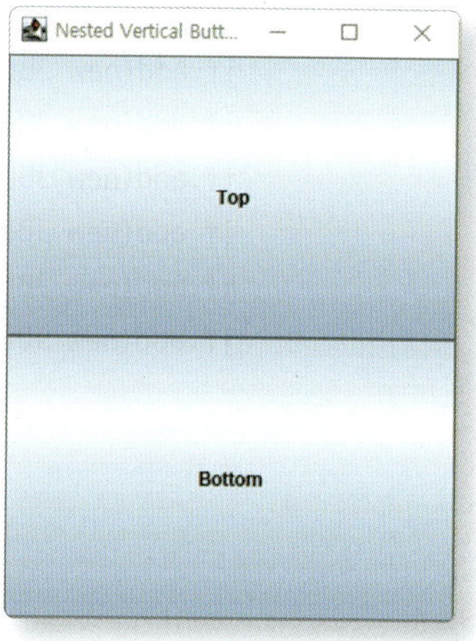

32 JFrame과 BoxLayout을 사용하여 세 개의 버튼이 수평으로 배치되는 창을 생성하시오.

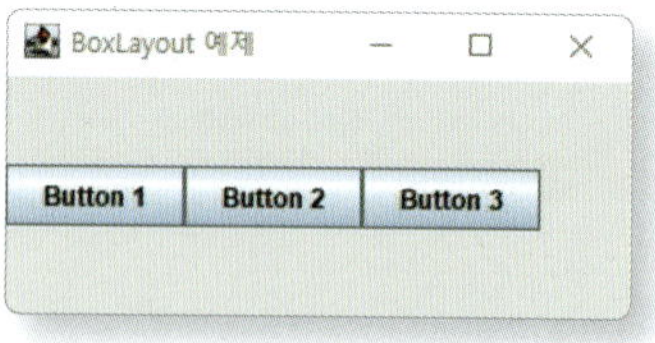

33 JFrame과 BorderLayout을 사용하여 중앙에 4개의 버튼('1', '2', '3', '4')을 포함하는 GridLayout 형식의 JPanel을 배치하시오. 하단에는 JPanel을 배치하고 'OK' 버튼을 중앙 정렬하시오.

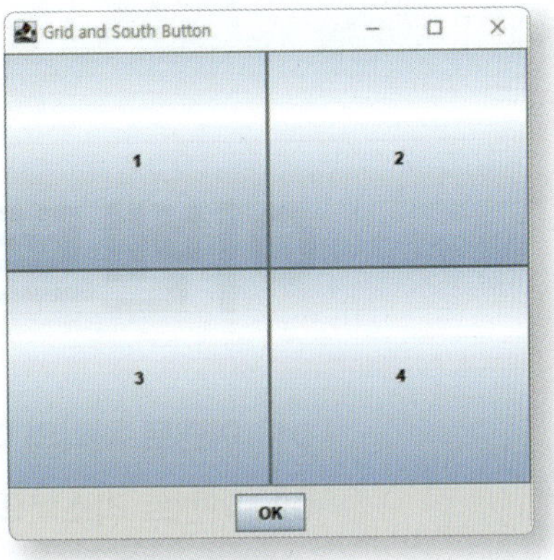

34 JFrame과 BorderLayout을 사용하여 위쪽 영역에는 'Title Button' 레이블을 포함하는 JPanel을 배치하시오. 중앙에는 6개의 버튼('G1'~'G6')을 포함하며 GridLayout을 사용하여 JPanel을 3행 2열로 배치하시오.

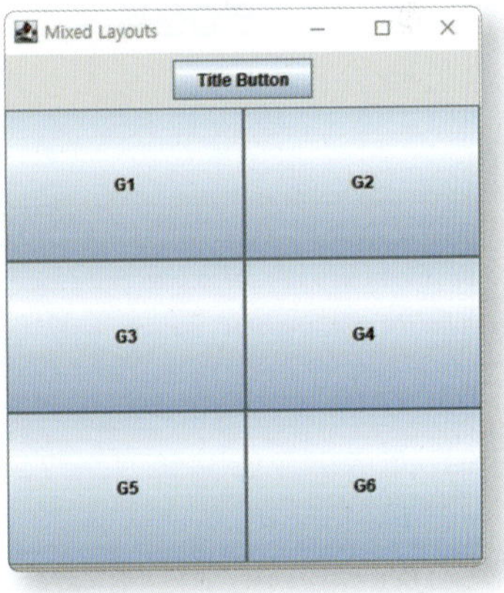

35 RGBA를 사용하여 불투명한 파란색과 알파 값이 십진수 50인 파란색을 만드는 창을 생성하시오. 창의 크기는 400, 200이며, GridLayout(1, 2)를 사용하시오.

CHAPTER 12

이벤트 처리

학습 목표

- GUI 프로그래밍에서 이벤트의 개념을 이해하고, 이벤트 처리 모델에 대해 알아본다.
- 이벤트 처리 방법을 살펴보고, 이벤트 처리 과정을 이해한다.
- 이벤트 리스너의 특징을 이해하고, 예제를 통해 다양한 이벤트 리스너의 사용 방법을 학습한다.

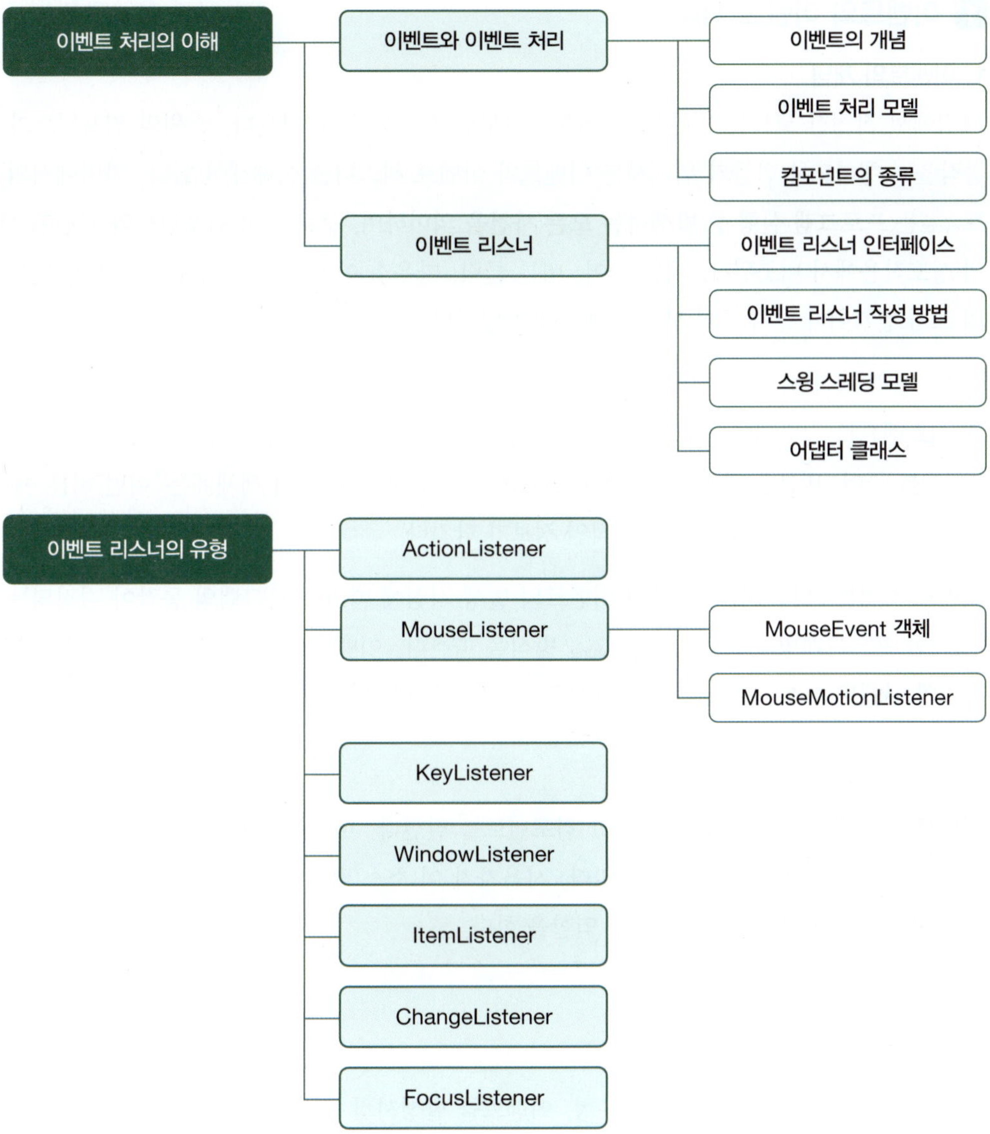
이벤트 처리의 이해
이벤트와 이벤트 처리
이벤트의 개념
이벤트 처리 모델
컴포넌트의 종류
이벤트 리스너
이벤트 리스너 인터페이스
이벤트 리스너 작성 방법
스윙 스레딩 모델
어댑터 클래스
이벤트 리스너의 유형
ActionListener
MouseListener
MouseEvent 객체
MouseMotionListener
KeyListener
WindowListener
ItemListener
ChangeListener
FocusListener

SECTION 01
이벤트 처리의 이해

1 이벤트와 이벤트 처리

1. 이벤트의 개념

11장에서 작성한 코드는 버튼을 클릭해도 아무런 작동을 하지 않는다. 스윙의 컴포넌트가 특정 동작을 수행하도록 만들기 위해서는 이벤트와 이벤트 리스너를 이해해야 한다. 자바에서의 **이벤트**event는 **프로그램 실행 중 발생하는 모든 사건**을 의미하며, 주로 GUI 컴포넌트와 관련된 사용자의 상호작용에서 비롯된다. 예를 들어, 버튼 클릭, 마우스 이동 및 클릭, 키보드 입력, 윈도우 창의 크기 변경이나 닫기 등이 모두 이벤트에 해당한다.

이벤트가 발생하면, 사용자의 상호작용은 운영체제에 의해 감지된다. 이 정보는 자바의 AWT/스윙 시스템으로 전달되며, 시스템은 해당 이벤트에 대한 상세 정보를 담은 이벤트 객체를 생성한다. 예를 들어, 버튼을 클릭하면 `ActionEvent` 객체가 생성되며, 이 객체에는 '어떤 버튼'에서 '언제' 이벤트가 발생했는지 등의 구체적인 정보가 담긴다.

이벤트 처리는 프로그램의 흐름이 이벤트의 발생 시점에 따라 프로그램의 동작이 결정되는 이벤트 기반 프로그래밍event-driven programming 방식을 따른다. 이벤트 기반 프로그래밍은 세 가지 핵심 요소인 이벤트 소스, 이벤트 객체, 이벤트 리스너 및 핸들러로 구성된다.

■ 이벤트 소스

이벤트가 발생하는 대상이 되는 GUI 컴포넌트를 말한다. 버튼, 텍스트 필드, 체크박스, 프레임 창 등이 모두 이벤트 소스가 될 수 있다. 사용자가 이 소스 컴포넌트에 특정 행위를 가했을 때 해당 컴포넌트가 이벤트를 발생시키는 역할을 한다.

■ 이벤트 객체

이벤트 소스에서 어떤 사건이 발생하면, 자바는 그 사건에 대한 정보를 담아 이벤트 객체를 생성한다. 이 객체는 발생한 이벤트의 유형, 이벤트를 발생시킨 소스 컴포넌트, 마우스 좌표나 키 코드 값 등의 상세 데이터를 포함한다. [표 12-1]은 주요 이벤트 객체의 종류와 그 역할을 정리한 것이다.

표 12-1 주요 이벤트 객체의 종류

이벤트 객체	발생 이벤트 유형	포함하는 주요 정보
ActionEvent	버튼 클릭, 메뉴 항목 선택, 엔터 키 입력 등	액션 명령 문자열
MouseEvent	마우스 클릭, 이동, 드래그 등	마우스 좌표, 마우스 버튼 정보, 클릭 횟수
KeyEvent	키보드 누름, 뗌, 타이핑	눌러진 키의 가상 키 코드, 키 문자
WindowEvent	윈도우 열기, 닫기, 최소화, 활성화 등	이벤트가 발생한 윈도우 객체
ItemEvent	체크박스, 라디오 버튼 등의 선택 상태 변화	항목의 선택/해제 상태
ChangeEvent	슬라이더, 텍스트 필드 등	소스 객체의 현재 값
FocusEvent	컴포넌트가 포커스를 얻거나 잃었을 때	포커스를 얻었는지/잃었는지 상태 값

▪ 이벤트 리스너 및 이벤트 핸들러

이벤트 리스너는 이벤트 소스에 등록되어 이벤트의 발생을 감지listening하는 객체이다. 리스너는 ActionListener나 MouseListener와 같은 특정 인터페이스를 구현하여 작성한다. 이 인터페이스에는 이벤트가 발생했을 때 실제로 실행될 코드를 담는 이벤트 핸들러event handler 메서드가 정의되어 있다. 따라서 이벤트 리스너는 이벤트 발생을 대기하고 감지하며, 이벤트가 감지되었을 때 이벤트 핸들러 메서드를 실행하여 실제로 처리하는 코드를 수행한다.

2. 이벤트 처리 모델

자바의 이벤트 처리 모델은 **위임 모델**delegation event model이라고 불린다. 위임 모델은 쉽게 말해 '할 일을 대신 맡기는' 방식으로 이벤트 발생과 이벤트 처리를 분리하여 특정 객체(리스너)에 처리 방법을 위임한다. 이러한 방식은 코드의 깔끔함을 유지하며, 하나의 이벤트 소스에 여러 개의 리스너를 등록하거나 하나의 리스너가 여러 개의 이벤트 소스를 처리할 수 있어 유연한 설계를 할 수 있다는 장점이 있다.

이 모델을 식당에 비유한다면, 이벤트 소스인 객체 버튼과 컴포넌트는 손님이 앉아 있는 테이블과 같다. 테이블(이벤트 소스)에서 손님이 '도넛 하나 주세요!'라고 요청하면 이벤트가 발생한 것이며, 종업원(이벤트 리스너)은 손님의 주문을 처리(이벤트 핸들러)한다. 자바에서 이벤트 처리가 이루어지는 과정은 다음과 같다.

❶ **이벤트 리스너 등록:** 개발자가 이벤트를 처리할 리스너 객체를 생성하고, addXXXListener() 형태의 메서드를 사용하여 특정 이벤트 소스에 등록한다.

❷ **이벤트 발생:** 사용자가 이벤트 소스(버튼)에 상호작용(클릭)을 가하면, 해당 컴포넌트가 이벤트를 발생시킨다.

❸ **객체 생성 및 전달:** 자바 시스템은 발생한 사건에 대한 정보를 담은 이벤트 객체를 생성하고, 이 객체를 이벤트 소스에 등록된 이벤트 리스너로 전달하여 핸들러 메서드를 호출한다.

❹ **이벤트 핸들러 실행:** 이벤트 리스너에 구현된 이벤트 핸들러 메서드가 실행되어, 개발자가 작성한 특정 동작(예 메시지 출력, 화면 변경 등)이 수행된다.

그림 12-1 **이벤트 처리 과정**

3. 컴포넌트의 종류

이번 장에서는 이벤트와 이벤트 처리 과정을 설명하고, 예제를 실습하기 위해 다양한 스윙 컴포넌트를 사용할 예정이다. 각 컴포넌트는 특정 이벤트를 발생시키거나 이벤트 결과를 시각적으로 출력할 때 사용한다.

■ JButton

이벤트 처리의 핵심 소스인 JButton은 사용자의 클릭(ActionEvent) 동작을 수행한다. 버튼을 GUI에 추가하고 리스너를 등록하는 과정은 이벤트 기반 프로그래밍의 기본이다.

```
JButton myButton = new JButton("저를 클릭하세요.");            // 버튼 생성
myButton.addActionListener(new ActionListener() { ... });   // 리스너 등록
```

■ JLabel

JLabel은 GUI 프로그래밍에서 텍스트나 이미지를 출력할 때 사용하며, 사용자로부터 입력을 받지 않는 읽기 전용 컴포넌트이다. 주로 현재 상태나 설명을 표시하는 데 활용한다.

```
JLabel label = new JLabel("버튼을 클릭해 보세요.");    // 레이블 생성 및 초기 텍스트 설정
```

이벤트가 발생한 후, 레이블의 텍스트를 변경하여 이벤트 처리 결과를 사용자에게 즉시 전달할 수 있다. 다음 코드와 같이 setText() 메서드를 사용하여 레이블의 텍스트를 동적으로 변경한다.

```
label.setText("버튼이 클릭 되었습니다!");          // 레이블의 텍스트 변경
```

▪ JOptionPane

JOptionPane은 사용자에게 입력을 받거나 간단한 메시지를 표시하고, 선택을 요청할 때 사용하는 표준 대화 상자(팝업 창)를 생성하는 유틸리티 클래스이다. 스윙에서 팝업 창은 다음과 같은 형태로 생성한다. 이때 사용자가 '예'를 선택하면 **result**에는 **JOptionPane.YES_OPTION**이 저장되고, '아니오'를 선택하면 **JOptionPane.NO_OPTION**이 저장된다. 창을 닫으면 **JOptionPane.CLOSED_OPTION**이 저장된다.

```
int result = JOptionPane.showConfirmDialog(
    null,                                     // 부모 컴포넌트(null이면 화면 중앙)
    "정말로 프로그램을 종료하시겠어요?",           // 표시할 메시지
    "종료 확인",                               // 대화 상자 제목
    JOptionPane.YES_NO_OPTION                 // '예' 또는 '아니오'만 제공
);
```

▪ JProgressBar

JProgressBar는 작업의 진행 상태를 시각적으로 표시할 때 사용한다. JProgressBar는 작업의 시작과 끝을 사용자에게 명확히 알려 이벤트 처리의 피드백을 제공하는 중요한 요소이다. 다음은 최솟값 0, 최댓값 100의 JProgressBar를 생성하는 코드이다.

```
JProgressBar progressBar = new JProgressBar(0, 100);        //최솟값 0, 최댓값 100
progressBar.setStringPainted(true);              // 현재 값(퍼센트)이 표시되도록 설정
```

JProgressBar의 진행 상태를 동적으로 업데이트하려면, 이벤트 처리 과정에서 **setValue()** 메서드를 주기적으로 호출해야 한다.

```
progressBar.setValue(newValue);                  // JProgressBar의 현재 값 변경
```

2 이벤트 리스너

1. 이벤트 리스너 인터페이스

이벤트 리스너 인터페이스는 자바의 이벤트 처리 모델에서 이벤트를 감지하고 처리하는 방법을 정의하며, 이벤트를 처리할 클래스가 반드시 구현해야 하는 규약contract을 제공한다. 리스너 인터페이스는 해당 인터페이스를 구현한 클래스가 이벤트가 발생했을 때 실행되는 코드(이벤트 핸들러)를 작성할 공간을 제공한다. 예를 들어 ActionListener에는 actionPerformed()라는 단 하나의 추상 메서드가 존재한다. 버튼 클릭 같은 '액션' 이벤트가 발생하면, actionPerformed()가 호출되며 개발자가 구현한 코드가 실행된다.

```
public void actionPerformed(ActionEvent e) {        // 이벤트 핸들러 메서드
    // 이벤트가 발생하면 작동하는 코드
}
```

각 리스너 인터페이스는 특정 유형의 이벤트 객체와 1:1로 연결되어 있다. 예를 들어, 마우스 관련 이벤트를 처리하고 싶다면 MouseListener 인터페이스를 구현해야 하며, 키보드 관련 이벤트를 처리하고 싶다면 KeyListener 인터페이스를 구현해야 한다. [표 12-2]는 자주 사용하는 이벤트 리스너 인터페이스를 정리한 것이다.

표 12-2 이벤트 리스너 인터페이스의 종류

리스너 인터페이스	추상 메서드	메서드가 호출되는 경우
ActionListener	actionPerformed(ActionEvent e)	버튼 클릭, 텍스트 입력 후 엔터 입력
MouseListener	mouseClicked(MouseEvent e) mousePressed(MouseEvent e) mouseReleased(MouseEvent e) mouseEntered(MouseEvent e) mouseExited(MouseEvent e)	마우스 버튼 클릭, 누르기, 떼기, 컴포넌트 진입, 컴포넌트 이탈 등
MouseMotionListener	mouseDragged(MouseEvent e) mouseMoved(MouseEvent e)	마우스 드래그, 마우스 이동
KeyListener	keyPressed(KeyEvent e) keyReleased(KeyEvent e) keyTyped(KeyEvent e)	키보드 키 누르기, 떼기, 타이핑

WindowListener	windowOpened(WindowEvent e) windowClosing(WindowEvent e) windowClosed(WindowEvent e) windowIconified(WindowEvent e) windowDeiconified(WindowEvent e) windowActivated(WindowEvent e) windowDeactivated(WindowEvent e)	창 상태 변경(예 열림, 닫힘, 최소화, 최대화 등)
ItemListener	itemStateChanged(ItemEvent e)	체크박스, 라디오 버튼, 콤보박스 선택/해제
ChangeListener	stateChanged(ChangeEvent e)	값이 연속적으로 변경
FocusListener	focusGained(FocusEvent e) focusLost(FocusEvent e)	컴포넌트가 포커스를 얻거나 잃었을 때

■ **이벤트 리스너 등록**

이벤트 소스는 해당 이벤트를 감지하는 리스너를 등록하기 위한 메서드를 가지고 있다. 이 메서드의 이름은 관례적으로 add + [리스너 이름] + Listener 형태로 구성된다. 다음 코드와 같이 JButton 컴포넌트에 ActionListener를 등록하는 메서드는 button.addActionListener()이다. 리스너가 성공적으로 등록되면, 버튼에서 이벤트가 발생할 때마다 등록된 listener 객체의 actionPerformed() 메서드가 호출된다.

```
ActionListener listener = new ButtonListener();
JButton button = new JButton("저장");

button.addActionListener(listener);                    // 버튼에 이벤트 리스너 등록
```

2. 이벤트 리스너 작성 방법

GUI 프로그래밍에서 사용자 상호작용에 반응하는 이벤트 리스너를 작성하는 방법은 크게 네 가지로 분류된다. 각 방법은 코드의 구조, 재사용성, 특정 클래스 멤버에 대한 접근 방식에 따라 장단점을 가진다.

■ **별도 클래스로 구현하기**

별도 클래스로 구현하는 방식은 리스너 코드를 메인 클래스와 분리하여 독립적인 .java 파일로 관리하는 방법이다. 이 방법은 이벤트 리스너 인터페이스를 public으로 구현하는 최상위 클래스를 정의하는 것으로 시작한다. 이후 해당 클래스 내에서 인터페이스의 모든 추상 메서드를 오버라이드하여, 이벤트 발생 시 실행될 특정 코드를 작성한다. 마지막으로, 이벤트 소스 컴포넌트의 등록 메서드를 호출할 때 이 별도 클래스의 객체를 생성한 뒤 인수로 전달하여 리스너를 등록한다.

별도 클래스는 메인 클래스의 외부에 존재하기 때문에 이벤트 처리 시 다른 컴포넌트의 상태를 변경하려면 해당 컴포넌트 객체를 생성자를 통해 전달받아 내부 필드에 저장해야만 접근할 수 있다. 다음은 별도 클래스로 버튼 클릭 이벤트를 구현한 예시 코드이다.

```
JButton button = new JButton("Click Me");              // 버튼 생성
JLabel label = new JLabel("버튼을 클릭해 보세요.");        // 레이블 생성
button.addActionListener(new MyActionListener(label));

class MyActionListener implements ActionListener {
    private JLabel targetLabel;                   // 외부에서 전달받은 레이블을 저장할 변수

    public MyActionListener(JLabel label) {            // 생성자에서 레이블을 받음
        this.targetLabel = label;
    }

    @Override
    public void actionPerformed(ActionEvent e) {
        targetLabel.setText("버튼이 클릭 되었습니다.");   // 레이블에 출력
    }
}
```

이 방식은 코드 구조가 깔끔하고, 하나의 리스너 클래스 객체를 여러 컴포넌트나 여러 GUI 프레임에서 재사용할 수 있다는 장점이 있다. 그러나 처리할 이벤트가 단순하고 리스너를 재사용하지 않는 경우에도 별도의 클래스 파일을 생성해야 하므로, 프로젝트의 파일 수가 불필요하게 늘어나고 코드의 복잡도가 증가한다는 단점이 있다.

▪ 내부 클래스로 구현하기

내부 클래스로 구현하는 방식은 이벤트 소스를 포함하고 있는 외부 클래스 내부에 리스너 클래스를 정의하는 방법이다. 즉, 외부 클래스 안에 리스너 인터페이스를 구현한 내부 클래스를 정의하고, 그 내부 클래스에서 필요한 추상 메서드를 오버라이드하여 이벤트 처리 코드를 작성한다. 이후, 외부 클래스의 생성자나 특정 메서드 내에서 내부 클래스의 객체를 생성하여 이벤트 소스에 등록한다. 다음은 내부 클래스로 버튼 클릭 이벤트를 구현한 예시 코드이다.

```
public class MyFrame extends JFrame {
    private JButton button;
    private JLabel label;
```

```
    public MyFrame() {
        // ... 컴포넌트 초기화
        button.addActionListener(new MyInnerClass());
    }

    class MyInnerClass implements ActionListener {     // 내부 클래스
        @Override
        public void actionPerformed(ActionEvent e) {
            label.setText("버튼이 클릭 되었습니다.");
        }
    }
}
```

내부 클래스의 가장 큰 장점은 외부 클래스의 모든 멤버(변수, 메서드)와 **private** 멤버에 쉽게 접근할 수 있다는 점이다. 이로 인해 이벤트 처리 과정에서 프레임의 다른 컴포넌트 상태를 변경하거나 데이터를 읽어오는 작업이 매우 편리해진다. 단, 이 방식은 리스너가 특정 외부 클래스에서만 사용될 때는 유용하지만, 클래스 파일이 추가로 생성되어 코드 길이가 길어지고 구조가 복잡해질 수 있다는 단점이 있다.

■ **익명 내부 클래스로 구현하기**

익명 내부 클래스로 구현하는 방식은 클래스 이름을 정의하지 않고, 객체 생성과 동시에 메서드를 구현하는 방식이다. 주로 리스너 객체를 단 한 번만 사용할 때 가장 많이 활용된다.

익명 내부 클래스는 **addActionListener()**와 같은 리스너 등록 메서드를 호출하는 시점에 **new 인터페이스명() { ... }** 구문을 사용하여 익명 클래스를 정의한다. 중괄호 안에 해당 인터페이스의 추상 메서드를 즉시 오버라이드하여 이벤트 처리 코드를 구현한다. 다음은 익명 내부 클래스로 버튼 클릭 이벤트를 구현한 예시 코드이다.

```
JButton button = new JButton("클릭");

button.addActionListener(new ActionListener() {      // 익명 내부 클래스
    @Override
    public void actionPerformed(ActionEvent e) {
        label.setText("버튼이 클릭 되었습니다.");
    }
});
```

이 방법은 이벤트 처리 로직이 해당 컴포넌트 바로 옆에 위치하여 가독성이 높고 코드가 간결하다. 그러나 클래스 이름이 없으므로 재사용이 불가능하고, 구현해야 할 메서드가 많거나 이벤트 처리 코드가 길어지면, 가독성이 떨어져 코드를 이해하기 어렵다는 단점이 있다.

■ 람다식으로 구현하기

Java 8 이후부터 하나의 추상 메서드만 가진 함수형 인터페이스의 경우 람다식을 사용하여 리스너를 작성하는 것이 표준이 되었다. ActionListener는 actionPerformed() 메서드 하나만을 가지므로 람다식을 적용할 수 있다. 다음은 람다식을 사용하여 버튼 클릭 이벤트를 구현한 예시 코드이다.

```
button.addActionListener(e -> {                    // 람다식(매개변수 e -> 실행 로직)
    label.setText("버튼이 클릭 되었습니다.");
});
```

람다식은 실행될 로직을 e -> { 실행 코드 } 형태로 표현하여 코드를 간결하게 만든다. 이 방식은 익명 내부 클래스의 장점을 극대화하고 단점을 최소화하는 리스너 작성 방식이다. 단, 람다식 내부에서 외부에 정의된 지역 변수를 사용할 경우, 해당 변수를 선언한 이후 값을 변경하는 코드가 없어야만 람다식에서 사용할 수 있다는 점을 주의해야 한다.

[예제 12-1]은 버튼에 이벤트 리스너를 등록하여 버튼을 클릭하면 메시지를 레이블에 출력하는 코드이다.

예제 12-1 이벤트 리스너 사용하기 ListenerExample.java

```
package sec01.exam01;

import java.awt.*;
import java.awt.event.*;
import javax.swing.*;

public class ListenerExample {
    public static void main(String[] args) {
        JFrame jf = new JFrame("Button Click 예제");
        jf.setSize(300, 150);
        jf.setDefaultCloseOperation(JFrame.EXIT_ON_CLOSE);
        jf.setLayout(new BorderLayout());

```

```
14          JButton button = new JButton("Click Me");               // 버튼 생성
15          JLabel label = new JLabel("버튼을 클릭해 보세요.");      // 레이블 생성
16
17          button.addActionListener(new ActionListener() {         // 리스너 등록
18              @Override
19              public void actionPerformed(ActionEvent e) {        // 이벤트 리스너
20                  label.setText("버튼이 클릭 되었습니다!");        // 레이블에 출력
21              }
22          });
23
24          jf.add(button, BorderLayout.CENTER);
25          jf.add(label, BorderLayout.SOUTH);
26          jf.setVisible(true);
27      }
28  }
```

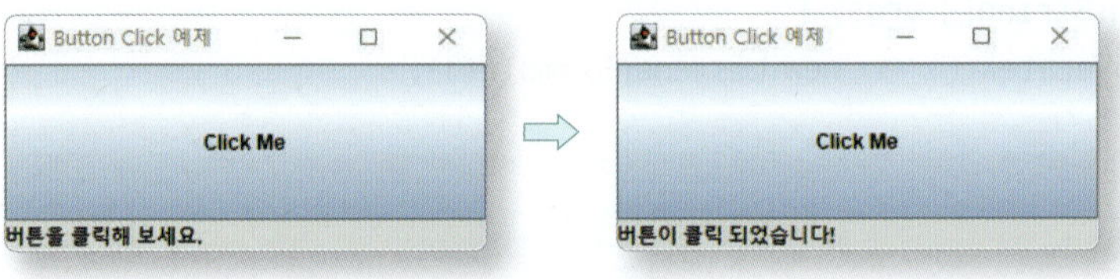

17행의 `button.addActionListener()`는 `button`에 이벤트 리스너를 등록한다. 또한, `new ActionListener()`는 버튼 클릭 이벤트를 처리하기 위해 `ActionListener`를 익명 클래스로 구현한 것이다. 인터페이스의 추상 메서드인 19행의 `actionPerformed(ActionEvent e)`는 버튼이 클릭될 때마다 `ActionListener`를 호출하며, `label.setText("버튼이 클릭 되었습니다!");`가 실행되어 레이블의 텍스트를 변경한다. 결과적으로 [예제 12-1]을 실행하여 버튼을 클릭하면 GUI 화면 하단의 레이블에 '버튼이 클릭 되었습니다!'가 출력된다.

3. 스윙 스레딩 모델

스윙은 싱글 스레드 모델을 따르기 때문에 GUI와 관련된 모든 작업(예 컴포넌트 생성, 속성 변경, 이벤트 처리 등)이 하나의 전용 스레드에서 이루어져야 한다. 이 전용 스레드를 EDT Event Dispatch Thread라고 부르며, 버튼 클릭, 마우스 이동과 같은 사용자의 이벤트를 처리하고, 화면에 컴포넌트를 그리고 업데이트하는 작업을 담당한다.

GUI 컴포넌트를 `main()` 메서드(메인 스레드)에서 바로 생성하고 조작하는 것은 스레드 안정성을 해치고 교착 상태를 유발할 수 있기 때문에 `SwingUtilities.invokeLater()`를 사용해야 한다. `SwingUtilities.invokeLater(Runnable r)`은 `Runnable` 객체 `r`에 포함된 코드를 EDT가 안

전하게 처리할 수 있도록 큐에 추가하는 역할을 한다. 이를 통해 복잡한 GUI 작업을 메인 스레드가 아닌, 오직 EDT만이 담당하도록 보장하여 화면 깨짐이나 불안정한 동작을 방지한다. 다음은 [예제 12-1]을 클래스 생성자와 SwingUtilities.invokeLater()를 사용하여 변경한 코드이다.

```
public class ListenerExample extends JFrame {
    public ListenerExample() {
        super("Button Click 예제");
        this.setSize(300, 150);

        // ... (나머지 컴포넌트 생성 및 리스너 등록 코드)

        this.setVisible(true)
    }

    public static void main(String[] args) {
        SwingUtilities.invokeLater(() ->  new ListenerExample());
    }
}
```

만약 SwingUtilities.invokeLater()와 람다식을 사용하여 변경하려면 다음 코드와 같이 작성한다.

```
public class ListenerExample {
    public static void main(String[] args) {
        SwingUtilities.invokeLater(() -> {
            JFrame jf = new JFrame("Button Click 예제");

            // ... (나머지 컴포넌트 생성 및 리스너 등록 코드)

            jf.setVisible(true);
        });
    }
}
```

TIP 이 책에서는 위에서 살펴본 SwingUtilities.invokeLater()를 사용한다. 단, 코드를 단순화하기 위해 일부 코드에서는 SwingUtilities.invokeLater() 사용을 생략한다.

생성형 AI와 공부하기

스윙에서 SwingUtilities.invokeLater()를 사용하는 코드와 사용하지 않는 코드를 작성하고, 두 코드의 차이와 필요성을 설명해줘.

4. 어댑터 클래스

어댑터 클래스adapter class는 자바 GUI 이벤트 처리 모델에서 개발자의 코드 작성 부담을 줄이기 위해 도입된 추상 클래스이다. 이는 메서드가 여러 개인 이벤트 리스너 인터페이스를 구현할 때 발생하는 비효율성을 해소하는 핵심적인 역할을 한다.

자바의 초기 GUI 환경인 AWT와 스윙은 리스너 인터페이스를 통해 이벤트를 처리하였다. 그중 일부는 단일 책임이 아닌 복합적인 동작을 처리하기 위해 여러 개의 추상 메서드를 포함하고 있다. 예를 들어, MouseListener 인터페이스는 마우스와 관련된 5가지 주요 상호작용을 처리하기 위해 mouseClicked(), mousePressed(), mouseReleased(), mouseEntered(), mouseExited()라는 5개의 추상 메서드를 정의한다.

자바의 인터페이스 규약에 따르면, 특정 클래스가 인터페이스를 구현할 경우, 해당 인터페이스에 정의된 모든 추상 메서드를 반드시 재정의해야만 한다. 따라서 개발자가 마우스 클릭 이벤트(mouseClicked())만 처리하고 싶어도, 나머지 4개의 메서드(누름, 뗌, 진입, 이탈)를 빈 몸통({ })으로라도 강제적으로 구현해야 한다. 이러한 **불필요한 오버라이딩 의무를 없애기 위해 고안된 것이 어댑터 클래스**이며, 다음과 같은 구조적 특징을 가진다.

- **추상 클래스**: 어댑터 클래스는 abstract 키워드로 선언된 추상 클래스이다. 따라서 그 자체로는 객체를 생성할 수 없으며, 반드시 상속을 통해 사용되어야 한다.
- **인터페이스 구현**: 해당 리스너 인터페이스(예 MouseListener)를 미리 구현하고 있다.
- **빈 몸통 구현**: 리스너 인터페이스의 모든 추상 메서드를 내용이 비어 있는 일반 메서드로 재정의(구현)해 놓은 상태이다.
- **클래스 명칭**: 일반적으로 **해당 리스너 인터페이스 이름 뒤에 Adapter가 붙는 명명 규칙**을 따른다. 예 MouseAdapter, KeyAdapter, WindowAdapter 등

어댑터 클래스를 활용하면 이벤트 리스너 인터페이스를 직접 구현하는 대신, 해당 어댑터 클래스를 상속받아 **원하는 이벤트 처리 메서드만 선택적으로 오버라이딩하여 사용할 수 있다**. 상속받지 않은 나머지 메서드들은 이미 어댑터 클래스에 의해 빈 몸통으로 구현되어 있으므로, 개발자가 따로 구현할 필요가 없다.

추상 메서드가 단 하나뿐인 인터페이스에는 어댑터 클래스가 제공되지 않는데, 이는 인터페이스를 직접 구현해도 불필요한 구현을 할 필요가 없기 때문이다. [표 12-3]은 주요 이벤트 리스너의 전달 객체 클래스와 어댑터 클래스의 이름을 정리한 것이다.

표 12-3 주요 이벤트 리스너의 전달 객체와 어댑터 클래스

리스너 인터페이스	전달 객체	어댑터 클래스
ActionListener	ActionEvent e	
MouseListener	MouseEvent e	MouseAdapter
MouseMotionListener	MouseEvent e	MouseMotionAdapter
KeyListener	KeyEvent e	KeyAdapter
WindowListener	WindowEvent e	WindowAdapter
ItemListener	ItemEvent e	
ChangeListener	ChangeEvent e	
FocusListener	FocusEvent e	FocusAdapter

SECTION 02 이벤트 리스너의 유형

1 ActionListener

ActionListener는 자바의 이벤트 처리 모델에서 자주 사용되는 이벤트 리스너 인터페이스이다. 주로 사용자의 명확한 '행동'에 반응하는 컴포넌트의 이벤트를 처리하는 데 사용된다.

ActionListener는 java.awt.event 패키지에 정의되어 있으며, 추상 메서드가 단 하나만 존재하는 단일 추상 메서드Single Abstract Method, SAM 인터페이스이다. 추상 메서드가 하나뿐이기 때문에 어댑터 클래스가 존재하지 않으며, implements ActionListener를 사용하거나 익명 클래스 또는 람다식으로 구현해야 한다. ActionListener 인터페이스가 가진 유일한 추상 메서드는 다음과 같다.

```
public void actionPerformed(ActionEvent e);
```

actionPerformed()는 ActionEvent가 발생했을 때 JVM에 의해 자동으로 호출되며, ActionEvent e는 발생한 이벤트에 대한 모든 정보를 담고 있는 이벤트 객체이다. 주로 getActionCommand()나 getSource()를 사용하여 이벤트를 식별한다.

- **public Object getSource():** 이벤트를 발생시킨 컴포넌트 자체를 Object 타입으로 반환한다. 하나의 리스너를 여러 개의 컴포넌트에 등록했을 때, if나 else if 문을 사용하여 어떤 컴포넌트에서 이벤트가 발생했는지 구별한다.
- **public String getActionCommand():** 이벤트 소스에 미리 설정된 명령 문자열action command을 반환한다. JButton이나 JMenuItem의 경우, 컴포넌트에 표시된 텍스트가 액션 명령어가 된다. 일반적으로 getSource()보다 문자열 비교를 통해 이벤트를 식별하는 getActionCommand()가 더 간결해 자주 활용된다.

ActionListener는 사용자의 명시적인 동작을 처리하므로, [표 12-4]와 같은 GUI 컴포넌트에 등록되어 사용된다.

표 12-4 ActionListener를 등록하는 주요 이벤트 소스

컴포넌트	이벤트 발생 조건
JButton(버튼)	버튼이 클릭될 때 발생한다.
JMenuItem(메뉴 항목)	메뉴에서 특정 항목을 선택할 때 발생한다.
JTextField(텍스트 필드)	내용을 입력한 후 [Enter]를 눌렀을 때 발생한다.
JComboBox(콤보박스)	항목을 선택했을 때 발생한다.

[예제 12-2]는 ActionListener를 익명 클래스로 구현하여 두 개의 버튼에 등록하고, 어떤 버튼이 클릭되었는지 getActionCommand() 메서드로 식별하여 결과를 JLabel에 출력하는 코드이다.

예제 12-2 ActionListener 사용하기 ActionListenerExample.java

```java
package sec02.exam02;

import java.awt.*;
import java.awt.event.*;
import javax.swing.*;

public class ActionListenerExample extends JFrame {
    static JLabel label;

    public ActionListenerExample() {
        this.setTitle("이벤트 처리 예제");
```

```
12          this.setSize(200, 100);
13          this.setDefaultCloseOperation(JFrame.EXIT_ON_CLOSE);
14          this.setLayout(new BorderLayout(20, 10));
15
16          ActionListener listener = new ActionListener() { // 리스너 등록
17              @Override
18              public void actionPerformed(ActionEvent e) { // 이벤트 리스너
19                  String command = e.getActionCommand();
20
21                  if (command.equals("저장")) {
22                      label.setText(">> '저장': 저장을 실행!\n");
23                  } else if (command.equals("취소")) {
24                      label.setText(">> '취소': 작업을 취소!\n");
25                  }
26              }
27          };
28
29          JButton saveButton = new JButton("저장");
30          JButton cancelButton = new JButton("취소");
31          saveButton.addActionListener(listener);
32          cancelButton.addActionListener(listener);
33
34          label = new JLabel("버튼을 클릭해 보세요.");
35          this.add(saveButton, BorderLayout.WEST);
36          this.add(cancelButton, BorderLayout.EAST);
37          this.add(label, BorderLayout.SOUTH);
38          this.setVisible(true);
39      }
40
41      public static void main(String[] args)  {
42          SwingUtilities.invokeLater(() -> new ActionListenerExample());
43      }
44  }
```

16행에서 ActionListener 인터페이스를 구현하는 익명 클래스 객체가 생성되며, 18행은 actionPerformed()를 재정의한 부분이다. 버튼이 클릭되는 순간, JVM은 등록된 listener 객체의

actionPerformed(ActionEvent e)를 자동으로 호출하며, ActionEvent e에 해당 이벤트의 정보가 담긴다.

19행은 이벤트 객체(e)를 사용하여 이벤트가 발생한 버튼에 설정된 액션 명령어 문자열을 가져온다. JButton은 버튼에 표시된 텍스트('저장' 또는 '취소')가 이 액션 명령어가 된다.

21행에서 25행의 코드는 이벤트가 발생했을 때 실제로 실행되며, command 문자열이 '저장'인지 '취소'인지 비교하여 어떤 버튼이 클릭되었는지 구별하고, 그에 맞는 결과를 레이블에 출력한다.

31행에서 32행은 saveButton과 cancelButton에 동일한 listener 객체를 등록한다. 이 리스너는 내부적으로 getActionCommand()를 통해 두 버튼의 이벤트를 모두 처리할 수 있다.

2 MouseListener

MouseListener는 자바의 GUI 프로그래밍에서 마우스와 관련된 이벤트를 처리하는 인터페이스이다. 이는 마우스 버튼의 클릭, 누름, 뗌뿐만 아니라 마우스 커서가 컴포넌트 영역에 진입하거나 이탈하는 이벤트를 처리하기 때문에 마우스의 움직임 자체(드래그, 이동)를 처리하는 MouseMotionListener와는 명확히 구별된다. MouseListener가 처리하는 이벤트 객체는 MouseEvent이며, 이 객체는 마우스 이벤트의 상세 정보를 담고 있다. MouseListener는 5개의 추상 메서드를 포함하고 있으며, 이 인터페이스를 구현하는 클래스는 [표 12-5]의 모든 메서드를 강제로 오버라이드해야 한다.

표 12-5 MouseListener의 핸들러 메서드

메서드	설명
mouseClicked(MouseEvent e)	누르고 떼는 동작이 매우 빠르게 연속되었을 때 발생하며, 클릭 횟수를 파악할 수 있다.
mousePressed(MouseEvent e)	버튼이 처음 눌러졌을 때 발생하며, 드래그를 시작하는 시점을 포착할 때 사용한다.
mouseReleased(MouseEvent e)	버튼 누름 동작이 끝났을 때 발생하며, 드래그 종료 시점을 포착할 때 사용한다.
mouseEntered(MouseEvent e)	컴포넌트 위에 마우스가 올라왔을 때(Hover) UI에 효과를 주는 데 사용한다.
mouseExited(MouseEvent e)	마우스가 컴포넌트 영역을 벗어났을 때 UI 효과를 원래대로 되돌리는 데 사용한다.

[예제 12-3]은 마우스를 클릭하면 클릭되었다는 메시지를 화면에 출력하는 코드이다.

예제 12-3 MouseListener 사용하기 MouseClickExample.java

```
package sec02.exam03;

import java.awt.*;
import java.awt.event.*;
import javax.swing.*;

public class MouseClickExample {
    public static void main(String[] args) {
        JFrame jf = new JFrame("Mouse Click 예제");
        jf.setSize(300, 200);
        jf.setDefaultCloseOperation(JFrame.EXIT_ON_CLOSE);

        JLabel label = new JLabel("마우스 클릭!", SwingConstants.CENTER);

        label.addMouseListener(new MouseListener() {  // 리스너 등록
            @Override
            public void mouseClicked(MouseEvent e) {  // 이벤트 리스너
                label.setText("마우스가 클릭 되었습니다!");
            }

            @Override
            public void mousePressed(MouseEvent e) {}

            @Override
            public void mouseReleased(MouseEvent e) {}

            @Override
            public void mouseEntered(MouseEvent e) {}

            @Override
            public void mouseExited(MouseEvent e) {}
        });

        jf.add(label);
        jf.setVisible(true);
    }
}
```

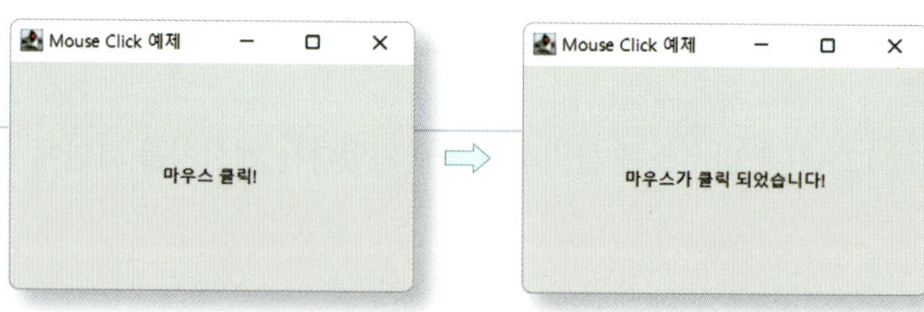

15행부터 32행까지는 마우스 클릭 이벤트를 처리하는 MouseListener 인터페이스이다. 17행의 mouseClicked()는 사용자가 라벨을 클릭하면 라벨의 텍스트를 변경한다.

MouseListener를 구현하는 방식 대신 MouseAdapter 클래스를 사용하면, 필요한 이벤트 처리 메서드인 mouseClicked만 오버라이드하고, 나머지 4개의 메서드는 생략할 수 있다. 다음은 [예제 12-3]을 MouseAdapter 클래스를 사용하여 변경한 것이다.

```
label.addMouseListener(new MouseAdapter() {                 // 어댑터 클래스 사용
    @Override
    public void mouseClicked(MouseEvent e) {                // 필요한 메서드만 재정의
        label.setText("마우스가 클릭 되었습니다!");
    }
});
```

1. MouseEvent 객체

MouseListener의 모든 핸들러 메서드는 MouseEvent 객체를 매개변수로 받으며, 마우스 이벤트의 상세 정보를 제공한다. 특히 [표 12-6]과 같은 MouseEvent 객체와 관련된 메서드가 중요하게 사용된다.

표 12-6 MouseEvent 객체 관련 메서드

메서드	반환값	설명
getX()/getY()	int(좌표)	이벤트가 발생한 컴포넌트 내의 상대적인 X, Y 좌표를 반환한다.
getPoint()	Point 객체	X, Y 좌표를 포함하는 Point 객체를 반환한다.
getClickCount()	int(횟수)	마우스 버튼이 연속적으로 몇 번 클릭되었는지 반환한다. 예 더블 클릭, 트리플 클릭
getButton()	int(버튼 상수)	마우스 버튼(좌, 우, 휠)이 눌려졌는지 반환한다.
isPopupTrigger()	boolean	현재 이벤트가 팝업 메뉴를 유발하는 이벤트인지 그 여부를 반환한다.
isControlDown()	boolean	Ctrl이 눌려있는 상태인지 그 여부를 반환한다.
isShiftDown()	boolean	Shift가 눌려있는 상태인지 그 여부를 반환한다.
isAltDown()	boolean	Alt가 눌려있는 상태인지 그 여부를 반환한다.

isControlDown(), isShiftDown(), isAltDown()은 KeyListener에서도 사용할 수 있는 메서드로 마우스 이벤트 발생 시 Ctrl, Shift, Alt가 눌려져 있는지를 확인할 때 사용한다.

[예제 12-4]는 JPanel에 MouseListener를 추가하여 마우스 클릭 시 MouseEvent의 상세 정보를 레이블에 출력하는 코드이다.

예제 12-4 마우스 정보 출력하기 MouseInfoExample.java

```java
package sec02.exam04;

import java.awt.*;
import java.awt.event.*;
import javax.swing.*;

public class MouseInfoExample extends JFrame {
    static JLabel infoLabel;

    public MouseInfoExample() {
        this.setTitle("MouseEvent 정보");
        this.setDefaultCloseOperation(JFrame.EXIT_ON_CLOSE);
        this.setSize(400, 300);
        this.setLayout(new BorderLayout());

        infoLabel = new JLabel("마우스를 클릭해요.");
        JPanel panel = new JPanel();
        panel.setBackground(new Color(255, 240, 255));

        panel.addMouseListener(new MouseAdapter() {  // 어댑터 클래스 사용
            @Override
            public void mousePressed(MouseEvent e) {  // 이벤트 리스너
                int x = e.getX();
                int y = e.getY();

                infoLabel.setText("좌표: (X: " + x + ", Y: " + y + ")");
            }
        });

        this.add(infoLabel, BorderLayout.SOUTH);
        this.add(panel, BorderLayout.CENTER);
        this.setLocationRelativeTo(null);            // 화면 중앙 배치
        this.setVisible(true);
    }

    public static void main(String[] args)  {
        SwingUtilities.invokeLater(() -> new MouseInfoExample());
    }
}
```

20행은 `MouseAdapter` 클래스의 익명 구현 객체를 사용하며, `mousePressed` 메서드만 오버라이드하여 사용할 수 있게 한다. 22행의 `mousePressed()`는 마우스가 눌렸을 경우 발생한다. 이때 `e.getX()`와 `e.getY()`는 이벤트가 발생한 지점의 좌표를 `panel`의 왼쪽 상단 모서리 (0, 0)을 기준으로 반환한다. 따라서 코드를 실행한 후 마우스를 누르면, 해당 위치의 X 좌표와 Y 좌표가 하단의 레이블에 출력된다.

2. MouseMotionListener

일반적인 `MouseListener`가 클릭, 누름, 떼기 등의 단발적인 이벤트를 다룬다면, **`MouseMotionListener`는 마우스의 지속적인 움직임과 관련된 이벤트를 처리한다.** `MouseMotionListener`는 [표 12-7]과 같은 두 가지의 추상 메서드를 정의하고 있으며, 리스너를 구현할 때는 이 두 메서드를 모두 오버라이드해야 한다.

표 12-7 MouseMotionListener의 핸들러 메서드

메서드	발생 시점
`mouseMoved(MouseEvent e)`	마우스가 눌리지 않은 상태로 컴포넌트 위에서 움직일 때 지속적으로 호출된다.
`mouseDragged(MouseEvent e)`	마우스 버튼 중 하나가 눌려진 상태에서 컴포넌트 위를 움직일 때 지속적으로 호출된다.

`MouseMotionListener`의 모든 핸들러 메서드는 `MouseListener`와 똑같이 `MouseEvent` 객체를 매개변수로 받는다. [예제 12-5]는 패널에 `MouseMotionListener`를 등록하여 마우스의 이동 및 드래그를 감지하고, 그 좌표를 레이블에 표시하는 코드이다.

예제 12-5 MouseMotionListener 사용하기 MouseMotionExample.java

```
package sec02.exam05;

import java.awt.*;
import java.awt.event.*;
```

```java
import javax.swing.*;

public class MouseMotionExample extends JFrame {
    static JLabel infoLabel;

    public MouseMotionExample() {
        this.setTitle("MouseMotionListener 예제");
        this.setDefaultCloseOperation(JFrame.EXIT_ON_CLOSE);
        this.setSize(400, 300);
        this.setLayout(new BorderLayout());

        infoLabel = new JLabel("마우스를 클릭해요.");
        JPanel trackingPanel = new JPanel();
        trackingPanel.setBackground(new Color(255, 255, 200));

        trackingPanel.addMouseMotionListener(new MouseMotionAdapter() {
            @Override
            public void mouseMoved(MouseEvent e) {    // 이벤트 리스너
                infoLabel.setText("이동: (X: " + e.getX() + ", Y: " + e.getY() + ")");
            }

            @Override
            public void mouseDragged(MouseEvent e) {  // 이벤트 리스너
                infoLabel.setText("드래그: (X: " + e.getX() + ", Y: " + e.getY() + ")");
            }
        });

        this.add(trackingPanel, BorderLayout.CENTER);
        this.add(infoLabel, BorderLayout.SOUTH);
        this.setVisible(true);
    }

    public static void main(String[] args)  {
        SwingUtilities.invokeLater(() -> new MouseMotionExample());
    }
}
```

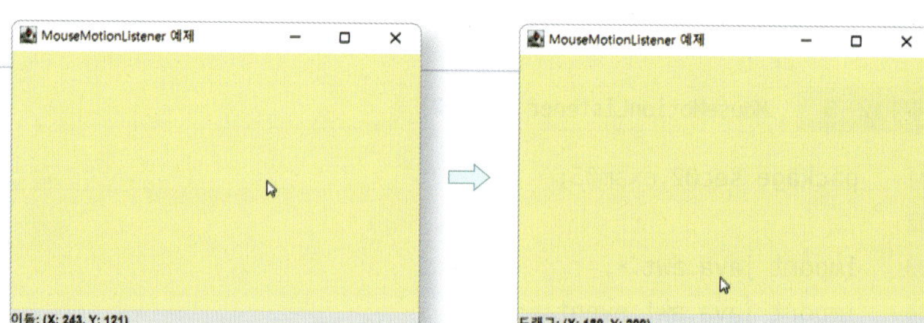

20행에서는 MouseMotionAdapter 클래스의 익명 객체를 사용하여 trackingPanel에 마우스 움직임 이벤트를 감지할 리스너 객체를 등록한다. 사용자가 마우스 버튼을 누르지 않고 패널 위에서 마우스를 움직일 때마다 22행의 mouseMoved(MouseEvent e) 메서드가 호출된다. 이는 MouseEvent 객체 e의 getX()와 getY()를 사용하여 마우스 포인터의 현재 좌표를 얻는다.

사용자가 마우스의 버튼을 누른 상태(왼쪽, 오른쪽, 휠)에서 마우스를 움직일 때마다 27행의 mouseDragged(MouseEvent e) 메서드가 호출된다. 이는 getX()와 getY()를 사용하여 좌표를 가져오지만, 이벤트의 의미가 '드래그'임을 나타낸다. 따라서 코드를 실행하면 마우스를 움직이는 동안 X와 Y 좌표가 실시간으로 표시되며, 마우스의 버튼을 누른 채로 이동하면 '드래그'와 함께 X와 Y 좌표가 실시간으로 표시된다.

TIP 자바는 MouseMotionAdapter라는 어댑터 클래스를 제공하여 mouseMoved() 또는 mouseDragged() 중 하나만 오버라이드하여 사용할 수 있도록 한다.

3 KeyListener

KeyListener 인터페이스는 자바의 GUI 컴포넌트에서 키보드 입력과 관련된 이벤트를 처리하는 리스너이다. 이는 사용자가 키를 누르거나, 떼거나, 입력했을 때 발생하는 사건을 감지한다.

KeyListener는 주로 JTextField, JTextArea와 같은 텍스트 컴포넌트뿐만 아니라, 특정 키 입력을 감지하여 게임 제어와 같은 특수 작업을 수행해야 하는 일반 컴포넌트에도 사용된다. 키보드와 관련된 이벤트 객체는 KeyEvent를 사용하며, KeyListener는 세 가지 핸들러 메서드를 포함한다. 일반적으로 어댑터 클래스인 KeyAdapter를 상속받아 필요한 메서드만 오버라이딩하여 사용한다. [표 12-8]은 KeyListener의 3가지 핸들러 메서드를 정리한 것이다.

표 12-8 KeyListener의 핸들러 메서드

메서드	설명
keyPressed(KeyEvent e)	물리적인 키가 내려갔을 때 발생하며, Shift, Ctrl, Alt와 같은 기능 키도 감지한다.
keyReleased(KeyEvent e)	물리적인 키가 다시 올라왔을 때 발생하며, 키를 반복해서 연타하는 동작을 제어할 때 유용하다.
keyTyped(KeyEvent e)	Shift나 Enter 같은 기능 키는 이 이벤트를 발생시키지 않으며, 유니코드 문자로 변환될 수 있는 키만 발생한다(예 'A', '1', '@').

세 가지 핸들러 메서드는 모두 KeyEvent 객체를 매개변수로 받으며, 이 객체는 키보드 입력에 대한 상세 정보를 제공한다.

- **물리적 키 식별**: keyPressed()와 keyReleased() 메서드는 눌린 키가 어떤 물리적 키인지를 식별한다. getKeyCode() 메서드를 사용하면 눌린 키의 가상 키 코드virtual key code를 정숫값으로 반환받는다. 이 값은 키보드에 있는 모든 물리적인 키에 할당된 상숫값으로, KeyEvent 클래스에 정의된 상수를 사용하여 눌린 키를 정확히 비교할 때 사용한다.
- **문자 입력 식별**: keyTyped() 메서드는 실제로 화면에 문자를 입력할 때 발생한다. getKeyChar() 메서드를 사용하여 입력된 유니코드 문자 값을 반환받는다. 또한 keyTyped() 메서드는 사용자가 실제로 입력한 문자열 데이터를 처리할 때 사용한다.

[표 12-9]는 KeyEvent 객체가 사용하는 주요 상숫값을 정리한 것이다.

표 12-9 KeyEvent 객체의 주요 상숫값

상숫값	설명
VK_A ~ VK_Z	영문 대문자 A부터 Z까지의 키 코드
VK_0 ~ VK_9	숫자 0부터 9까지의 키 코드(메인 키보드)
VK_ENTER	Enter(반환/개행)
VK_SPACE	Space bar(공백)
VK_TAB	Tab
VK_ESCAPE	Escape
VK_BACK_SPACE	Backspace
VK_DELETE	Delete
VK_SHIFT	Shift(왼쪽 또는 오른쪽)
VK_CONTROL	Control(왼쪽 또는 오른쪽)
VK_ALT	Alt(왼쪽 또는 오른쪽)
VK_META	Meta(Windows/Command 키 등)
VK_UP	위쪽 화살표 키
VK_DOWN	아래쪽 화살표 키
VK_LEFT	왼쪽 화살표 키
VK_RIGHT	오른쪽 화살표 키
VK_F1 ~ VK_F24	F1부터 F24까지의 기능키
VK_NUMPAD0 ~ VK_NUMPAD9	숫자패드(Numpad)의 0부터 9까지의 키
VK_ADD, VK_SUBTRACT	숫자패드의 덧셈(+), 뺄셈(−) 키
VK_MULTIPLY, VK_DIVIDE	숫자패드의 곱셈(*), 나눗셈(/) 키
VK_PAGE_UP	Page Up
VK_PAGE_DOWN	Page Down
VK_HOME	Home
VK_END	End
KEY_PRESSED	키가 눌렸을 때의 이벤트 ID

KEY_RELEASED	키가 놓였을 때의 이벤트 ID
KEY_TYPED	문자를 입력했을 때의 이벤트 ID(키 코드와 무관)
VK_UNDEFINED	정의되지 않은 키 코드

KEY_PRESSED, KEY_RELEASED, KEY_TYPED는 실제로 눌린 키의 코드가 아니라 이벤트의 종류를 식별할 때 사용한다. 또한, 영문자 키 코드는 모두 대문자(VK_A~VK_Z)로 정의되며, 소문자는 없다. 따라서 소문자를 처리하기 위해서는 다음 코드와 같이 Shift 가 눌렸는지 확인해야 한다.

```
public class LowercaseKeyValidator implements KeyListener {
    @Override
    public void keyPressed(KeyEvent e) {
        int keyCode = e.getKeyCode();
        if (keyCode >= KeyEvent.VK_A && keyCode <= KeyEvent.VK_Z) {
            boolean isLowercase = !e.isShiftDown();
            if (isLowercase) {
                System.out.println("소문자 입력 감지됨: " + keyCode );
                // 여기에 소문자 처리 로직을 추가하세요.
            } else {
                System.out.println("대문자 입력 감지됨: " + keyCode);
            }
        }
    }
}
```

KeyListener를 사용할 때 가장 중요한 전제 조건은 해당 컴포넌트가 키보드 포커스focus를 가지고 있어야 한다는 점이다. 따라서 키보드 이벤트를 받을 컴포넌트가 현재 활성화되어 있고, 사용자가 마우스 클릭 등을 통해 해당 컴포넌트를 선택해야 한다.

특히, JPanel이나 JFrame 같은 컴포넌트는 기본적으로 포커스를 받을 수 없도록 설정되어 있다. 이 경우 setFocusable(true)를 호출하여 포커스를 받을 수 있도록 설정해야 한다. 또한 프로그램 실행 초기에 특정 컴포넌트가 바로 키 입력을 받을 수 있도록 requestFocusInWindow()를 사용하여 강제로 포커스를 요청하도록 구현해야 한다.

[예제 12-6]은 눌린 키보드의 값을 레이블에 출력하는 코드이다.

예제 12-6 **KeyListener 사용하기** KeyListenerExample.java

```java
package sec02.exam06;

import java.awt.*;
import java.awt.event.*;
import javax.swing.*;

public class KeyListenerExample extends JFrame {
    static JLabel infoLabel;

    public KeyListenerExample() {
        this.setTitle("KeyListener 예제");
        this.setDefaultCloseOperation(JFrame.EXIT_ON_CLOSE);
        this.setSize(300, 200);
        this.setLayout(new BorderLayout());

        infoLabel = new JLabel("키를 누르세요.");
        JPanel panel = new JPanel();
        panel.setFocusable(true);                       // 포커스되도록 설정
        panel.requestFocusInWindow();                   // 강제 포커스 요청

        panel.addKeyListener(new KeyAdapter() {         // 리스너 등록
            @Override
            public void keyPressed(KeyEvent e) {        // 이벤트 리스너
                String keyText = KeyEvent.getKeyText(e.getKeyCode());
                infoLabel.setText("KeyPressed, code = " + e.getKeyCode() +
" 이름: " + keyText);
            }
        });

        this.add(infoLabel, BorderLayout.SOUTH);
        this.add(panel, BorderLayout.CENTER);
        this.add(panel);
        this.setVisible(true);
    }

    public static void main(String[] args)  {
        SwingUtilities.invokeLater(() -> new KeyListenerExample());
    }
}
```

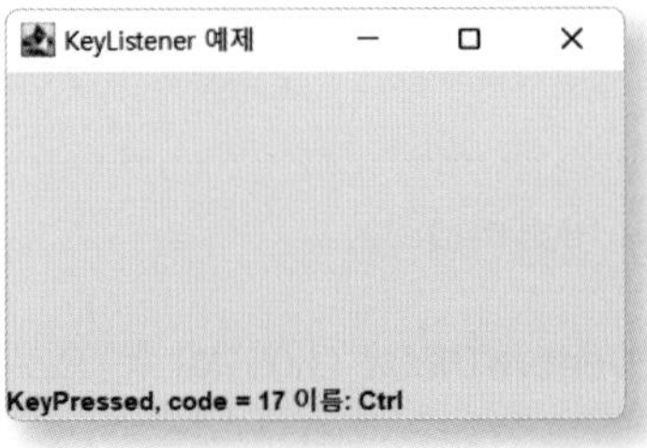

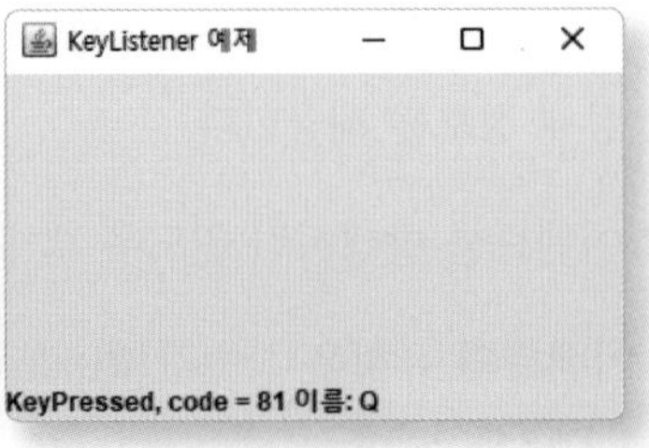

KeyListener가 작동하기 위한 가장 중요한 설정은 18행과 19행이다. 18행은 panel.setFocusable(true);를 사용하여 panel이 키보드 입력을 받을 수 있는 대상이 되도록 설정한다. 19행의 panel.requestFocusInWindow()는 프로그램이 시작될 때 강제로 panel에 키보드 포커스를 요청한다. 이렇게 해야 사용자가 별도로 마우스로 패널을 클릭하지 않아도 바로 키 이벤트를 감지할 수 있게 된다.

21행은 키보드 이벤트를 감지할 리스너를 등록한다. 23행의 keyPressed()는 물리적인 키를 누르는 순간에 호출되며, 24행의 e.getKeyCode()는 눌린 키의 가상 키 코드를 정숫값으로 반환한다. KeyEvent.getKeyText(e.getKeyCode())는 얻은 키 코드를 사람이 읽을 수 있는 문자열 이름(예 "Shift", "A", "Enter")으로 변환한다.

4 WindowListener

WindowListener 인터페이스는 최상위 컨테이너인 **윈도우 자체의 상태 변화를 처리**하며, 이때 WindowEvent 객체를 사용한다. 이는 프로그램의 시작, 종료, 최소화/최대화, 포커스 변경 등 윈도우 레벨에서 발생하는 주요 사건들을 감지하고, 사용자가 창의 시스템 버튼을 조작하거나 프로그램 내에서 윈도우 상태가 변경될 때 이벤트를 발생시킨다.

WindowListener는 [표 12-10]과 같은 총 7개의 핸들러 메서드를 포함하고 있으며, 일반적으로 WindowAdapter 클래스를 상속받아 사용한다.

표 12-10 WindowListener의 핸들러 메서드

메서드	발생 시점
windowOpened(WindowEvent e)	윈도우가 처음 화면에 보이기 시작했을 때
windowClosing(WindowEvent e)	윈도우의 '닫기' 버튼을 눌렀을 때
windowClosed(WindowEvent e)	윈도우가 메모리에서 제거되어 실제로 닫혔을 때
windowIconified(WindowEvent e)	윈도우가 아이콘화(최소화)되었을 때
windowDeiconified(WindowEvent e)	아이콘화된 윈도우가 다시 복원(최대화/복구)되었을 때
windowActivated(WindowEvent e)	윈도우가 활성화되어 포커스를 얻었을 때(가장 앞에 위치)
windowDeactivated(WindowEvent e)	윈도우가 비활성화되어 포커스를 잃었을 때(다른 창 뒤로 감)

WindowListener의 모든 핸들러 메서드는 WindowEvent 객체를 매개변수로 받으며, 이 객체는 다음과 같은 윈도우 이벤트에 대한 상세 정보를 제공한다.

- **public Window getWindow()**: 이벤트를 발생시킨 윈도우 객체를 반환한다.
- **public int getID()**: 발생한 이벤트의 유형을 상숫값(WindowEvent.WINDOW_CLOSING 등)으로 반환하여 이벤트 타입을 명확히 식별할 수 있다.
- **public int getNewState()/public int getOldState()**: 윈도우 상태 변화 시 이전 상태와 새 상태를 반환한다. 예 최소화 ↔ 복원

또한 JFrame과 같은 윈도우 컴포넌트는 창의 '닫기' 버튼(×) 동작을 제어하는 setDefaultCloseOperation() 메서드를 가지고 있다. 이 메서드와 windowClosing() 이벤트 처리의 관계를 이해하는 것이 중요하다. 이때, 종료 전에 특정 작업을 수행하려면 setDefaultCloseOperation(JFrame.DO_NOTHING_ON_CLOSE)로 설정한 후, windowClosing() 메서드 내에서 모든 종료 처리를 구현하는 것이 일반적이다.

표 12-11 setDefaultCloseOperation() 메서드와 windowClosing() 이벤트 처리의 관계

설정값	닫기 버튼 동작	windowClosing() 이벤트의 역할
JFrame.EXIT_ON_CLOSE	프로그램 즉시 종료	windowClosing() 이벤트가 발생하지만, 시스템이 바로 종료되므로 사용자 확인 로직을 넣기 어렵다.
JFrame.DO_NOTHING_ON_CLOSE	반응 없음	windowClosing() 메서드 내에서 종료를 확인하고, 데이터 저장 등의 코드를 실행할 수 있다. 종료 후에는 직접 System.exit(0) 등을 호출하여 종료시켜야 한다.

[예제 12-7]은 윈도우 창을 닫기 전 반드시 종료 확인 절차를 거치도록 구현한 코드이다. 이 절차는 사용자가 윈도우의 시스템 '닫기' 버튼을 누르거나, 창 내부에 있는 '프로그램 종료' 버튼을 클릭하는 모든 경우에 적용된다.

예제 12-7 윈도우 창 닫기 WindowCloseExample.java

```
package sec02.exam07;

import java.awt.*;
import java.awt.event.*;
import javax.swing.*;

public class WindowCloseExample extends JFrame {
    public WindowCloseExample() {
```

```java
        this.setTitle("버튼으로 종료");
        this.setSize(300, 150);
        this.setDefaultCloseOperation(JFrame.DO_NOTHING_ON_CLOSE);
        this.setLayout(new FlowLayout());

        JButton exitButton = new JButton("프로그램 종료");
        exitButton.addActionListener(e -> checkAndClose());
        addWindowListener(new WindowAdapter() {        // 리스너 등록
            @Override
            public void windowClosing(WindowEvent e) {  // 이벤트 리스너
                checkAndClose();
            }
        });

        this.add(exitButton);
        this.setVisible(true);
    }

    private void checkAndClose() {               // 종료 확인 및 처리 공통 로직
        int result = JOptionPane.showConfirmDialog(     // 간단한 팝업 창
            this, "정말로 프로그램을 종료하시겠어요?", "종료 확인",
            JOptionPane.YES_NO_OPTION                // '예' 또는 '아니오'만 제공
        );

        if (result == JOptionPane.YES_OPTION) {
            dispose();                                  // 자원 해제 후 창 닫기
            System.exit(0);                             // 프로그램 종료
        } // 아니오(NO)를 선택 → 아무것도 하지 않아 창이 유지됨
    }

    public static void main(String[] args) {
        SwingUtilities.invokeLater(() -> new WindowCloseExample());
    }
}
```

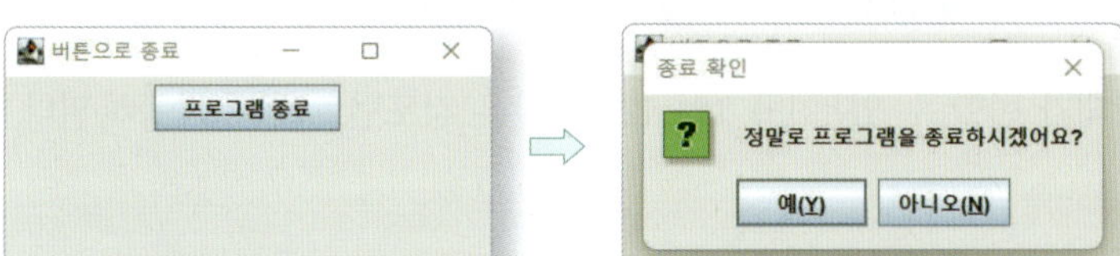

11행은 JFrame의 [×]을 눌러도 JVM이 자동으로 종료되는 기본 동작을 무효화한다. 이 설정으로 WindowListener의 windowClosing() 메서드가 종료를 막고, 사용자에게 확인을 요청하는 코드를 실행할 수 있게 한다.

28행의 JOptionPane.showConfirmDialog()를 통해 사용자에게 종료 의사를 확인한다. 사용자가 '예'를 선택했을 때만 창을 닫고 자원을 해제하는 dispose()와 프로그램을 종료하는 System.exit(0)을 호출한다. 사용자가 '아니오'를 선택하면, 아무것도 호출하지 않으므로 창이 유지된다.

5 ItemListener

ItemListener 인터페이스는 자바 GUI 프로그래밍에서 컴포넌트의 항목item**이 선택**select**되거나 해제**deselect**되는 상태 변화를 감지하고 처리한다.** 이는 사용자의 명시적인 '행동'보다는 컴포넌트 내부 값의 '상태 전환'에 초점을 맞춘 이벤트이며, 항목을 가진 컴포넌트의 선택 상태selection state가 변경될 때 발생하는 ItemEvent를 처리한다.

ItemListener는 처리해야 할 추상 메서드가 단 하나만 존재하기 때문에 어댑터 클래스는 존재하지 않으며, ItemListener 인터페이스를 구현하는 클래스는 itemStateChanged() 메서드를 오버라이딩해야 한다.

```
public void itemStateChanged(ItemEvent e);
```

itemStateChanged() 메서드는 항목의 선택 상태가 변경될 때 JVM에 의해 자동으로 호출되며, ItemEvent e는 상태 변화에 대한 모든 정보를 담고 있는 이벤트 객체이다. ItemEvent 객체는 어떤 항목이, 어떤 상태(선택/해제)로 바뀌었는지 등을 파악할 수 있는 다양한 정보를 제공한다. 그 중 public int getStateChange() 메서드는 항목의 상태가 어떻게 바뀌었는지 알려주며, 반환되는 값은 다음 두 가지 상수 중 하나이다.

- **ItemEvent.SELECTED:** 항목이 선택된 상태가 되었을 때 예 체크박스가 체크됨
- **ItemEvent.DESELECTED:** 항목이 선택 해제된 상태가 되었을 때 예 체크박스가 언체크됨

ItemListener는 항목의 선택 상태가 변할 수 있는 [표 12-12]와 같은 컴포넌트에 주로 등록된다.

표 12-12 ItemListener를 사용하는 주요 컴포넌트

컴포넌트	이벤트 발생 조건
JCheckBox(체크박스)	체크 버튼이 선택되거나 체크 버튼이 해제될 때 발생한다.
JRadioButton(라디오 버튼)	라디오 버튼이 선택되거나 해제될 때 발생한다.
JComboBox(콤보박스)	드롭다운 목록에서 새로운 항목을 선택했을 때 발생한다.

[예제 12-8]은 ItemListener를 사용하여 체크박스의 '약관 동의' 상태를 감지하고, 이 상태에 따라 '가입 완료' 버튼을 활성화 또는 비활성화하는 코드이다.

예제 12-8 ItemListener 사용하기 ItemListenerExample.java

```
package sec02.exam08;

import java.awt.*;
import java.awt.event.*;
import javax.swing.*;

public class ItemListenerExample extends JFrame {
    public ItemListenerExample() {
        this.setTitle("ItemListener 예제");
        this.setSize(350, 150);
        this.setDefaultCloseOperation(JFrame.EXIT_ON_CLOSE);
        this.setLayout(new FlowLayout(FlowLayout.CENTER, 10, 20));

        JCheckBox agreeCheckBox = new JCheckBox("약관에 동의합니다.");
        JButton finishButton = new JButton("가입 완료");
        finishButton.setEnabled(false);

        agreeCheckBox.addItemListener(new ItemListener() {  // 리스너 등록
            @Override
            public void itemStateChanged(ItemEvent e) {      // 이벤트 리스너
                if (e.getStateChange() == ItemEvent.SELECTED) {
                    finishButton.setEnabled(true);
                } else {
                    finishButton.setEnabled(false);
                }
            }
        });

        this.add(agreeCheckBox);
        this.add(finishButton);
```

```
31            this.setVisible(true);
32        }
33
34        public static void main(String[] args)  {
35            SwingUtilities.invokeLater(() -> new ItemListenerExample());
36        }
37    }
```

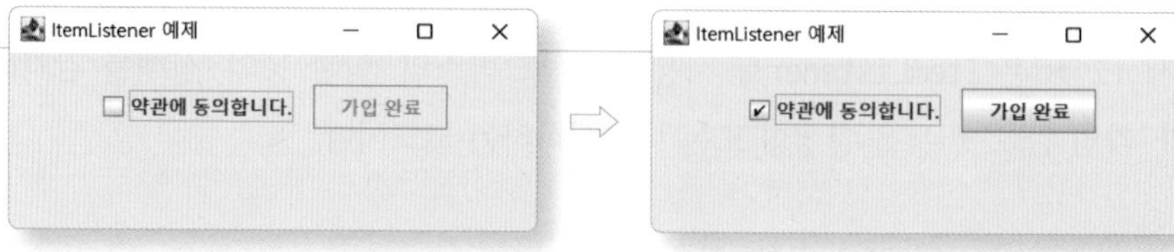

[예제 12-8]의 핵심은 JCheckBox의 상태 변화를 받아 JButton 컴포넌트의 속성을 제어하는 것이다. 18행에서 JCheckBox는 항목의 선택 상태 변화를 감지하기 위해 ItemListener를 등록하며, 체크박스의 상태가 변경될 때마다 20행의 itemStateChanged(ItemEvent e) 메서드가 호출된다.

21행의 e.getStateChange() 메서드는 항목의 상태가 어떻게 바뀌었는지를 나타내는 값을 반환한다. 이 값이 ItemEvent.SELECTED이면 항목이 선택된 상태이므로 가입 버튼을 활성화(setEnabled(true))하고, ItemEvent.DESELECTED이면 항목이 선택 해제된 상태이므로 가입 버튼을 비활성화(setEnabled(false))한다.

Note **ItemListener와 ActionListener**

ItemListener는 ActionListener와 유사한 컴포넌트에 사용되지만, 명확한 차이점이 있다. 예를 들어, JCheckBox는 사용자가 체크했을 때 ActionEvent와 ItemEvent를 둘 다 발생시킬 수 있지만, 일반적으로 상태 변화를 다루려면 ItemListener를 사용하는 것이 더 직관적이고 표준적이다. [표 12-13]은 두 리스너의 차이점을 정리한 것이다.

표 12-13 ActionListener와 ItemListener의 차이점

구분	ActionListener	ItemListener
이벤트 발생 시점	사용자의 명시적 행동 예 버튼 누름, 엔터 입력 등	항목의 선택 상태 전환 예 SELECTED ↔ DESELECTED
적합한 컴포넌트	JButton, JTextField	JCheckBox, JRadioButton, JComboBox
콤보박스에서의 동작	항목을 선택했을 때 한 번 발생	항목이 선택/해제 상태로 변경될 때 항목 수만큼 발생
처리 내용	특정 명령 실행 예 데이터 저장	상태 기반 UI/데이터 변경 예 체크박스에 따라 옵션 활성화/비활성화

6 ChangeListener

ChangeListener 인터페이스는 자바 GUI 프로그래밍에서 컴포넌트의 내부 상태나 값이 연속적 또는 점진적으로 변경될 때 발생하는 이벤트를 감지하고 처리한다. 주로 슬라이더나 진행 표시줄처럼 사용자가 값을 조정하거나, 시스템의 상태가 지속적으로 업데이트될 때 유용하다. 다른 주요 리스너들이 java.awt.event에 있는 것과 달리 ChangeListener는 javax.swing.event 패키지에 정의되어 있다.

ChangeListener는 처리해야 할 추상 메서드가 단 하나만 존재하기 때문에 어댑터 클래스는 존재하지 않으며, 유일한 추상 메서드는 다음과 같다.

```
public void stateChanged(ChangeEvent e);
```

stateChanged()는 컴포넌트의 내부 상태가 변경될 때마다 JVM에 의해 호출된다. ChangeEvent 객체는 다른 이벤트 객체와 달리, 마우스 좌표나 키 코드 같은 상세 정보를 제공하지 않는 것이 특징이며, 주로 '무언가 변경되었다'는 사실만 알리는 역할을 한다. 따라서 stateChanged(ChangeEvent e) 메서드 내에서 실제로 변경된 값을 알아내기 위해서는 이벤트 객체(e) 대신 이벤트를 발생시킨 소스 컴포넌트(e.getSource())로부터 직접 값을 조회해야 한다. 예를 들어 JSlider의 값을 가져오는 코드는 다음과 같다.

```
public void stateChanged(ChangeEvent e) {
    JSlider source = (JSlider) e.getSource();
    int value = source.getValue();

    System.out.println("현재 슬라이더 값: " + value);
}
```

ChangeListener는 [표 12-14]와 같이 값이나 상태가 연속적으로 변하는 모델을 가진 컴포넌트에 주로 등록된다.

표 12-14 ChangeListener를 사용하는 주요 컴포넌트

컴포넌트	이벤트 발생 조건
JSlider(슬라이더)	슬라이더의 값을 드래그하여 변경할 때, 드래그 중에도 연속적으로 발생한다.
JSpinner(스피너)	스피너의 위/아래 버튼을 클릭하여 값이 변경될 때 발생한다.
JProgressBar(진행 표시줄)	진행률 값이 변경되어 표시 상태가 업데이트될 때 발생한다.
JTabbedPane(탭 패널)	사용자가 다른 탭을 선택하여 활성화된 탭이 변경될 때 발생한다.

[예제 12-9]는 버튼을 클릭할 때마다 JProgressBar의 값이 증가하도록 만들고, 이 진행률의 변화를 ChangeListener로 감지하여 출력하는 코드이다.

예제 12-9 ChangeListener 사용하기 ChangeListenerExample.java

```java
package sec02.exam09;

import java.awt.*;
import java.awt.event.*;
import javax.swing.*;

public class ChangeListenerExample extends JFrame {
    public ChangeListenerExample() {
        this.setTitle("ChangeListener 예제");
        this.setSize(400, 150);
        this.setDefaultCloseOperation(JFrame.EXIT_ON_CLOSE);
        this.setLayout(new FlowLayout(FlowLayout.CENTER, 10, 20));

        JProgressBar progressBar = new JProgressBar(0, 100);
        progressBar.setStringPainted(true);
        progressBar.setPreferredSize(new Dimension(250, 30));

        JButton increaseButton = new JButton("진행률 10% 증가");

        progressBar.addChangeListener(e -> {        // 이벤트 리스너
            JProgressBar source = (JProgressBar) e.getSource();
            int currentValue = source.getValue();

            if (currentValue >= 100) {
                increaseButton.setEnabled(false);
            }
        });

```

```
29          increaseButton.addActionListener(e -> {
30              int newValue = progressBar.getValue() + 10;
31              progressBar.setValue(newValue);
32          });
33
34          this.add(progressBar);
35          this.add(increaseButton);
36          this.setVisible(true);
37      }
38
39      public static void main(String[] args)  {
40          SwingUtilities.invokeLater(() -> new ChangeListenerExample());
41      }
42  }
```

14행은 최솟값 0, 최댓값 100으로 설정된 JProgressBar를 생성하고, 15행에서 값(퍼센트)이 표시되도록 설정한다. 20행의 ChangeListener는 JProgressBar의 setValue()가 호출될 때마다 자동으로 실행된다. 중요한 것은 ChangeEvent e는 변경된 값 자체를 담고 있지 않기 때문에 변경된 값을 알고 싶으면 e.getSource()를 통해 이벤트 소스(JProgressBar)를 얻어온 후, getValue()를 사용하여 직접 값을 조회해야 한다. 이후 24행에서 진행률이 100%가 되면 25행의 increaseButton.setEnabled(false)를 호출하여 버튼을 비활성화한다.

ChangeListener와 ItemListener는 모두 컴포넌트의 '상태 변화'를 감지한다는 점에서 유사하지만, 변화의 성격과 적용되는 컴포넌트가 다르다. 예를 들어, JSlider를 드래그하는 동안, ChangeListener는 연속적인 값의 변화(stateChanged())가 발생할 때마다 실시간으로 호출되어 값을 반영한다. 반면에, ItemListener는 주로 JCheckBox나 JComboBox처럼 선택 및 해제 또는 항목 선택과 같은 개별 상태의 변화 이벤트를 처리한다. 또한, ActionListener는 버튼 클릭이나 메뉴 선택과 같이 특정 '행위Action'가 완료되었을 때(actionPerformed()) 호출되므로, 슬라이더와 같은 연속적인 값 변화에는 일반적으로 사용하지 않는다.

7 FocusListener

FocusListener 인터페이스는 GUI 컴포넌트가 포커스를 얻거나 잃을 때 발생하는 이벤트를 처리한다. 여기서 포커스란 컴포넌트가 키보드 입력을 받을 수 있는 활성화된 상태를 의미하며, FocusListener는 특정 컴포넌트의 활성화 및 비활성화 시점에 필요한 동작을 수행하는 데 중요한 역할을 한다. FocusListener는 컴포넌트의 포커스 상태 변화를 다루는 2개의 추상 메서드를 포함하고 있다.

표 12-15 WindowListener의 핸들러 메서드

메서드	발생 시점
focusGained(FocusEvent e)	컴포넌트가 포커스를 얻는 순간
focusLost(FocusEvent e)	컴포넌트가 포커스를 잃는 순간

FocusListener를 구현할 때는 이 두 메서드를 모두 정의해야 하지만, FocusAdapter 클래스를 상속받으면 필요한 메서드만 선택적으로 재정의할 수 있다. focusGained()와 focusLost() 메서드는 모두 FocusEvent 객체를 매개변수로 받으며, 이를 통해 다음과 같은 포커스 이벤트에 대한 상세 정보를 얻을 수 있다.

- **isTemporary()**: 포커스 상실 또는 획득이 일시적인지, 영구적인지를 알려주는 가장 중요한 메서드 중 하나이다. 일시적(true) 포커스 변화는 윈도우 최소화, 메뉴/모달 다이얼로그 팝업 등 시스템 수준의 일시적 상황으로 인해 포커스를 잃거나 얻었을 때 발생한다. 영구적(false) 포커스 변화는 사용자가 ⇆(Tab)을 누르거나 마우스를 클릭하여 다른 컴포넌트로 포커스를 의도적으로 옮겼을 때 발생한다.

- **getOppositeComponent()**: 포커스를 잃은 경우, 포커스를 가져간 컴포넌트를 반환하고, 포커스를 얻은 경우, 기존의 포커스를 가지고 있던 컴포넌트를 반환한다. 이는 폼 안에서 사용자의 컴포넌트 이동 경로를 추적하는 데 매우 유용하다.

FocusListener는 키보드 이벤트가 정상적으로 작동하기 위한 필수 전제 조건과 깊은 관련이 있다. 자바 GUI에서 키보드 입력은 현재 포커스를 가진 컴포넌트에만 전달된다. 따라서 KeyListener가 예상대로 작동하지 않는다면, FocusListener를 해당 컴포넌트에 등록하여 해당 컴포넌트가 실제로 키보드 입력을 받을 수 있는 포커스 상태를 획득하고 있는지 확인해 볼 필요가

있다. [예제 12-10]은 두 개의 버튼을 만들고, FocusListener를 사용하여 버튼이 포커스를 얻거나 잃을 때 색상을 변경하는 코드이다.

예제 12-10 **FocusListener 사용하기** FocusListenerExample.java

```
package sec02.exam10;

import java.awt.*;
import java.awt.event.*;
import javax.swing.*;

public class FocusListenerExample extends JFrame {
    private JLabel statusLabel;
    private final Color BG = UIManager.getColor("Button.background");

    public FocusListenerExample() {
        this.setTitle("FocusListener 예제");
        this.setSize(400, 150);
        this.setDefaultCloseOperation(JFrame.EXIT_ON_CLOSE);
        this.setLayout(new FlowLayout(FlowLayout.CENTER, 20, 30));

        JButton button1 = new JButton("시작 버튼");
        JButton button2 = new JButton("다음 버튼");
        addFocusListeners(button1, "시작");
        addFocusListeners(button2, "다음");

        this.add(button1);
        this.add(button2);
        this.setVisible(true);
    }

    private void addFocusListeners(JButton button, String name) {
        button.addFocusListener(new FocusAdapter() {  // 리스너 등록
            @Override
            public void focusGained(FocusEvent e) {    // 이벤트 리스너
                button.setBackground(Color.CYAN);
            }

            @Override
            public void focusLost(FocusEvent e) {      // 이벤트 리스너
                if (!e.isTemporary()) {
```

```
37                  button.setBackground(BG);
38                  }
39              }
40          });
41      }
42
43      public static void main(String[] args) {
44          SwingUtilities.invokeLater(() -> new FocusListenerExample());
45      }
46  }
```

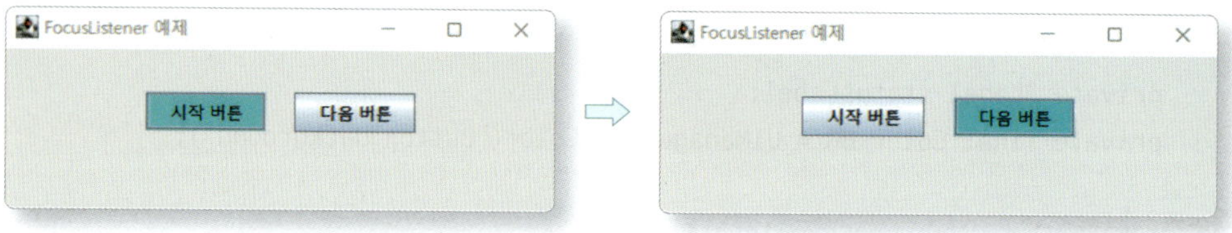

28행은 추상 클래스 FocusAdapter를 사용하여 이벤트 리스너를 등록하고, 마우스 클릭이나 Tab 이동 등으로 해당 버튼이 키보드 입력 권한을 얻었을 때 30행의 focusGained() 메서드가 호출된다. 이 메서드는 버튼의 배경색을 Color.CYAN으로 변경한다.

35행 focusLost()는 버튼이 포커스를 잃고 다른 컴포넌트로 포커스가 이동했을 때 호출된다. e.isTemporary()는 포커스 상실이 윈도우 최소화와 같은 일시적인 시스템 상황으로 인한 것인지 확인한다. if (!e.isTemporary())는 포커스 상실이 영구적일 때만 버튼의 원래 색인 BG로 변경하고, 윈도우가 최소화되어 포커스를 일시적으로 상실했을 때는 색상을 변경하지 않는다.

LAB 마우스 움직임으로 배경색 바꾸기

윈도우 창에서 마우스를 움직일 때마다 패널의 색상이 실시간으로 변하는 프로그램의 빈칸을 채워보자. 완성한 GUI 화면과 조건은 다음과 같다.

조건

- 컨테이너는 BorderLayout()을 사용한다.
- trackingPanel = new JPanel();을 만들고 addMouseMotionListener를 등록한다.
- MouseMotionAdapter()를 사용하며, mouseMoved(MouseEvent e) 이벤트 리스너를 사용한다.
- trackingPanel에서 마우스가 움직일 때마다 실시간으로 X와 Y 좌표를 얻을 수 있도록 한다.
- r = e.getX() % 256을 사용하여 빨간색 값을 만들고, g = e.getY() % 256을 사용하여 녹색 값을 만든다. 마지막으로 new Color(r, g, 125)를 사용하여 배경색을 변경한다.

Lab 12-1 **마우스 움직임으로 배경색 바꾸기**

```
package chap12.lab01;

import java.awt.*;
import java.awt.event.*;
import javax.swing.*;

public class MouseColorChange extends JFrame {
    private JPanel trackingPanel;

    public MouseColorChange() {
        this.setTitle("마우스로 색상 변경");
        this.setDefaultCloseOperation(JFrame.EXIT_ON_CLOSE);
        this.setSize(400, 250);
        this.setLayout(      ①      );

        JLabel infoLabel = new JLabel("마우스를 움직이면 배경색이 변함");
        trackingPanel = new JPanel();

        trackingPanel.      ②      (new MouseMotionAdapter() {
            @Override
            public void      ③      (MouseEvent e) {
                int r = e.getX() % 256;
                int g = e.getY() % 256;

                trackingPanel.      ④      (new Color(r, g, 125));
            }
        });

        this.add(trackingPanel, BorderLayout.CENTER);
```

```java
        this.add(infoLabel, [      ⑤      ]);
        this.setVisible(true);
    }

    public static void main(String[] args) {
        SwingUtilities.invokeLater(() -> new MouseColorChange());
    }
}
```

정답

① new BorderLayout()

② addMouseMotionListener

③ mouseMoved

④ setBackground

⑤ BorderLayout.SOUTH

미니 프로젝트 디지털 스위치 시뮬레이션

이번 프로젝트의 주제는 '디지털 스위치 시뮬레이션'이다. 간단한 디지털 스위치를 이용하여 버튼을 클릭할 때마다 현재 레이블에 표시된 상태를 '켜짐 (ON)'과 '꺼짐 (OFF)'으로 변경할 수 있다. 이 프로젝트를 통해 실생활의 전등 스위치 또는 간단한 장치 제어 과정을 시뮬레이션해 본다. 완성한 GUI 화면 모습과 조건에 맞게 프로그램을 작성해보자.

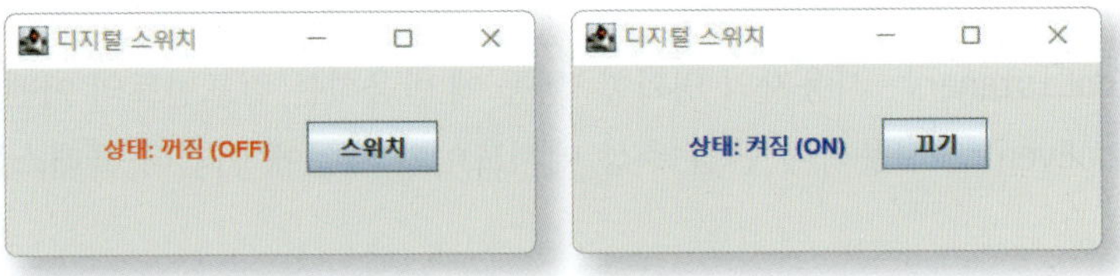

조건

- 클래스 이름은 DigitalSwitch이며, JFrame의 크기는 '300×140'으로 설정한다.
- 배치 관리자는 FlowLayout을 사용한다.
- JLabel statusLabel은 현재 전원 상태를 표시할 레이블이고, JButton switchButton은 상태를 변경할 스위치 버튼이다.
- boolean isPowerOn = false는 디지털 스위치의 현재 상태를 나타내며 초깃값은 OFF(false)로 설정한다.

[코드 구조 설명]

- switchButton.addActionListener로 리스너를 등록한다.
- 이벤트 처리 메서드 actionPerformed(ActionEvent e)에서 버튼 클릭 이벤트를 처리한다.
- isPowerOn 값을 토글(!isPowerOn)한 후, if (isPowerOn)인 경우 레이블의 상태를 '상태: 켜짐 (ON)'으로 바꾼다. 이때 색상은 파란색으로 변경한 후 버튼의 글자를 '끄기'로 설정한다.
- if (isPowerOff)는 레이블의 상태를 '상태: 꺼짐 (OFF)'으로, 색상은 빨간색으로 설정한다. 버튼의 글자는 '스위치'로 설정한다.

요약

01 이벤트가 발생하면, 시스템은 이 사건에 대한 상세 정보를 담은 이벤트 객체를 생성하여 전달한다. 이벤트 리스너는 이벤트가 감지되었을 때 이벤트 핸들러 메서드를 실행하여 실제로 처리하는 코드를 수행하며, 이벤트 리스너 인터페이스에 실제로 실행되는 코드를 작성한다. 이때, 필요한 인터페이스만 구현할 수 있는 어댑터 클래스는 인터페이스 이름 뒤에 Adapter가 붙는다.

02 ActionListener는 사용자의 명확한 '행동'에 반응하는 컴포넌트의 이벤트를 처리한다. ActionEvent를 사용하며 단일 추상 메서드이기 때문에 어댑터 클래스는 제공하지 않는다.

03 MouseListener는 자바의 GUI 프로그래밍에서 마우스와 관련된 기본적인 이벤트를 처리하는 인터페이스로, 5개의 추상 메서드를 포함하고 있다. MouseEvent를 사용하며, MouseAdapter 클래스를 제공한다.

04 MouseMotionListener는 마우스가 움직이는 동안 발생하는 이벤트를 처리하는 리스너 인터페이스이다. MouseEvent를 사용하며, MouseMotionAdapter 클래스를 제공한다.

05 KeyListener 인터페이스는 자바의 GUI 컴포넌트에서 키보드 입력과 관련된 이벤트를 처리한다. KeyEvent를 사용하며, KeyAdapter 클래스를 제공한다. KeyListener를 사용하려면 해당 컴포넌트가 키보드 포커스를 가지고 있어야 한다.

06 WindowListener 인터페이스는 최상위 컨테이너인 윈도우 자체의 상태 변화를 처리한다. 이는 프로그램의 시작, 종료, 최소화/최대화, 포커스 변경 등 윈도우 레벨에서 발생하는 주요 사건들을 감지한다. WindowEvent를 사용하며, WindowAdapter를 제공한다.

07 ItemListener 인터페이스는 자바 GUI 프로그래밍에서 컴포넌트의 항목이 선택되거나 해제되는 상태 변화를 감지하고 처리한다. 이는 사용자의 명시적인 '행동'보다는 컴포넌트 내부 값의 '상태 전환'에 초점을 맞춘 이벤트이다. ItemEvent를 사용하며, 어댑터 클래스는 제공하지 않는다.

08 ChangeListener 인터페이스는 컴포넌트의 내부 상태나 값이 연속적 또는 점진적으로 변경될 때 발생하는 이벤트를 감지하고 처리한다. 주로 슬라이더나 진행 표시줄처럼 사용자가 값을 조정하거나, 시스템의 상태가 지속적으로 업데이트될 때 유용하다. ChangeListener는 javax.swing.event 패키지에 정의되어 있으며, ChangeEvent를 사용한다. 단일 추상 메서드로 어댑터 클래스는 제공하지 않는다.

09 FocusListener 인터페이스는 자바 GUI 컴포넌트가 포커스를 얻거나 잃을 때 발생하는 이벤트를 처리한다. 특정 컴포넌트의 활성화 및 비활성화 시점에 필요한 동작을 수행하는 데 중요한 역할을 한다. FocusEvent를 사용하며, FocusAdapter를 제공한다.

연습 문제

01 대부분의 이벤트 리스너를 사용할 때 포함해야 하는 패키지 이름을 찾으시오.

① java.swing.event.* ② javax.swing.*
③ java.awt.event.* ④ javax.awt.event.*

02 기본적인 이벤트 객체로 버튼 클릭이나 텍스트를 입력한 후 Enter 누름과 같은 이벤트가 발생했을 때 전달되는 이벤트 객체를 찾으시오.

① ChangeEvent ② ActionEvent ③ WindowEvent ④ ItemEvent

03 마우스 버튼의 클릭, 누름, 뗌뿐만 아니라 마우스 커서가 컴포넌트 영역에 진입하거나 이탈하는 이벤트를 처리할 때 사용하는 이벤트 객체를 찾으시오.

① ChangeEvent ② WindowEvent ③ MouseEvent ④ ItemEvent

04 마우스의 지속적인 움직임과 관련된 이벤트 객체를 찾으시오.

① ChangeEvent ② WindowEvent ③ MouseEvent ④ ItemEvent

05 키보드 누름, 뗌, 타이핑 같은 이벤트가 발생했을 때 전달되는 이벤트 객체를 찾으시오.

① ChangeEvent ② WindowEvent ③ KeyEvent ④ ItemEvent

06 체크박스, 라디오 버튼 등의 선택 상태에 변화가 발생했을 때 전달되는 이벤트 객체를 찾으시오.

① ChangeEvent ② WindowEvent ③ KeyEvent ④ ItemEvent

07 슬라이더와 같은 연속적인 혹은 점진적인 변화가 발생했을 때 전달되는 이벤트 객체를 찾으시오.

① ChangeEvent ② WindowEvent ③ KeyEvent ④ ItemEvent

08 컴포넌트가 포커스를 얻거나 잃었을 때 전달되는 이벤트 객체를 찾으시오.

① ChangeEvent ② FocusEvent ③ KeyEvent ④ ItemEvent

09 윈도우 열기, 닫기, 최소화, 활성화와 같은 이벤트가 발생했을 때 전달되는 이벤트 객체를 찾으시오.

① WindowEvent ② FocusEvent ③ KeyEvent ④ ItemEvent

10 다른 이벤트 객체와 달리 상세 정보를 제공하지 않는 이벤트 객체를 찾으시오.

① ChangeEvent ② WindowEvent ③ KeyEvent ④ ItemEvent

11 어댑터 클래스가 없는 이벤트 리스너를 찾으시오.

① KeyListener ② MouseMotionListener
③ ItemListener ④ MouseListener

12 어댑터 클래스가 없는 이벤트 리스너를 찾으시오.

① ChangeListener ② MouseMotionListener
③ KeyListener ④ MouseListener

13 어댑터 클래스가 없는 이벤트 리스너를 찾으시오.

① WindowListener ② ActionListener
③ KeyListener ④ MouseListener

14 MouseListener가 사용하는 이벤트 객체를 찾으시오.

① ChangeEvent ② WindowEvent
③ MouseEvent ④ ItemEvent

15 MouseMotionListener가 사용하는 이벤트 객체를 찾으시오.

① ChangeEvent ② WindowEvent
③ MouseEvent ④ ItemEvent

16 마우스의 지속적인 움직임을 처리하는 이벤트 리스너를 찾으시오.

① KeyListener ② MouseMotionListener
③ ItemListener ④ MouseListener

17 mouseMoved() 메서드를 사용할 수 있는 이벤트 리스너를 찾으시오.

① KeyListener ② MouseMotionListener
③ ItemListener ④ MouseListener

18 mouseClicked() 메서드를 사용할 수 있는 이벤트 리스너를 찾으시오.

① KeyListener ② MouseMotionListener
③ ItemListener ④ MouseListener

19 isControlDown() 메서드를 사용할 수 있는 이벤트 리스너를 찾으시오.

① ChangeListener ② ActionListener
③ ItemListener ④ MouseListener

20 setFocusable(true) 메서드가 필요한 이벤트 리스너를 찾으시오.

① KeyListener ② MouseMotionListener
③ ItemListener ④ MouseListener

21 javax.swing.event 패키지에 정의되어 있는 이벤트 리스너를 찾으시오.

① ChangeListener ② ActionListener
③ ItemListener ④ MouseListener

22 본문 [예제 12-1]의 리스너 부분을 람다식으로 변경했을 때, 다음의 빈칸을 채우시오.

```
button.____________________ {
    label.setText("버튼이 클릭 되었습니다.");
});
```

23 300×150 크기의 창을 만들고, 버튼을 클릭할 때마다 `JLabel`의 텍스트가 '꺼짐'과 '켜짐' 상태를 번갈아 가며 표시하는 `ActionListener` 프로그램을 작성하시오. 단, 초기 상태는 '꺼짐'으로 설정하시오.

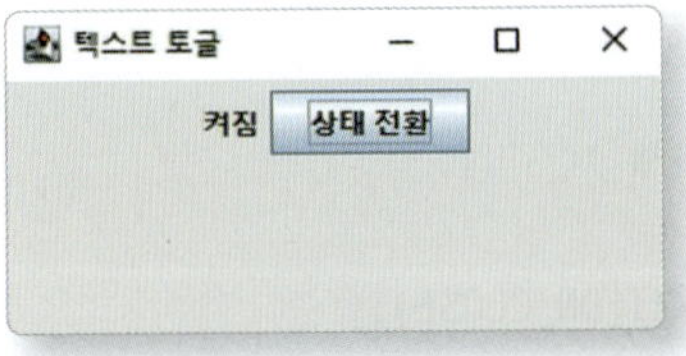

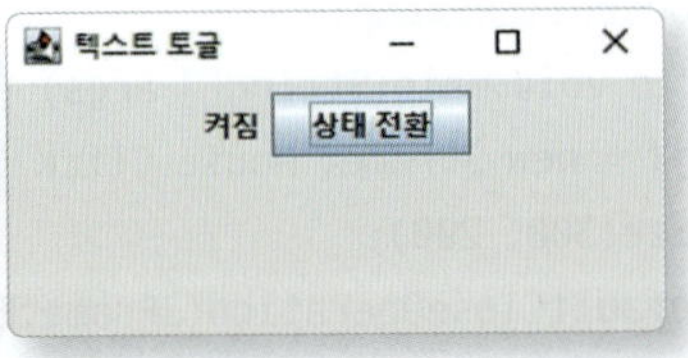

24 300×150 크기의 창을 만들고, 버튼을 클릭할 때마다 클릭 횟수를 세어 `JLabel`에 '클릭 횟수: N' 형식으로 표시하는 프로그램을 작성하시오. 이때, 횟수를 저장할 변수를 클래스 멤버 변수로 선언하여 사용하시오.

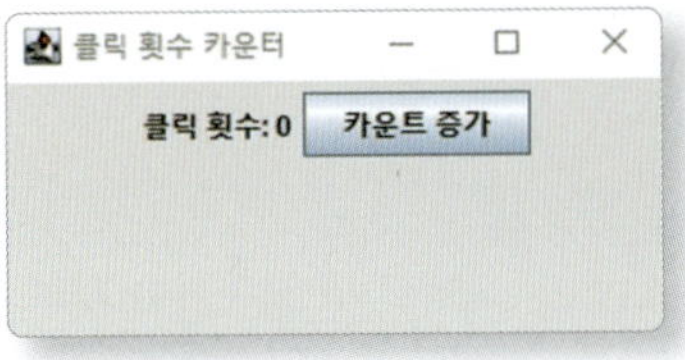

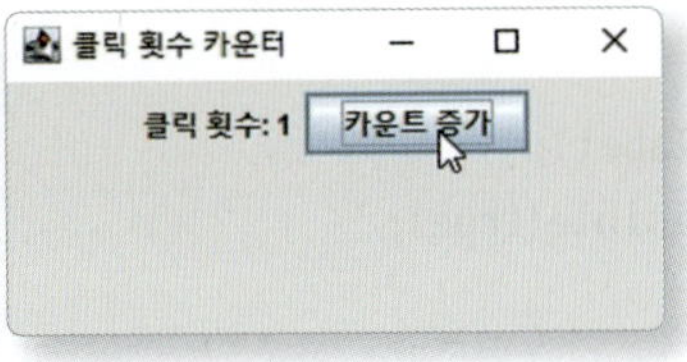

25 마우스를 클릭하면 클릭되었다는 메시지를 화면에 출력하는 코드이다. 어댑터 클래스를 사용하여 빈칸을 채우시오.

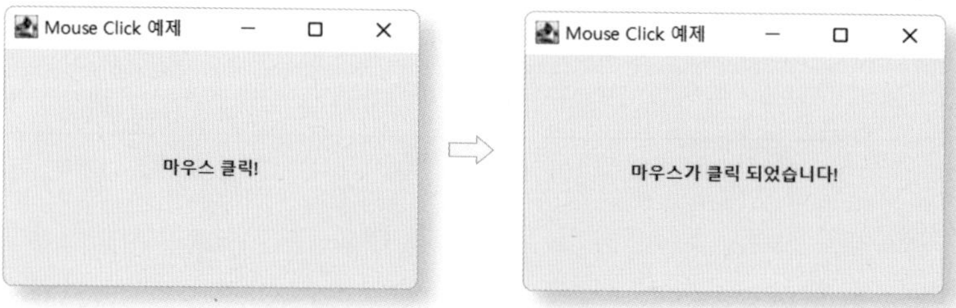


```
import java.awt.*;
import java.awt.event.*;
import javax.swing.*;

public class MouseClickExample {
    public static void main(String[] args) {
        JFrame jf = new JFrame("Mouse Click 예제");
        jf.setSize(300, 200);
        jf.setDefaultCloseOperation(JFrame.EXIT_ON_CLOSE);

        JLabel label = new JLabel("마우스 클릭!", SwingConstants.CENTER);

        label.addMouseListener(new [              ] {
            @Override
            public void [                    ] {
                label.setText("마우스가 클릭되었습니다!");
            }
        });

        jf.add(label);
        jf.setVisible(true);
    }
}
```

26 400×150 크기의 창을 만들고, 두 개의 버튼(ActivateButton, TargetButton)과 하나의 JLabel을 배치하는 프로그램을 작성하시오. TargetButton은 초기에 비활성화 상태여야 하며, Activate Button을 클릭하면 TargetButton이 활성화되고, JLabel의 텍스트가 '타겟 버튼 활성화됨'으로 변경되도록 구현하시오.

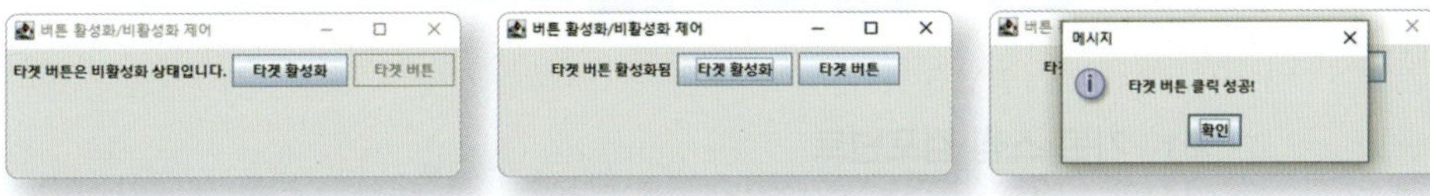

27 400×150 크기의 창을 만들고, 하나의 버튼과 하나의 레이블을 배치한 후, 각각의 배경색을 회색으로 설정하시오. 버튼을 클릭하면 JLabel의 배경색을 노란색으로, JLabel을 마우스로 클릭하면 버튼의 배경색을 청록색으로 변경하는 프로그램을 작성하시오. 이때, setOpaque(true)를 사용하여 배경색이 표시되도록 구현하시오.

CHAPTER 13

스윙 컴포넌트

학습 목표

- 자바 스윙의 기본 컴포넌트 종류를 알아본다.
- 예제를 활용하여 다양한 스윙 컴포넌트의 특징을 이해하고, 활용 방법을 익힌다.
- 메뉴 만들기, 도구 모음, 다이얼로그와 같은 복잡한 구조의 컴포넌트를 만드는 방법을 학습한다.

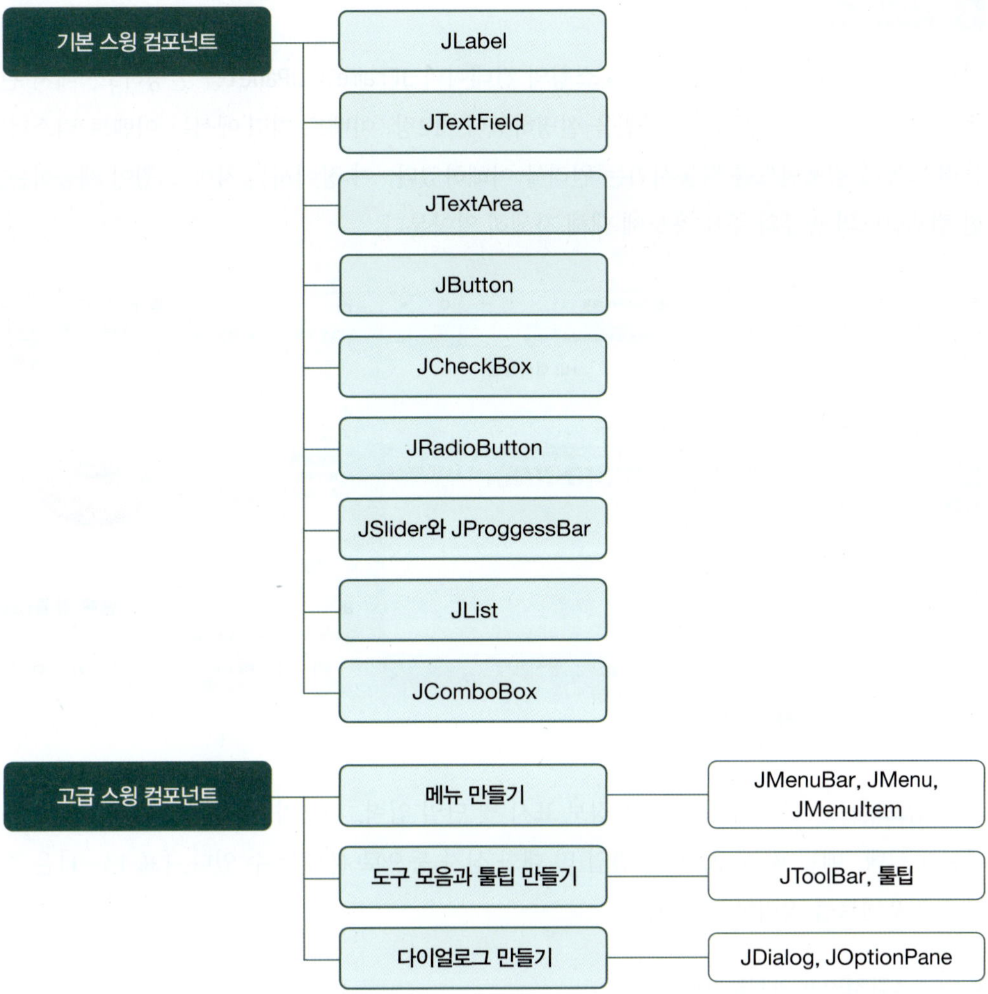
기본 스윙 컴포넌트
JLabel
JTextField
JTextArea
JButton
JCheckBox
JRadioButton
JSlider와 JProggessBar
JList
JComboBox
고급 스윙 컴포넌트
메뉴 만들기
JMenuBar, JMenu, JMenuItem
도구 모음과 툴팁 만들기
JToolBar, 툴팁
다이얼로그 만들기
JDialog, JOptionPane

SECTION
01 기본 스윙 컴포넌트

1 컴포넌트의 이해

앞서 11장 'GUI 프로그래밍'에서는 스윙의 컨테이너 `JFrame`과 `JPanel`을 설명하고, 배치 관리자를 통해 컴포넌트를 배치하는 방법을 설명하였다. 12장 '이벤트 처리'에서는 이벤트 리스너와 핸들러를 통해 컴포넌트를 작동시키는 원리를 이해하였다. 이 장에서는 자바 스윙이 제공하는 다양한 컴포넌트의 종류와 주요 용도에 대해 자세히 알아본다.

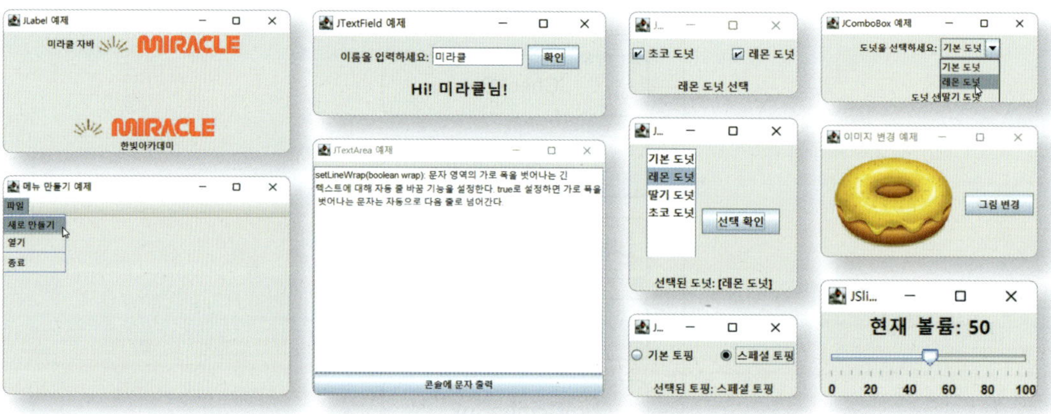

그림 13-1 스윙이 제공하는 다양한 컴포넌트

스윙 컴포넌트는 기능에 따라 크게 정보 표시 및 단일 입력, 사용자 상호 작용 및 선택, 다중 항목(목록) 선택, 메뉴 및 도구 모음, 팝업 및 대화 상자 등으로 분류할 수 있다. [표 13-1]은 스윙의 주요 컴포넌트를 정리한 것이다.

표 13-1 스윙 컴포넌트의 분류 및 용도

구분	컴포넌트	용도
정보 표시 및 단일 입력	`JLabel`	문자나 이미지를 표시하는 읽기 전용 레이블
	`JTextField`	한 줄의 문자를 입력하거나 편집할 수 있는 필드
	`JTextArea`	여러 줄의 문자를 입력하거나 편집할 수 있는 영역
사용자 상호 작용 및 선택	`JButton`	클릭 시 특정 이벤트를 발생시키는 푸시 버튼
	`JCheckBox`	두 개 이상의 항목을 복수 선택할 수 있는 확인란
	`JRadioButton`	그룹 내에서 단일 항목만을 선택할 수 있는 라디오 버튼

	JSlider	일정 범위 내에서 값을 시각적으로 선택하는 슬라이더
	JProgressBar	진행 중인 작업의 완료 상태를 시각적으로 보여주는 표시줄
다중 항목(목록) 선택	JList	여러 항목을 목록 형태로 표시(단일 및 다중 선택 가능)
	JComboBox	여러 항목을 드롭다운 형태로 표시(주로 단일 선택)
메뉴 및 도구 모음	JMenuBar	메뉴를 담는 최상위 컨테이너
	JMenu	메뉴바에 직접 보이는 항목(클릭 시 하위 항목을 드롭다운)
	JMenuItem	드롭다운 목록의 개별 선택 항목(클릭 시 이벤트 발생)
	JToolBar	자주 사용하는 버튼이나 컨트롤을 모아 놓는 도구 모음
팝업 및 대화 상자	JDialog	사용자 정의된 콘텐츠와 기능을 포함하는 팝업 대화 상자
	JOptionPane	간단한 표준 메시지, 경고, 확인을 위한 유틸리티 팝업

2 JLabel

JLabel은 사용자에게 문자(텍스트)와 이미지(아이콘)를 화면에 표시하는 컴포넌트이다. JLabel은 사용자가 내용을 직접 수정할 수 없으며, 주로 JTextField와 같은 다른 컴포넌트의 용도를 설명하거나 상태 메시지, 제목 등을 표시하는 용도로 사용한다. [그림 13-2]는 [예제 13-1]의 실행 결과로, JLabel을 사용하여 화면에 문자와 아이콘을 함께 표시한다.

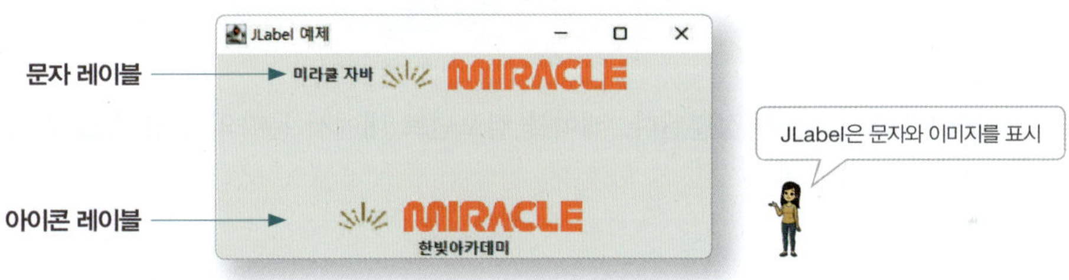

그림 13-2 JLabel을 사용하여 문자와 아이콘을 나타내는 실행 결과

[표 13-2]는 JLabel의 주요 생성자를 정리한 것이다. JLabel의 생성자는 표시할 데이터의 유형에 따라 달라지며, 생성 시에 수평 정렬을 지정할 수 있다.

표 13-2 JLabel의 주요 생성자

생성자 형식	설명
JLabel()	.setText()와 .setIcon()으로 내용을 채운다.
JLabel(String text)	문자만 표시하는 레이블을 생성한다.
JLabel(Icon image)	이미지만 표시하는 레이블을 생성한다.
JLabel(String text, int hAlign)	문자를 표시하고 수평 정렬을 지정한다.
JLabel(Icon image, int hAlign)	이미지를 표시하고 수평 정렬을 지정한다.
JLabel(String text, Icon image, int hAlign)	문자와 이미지를 함께 표시하고 정렬을 지정한다.

JLabel을 사용하여 문자 레이블을 작성할 때는 다음과 같이 작성한다.

```
JLabel textLabel = new JLabel("미라클 자바");              // 문자 레이블 만들기
```

JLabel은 Icon 타입 객체를 이용해 아이콘(이미지)을 표시하며, 주로 ImageIcon 객체를 매개변수로 전달한다. 사용 방법은 먼저 ImageIcon 객체를 생성한 후, JLabel 객체를 생성한다. 다음 코드는 경로를 지정하지 않은 경우로 이때 'logo.png' 파일은 프로젝트의 최상위 폴더에 위치해야 한다.

```
ImageIcon icon = new ImageIcon("logo.png");              // 이미지 파일로 아이콘 생성
JLabel imageLabel = new JLabel(icon);                    // 아이콘 레이블 만들기
```

위 코드를 한 줄로 작성하면 다음과 같다.

```
JLabel imageLabel = new JLabel(new ImageIcon("logo.png"));
```

정렬의 기본값은 JLabel.LEFT로 왼쪽 정렬된다. 레이블 컴포넌트 내에서 문자의 수평 정렬 위치를 지정하려면 다음과 같이 작성한다.

```
JLabel centeredText = new JLabel("가운데 문자", JLabel.CENTER);   // 가운데 정렬

ImageIcon icon = new ImageIcon("logo.png");
JLabel rightImage = new JLabel(icon, JLabel.RIGHT);               // 오른쪽 정렬
```

다음 코드는 문자와 아이콘을 함께 표시하고, 이 둘의 수평 정렬 위치를 중간으로 지정할 때 사용하는 생성자이다.

```
ImageIcon icon = new ImageIcon("logo.png");
JLabel combinedLabel = new JLabel("작업 완료", icon, JLabel.CENTER);
```

JLabel은 생성 후에도 .setText()나 .setIcon() 등을 통해 **레이블의 내용을 동적으로 변경할 수 있으며**, 문자와 아이콘의 상대적인 위치를 조정할 수도 있다. [표 13-3]은 JLabel의 주요 메서드를 정리한 것이다.

표 13-3 JLabel의 주요 메서드

메서드	설명
setText(String text)	레이블에 표시할 문자열을 설정하며, 레이블의 내용을 동적으로 변경해야 할 때 가장 많이 사용한다.
getText()	레이블에 표시된 현재 문자열을 반환한다.
setIcon(Icon icon)	레이블에 표시할 이미지의 Icon 객체를 설정한다.
getIcon()	레이블에 표시된 현재 Icon 객체를 반환한다.
setHorizontalAlignment(int hAlign)	레이블 컴포넌트 전체 영역 내에서 문자와 아이콘의 수평 정렬 옵션을 설정한다(기본값 LEFT).
getHorizontalAlignment()	설정된 수평 정렬 값을 가져온다.
setVerticalAlignment(int vAlign)	레이블 컴포넌트 전체 영역 내에서 문자와 아이콘의 수직 정렬 옵션을 설정한다(기본값 CENTER).
getVerticalAlignment()	설정된 수직 정렬 값을 가져온다.
setHorizontalTextPosition(int pos)	아이콘을 기준으로 문자의 수평적 위치를 설정한다.
setVerticalTextPosition(int pos)	아이콘을 기준으로 문자의 수직적 위치를 설정한다.

JLabel을 사용해 문자나 이미지를 라벨 영역 내에서 정렬시킬 때는 수평 정렬(LEFT, CENTER, RIGHT)과 수직 정렬(TOP, CENTER, BOTTOM) 상수를 사용한다. [예제 13-1]은 [그림 13-2]와 같이 문자와 아이콘 레이블을 화면에 배치하는 코드이다.

예제 13-1 JLabel 만들기 JLabelExample.java

```
package sec01.exam01;

import java.awt.*;
import javax.swing.*;

public class JLabelExample extends JFrame {
    public JLabelExample() {
        this.setTitle("JLabel 예제");
        this.setSize(400, 200);
        this.setDefaultCloseOperation(JFrame.EXIT_ON_CLOSE);
        this.setLayout(new BorderLayout());

```

```
13          JPanel topPanel = new JPanel(new FlowLayout());
14          JLabel textLabel = new JLabel("미라클 자바");       // 문자 레이블
15          ImageIcon icon = new ImageIcon("logo.png");        // 아이콘 생성
16          JLabel imageLabel = new JLabel(icon);              // 아이콘 레이블
17
18          topPanel.add(textLabel);
19          topPanel.add(imageLabel);
20          this.add(topPanel, BorderLayout.CENTER);
21
22          JLabel combine = new JLabel("한빛아카데미", icon, JLabel.CENTER);
23          combine.setVerticalTextPosition(JLabel.BOTTOM);    // 수직 위치 지정
24          combine.setHorizontalTextPosition(JLabel.CENTER); // 수평 위치 지정
25          this.add(combine, BorderLayout.SOUTH);
26
27          this.setVisible(true);
28      }
29
30      public static void main(String[] args)  {
31          SwingUtilities.invokeLater(() -> new JLabelExample());
32      }
33  }
```

14행 `JLabel textLabel = new JLabel("미라클 자바");`는 문자 레이블을 만든다. 15행에서 'logo.png'를 사용하여 아이콘을 만든 후, 16행에서 아이콘 레이블을 만든다. `topPanel`이 `FlowLayout`을 사용하기 때문에 문자와 아이콘은 중앙에 연달아 배치된다.

22행은 문자와 아이콘을 중앙에 연달아 배치하는 생성자이다. 23행의 `combine.setVerticalTextPosition(JLabel.BOTTOM);`은 문자와 이미지가 함께 있을 때, 문자의 수직 위치를 이미지의 아래에 두도록 설정한다. 만약 23행을 생략하면 이미지 위에 문자가 겹쳐서 나타난다. 24행의 `combine.setHorizontalTextPosition(JLabel.CENTER);`는 레이블의 수평 위치를 중간으로 설정한다.

체크 프로그램

[예제 13-1]의 23행을 지우고 실행하면 어떤 변화가 생기는지 직접 확인하시오.

3 JTextField

JTextField는 사용자가 한 줄의 문자(텍스트)를 입력하거나 수정할 수 있는 기본적인 컴포넌트이다. 로그인 창의 아이디 또는 이름 입력란처럼, 짧고 간단한 단일 정보를 사용자로부터 입력받거나 화면에 표시할 때 주로 사용한다. JTextField는 사용자가 직접 편집할 수 있으며, JTextComponent 클래스를 상속받아 텍스트를 처리하는 기본 기능을 제공한다. [그림 13-3]은 JTextField를 활용한 [예제 13-2]의 실행 결과이다.

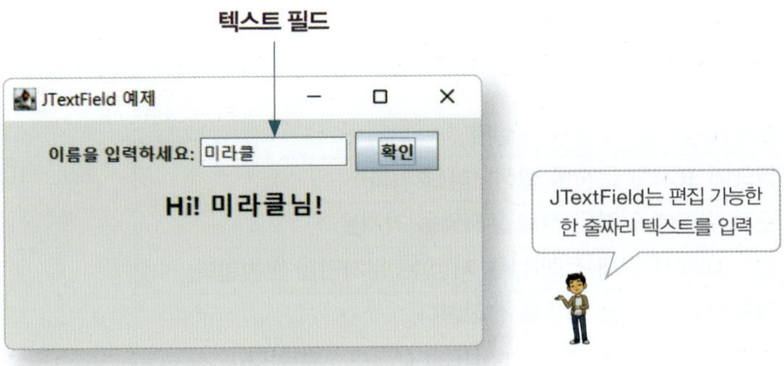

그림 13-3 JTextField를 사용한 한 줄 텍스트 입력 화면

JTextField는 [표 13-4]와 같이 초기에 표시할 문자열과 필드의 가로 길이를 지정하는 다양한 생성자를 제공한다. 가로 길이는 문자(컬럼) 수를 기준으로 설정되며, 이는 배치 관리자에 해당 필드가 선호하는 크기에 대한 힌트를 제공하는데, 배치 관리자에 따라 설정한 크기가 반영되지 않을 수도 있다.

표 13-4 JTextField의 주요 생성자

생성자 형식	설명
JTextField()	빈 텍스트 필드를 생성한다.
JTextField(int cols)	지정된 컬럼 수만큼의 텍스트 필드를 생성한다.
JLabel(String text)	지정된 문자열을 필드에 초깃값으로 표시한다.
JTextField(String text, int cols)	초깃값을 표시하고 컬럼 수만큼의 텍스트 필드를 생성한다.

JTextField의 객체를 생성하는 방식을 살펴보자. JTextField();는 배치 관리자에 따라 크기가 결정되는 텍스트 필드가 생성되고, JTextField(10);은 길이가 10(힌트)인 문자 필드가 생성된다. JTextField("사용자 이름");은 초기 문자열이 "사용자 이름"인 텍스트 필드를 생성하고, JTextField("사용자 이름", 20);은 초기 문자열과 길이 20을 지정한 텍스트 필드를 생성한다.

```
JTextField text1 = new JTextField(10);                // 길이가 10인 텍스트 필드 생성
JTextField text2 = new JTextField("사용자 이름");       // 초기 문자열을 가짐
JTextField text3 = new JTextField("사용자 이름", 20);   // 초기 문자열 및 길이 20 지정
```

JTextField는 텍스트를 설정하거나 가져오는 것 외에도 문자 필드의 편집 가능 여부를 확인하거나 가로 길이 등을 제어하는 다양한 메서드를 제공한다. [표 13-5]는 JTextField의 주요 메서드를 정리한 것이다.

표 13-5 JTextField의 주요 메서드

메서드	설명
setText(String text)	문자 필드에 표시할 문자를 설정한다(초기화).
getText()	현재 문자 필드에 입력된 전체 문자열을 가져온다.
getSelectedText()	문자 필드 내에서 현재 선택(블록 지정)된 문자만을 반환한다.
setEditable(boolean b)	문자 필드의 편집 가능 여부를 설정한다.
isEditable()	문자 필드의 편집 가능 여부를 boolean 값으로 반환한다.
setColumns(int cols)	문자 필드의 가로 길이를 문자(컬럼) 수 기준으로 설정한다.
getColumns()	설정된 가로 길이를 반환한다.

setEditable(boolean b) 메서드는 사용자가 문자 필드에 내용을 입력하거나 수정할 수 있는지 그 여부를 설정한다. 기본값은 setEditable(true)로 편집이 가능한 상태를 나타낸다. 반면, setEditable(false)는 읽기 전용 모드가 되어 필드 내용은 보이지만 수정할 수는 없다.

setColumns(int cols) 메서드는 문자 필드의 선호하는 문자 수$_{\text{column}}$를 설정한다. 이는 힌트일 뿐, 실제 화면에 표시되는 크기는 사용한 배치 관리자에 따라 달라질 수 있다.

[예제 13-2]는 [그림 13-3]과 같이 한 줄짜리 텍스트 입력 화면을 만들고, 입력된 내용을 레이블에 출력하는 코드이다.

예제 13-2 JTextField 만들기 JTextFieldExample.java

```java
package sec01.exam02;

import java.awt.*;
import java.awt.event.*;
import javax.swing.*;

public class JTextFieldExample extends JFrame {
    public JTextFieldExample() {
```

```java
09         this.setTitle("JTextField 예제");
10         this.setSize(350, 200);
11         this.setDefaultCloseOperation(JFrame.EXIT_ON_CLOSE);
12         this.setLayout(new FlowLayout());
13 
14         JPanel inputPanel = new JPanel();
15         JLabel resultLabel = new JLabel();
16         resultLabel.setFont(new Font("맑은 고딕", Font.BOLD, 18));
17 
18         JLabel inputLabel = new JLabel("이름을 입력하세요:");
19         JTextField textField = new JTextField(10);          // 문자 길이 10
20 
21         JButton button = new JButton("확인");
22         button.addActionListener(new ActionListener() {
23             @Override
24             public void actionPerformed(ActionEvent e) {
25                 String name = textField.getText();
26                 if (name.trim().isEmpty()) {
27                     resultLabel.setText("이름을 입력해 주세요!");
28                 } else {
29                     resultLabel.setText("Hi! " + name + "님!");
30                 }
31             }
32         });
33 
34         inputPanel.add(inputLabel);
35         inputPanel.add(textField);
36         inputPanel.add(button);
37         this.add(inputPanel);
38         this.add(resultLabel);
39         this.setVisible(true);
40     }
41 
42     public static void main(String[] args) {
43         SwingUtilities.invokeLater(() -> new JTextFieldExample());
44     }
45 }
```

19행은 문자를 입력받을 10글자 너비의 텍스트 필드를 생성하고, 22행은 '확인' 버튼에 ActionListener를 등록한다. 이름을 입력한 뒤 '확인' 버튼을 클릭하면, 25행의 textField.getText()

는 현재 JTextField에 입력된 문자를 String으로 가져와 name에 저장한다. name이 비어있지 않으면 26행의 (name.trim().isEmpty())와 29행의 resultLabel.setText()를 실행하여 입력된 name을 문자 레이블에 출력한다.

Note JPasswordField

JPasswordField는 비밀번호를 입력받을 때 사용하는 컴포넌트이다. JTextField와 유사하지만, 입력된 문자를 *와 같은 문자로 표기한다. JPasswordField는 보안상의 이유로 getText() 대신 getPassword() 메서드를 사용하여 char 배열 형태로 비밀번호를 가져오는 것이 권장되는데, 그 이유는 String이 메모리에 오래 남아 있을 수 있기 때문이다. 또한 Arrays.fill(passwordChars, '0');을 사용하여 비밀번호 데이터가 메모리에 남지 않도록 char 배열을 0으로 채워 초기화한다.

생성형 AI와 공부하기

JPasswordField의 예제를 작성하고, JPasswordField 사용 시 주의 사항에 대해 설명해줘.

4 JTextArea

JTextArea는 여러 줄의 문자를 표시하거나 사용자가 문자를 입력, 편집할 수 있는 영역을 만드는 컴포넌트이다. JTextField와 달리 행과 열의 개념을 사용하여 긴 내용의 문자를 다룰 수 있어 메모장 본문, 이메일 내용, 긴 문서 입력란처럼 줄 바꿈이 필요하고 많은 양의 텍스트를 처리해야 할 때 주로 사용한다. [그림 13-4]는 JTextArea를 활용한 [예제 13-3]의 실행 결과이다.

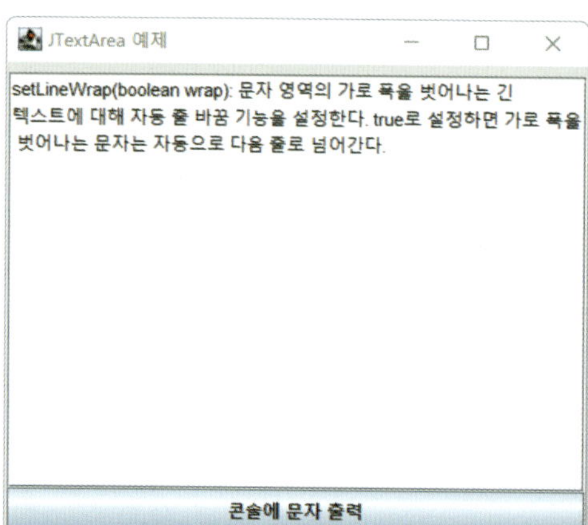

그림 13-4 JTextArea를 사용한 여러 줄 텍스트 입력 화면

다음은 행의 길이가 10, 열의 길이가 30인 텍스트 영역을 생성하는 코드이다.

```
JTextArea textArea = new JTextArea(10, 30);              // 10행 30열 크기 텍스트 영역
```

JTextArea는 기본적으로 스크롤 기능을 제공하지 않기 때문에 입력된 문자의 양이 지정된 크기를 초과할 경우, 문자가 잘려서 보이지 않을 수 있다. 따라서 JTextArea를 사용할 때는 다음과 같이 JScrollPane 컨테이너에 담아서 사용한다. 이렇게 하면 문자의 양이 많아도 자동으로 스크롤바가 나타나서 모든 내용을 볼 수 있다.

```
JScrollPane scrollPane = new JScrollPane(textArea);     // JScrollPane에 담기
```

JTextArea는 JTextField의 기본 메서드를 모두 포함하며, 여러 줄의 텍스트를 다룰 수 있는 특화된 메서드를 추가로 제공한다. [표 13-6]은 JTextArea의 주요 메서드를 정리한 것이다.

표 13-6 JTextArea의 주요 메서드

메서드	설명
setText(String text)	문자 영역의 전체 내용을 설정한다.
getText()	현재 문자 영역에 있는 전체 문자를 가져온다.
getLineCount()	현재 문자 영역에 표시된 줄 수를 반환한다.
append(String str)	문자 영역의 끝에 새로운 문자를 추가한다.
insert(String str, int pos)	지정된 위치에 문자를 삽입한다.
replaceRange(String str, int start, int end)	start 인덱스부터 end 인덱스까지의 문자를 삭제하고 그 자리에 새로운 문자로 교체한다.
setRows(int rows)	문자 영역의 선호하는 크기로 행의 수를 설정한다.
setColumns(int cols)	문자 영역의 선호하는 크기로 열의 수를 설정한다.
setEditable(boolean b)	문자 영역의 편집 가능 여부를 설정한다.
setLineWrap(boolean wrap)	자동 줄 바꿈 기능을 활성화(true)하거나 비활성화(false)한다.
setWrapStyleWord(boolean word)	줄 바꿈 시, 어떤 단위(단어/문자)로 할지 설정한다.
selectAll()	모든 문자를 선택(블록 지정)한다.

append(String str) 메서드는 문자 영역의 맨 마지막 줄, 즉 현재 문자의 끝에 지정된 문자열 str을 추가한다. 따라서 로그 출력이나 메시지 기록처럼 문자를 계속 누적해야 할 때 유용하다. setWrapStyleWord(boolean word)는 setLineWrap(true)일 때, 줄 바꿈 기준을 설정하는 메서

드이다. 기본값은 true이며, 줄 바꿈을 단어 경계에서 시도하여 단어가 중간에 잘리는 것을 방지한다. false는 단어에 상관없이 문자 단위로 줄 바꿈을 한다.

[예제 13-3]은 [그림 13-4]와 같이 JTextArea에 입력된 내용을 콘솔 화면에 출력하는 코드이다.

예제 13-3 **JTextArea 만들기** JTextAreaExample.java

```java
package sec01.exam03;

import java.awt.*;
import java.awt.event.*;
import javax.swing.*;

public class JTextAreaExample extends JFrame {
    public JTextAreaExample() {
        this.setTitle("JTextArea 예제");
        this.setSize(400, 350);
        this.setDefaultCloseOperation(JFrame.EXIT_ON_CLOSE);
        this.setLayout(new BorderLayout());

        JTextArea textArea = new JTextArea(10, 30);     // 10행 30열
        textArea.setLineWrap(true);                     // 자동 줄 바꿈 활성화
        JScrollPane scrollPane = new JScrollPane(textArea);

        JButton button = new JButton("콘솔에 문자 출력");
        button.addActionListener(new ActionListener() {
            @Override
            public void actionPerformed(ActionEvent e) {
                String inputText = textArea.getText();
                System.out.println("--- JTextArea에 입력된 내용 시작 ---");
                System.out.println(inputText);
                System.out.println("--- JTextArea에 입력된 내용 끝 ---");
            }
        });

        this.add(scrollPane, BorderLayout.CENTER);
        this.add(button, BorderLayout.SOUTH);
        this.setVisible(true);
    }

    public static void main(String[] args)  {
```

```
35            SwingUtilities.invokeLater(() -> new JTextAreaExample());
36        }
37    }
```

```
--- JTextArea에 입력된 내용 시작 ---
setLineWrap(boolean wrap): 문자 영역의 가로 폭을 벗어나는 긴 텍스트에 대해 자동 줄 바꿈 기능을 설정한
다. true로 설정하면 가로 폭을 벗어나는 문자는 자동으로 다음 줄로 넘어간다.
--- JTextArea에 입력된 내용 끝 ---
```

14행은 높이 10줄, 너비 30글자를 기준으로 하는 JTextArea를 생성하며, 15행의 textArea.setLineWrap(true);는 자동 줄 바꿈을 활성화한다. 16행은 JScrollPane 객체로 감싸서, 문자가 영역을 벗어나도 자동으로 스크롤바가 나타나도록 한다. 문자열을 입력하고 창 하단의 '콘솔에 문자 출력' 버튼을 클릭하면, 콘솔 창에 입력한 문자열이 출력된다.

5 JButton

JButton은 사용자가 버튼을 클릭하면 특정 작업을 실행하도록 설계된 대화형 컴포넌트이며, '확인', '취소', '저장', '제출' 등과 같이 사용자로부터 명령을 받을 때 주로 사용한다. JButton은 문자와 이미지를 모두 표시할 수 있다. 버튼이 클릭되면 ActionEvent가 발생하며, 이 이벤트를 처리하는 ActionListener를 통해 실제 작업이 실행된다. [그림 13-5]는 JButton을 활용한 [예제 13-4]의 실행 결과로, '그림 변경' 버튼을 클릭할 때마다 도넛 그림이 바뀐다.

그림 13-5 JButton를 사용하여 버튼을 클릭할 때마다 도넛 그림을 바꾸는 화면

JButton은 표시할 내용에 따라 다양한 형태로 생성할 수 있다. 다음 코드의 button1은 '확인' 버튼을 생성하고, button2는 'save.png'의 아이콘 버튼을 생성한다. button3은 텍스트와 아이콘을 모두 포함한 버튼을 생성하는데, 기본적으로 텍스트는 아이콘의 오른쪽에 위치한다.

```
JButton button1 = new JButton("확인");              // 텍스트만 있는 버튼

ImageIcon button2 = new ImageIcon("save.png");
JButton button2 = new JButton(button2);             // 아이콘만 있는 버튼

JButton button3 = new JButton("시작", new ImageIcon("new.png"));
```

[표 13-7]은 JButton의 주요 메서드를 정리한 것이다.

표 13-7 JButton의 주요 메서드

메서드	설명
setText(String text)	버튼에 표시될 문자열을 설정한다.
getText()	현재 버튼에 표시된 문자열을 반환한다.
setIcon(Icon defaultIcon)	버튼에 표시될 아이콘을 설정한다.
getIcon()	버튼에 설정된 아이콘을 반환한다.
setHorizontalTextPosition(int pos)	버튼 내에서 문자의 수평 위치를 아이콘을 기준으로 설정한다. 예 LEFT, RIGHT, CENTER
setVerticalTextPosition(int pos)	버튼 내에서 문자의 수직 위치를 아이콘을 기준으로 설정한다. 예 TOP, BOTTOM, CENTER
setActionCommand(String str)	버튼의 ActionEvent와 함께 전달될 명령어 문자열을 설정한다.
setEnabled(boolean b)	버튼의 활성화(true)와 비활성화(false) 상태를 설정한다.
isEnabled()	버튼의 현재 상태(활성화/비활성화)를 반환한다.

setActionCommand(String str) 메서드는 특정 버튼이 클릭되어 ActionEvent가 발생했을 때, 이벤트 객체에 담겨 전달될 고유한 명령어 문자열을 설정한다. 여러 버튼이 동일한 ActionListener를 공유할 때 이 명령어를 통해 어떤 버튼이 클릭되었는지 구분할 수 있으며, setText()로 설정한 문자가 기본값으로 사용된다.

[예제 13-4]는 JButton을 사용하여 버튼을 클릭할 때마다 도넛 그림을 바꾸는 코드이다.

예제 13-4 JButton으로 이미지 바꾸기 ImageToggleExample.java

```
package sec01.exam04;

import java.awt.*;
import java.awt.event.*;
import javax.swing.*;

```

```
07  public class ImageToggleExample extends JFrame{
08      static boolean isAni1 = true;        // 객체가 공유하는 static 변수
09
10      public ImageToggleExample() {
11          this.setTitle("이미지 변경 예제");
12          this.setDefaultCloseOperation(JFrame.EXIT_ON_CLOSE);
13          this.setLayout(new FlowLayout());
14
15          JLabel imageLabel = new JLabel(new ImageIcon("img1.png"));
16          this.add(imageLabel);
17
18          JButton toggleButton = new JButton("그림 변경");
19          this.add(toggleButton);
20
21          toggleButton.addActionListener(e -> {
22              if (isAni1) {
23                  imageLabel.setIcon(new ImageIcon("img2.png"));
24                  isAni1 = false;
25              } else {
26                  imageLabel.setIcon(new ImageIcon("img1.png"));
27                  isAni1 = true;
28              }
29          });
30
31          this.pack();
32          this.setVisible(true);
33      }
34
35      public static void main(String[] args)  {
36          SwingUtilities.invokeLater(() -> new ImageToggleExample());
37      }
38  }
```

8행의 isAni1은 현재 imageLabel에 표시되고 있는 이미지가 'Img1.png'인지를 추적하는 상태 플래그이며, 초깃값은 true이다. static으로 선언하여 객체가 공유할 수 있도록 한다.

사용자가 '그림 변경' 버튼을 클릭하면 21행이 실행되며, 현재 상태가 ani1이라면, 플래그가 true이므로 imageLabel.setIcon()을 사용하여 이미지를 'img2.png'로 바꾼다. 만약 현재 상태의 플래그가 false라면 이미지를 'img1.png'로 다시 바꾼다.

6 JCheckBox

JCheckBox는 사용자에게 두 가지 상태(선택/선택 해제)의 선택 옵션을 제공하는 컴포넌트이다. 사각형의 체크박스 모양을 가지며, 사용자가 클릭하여 상태를 토글toggle할 수 있다. 또한 JCheckBox는 여러 옵션 중 다수를 동시에 선택할 수 있도록 설계된 컴포넌트이다. [그림 13-6]은 JCheckBox를 활용한 [예제 13-5]의 실행 결과이다.

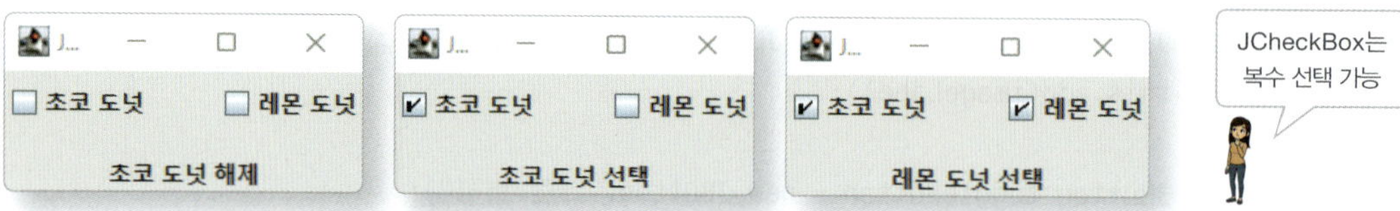

그림 13-6 JCheckBox를 사용하여 복수 옵션을 선택하는 화면

JCheckBox는 텍스트 라벨, 초기 선택 상태, 아이콘 등을 지정하여 생성할 수 있다. 다음 코드의 new JCheckBox("옵션 A")는 텍스트만 있는 체크박스를 생성하며, 미선택 상태로 화면에 나타난다. new JCheckBox("옵션 B", true)는 텍스트와 초기 상태를 지정한 체크박스로, 선택 상태로 화면에 나타난다.

```
JCheckBox optionA = new JCheckBox("옵션 A");         // 미선택 상태
JCheckBox optionB = new JCheckBox("옵션 B", true);   // 선택 상태
```

JCheckBox는 AbstractButton 클래스를 상속받기 때문에 기본적인 버튼 컴포넌트가 가진 메서드를 모두 사용한다. [표 13-8]은 JCheckBox의 주요 메서드를 정리한 것이다.

표 13-8 JCheckBox의 주요 메서드

메서드	설명
setText(String text)	체크박스 옆에 표시될 문자를 설정한다.
getText()	체크박스에 표시된 문자를 반환한다.
setIcon(Icon defaultIcon)	체크박스에 표시될 아이콘을 설정한다.
getIcon()	체크박스에 설정된 아이콘을 반환한다.
setEnabled(boolean b)	체크박스의 활성화(true)와 비활성화(false) 상태를 설정한다.
setSelected(boolean b)	체크박스의 선택(true)과 미선택(false) 상태를 설정한다.
isSelected()	체크박스가 현재 선택된 상태인지(true) 확인한다.

JCheckBox는 상태 변화를 감지하기 위해 주로 ItemListener를 사용하며, ActionListener도 사용할 수 있다. ItemListener는 사용자가 체크박스를 클릭하여 선택 상태가 변경될 때 발생한다. ItemEvent 객체를 통해 체크박스의 선택 상태를 직접 알 수 있으므로, 상태 변화를 기반으로 로직을 처리할 때 권장되는 방식이다. ActionListener는 사용자가 체크박스를 클릭했다는 단순한 사실만 알려주기 때문에 실제 체크박스가 선택된 상태인지 해제된 상태인지를 확인하려면 이벤트 발생 후 isSelected() 메서드를 추가로 호출해야 한다.

[예제 13-5]는 [그림 13-6]과 같이 JCheckBox를 만들어 사용자의 선택을 받는 코드이다.

예제 13-5 JCheckBox 만들기 JCheckBoxExample.java

```java
package sec01.exam05;

import java.awt.*;
import java.awt.event.*;
import javax.swing.*;

public class JCheckBoxExample extends JFrame {
    public JCheckBoxExample() {
        this.setTitle("JCheckBox 예제");
        this.setSize(200, 100);
        this.setDefaultCloseOperation(JFrame.EXIT_ON_CLOSE);
        this.setLayout(new BorderLayout(10, 10));
        JLabel statusLabel = new JLabel("선택하세요!", JLabel.CENTER);

        JCheckBox lemonDonut = new JCheckBox("레몬 도넛");
        JCheckBox chocoDonut = new JCheckBox("초코 도넛");
        lemonDonut.addItemListener(new ItemListener() {
            @Override
            public void itemStateChanged(ItemEvent e) {
                if (e.getStateChange() == ItemEvent.SELECTED) {
                    statusLabel.setText("레몬 도넛 선택");
                } else {
                    statusLabel.setText("레몬 도넛 해제");
                }
            }
        });

        chocoDonut.addItemListener(new ItemListener() {
            @Override
```

```java
30                 public void itemStateChanged(ItemEvent e) {
31                     if (e.getStateChange() == ItemEvent.SELECTED) {
32                         statusLabel.setText("초코 도넛 선택");
33                     } else {
34                         statusLabel.setText("초코 도넛 해제");
35                     }
36                 }
37             });
38 
39             this.add(lemonDonut, BorderLayout.EAST);
40             this.add(chocoDonut, BorderLayout.WEST);
41             this.add(statusLabel, BorderLayout.SOUTH);
42             this.setVisible(true);
43         }
44 
45         public static void main(String[] args)  {
46             SwingUtilities.invokeLater(() -> new JCheckBoxExample());
47         }
48     }
```

15행과 16행은 2개의 JCheckBox를 만든다. 17행부터 26행은 ItemListener를 사용하여 lemonDonut 체크박스의 상태 변화를 감지하여 레이블로 출력한다. 코드에서 ItemEvent.SELECTED는 체크한 상태를, ItemEvent.DESELECTED는 해제한 상태를 나타낸다. 28행부터 37행은 chocoDonut 체크박스의 상태 변화를 감지하여 레이블로 출력한다.

7 JRadioButton

JRadioButton은 여러 개의 선택지 중에서 단 하나의 항목만 선택할 수 있도록 설계된 컴포넌트이다. '성별(남/여)', '결제 방법(카드/현금/포인트)'처럼 상호 배타적인 옵션 중 하나를 골라야 할 때 사용한다. JRadioButton은 JCheckBox와 마찬가지로 선택과 미선택 상태를 가지며, 주로 텍스트 라벨과 함께 사용한다. JRadioButton은 JCheckBox와 유사하게 텍스트 라벨과 초기 선택 상태를 지정하여 생성할 수 있다. [그림 13-7]은 JRadioButton을 활용한 [예제 13-6]의 실행 결과이다.

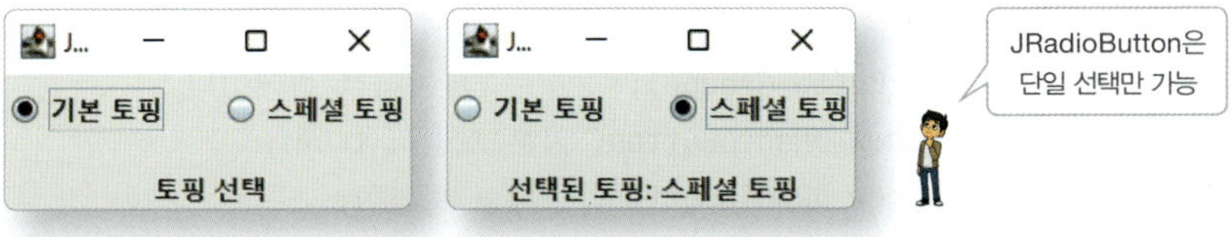

그림 13-7 JRadioButton를 사용하여 단일 옵션을 선택하는 화면

JRadioButton을 단일 선택 컴포넌트로 사용하려면 **ButtonGroup 클래스를 사용해야 한다. 이 클래스는 버튼의 선택 상태를 관리하는 논리적인 컨테이너로**, ButtonGroup 자체는 화면에 표시되지 않으며, 이 그룹에 속한 버튼 중 오직 하나만 선택될 수 있도록 상호 배타성 규칙을 강제한다. 다음 코드와 같이 add() 메서드를 사용하여 JRadioButton 객체를 ButtonGroup에 추가한다. 이 순간부터 그룹 내의 하나의 버튼이 선택되면 나머지 버튼들은 자동으로 선택이 해제된다. 이 과정이 없으면 각 라디오 버튼이 JCheckBox처럼 독립적으로 동작한다.

```
ButtonGroup group = new ButtonGroup();          // 상호 배타성을 위한 논리적 컨테이너
JRadioButton option1 = new JRadioButton("기본 토핑");
JRadioButton option2 = new JRadioButton("스페셜 토핑");
group.add(option1);
group.add(option2);
```

[예제 13-6]은 [그림 13-7]과 같이 JRadioButton과 ButtonGroup을 사용하여 단일 선택 기능을 구현한 코드이다.

예제 13-6 JRadioButton 만들기 RadioButtonExample.java

```
package sec01.exam06;

import java.awt.*;
import java.awt.event.*;
import javax.swing.*;

public class RadioButtonExample extends JFrame {
    public RadioButtonExample() {
        this.setTitle("JRadioButton 예제");
        this.setSize(200, 100);
        this.setDefaultCloseOperation(JFrame.EXIT_ON_CLOSE);
        this.setLayout(new BorderLayout(10, 10));
        JLabel statusLabel = new JLabel("토핑 선택", JLabel.CENTER);
```

```
14
15          ButtonGroup group = new ButtonGroup();          // 논리적 컨테이너
16          JRadioButton option1 = new JRadioButton("기본 토핑", true);
17          JRadioButton option2 = new JRadioButton("스페셜 토핑");
18          group.add(option1);
19          group.add(option2);
20
21          option1.addActionListener(new ActionListener() {
22              @Override
23              public void actionPerformed(ActionEvent e) {
24                  JRadioButton source = (JRadioButton) e.getSource();
25                  statusLabel.setText("선택된 토핑: " + source.getText());
26              }
27          });
28
29          option2.addActionListener(new ActionListener() {
30              @Override
31              public void actionPerformed(ActionEvent e) {
32                  JRadioButton source = (JRadioButton) e.getSource();
33                  statusLabel.setText("선택된 토핑: " + source.getText());
34              }
35          });
36
37          this.add(option1, BorderLayout.WEST);
38          this.add(option2, BorderLayout.EAST);
39          this.add(statusLabel, BorderLayout.SOUTH);
40          this.setVisible(true);
41      }
42
43      public static void main(String[] args)  {
44          SwingUtilities.invokeLater(() -> new RadioButtonExample());
45      }
46  }
```

15행은 ButtonGroup 인스턴스를 생성하여 라디오 버튼을 논리적으로 묶을 준비를 한다. 그룹 내의 한 버튼이 선택되면 나머지 버튼은 자동으로 선택이 해제된다.

16행은 생성자에 true를 전달하여 미리 선택된 상태로 보이도록 설정한다. 24행과 32행에서 e.getSource()를 통해 클릭된 버튼 객체를 획득한 후, getText()로 라벨을 읽어와 statusLabel에 표시한다.

JRadioButton, JCheckBox, JButton은 모두 AbstractButton을 상속받는 컴포넌트이지만, 단일 선택(JRadioButton), 다중 선택(JCheckBox), 단일 동작 실행(JButton)이라는 명확한 차이점이 있다.

8 JSlider와 JProggessBar

1. JSlider

JSlider는 슬라이더를 생성하고, 사용자가 일정 범위 내에서 값을 시각적으로 선택할 수 있도록 하는 입력 컴포넌트이다. 오디오 볼륨 조절, 이미지 투명도 설정, 게임 난이도 선택과 같이 연속적이거나 이산적인 값을 직관적으로 조절할 때 주로 사용한다. [그림 13-8]은 JSlider를 활용한 [예제 13-7]의 실행 결과로, 볼륨을 조절하는 화면이다.

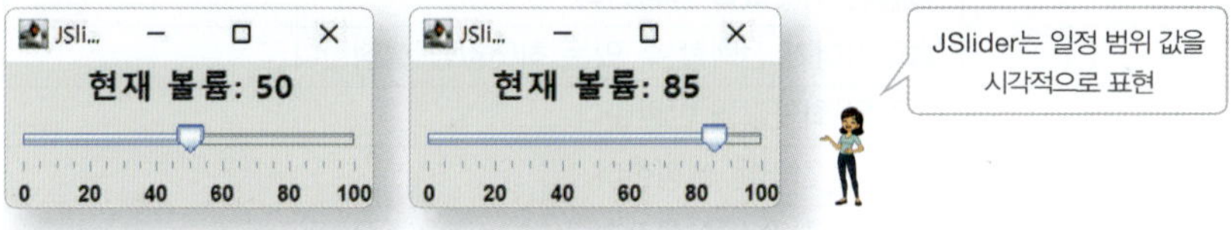

그림 13-8 JSlider를 사용하는 볼륨 조절 화면

JSlider는 방향, 최솟값, 최댓값, 초깃값 등 다양한 속성을 지정하여 생성할 수 있으며, [표 13-9]는 JSlider의 주요 생성자를 정리한 것이다.

표 13-9 JSlider의 주요 생성자

생성자 형식	설명
`JSlider()`	기본값으로 수평 슬라이더를 생성한다.
`JSlider(int orientation)`	기본값을 기반으로 지정된 방향의 슬라이더를 생성한다.
`JSlider(int min, int max)`	지정된 최솟값과 최댓값을 가진 수평 슬라이더를 생성한다. 초깃값은 '(최솟값+최댓값)/2'이다.
`JSlider(int min, int max, int value)`	지정된 최솟값, 최댓값, 초깃값을 가진 수평 슬라이더를 생성한다.
`JSlider(int orientation, int min, int max, int value)`	모든 속성을 지정하여 슬라이더를 생성한다.

JSlider는 두 가지 방향으로 설정할 수 있는데, 방향에 사용되는 상수는 수평 방향을 나타내는 JSlider.HORIZONTAL과 수직 방향을 나타내는 JSlider.VERTICAL이 있다. 세로 슬라이더의 경우, 값은 아래에서 위로 증가하는 것이 일반적이다.

모든 슬라이더는 설정 가능한 최솟값(min), 최댓값(max)을 가지며, 슬라이더 핸들(조정 막대)

의 시작 위치를 결정하는 초깃값(value)을 가진다. 기본값으로 최솟값은 0, 최댓값은 100, 초깃값은 50이 설정된다. 이 값들은 생성자에서 지정하거나, 나중에 setMinimum(), setMaximum(), setValue() 메서드를 통해 동적으로 변경할 수 있다.

JSlider는 값의 제어뿐만 아니라, 사용자의 이해를 돕기 위한 시각적 요소(눈금, 레이블)를 설정하는 다양한 메서드를 제공하며, [표 13-10]은 JSlider의 주요 메서드를 정리한 것이다.

표 13-10 JSlider의 주요 메서드

메서드	설명
setValue(int n)	최솟값과 최댓값의 범위 내에서 슬라이더의 현재 선택 값을 설정한다.
getValue()	슬라이더의 현재 선택된 값을 반환한다.
setMinimum(int min)	슬라이더가 선택할 수 있는 최솟값을 설정한다.
getMinimum()	설정된 최솟값을 반환한다.
setMaximum(int max)	슬라이더가 선택할 수 있는 최댓값을 설정한다.
getMaximum()	설정된 최댓값을 반환한다.
setMajorTickSpacing(int spacing)	주 눈금 간격을 설정한다.
setMinorTickSpacing(int spacing)	보조 눈금 간격을 설정한다.
setPaintTicks(boolean b)	눈금의 표시 여부를 설정한다.
setPaintLabels(boolean b)	눈금 레이블(값)의 표시 여부를 설정한다.
setOrientation(int orientation)	슬라이더의 방향을 설정한다.
setInverted(boolean b)	슬라이더의 값 증가 방향을 반전시킨다.
setSnapToTicks(boolean b)	가장 가까운 눈금 위치로만 이동하도록 설정한다.

getValue() 메서드는 슬라이더의 현재 선택된 값을 정수로 반환한다. 사용자 선택 결과를 읽어올 때 가장 핵심적으로 사용된다.

JSlider의 눈금을 표시하려면 setPaintTicks(true)를 호출하고, 숫자 레이블을 표시하려면 setPaintLabels(true)를 호출한다. 이때, setMajorTickSpacing 간격에 따라 값이 표시된다.

JSlider는 사용자가 슬라이더 핸들을 움직여 값이 변경되는 것을 감지하기 위해 ChangeListener를 사용한다. 이 리스너는 슬라이더의 값이 변경될 때마다 stateChanged(ChangeEvent e) 메서드를 호출한다. 리스너 메서드 내부에서 getValue()를 호출하여 슬라이더의 현재 값을 읽어와 사용자 인터페이스를 업데이트하거나 코드에 반영한다.

[예제 13-7]은 [그림 13-8]과 같이 JSlider를 사용하여 볼륨을 조절하고, 그 값을 JLabel에 실시간으로 표시하는 코드이다.

예제 13-7 **JSlider 만들기** JSliderExample.java

```
package sec01.exam07;

import java.awt.*;
import java.awt.event.*;
import javax.swing.*;
import javax.swing.event.*;

public class JSliderExample extends JFrame {
    public JSliderExample() {
        this.setTitle("JSlider 예제");
        this.setDefaultCloseOperation(JFrame.EXIT_ON_CLOSE);
        this.setLayout(new BorderLayout(10, 10));

        JLabel statusLabel = new JLabel("현재 볼륨: 50", JLabel.CENTER);
        statusLabel.setFont(new Font("맑은 고딕", Font.BOLD, 18));

        JSlider volumeSlider = new JSlider(JSlider.HORIZONTAL, 0, 100, 50);
        volumeSlider.setMajorTickSpacing(20); // 주 눈금 간격
        volumeSlider.setMinorTickSpacing(5);  // 보조 눈금 간격
        volumeSlider.setPaintTicks(true);     // 눈금 표시
        volumeSlider.setPaintLabels(true);    // 숫자 표시
        volumeSlider.setSnapToTicks(true);    // 눈금 단위로 이동

        volumeSlider.addChangeListener(e -> {
            int volume = volumeSlider.getValue();
            statusLabel.setText("현재 볼륨: " + volume);
        });

        this.add(statusLabel, BorderLayout.NORTH);
        this.add(volumeSlider, BorderLayout.CENTER);
        this.pack();
        this.setVisible(true);
    }

    public static void main(String[] args) {
        SwingUtilities.invokeLater(() -> new JSliderExample());
    }
}
```

17행 volumeSlider = new JSlider(JSlider.HORIZONTAL, 0, 100, 50);은 슬라이더의 방향을 가로로 설정하고, 슬라이더의 최솟값을 0, 최댓값을 100, 슬라이더의 초깃값을 50으로 설정한다.

18행 setMajorTickSpacing(20);은 20 간격마다 굵은 주 눈금을 표시하도록 설정하고, 19행 setMinorTickSpacing(5)는 5 간격마다 얇은 보조 눈금을 표시하도록 설정한다. 따라서 주 눈금 사이에 3개의 보조 눈금이 표시된다. 20행의 setPaintTicks(true);는 눈금선을 실제로 화면에 표시하도록 활성화한다. 21행의 setPaintLabels(true);는 주 눈금 위치에 해당 값(숫자)을 문자 레이블로 표시하도록 활성화한다. 22행의 setSnapToTicks(true);는 슬라이더의 핸들이 움직일 때, 가장 가까운 눈금 위치로만 이동하도록 설정한다.

2. JProgressBar

JProgressBar는 스윙에서 진행 중인 작업의 완료 상태를 사용자에게 시각적으로 표시하는 출력 컴포넌트이다. 특히 시간이 오래 걸리는 작업이 백그라운드에서 진행될 때, 프로그램이 멈추거나 응답하지 않는 것이 아니라 정상적으로 작동 중임을 사용자에게 명확히 알려준다. JProgressBar는 다음과 같이 생성한다.

```
JProgressBar progressBar = new JProgressBar(0, 100);
progressBar.setStringPainted(true);         // 현재 값(퍼센트)이 표시되도록 설정
progressBar.setValue(newValue);             // JProgressBar의 현재 값을 변경
```

JProgressBar는 앞서 설명한 JSlider와 많은 구조를 공유하지만, 역할에서 결정적인 차이가 있다. JSlider는 사용자가 핸들을 조작하여 값을 변경하는 입력 컴포넌트인 반면, JProgressBar는 프로그램 코드나 백그라운드 작업의 상태를 사용자에게 보여주는 출력 컴포넌트이다. 이러한 역할 차이 때문에, JSlider는 사용자 입력을 감지하는 ChangeListener를 사용하지만, JProgressBar는 일반적으로 리스너를 등록하지 않는다. 대신, 작업을 수행하는 별도의 스레드나 Timer 객체에서 setValue() 메서드를 주기적으로 호출하여 진행 막대의 상태를 업데이트한다.

JProgressBar는 단순한 시각적 요소가 아니라, 프로그램의 안정성을 전달하는 중요한 출력 컴포넌트이며, JSlider와 달리 작업 스레드와의 연동을 통해 상태가 제어된다는 특징이 있다.

> **Note** **JProgressBar 예제**
>
> JProgressBar를 사용하는 예제는 12장의 [예제 12-9] 'ChangeListenerExample.java'로 대신한다.

9 JList

JList는 여러 항목을 스크롤할 수 있는 목록 형태로 한 번에 표시하여 사용자가 하나 또는 여러 개의 항목을 선택할 수 있는 컴포넌트이다. 많은 수의 항목을 효율적으로 보여주기 때문에 사용자가 여러 옵션을 선택해야 할 때 매우 유용하다. JList는 표시할 목록 데이터를 관리하는 ListModel과 항상 함께 사용된다. [그림 13-9]는 JList를 활용한 [예제 13-8]의 실행 결과로, 여러 목록에서 도넛을 선택하는 화면이다.

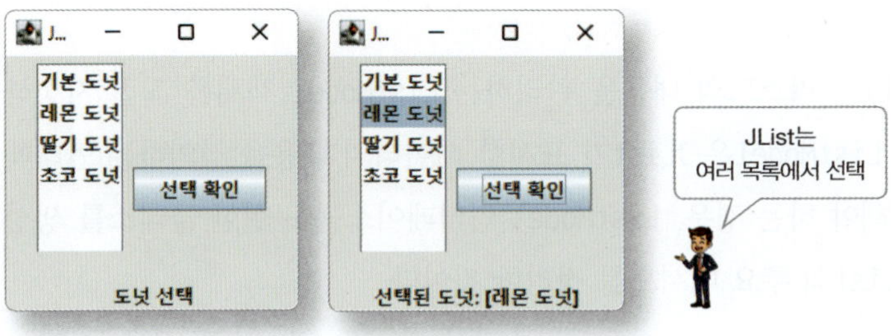

그림 13-9 JList를 사용하여 도넛 목록을 선택하는 화면

JList는 기본적으로 스크롤 막대를 제공하지 않으므로, 목록 항목이 컴포넌트 크기를 초과할 경우를 대비해 JScrollPane에 담아서 사용해야 한다. JList의 생성자는 목록의 초기 데이터를 어떤 방식으로 제공할지에 따라 달라지며, [표 13-11]은 JList의 주요 생성자를 정리한 것이다.

표 13-11 JList의 주요 생성자

생성자 형식	설명
JList()	비어 있는 읽기 전용 JList를 생성한다.
JList(E[] data)	지정된 배열의 요소들을 표시하는 읽기 전용 JList를 생성한다.
JList(Vector<? extends E> data)	지정된 Vector의 요소들을 표시하는 읽기 전용 JList를 생성한다.
JList(ListModel<E> dataModel)	ListModel 객체를 직접 지정하여 변경 가능한 JList를 생성한다.

리스트의 초기 내용을 지정할 때 배열을 사용한다. 다음 코드는 제공된 배열을 기반으로 읽기 전용의 내부 모델을 생성한다. 따라서 donutList가 화면에 표시된 후에는 항목을 개별적으로 추가하거나 제거하는 것이 불가능하다.

```
String[] donuts = {"기본 도넛", "레몬 도넛", "딸기 도넛", "초코 도넛"};
JList<String> donutList = new JList<>(donuts);
```

JList(Vector<? extends E> listData)는 Vector를 사용하여 리스트의 초기 내용을 지정한다. 배열 생성자와 마찬가지로, 이 생성자는 제공된 Vector를 기반으로 읽기 전용의 내부 리스트 모델을 생성한다.

```
Vector<String> items = new Vector<>();
items.add("항목1");
JList<String> list = new JList<>(items);
```

JList(ListModel<E> dataModel)은 리스트의 내용을 관리하는 ListModel 객체를 직접 지정하여 JList를 생성할 때 사용한다. ListModel은 JList가 표시할 데이터의 내용을 정의하는 인터페이스이다. 항목을 동적으로 변경해야 하는 경우, ListModel 인터페이스를 구현한 클래스를 생성하여 전달한다. [표 13-12]는 JList의 주요 메서드를 정리한 것이다.

표 13-12 JList의 주요 메서드

메서드	설명
setListData(E[] array)	배열을 사용하여 목록에 표시할 데이터를 설정한다.
setSelectionMode(int mode)	항목의 선택 모드를 설정한다.
getSelectedIndex()	현재 선택된 단일 항목의 인덱스를 반환한다.
getSelectedValue()	현재 선택된 단일 항목의 객체(값)를 반환하며, 선택된 항목이 없으면 null을 반환한다.
getSelectedIndices()	현재 선택된 모든 항목의 인덱스를 int 배열로 반환한다.
getSelectedValuesList()	현재 선택된 모든 항목의 값을 포함하는 리스트를 반환한다.
setFixedCellWidth(int width)	목록 셀의 고정 가로 폭을 설정한다.
setFixedCellHeight(int height)	목록 셀의 고정 높이를 설정한다.

setSelectionMode(int mode) 메서드는 다음과 같이 목록의 선택 방식을 설정한다.

```
SINGLE_SELECTION                 // 하나의 항목만 선택
SINGLE_INTERVAL_SELECTION        // 연속된 하나의 블록만 선택
MULTIPLE_INTERVAL_SELECTION      // 여러 개의 불연속적인 항목을 선택
```

setFixedCellWidth(int width)와 setFixedCellHeight(int height) 메서드는 목록의 모든 셀(항목)이 동일한 가로 폭과 높이를 가지도록 설정한다. 이 값을 설정하면 목록 항목을 그리는 데 필요한 계산이 단순화되어 성능을 개선할 수 있다. 설정하지 않으면 각 항목의 내용에 따라 크기가 동적으로 결정된다.

[예제 13-8]은 [그림 13-9]와 같이 도넛 목록에서 사용자가 선택한 결과를 출력하는 코드이다.

예제 13-8 JList 만들기 JListExample.java

```
package sec01.exam08

import java.awt.*;
import javax.swing.*;
import java.util.List;

public class JListExample extends JFrame {
    public JListExample() {
        this.setTitle("JList 예제");
        this.setSize(200, 200);
        this.setDefaultCloseOperation(JFrame.EXIT_ON_CLOSE);
        this.setLayout(new BorderLayout(10, 20));
        JLabel statusLabel = new JLabel("도넛 선택", JLabel.CENTER);

        String[] donuts = {"기본 도넛", "레몬 도넛", "딸기 도넛", "초코 도넛"};
        JList<String> donutList = new JList<>(donuts);       // JList 생성
        JScrollPane scrollPane = new JScrollPane(donutList);

        JButton selectButton = new JButton("선택 확인");
        selectButton.addActionListener(e -> {
            List<String> selected = donutList.getSelectedValuesList();

            if (selected.isEmpty()) {            // 선택 여부에 따라 라벨에 표시
                statusLabel.setText("선택된 도넛이 없습니다.");
            } else {
                statusLabel.setText("선택된 도넛: " + selected);
            }
        });

        JPanel panel = new JPanel();
        panel.add(scrollPane);
        panel.add(selectButton);
        this.add(panel, BorderLayout.CENTER);
        this.add(statusLabel, BorderLayout.SOUTH);
        this.setVisible(true);
    }

    public static void main(String[] args)  {
```

```
39            SwingUtilities.invokeLater(() -> new JListExample());
40        }
41    }
```

16행 JList<String> donutList = new JList<>(donuts);는 배열 donuts의 내용을 목록으로 표시하는 JList 객체를 생성한다. JList는 <T> 타입 매개변수를 사용하여 어떤 종류의 객체를 저장할지 지정하는데, 여기서는 String을 사용하였다. 17행은 표시할 내용이 화면을 벗어나도 막대를 표시하도록 JScrollPane 컨테이너에 JList를 담아 자동 스크롤 기능을 활성화한다.

21행은 JList의 핵심 메서드로, 현재 사용자가 선택한 모든 항목을 List<String> 형태로 반환하고, 이후 statusLabel.setText(...)로 최종 선택 결과를 화면 하단에 표시한다.

생성형 AI와 공부하기

JList를 사용하여 기본 도넛, 레몬 도넛, 딸기 도넛, 초코 도넛을 복수 선택한 뒤 버튼을 클릭하면 JLabel에 선택 결과를 보여주는 예제를 작성하고, 코드 구조를 설명해줘.

10 JComboBox

JComboBox는 여러 항목을 드롭다운 메뉴drop-down menu **형태로 보여주는 콤보 상자를 생성하는 컴포넌트이다.** [그림 13-10]은 JComboBox를 활용한 [예제 13-9]의 실행 결과로, 드롭다운 메뉴에서 도넛을 선택하는 화면이다.

그림 13-10 JComboBox를 사용하여 드롭다운 메뉴 선택 화면

JComboBox는 JList와 기능적으로 유사하지만, 목록 전체를 한 번에 보여주지 않고, 사용자가 클릭했을 때만 펼쳐지므로 공간을 절약할 수 있다. [표 13-13]은 JList와 JComboBox의 차이점을 나타낸다.

표 13-13 JList와 JComboBox의 차이점

구분	JList	JComboBox
표시 방식	모든 항목을 한 번에 표시	드롭다운 메뉴로 펼쳐서 표시
공간 활용	많은 공간을 차지	적은 공간을 차지
주요 용도	다중 선택이 필요한 경우, 많은 항목을 보여줘야 하는 경우	단일 선택이 필요한 경우, 공간 절약이 중요한 경우
선택 방식	단일, 연속, 불연속 다중 선택	단일 선택(기본)

JComboBox의 생성자는 목록에 표시할 항목을 배열이나 Vector 또는 데이터 모델 객체를 통해 제공받으며, ComboBoxModel을 사용한다. JComboBox는 주로 여러 옵션 중에서 단 하나의 항목만 선택해야 할 때 사용되며, 문자를 직접 입력하여 항목을 선택할 수 있는 편집 모드를 지원한다. [표 13-14]는 JComboBox의 주요 메서드를 정리한 것이다.

표 13-14 JComboBox의 주요 메서드

메서드	설명
addItem(Object o)	목록의 맨 끝에 새로운 항목을 추가한다.
insertItemAt(Object o, int index)	지정된 인덱스 위치에 새 항목을 삽입한다.
removeItem(Object o)	목록에서 지정된 객체와 일치하는 항목을 제거한다.
removeItemAt(int index)	목록에서 지정된 인덱스의 항목을 제거한다.
removeAllItems()	목록의 모든 항목을 제거(초기화)한다.
setSelectedItem(Object o)	목록에서 지정된 항목을 찾아 선택된 상태로 설정한다.
setSelectedIndex(int index)	목록에서 지정된 인덱스의 항목을 선택된 상태로 설정한다.
getSelectedItem()	현재 선택된 항목의 객체(값)를 반환한다.
getSelectedIndex()	현재 선택된 항목의 인덱스를 반환하며, 선택된 항목이 없으면 –1을 반환한다.
getItemCount()	목록에 있는 총 항목의 수를 반환한다.
setEditable(boolean b)	사용자가 문자를 직접 입력할 수 있는지 설정한다.

getSelectedItem() 메서드는 현재 콤보 상자에서 선택된 항목의 실제 객체(값)를 반환하므로, 사용자의 선택 결과를 처리할 때 가장 많이 사용된다. setEditable(boolean b) 메서드는 콤보 상자의 편집 가능 여부를 설정하며, 기본값인 false는 사용자가 항목을 목록에서만 선택할 수 있고, true는 사용자가 콤보 상자 상단의 문자 필드에 직접 문자를 입력할 수 있다.

[예제 13-9]는 [그림 13-10]과 같이 JComboBox를 사용하여 도넛 목록을 보여주고, 사용자의 선택이 변경될 때마다 JLabel을 업데이트하는 코드이다.

예제 13-9 **JComboBox 만들기** JComboBoxExample.java

```java
01 package sec01.exam09;
02 
03 import java.awt.*;
04 import javax.swing.*;
05 
06 public class JComboBoxExample extends JFrame {
07     public JComboBoxExample() {
08         this.setTitle("JComboBox 예제");
09         this.setSize(300, 130);
10         this.setDefaultCloseOperation(JFrame.EXIT_ON_CLOSE);
11         this.setLayout(new BorderLayout(10, 10));
12 
13         JLabel statusLabel = new JLabel("도넛 선택", JLabel.CENTER);
14         JPanel panel = new JPanel(new FlowLayout(FlowLayout.CENTER));
15 
16         String[] donuts = {"기본 도넛", "레몬 도넛", "딸기 도넛", "초코 도넛"};
17         JComboBox<String> comboBox = new JComboBox<>(donuts);
18         comboBox.setSelectedIndex(0);       // 인덱스 0 항목 미리 선택
19 
20         comboBox.addActionListener(e -> {
21             String selected = (String) comboBox.getSelectedItem();
22             statusLabel.setText("선택된 도넛: " + selected);
23         });
24 
25         panel.add(new JLabel("도넛을 선택하세요:"));
26         panel.add(comboBox);
27         this.add(panel, BorderLayout.CENTER);
28         this.add(statusLabel, BorderLayout.SOUTH);
29         this.setVisible(true);
30     }
31 
32     public static void main(String[] args)  {
33         SwingUtilities.invokeLater(() -> new JComboBoxExample());
34     }
35 }
```

17행 JComboBox<String> comboBox = new JComboBox<>(donuts);는 문자열 배열 donuts를 사용하여 JComboBox를 생성한다. 18행은 목록의 첫 번째 항목(인덱스 0)인 '기본 도넛'이 미리 선

택되도록 설정한다. 21행 getSelectedItem()은 선택된 항목을 Object 형태로 반환하므로, 안전하게 사용하기 위해 <String>으로 형 변환하여 statusLabel에 표시한다.

LAB 로그인 창 만들기

스윙을 사용하여 아이디와 패스워드를 입력받고, 이를 출력하는 로그인 프로그램의 빈칸을 채워 보자. 사용자의 입력을 출력하기 위해 이벤트 처리 과정을 포함한다. 완성한 GUI 화면과 조건은 다음과 같다.

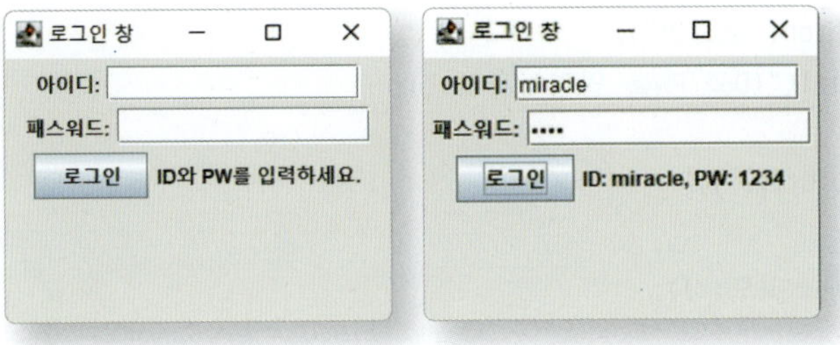

조건

- private final JTextField idField;로 아이디를 입력받는 한 줄 텍스트 필드를 생성한다.
- private final JPasswordField pwField;로 패스워드를 입력받는 한 줄 텍스트 필드를 생성하여, 입력된 문자를 *와 같은 문자로 표시하도록 한다.
- loginButton.addActionListener(this)를 사용하여 버튼이 클릭될 때, 이벤트를 처리할 리스너로 현재 클래스(this)를 등록한다.
- getPassword() 메서드를 사용하여 char 배열 형태로 패스워드를 가져온다. 또한 String password = new String(passwordChars);를 사용하여 char 배열을 임시로 String으로 변환한다.
- 패스워드 데이터가 메모리에 남아있지 않도록 char 배열을 0으로 채워 초기화한다.

Lab 13-1 로그인 창 만들기

```
package chap13.lab01;

import java.awt.*;
import java.awt.event.*;
import javax.swing.*;
import java.util.Arrays;

public class LoginApp [       ①       ] implements ActionListener {
    private final [    ②    ];
    private final [         ③         ];
```

```java
    private final JLabel resultLabel;
    private final JButton loginButton;

    public LoginApp() {
        super("로그인 창");
        this.setDefaultCloseOperation(JFrame.EXIT_ON_CLOSE);
        this.setSize(250, 200);
        this.setLayout(new FlowLayout());

        idField = new JTextField(15);
        pwField = new JPasswordField(15);
        loginButton = new JButton("로그인");
        resultLabel = new JLabel("ID와 PW를 입력하세요.");

        this.add(new JLabel("아이디:"));
        this.add(idField);
        this.add(new JLabel("패스워드:"));
        this.add(pwField);
        this.add(loginButton);
        this.add(resultLabel);

        loginButton.addActionListener(this);
        this.setVisible(true);
    }

    public static void main(String[] args) {
        SwingUtilities.invokeLater(() -> new LoginApp());
    }

    @Override
    public void actionPerformed(     ④     ) {
        if (e.getSource() == loginButton) {
            String id =      ⑤     ;
            char[] passwordChars = pwField.getPassword();
            String password = new String(passwordChars);

            resultLabel.setText("ID: " + id + ", PW: " + password);
            Arrays.fill(passwordChars, '0');
        }
    }
}
```

정답

① extends JFrame

② JTextField idField

③ JPasswordField pwField

④ ActionEvent e

⑤ idField.getText()

SECTION 02

고급 스윙 컴포넌트

1 메뉴 만들기

스윙의 메뉴 시스템은 JMenuBar, JMenu, JMenuItem이라는 세 가지 핵심 컴포넌트를 유기적으로 연결하여 구성한다. 이들은 창 상단에 위치하여 사용자가 다양한 기능을 계층적 구조로 접근하고 실행할 수 있도록 한다. 이런 메뉴 시스템의 기본 구조는 JMenuBar(최상위) → JMenu(메뉴) → JMenuItem(개별 항목)의 흐름을 따른다. [그림 13-11]은 [예제 13-10]의 실행 결과로, JMenuBar, JMenu, JMenuItem을 활용하여 구현한 메뉴 시스템의 모습이다.

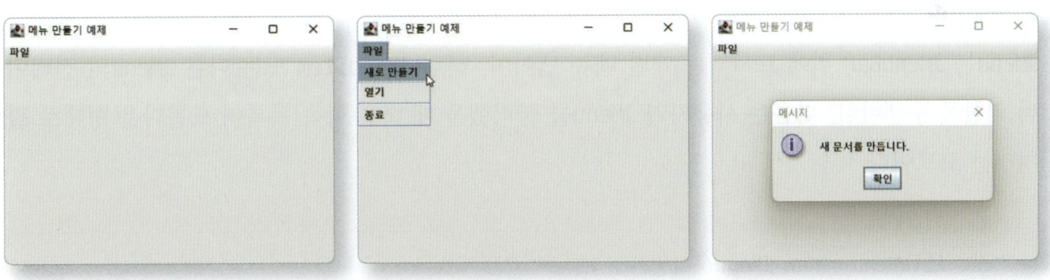

그림 13-11 JMenuBar, JMenu, JMenuItem을 활용한 메뉴 시스템

[표 13-15]는 메뉴 만들기에 사용하는 컴포넌트와 메서드를 정리한 것이다.

표 13-15 메뉴 만들기에 사용하는 컴포넌트와 메서드

컴포넌트	메서드	설명
JMenuBar	setJMenuBar(JMenuBar menuBar)	JFrame에 JMenuBar를 부착한다(add() 대신 사용).
	add(JMenu c)	JMenuBar에 JMenu 탭을 추가한다.
JMenu	add(JMenuItem menuItem)	드롭다운 목록에 개별 JMenuItem 항목을 추가한다.
	addSeparator()	드롭다운 메뉴 항목 사이에 구분선을 추가한다.
	setMnemonic(int key)	Alt 와 함께 누르는 단축키를 설정한다.
JMenuItem	setAccelerator(KeyStroke key)	Ctrl, Shift 와 함께 누르는 단축키를 설정한다.
	addActionListener(ActionListener l)	항목 클릭 시 실행될 이벤트 리스너를 정의한다.
	getActionCommand()	ActionEvent 발생 시 해당 항목에 설정된 이름 문자열을 반환한다.

1. JMenuBar

JMenuBar는 메뉴 시스템의 최상위 컨테이너이며, JFrame의 상단에 고정된다. JMenuBar는 '파일', '편집', '도구'와 같은 메뉴바를 생성하여 JMenu 객체를 담는 역할을 한다. JFrame에 JMenuBar를 올바르게 위치시키려면 add() 메서드 대신, setJMenuBar() 메서드를 사용하여 다음과 같이 작성한다.

```
JFrame jf = new JFrame();
JMenuBar menuBar = new JMenuBar();          // 메뉴바 생성
jf.setJMenuBar(menuBar);                    // JMenuBar를 프레임에 부착
```

2. JMenu

JMenu는 JMenuBar 위에 표시되는 개별 메뉴 탭이며, 하위 JMenuItem 또는 다른 JMenu의 컨테이너 역할을 수행한다. 다음은 사용자가 JMenu를 클릭했을 때 하위 항목 목록이 드롭다운 형태로 펼쳐지는 코드이다.

```
JMenu fileMenu = new JMenu("파일");
menuBar.add(fileMenu);                      // JMenuBar에 '파일' 탭 추가
```

JMenu는 단순한 메뉴 항목을 담는 것 외에도 사용 편의성을 위한 기능을 제공한다.

- **항목 추가:** 드롭다운 목록에 개별 항목(JMenuItem)을 추가할 때는 JMenu.add(JMenuItem menuItem)을 사용한다.

- **구분선:** 메뉴 항목을 기능별로 구분하여 가독성을 높이기 위해 JMenu.addSeparator() 메서드로 시각적 구분선을 추가할 수 있다.
- **메뉴 단축키:** 마우스 없이 메뉴를 열 수 있도록 Alt와 조합되는 단축키를 JMenu.setMnemonic(int key) 메서드를 통해 설정할 수 있다. 다음과 같이 KeyEvent.VK_F를 설정하면 Alt+F로 '파일' 메뉴를 열 수 있다.

```
fileMenu.setMnemonic(KeyEvent.VK_F);                    // Alt+F로 메뉴 열기
```

3. JMenuItem

JMenuItem은 실질적인 동작을 수행하는 기본적인 메뉴 항목이며, 사용자의 상호작용과 직접 연결되는 중요한 컴포넌트이다. 사용자가 이 항목을 클릭하면 정의된 이벤트 리스너가 호출되어 특정 작업을 실행한다. 다음은 JMenuItem 객체를 생성하고 새로운 항목을 추가하는 코드이다.

```
JMenuItem newFile = new JMenuItem("새 파일");              // JMenuItem 객체 생성
fileMenu.add(newFile);                                   // 항목 추가
```

JMenuItem은 다음과 같은 기능들을 제공한다.

- **클릭 동작 정의:** 항목 클릭 시 실행될 액션을 정의하는 표준 방법으로 JMenuItem.addActionListener(ActionListener l) 메서드를 사용한다.
- **즉시 실행 단축키 제공:** 메뉴를 열지 않고도 해당 액션을 즉시 실행하도록 Ctrl, Shift 등과 조합되는 단축키를 JMenuItem.setAccelerator(KeyStroke keyStroke)를 이용해 설정할 수 있다. 이는 사용자가 자주 쓰는 기능에 빠르게 접근할 수 있도록 돕는다.

```
// Ctrl+N 단축키 설정
newFile.setAccelerator(KeyStroke.getKeyStroke('N', InputEvent.CTRL_DOWN_MASK));
```

- **액션 식별:** 하나의 ActionListener가 여러 JMenuItem을 처리할 때, ActionEvent.getActionCommand()를 사용하여 어떤 항목이 클릭되었는지 확인할 수 있다. 기본적으로 JMenuItem 생성 시 사용한 문자열("새 파일")이 Action Command가 된다.

[예제 13-10]은 [그림 13-11]과 같이 JMenuBar, JMenu, JMenuItem을 사용하여 메뉴 시스템을 구현하는 코드이다.

예제 13-10 **JMenu 만들기** MenuExample.java

```java
package sec02.exam10;

import java.awt.*;
import java.awt.event.*;
import javax.swing.*;

public class MenuExample extends JFrame {
    public MenuExample() {
        this.setTitle("메뉴 만들기 예제");
        this.setSize(400, 300);
        this.setDefaultCloseOperation(JFrame.EXIT_ON_CLOSE);

        JMenuBar menuBar = new JMenuBar();        // 메뉴바 생성 및 프레임에 부착
        this.setJMenuBar(menuBar);

        JMenu fileMenu = new JMenu("파일");       // JMenu 생성 및 메뉴바에 추가
        menuBar.add(fileMenu);
        JMenuItem newItem = new JMenuItem("새로 만들기"); // JMenuItem 생성
        JMenuItem openItem = new JMenuItem("열기");
        JMenuItem exitItem = new JMenuItem("종료");

        newItem.addActionListener(new ActionListener() {
            @Override
            public void actionPerformed(ActionEvent e){
                JOptionPane.showMessageDialog(null, "새 문서를 만듭니다.");
            }
        });

        exitItem.addActionListener(new ActionListener() {
            @Override
            public void actionPerformed(ActionEvent e){
                System.exit(0);                 // 프로그램 종료
            }
        });

        fileMenu.add(newItem);                  // JMenu에 JMenuItem을 추가
        fileMenu.add(openItem);
```

```
38          fileMenu.addSeparator();                    // 구분선 추가
39          fileMenu.add(exitItem);
40          this.setLocationRelativeTo(null);           // 화면 중앙 배치
41          this.setVisible(true);
42      }
43
44      public static void main(String[] args)  {
45          SwingUtilities.invokeLater(() -> new MenuExample());
46      }
47  }
```

13행에서 메뉴바를 만들고 14행 `this.setJMenuBar(menuBar);`로 프레임에 설정한다. 16행에서 '파일'이라는 이름의 `JMenu`를 만들고 `menuBar.add(fileMenu);`로 메뉴바에 추가한다.

18행에서 '새로 만들기'라는 이름의 `JMenuItem`을 만들고 22행의 `newItem.addActionListener(...)`로 `JMenuItem`이 클릭되었을 때 실행될 코드를 작성한다. 29행의 `exitItem`도 같은 방식으로 작성한다.

2 도구 모음과 툴팁 만들기

스윙에서 도구 모음과 툴팁은 응용 프로그램의 사용성을 크게 높이는 핵심 요소이다. 도구 모음은 자주 사용하는 기능을 빠르게 접근하게 하며, 툴팁은 컴포넌트의 기능에 대한 간결한 설명을 제공한다.

1. JToolBar

`JToolBar` 클래스는 도구 모음을 만드는 컨테이너이다. 일반적으로 아이콘 버튼이나 `Action` 객체로 생성된 버튼을 담아, 사용자가 자주 쓰는 기능을 한곳에 모아 빠르게 실행할 수 있도록 한다. [그림 13-12]는 `JToolBar`를 활용한 [예제 13-11]의 실행 결과로 세 개의 도구 창을 포함한 화면이다.

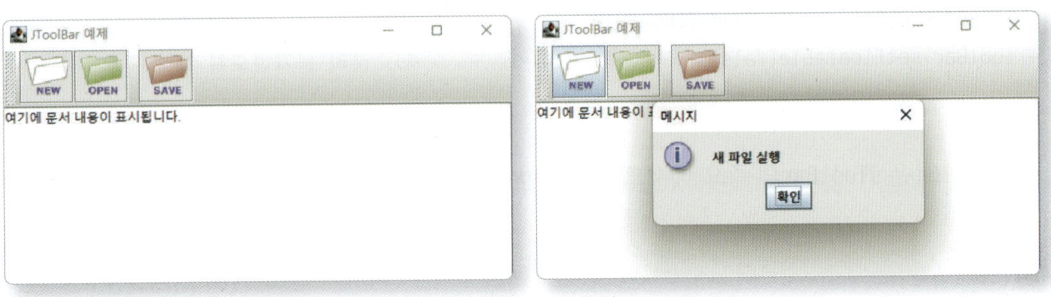

그림 13-12 JToolBar로 만든 도구 창

JToolBar의 가장 독특한 기능은 사용자가 도구 모음을 이동시키거나 분리할 수 있다는 점이다. 도킹docking 기능은 도구 모음을 프레임 주위(상단, 하단, 좌측, 우측)에 부착하여 고정할 수 있게 하며, 플로팅floating 기능은 [그림 13-13]과 같이 JToolBar를 프레임에서 분리하여 별도의 작은 창으로 만들어 화면 내 원하는 위치에 배치할 수 있게 한다.

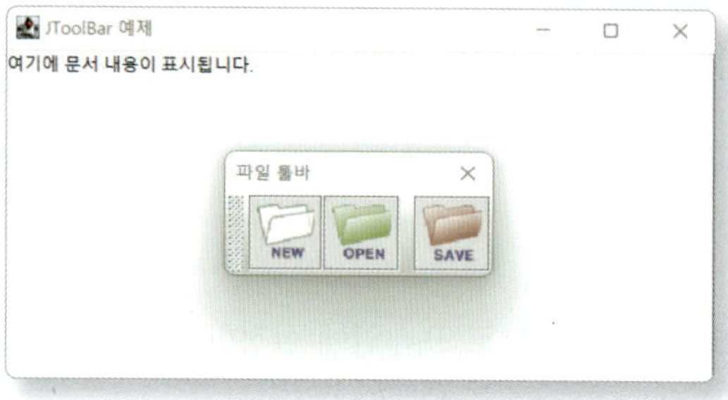

그림 13-13 JToolBar의 도구 창 분리

JToolBar 객체를 생성한 이후 toolBar.add() 메서드를 사용하여 아이콘만 있는 작은 JButton이나 Action 객체를 추가한다.

```
JToolBar toolBar = new JToolBar("파일 도구");          // 툴바 제목 설정 가능
JButton openButton = new JButton("열기");
JButton saveButton = new JButton("저장");

toolBar.add(openButton);
toolBar.addSeparator();                              // 구분선 추가로 기능 그룹화
toolBar.add(saveButton);
```

JToolBar는 일반적으로 JFrame의 BorderLayout 영역 중 NORTH나 SOUTH에 추가하여 사용한다.

```
JFrame jf = new JFrame();
jf.add(toolBar, BorderLayout.NORTH);
toolBar.setFloatable(false);                         // 분리 불가하도록 고정
```

[표 13-16]은 JToolBar의 주요 메서드를 정리한 것이다.

표 13-16 JToolBar의 주요 메서드

메서드	설명
add(Component c)	버튼, 레이블 등 모든 컴포넌트를 도구 모음에 추가한다.
addSeparator()	도구 모음의 방향에 따라 항목 사이에 구분선을 추가한다.
setFloatable(boolean b)	도구 모음을 프레임에서 분리하거나 이동할 수 있는지 설정하며, boolean 값을 사용한다
isFloating()	도구 모음이 현재 주 프레임에서 분리된 상태인지 확인한다.
setOrientation(int orientation)	도구 모음의 항목이 가로 또는 세로로 배치되도록 설정한다.
getOrientation()	현재 설정된 방향을 반환한다.
setRollover(boolean rollover)	항목 위에 마우스 오버 시 롤오버 효과를 사용할지 설정한다. 예 버튼 배경 강조, 테두리 활성화 등

add(Component c)는 도구 모음에 버튼, 레이블 등 모든 Component 객체를 추가하는 메서드이다. JToolBar는 주로 아이콘만 있는 작은 JButton이나 Action 객체로 생성한 버튼을 담는 데 사용한다. add(Action a)를 사용하면 Action 인터페이스를 구현하는 객체를 추가할 수 있다. 이 Action의 속성(이름, 아이콘 등)을 사용하여 버튼을 자동 생성하고, 버튼 클릭 시 Action의 actionPerformed()를 실행한다.

setOrientation(int orientation) 메서드는 툴바가 도킹될 때 컴포넌트를 가로(HORIZONTAL)로 배열할지 세로(VERTICAL)로 배열할지 설정한다. 사용자가 툴바를 프레임의 상단/하단(가로) 또는 좌측/우측(세로)에 도킹하면 이 설정에 따라 레이아웃이 변경된다.

2. 툴팁

툴팁tooltip은 사용자가 마우스 커서를 JButton이나 JLabel과 같은 컴포넌트 위에 올려두었을 때, 잠시 나타났다가 사라지는 작은 문자 상자이다. 이 기능은 사용자에게 해당 컴포넌트의 기능에 대해 간결하고 즉각적인 정보를 제공하여 사용의 직관성을 높여준다. 대부분의 스윙 컴포넌트는 setToolTipText() 메서드를 사용하여 툴팁을 설정할 수 있다.

표 13-17 툴팁의 주요 메서드

메서드	설명
setToolTipText(String text)	컴포넌트에 표시할 툴팁 문자를 설정한다.
getToolTipText()	현재 설정된 툴팁 문자를 가져온다.

다음은 스윙 컴포넌트에 툴팁을 적용하는 간단한 예제 코드이다.

```
JButton saveButton = new JButton("OPEN");
saveButton.setToolTipText("파일 열기");                    // 버튼에 툴팁 설정

JLabel infoLabel = new JLabel("정보");
infoLabel.setToolTipText("이것은 간단한 안내 라벨입니다.");   // 라벨에 툴팁 설정
```

사용자가 마우스를 툴팁이 설정된 컴포넌트 위에 일정 시간 올리면, [그림 13-14]와 같이 문자를 포함한 툴팁을 자동으로 표시하고, 마우스가 영역을 벗어나면 사라지게 한다.

그림 13-14 툴팁 작동 모습

[예제 13-11]은 아이콘 버튼을 포함한 간단한 '파일' 도구 모음을 만드는 코드이다.

예제 13-11 JToolBar로 파일 도구 모음 만들기 JToolBarExample.java.

```
package sec02.exam11;

import java.awt.*;
import java.awt.event.*;
import javax.swing.*;

public class JToolBarExample extends JFrame {
    public JToolBarExample() {
        this.setTitle("JToolBar 예제");
        this.setDefaultCloseOperation(JFrame.EXIT_ON_CLOSE);
        this.setSize(500, 300);

        JToolBar fileToolBar = new JToolBar("파일 툴바");   // JToolBar 생성
        fileToolBar.setFloatable(true);
        fileToolBar.setOrientation(JToolBar.HORIZONTAL);
        JTextArea textArea = new JTextArea("여기에 문서 내용이 표시됩니다.");

        JButton newBtn = new JButton(new ImageIcon("new.png"));
```

```
19         newBtn.setToolTipText("새 파일"); // 툴팁 설정
20         newBtn.addActionListener(e -> JOptionPane.showMessageDialog(this,
    "새 파일 실행"));
21
22         JButton openBtn = new JButton(new ImageIcon("open.png"));
23         openBtn.setToolTipText("파일 열기");
24         openBtn.addActionListener(e -> JOptionPane.showMessageDialog(this,
    "파일 열기 실행"));
25
26         JButton saveBtn = new JButton(new ImageIcon("save.png"));
27         saveBtn.setToolTipText("저장");
28         saveBtn.addActionListener(e -> JOptionPane.showMessageDialog(this,
    "저장 실행"));
29
30         fileToolBar.add(newBtn);
31         fileToolBar.add(openBtn);
32         fileToolBar.addSeparator();       // 구분선 추가
33         fileToolBar.add(saveBtn);
34
35         this.add(fileToolBar, BorderLayout.NORTH);
36         this.add(new JScrollPane(textArea), BorderLayout.CENTER);
37         this.setLocationRelativeTo(null);
38         this.setVisible(true);
39     }
40
41     public static void main(String[] args)  {
42         SwingUtilities.invokeLater(() -> new JToolBarExample());
43     }
44 }
```

13행은 툴바를 생성하며, 괄호 안의 문자열은 툴바가 프레임에서 분리되었을 때 표시되는 별도 창의 제목이 된다. 14행의 `setFloatable(true)`는 툴바의 이동 및 분리 기능을 활성화하여 툴바를 마우스로 끌어 프레임의 다른 가장자리(좌, 우, 하단)에 도킹하거나, 완전히 분리된 독립된 창으로 만들 수 있게 한다.

19행의 `setToolTipText()`는 마우스를 올렸을 때 나타나는 툴팁을 설정한다. 35행은 툴바를 `BorderLayout`의 `NORTH`(상단) 영역에 배치한다.

3 다이얼로그 만들기

1. JDialog

스윙에서 사용자에게 정보를 알리거나 입력을 받는 팝업 창을 만드는 방법은 크게 두 가지가 있다. JDialog는 컨테이너를 이용하여 사용자 정의된 복잡한 팝업을 만들 때 사용하고, JOptionPane은 유틸리티 클래스의 정적 메서드를 호출하여 간단하고 표준화된 팝업을 손쉽게 만들 때 사용한다. [그림 13-15]는 JDialog와 JOptionPane으로 만든 팝업 창의 모습이다.

그림 13-15 JDialog와 JOptionPane으로 만든 팝업 창

먼저 JDialog로 팝업 창을 만드는 방법을 살펴보자. JDialog는 JFrame과 마찬가지로 컴포넌트를 담을 수 있는 최상위 컨테이너이다. 그러나 JFrame과 달리 단독으로 존재하지 않고 항상 부모 창$_{\text{Owner}}$에 종속된다. JDialog는 부모 창 위에 표시되며, 부모 창이 최소화되면 함께 숨겨지고, 부모 창이 닫히면 JDialog도 자동으로 닫힌다. 부모 창은 보통 JFrame이지만, 다른 JDialog나 윈도우 객체일 수도 있다. [표 13-18]은 JDialog의 주요 생성자를 나타낸다.

표 13-18 JDialog의 주요 생성자

생성자 형식	설명
`JDialog(Frame owner)`	지정된 부모 Frame에 종속된 다이얼로그를 비모달(non-modal)로 생성한다.
`JDialog(Frame owner, String title)`	제목을 지정하여 다이얼로그를 비모달로 생성한다.
`JDialog(Frame owner, String title, boolean modal)`	제목과 모달 여부를 지정하여 다이얼로그를 생성한다.

다음 코드는 JFrame에 종속된 JDialog 객체를 부모 창 위에 표시한다. dialog의 제목은 '사용자 확인'이고, 모달 옵션은 true이다. JDialog는 setVisible(true)를 호출하여 화면에 표시한다.

```
JFrame jf = new JFrame();                                       // 부모 프레임 생성
JDialog dialog = new JDialog(jf, "사용자 확인", true);           // JDialog 생성
dialog.setSize(300, 150);
dialog.setLocationRelativeTo(jf);                               // 부모 프레임 중앙에 위치
dialog.setVisible(true);                                        // 다이얼로그 보이기
```

여기서 중요한 개념은 모달modal이며, 이를 한국어로 번역하면 '작업 차단'이다. 모달 창은 해당 창이 화면에 떠 있는 동안 사용자가 부모 창을 포함한 다른 모든 창에서 작업할 수 없게 만든다. 따라서 모달 창의 문제를 먼저 해결하거나 닫아야만 다른 작업을 계속할 수 있으며, 이는 사용자에게 특정 작업 완료를 강제하는 역할을 한다. [표 13-19]는 모달과 비모달을 비교한 것이다.

표 13-19 모달과 비모달 비교

구분	모달	비모달
작동 방식	창을 닫기 전까지 부모 창과 다른 창에 상호 작용할 수 없음	부모 창과 다른 창을 사용 가능
사용 예	경고 메시지, 파일 열기/저장, 로그인 등	도구 상자, 속성 창, 상태 표시 등
컴포넌트	JDialog의 setModal(true), JOptionPane	JDialog의 setModal(false)

[표 13-20]은 JDialog의 주요 메서드를 정리한 것이다.

표 13-20 JDialog의 주요 메서드

메서드	설명
setModal(boolean modal)	다이얼로그를 모달로 설정한다.
isModal()	다이얼로그가 현재 모달 상태인지 확인하여 반환한다.
dispose()	다이얼로그 창을 닫고, 해당 창과 모든 하위 컴포넌트가 사용하던 시스템 자원을 해제한다.
getOwner()	다이얼로그의 부모 창(Owner) 객체를 반환한다.
setLocationRelativeTo(Component c)	다이얼로그를 지정된 컴포넌트(주로 부모 프레임)를 기준으로 중앙에 배치한다.
setUndecorated(boolean undecorated)	다이얼로그의 제목 표시줄 및 테두리 표시 여부를 설정하며, setVisible() 메서드를 호출하기 전에 사용한다.
pack()	다이얼로그 내의 모든 컴포넌트가 선호하는 크기에 맞춰 창 크기를 자동으로 조정한다.

setModal(boolean modal) 메서드는 다이얼로그의 모달 옵션을 설정한다. true는 다이얼로그가 닫히기 전까지 다른 모든 창과의 상호작용을 차단하며, false는 다이얼로그가 열려 있

어도 다른 창과 동시에 상호작용할 수 있다. 또한 사용자가 작업을 마치면 다이얼로그를 닫기 위해 dispose() 또는 setVisible(false)를 호출해야 한다. dispose()는 창을 숨기는 setVisible(false)와 달리, 창이 사용하던 시스템 자원(메모리)까지 해제하므로 dispose()를 사용하는 것을 권장한다.

2. JOptionPane

JOptionPane은 스윙에서 복잡한 JDialog 객체 구성없이 표준화된 간단한 대화 상자dialog box를 손쉽게 띄울 수 있는 유틸리티 클래스이다. 단 한 줄의 정적 메서드 호출만으로 메시지 표시, 확인/취소 질문, 사용자 입력 받기 등의 핵심 기능을 수행한다. JOptionPane이 띄우는 모든 대화 상자는 기본적으로 모달로 작동한다. 따라서 사용자가 응답하거나 닫기 전까지 애플리케이션의 다른 창 접근 및 작업을 차단한다. [표 13-21]은 JOptionPane의 정적 메서드를 정리한 것이다.

표 13-21 JOptionPane의 정적 메서드

정적 메서드	설명
showMessageDialog()	사용자에게 단순 알림 메시지나 경고를 표시한다.
showConfirmDialog()	사용자에게 예/아니오/취소 등의 확인 응답을 요청한다.
showInputDialog()	사용자로부터 한 줄의 문자 입력을 받는다.
showOptionDialog()	버튼 문자, 개수, 아이콘 등을 사용자 정의할 수 있는 가장 유연한 대화 상자를 생성한다.

■ showMessageDialog() 메서드

showMessageDialog() 메서드는 가장 기본적인 형태로, 사용자에게 정보를 알리거나 오류를 경고하는 메시지를 표시할 때 사용한다. 사용자로부터 별도의 응답을 받지 않고, 단순히 '확인' 버튼으로 창을 닫게 한다. 기본적인 형식과 항목에 대한 설명은 다음과 같다.

```
JOptionPane.showMessageDialog(parentComponent, message, title, messageType)
```

- **parentComponent**: 대화 상자를 띄울 부모 컴포넌트를 의미하며, null을 사용하면 화면 중앙에 표시된다.
- **message**: 대화 상자 내부에 표시할 메시지를 나타내며, 문자열이나 아이콘도 가능하다.
- **title**: 대화 상자의 제목 표시줄에 나타날 문자열이며 생략할 수 있다.
- **messageType**: 메시지 유형을 지정하여 아이콘을 결정한다. 기본값은 JOptionPane.INFORMATION_MESSAGE이며, messageType을 생략하는 경우에는 ⓘ가 표시된다. messageType으로

사용할 수 있는 상수는 [표 13-22]와 같으며, 이는 아이콘 모양과 용도를 결정하는 중요한 매개변수이다.

표 13-22 메시지 유형 상수

상수	아이콘	용도
JOptionPane.ERROR_MESSAGE		심각한 오류나 실패 경고
JOptionPane.INFORMATION_MESSAGE		일반적인 정보 제공(기본값)
JOptionPane.WARNING_MESSAGE		잠재적인 문제나 주의가 필요한 상황 경고
JOptionPane.QUESTION_MESSAGE		사용자에게 질문을 던지거나 응답을 유도
JOptionPane.PLAIN_MESSAGE		아이콘 없이 단순 문자 메시지만 표시

모든 항목을 설정한 showMessageDialog()는 다음과 같은 형태로 작성한다.

```
JOptionPane.showMessageDialog(
    null,                        // 부모 컴포넌트: 화면 중앙에 표시
    "파일을 찾을 수 없습니다.",       // 메시지 내용
    "오류",                       // 제목 표시줄 문자
    JOptionPane.ERROR_MESSAGE    // 아이콘:
);
```

■ showConfirmDialog() 메서드

showConfirmDialog() 메서드는 사용자에게 예Yes, 아니오No, 취소Cancel 등의 옵션을 제공하여 특정 동작에 대한 확인 응답을 요청한다. 사용자가 선택한 버튼에 따라 정수와 상숫값을 반환한다. 기본적인 형식은 다음과 같다.

```
JOptionPane.showConfirmDialog(parentComponent, message, title, optionType, messageType)
```

항목 중 optionType은 표시할 버튼의 종류를 지정한다. 옵션 유형 상수는 [표 13-23]과 같다.

표 13-23 옵션 유형 상수

상수	용도
JOptionPane.YES_NO_OPTION	예, 아니오
JOptionPane.YES_NO_CANCEL_OPTION	예, 아니오, 취소
JOptionPane.OK_CANCEL_OPTION	확인, 취소
JOptionPane.DEFAULT_OPTION	기본값

모든 항목을 설정한 showConfirmDialog()는 다음과 같은 형태로 작성한다.

```
int result = JOptionPane.showConfirmDialog(
    null,
    "변경 사항을 저장하시겠습니까?",
    "확인",
    JOptionPane.YES_NO_OPTION,
    JOptionPane.QUESTION_MESSAGE
);

if (result == JOptionPane.YES_OPTION) {
    // 저장 로직 실행
} else if (result == JOptionPane.NO_OPTION) {
    // 저장 없이 종료
}
```

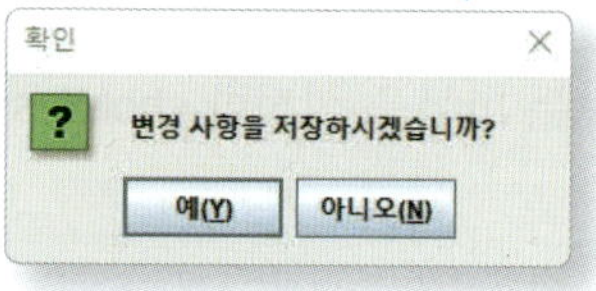

result에는 사용자가 선택한 버튼의 결과로 반환되는 값이 저장되며, [표 13-24]의 상숫값을 사용하여 조건문을 작성한다.

표 13-24 반환값 상수

상수	용도
JOptionPane.YES_NO_OPTION	'예' 버튼 선택
JOptionPane.NO_OPTION	'아니오' 버튼 선택
JOptionPane.CANCEL_OPTION	'취소' 버튼 선택
JOptionPane.OK_OPTION	'확인' 버튼 선택
JOptionPane.CLOSED_OPTION	사용자가 'X' 버튼을 눌러 대화 상자를 닫음

■ showInputDialog() 메서드

showInputDialog() 메서드는 사용자로부터 문자 입력을 받는 간단한 대화 상자를 표시할 때 사용한다. 대화 상자에는 기본적으로 '확인'과 '취소' 버튼이 포함된다. 사용자가 '확인' 버튼을 클릭하면, 입력된 문자가 String 타입으로 반환되고, '취소' 버튼을 클릭하거나 대화 상자를 닫으면, null이 반환된다. 기본적인 형식은 다음과 같다.

```
JOptionPane.showInputDialog(parentComponent, message, title, messageType)
```

showInputDialog()는 다음과 같은 형태로 작성한다.

```
String userInput = JOptionPane.showInputDialog(
    null,                                       // 부모 컴포넌트: 화면 중앙에 표시
    "사용자 이름을 입력하세요.",                // 메시지 내용
    "로그인 정보 입력",                         // 제목 표시줄 문자
    JOptionPane.QUESTION_MESSAGE                // 아이콘: 물음표 (?)
);

// 반환값 사용 예시
if (userInput != null) {
    System.out.println("입력된 이름: " + userInput);
} else {
    System.out.println("사용자가 입력을 취소했습니다.");
}
```

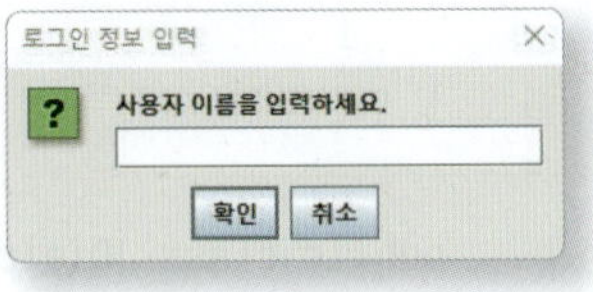

[예제 13-12]는 [그림 13-15]와 같이 JDialog와 JOptionPane으로 팝업 창을 생성하는 코드이다.

예제 13-12 **JDialog 만들기** JDialogExample.java

```
package sec02.exam12;

import java.awt.*;
import javax.swing.*;

class MyDialog extends JDialog {
    private boolean confirmed = false;

    public MyDialog(Frame owner, String title) {
        super(owner, title, true);        // true: 모달
        this.setLayout(new BorderLayout(10, 10));
        JLabel label = new JLabel("정말 진행하시겠습니까?", JLabel.CENTER);
        this.add(label, BorderLayout.CENTER);

        JPanel panel = new JPanel();
        JButton okBtn = new JButton("확인");
        okBtn.addActionListener(e -> {
            confirmed = true;
            dispose();                    // 자원 해제 후 창 닫기
        });
```

```java
        JButton cancelBtn = new JButton("취소");
        cancelBtn.addActionListener(e -> dispose());

        panel.add(okBtn);
        panel.add(cancelBtn);
        this.add(panel, BorderLayout.SOUTH);
        this.setSize(250, 150);
        this.setLocationRelativeTo(owner);
    }

    public boolean isConfirmed() {
        return confirmed;
    }
}

public class JDialogExample extends JFrame {
    public JDialogExample() {
        this.setTitle("JDialog 예제");
        this.setSize(300, 150);
        this.setDefaultCloseOperation(JFrame.EXIT_ON_CLOSE);
        this.setLayout(new FlowLayout());

        JButton openBtn = new JButton("대화 상자 열기");
        this.add(openBtn);
        openBtn.addActionListener(e -> {
            MyDialog dialog = new MyDialog(this, "사용자 확인");
            dialog.setVisible(true);            // 모달 대화상자
            if (dialog.isConfirmed()) {
                JOptionPane.showMessageDialog(this, "확인 버튼을 누름!");
            }
        });
        this.setLocationRelativeTo(null);
        this.setVisible(true);
    }

    public static void main(String[] args)  {
        SwingUtilities.invokeLater(() -> new JDialogExample());
    }
}
```

36행의 JDialogExample 클래스는 부모 JFrame을 만들고 MyDialog를 모달 방식으로 띄워 사용자 입력을 처리하는 메인 코드이며, 6행의 MyDialog 클래스는 JDialog를 상속받아 확인/취소 기능을 가진 사용자 정의 팝업 창을 구현한다.

46행은 부모 창으로 지정하여 MyDialog 인스턴스를 생성하고, 47행에서 다이얼로그를 화면에 표시한다. 이 코드가 실행되면, MyDialog가 모달로 설정되어 있기 때문에, 사용자가 다이얼로그를 닫기 전까지 이 이후의 코드는 실행되지 않고 대기한다.

다이얼로그가 닫힌 후, 48행의 isConfirmed() 메서드를 호출하여 사용자가 '확인' 버튼을 클릭했는지 확인한다. 만약 '확인'을 클릭했다면, 49행에서 성공 메시지를 알리는 간단한 JOptionPane 팝업을 띄운다.

[예제 13-12]는 JDialog를 사용하여 사용자 정의 팝업 창을 만들기 때문에 코드가 복잡하고 길어진다는 단점이 있다. JOptionPane만을 사용하여 단순하게 팝업창을 만드는 방법을 이어지는 '[Lab] JOptionPane으로 팝업 창 만들기'에서 확인해보자.

LAB JOptionPane으로 팝업 창 만들기

JDialog로 구현한 [예제 13-12]의 팝업 창을 JOptionPane을 사용하여 구현해보자. 이 코드는 JDialog를 상속받고 레이아웃을 설정하며 리스너를 직접 구현해야 했던 복잡한 과정을 단 한 줄의 JOptionPane 호출로 간결하게 대체한다. 다음의 GUI 애플리케이션 화면과 조건을 참고하여 코드의 빈칸을 채워보자.

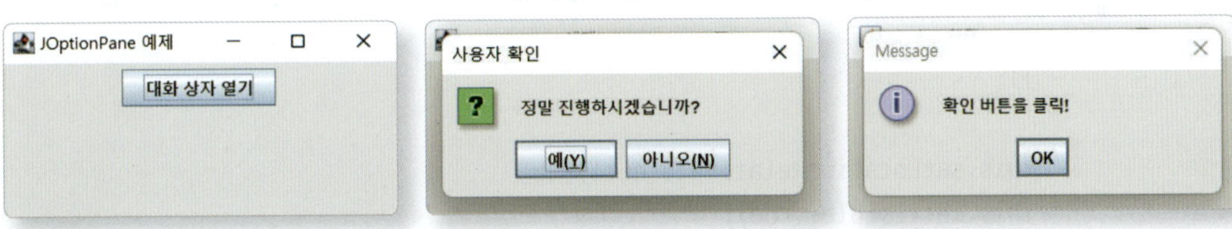

조건

- showConfirmDialog 메서드를 사용하여 사용자에게 확인이 필요한 질문을 던지고, 사용자의 응답을 정수 값으로 반환한다.
- JOptionPane.YES_NO_OPTION을 사용하여 대화 상자에 표시할 버튼의 종류를 지정하며, '예(Yes)'와 '아니오(No)' 두 개의 버튼을 표시하도록 설정한다.
- if (result == JOptionPane.YES_OPTION) 조건문을 사용하여, 사용자가 '예' 버튼을 눌렀을 때만 '확인 버튼을 클릭!'이라는 JOptionPane 메시지를 출력하도록 처리한다.

Lab 13-2 JOptionPane으로 팝업 창 만들기

```
package chap13.lab02;

import java.awt.*;
import javax.swing.*;

public class JOptionPaneLab extends JFrame {
    public JOptionPaneLab() {
        this.setTitle("JOptionPane 예제");
        this.setSize(300, 150);
        this.setDefaultCloseOperation(JFrame.EXIT_ON_CLOSE);
        this.setLayout(new FlowLayout());

        JButton openBtn = new JButton("대화 상자 열기");
        this.add(openBtn);

        openBtn.addActionListener(e -> {
            int result = JOptionPane.[    ①    ](
                this,                            // 부모 컴포넌트
                "정말 진행하시겠습니까?",        // 메시지
                "사용자 확인",                   // 타이틀
                JOptionPane.[    ②    ]          // '예/아니오' 사용
            );

            if (result == JOptionPane.[    ③    ]) {
                JOptionPane.showMessageDialog([ ④ ], "확인 버튼을 클릭!");
            }
        });

        this.setLocationRelativeTo(null);
        this.setVisible(true);
    }

    public static void main(String[] args)  {
        SwingUtilities.invokeLater(() -> new JOptionPaneLab());
    }
}
```

정답

① showConfirmDialog　② YES_NO_OPTION
③ YES_OPTION　④ this

미니 프로젝트 도넛 주문 시스템

이번 프로젝트의 주제는 '도넛 주문 시스템'이다. 스윙을 이용하여 도넛의 주문 수량을 관리하는 프로그램으로, '1개 추가' 버튼을 클릭하면 도넛 개수와 금액이 각각 1개, 1400원씩 증가하고, '취소' 버튼을 클릭하면 개수와 금액이 모두 0으로 초기화된다. 완성한 GUI 화면의 모습과 조건에 맞게 프로그램을 작성해보자.

조건

- 사용되는 이미지는 'img1.png'이다.
- int itemCount는 현재 도넛 개수를 나타내며 초깃값은 0이다.
- final int PRICE는 도넛 가격을 저장하며, 초깃값은 1400이다.
- JLabel totalLabel은 주문 현황을 표시하는 레이블이다.

[코드 구조 설명]

- DonutOrderApp 클래스는 JFrame을 상속받으며, 메인 창 역할을 한다.
- 메인 프레임은 BorderLayout을 사용하여 패널을 CENTER에, 요약 라벨을 SOUTH에 배치한다.
- 상단의 콘텐츠는 FlowLayout을 사용하여 이미지와 버튼 패널을 가로로 배열한다.
- updateDisplay() 메서드는 itemCount를 기준으로 총 금액을 계산하고, totalLabel의 문자를 'X개, Y원' 형식으로 갱신한다.
- 결과를 출력하는 totalLabel의 폰트와 여백은 다음과 같이 작성한다.

```
totalLabel = new JLabel("", SwingConstants.CENTER);
totalLabel.setFont(new Font("SansSerif", Font.BOLD, 20));
totalLabel.setBorder(BorderFactory.createEmptyBorder(5, 0, 5, 0));
add(totalLabel, BorderLayout.SOUTH);
```

요약

01 JLabel은 문자와 이미지를 표시하는 컴포넌트이다. 사용자가 내용을 직접 수정할 수는 없지만, 프로그램 실행 중 `.setText()`나 `.setIcon()` 메서드를 사용하여 레이블의 내용을 동적으로 변경할 수 있다.

02 JTextField는 사용자가 한 줄의 문자를 입력하거나 수정할 수 있는 컴포넌트로 로그인 창의 아이디, 이름 입력란처럼 짧고 간단한 정보를 입력받거나 표시할 때 주로 사용한다.

03 JTextArea는 여러 줄의 문자(텍스트)를 표시하거나 사용자가 입력, 편집할 수 있는 영역을 만드는 컴포넌트로, 행과 열의 개념을 사용하여 긴 내용의 문자를 다룰 때 적합하다. JTextArea는 기본적으로 스크롤 기능을 제공하지 않기 때문에 `JScrollPane` 컨테이너에 담아서 사용한다.

04 JButton은 사용자가 버튼을 클릭하면 특정 작업을 실행하도록 설계된 대화형 컴포넌트이며, '확인', '취소', '저장', '제출' 등과 같이 사용자로부터 명령을 받을 때 주로 사용한다.

05 JCheckBox는 사용자에게 선택/선택 해제 중 하나를 선택할 수 있게 하는 컴포넌트로, 사각형의 체크박스 모양을 가진다. 상태 변화를 감지하기 위해 주로 ItemListener를 사용하며, 사용자가 체크박스를 클릭하여 선택 상태가 변경될 때 이벤트가 발생한다.

06 JRadioButton은 여러 개의 선택지 중에서 단 하나의 항목만 선택할 수 있는 컴포넌트로, '성별(남/여)', '결제 방법(카드/현금/포인트)'처럼 상호 배타적인 옵션 중 하나를 선택해야 할 때 사용한다. ButtonGroup 클래스를 사용하여 그룹에 속한 버튼 중 오직 하나만 선택될 수 있도록 만든다.

07 JSlider는 슬라이더를 만드는 데 사용되며, 사용자가 일정 범위 내에서 값을 시각적으로 선택할 수 있도록 하는 입력 컴포넌트이다. 슬라이더 핸들을 움직여 값이 변경되는 것을 감지하기 위해 ChangeListener를 사용하며, 리스너 메서드 내부에서 `getValue()`를 호출하여 슬라이더의 현재 값을 읽어와 사용자 인터페이스를 업데이트하거나 코드에 반영한다. JProgressBar는 진행 중인 작업의 완료 상태를 사용자에게 시각적으로 표시하는 데 사용하는 출력 컴포넌트이다.

08 JList는 여러 항목을 스크롤할 수 있는 형태로, 한 번에 표시하여 사용자가 하나 또는 여러 개의 항목을 선택할 수 있는 컴포넌트이다. 많은 수의 항목을 효율적으로 보여주기 때문에 사용자가 여러 옵션을 선택해야 할 때 매우 유용하다.

09 JComboBox는 여러 항목을 드롭다운 메뉴 형태로 보여주는 콤보 상자를 생성하는 컴포넌트이다. JList와 기능적으로 유사하지만, 목록 전체를 한 번에 보여주지 않고, 사용자가 클릭했을 때만 펼쳐지므로 공간을 절약할 수 있다.

10 메뉴 시스템은 JMenuBar, JMenu, JMenuItem 세 가지 핵심 컴포넌트를 유기적으로 연결하여 구성한다. 이들은 창 상단에 위치하여 사용자가 다양한 기능을 계층적 구조로 접근하고, 실행할 수 있도록 돕는다. 메뉴 시스템의 기본 구조는 JMenuBar(최상위) → JMenu(메뉴) → JMenuItem(개별 항목)의 흐름을 따른다.

11 JToolBar 클래스는 도구 모음을 생성하는 컨테이너이다. 일반적으로 아이콘 버튼이나 Action 객체로 생성된 버튼을 담아, 사용자가 자주 쓰는 기능을 한곳에 모아 빠르게 실행할 수 있도록 한다. 툴팁은 사용자가 마우스 커서를 JButton이나 JLabel과 같은 컴포넌트 위에 올려두었을 때 잠시 나타났다가 사라지는 작은 문자 상자이다.

12 스윙에서 사용자에게 정보를 알리거나 입력을 받는 팝업 창을 만드는 방법은 크게 두 가지가 있다. 먼저 JDialog는 컨테이너를 이용하여 사용자 정의된 복잡한 팝업을 만들 때 사용한다. JOptionPane은 유틸리티 클래스의 정적 메서드를 호출하여 간단하고 표준화된 팝업을 손쉽게 만들 때 사용한다.

연습문제

01 한 줄의 문자를 입력하거나 편집할 수 있는 컴포넌트를 찾으시오.

① JList ② JLabel ③ JTextArea ④ JTextField

02 여러 줄의 문자를 입력하거나 편집할 수 있는 컴포넌트를 찾으시오.

① JList ② JLabel ③ JTextArea ④ JTextField

03 클릭 시 특정 이벤트를 발생시키는 버튼 형태의 컴포넌트를 찾으시오.

① JRadioButton ② JButton ③ JCheckBox ④ JSlider

04 두 개 이상의 항목을 복수 선택할 수 있는 확인란을 만드는 컴포넌트를 찾으시오.

① JRadioButton ② JButton ③ JCheckBox ④ JSlider

05 일정 범위 내에서 값을 시각적으로 선택하는 입력 컴포넌트를 찾으시오.

① JRadioButton ② JButton ③ JCheckBox ④ JSlider

06 진행 중인 작업의 완료 상태를 시각적으로 표시, 출력하는 컴포넌트를 찾으시오.

① JProgressBar ② JComboBox ③ JMenuBar ④ JSlider

07 여러 항목을 드롭다운 형태로 표시하는 컴포넌트를 찾으시오.

① JProgressBar ② JComboBox ③ JMenuBar ④ JList

08 메뉴 만들기에서 메뉴를 담는 최상위 컨테이너에 해당하는 컴포넌트를 찾으시오.

① JMenu ② JToolBar ③ JMenuBar ④ JMenuItem

09 메뉴 만들기에서 메뉴바에 직접 보이는 항목으로 클릭 시 하위 항목을 드롭다운하는 컴포넌트를 찾으시오.

① JMenu ② JToolBar ③ JMenuBar ④ JMenuItem

10 자주 사용하는 버튼이나 컨트롤 키를 모아 놓는 도구 모음을 만드는 컴포넌트를 찾으시오.

① JMenu ② JToolBar ③ JMenuBar ④ JMenuItem

11 사용자 정의된 콘텐츠와 기능을 포함하는 팝업 대화 상자를 만드는 컴포넌트를 찾으시오.

① JProgressBar ② JOptionPane ③ JDialog ④ JSlider

12 JLabel에서 수평 정렬의 기본값은 무엇인가?

① LEFT ② CENTER ③ RIGHT ④ RANDOM

13 JLabel에서 수직 정렬의 기본값은 무엇인가?

① RANDOM ② TOP
③ BOTTOM ④ CENTER

14 JLabel에서 문자열을 설정하며, 레이블의 내용을 동적으로 변경해야 할 때 가장 많이 사용하는 메서드는 무엇인가?

① setIcon() ② getText()
③ setText() ④ getIcon()

15 JTextArea를 사용할 때, 문자가 잘려서 보이지 않을 수 있는 문제를 해결할 때 사용하는 컴포넌트를 찾으시오.

① JScrollPane ② JOptionPane
③ JDialog ④ JSlider

16 setFocusable(true) 메서드가 필요한 이벤트 리스너를 찾으시오.

① KeyListener ② MouseMotionListener
③ ItemListener ④ MouseListener

17 JButton에서 버튼의 활성화/비활성화 상태를 설정하는 메서드는 무엇인가?

① setIcon() ② setText()
③ setEnabled() ④ isEnabled()

18 JCheckBox에서 선택 상태를 프로그램적으로 변경하는 메서드는 무엇인가?

① setSelected() ② setText()
③ setEnabled() ④ isEnabled()

19 JCheckBox에서 상태 변화를 감지하기 위해 주로 사용하는 리스너는 무엇인가?

① KeyListener ② MouseMotionListener
③ ItemListener ④ MouseListener

20 JRadioButton에서 단일 선택 컴포넌트를 사용하기 위해 사용해야 하는 클래스는 무엇인가?

① RadioGroup ② ButtonGroup
③ ItemGroup ④ MouseGroup

21 JSlider에서 눈금이 보이게 하는 메서드는 무엇인가?

① setSelected() ② setPaintTicks()
③ setEnabled() ④ setPaintLabels()

22 JSlider에서 값이 변경되는 것을 감지하기 위해 사용하는 리스너는 무엇인가?

① KeyListener ② ChangeListener

③ ItemListener ④ MouseListener

23 JList를 사용할 때, 목록 항목이 컴포넌트 크기를 초과할 경우를 대비하여 사용하는 컴포넌트를 찾으시오.

① JScrollPane ② JOptionPane

③ JDialog ④ JSlider

24 JMenuBar에 JMenu 탭을 추가하는 메서드를 찾으시오.

① setToolTipText() ② addSeparator()

③ add() ④ setJMenuBar()

25 JMenu나 JToolBar에서 구분선을 추가하는 메서드를 찾으시오.

① setToolTipText() ② addSeparator()

③ add() ④ setJMenuBar()

26 다이얼로그 창을 닫고, 해당 창과 모든 하위 컴포넌트가 사용하던 시스템 자원을 해제하는 메서드를 찾으시오.

① setModal() ② getOwner()

③ add() ④ dispose()

27 다이얼로그의 사용 시, 다른 창의 작업 차단을 설정하는 메서드를 찾으시오.

① setModal() ② getOwner()

③ add() ④ dispose()

28 문자와 아이콘 레이블을 화면에 배치하는 코드이다. 'logo.png'는 작업 폴더에 있다고 가정하고, 다음 코드의 빈칸을 채우시오.

```
import java.awt.*;
import javax.swing.*;

public class JLabelExample extends JFrame {
    public JLabelExample() {
        this.setTitle("JLabel 예제");
        this.setSize(400, 200);
        this.setDefaultCloseOperation(JFrame.EXIT_ON_CLOSE);
        this.setLayout(new BorderLayout());

        __________("logo.png");
        JLabel combine = new JLabel(__________);
        combine.__________(JLabel.BOTTOM);
        combine.setHorizontalTextPosition(JLabel.CENTER);
        this.add(combine, BorderLayout.CENTER);

        this.setVisible(true);
    }

    public static void main(String[] args)  {
        SwingUtilities.invokeLater(() -> new JLabelExample());
    }
}
```

29 300×200 크기의 `JFrame`을 생성한 후 `JComboBox`를 배치하여, 'Red', 'Green', 'Blue' 세 가지 색상 옵션을 추가하시오. 이때, 콤보박스에서 항목을 선택할 때마다 프레임의 배경색이 해당 색상으로 변경되도록 `ActionListener`를 구현하시오.

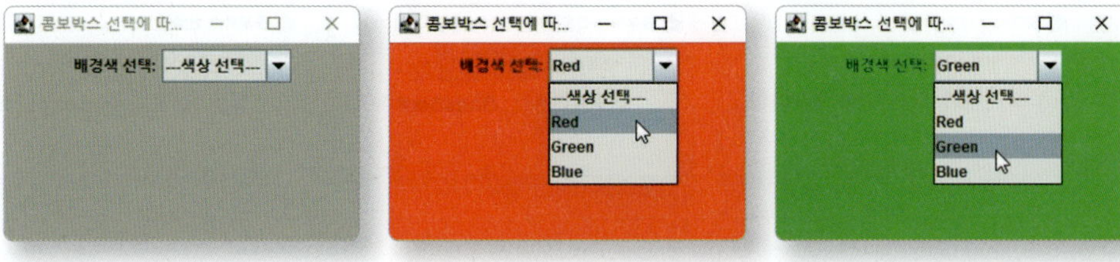

30 400×150 크기의 창을 만들고, '보통', '굵게', '기울임' 세 개의 `JRadioButton`을 `ButtonGroup`으로 묶고, 하나의 `JLabel`을 배치하시오. 이때, 라디오 버튼을 선택하면 `JLabel`의 텍스트가 해당 스타일(`Font.PLAIN`, `Font.BOLD`, `Font.ITALIC`)로 변경되도록 `ActionListener`를 구현하시오.

31 300×150 크기의 창을 만들고, '편집 가능' `JCheckBox`와 `JTextField`를 배치하시오. 체크박스가 선택되면 `JTextField`를 편집 가능하게 설정하고, 선택 해제되면 편집 불가능하게 설정하는 `ItemListener`를 구현하시오.

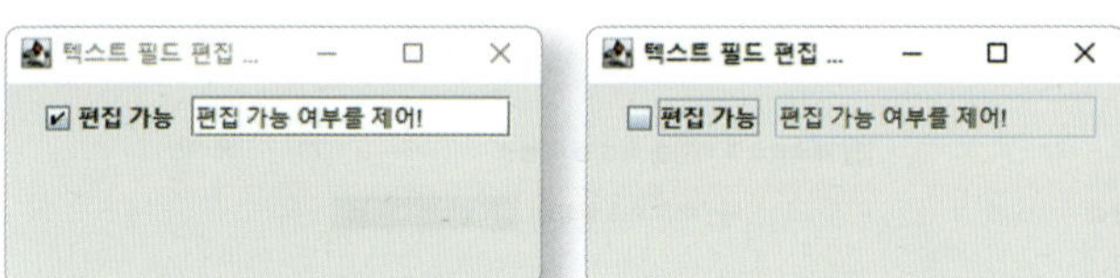

HINT 편집 옵션을 설정할 때는 `setEditable(true)`와 `setEditable(false)`를 사용한다.

32 300×150 크기의 창을 만들고, 콤보박스에 폰트 이름('Serif', 'SansSerif', 'Monospaced')을 항목으로 추가하시오. 선택된 폰트 이름은 `JLabel`에 표시하고, `JLabel`의 폰트가 해당 폰트로 변경되도록 `ActionListener`를 구현하시오.

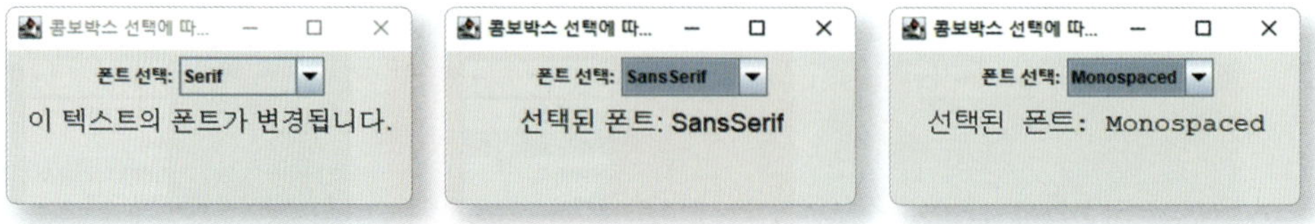

33 400×150 크기의 창을 만들고, '크게 (+2)', '작게 (−2)'로 구성한 `JButton`과 하나의 `JLabel`을 배치하시오. '크게 (+2)' 버튼 클릭 시 폰트 크기를 2pt 증가시키고, '작게 (−2)' 버튼 클릭 시 2pt 감소시키도록 `ActionListener`를 구현하시오. 이때, 초기 폰트 크기는 14pt로 설정하시오.

34 400×150 크기의 창을 만들고, 하나의 `JCheckBox`와 `JLabel`을 배치하시오. 체크박스가 선택되면 `JLabel`의 전경색(글자색)을 흰색, 배경색을 검은색으로 변경하고, 체크박스가 해제되면 전경색을 검은색, 배경색을 흰색으로 되돌리도록 `ItemListener`를 구현하시오.

HINT `JLabel`에 `setOpaque(true)`를 설정한다.

35 400×150 크기의 창을 만들고, 최소 10, 최대 30, 초깃값이 16인 JSlider를 생성하시오. 슬라이더의 값이 변경될 때마다 JLabel의 폰트 크기를 슬라이더의 값으로 설정하여 텍스트 크기가 동적으로 변하도록 ChangeListener를 구현하시오.

36 400×150 크기의 창을 만들고, JSlider와 JProgressBar를 배치하시오. JSlider의 값이 변경될 때마다 JProgressBar의 진행률이 JSlider의 값과 동일하게 업데이트되도록 ChangeListener를 구현하시오.

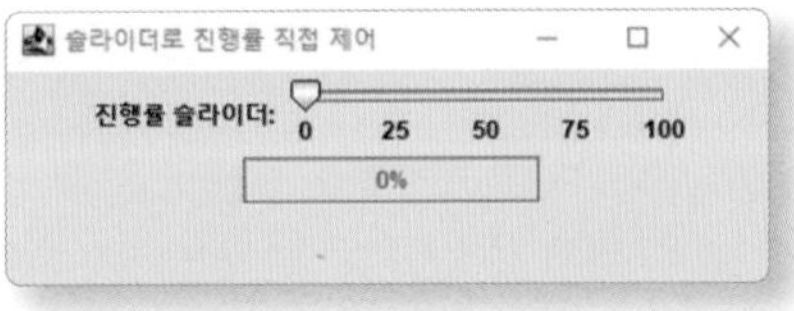

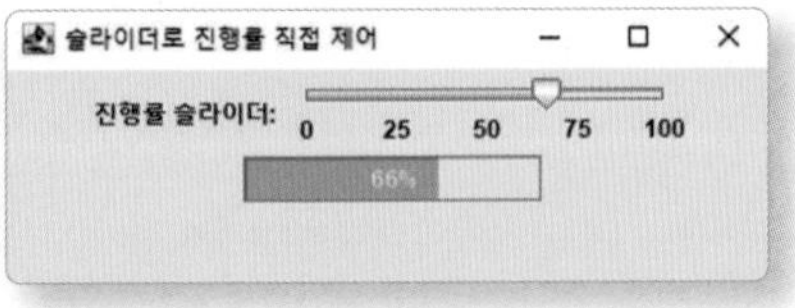

37 400×150 크기의 창을 만들고, JMenuBar로 '설정' 메뉴를 만드시오. '설정' 메뉴 안에 JCheckBoxMenuItem 형태의 '편집 모드' 항목을 추가하시오. '편집 모드' 항목의 선택 상태에 따라 JTextField의 편집 가능 여부를 제어하도록 ActionListener를 구현하시오.

HINT 편집 가능 여부를 제어할 때는 setEditable( ) 메서드를 사용한다.

CHAPTER 14

도전! 프로젝트

학습 목표

- 객체, 상속, 인터페이스, 컬렉션과 같은 자바 문법을 활용하여 '카페 키오스크' 프로젝트를 구현한다.
- 이미 만들어진 객체를 활용하여 '온라인 스토어' 프로젝트를 구현함으로써, 객체지향의 재사용성을 확인한다.

▶ 카페 키오스크 만들기

패키지

- cafe.menu
- cafe.order
- cafe.user
- cafe.system

인터페이스와 클래스

- MenuItem 인터페이스
- Beverage 클래스
- Donut 클래스
- Customer 클래스
- CafeSystem 클래스

▶ 온라인 스토어 만들기

패키지

- cafe.menu
- cafe.order
- cafe.user
- cafe.system

클래스

- OnlineStore 클래스
- Product 클래스

SECTION 01
카페 키오스크 만들기

1 카페 키오스크의 구성

1. 카페 키오스크의 개요

'카페 키오스크' 프로그램은 지금까지 배운 객체, 상속, 인터페이스, 컬렉션과 같은 자바 문법을 활용하여 구현하는 카페 주문 시스템이다. 사용자의 주문을 받아 총액을 계산하고, 세트 메뉴 및 누적 주문 횟수에 따른 할인을 적용한다. 객체지향 프로그래밍의 원칙에 따라 여러 클래스를 관련 패키지로 나누고, 클래스들을 체계적으로 분류한다. 또한 접근 제어자(`private`, `public` 등)를 활용하여 객체를 캡슐화한다. '카페 키오스크 만들기'에서 사용한 대부분의 클래스는 2절 '온라인 스토어 만들기'에 다시 사용할 예정이므로, 자바의 재사용성을 확인할 수 있다.

■ 카페 키오스크의 메뉴 리스트와 가격

'카페 키오스크' 프로그램에서 사용하는 각 메뉴의 가격 리스트와 세트 메뉴의 가격은 다음과 같다.

```
< 음료 >
커피: 4000원
아이스 커피: 4500원
망고 주스: 5000원

< 도넛 >
기본 도넛: 2000원
크림 도넛: 2500원
딸기 도넛: 2500원
레몬 도넛: 2500원

< 세트 메뉴>
도넛 2개 + 음료 1개: 1000원 할인
```

■ **카페 키오스크의 작동 방식**

'카페 키오스크' 프로그램은 다음과 같은 방식으로 작동한다.

- 사용자 이름을 문자열로 입력받으며, 이름이 사용자ID가 된다. 같은 사용자 이름(사용자ID)의 경우 방문 횟수에 따라 혜택이 주어진다. 사용자 이름 입력창에 'quit'가 입력되면 시스템이 종료되며, 이외에는 사용자로 인식하여 주문을 계속 반복한다.
- 새로운 사용자의 경우, '새로운 사용자 XXX님 환영합니다!'를 출력한다. 다시 방문한 사용자는 '또 오셨네요, XXX님!'을 출력한다.
- 사용자의 주문 횟수를 저장한다. 재방문한 사용자의 경우, '또 오셨네요, XXX님!' 출력 다음에 누적 주문 횟수를 출력한다. 예를 들어 2번째 주문이면 '〉 누적 주문 횟수: 2회'라고 출력한다.
- 원하는 메뉴 번호를 입력받아 주문을 받으며, 입력이 0이면 주문을 종료한다.
- 주문이 종료되면 주문 내역을 출력한다. 시스템 전체의 주문 번호와 주문자를 출력한 이후에 주문한 메뉴를 한 줄씩 출력하고, 주문한 총 금액, 할인 금액, 최종 결제 금액을 출력한다.
- 세트 메뉴인 도넛 2개에 음료 1개를 주문하면 1000원이 할인된다. 할인은 반복 적용하기 때문에 도넛 4개에 음료 2개를 주문하면 2000원이 할인된다.
- 사용자가 5번째 주문하는 경우에는 총 지불 금액의 50%를 할인하고, '축하합니다! 5회차 주문으로 50% 할인을 받습니다!'를 출력한다.
- 5번째 주문에 세트 메뉴가 있는 경우, 세트 메뉴의 할인 금액을 총 지불 금액에서 뺀 후에 50%를 할인한다.

2. 카페 키오스크의 출력 예시

여러 주문 상황에 대한 출력 예시를 살펴보자. 사용자의 첫 번째 주문의 경우 다음과 같이 출력된다.

```
사용자 이름을 입력하세요: 미라클
새로운 사용자 미라클님 환영합니다!
--- 메뉴 ---
[음료]
1. 커피 (4000원)
2. 아이스 커피 (4500원)
3. 망고 주스 (5000원)
[도넛]
4. 기본 도넛 (2000원)
```

```
5. 크림 도넛 (2500원)
6. 딸기 도넛 (2500원)
7. 레몬 도넛 (2500원)

원하는 메뉴 번호를 입력하세요 (0을 입력하면 주문 완료): 1
커피를(을) 장바구니에 담았습니다.
원하는 메뉴 번호를 입력하세요 (0을 입력하면 주문 완료): 4
기본 도넛를(을) 장바구니에 담았습니다.
원하는 메뉴 번호를 입력하세요 (0을 입력하면 주문 완료): 0

[주문 내역]
전체 주문 번호: 1, 주문자: 미라클
- 커피 (4000원)
- 기본 도넛 (2000원)

총 금액: 6000원
할인 금액: 0원 (세트 메뉴 할인: 0원, 50% 할인: 0원)
최종 결제 금액: 6000원
주문이 완료되었습니다. 감사합니다!
```

같은 사용자의 2번째 주문일 때, 세트 메뉴가 포함되는 경우 다음과 같이 출력한다.

```
사용자 이름을 입력하세요: 미라클
또 오셨네요, 미라클님! > 누적 주문 횟수: 2회
--- 메뉴 ---
[음료]
1. 커피 (4000원)
2. 아이스 커피 (4500원)
3. 망고 주스 (5000원)

[도넛]
4. 기본 도넛 (2000원)
5. 크림 도넛 (2500원)
6. 딸기 도넛 (2500원)
7. 레몬 도넛 (2500원)
```

```
원하는 메뉴 번호를 입력하세요 (0을 입력하면 주문 완료): 1
커피를(을) 장바구니에 담았습니다.
원하는 메뉴 번호를 입력하세요 (0을 입력하면 주문 완료): 4
기본 도넛를(을) 장바구니에 담았습니다.
원하는 메뉴 번호를 입력하세요 (0을 입력하면 주문 완료): 5
크림 도넛를(을) 장바구니에 담았습니다.
원하는 메뉴 번호를 입력하세요 (0을 입력하면 주문 완료): 0

[주문 내역]
전체 주문 번호: 2, 주문자: 미라클
- 커피 (4000원)
- 기본 도넛 (2000원)
- 크림 도넛 (2500원)

총 금액: 8500원
할인 금액: 1000원 (세트 메뉴 할인: 1000원, 50% 할인: 0원)
최종 결제 금액: 7500원
주문이 완료되었습니다. 감사합니다!
```

같은 사용자가 5번째 주문으로 50% 할인을 받는 경우에는 다음과 같이 출력한다.

```
사용자 이름을 입력하세요: 미라클
또 오셨네요, 미라클님! > 누적 주문 횟수: 5회
--- 메뉴 ---
[음료]
1. 커피 (4000원)
2. 아이스 커피 (4500원)
3. 망고 주스 (5000원)

[도넛]
4. 기본 도넛 (2000원)
5. 크림 도넛 (2500원)
6. 딸기 도넛 (2500원)
7. 레몬 도넛 (2500원)

원하는 메뉴 번호를 입력하세요 (0을 입력하면 주문 완료): 5
크림 도넛를(을) 장바구니에 담았습니다.
```

```
원하는 메뉴 번호를 입력하세요 (0을 입력하면 주문 완료): 6
딸기 도넛를(을) 장바구니에 담았습니다.
원하는 메뉴 번호를 입력하세요 (0을 입력하면 주문 완료): 1
커피를(을) 장바구니에 담았습니다.
원하는 메뉴 번호를 입력하세요 (0을 입력하면 주문 완료): 0

[주문 내역]
전체 주문 번호: 5, 주문자: 미라클
- 크림 도넛 (2500원)
- 딸기 도넛 (2500원)
- 커피 (4000원)
축하합니다! 5회차 주문으로 50% 할인을 받습니다!

총 금액: 9000원
할인 금액: 5000원 (세트 메뉴 할인: 1000원, 50% 할인: 4000원)
최종 결제 금액: 4000원
주문이 완료되었습니다. 감사합니다!
```

2 카페 키오스크 구조

1. 패키지와 객체 구조

프로젝트의 확장성과 유지보수성을 고려하여 클래스는 cafe.menu, cafe.order, cafe.user, cafe.system 패키지로 분류한다. 이 중 cafe.system 패키지는 main() 메서드를 포함한다. 각 패키지와 해당 패키지에 속한 클래스의 목록은 [표 14-1]과 같다.

표 14-1 카페 키오스크의 패키지와 클래스 목록

패키지	패키지 설명	클래스
cafe.menu	메뉴 관련 클래스	MenuItem(인터페이스)
		Beverage
		Donut
cafe.order	주문 관련 클래스	Order
cafe.user	사용자 관련 클래스	Customer
cafe.system	시스템 메인 클래스	CafeSystem

- **cafe.menu 패키지:** 메뉴 항목과 관련된 클래스가 모여 있다. MenuItem 인터페이스를 통해 메뉴 객체들의 공통적인 행동을 정의하고, Beverage와 Donut 클래스가 이를 구현한다.

- **cafe.order 패키지:** 고객의 주문 내역을 관리하는 Order 클래스를 포함한다. ArrayList 컬렉션을 사용하여 여러 메뉴를 유연하게 담는다.
- **cafe.user 패키지:** 고객의 이름과 누적 주문 횟수를 저장하는 Customer 클래스가 있다. 이 정보는 5번 방문 할인을 계산하는 데 사용된다.
- **cafe.system 패키지:** 전체 시스템의 메인을 담당하는 CafeSystem 클래스가 있다. HashMap 컬렉션을 활용해 고객 정보를 관리하며, 사용자 입력을 처리하는 입출력 스트림 기능을 수행한다.

2. 클래스와 메서드의 기능 설명

카페 키오스크의 각 객체에 속한 멤버 변수 및 메서드는 [표 14-2]와 같다.

표 14-2 각 객체의 멤버 변수 및 메서드

객체	멤버 변수	멤버 메서드
MenuItem		getName(), getPrice()
Beverage	name, price	생성자, getName(), getPrice()
Donut	name, price	생성자, getName(), getPrice()
Order	orderId, userId, items(ArrayList)	생성자, addItem() calculateOriginalPrice(), applySetDiscount(), displayOrderDetails(), getUserId()
Customer	userId, orderCount	생성자, getUserId(), getOrderCount(), incrementOrderCount()
CafeSystem	customers(HashMap), scanner, menu, nextOrderId	run(), showMenu(), processOrder(), calculateLoyaltyDiscount()

각 클래스 및 클래스에 속한 멤버의 기능은 다음과 같다.

▪ MenuItem 인터페이스

이 인터페이스는 모든 메뉴 항목이 가져야 할 기본적인 계약을 정의한다. Beverage와 Donut 클래스는 이 인터페이스를 구현함으로써 다형성을 보장받는다.

- **getName():** 메뉴 항목의 이름을 반환한다. 예 "커피", "기본 도넛" 등
- **getPrice():** 메뉴 항목의 가격을 정수 형태로 반환하는 메서드로 주문 총액을 계산할 때 사용한다.

▪ Beverage 클래스

음료 메뉴 항목의 구체적인 구현 클래스로, MenuItem 인터페이스의 추상 메서드를 구현한다.

- **name**: 음료의 이름을 저장하는 private 멤버 변수로, 외부에서 직접 접근할 수 없도록 캡슐화되어 있다.
- **price**: 음료의 가격을 저장하는 private 멤버 변수이다.
- **생성자**: Beverage(String name, int price) 형태의 생성자로, 객체 생성 시 이름과 가격을 초기화한다.
- **getName()**: MenuItem 인터페이스를 구현하여 음료의 이름을 반환한다.
- **getPrice()**: MenuItem 인터페이스를 구현하여 음료의 가격을 반환한다.

■ Donut 클래스

도넛 메뉴 항목의 구체적인 구현 클래스로, MenuItem 인터페이스를 구현한다.

- **name**: 도넛의 이름을 저장하는 private 멤버 변수이다.
- **price**: 도넛의 가격을 저장하는 private 멤버 변수이다.
- **생성자**: Donut(String name, int price) 형태의 생성자로, 객체 생성 시 이름과 가격을 초기화한다.
- **getName()**: MenuItem 인터페이스를 구현하여 도넛의 이름을 반환한다.
- **getPrice()**: MenuItem 인터페이스를 구현하여 도넛의 가격을 반환한다.

■ Order 클래스

사용자 한 명의 주문 내역을 관리하는 클래스이다.

- **orderId**: 주문을 식별하는 고유한 번호이다.
- **userId**: 주문을 한 사용자의 ID를 저장한다.
- **items(ArrayList)**: 주문된 메뉴 항목들을 저장하는 ArrayList 컬렉션이다.
- **생성자**: Order(int orderId, String userId) 형태로, 새로운 주문 객체가 생성될 때 주문 번호와 사용자 ID를 설정한다. 여기서 사용자 ID는 사용자 이름을 의미한다.
- **addItem()**: MenuItem 객체를 items 리스트에 추가하여 주문 목록을 구성한다.
- **calculateOriginalPrice()**: 주문된 모든 메뉴 항목의 가격을 합산하여 할인 적용 전의 총 금액을 계산한다.

- **applySetDiscount()** : 주문 내역을 분석하여 도넛 2개와 음료 1개가 포함된 세트 메뉴의 개수를 파악하고, 그에 따른 할인 금액(1000원)을 계산하여 반환한다.
- **displayOrderDetails()** : 주문 내역, 주문 번호, 사용자 ID를 화면에 출력한다.
- **getUserId()** : 주문 객체에 연결된 사용자의 ID를 반환하는 역할을 한다. 이 메서드는 주문을 누가 했는지 확인하거나, 주문 내역을 출력할 때 사용한다.

■ Customer 클래스

사용자의 기본 정보를 담고 있는 클래스이다.

- **userId** : 사용자의 고유 ID(사용자 이름)를 저장하는 private 멤버 변수이다.
- **orderCount** : 해당 사용자가 주문한 횟수를 저장하는 private 멤버 변수로, 50% 할인 혜택을 계산하는 데 사용한다.
- **생성자** : Customer(String userId) 형태로, 새로운 사용자가 시스템에 등록될 때 호출되며 주문 횟수를 0으로 초기화한다.
- **getUserId()** : 고객의 ID를 반환한다. 이 메서드는 주로 CafeSystem 클래스에서 고객을 식별하는 데 사용한다.
- **getOrderCount()** : 현재 사용자의 누적 주문 횟수를 반환한다.
- **incrementOrderCount()** : 주문이 완료될 때마다 이 메서드를 호출하여 orderCount를 1씩 증가시킨다.

■ CafeSystem 클래스

전체 카페 시스템의 작동을 제어하는 메인 클래스이다.

- **customers(HashMap)** : 사용자 ID(String)를 키로, Customer 객체를 값으로 저장하는 HashMap 컬렉션이다.
- **scanner** : 사용자 입력을 받기 위한 Scanner 객체이다.
- **menu** : MenuItem 객체들을 저장하는 ArrayList 컬렉션이다.
- **nextOrderId** : 다음 주문에 할당될 고유 번호를 추적하는 카운터이다.
- **run()** : 애플리케이션의 주 진입점 역할을 하며, 사용자 ID를 입력받고 주문을 처리하는 메인 반복문을 실행한다.

- `showMenu()`: 현재 카페에서 판매하는 메뉴 목록을 화면에 출력한다.
- `processOrder()`: 사용자의 메뉴 선택 과정을 처리하고, `Order` 객체를 생성하여 주문을 관리한다.
- `calculateLoyaltyDiscount()`: 고객의 누적 주문 횟수를 확인하여 5회차 주문 시 50% 할인을 계산한다.

위에서 설명한 카페 키오스크의 구성과 구조를 참고하여 '카페 키오스크' 프로젝트를 완성해보자.

Note **14장 '도전! 프로젝트' 패키지**

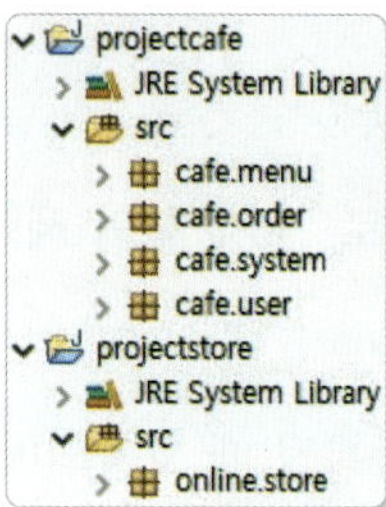

14장 '도전! 프로젝트'의 코드는 다른 장과 마찬가지로 이클립스 소스 코드로 제공된다. 제공하는 소스 코드를 참고하여, 프로젝트를 완성해보자.

그림 14-1 **프로젝트 패키지의 이클립스 구성 화면**

SECTION 02 온라인 스토어 만들기

1 온라인 스토어의 구성

1. 온라인 스토어의 개요

1절 '카페 키오스크 만들기'에서 구성한 `projectcafe`의 핵심 클래스(`MenuItem`, `Beverage`, `Donut`, `Order`, `Customer`)를 재사용하여 온라인 스토어를 구현해보자. 이번 프로젝트의 목적은 객체지향의 강력한 장점 중 하나인 코드 재사용성을 활용하는 것이다. 기존 카페 키오스크 클래스들이 판매 가능한 상품과 고객의 주문을 처리하는 데 필요한 기본 기능을 이미 갖추고 있기 때문에, 이들을 활용하여 새로운 프로그램을 쉽게 구축할 수 있다.

■ 클래스 재사용 방안

카페 키오스크에서 구성한 클래스를 재사용하는 방안은 다음과 같다.

- **MenuItem 인터페이스 :** 이 인터페이스는 상품의 이름과 가격을 정의하는 데 적합하다. Beverage와 Donut은 이미 MenuItem을 구현하고 있으므로, 이들을 음료와 도넛이라는 특정 상품 타입으로 그대로 사용할 수 있다.
- **Beverage & Donut 클래스 :** 더 넓은 개념인 Item 또는 Product 클래스의 하위 타입으로 재해석된다. 예를 들어, Donut은 BakedGood의 한 종류가 될 수 있다.
- **Customer 클래스 :** 사용자 ID(사용자 이름)와 누적 구매 횟수를 관리하는 클래스로, 온라인 상점에서도 동일한 역할을 수행한다. 5회 구매 시 할인을 구현하는 핵심적인 역할을 한다.
- **Order 클래스 :** 이 클래스는 사용자의 장바구니 또는 주문 목록을 표시할 때 그대로 활용할 수 있다. addItem() 메서드는 장바구니에 상품을 추가하며, 가격 계산 및 할인 메서드는 결제 시스템의 일부를 담당한다.

■ 온라인 스토어의 상품 목록

온라인 스토어에서 판매하는 상품 목록은 다음과 같다.

```
--- 상품 목록 ---
1. 커피 (4000원)
2. 아이스 커피 (4500원)
3. 망고 주스 (5000원)
4. 기본 도넛 (2000원)
5. 크림 도넛 (2500원)
6. 딸기 도넛 (2500원)
7. 레몬 도넛 (2500원)
8. 텀블러 (15000원)
9. 에코백 (10000원)
```

■ 온라인 스토어의 작동 방식

온라인 스토어는 카페 키오스크의 작동 방식과 동일하며, 다음과 같은 새로운 기능을 추가하여 기존 클래스들의 기능을 확장하여 구성한다.

- **다양한 상품 카테고리 :** 새로운 상품 카테고리(Merchandise, Snack 등)를 추가할 수 있다. 예를 들어, Merchandise 클래스는 MenuItem을 구현하여 텀블러, 컵 같은 상품을 판매할 수 있다.
- **파일 입출력 :** 고객의 주문 내역을 파일(orders.txt)에 저장하는 기능을 추가하여 프로그램이 종

료되어도 데이터를 유지할 수 있도록 한다. 주문이 완료되면 'orders.txt'에 주문 결과를 저장하고, 기존의 파일에 이어쓰기(append) 한다.

2. 온라인 스토어 출력 예시

새로운 사용자의 일반 주문의 경우 출력 결과는 다음과 같다.

```
온라인 상점에 오신 것을 환영합니다!
사용자 이름을 입력하세요 (종료: quit): 미라클
새로운 사용자 미라클님 환영합니다!
--- 상품 목록 ---
1. 커피 (4000원)
2. 아이스 커피 (4500원)
3. 망고 주스 (5000원)
4. 기본 도넛 (2000원)
5. 크림 도넛 (2500원)
6. 딸기 도넛 (2500원)
7. 레몬 도넛 (2500원)
8. 텀블러 (15000원)
9. 에코백 (10000원)

원하는 상품 번호를 입력하세요 (0을 입력하면 주문 완료): 1
커피를(을) 장바구니에 담았습니다.
원하는 상품 번호를 입력하세요 (0을 입력하면 주문 완료): 4
기본 도넛를(을) 장바구니에 담았습니다.
원하는 상품 번호를 입력하세요 (0을 입력하면 주문 완료): 5
크림 도넛를(을) 장바구니에 담았습니다.
원하는 상품 번호를 입력하세요 (0을 입력하면 주문 완료): 0

[주문 내역]
전체 주문 번호: 1, 주문자: 미라클
- 커피 (4000원)
- 기본 도넛 (2000원)
- 크림 도넛 (2500원)

총 금액: 8500원
할인 금액: 1000원 (세트 메뉴 할인: 1000원, 50% 할인: 0원)
최종 결제 금액: 7500원
주문이 완료되었습니다. 감사합니다!
```

같은 사용자의 2번째 주문인 경우 출력 결과는 다음과 같다.

```
사용자 이름을 입력하세요 (종료: quit): 미라클
또 오셨네요, 미라클님! > 누적 주문 횟수: 2회
--- 상품 목록 ---
1. 커피 (4000원)
2. 아이스 커피 (4500원)
3. 망고 주스 (5000원)
4. 기본 도넛 (2000원)
5. 크림 도넛 (2500원)
6. 딸기 도넛 (2500원)
7. 레몬 도넛 (2500원)
8. 텀블러 (15000원)
9. 에코백 (10000원)

원하는 상품 번호를 입력하세요 (0을 입력하면 주문 완료): 3
망고 주스를(을) 장바구니에 담았습니다.
원하는 상품 번호를 입력하세요 (0을 입력하면 주문 완료): 6
딸기 도넛를(을) 장바구니에 담았습니다.
원하는 상품 번호를 입력하세요 (0을 입력하면 주문 완료): 9
에코백를(을) 장바구니에 담았습니다.
원하는 상품 번호를 입력하세요 (0을 입력하면 주문 완료): 0

[주문 내역]
전체 주문 번호: 2, 주문자: 미라클
- 망고 주스 (5000원)
- 딸기 도넛 (2500원)
- 에코백 (10000원)

총 금액: 17500원
할인 금액: 0원 (세트 메뉴 할인: 0원, 50% 할인: 0원)
최종 결제 금액: 17500원
주문이 완료되었습니다. 감사합니다!
```

2번째 주문 이후 'order.txt'에 저장된 결과는 다음과 같다.

```
--------------------
주문 번호: 1
사용자 ID: 미라클
결제 금액: 7500원
주문 시간: Thu Dec 04 14:09:48 KST 2025
--------------------
--------------------
주문 번호: 2
사용자 ID: 미라클
결제 금액: 17500원
주문 시간: Thu Dec 04 14:10:13 KST 2025
--------------------
```

2 온라인 스토어의 구조

1. 클래스와 메서드의 기능 설명

OnlineStore 시스템은 카페 키오스크의 클래스를 재사용하였으며, OnlineStore와 product 클래스로 구성된다. 각 클래스의 멤버 변수와 메서드의 역할은 다음과 같다.

▪ OnlineStore 클래스

이 클래스는 전체 시스템의 핵심 기능을 관리한다.

- **customers(Map<String, Customer>)**: 사용자 ID(String)를 키로, Customer 객체를 값으로 저장하는 맵이다. 이를 통해 고객 정보를 효율적으로 관리하고 빠르게 검색할 수 있다.
- **products(ArrayList<MenuItem>)**: MenuItem 인터페이스를 구현하는 모든 상품을 저장하는 리스트이다. 예 음료, 도넛, 일반 상품 등
- **nextOrderId(int)**: 다음 주문에 할당될 고유 주문 번호를 추적하는 변수이다.
- **OnlineStore()**: 생성자로, 멤버 변수들을 초기화하고 initializeProducts() 메서드를 호출해 상품 목록을 미리 설정한다.
- **initializeProducts()**: 시스템이 시작될 때 판매할 상품 목록을 초기화한다. 기존의 Beverage, Donut 클래스 외에 새로운 Product 클래스의 상품도 추가하여 시스템을 확장한다.

- **run()**: 시스템의 메인 메서드이다. 사용자 이름을 입력받고, 기존 고객인지 신규 고객인지 확인한 후 processOrder() 메서드를 호출하여 주문을 처리한다. 'quit' 입력 시 시스템을 종료한다.
- **showProducts()**: 현재 판매 중인 모든 상품 목록을 출력하여 사용자에게 보여준다.
- **processOrder(Customer customer)**: 특정 사용자의 주문을 처리하는 메서드이다. 사용자의 상품 선택을 받아 주문 목록(Order 객체)에 추가하고, 주문 완료 시 총 금액, 할인 금액, 최종 결제 금액을 계산한 후 saveOrderToFile() 메서드를 호출해 주문 기록을 남긴다.
- **calculateLoyaltyDiscount(Customer customer, int price)**: 사용자의 누적 주문 횟수를 확인하여 5번째 주문일 경우 50% 할인 혜택을 계산한다.
- **saveOrderToFile(Order order, int finalPrice)**: 완료된 주문의 상세 내역을 'orders.txt' 파일에 기록한다. 파일에 주문 번호, 사용자 ID, 결제 금액, 주문 시간을 추가한다.

■ Product 클래스

이 클래스는 MenuItem 인터페이스를 구현하여 새로운 상품 카테고리를 정의한다.

- **name(String)**: 상품의 이름을 저장하는 변수이다.
- **price(int)**: 상품의 가격을 저장하는 변수이다.
- **Product(String name, int price)**: 생성자로, 상품의 이름과 가격을 초기화한다.
- **getName()**: MenuItem 인터페이스의 구현으로, 상품의 이름을 반환한다.
- **getPrice()**: MenuItem 인터페이스의 구현으로, 상품의 가격을 반환한다. 이 클래스를 통해 텀블러나 에코백 같은 새로운 상품을 기존의 Order 시스템에서도 문제없이 다룰 수 있다.

2. 다른 패키지의 클래스 사용 방법

import 예약어를 사용하여, 다른 프로젝트의 클래스를 현재 프로젝트로 가져오는 것은 불가능하다. 그러나 [그림 14-2]와 같이 projectcafe 패키지에서 기존에 생성한 cafe.menu, cafe.order, cafe.user 패키지를 복사한 후, projectstore 프로젝트에 붙여 넣기를 하면 기존에 만들어진 클래스를 다시 사용할 수 있다.

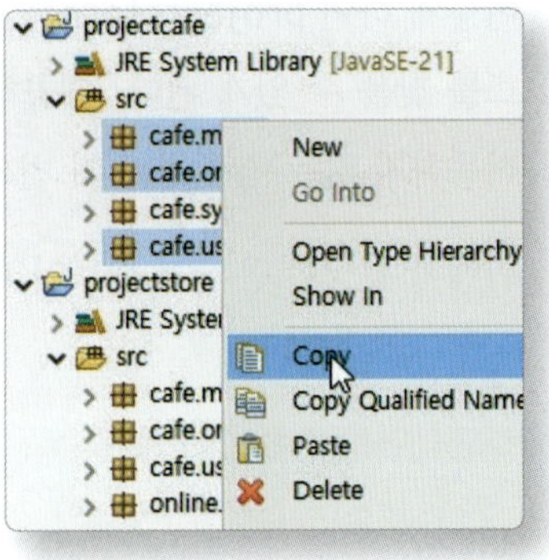

그림 14-2 다른 패키지에 있는 클래스를 복사하여 붙여 넣기

또 다른 방법으로는 이클립스 빌드 경로 설정을 변경하는 것이다. projectcafe와 projectstore 두 프로젝트가 서로의 클래스를 참조할 수 있도록 projectstore의 빌드 경로(Build Path)에 projectcafe를 추가한다. 다음 단계를 따라 설정하면 OnlineStore 클래스에서 projectcafe의 모든 클래스를 정상적으로 가져와 사용할 수 있다.

❶ 이클립스에서 projectstore 프로젝트를 마우스 오른쪽 클릭한다.

❷ [Properties] ▶ [Java Build Path]를 선택한다.

❸ [Projects] 탭을 클릭하고 〈Add...〉를 클릭한다.

❹ 창이 열리면 'projectcafe'를 선택하고 〈OK〉를 클릭한다.

❺ 〈Apply and Close〉를 클릭하여 설정을 저장한다.

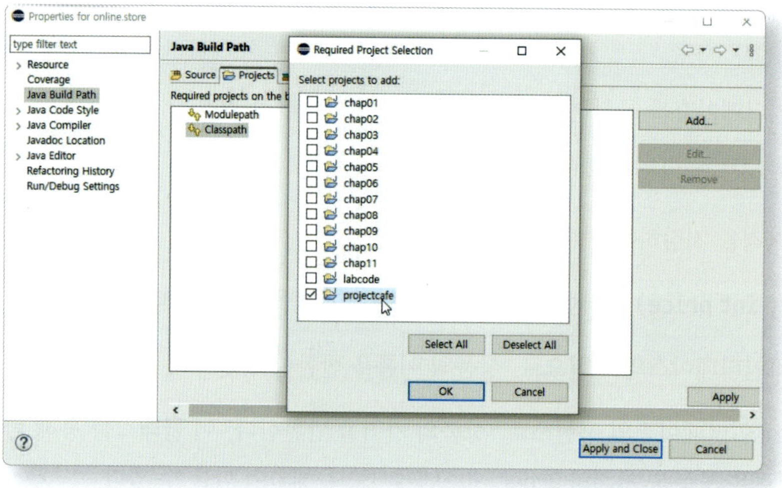

그림 14-3 빌드 경로 설정을 변경하는 방법

이렇게 하면 projectstore는 projectcafe에 의존하게 되어 컴파일러가 import 문을 통해 클래스를 찾을 수 있게 된다. 제공하는 예제 파일은 빌드 경로 설정을 변경한 상태로 제공된다. 혹시, 작동하지 않는 경우에는 첫 번째 방법과 같이 객체를 복사하여 사용한다.

위에서 설명한 온라인 스토어의 구성과 구조를 참고하여 '온라인 스토어' 프로젝트를 완성해보자.

찾아보기